高等职业教育规划教材·物流系列

物流实验教程

丛书主编　张　铎

丛书副主编　苑晓峰　杜学森

本册主编　张　铎

U0731334

中国铁道出版社
CHINA RAILWAY PUBLISHING HOUSE

内 容 简 介

　　本书是高职高专物流管理专业的一门实验教材,根据国内外现代物流企业的实际情况编写而成。全书共分八章,其中第一章至第七章主要介绍了目前广泛应用于我国供应链管理中生产制造企业、销售企业以及物流企业(特别是仓储、运输、配送等企业)的七套管理信息系统,分别为供应链管理平台、仓储管理系统、运输管理系统、配送管理系统、物流一体化管理系统、生产企业管理系统、卖场管理系统;第八章主要介绍了电子商务模拟软件、综合物流管理系统、第三方物流管理模拟系统软件、国际贸易实务模拟系统软件。

　　本书适合作为高职高专物流管理、供应链管理等专业的实验教材,也可作为高等学校物流管理、供应链管理等专业的实验教材,同时还可作为物流领域从业人员的学习参考书。

图书在版编目(CIP)数据

　　物流实验教程/张铎主编. —北京:中国铁道出版社,
2009.3

　　高等职业教育规划教材. 物流系列

　　ISBN 978-7-113-08815-6

　　Ⅰ.物…　Ⅱ.张…　Ⅲ.物流—高等学校:技术学校—教
材　Ⅳ.F252

　　中国版本图书馆 CIP 数据核字(2009)第 040916 号

书　　名:	**物流实验教程**
作　者:	张　铎　主编

策划编辑:	李小军		
责任编辑:	李小军　王雪飞	编辑部电话:	(010)63583215
封面设计:	付　巍	封面制作:	白　雪
责任印制:	李　佳		

出版发行:	中国铁道出版社(北京市宣武区右安门西街 8 号　　邮政编码:100054)
印　　刷:	北京鑫正大印刷有限公司
开　　本:	787mm×960mm　1/16　印张:27　字数:544 千
版　　次:	2009 年 4 月第 1 版　　2009 年 4 月第 1 次印刷
印　　数:	4 000 册
书　　号:	ISBN 978-7-113-08815-6/F·543
定　　价:	38.00 元

专家委员会

主 任 委 员：王耀球(北京交通大学物流研究院副院长、教授、博士生导师)
副主任委员：黄中鼎(上海第二工业大学经济管理学院副院长、教授)
　　　　　　陈　进(对外经济贸易大学信息学院院长、教授)
　　　　　　祁　明(华南理工大学电子商务学院院长、教授)
委　　　员：张　铎(21世纪中国电子商务网校校长、教授)
　　　　　　梁绿琦(北京青年政治学院院长、教授)
　　　　　　蒲果泉(西南财经大学天府学院院长、教授)
　　　　　　穆瑞杰(郑州铁路职业技术学院院长、教授)
　　　　　　支芬和(北京联合大学应用科技学院常务副院长、教授)
　　　　　　陈代芬(深圳职业技术学院经济管理学院副院长、教授)
　　　　　　李长霞(天津交通职业学院副院长、副教授)
　　　　　　孙　佐(中国外运股份有限公司高级工程师)
　　　　　　王　佐(中国北方工业公司高级工程师)

编 委 会

主　　　任：张　铎
副 主 任：严晓舟　苑晓峰　杜学森
编　　　委：(按汉语拼音音序)
　　　　　　邓汝春　高　嵩　光　昕　胡绍宏　姜志遥　李小军
　　　　　　陆光耀　沈　珺　王　磊　王郁葱　张　谦　张成龙

丛书序

物流是一个跨行业、跨部门的复合产业，同时它又是劳动密集型和技术密集型相结合的产业。在运输、储存、包装、流通加工、装卸搬运、配送、信息处理等物流所包含的每一个功能环节中，都需要大量的人员去操作。

据统计，全国各类企业中物流从业人员总数在1000万人以上；并且，随着经济的增长和社会物流总额的增长，物流从业人员的数量还将不断上升。

虽然我国物流从业人员群体数量具有较大规模，但是物流从业人员素质普遍较低，其中具有物流专业教育背景的人员更是微乎其微。在物流从业人员中，75%～85%的人员是在从事操作岗位的工作。而由于交通限制、客户需求、服务质量要求等原因，物流操作往往需要全天候24小时作业，这种作业特点使得物流操作人员的需求成倍增加；并且随着信息技术、自动仓储技术、包装技术、装卸搬运技术及相应设备在物流活动中的广泛应用，以及市场对物流服务质量的要求，对物流操作人员的素质要求也在迅速提高。所以，物流业的发展需要大批具有一定文化水平并具备一定技能的物流操作人才。

但是，目前国内物流操作人才严重短缺。一方面，我国物流市场庞大，物流用固定资产投资加速，对物流操作人才产生巨大需求；另一方面，国内物流操作人才现状不容乐观。目前，国内各类企业中物流操作岗位的从业人员中受过系统职业教育的不足0.8%。

为加速物流人力资源的开发，缓解物流人才紧缺的状况，促进我国物流业的协调健康发展，教育部联合劳动和社会保障部、中国物流与采购联合会共同组织制订了职业院校物流专业紧缺人才培养培训指导方案。

根据《高等职业教育物流管理专业紧缺人才培养指导方案》的要求，按照国内优秀职业教育教材标准，我们组织开发和编写了"高等职业教育规划教材·物流系列"教材。本系列教材具有如下特色：

◇ 以教育部新颁布的"培养方案"为依据，以现代职业教育理论为指导；

◇ 注重"以能力为本位，以就业为导向"的原则；突出"理论够用，重在实操"的特色；

◇ 打破传统的按照学科进行教材编写的模式，开发和推广与生产实际、技术应用密切联系的实操实验性课程和教材；

◇ 可读性强：每章以引例导入，案例结束；选编案例注意针对性，分析条例富有启发性；

◇ 形式新颖：编写体例活泼，栏目丰富，文图表有机结合，读者好学易记。

本系列教材共 12 分册，分别是《物流基础》、《物流管理》、《物流信息管理》、《物流成本管理》、《物流市场营销》、《物流企业会计基础与实务》、《现代物流与自动识别技术》、《仓储管理实务》、《运输管理实务》、《物流配送实务》、《电子商务》、《物流实验教程》等。各编者均来自于教学第一线，具有丰富的教学经验。编委会对各分册教材大纲、定位、编写特色等进行了多次论证，丛书主编张铎，丛书副主编苑晓峰、杜学森对各分册内容逐一检查、统稿和定稿，基本实现了本系列教材专家委员会对教材定位及其编写的要求。特别是《物流市场营销》、《现代物流与自动识别技术》以及《物流实验教程》等教材，来源于物流实践，应用于物流教学，与同类教材相比具有鲜明的特色。

本系列教材适合作为高职院校物流管理专业教材，也适合作为物流师培训教材、物流从业人员的参考书。

感谢所有参加本系列教材编撰的各位作者和支持者。

丛书主编：张　铎

2008 年 6 月

前　言

目前我国物流管理专业的教材很多,但大多是以系统介绍理论知识体系为主,实践性较差,虽然通过相关教学软件可以进行实验操作,但软件种类繁多,且不能够相互结合应用,无法体现物流供应链管理各企业及管理系统的紧密结合,不能够提供给学生真实的企业运营环境。因此,编写一部基于物流供应链管理体系结构知识的实验教程势在必行。

本书通过对仓储管理系统、运输管理系统、配送管理系统、物流一体化系统、生产企业管理系统、卖场管理系统和供应链管理平台的实验操作介绍,帮助学生掌握采购、生产、运输、仓储、配送、销售、结算、服务等现代物流过程环节和岗位管理中的全程应用,使学生体会企业物流管理、经营、运作模式;通过系统岗位操作技能训练、业务流程操作等多种形式的组合,在重点培养学生业务操作技能的同时,使学生掌握物流供应链管理的理念、方法及信息技术应用,满足社会对物流管理复合型应用人才的需求。

本书主要特点:

◇ 将物流管理的理论与当今我国企业的实际需求紧密地结合在一起,通过实践教学,以操作管理软件的方式指导学生掌握物流管理的业务流程。加强实践教学和实验室建设必将成为我国物流管理专业提高教学质量的重点,本书力求在这方面发挥积极的作用。

◇ 将物流管理提升到供应链管理系统的高度,充分体现了供应链管理中的信息流、物流、资金流、商流一体化管理的理念。实验教程中涉及供应链管理平台、物流一体化系统、仓储管理系统、运输管理系统、配送管理系统、生产企业管理系统和卖场管理系统,将这些系统有机地结合在一起,搭建供应链管理的实验室平台。

本书设计的仓储管理系统、运输管理系统、配送管理系统、物流一体化系统和供应链管理平台是畅想供应链管理系统 CX-SCM 的构成软件,为国家信息产业部信息产业电子发展基金的项目(详见信部运[2004]406 号文件)。该系统已应用在天津天保冈谷国际物流有限公司、北京西南物流中心、北京金奥港物流有限公司,并受到一致好评。生产企业管理系统(ERP)和卖场管理系统是 2003 年国家批准中国物品编码中心实施条码推进工程"中国条码推进工程条码实验室示范基地"系统中的核心软件,到目前为止已经有华南理工大学、中南财经政法大学在内的100 余家院校使用。

　　本书由 21 世纪中国电子商务网校校长、北京华信恒远信息技术研究院院长、北京交通大学物流标准化研究所所长张铎教授主编。北京网路畅想科技发展有限公司、21 世纪中国电子商务网校的姚志刚、臧健、刘娟、李维婷、寇贺双、张路明、杨慧荣,北京交通大学的汪凡、林自葵、周建勤、李锦川、汤斌、薛卫星、袁远、张倩,天思软件集团朱慧峰,北京德安宇畅科技有限公司李海滨,河南工业大学袁秀珍、荣华,共同参与了本教材的编写工作。全书由北京交通大学物流研究院博士生导师王耀球教授审定。本书提及的软件产品由北京网路畅想科技发展有限公司提供,由 21 世纪中国电子商务网校(www.ec21cn.com)提供网上实验平台。

编　者

2009 年 1 月

目　录

第一章 概　论

知识目标

　　了解现代物流的概念和特点；

　　掌握物流信息化的涵义与发展状况；

　　理解物流信息化的发展及供应链管理系统结构体系。

第一节　引　言

　　物流的基本内容是物质产品的实体运动，就此而言，物流活动是生产和消费活动的伴生现象。然而，随着生产过程分工的细化、过程的延长以及消费水平的提高，需求日益多样化，社会经济活动的组织变得日益复杂，物流也相应变得复杂、精细与专业化。

　　在 20 世纪 80 年代末 90 年代初，由于 Internet 的出现和广泛应用，以及信息技术日新月异的发展，物流成为企业重要的"第三利润源泉"。一些大型企业开始使用条码技术、射频技术以及电子数据交换（electronic data interchange，EDI），使商务间的数据传输变得快捷、轻松。各种类型的数据采集和传输技术的应用，使电子商务迅猛发展，同时也大大提高了物流作业的效率。因此，信息技术的出现使企业的日常交易简化，商业行为的复杂性大大降低。

　　如今，全球经济一体化的趋势越来越明显，国际贸易当中的货物运输、交接等问题愈发突出，使物流在国际贸易中的地位也日益重要。各企业在寻求良好的客户服务的同时，也把降低物流方面的成本作为创造利润的途径，以期在电子商务时代取得成功。

　　在今天的信息网络与知识经济时代里，竞争日益白热化，要求企业对市场用户要求的反应迅捷且服务至上，其中提高物流服务的水平至关重要。在我国，长期的储运运作思路导致企业的物流成本居高不下。如何进一步降低企业的物流成本已成为一大难题，并已成为关注热点。过去是由生产者、批发配送和零售者三方独自设法降低商品配送成本，而在今天强调

"快速顾客反应"的现代经营环境下,则需要通过三方的密切协作来降低物流总体运作成本,并满足客户的个性化需求。由此兴起了基于三方战略协作的现代物流业。更多的企业认识到只有借助于物流信息化的实施,实现整体的物流协作和物流业务外包,才能够使企业更加专注于主业、降低物流成本、缩短产品生产周期,并适应电子商务的发展。

第二节　现代物流与物流信息化

一、现代物流

下面介绍现代物流的概念和发展特点。

(一)物流的概念

1. 物流一词的由来

英文的物流起源术语,即 physical distribution 一词,最早出现在美国。1915 年阿奇·萧在《市场流通中的若干问题》一书中提出"物流是与创造需要不同的一个问题",并提到"物资经过时间或空间的转移,会产生附加价值"。这里,时间和空间的转移指的是服务于销售过程的物流。

日本从 1964 年开始使用物流这一概念。1965 年,日本在政府文件中正式采用"物的流通"这个术语,简称为日文"物流"。1981 年,日本综合研究所编著的《物流手册》将"物流"表述为"物质资料从供给者向需要者的物理性移动,是创造时间性、场所性价值的经济活动。从物流的范畴来看,包括包装、装卸、保管、库存管理、流通加工、运输、配送等诸种活动"。

我国中文"物流"一词是从日本引进的,从 1979 年开始使用"物流"这一术语,到 1989 年 4 月第八届国际物流会议在北京召开,"物流"一词的使用开始在我国日益普遍。1986 年,美国物流管理协会(National Council of Physical Distribution Management,NCPDM)改名为 CLM(the Council of Logistics Management),将 physical distribution 改称为来源于美国军方的英文词 logistics,并将 logistics 定义为"以适合于顾客的要求为目的,对原材料、在制品、制成品及与其关联的信息,从产业地点到消费地点之间的流通与保管,为求有效率且最大的'对费用的相对效果'而进行计划、执行、控制"。

现在一般认为,physical distribution 仅指商业流通过程中的物流或销售物流。而 logistics 已突破了商品流通的范围,把物流活动扩大到生产领域,包括从原材料采购、加工生产到产品销售、售后服务,直到废旧物品回收等整个物理性的流通过程,比较准确地描述了物流的涵义。

2. 物流的定义

国家标准 GB/T 18354—2001《物流术语》对物流(logistics)的定义为:物品从供给地向接收地的实体流动过程。根据实际需要,将运输、储存、装卸、搬运、包装、流通加工、配送、信息处理等基本功能实施有机结合。

从我们的日常生活来看,食品、日用品、电器、衣服等生活必需品可以从附近的小商店购买得到。然而,众所周知,商店并不能制造商品,商店只是销售商品的地方。商品的产地可能是离得很远的地方或是外国,从产地到商店必须要通过某种渠道、使用某种运输工具,才能把商品运来,而且每天如是,周而复始,商品从产地源源不断地流向市场,这种流动渠道的设定同样属于物流范畴。

政府为此而制定的政策、所使用的公路和港湾等基础建设(社会资本)及企业战略、大量的机械及运输设备是必不可少的,它们都是与物流相关的因素。另外,管理物流的信息与情报也很重要,如 Internet、虚拟通道和多媒体等信息系统,它们与物的流动是同步的,被认为会"改变物流",所以说,这些信息系统也属于物流相关的范畴。

因此,物流的定义一般可以描述为:物质资料从供给者到需求者的物理性运动,它由一系列创造时间价值和空间价值,有时也创造一定加工价值的经济活动组成,包括运输、保管、配送、包装、装卸、流通加工及物流信息处理等多项基本活动,是这些活动的统一。图 1-1 反映了物流定义的内涵。

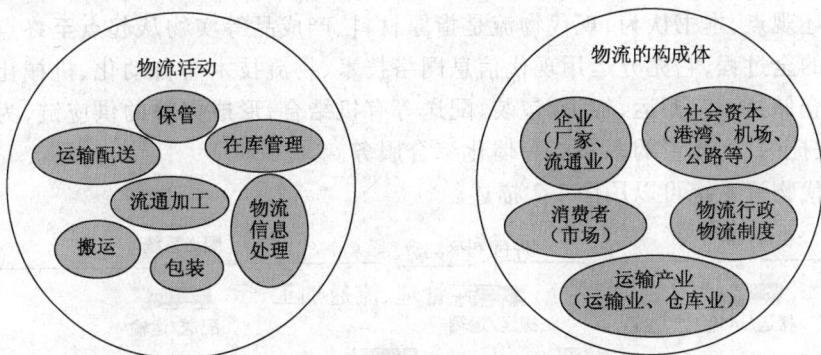

图 1-1 物流定义的内涵示意

(二)现代物流的概念

进入 20 世纪 90 年代,随着信息技术的快速发展及 Internet 的普及,在全球经济一体化发展的大环境下,电子商务在我国经济发展中的作用明显加大,随之也对我国传统物流业提出了更高、更迫切的要求。自 1979 年以来,英国物料搬运中心多次进行的全国性调查表明,物流费用占整个国民经济总支出的 39%,在生产与流通领域,物流费用占总支出的 63%。美国《企业物流》报道,20 世纪 80 年代以来美国企业年平均支付的物流费已超过总销售收入的 25%。因此,如何将传统物流向现代物流转换,降低物流费用,成为一些发达国家提高整个国民经济收益的重要措施。而我国物流运作水平更加落后,社会总物流成本很高,建立现代物流体系是我国政府、企业以及学术界关注的热点。因此,从传统物流业向现代物流业的转换正是势在必行。

关于现代物流的定义也比较多,下面列举出几种:

我国经贸委提出的《关于加快我国现代物流发展的若干建议》中对现代物流的定义是:

现代物流泛指原材料、产成品从起点至终点及相关信息有效流动的全程,它将运输、仓储、装卸、加工、整理、配送、信息等方面有机结合,形成完整的供应链,为用户提供多功能、一体化的综合服务。

美国物流管理协会(CLM)对现代物流的定义为:物流是供应链过程的一部分,是以满足客户需求为目的,以高效和经济的手段来组织产品、服务以及相关信息从供应到消费的运动和存储的计划、执行和控制的过程。

现代物流是涉及社会经济生活各个方面的错综复杂的社会大系统。具体地看,现代物流涉及原材料供应商、生产制造商、批发商、零售商以及最终消费者,也即市场流通的全过程。现代物流必须完成几个使命,一是商品的流动即商流,二是信息的流动即信息流,三是资金的流动即资金流。商品的流动要达到准确、快速地满足消费者需求,离不开前期的信息流动,资金的及时回笼也离不开相关信息的及时反馈。在现代物流中信息起着非常重要的作用,信息系统构建了现代物流的中枢神经,通过信息在物流系统中快速、准确和实时的流动,可使企业能动地对市场做出积极的反应,从而实现商品流、信息流、资金流的良性循环。

结合上述观点,本书认为,现代物流是指原材料、产成品等实物从起点至终点及相关信息有效流动的全过程,它充分运用现代信息网络技术、物流技术与自动化、机械化的物流工具,将运输、仓储、装卸、搬运、加工、包装、配送等有机结合,形成完整的供应链,为用户提供跨区域的、快捷的、高质量的多功能一体化综合服务。

整个现代物流系统可以用图 1-2 描述。

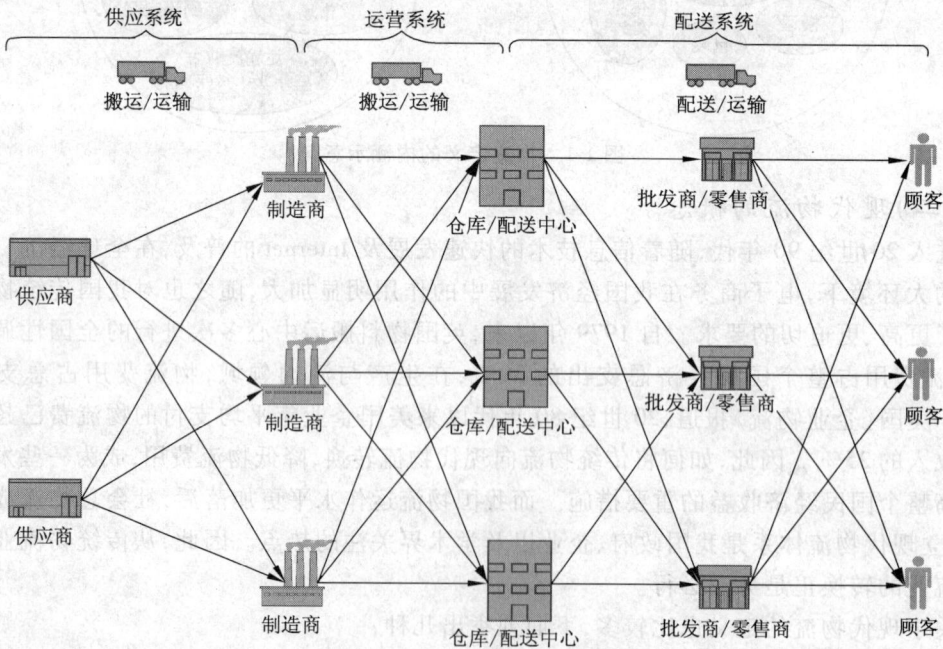

图 1-2   现代物流系统示意图

以上关于现代物流的定义虽然在说法上有细微的差别,但都有一个共同点就是以高新技术特别是以Internet为代表的信息技术在物流业中的应用,利用信息技术来整合现有的资源,通过构建物流信息系统来为现代物流业的发展提供支撑平台。作为一种先进的组织方式和管理技术,现代物流被广泛认为是企业在降低物资消耗、提高劳动生产率以外的重要利润源泉。

一个国家或地区的现代物流业发展水平反映了这个国家或地区的综合国力和企业的竞争能力,在国民经济和社会发展中发挥着重要的作用。例如,在1997年开始爆发的东南亚经济危机中,以新加坡为代表的将物流作为支柱产业的国家和地区就表现了很强的抗御危机的能力。1998年,受金融风暴影响较大的马来西亚经济增长为 -6.8%,泰国为 -8.0%,东盟为 -9.4%。而与之相比较,新加坡的情况则较好,经济增长为1.5%。这个发现使人们对物流产业形态和物流产业在国民经济中的重要地位又有了进一步的深刻认识。大量数据表明,经济发达国家或地区的物流产值在国民经济中处于一个十分重要的地位。

一个现代物流发达的国家与地区,也同时是经济发达的国家或地区。

(三)现代物流发展的特点

经济的飞速发展对物流提出了更高的要求,现代物流有着与传统物流不同的特点。现代物流的关键是成本和速度,因为物流是一种服务,成本降低了,物流的服务功能才能体现出来;速度提高了,提高了效率,不但让客户更满意,也能降低物流成本。目前我国物流业虽然落后,却是一个具有巨大潜力的市场。特别是我国正在逐渐成为世界的制造业基地,这将吸引众多外企进入,我国的物流业将面临更激烈的竞争。因此,我国物流业必须与国际接轨,从传统物流转向开展现代物流。

总体来说,现代物流的发展具有如下特点:

1. 现代物流与电子商务紧密结合

随着Internet的日益普及,电子商务的应用呈现迅猛的增长势头。电子商务的推广加快了世界经济的一体化,使国际物流在整个商务活动中占有着举足轻重的地位。电子商务带来了对物流的巨大需求,推动了物流的进一步发展,而物流也在促进电子商务的发展,因此可以说二者是互相依存、共同发展的。实践表明,凡是电子商务业务蓬勃发展的企业,必是物流技术发达、物流服务比较到位的企业;相反,由于缺乏及时配送等物流服务,导致不少电子商务企业处境艰难甚至倒闭、破产。

例如,美国的亚马逊(Amazon)公司成立于1995年7月,是Internet上出现的第一个虚拟书店。成立之初,Amazon只是一个名不见经传的网站,在短短四年内它就成为全世界最成功的电子商务公司。亚马逊公司的成功与其高效的物流配送体系是分不开的,与美国发达的第三方物流业也是分不开的。客户在网上订购书籍以后,当然希望在订书之后可以迅速收到书籍,而不是为了购买一本在当地书店就可以买得到的书等待多达两天以上的时间,因此亚马逊公司建立了一个快速的配送体系,一方面利用美国的邮政体系,另一方面在西雅图租了一个 50 000 平方英尺(1 英尺 = 0.304 8m)的仓库,在仓库里存储足够多数量的畅销书,只要订货单一到位就可以将书打包并发送到客户手里,所以能很快地满足客户的需求。

2. 现代物流是信息化、自动化、网络化、智能化、柔性化的统一

(1)信息化是一切基于电子商务物流活动的基础。没有物流的信息化,电子商务对物流提出的准确、快速、集成、低成本的要求就无法得到满足。

(2)自动化的基础是信息化,自动化的外在表现是无人化、效果省力化。

(3)网络化一是指计算机通信网络,二是指组织的网络化。它是物流信息化的产物,也是电子商务下物流活动的主要特征。

(4)智能化是柔性化的高层次应用。

(5)柔性化是要求物流配送中心根据消费需求"多品种、小批量、多批次、短周期"的特色,灵活组织和实施物流作业。

例如,美国的 UPS 公司运用了先进的物流、计算机和网络技术,建立起了一个覆盖世界各地的发送中心网络,再配合详细的计划和联合作业,经营指导思想由运作的效率和可靠性转向顾客导向,将每位顾客的需求放在第一位,而成为代表世界运输和速递业务最高水准的公司。

3. 现代物流是商流、信息流、资金流和人才流的统一

在现代物流条件下,商品运输由单一的传统运输方式变成多种运输方式的最佳组合,这提高了运输效率,缩短了中间储存的中转时间,也加速了商品流动,大大降低了运输成本,加快了商品使用价值的实现。以现代电子网络为平台的信息流极大地加快了物流信息的传递速度,为客户赢得了宝贵的时间,使货物运输环节及运输方式科学化、最佳化。以快节奏的商品流和先进的信息为基础的现代物流能够有效地减少流动资金的占压,加速资金周转,充分发挥资本的增值作用。

商流、信息流和资金流的统一动作离不开高素质物流人才的筹划与实施。现代物流是一项跨行业、跨部门、跨地区甚至跨国界的系统工程,因此,现代物流需要掌握现代知识的复合型人才。在物流人才需求的推动下,一些经济发达国家已经形成了较为合理的物流人才教育培训体系。如在美国,已建立了多层次的物流专业教育,包括研究生、本科生和职业教育等。许多著名的高等院校中都设置了物流管理专业,并为工商管理及相关专业的学生开设物流课程。如美国的西北大学、密执根州立大学、奥尔良州立大学、威斯康星州立大学等,或设立了独立的物流管理专业,或附属于运输、营销和生产制造等其他专业;乔治亚技术学院广泛开展物流职业教育,培养物流管理专业的专科生;部分高等院校设置了物流方向的研究生课程和学位教育,形成了一定规模的研究生教育系统;美国商船学院的全球物流与运输中心和乔治亚技术学院的物流所开展了物流方面的科学研究。除去正规教育外,在美国物流管理委员会的组织和倡导下,还建立了美国物流业的职业资格认证制度,如仓储工程师、配送工程师等若干职称。所有物流从业人员必须接受职业教育,经过考试获得上述工程师资格后,才能从事有关的物流工作。

我国的高校也纷纷建立物流专业,如北京交通大学经济与管理学院的物流专业,以期培养具有我国特色的物流高级人才。

4. 绿色物流将成为新增长点

现代物流虽然促进了经济的发展,但是现代物流发展的同时也会给城市环境带来负面的影响,如运输工具的噪声、污染排放、对交通负荷的增加,以及生产和生活中废弃物的不当处理所造成的对环境的影响。为此,21世纪对现代物流提出了新的要求,即绿色物流。

绿色物流主要包含两个方面:一方面是对物流系统污染进行控制,即在物流系统和物流活动的规划与决策中尽量采用对环境污染小的方案,如采用排污量小的货车车型、近距离配送、夜间运货(以减少交通阻塞,节省燃料和降低排放)等。发达国家政府倡导绿色物流的对策是在污染发生源、交通量、交通流三个方面制定了相关政策。另一方面就是建立工业和生活废料处理的物流系统。

二、物流信息化

(一)什么是物流信息化

物流信息化类似于企业信息化,是指利用先进的信息技术整合企业内部的物流业务流程,使企业物流向着规模经营、网络化运作的方向发展。

物流信息化表现为物流信息的商品化、物流信息收集的数据库化和代码化、物流信息处理的电子化和计算机化、物流信息传递的标准化和实时化、物流信息存储的数字化、物流生成的自动化、物流指挥的网络化等。

物流信息化可以说是目前物流企业相互融合的重要手段。现代物流信息化建设主要包括四个方面的内容:

(1)物流管理系统信息化:主要是办公自动化,把管理信息全面记录下来,迅速组织加工处理,为物流管理提供决策。

(2)财务结算系统信息化:就是企业一切的相关物流财务行为都与 Internet 相连,任何行为都会在网络系统中即时反映出来。

(3)物流生产系统信息化:即适应市场变化,做到柔性生产。

(4)物流服务系统信息化:针对任何一个客户的需求,使客户只要上网就可以享受到有针对性的、就近的物流服务。

要提高整个物流行业的信息化水平,当今的首要任务是积极整合物流资源,实现物流系统战略性功能重组,完善综合性运输体系,构建促进高新技术产业带发展的现代物流支撑系统,并构筑物流信息网络平台,建成现代化的全程电子物流网络。

（二）现代科学技术促进了物流信息化的发展

现代的计算机技术、通信技术及网络技术的飞速发展促进了物流业向更高水平发展，并最终促进了物流的信息化过程。例如，20世纪80年代的条码技术与各种电子扫描技术、电子数据交换及便利商务间数据传输等；90年代，随着传输图像、声音和文字信息的能力越来越普遍和经济，许多物流公司开始采用声控技术、卫星通信的实时跟踪技术等现代最新技术改变物流作业过程。快速、精确和全面的信息通信技术的引进开拓了以时间和空间为基本条件的物流业，为物流新战略提供了基础，新的物流经营思想也如雨后春笋般不断破土而出，例如准时化战略、快速反应战略、连续补货战略、自动化补充战略、销售时点技术、实时跟踪技术、零库存策略等。这些物流战略和技术的出现都与现代计算机与通信技术的发展息息相关，物流的发展也正是得益于此。

这一点对认识我国当前物流业的发展非常重要，即物流业的发展必须依靠一些实实在在的高新技术改进为前提。物流信息化中常见的几种技术主要有：电子数据交换技术（EDI）、条码技术（bar code）、射频无线终端技术（RF）、电子标签技术（EL）、地理信息系统（GIS）、全球定位系统（GPS）等。

以信息网络技术为代表的高新技术与传统物流企业相结合是现代物流发展的一大趋势，高新技术是现代物流进步的基础。是否能将高科技很好地应用在物流信息化的建设中，是降低物流成本、提高物流服务质量的关键。

三、物流信息化是现代物流发展的基石与核心

国外由于物流技术发展较早，在物流信息化方面已取得了不少的研究成果。例如，美国已经在物流设施自动化和经营网络化方面全面实现了信息化。

物流设施自动化是指货物的接收、分拣、装卸、运送、监控等流程的自动化。只有在条码、射频识别、全球定位系统、地理信息系统等信息技术及设施成熟的今天，才可能实现货物的识别、分拣、装卸和存取等物流作业的自动化和高效化。

物流经营网络化是指将网络技术运用到物流企业运营的各个方面，包括企业内部管理上的网络化和对外联系上的网络化。这使得货物运行的各种信息及时反馈到企业内部网的数据库中，信息系统对数据进行自动分析和安排调度，自动排定货物的分拣、装卸以及运送车辆、线路的选择等。特别是借助于当今Internet的应用，用户可以下订单、进行网上支付，并对货物进行在线的随时查找与跟踪。

国内物流业起步比较晚，发展水平低，在信息技术的应用方面与发达国家有很大差距，发达国家已普遍使用的一些技术设备在国内还很少使用。因此，尽早实现我国物流的信息化既是现代物流发展的必然趋势，也是电子商务发展的必然需求。

信息化是一切的基础，没有物流的信息化，任何先进的技术都不可能应用于物流领域，也不可能建立起现代物流体系。现今，物流系统化、物流供应链的一体化、物流信息化和网

络化、物流全球化、电子商务环境下的物流五个方面已成为现代物流发展的方向和趋势,而物流系统运作的最高目标在于系统效率的无限提高,因此,物流信息化是现代物流发展的基石与核心。

第三节 现代物流与电子商务

电子商务是信息网络时代中商业领域的一场根本性革命,它的商业活动主要通过 Internet 进行。美国在定义电子商务概念之初,就已有强大的现代化物流体系作为支持,因此只需将电子商务与其进行对接即可。而我国物流总体而言仍处于起步阶段,与现代物流的需要相比,仍存在许多不足,例如物流观念陈旧、专业化服务程度低、商业环境相对落后、缺乏现代物流人才等。如不加速现代物流体系的建设,必将会给电子商务的发展带来巨大困难,同时也是传统商务升级的瓶颈。

一、物流是电子商务的重要组成部分

近几年来,随着电子商务环境的改善以及电子商务所具备的巨大优势日渐显现,电子商务在我国受到了政府、企业及个人的高度重视,各种经济实体纷纷以不同的形式介入电子商务活动中,使电子商务在短短的几年中以惊人的速度发展。在电子商务活动中,少数商品和服务可以直接通过网络传输的方式进行配送,如各种电子出版物、信息咨询服务等;而对于大多数商品和服务来说,还必须借助于物理方式进行配送,即物流。可见,物流与电子商务的联系非常紧密。物流会影响电子商务的发展,而电子商务也将改变物流,物流体系的完善会进一步推动电子商务的发展。

一个完整的电子商务过程一般可以分为三个阶段,即信息查询、磋商购买和货物送达,由此形成了信息流、商流、资金流和物流。

所谓信息流,是指商品信息的提供、商业单证的转移、技术支持等多项内容。商流是指商品交易和商品所有权转移的运动过程。资金流主要指付款、转账等资金的转移过程。物流则是指物质实体(商品或服务)的流动过程,如商品的储存、保管、配送、运输、装卸、信息管理等活动。

在电子商务模式下,四流中的前三流均可通过计算机和网络通信设备实现,但作为四流中最为特殊的物流,只有诸如电子出版物、信息咨询等少数商品和服务可以直接通过网络传输方式进行,但对于多数商品和服务,则须借助于一系列机械化、自动化工具传输。因此,物流是诸多电子商务的重要且不可或缺的组成部分。随着电子商务的推广与应用,物流对电子商务活动的影响日益明显。

自 1962 年德鲁克在《财富》杂志上发表《经济的黑暗大陆》一文以来,物流在经济活动中的作用引起世界范围的关注。随着学术界对物流研究的深入,物流作为企业"第三利润

源泉"的开发思路越来越清晰,物流在企业生产过程中的作用与作用形式也被越来越清楚地揭示出来。

物流对企业生产经营活动与效率的影响不是从电子商务开始的,在传统商务中,物流就是与生产、流通同时产生的经济活动。我们之所以提出物流是电子商务的强力支撑这一看法,是因为物流在电子商务中的作用更为突出,网上交易对物流的依赖比传统商业活动对物流的依赖更强。这具体表现为以下述及的两个方面。

(一)电子商务物流是体现电子商务优势的重要条件

广义的物流包括供应物流、生产物流和销售物流三个主要部分。要体现电子商务增加贸易机会、降低贸易成本、提高企业效率的目的,必须在整个生产经营过程中保证物流的畅通、高效及低成本。物流对电子商务优势的保障,是通过对生产的保障和对商流的服务来实现的。

无论是在传统的贸易方式下还是在电子商务下,生产都是流通之本,而生产的顺利进行需要各类物流活动的支持。生产的全过程从原材料的采购开始,便要求有相应的供应物流的支持,通过供应物流的一系列活动保障原材料的供给和供应活动成本的降低。在生产过程中,通过原材料、在制品以及制成品的转移等物流活动实现生产的流动性和成本的降低。附属于生产活动的余料、回收物资以及废弃物的处理,也需要回收物流与废弃物流的支持。

物流是商流最终实现的根本保证。在商流活动中,商品所有权在购销合同签订之后,便由供给方转移到需求方,而商品实体并没有移动。在传统的交易过程中,除了非实物交割的期货交易,一般的商流都伴随相应的物流活动,即按照需求方的要求将商品实体由供给方以适当的方式和途径向需求方转移;而在电子商务下,商流活动完成并不意味着电子商务活动的结束,只有商品和服务真正转移到需求者手中,商务活动才告结束。可见,物流实际上是商流的延续,没有物流作为保障,商流活动的结果将失去意义,从而电子商务无法实现。

(二)物流运作效率是客户评价电子商务满意程度的重要指标,也是商流实现的影响因素

随着电子商务网站的增加,网上商务的选择余地变得越来越大,当不同的网站出售相同的商品时,在商品质量、款式、价格、支付方式完全相同的情况下,顾客选择在哪一家购买,决定因素只有一个,那就是物流服务的承诺及其实现。在网上,由于信息流的作用,商品的透明度空前提高,关于商品价格、质量、款式等诸多方面,已不再构成信息不对称,可能的情况是网上商店的价格会高度一致,这时物流服务成了消费者选择商品的唯一标准。

必须说明的是,这种设想只在电子商务的起步阶段成立。当第三方物流中心成为所有网站的代理物流者之后,所有网站的物流服务水平也将是一致的。那时客户的选择将停留在传统商店与网上商店的选择层次上。然而要达到这种程度,电子商务和物流都有很长的路要走。正如在电子商务起步之初,同样商品在不同的网站也可能有不同的价格一样。再者,物流中心是否能成为所有网站的物流代理,目前还不能妄下结论。在现阶段,许多网站自己建立配送中心开展物流自营已是不争的事实。

二、电子商务对现代物流发展的影响

随着电子商务环境的改善以及电子商务所具备的巨大优势日渐显现,电子商务正在飞速地发展。在电子商务改变着传统产业结构的同时,也在对物流业产生着巨大的影响。

(一)电子商务将强化物流业

有人认为,电子商务是一场商业大革命,是一次高科技和信息化的革命,它对社会经济的影响将比工业革命来得还要迅猛、还要深刻。它一方面把商店、广告、订货、购买、货币、支付、认证等实物和事务处理虚拟化、信息化,使它们变成脱离实体而能在计算机网络上处理的信息;另一方面,又将信息处理电子化,将所有信息都通过计算机网络用计算机、电子邮件、文件传输、数据通信等电子手段来处理,从而强化了信息处理,弱化了实体处理,用信息处理来控制实体处理,使实体处理更加科学化、效率化。这场革命必然导致产业大重组,原有的一些行业、企业、单位将逐渐消亡,将会新增一些行业、企业和机构,也将扩大一些行业、企业和机构。物流业即在扩张之列。产业大重组也将从根本上改变企业内部运作、外部合作和交流的机制,前所未有地提高整个社会资源的运行效率。

产业结构重组的结果,实际上使得社会上的产业只剩下两大类,一类是实业,包括制造业和物流业;一类是信息业,包括广告、订货、销售、购买、服务、金融、支付和信息处理业等。在实业中,制造业与物流业相比,制造业会逐渐弱化,而物流业会逐渐强化。

制造业的弱化,是因为随着社会经济的发展及居民购买力水平的提高,市场需求正朝着个性化、多样化的方向发展,因此影响到产品生产,使产品的生命周期大大缩短,供给过剩时有发生,企业不得不实行柔性生产,企业的组织结构也由固定型转变为灵活型,能随时根据产品品种、规格、产量的变化而变化。随着这种企业的增加,尤其是虚拟企业的增加,制造业的实体企业不得不随时变化规模,时大时小,时此时彼,甚至时存时亡。另外,由于市场需求的变化,企业必须更加重视市场对生产经营的影响,这就使得企业生产经营的内部结构由橄榄型变成哑铃型,导致了制造业的弱化,如图1-3和图1-4所示。

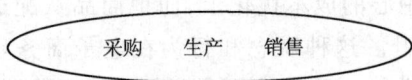

图 1-3 传统企业以生产为主的结构

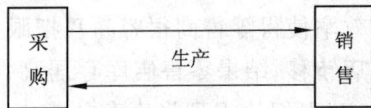

图 1-4 现代企业以市场为主的结构

在电子商务环境下,物流企业会越来越强化。客户(包括生产消费和生活消费)在网上商店购物并在网上支付,现实的商店、银行可能会减少,而物流企业非但不能减少,反而任务加重了。它不但要把货物送到用户手中,而且还要从生产企业及时进货入库。物流企业既是生产企业的仓库，又是用户的实物供应者。随着大多数银行、商店的虚拟化，商业事务处理信息化，多数生产企业柔性化，整个市场所剩下的只有物流实物处理工作了。物流企业成了代表所有生产企业及供应商对用户的唯一最集中、最广泛的实物供应者，是进行区域市场供应的唯一主体。

可见，正是电子商务提高了物流业的地位，正如前面所述，物流业将成为网络经济时代一个国家经济竞争力的表现。

（二）电子商务将改变人们对物流的观念

电子商务作为一种新兴的商务活动，是以信息的流动为主导，带动物流、商流进而完成商品的贸易活动的。电子商务活动的目标是通过现代信息技术的应用，达到商品交易的便捷、广域、省时和提高顾客满意率的目的，同时提高企业的竞争力和赢利能力。

1. 电子商务将形成新的物流观念

电子商务为物流创造了一个虚拟性的运动空间，人们在进行物流活动时，物流的各种功能可以通过信息系统和管理表现出来，人们可以通过信息系统选定物流方案，对物流活动进行信息的实时监控，对各种物流活动进行有机组合，寻求物流的合理化，使商品在实际的运动过程中，达到效率最高、费用最省、距离最短、时间最少的目的。要达到这种状况，物流不再是流通领域特有的范畴，而是涉及原材料供应、生产、流通乃至环境保护等各个领域的综合物流；物流不再是企业独有的经济活动，而是一个系统、一个整体，在社会分工不断深化的基础上，它已经发展为一个独立产业，需要有现代物流中心、配送中心、第三方专门从事物流活动。

2. 电子商务将改变人们对传统物流的观念

（1）用整体观念来看待物流体系。传统物流体系涉及企业的各个部门，如计划、采购、运输及销售等部门，各个部门在考虑物流问题时都以本部门的物流为出发点，结果造成物流成本高、畅销商品库存不足和滞销商品库存过量的现象。而在电子商务环境下，物流部门与物流人都必须意识到自身行为对企业整体经营目标的影响，将企业物流联系起来，以整个物流团队的绩效为企业目标服务。

（2）从全程优化的角度看待和管理物流。通常，物流流程的局部优化可能导致整个物流体系的恶化。比如零售店相对于配送中心而言是高成本运作的场所，单纯追求规模经济和工作效率使得零售商很容易只把眼光放在配送中心的成本优化上，而把商品从配送中心向零售店转移，结果零售店库存居高，运作成本上升。这种观念和行为在电子商务环境下必须改变，人们认识到将库存从零售店转移到配送中心不仅可以减少商品处理费用，而且可以提高商品保障率，从而优化整个物流体系的成本。

（3）用科学合理的销量来控制物流体系。对与物流相关环节的有效利用，可以大大改进货物流通中的计划职能，从而提高企业的竞争能力，实现在适当时间向合适的地点高效派送适量商品的最终目的。将一个配送中心所覆盖的所有零售网点作为一个整体来分析，可以做出准确的商品销量预测,从而能保证对物流的科学控制。

(三)电子商务将改变物流的运作方式

首先,电子商务可以使物流与商流分离。传统的物流在其运作过程中,不论是以生产为中心,还是以节约成本和提高利润为中心,其实质都是以商流为中心,从属于商流活动,因而物流的运动方式是紧紧伴随着商流来运动的。而在电子商务环境下,物流虽然仍是服务于商流,但其运作是以信息为中心的,物流和商流在时间和空间上可以分离,物流的运动方向受信息的指引,物流的运作方式受信息的制约。在实际运作过程中,通过信息的反馈与传递,可以对物流活动实施整体控制,以实现物流的合理化。

其次,网络对物流的实时控制是以整体物流来进行的。在传统的物流中,也对物流进行实时控制,并且随着技术的发展逐步采用了计算机、无线通信等现代化手段,但这种控制都是以单个企业或单个物流活动为对象,考虑的是局部最优;而在电子商务时代,借助于物流信息的全球化采集与传递共享,可以使物流在全球范围内实施整体的实时控制。

1. 电子商务将改变物流企业的经营形态

(1)电子商务将改变物流企业对物流的组织与管理。

在传统经济条件下,物流往往是以某一具有物流需求的企业为主进行组织和管理的;而在电子商务环境下,物流成为社会分工中的一个独立产业,要求从社会的角度来实行系统的组织和管理,以打破传统的物流分散状态。这就要求企业在组织物流的过程中,不仅要考虑本企业的物流组织和管理,而且更重要的是要考虑全社会的整体系统。一个企业不可能将自己所需的物流活动全部纳入自己的控制中,而是要将物流交给更加专业化的第三方物流企业。电子商务对专业化物流企业的发展提出了更高的要求。专业化的物流企业由于专营物流,所以能够且必须从社会物流整体考虑物流运作。

(2)电子商务将改变物流企业的竞争状态。

在传统经济中,物流企业之间存在激烈的竞争,这种竞争往往是依靠本企业提供优质服务、降低物流费用等方面来进行的。在电子商务时代,这些竞争内容虽然依然存在,但有效性却大大降低,其原因是电子商务需要一个全球性或全国性的物流系统来保证商品的合理流动。对于一个企业而言,即使它的规模再大,也难以达到这一要求。这就要求物流企业应联合起来,在竞争中形成协同竞争的状况,以实现物流高效化、合理化、系统化。这种竞争关系,也有人称之为竞合关系或多赢关系。

2. 电子商务将促进物流范围的领域拓展

和电子商务密切相关的信息技术的采用以及网上交易活动的频繁,使"网上物流企业"、物流系统软件设计企业以及通过网络进行企业形象宣传与业务介绍的企业纷纷诞生,其企业类型的产生和业务范围的扩展,为物流业的发展提供了更为广阔的领域,使物流企业的类型以及物流活动更为丰富。

3. 电子商务将促进物流管理水平的提高

物流管理水平的高低直接决定和影响着物流效率的高低,也影响着电子商务高效率优势的实现。只有提高物流管理水平,建立科学合理的管理制度,将科学的管理手段和方法应用于物流管理当中,才能确保物流的畅通进行,实现物流的合理化和高效化,促进电子商务的发展。

(四)电子商务物流是物流的高级形态

电子商务物流是指服务于电子商务的物流活动。由于物流发展的独立性,电子商务物流实际上在电子商务发展时期与现代物流是重合的。因为一方面社会物流系统是共生的,另一方面电子商务物流也不是横空出世的,现代物流也在向信息化、网络化方向发展。经济的全球一体化趋势和电子商务的兴起,是电子商务物流形成的根本原因。

1. 全球经济一体化促使物流业务综合化

所谓全球经济一体化,是指资本、贸易、生产过程在世界范围内的自由流动,是指各国经济在范围上、机制上的世界性统一和发展。随着科学技术的进步,世界经济的发展呈现出国际化的趋势。相互依赖的各国经济通过企业的跨国化和经济的信息化发展,通过国际性的经济贸易组织作为纽带和桥梁,通过制度、标准、规则、体系的认同,向着全球一致的方向发展,逐步把整个世界经济的运行过程联成一体。

贸易的自由化使得跨国间的商品流通成为普遍的经济活动,这就要求物流活动不仅要承担商品的运输、仓储、配送、包装、装卸、流通加工等传统的业务,而且物流主体要具备从事进出口业务的全部能力,要掌握从原材料的采购到制成品的运送整个制造过程的每一个环节。为适应全球经济一体化的发展,物流业的职能有了极大的拓展。物流活动渗透到生产、流通活动之中,使得物流的内涵不是运输、仓储、配送、包装、装卸、流通加工等要素的简单相加,而是以上述服务为媒介,为经济主体提供与商品送达有关的一系列服务。

全球经济的一体化对物流企业的直接影响主要体现在三个方面:一是跨国公司的大量产生,使物流行业的内部分工跨越了国界,按照经营产品的上下游关系,将运输、仓储、装卸、流通加工等物流活动在更广域的市场范围内进行分工与协作。当然物流活动的广域开展只有在物流网络和现代信息技术的支持下才能进行。二是物流行业的竞争也更加具有广域性,这是贸易自由化、国际化发展所带来的。随着商贸活动在国际范围内的自由开展,商品的跨国流转也是必然的。当前,物流领域的国际竞争趋势已经十分明显。三是与上述两个方面的变化密切相关的,随着供应链管理思想与方法的采用,在物流的经营战略中更加注重贸易伙伴之间的合作,以期通过合作更好地降低经营成本、更好地满足顾客的需求,从而达到双赢的目的。

2. 电子商务的兴起直接导致物流业的变革

虽然电子商务的产生与计算机技术、网络技术、通信技术、数据技术等现代信息技术的发展直接相关,可以说,没有现代信息技术的发展与广泛应用就不可能产生电子商务这种新型的商业模式,但是,我们应该看到,电子商务商业模式的产生,是在消费需求多样化、个性化发展的前提下,为寻求社会资源在更大范围内的优化配置,为企业寻求更大发展,体现顾客至上服务理念的动力驱使下产生的。它是生产、经营等一系列经济活动在新形势下不断变革的结果。因此,认识电子商务的产生,不能仅仅看到现代信息技术的作用,还应该看到它是经济发展的必然结果。与此相适应,电子商务商业模式的产生,其意义也不仅仅体现在商业模式本身的变革上。

电子商务物流是电子商务活动的重要组成部分。构成电子商务活动的信息技术和信息系统是支持电子商务乃至物流发展的直接动力。这些技术与系统包括条码技术、EDI、POS、EOS 以及管理信息系统、人工智能技术等。由于这些技术和系统在商务活动中的应用以及各国政府对电子商务的倡导,电子商务在最近几年的发展可谓如火如荼。电子商务的发展导致了产业结构的变革和企业业务流程的重组。

由此可见,电子商务物流不仅是为电子商务活动服务的物流活动与物流管理,而且是采用现代信息技术手段开展的物流活动与物流管理。电子商务物流是推动物流业发展的巨大动力,是物流的高级形态。

第四节　现代物流与供应链管理

一、供应链管理概述

许多经济学专家认为,21 世纪的竞争将不是产品的竞争,而是供应链的竞争,因此供应链管理在新世纪管理领域中占据着重要地位。面对竞争新形势,必须采取先进的新型管理策略和手段,在企业物流管理水平日益提高、一体化管理由内向外逐步推行的基础之上,企业选择供应链管理策略作为竞争利器理所当然。

（一）供应链的定义

所谓供应链,是指产品生产和流通过程所涉及的原材料供应商、制造商、分销商、零售商以及最终消费者组成的供需网络,即由物料获取、物料加工、将成品送到用户手中这一过程所涉及的企业和企业部门组成的一个网络。

供应链是社会化大生产的产物,是重要的流通组织形式和市场营销方式。它以市场组织化程度高、规模化经营的优势,有机地联结生产和消费,对生产和流通有着直接的导向作用。

供应链一般分为内部供应链和外部供应链。

较早期的是内部供应链的概念,是指企业内部产品生产和流通过程中所涉及的采购部门、生产部门、仓储部门、销售部门等组成的供需网络。这个概念局限于企业的内部操作层上,注重企业自身的资源利用。而外部供应链的概念则注意了供应链的外部环境,是指企业外部的与企业相关的产品生产和流通过程中所涉及的原材料供应商、制造商、储运商、零售商以及最终消费者组成的供需网络。

内部供应链和外部供应链共同组成了企业产品从原材料转化为成品直到消费者手中的供应链,可以说,内部供应链是外部供应链的缩小化。如对于制造厂商来说,其采购部门就可以看做外部供应链中的供应商,它们的区别只在于外部供应链范围大,涉及企业众多,企业间的协调更困难。

通常,一条完整的供应链包括供应商(原材料供应商和零配件供应商)、制造商(加工厂或装配厂)、分销商(代理商或批发商)、第三方物流提供商(储运公司或配送中心)、零售商(百货商场、超市、专卖店、便利店和杂货店等)以及消费者,如图 1-5 所示。任何一个企业都必然处于某条供应链当中。

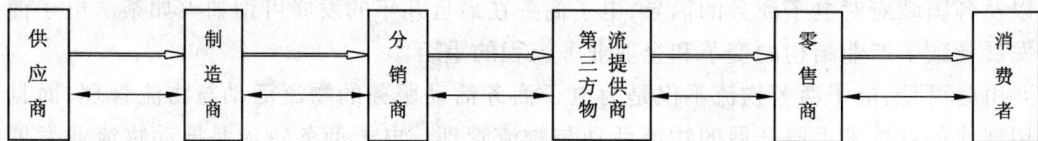

图 1-5　供应链示意图

物流；　　　　　信息流

(二)供应链管理

供应链管理这一名词,最早是由一些世界级大企业的管理顾问在 20 世纪 80 年代初期提出的,首次出现在学术文章中是在 1982 年。而学术界第一次真正从理论角度来定义供应链管理是在 1990 年左右,并将其与管理物料流动和相关信息流的传统方法区分开来。

所谓供应链管理(supply chain management,SCM),就是在商品供给的链条中,企业间就商品流通过程中发生的各种管理活动加强相互间的合作,改革原来分散的物流管理方式的一种新型物流体制。具体来说,就是指人们在认识和掌握了供应链各环节的内在规律和相互联系的基础上,利用管理的计划、组织、指挥、协调、控制和激励职能,对产品生产和流通过程中各个环节所涉及的物流、信息流、资金流、价值流以及业务流进行的合理调控,以期达到最佳组合,发挥最高的效率,迅速以最小的成本为客户提供最大的附加值。供应链管理是在现代科技促使产品极其丰富的条件下发展起来的管理理念,它涉及各种企业及企业管理的方方面面,是一种跨行业的管理,并且企业之间作为贸易伙伴,为追求共同经济利益的最大化而共同努力。

显然,在这种管理体制下,各企业不再从事个别的经营管理行为,而是在连锁中加强合作,通过信息的共有化、需求预测的共有化等,来实现物流机能的分担,实现商品流通全过程效率的提高。

1. 供应链管理的原则

实施供应链管理一般存在如下原则:

(1)以客户为中心。

(2)贸易伙伴间密切合作,共享利益,共担风险。

(3)应用信息技术(标识代码、条码、POS 及电子数据交换等)管理目标。

2. 供应链管理的目标

(1)根据市场需求的扩大,提供完整的产品组合。

(2)根据市场需求的多样化,缩短从生产到消费的周期。

(3)根据市场需求的不确定性,缩短供给市场及需求市场的距离。

(4)根据物流在整个供应链体系中的重要性,企业要避免各种损失,从而降低物流成本及费用水平,使物、货在整个供应链中的库存下降,并且通过供应的各项资源(人力、市场、仓储、生产设备等)运作效率的提升,赋予经营者更大的能力来适应市场的变化并作出及时反应,从而做到物尽其用、货畅其流。

3. 供应链的载体

供应链的载体主要分为两部分:

一部分是企业内部网(如 Intranet),即企业内部财务、营销、库存等所有的业务环节全部由计算机管理,目的是使企业内部管理明细化。同时建立一个企业外部网(如 Extranet),目的是建立一些应用功能,包括与生产厂家各部门的互连,以实现快速沟通、快速解决问题。并且企业间的财务结算也要通过现代的电子方式实施连网,还包括代理商与下游企业间的订单体系、管理体系的实现。外部网络将执行整个一体化的指令,包括物价指令、库存查询系统、网上培训系统等。借助于 Internet 的应用,通过普通浏览器软件就可以浏览所有的公共信息,并建立一种整个市场的统计,满足信息逆向的流动。

另一部分是有严格计算机管理的物流配送中心,制定适应供应链的配送原则和管理原则。物流配送中心分为面向内部的和面向外部的物流配送中心两部分,后者不仅仅是物流的配送流动,还包括大量物流信息的流动,因为物流在流动过程中会产生相当多的信息流,包括需求单的确认和发送。同时,对于一个产品来讲,既要面向本地区的区域市场,也要面向外部市场。所以,内外物流中心要配合,要对产品的上下线做相应的工作。

4. 实现供应链管理的特点

在一个完整的供应链中,"厚此薄彼"必然会使供应链出现薄弱环节,最终导致供应链的断裂。因此,企业必须对与批发商、上游制造商及下游零售商的关系都要重视。批发商可以与厂商联合搞配送和代理,可以和零售商联合搞批零一体化,可以与厂商和零售商联合搞产供销一体化。总之要与上游及下游靠得更近。

供应链管理与传统的物料控制及储运管理有很大的不同,主要表现在以下四个方面:

(1)它将供应链看成一个整体,而不是看成是由采购、制造、分销与销售等构成的一些分离的功能块。

(2)它要求并最终依靠对整个供应链进行战略决策,"供应"是整个供应链各个功能部门的共同目标,坚持这一点具有战略意义,因为它对整个供应链的成本及供应链的市场份额有重大影响。

（3）供应链管理理论对库存有不同的解释，库存不一定是必需的，它只是起平衡作用的最后的工具。

（4）供应链管理要求采用系统的集成化的管理方法来统筹整个供应链的各个功能。为了确保达成共同目标，高层管理部门采取一定办法消除供应链内各个部门之间的目标冲突是十分重要的。

（三）供应链管理的发展阶段

由于供应链理论源于物流管理的研究，其产生背景不可避免地与物流管理联系在一起。从早期的物流管理发展到供应链管理经历了以下几个阶段。

1. 储存、运输和采购等功能分离，各自单独经营的阶段

就仓储业而言，这段时间的业务主要是储存货物，储存期一般为半年到一年，周转率每年 1~2 次。在此期间，许多工厂都自己建造仓库，但增值率不高。仓库多为封闭型、储存型，通常可称为"储备仓库"。

2. 部分功能集成

做到部分物流活动结合，例如采购与物料控制、库存控制功能结合成物料管理，送货与分拣、拣选等结合成配送。集成只限于某几种功能，并未扩展到全部物流活动。本阶段仓储业发生了重大变化，能满足越来越多的生产需要。货物周转越来越快，储存期越来越短，仓库由"储备型"转向"流通型"。此外，随着科学技术的发展和连锁经营的出现与兴起，企业对物流的要求也发生了变化。本阶段提出了配送的概念，出现了配送中心。

3. 企业内部的物流一体化，把物流各项功能集中起来，当做一个系统管理

以前的物流管理多为分项管理，把采购、运输、配送、储存、包装、订单处理、库存控制等物流功能割裂开来，各自为政。结果各部分都力图使自己的成本最小化，却忽略了整个物流系统的总成本，忽视了各要素之间的相互作用。事实上，各部分的优化并不能保证整个系统的最优化，因为物流的各部分存在冲突。例如，为了降低运输成本而增加仓库数量必然会增加在物流设施设备上的投资；降低库存数量能减少库存资金占压、节省仓储费用，却可能损害顾客服务水平。发展到本阶段后，企业物流管理的目标不再是使某一种功能的成本最小，而是要通过所有功能之间的平衡降低企业整个物流系统的总成本，或者在一定的服务水平上使物流成本合理化。

（四）供应链管理的主要领域和内容

1. 供应链管理的四个主要领域

网络时代的供应链管理是以同步化、集成化生产计划为指导，以各种技术为支持，尤其以 Internet 为依托，围绕供应、生产作业、物流、满足需求来实施的。

供应链管理主要涉及的四个主要领域即供应、生产计划、物流、需求。在以上四个领域划分的基础上，我们可以将供应链管理细分为职能领域和辅助领域。职能领域主要包括产品工程、产品技术保证、采购、生产控制、库存控制、仓储管理、分销管理;辅助领域主要包括客户服务、制造、设计工程、会计核算、人力资源、市场营销。

2. 供应链管理的主要内容

供应链管理关心的不仅仅是物料实体在供应链中的流动,除了企业内部与企业之间的运输问题和实物分销以外,供应链管理还包括以下主要内容。

(1)战略性供应商和用户合作伙伴关系管理。

(2)供应链产品需求预测和计划。

(3)供应链的设计(全球节点企业、资源、设备等的评价、选择和定位)。

(4)企业内部与企业之间物料供应与需求管理。

(5)基于供应链管理的产品设计与制造管理、生产集成化计划、跟踪和控制。

(6)基于供应链的用户服务和物流(运输、库存、包装等)管理。

(7)企业间资金流管理(汇率、成本等问题)。

(8)基于 Internet 的供应链交互信息管理等。

二、供应链管理与物流管理

目前,关于供应链管理和物流管理,存在许多理解上的混乱。很多人都简单地将它作为物流管理的一个同义词,相互替代使用,而对供应链管理与传统的企业内部的物流管理不加区别,一定程度上造成了供应链管理概念的滥用。

(一)供应链管理与传统物流管理的联系

供应链管理与物流管理之间存在着不可割裂的联系,它可以称为物流管理与系统管理、制造管理等其他管理思想相互融合的产物,是物流管理由内部一体化向外部一体化发展的过程中产生的一种管理思想。因此,将它视为一种高度一体化的、广义的物流管理策略也未尝不可,然而,它源于物流管理,却高于物流管理,它与传统的企业内部的一体化物流管理有着根本区别。

人们最初提出"供应链管理"一词,是用来强调物流管理过程中,在减少企业内部库存的同时,也应考虑减少企业之间的库存。随着供应链管理思想越来越受到欢迎和重视,其视角早已拓宽,不仅仅着眼于降低库存,其管理触角伸展到企业内外的各个环节、各个角落。从某些场合下人们对供应链管理的描述来看,它类似于穿越不同组织界限的、一体化的物流管理。

实质上,供应链管理战略的成功实施,必然以成功的企业物流管理为基础。能够真正认识并率先提出供应链管理概念的企业,也是一些具有丰富物流管理经验和先进物流管理水平的世界级顶尖企业。这些企业在研究企业发展战略的过程中发现,面临日益激化的市场竞争,仅靠一个企业和一种产品的力量,已不足以占据优势。企业必须与它的原料供应商、产品分销商、第三方物流服务者等结成持久、紧密的联盟,共同建设高效率低成本的供应链,才能够从容应对市场竞争,并取得最终胜利。正因为如此,有专家感叹,21世纪的竞争将不是个别企业和产品的竞争,而是供应链的竞争。

(二)供应链管理和物流管理的区别

供应链管理并不能等同于物流管理。供应链管理与物流管理的区别在哪里呢?

一般而言,供应链管理涉及制造问题和物流问题两个方面,物流涉及的是企业的非制造领域问题。两者的主要区别表现在:

(1)物流涉及原材料、零部件在企业之间的流动,而不涉及生产制造过程的活动。

(2)供应链管理包括物流活动和制造活动。

(3)供应链管理涉及从原材料到产品交付给最终用户的整个物流增值过程,物流涉及企业之间的价值流过程,是企业之间的衔接管理活动。

物流管理在供应链管理中有着重要的作用。通过价值分布来考察,可以发现,物流价值(采购和分销之和)在各类型的产品和行业中都占到了整个供应链价值的一半以上,制造价值不到一半。而在消费品和一般工业品中,物流价值的比例更大,达80%以上。这充分说明了物流的价值意义。

因此,供应链是一个价值增值过程,有效地管理好物流过程,对于提高供应链的价值增值水平有着举足轻重的作用。

(三)供应链中物流管理的特点

与传统的纵向一体化物流模型相比,供应链管理环境下的信息流量大大增加。需求信息和反馈信息不是逐级传递,而是以网络形式传递的,企业通过EDI和计算机网络可以很快掌握供应链上不同环节的供求信息和市场信息。因此,在供应链环境下的物流系统有三种信息在系统中运行,即需求信息、供应信息、共享信息。

共享信息的增加对供应链管理而言是非常重要的。由于可以做到共享信息,供应链上任何节点的企业都能及时地掌握市场的需求信息和整个供应链的运行情况,每个环节的物流信息都能透明地与其他环节进行交流与共享,从而避免了需求信息的失真现象。

对物流网络规划能力的增强,也反映了供应链管理环境下的物流特征。它充分利用第三方物流系统、代理运输等多种形式的运输和交货手段,降低了库存的压力和安全库存水平。

作业流程的快速重组能力极大地提高了物流系统的敏捷性。通过消除不增加价值的过程和时间,使用供应链管理的物流系统进一步降低成本,为实现供应链的敏捷性、精细化运作提供基础性保障。

对信息跟踪能力的提高,使供应链物流过程更加透明化,也为实时控制物流过程提供了条件。在传统的物流系统中,许多企业有能力跟踪企业内部的物流过程,但没有能力跟踪企业之外的物流过程,这是因为没有共享的信息系统和信息反馈机制。

合作性与协调性是供应链管理的一个重要特点。如果没有物流系统的无缝连接,运输的货物逾期未到,顾客的需求不能得到及时满足,采购的物资常常中途受阻,都会使供应链的合作性大打折扣。因此,无缝连接的供应链物流系统是使供应链获得协调运作的前提条件。

灵活的物流服务提高了用户的满意度。通过制造商和运输部门的实时信息交换,及时地把用户关于运输、包装和装卸方面的要求反映给相关部门,提高了供应链管理系统对用户个性化响应的能力。

归纳起来,供应链环境下的物流管理的特点可以用如下几个术语简要概括:信息共享、过程同步、合作互利、交货准时、响应敏捷、服务满意。

三、供应链管理的发展趋势

(一)IT 系统集成供应链管理

随着信息技术的发展与管理思维的创新,有效的供应链管理正取而代之成为公司赢得竞争优势的重要源泉。

供应链管理虽然对产品或服务的有效传递非常重要,但不少公司常把供应链视为一种成本而不是当做潜在的区分产品或服务的手段。其实,公司能够通过优化其流通网络与分销渠道、减少库存量、加快库存周转来改进其供应链。要做到这些,关键是进行更好的集成,提高每个公司对整体供应链中即时信息的可见度。对此,IT 系统发挥了重要的作用。

在供应链中欠缺的是制造商、分销商和顾客之间的联系,有关顾客需求的实时信息无法及时反馈,导致对顾客反应的滞后。所以,有必要增加链中各方获得信息的及时性与可见性。通过使公司给其顾客以及顾客的顾客"想得到的",供应链管理将会成为差别化竞争优势的一个重要来源。

近十年来,ERP 系统、EDI、Internet、Intranet 和 Extranet 等关键技术的应用使很多公司实现了经营一体化,为实施更高水平的供应链管理提供了支持。

(二)大规模定制变革供应链

品牌化在增加顾客忠诚度的同时,也为此付出了昂贵的代价。换个角度讲,有效地管理供应链既能实现成本节约与服务改善,实质性降低公司经营费用,也能使公司有更多时间去关注顾客。可以发现,它比品牌化带给公司的价值要多。

一个高效的供应链可以产生优质的顾客服务水准,最终也带给顾客更多的价值。为了使众多的顾客关注供应链,公司必须采取创新的思维与方法,开发新的流程与系统。大规模定制(mass customization,MC)是优化供应链、增强对顾客反应能力的一种有意义的方式,它给传统的生产、流通和消费模式带来冲击。大规模按顾客订单定制不仅仅是一个制造过程、物流系统或营销战略,它还可能成为 21 世纪公司的产业组织原则,就像大批量生产是这个世纪的组织原则一样。

　　大规模定制是供应链管理挑战品牌经营的有力手段,这种方法正在被许多产业应用,以便为顾客更好地服务。它在提高服务质量的同时,简化了整个需求判断的过程,并且使人认识到只有提供那些能够反映顾客特定需求的产品才是最好的服务。Internet 与电子商务的进一步普及,为定制业务的开展创造了良好的基础环境。传统的生产模式使制造商与顾客隔离开来,是一种一对多的关系,这种体系意味着顾客的需求和公司提供给市场的标准化产品只能是模糊近似的吻合,要做到顾客完全满意根本不可能。工厂把产品推向市场,实际上对需求仍缺乏真正的了解,而品牌经营试图通过形象来弥补这个缺陷。大规模定制能够充分了解、捕捉与满足顾客的真正需求,因为它是根据顾客的实际选择,按订单制造、交货的,没有生产效率的损失,且实现了一对一的直接联系。按订单制造更有把握获利,因为库存与仓容减少,且顾客满意。现在,它正促使某些传统的以大量生产为核心的公司开展大规模定制来满足市场需求,增进与顾客的关系。Dell 公司的成功正说明了这一点。

　　(三)供应链动态集成系统

　　供应链动态集成系统(dynamic supply chain integration system, DSCIS)是以整个供应链优化为对象的集成系统,这与传统的供应链集成系统是不相同的。

　　(1)管理的本质从过去的控制转变为协调。竞争形势要求在全球范围内做出快速决策,那种传统的递阶式等级制决策管理模式显然无法适应这种形势。于是管理决策由集中转向分散,管理的本质也由控制转变成协调。分散化决策并不是局部"各自为政",它要以全球化的信息和知识共享为基础。

　　(2)集成的范围不仅是生产制造系统,甚至主要不是企业内部,而是要把供应商—生产制造商—用户需求全方位地集成到一起,从而建立起一个市场需求(用户)反应灵敏、对原料供应变化适应迅速的系统。

　　(3)系统的关联手段已不是以计算机为核心,而是以网络为核心,特别是广泛采用Internet/Intranet技术。上述跨国家/地区、跨企业的协调管理作用离开网络技术显然是无法实现的。

　　(4)优化的目标从传统的成本最低或利润最大转变为使客户最满意和服务创新,这是因为知识经济本质上是服务型经济,如果没有客户满意和服务创新就占不到市场份额,经济效益也就无从谈起。

　　总之,供应链优化集成是一项庞大的系统工程,无论是"无缝集成"也好,还是通过标准接口使用多种供应商的软件集成也好,都要由专业集成商担负主要工作。那种由过程制造企业依靠自己内部力量"自力更生"的时代已成为过去。在工业发达国家,这种专业集成公司已愈来愈多,而我国尚不多见。这是一个很大的市场,如果我们自己不去占领,必然就会让外国集成商占领,这是我们在 21 世纪初面临的严峻挑战。

第五节　畅想供应链管理平台

一、畅想供应链管理平台概述

畅想供应链管理平台基于公共基础标准数据库,实现异构系统之间的数据交换。生产企业客户和商业企业客户可以通过内置于供应链管理平台的用户服务系统来发布交易信息并达成交易。另外,生产企业和商业企业还能够通过公共基础标准数据库提供的系统接口将自身的系统集成到供应链管理平台当中。供应链管理平台能够采集来自不同异构系统当中的数据,并将这些数据标准化成为能够在整个供应链管理系统范围内共享的数据。

生产企业和商业企业达成交易之后,可以同时发出物流作业指令,供应链管理平台能够将用户的物流指令集中起来,传递到物流一体化平台,由物流一体化平台统一进行调度。

生产企业和商业企业在交易过程中发生的各种费用可以通过供应链管理平台中的费用管理功能进行查询、统计和结算。

二、系统的总体流程

(一)生产企业和销售企业的交易流程

以采购单的传输为例,销售企业通过自身的销售系统编制采购单,提交采购单时,会触发数据接口中的标准化程序,将采购单的数据格式以及数据内容标准化,然后发送至生产企业系统,接收时再将标准化采购单转化成生产系统的数据格式和数据内容,如图1-6所示。

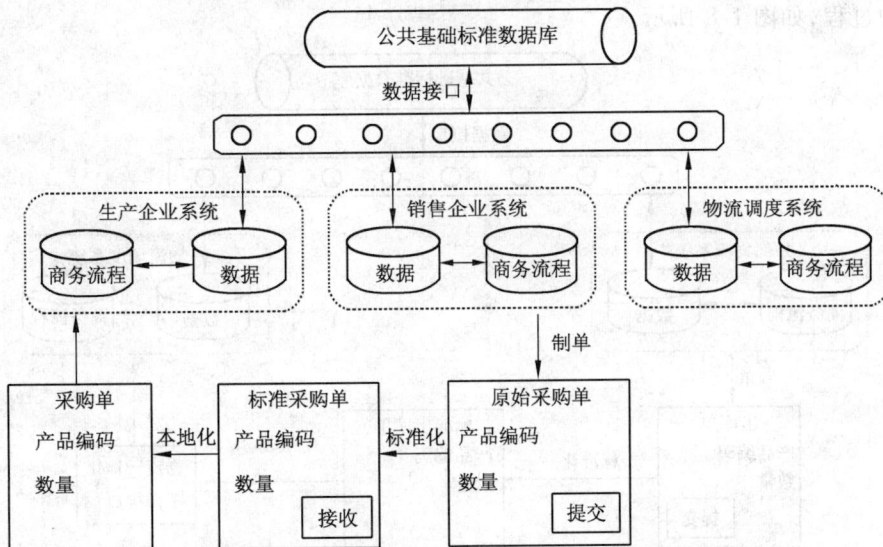

图1-6　生产企业与销售企业在供应链管理平台下的数据处理流程

（二）物流指令发布流程

销售企业与物流一体化平台的信息交互过程与生产企业相同,如图 1-7 所示。

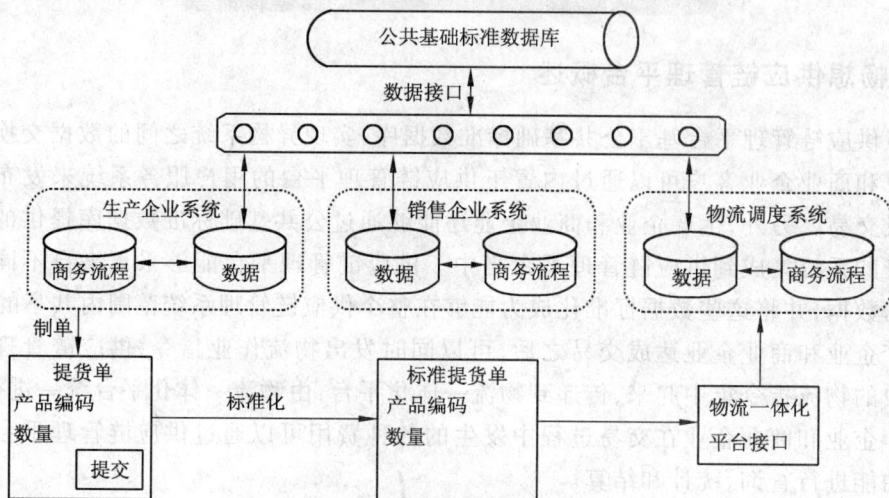

图 1-7　物流指令发布的数据处理流程

（三）物流一体化平台与外部物流企业的交互流程

（1）第一种情况,如果物流企业使用的是 CX－SCMS 的子系统 CX－WMS、CX－TMS 等系统,数据格式是统一的,那么可以直接对物流一体化平台的数据库进行存取。

（2）第二种情况,如果物流企业使用的是其他的系统,那么在数据传递时,需要有一个标准化的过程,如图 1-8 所示。

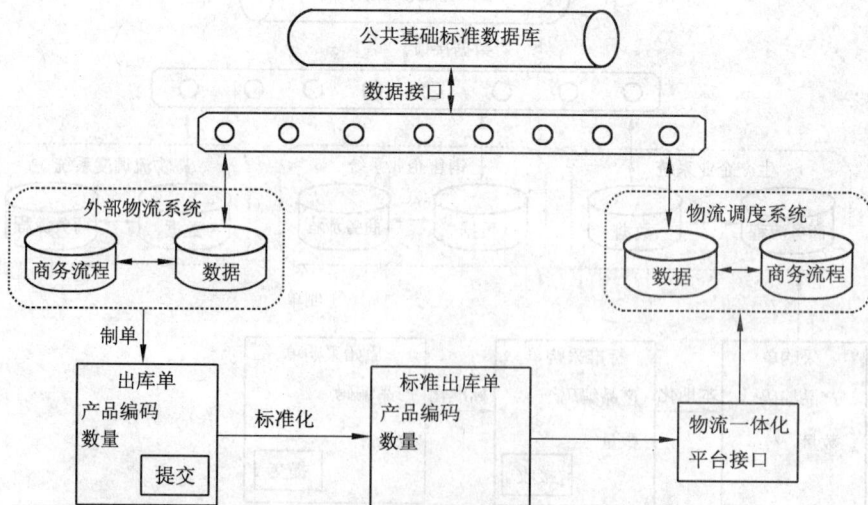

图 1-8　物流一体化平台与外部物流企业交互的数据处理流程

三、功能模块设计

系统的功能模块包括：系统管理、基础数据管理、数据库管理、生产客户服务、商业客户服务、统计报表、费用管理、接口设置。各模块业务设计如图1-9所示。

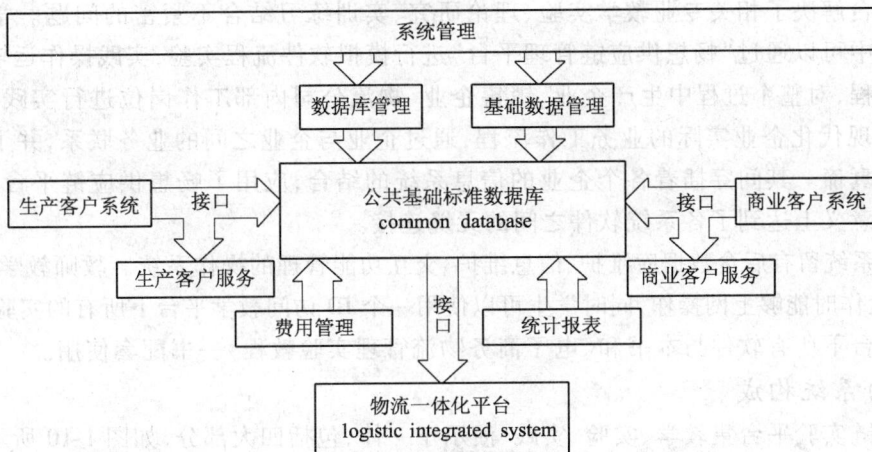

图1-9 各功能模块业务设计

第六节 供应链实验平台

一、供应链实验平台介绍

随着现代物流的日益发展，在物流信息系统的广泛应用的大潮推动下，我国近年来已经形成了对物流管理专业人才的巨大需求，这就给各院校提出了培养物流管理专业人才的任务。物流管理专业人才的培养一定要同物流的发展实践相结合，要具备相应的教学实验的网络环境和适合教学、实验的物流模拟系统。为适应各级院校的需要，由北京网路畅想科技发展有限公司(21世纪中国电子商务网校)承担开发了具有先进性与科学性的实验室解决方案——畅想供应链实验平台。

(一)设计思想

北京网路畅想科技发展有限公司根据多年在电子商务和现代物流管理领域研究和实验室建设的经验，在2008年提出建设"畅想供应链实验平台"的完整解决方案，并付诸实施。

该实验平台基于供应链管理模型，以先进的计算技术和实验教学方法结合供应链管理系统CX-SCMS的数据接口技术，以供应链中各系统的具体运作为基础；连接了包含应用生产企业的ERP管理软件、销售企业的卖场MIS管理软件、物流企业的运输、仓储、配送、一体化管理软件等企业级管理系统,包含了集成网络在线课程学习、在线考试、在线题库等功能的畅想教育平台,包含了具备学生及教师实验流程管理功能的电子商务模拟、综合物流管理模拟、仓储模拟、国际贸易模拟等模拟软件,且包含了电子沙盘、物流视频课件、实验手册、RFID 演示系统、汉信码生成演示系统;形成了一个庞大的供应链实验体系。

该平台解决了相关专业教学实验、理论研究、实训练习结合不紧密的问题。学生在实验的过程中可以通过"畅想供应链管理平台"进行模拟软件流程实验,实践操作运输、配送、仓储等流程,对整个过程中生产企业、销售企业、物流公司内部工作岗位进行实践,基本上可以了解现代化企业实际的业务工作流程,通过企业与企业之间的业务联系,并了解供应链管理的真谛。其间穿插着各个企业的信息系统的结合,应用了畅想供应链平台系统,从而在真正意义上达到了各系统软件之间的无缝连接。

整个系统留有后台数据库维护、信息维护、交互功能管理的操作系统。教师教学、学生实验,模拟运作时能够上网操作,同时学生可以使用一个 ID 访问教学平台下所有的实验系统。

本平台下所有软件与本书和《电子商务物流管理实验教程》一书配套使用。

(二)系统构成

供应链实验平台集教学、实验、实践、演示于一体,包括四大部分,如图 1-10 所示。

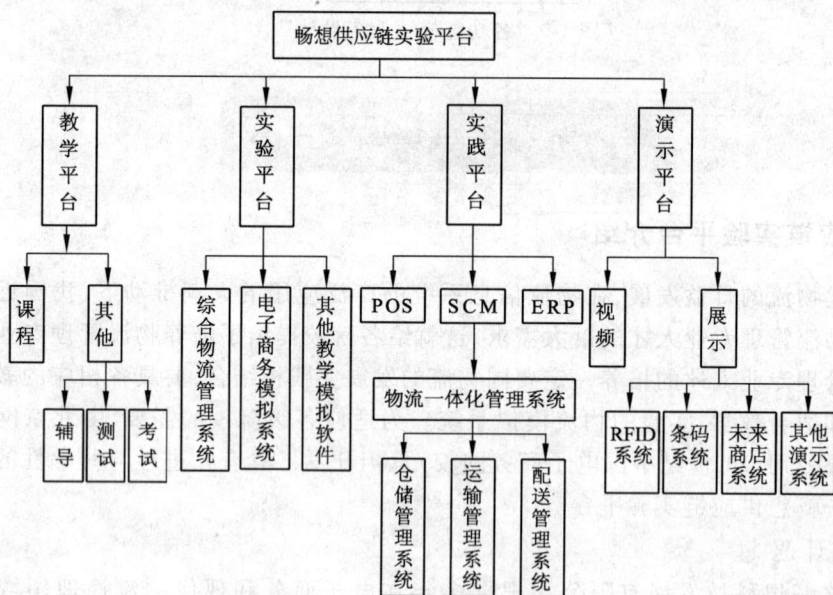

图 1-10 整体结构图

1. 教学平台

教学平台分为课程模块和其他模块,如图 1-11 所示。

2. 实验平台

实验平台分为五个模块,如图 1-12 所示。

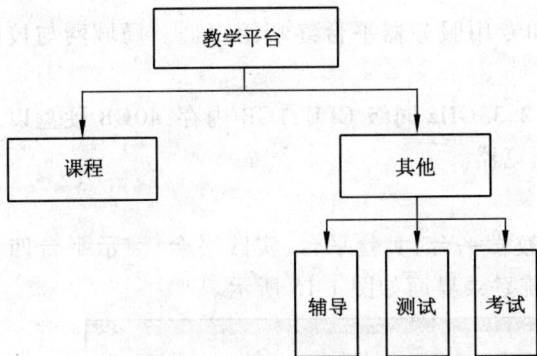

图 1-11 教学平台系统结构图

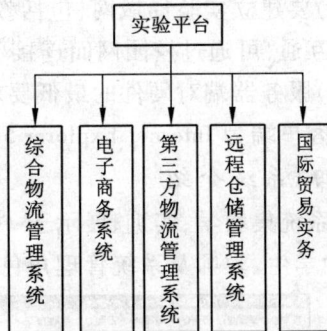

图 1-12 实验平台系统结构图

3. 实践平台

实践平台分为卖场管理系统、供应链管理平台、ERP 三部分,如图 1-13 所示。

4. 演示平台

演示平台分为视频和展示两部分,如图 1-14 所示。

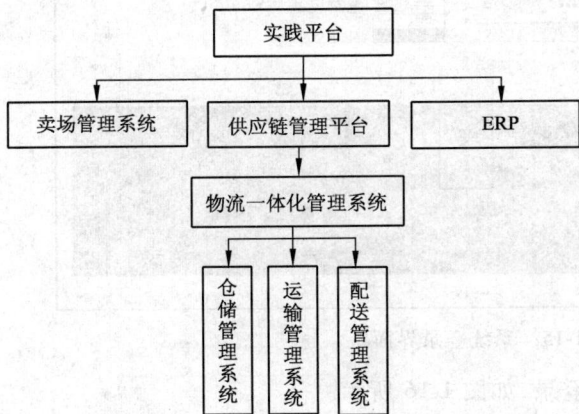

图 1-13 实践平台系统结构图

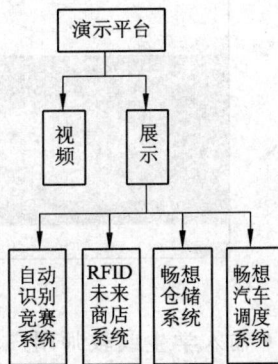

图 1-14 演示平台结构图

软件系统设计了多种标准接口,可以灵活扩充不同模块的辅助软件系统,实现了系统即插即用的工作方式。

所有商品的产品码严格按照国家标准《商品条码》的编制规则制定,所有企业的代码都采用国家标准《EDI 位置码》。

(三)环境要求

1. 软件要求

服务器操作系统为 Windows Server 2003,数据库为 SQL Server 2000。

2. 硬件要求

（1）要建立实验局域网，包括教学实验和专用服务器平台终端用户群。局域网与校园网互连互通，可通过校园网而连接 Internet。

（2）服务器端对硬件的最低要求为至强 2.33GHz 同级 CPU，1GB 内存，40GB 硬盘以上机型。客户端为 Internet Explorer 5.5 以上浏览器。

（四）系统介绍

该系统集教学、实训、展示于一体，包括教学平台、实验平台、实践平台、演示平台四大部分，由学生、教师及系统管理角色构成，系统登录界面如图 1-15 所示。

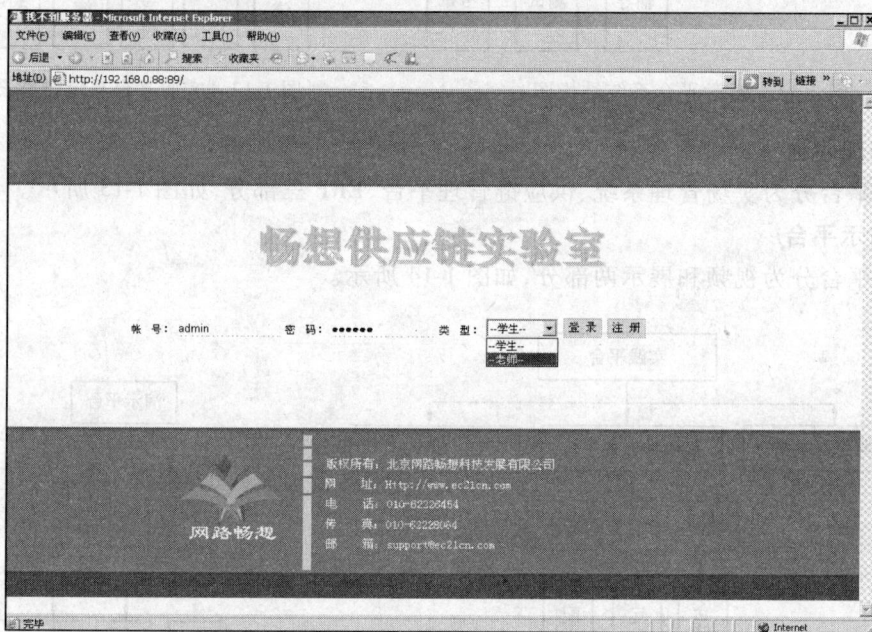

图 1-15　系统登录界面

- 输入学生或教师用户名及密码登录，如图 1-16 所示。
- 输入教师账号密码登录，如图 1-17 所示。
- 输入系统管理账号密码登录，如图 1-18 所示。

1. 教学平台

该系统为学校远程教育运营平台环境。它可以支持学校教学模式的网络化，实现学生与教师以及学校间类似实际教学模式的运营，方便远程教育机构及学校实现教学模式和流程的教学。

- 以教师账号登录畅想教育平台系统，如图 1-19 所示。
- 以学生账号登录畅想教育平台系统，如图 1-20 所示。

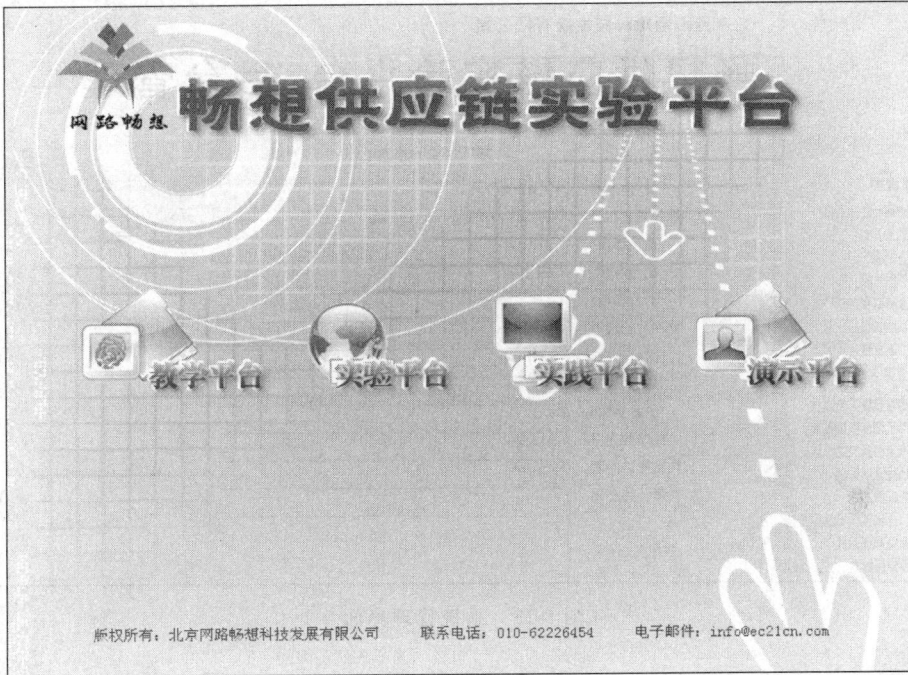

图 1-16 实验平台选择界面

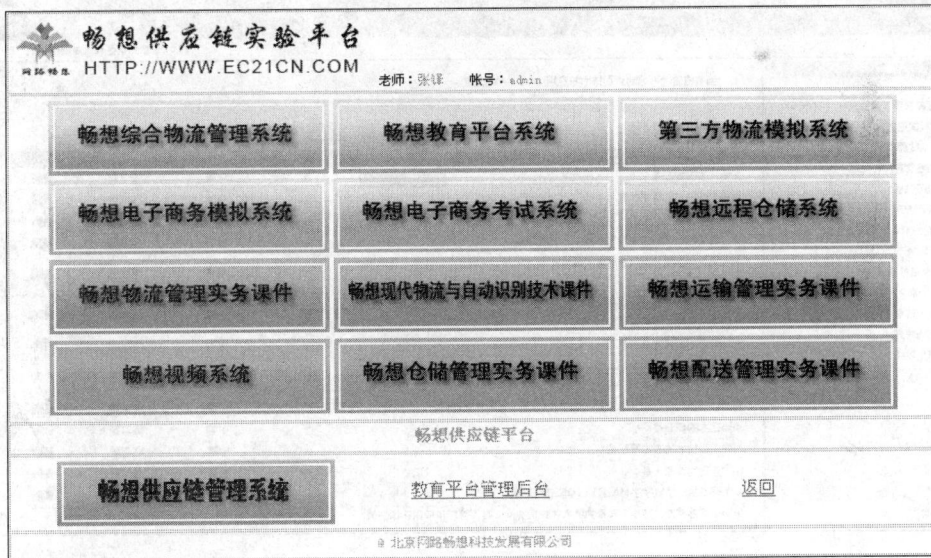

图 1-17 教师管理界面

物流实验教程

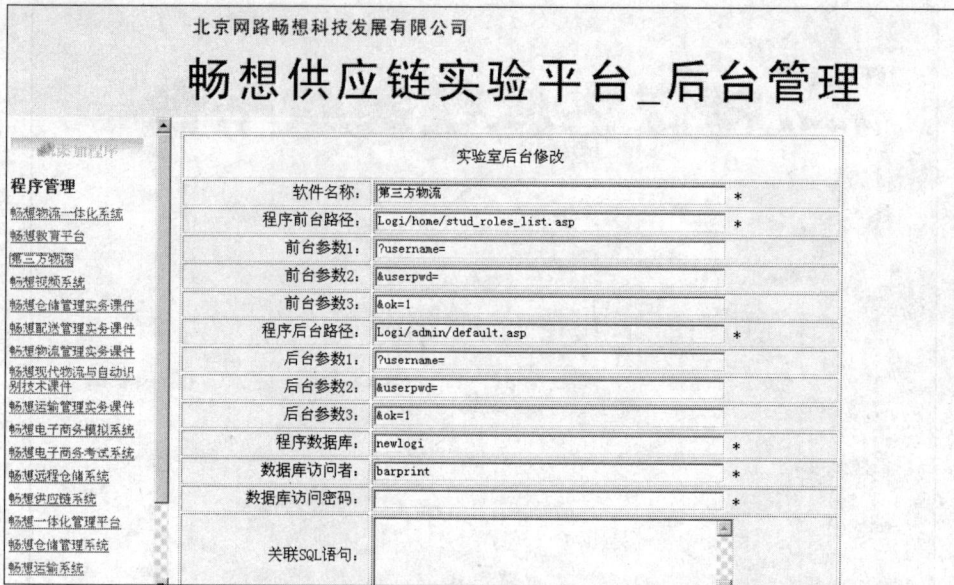

图 1-18　系统管理界面

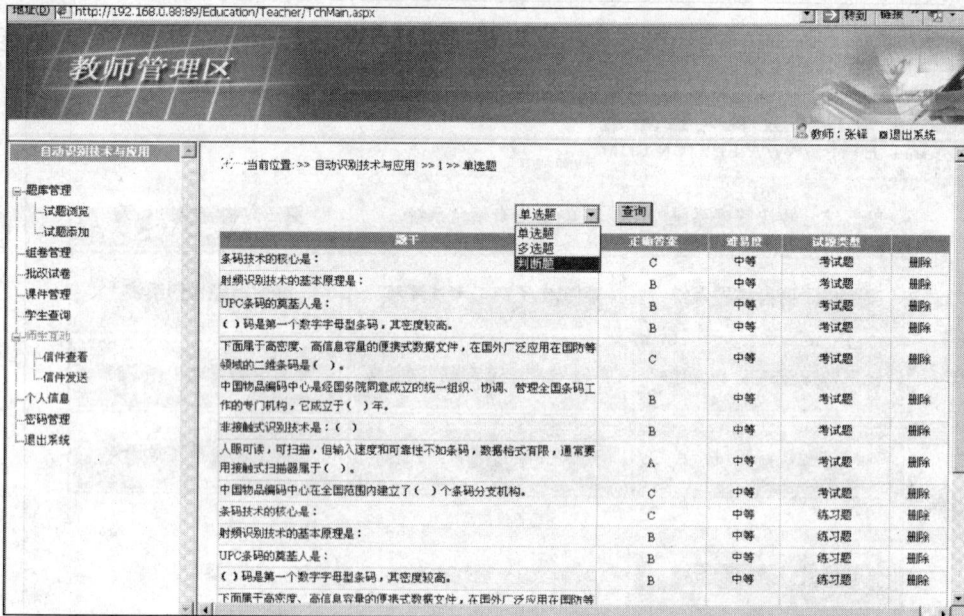

图 1-19　教育平台教师界面

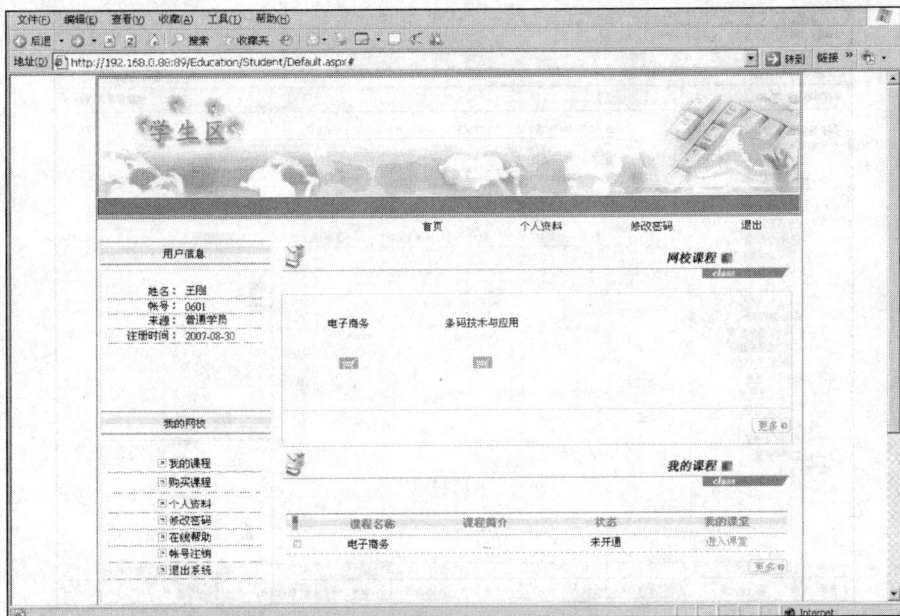

图 1-20　教育平台学生界面

2. 实验平台

畅想供应链实验平台如图 1-21 所示。

（1）教师选择实验软件可自动进入相关软件后台管理界面，如图 1-22 所示。

图 1-21　实验平台界面

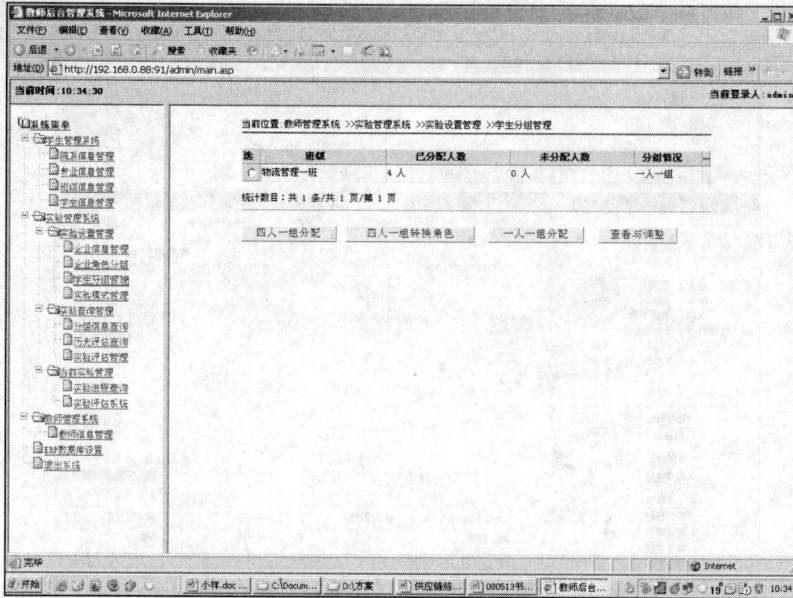

图 1-22 综合物流管理系统教师后台

（2）学生选择实验软件可自动进入相关软件，如图 1-23 所示。

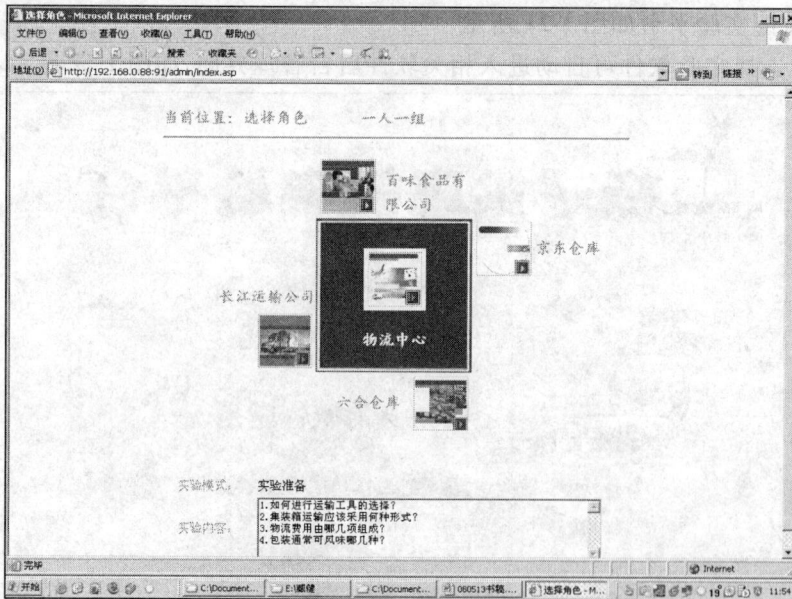

图 1-23 综合物流管理系统实验角色选择界面

3. 实践平台

卖场管理系统、生产企业管理系统可以与供应链管理系统无缝连接,在采购、生产、运输、仓储、配送、销售、结算、服务等现代物流过程环节和管理中对多生产企业、多销售企业、多物流企业应用提供全程模拟,构成完整物流供应链信息系统,如图1-24所示。

图 1-24 实践平台界面

通过实践部分的教学模拟软件、企业应用软件,也可以结合条码、RFID、GPS/GIS、无线移动等技术,运用相关物流设备,使学生掌握供应链过程中具有流程性质的核心活动,同时配合物流管理理论,学习物流作业原则、管理方法、实验操作规范等。

4. 演示平台

该平台以多媒体展示及演示操作为教学手段,由企业实际运作实景的视频课件、RFID在仓储及商场中的应用和条码生成系统等演示系统构成。使学生通过感性认知加深对理论知识的理解,如图1-25所示。

选择"演示系统"界面中的"未来商店演示系统"选项,该系统以服装为例,如图1-26所示。

- 选择"RFID畅想仓储演示系统"选项,如图1-27所示。
- 选择"畅想汽车调度演示系统"选项,如图1-28所示。
- 选择"条码自动识别竞赛系统"选项,如图1-29所示。

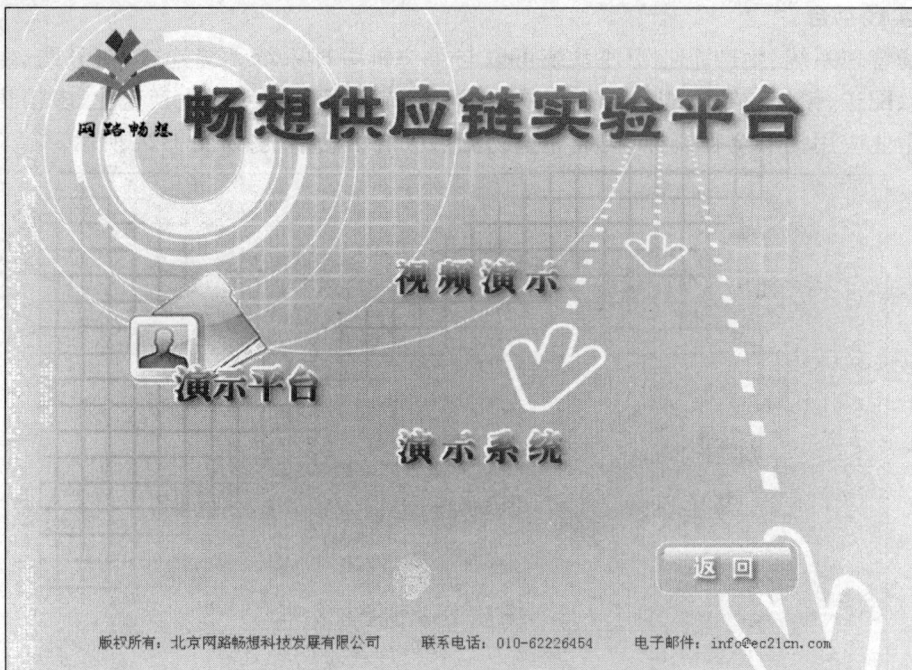

图 1-25　演示平台界面

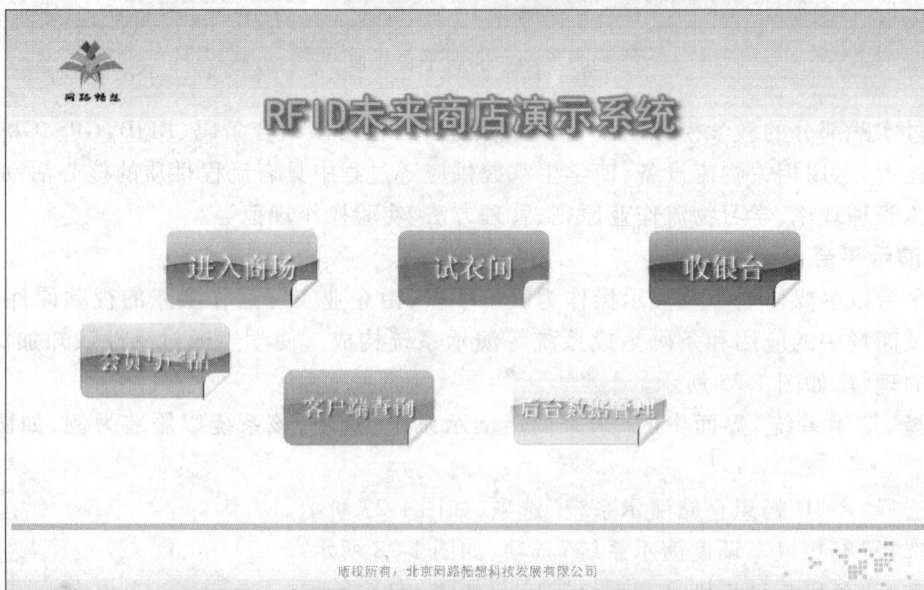

图 1-26　RFID 未来商店系统总界面

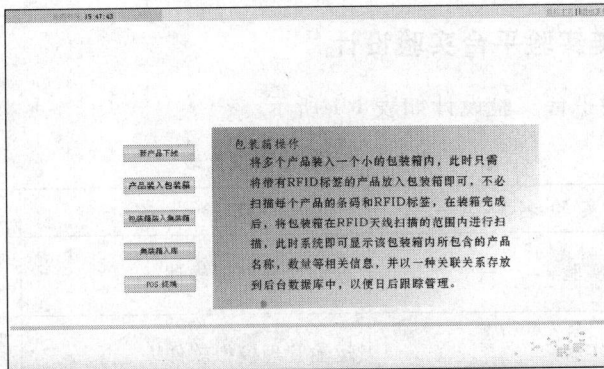

图 1-27　畅想仓储系统界面

图 1-28　畅想汽车调度系统界面

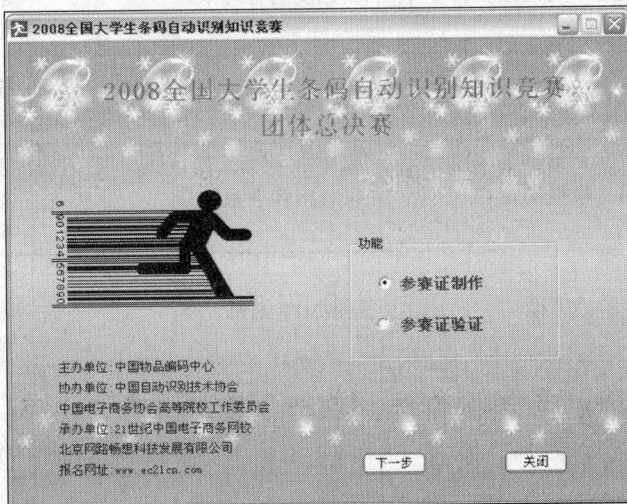

图 1-29　自动识别竞赛系统界面

二、畅想供应链实验平台实验设计

畅想供应链实验平台实验设计如表 1-1 所示。

表 1-1 实验课程设计表

序　号	实验名称	实验设备	相关课程
实验一	仓储管理实验	仓储管理模拟软件	现代物流学 仓储与配送管理
实验二	运输管理实验	运输管理模拟软件	现代物流学 运输管理实务
实验三	配送管理实验	配送管理系统	现代物流学 仓储与配送管理
实验四	ERP 管理实验	生产企业 ERP 系统	现代物流学 生产管理 ERP 概论
实验五	电子商务与物流流程模拟实验	畅想电子商务模拟软件 CX-EC Soft V6.0	现代物流学 电子商务 仓储与配送管理
实验六	第三方物流管理模拟实验	第三方物流管理系统软件 3PL Soft V1.0	现代物流学 仓储与配送管理 电子商务
实验七	卖场管理与采购模拟实验	畅想卖场管理系统	现代物流学 采购与库存管理 电子商务
实验八	国际货代管理	国际货代管理软件	现代物流学 国际物流实务
实验九	集装箱码头模拟实验	集装箱管理系统	国际物流实务 物流技术与应用 集装箱码头管理
实验十	GIS/GPS 系统模拟	GIS/GPS 系统	现代物流学 运输管理实务 物流成本管理
实验十一	运输路径优化	路径优化软件	现代物流学 运输管理实务 物流成本管理
实验十二	供应链模拟实验	畅想物流一体化管理系统	物流信息管理 物流系统分析

续表

序　　号	实 验 名 称	实 验 设 备	相 关 课 程
实验十三	自动识别应用设备的使用	综合物流管理系统	条码技术与应用 物流技术与应用 物流信息系统案例
实验十四	电子标签货物分拣实验	电子标签货物分拣系统	条码技术与应用 物流自动化
实验十五	仓储配送的实操和参观	现场演示和讲解	现代物流学 物流技术与应用 仓储与配送实务
实验十六	报关管理实验	国际贸易模拟软件	
实验十七	船代管理实验	船舶代理管理信息系统	

　　本书的第二章至第八章对各实验分别进行了详细的讲解。其中,实验五、六可参考高等教育出版社的高等学校电子商务专业课程系列教材《电子商务物流管理实验教程》(书号 ISBN 7-04-020344-8)一书的第一章和第二章。

　　实验十、十四、十五主要使用 GPS 车载终端、自动识别设备、电子标签分拣设备及自动化立体仓库硬件设备进行实操实验,要根据不同的应用软件和硬件单独设计实验教程。

　　实验八、九、十七属于国际物流部分,国际物流实验教程将另行成册。

本章小结

　　本章主要介绍了现代物流的概念及其发展、现代物流与电子商务的关系、现代物流管理与供应链管理的关系,并提供教学使用的供应链实验平台的结构、实验内容。应重点理解供应链实验平台的理念,重点理解现代物流的理念、现代物流管理与供应链管理的关系。

　　在以下的章节中,本书将对仓库管理系统、运输管理系统、配送管理系统、一体化管理系统、生产企业 ERP 系统和销售企业卖场管理系统实验进行详细的介绍。

复习思考

1. 解释现代物流的概念,并阐明现代物流发展的特点。
2. 解释物流信息化的概念,并叙述物流信息化建设的主要内容。
3. 说明现代物流与电子商务的关系。
4. 简述供应链管理与物流管理的联系与区别。

第二章
仓储管理系统

知识目标

掌握对仓储各环节实施全过程控制管理;

掌握对货物进行货位、批次、保质期、配送等实现条码标签序列号的管理;

掌握对整个收货、发货、补货、集货、送货等各个环节的规范化作业。

技能目标

熟练操作库存交易、库存移动、库存冻结/释放、库存盘点、库存调整、码盘通知、出库通知、预到货通知、收货、盲收、码盘功能模块;

熟悉出入库业务流程,掌握信息流的流动过程,熟练掌握建立与修改各项业务单据的方法。

第一节 仓储管理系统概述

一、系统介绍

畅想仓储管理系统(CX-WMS)是由众多资深的行业顾问经过对中国物流实践的丰富积累和对世界领先的物流行业最佳实践的充分理解后,进行设计和开发的。系统重点在于支持各个子仓库的收货、上架、拣货、发货和库存管理等业务操作。其目的是有效地提高仓库的操作效率和库存准确度。

畅想仓储管理系统还可以通过标准数据接口与畅想物流一体化管理平台相连,进一步扩展自身的功能,包括实现对在途库存的管理、多仓库的集成化管理等。在畅想供应链管理系统当中还应用了多种关键技术,包括汉信码技术、RFID 技术等。新技术的应用极大地提高了仓库的操作效率和准确度。

图 2-1 描述了畅想仓储管理系统所支持的物流活动的全过程,包括入库流程、出库流

程、库内管理以及相关费用统计。

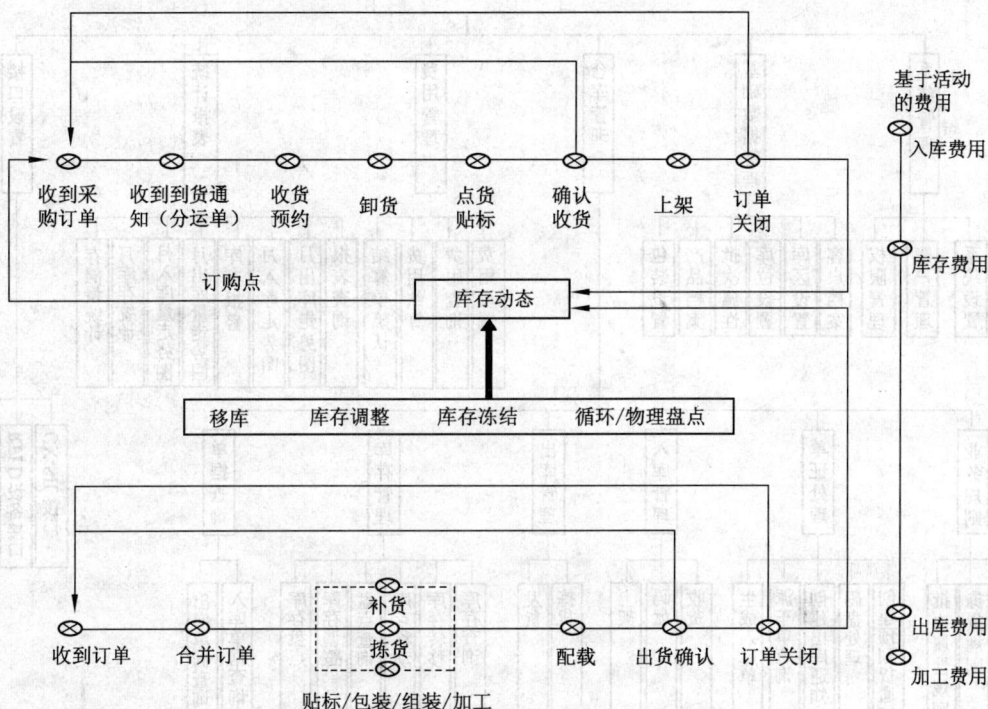

图 2-1　物流流转过程

二、功能说明

仓储管理系统设计和开发的重点在于提高仓库从收货、出货到库存管理等各个环节的准确性；提高从内部管理到外部服务的全过程的透明度；最优化仓库的关键业务流程，使操作效率和仓库利用率得到大幅度的提高；有效提高其客户的满意度，为客户提供更多的增值服务，帮助实施企业各部门的物流业务，增强各部门在仓储管理过程中的协调能力，从而提高工作效率，节省工作时间。

仓储管理系统对货物的入库、出库管理，以及订单的调配，体现了仓储管理全过程，是一整套体系，对物流仓储理论知识加以具体化；使用户熟悉物流企业实际运作环境、环节、程序、步骤和管理，同时熟悉物流设备的应用，加深对现代物流手段、物流设备作用的认识。畅想仓储管理系统由系统管理、基础数据管理、仓库管理、费用管理、统计报表、接口设置六个子系统构成，通过设置系统功能权限，使系统最大化地适应当前的实际应用情况，软件结构如图 2-2 所示。

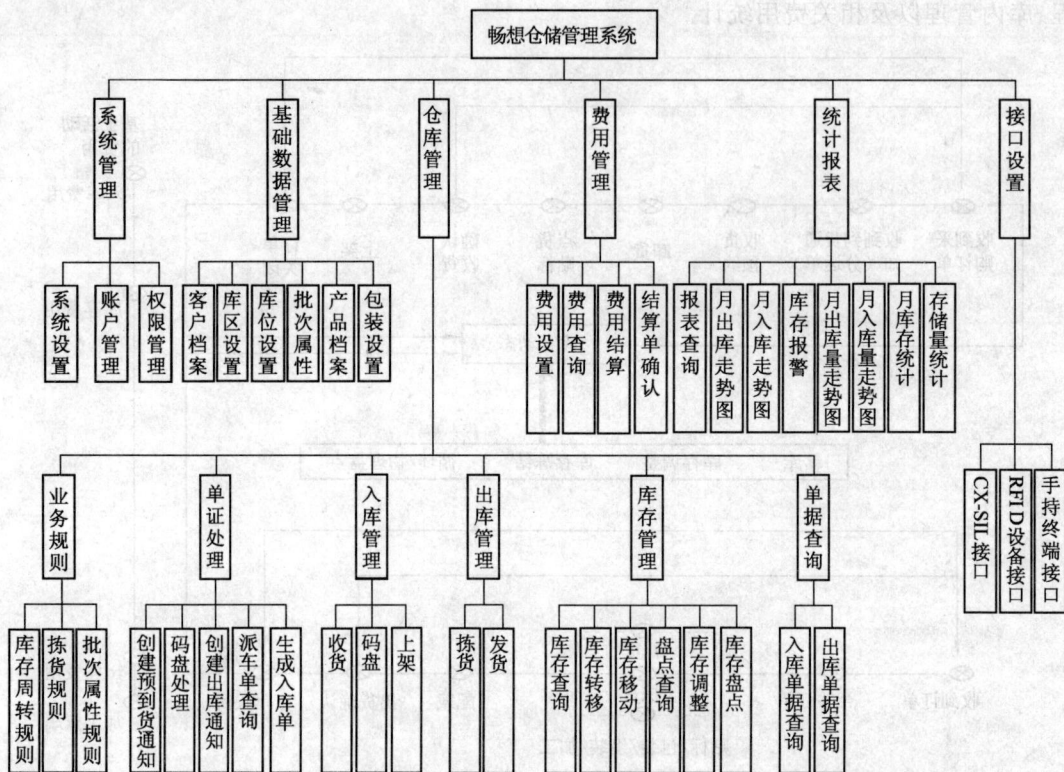

图 2-2　仓储管理系统结构图

第二节　实验安排

一、系统角色概述

系统分设九个岗位进行实验:业务受理员、入库管理员、库存管理员、出库管理员、统计分析员、会计人员、仓库主管、仓库经理、系统管理员如表 2-1 所示。

表 2-1　系统角色描述

业 务 角 色	描　　　述
业务受理员	进行各种类型客户单证的录入和预处理
入库管理员	组织入库作业,记录入库信息
库存管理员	组织库内作业,记录库存交易信息
出库管理员	组织出库作业,记录出库信息

业务角色	描　　述
统计分析员	对库存交易信息、客户信息进行分析,创建报表,统计结算业务费用
会计人员	（略）
仓库主管	创建制定仓库管理规则,业务单据审核,及库存调度统筹计划
仓库经理	平时较少使用系统,主要利用系统进行一些业务信息的查询
系统管理员	维护系统,管理用户账户和支持系统运作的基础信息

二、岗位职责详细描述

岗位职责详细描述如表 2-2 所示。

表 2-2　岗位职责描述

部门/机构	岗位名称	岗位职责
业务部	业务受理员	创建预到货通知、创建码盘方案、创建出库通知、查询单据状态
	入库管理员	查询预到货通知、生成入库单、入库产品分配库位
	出库管理员	查询出库通知、生成拣货单、分配出库任务、生成出库单
	库存管理员	查询库存交易、查询库存余量、创建盘点清单、分配盘点任务、调整库存、转移库存
	统计分析员	查询报表、统计月库存、查询月入库走势、查询月出库走势、查询库存报警、查询统计存储量、设置仓储管理费用、费用结算、结算单完成确认
管理部	会计人员	（略）
	主管	设置库位分配规则、库存周转规则、拣货规则、批次属性规则、包装规则、仓储费用
	经理	查询报表、统计月库存、查询月入库走势、查询月出库走势、查询库存报警、查询统计存储量、查询客户档案、查询产品档案、查询出/入库单据、查询业务规则、查询系统用户、查询费用设置、查询库存信息、查询盘点信息
系统维护部	系统管理员	管理客户档案、设置批次属性、设置包装规则、设置库区规则、设置库位规则、管理产品档案、管理系统用户、管理用户权限、管理系统模块

三、注册新用户

注册新用户,操作步骤如下:

（1）单击"注册"按钮，弹出提示信息对话框，如图 2-3 所示。

图 2-3　系统登录界面

（2）单击"确定"按钮，弹同"用户注册—网页对话框"对话框，如图 2-4 所示。

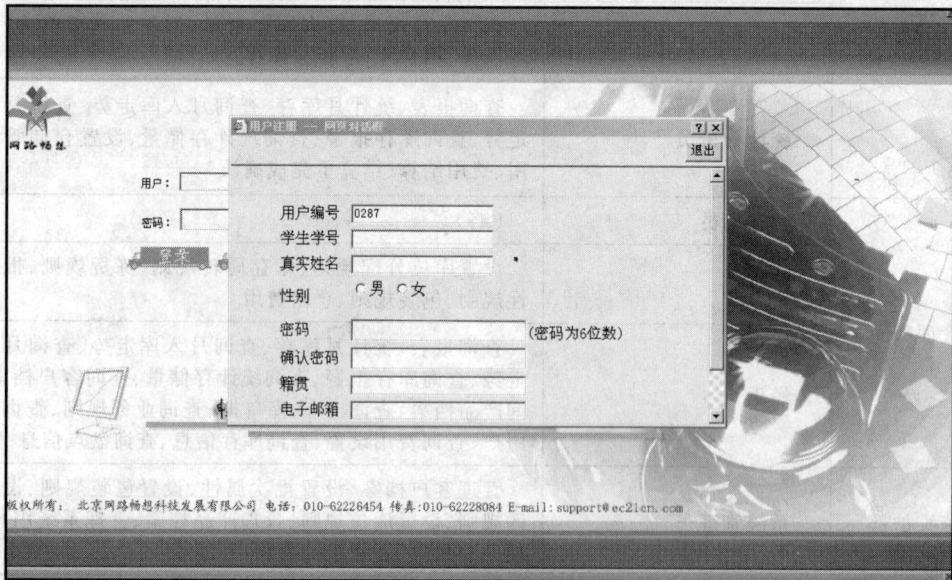

图 2-4　注册界面

（3）按提示一一填写好数据，如图2-5所示。

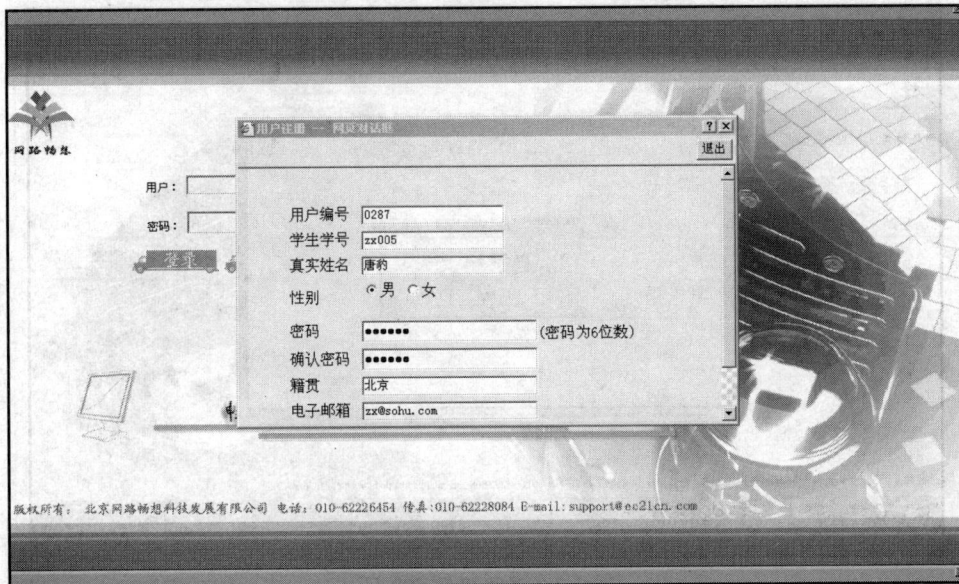

图 2-5　注册信息

（4）单击"注册"按钮，弹出提示信息对话框，如图2-6所示。

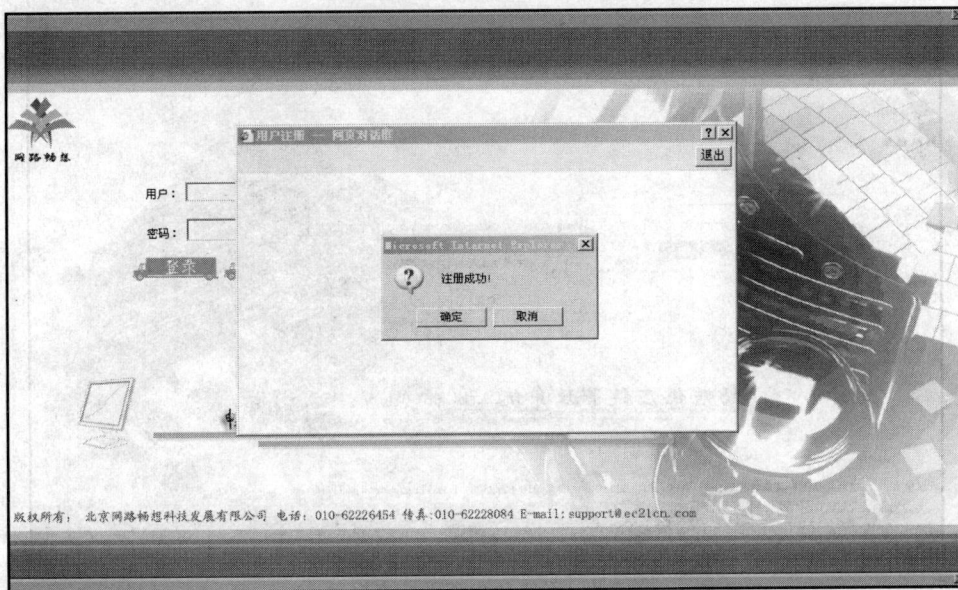

图 2-6　注册成功

（5）单击"确定"按钮，弹出提示信息对话框，如图2-7所示。

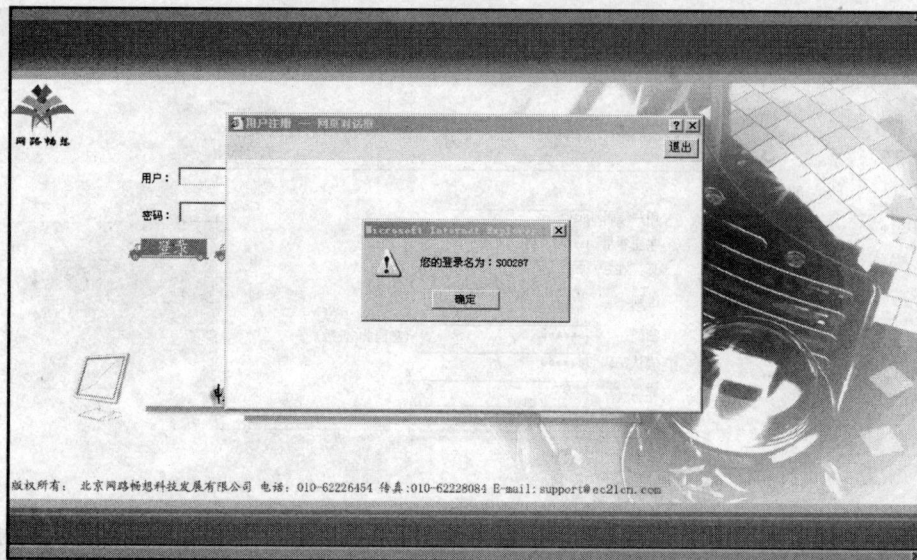

图 2-7　系统提供的账号

注册用户成功，用户可得到登录名称，根据该登录名称及注册时设置的密码登录系统。当未注册用户且登录名及密码为空时，系统将会提示检查用户名密码，如图2-8所示。

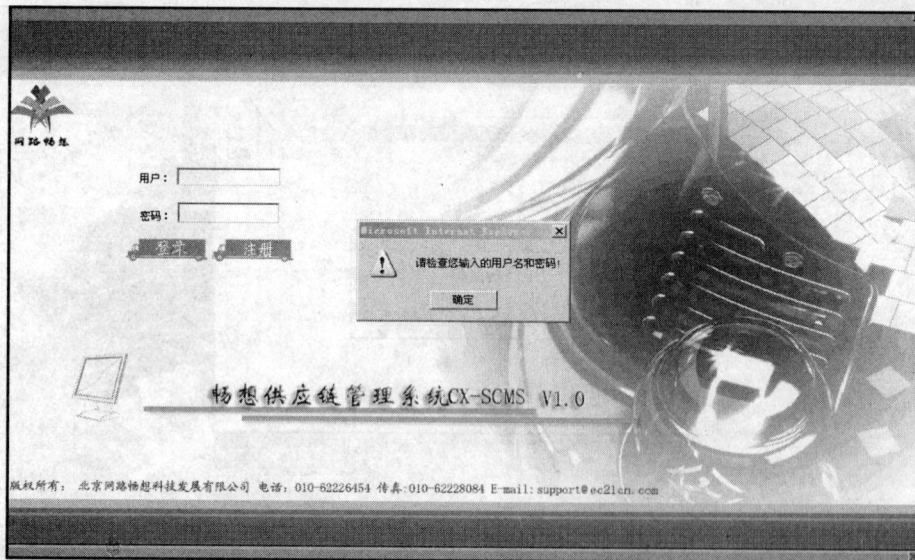

图 2-8　用户名和密码检查提示

进入选择具体操作界面，其中子系统包括系统管理、基础数据管理、业务调度、业务管理，单击"注销"按钮可退回主界面重新登录。

四、实验授权

（一）角色实验授权

在学生进行角色功能实验的时候，需要先给学生授权，操作步骤如下：

（1）进入系统后，选择"用户管理"→"用户角色管理"命令，弹出"用户角色管理"对话框，如图 2-9 所示。

图 2-9　角色授权界面

（2）在"企业名称"下拉列表框中选择"中仓 C 总公司"选项，在职位下拉列表框中会显示职位名称，选择与实验对应的职位，如图 2-10 所示。

（3）选择用户，在要分配的角色前选中复选框，单击"授权"按钮，如图 2-11 所示。

（4）单击"确定"按钮，授权成功。如需查询，可单击"用户查询"按钮，如图 2-12 所示。

（5）输入查询条件，单击"确定"按钮，系统显示查询结果，如图 2-13 所示。

（二）流程实验授权

流程实验授权操作步骤如下：

（1）选择"用户管理"→"用户分组设置"命令，弹出"用户分组设置"对话框，如图 2-14 所示。

（2）在"企业名称"下拉列表框中选中企业，在这里选择"中仓 C 总公司"选项，再选择要进行的实验流程，单击"自动分组"按钮，系统将根据选择条件进行自动分组，如图 2-15 所示。

（3）单击"确定"按钮，右窗格中显示出分组结果，如图 2-16 所示。

图 2-10　职位选择

图 2-11　授权角色

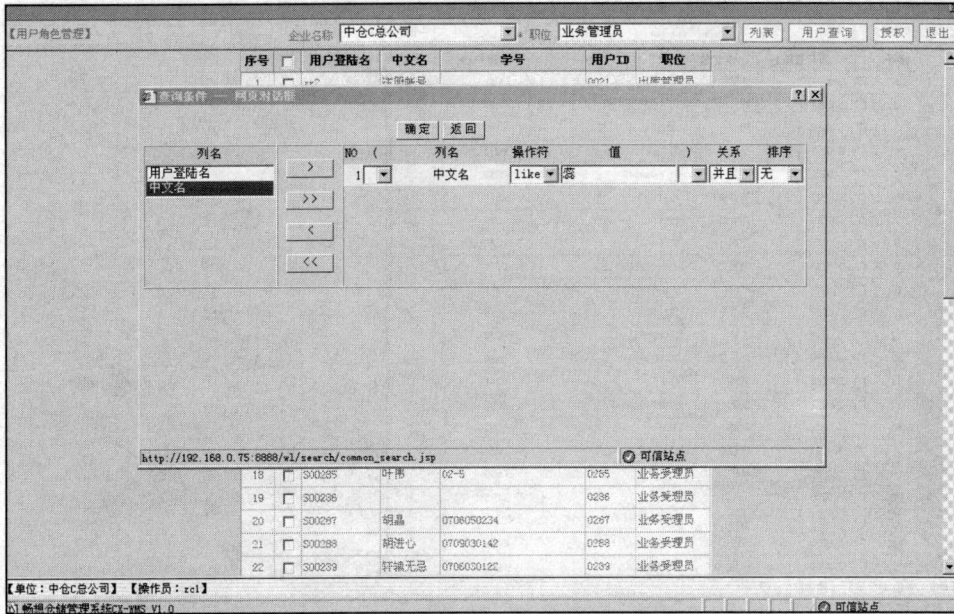

图 2-12 用户查询选项

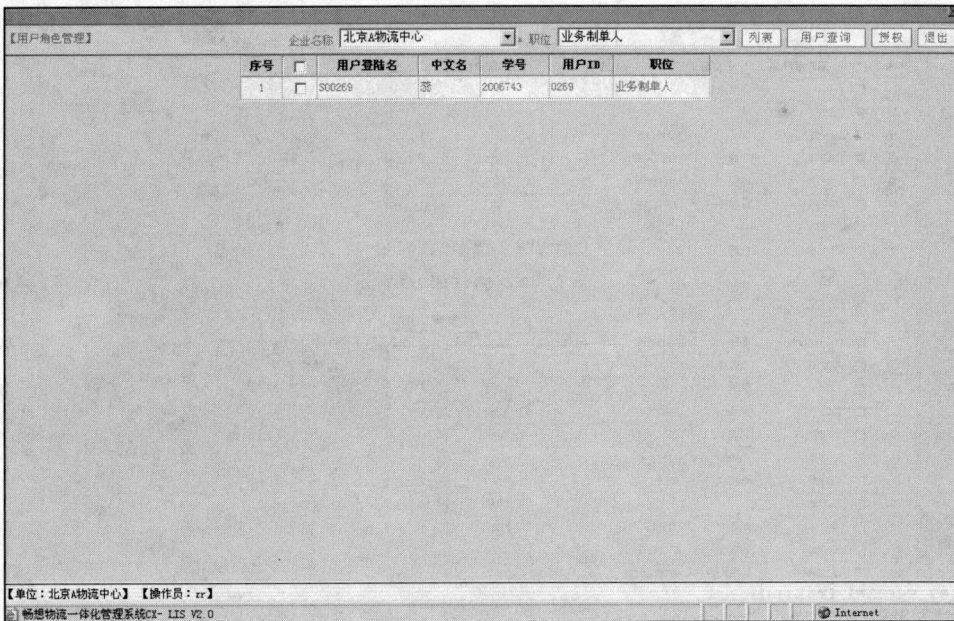

图 2-13 查询结果

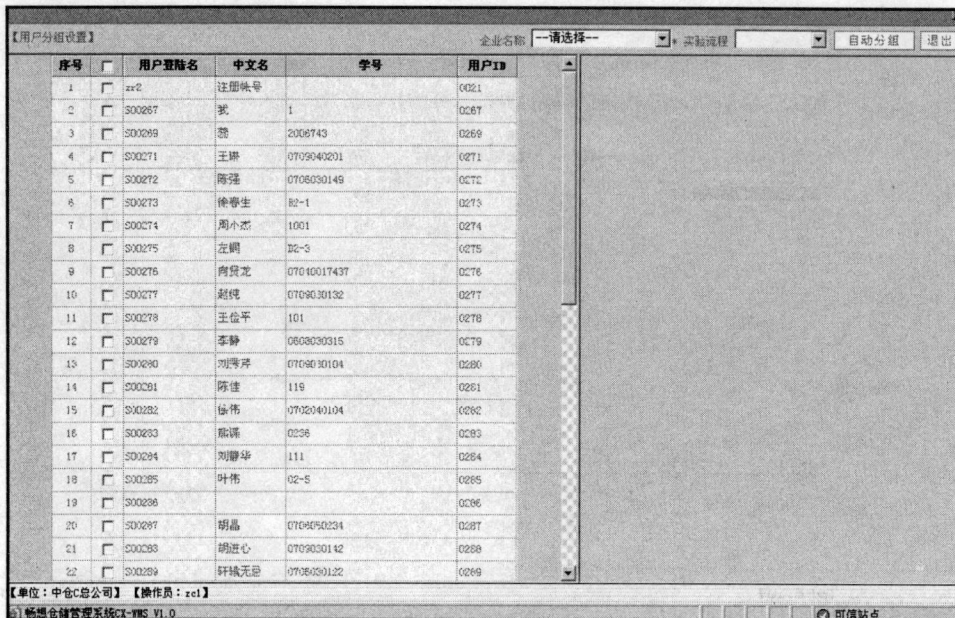

图 2-14　流程实验授权

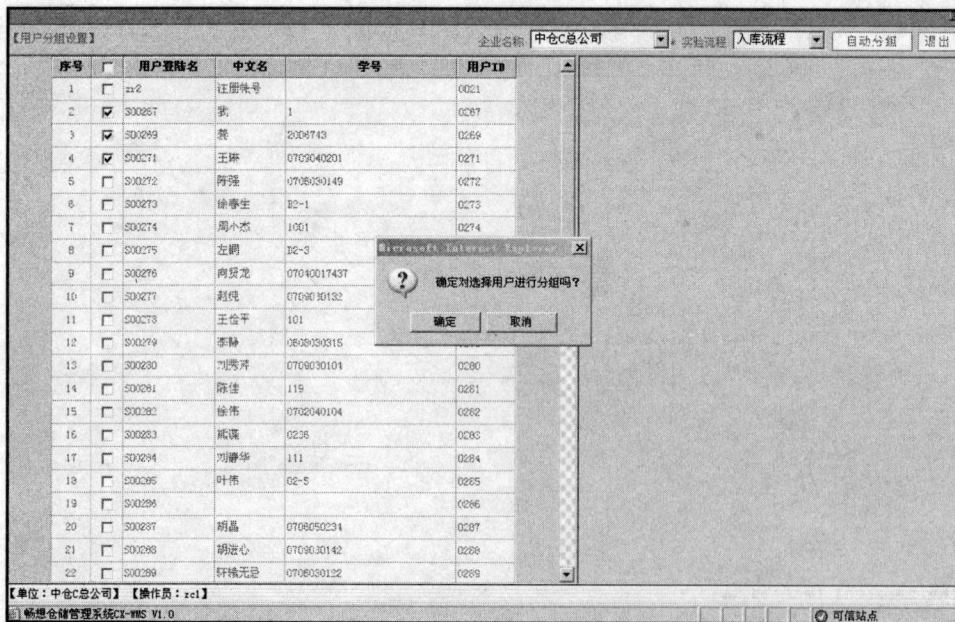

图 2-15　实验分组

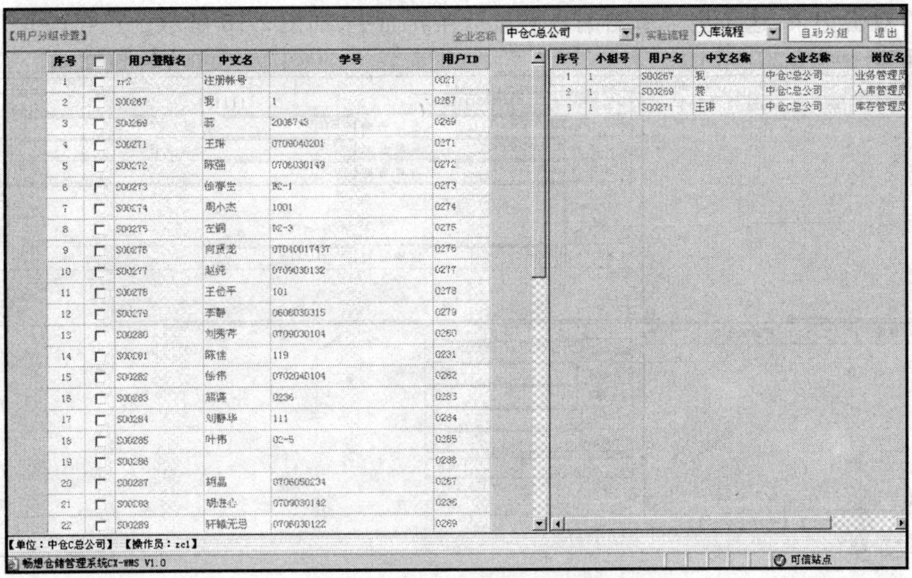

图 2-16　自动分组结果

第三节　实验操作

一、岗位角色功能实验

（一）实验一　业务受理员实验

在本实验中可以完成创建预到货通知、码盘处理、派车单查询、创建出库通知、生成入库单业务操作。

1. 创建预到货通知

实验前提：仓库中已建立完整基础数据。

创建预到货通知操作步骤如下：

（1）以"业务受理员"的角色登录系统，进入创建预到货通知界面，创建预到货通知，对预到货通知进行查询、增加、修改、删除操作。单击"创建预到货通知"按钮，进入"创建预到货通知"界面，如图 2-17 所示。

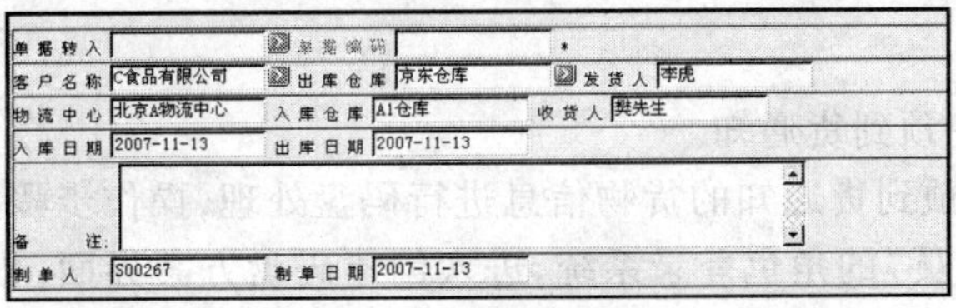

图 2-17　创建预到货通知

（2）双击记录，这条记录单据编号将显示在界面中，如图2-18所示。

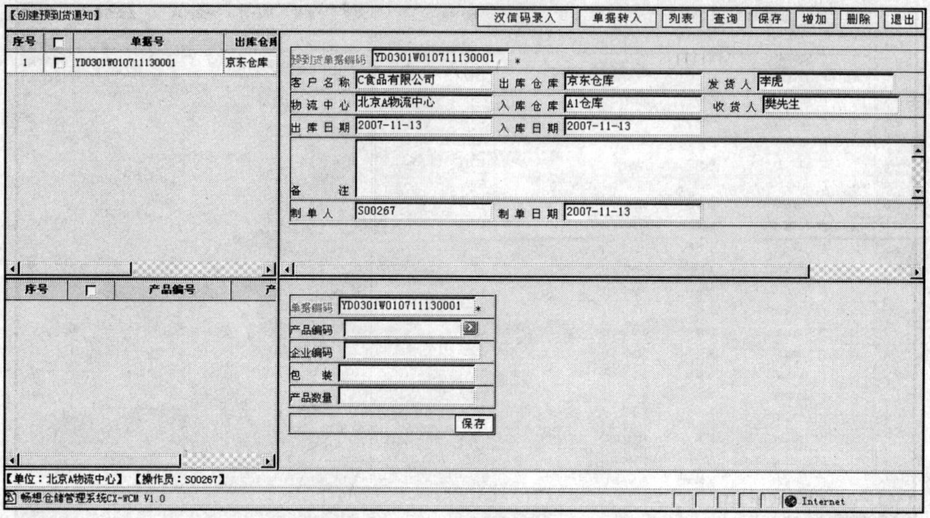

图 2-18　预到货单据

（3）单击产品编码旁的蓝色按钮，双击产品名称，填写产品数量，单击"保存"按钮，并单击"单据输入"按钮，如图2-19所示。

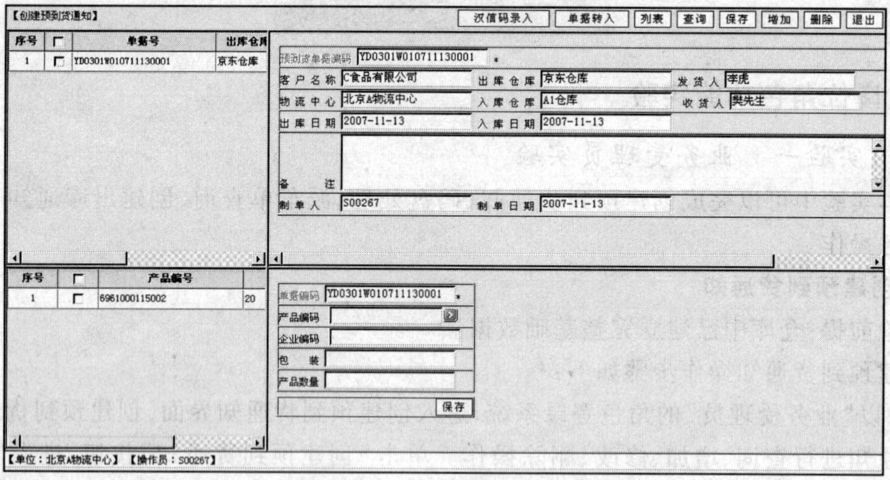

图 2-19　设置产品及数量

2. 码盘处理

实验前提：已创建预到货通知。

码盘是对已创建预到货通知的货物信息进行码盘处理，操作步骤如下：

（1）以"业务受理员"的角色登录系统，进入创建码盘方案界面，创建码盘方案，对未进行码盘的单据进行查询。

（2）单击"码盘处理"按钮,进入"码盘处理"界面,如图 2-20 所示。

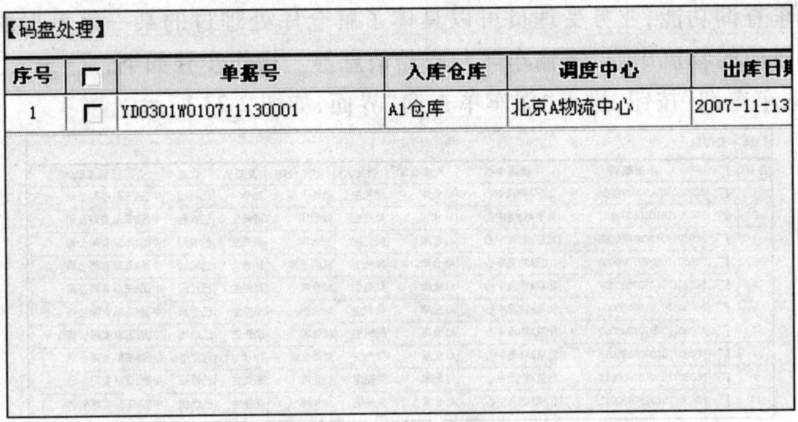

序号	☐	单据号	入库仓库	调度中心	出库日期
【码盘处理】					
1	☐	YD0301W010711130001	A1仓库	北京A物流中心	2007-11-13

图 2-20　码盘处理

（3）选中一条产品记录,单击"码盘"按钮,对该条单据进行码盘处理,如图 2-21 所示。

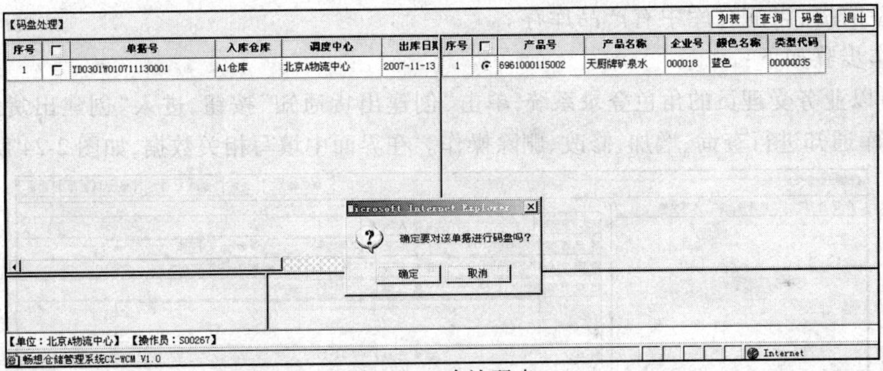

图 2-21　确认码盘

（4）单击"确定"按钮,即可进行码盘,如图 2-22 所示。

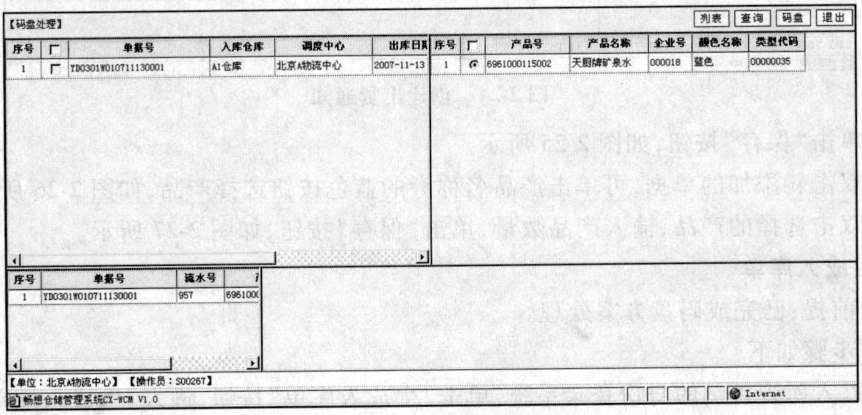

图 2-22　码盘处理

3. 派车查询

通过派车查询功能,业务受理员可以具体了解仓库处理过的某一笔单据的详细信息,包括此单据对应的物流中心、运输车队和商品信息等。操作步骤如下:

单击"派车查询"按钮,进入"派车单查询"界面,如图 2-23 所示。

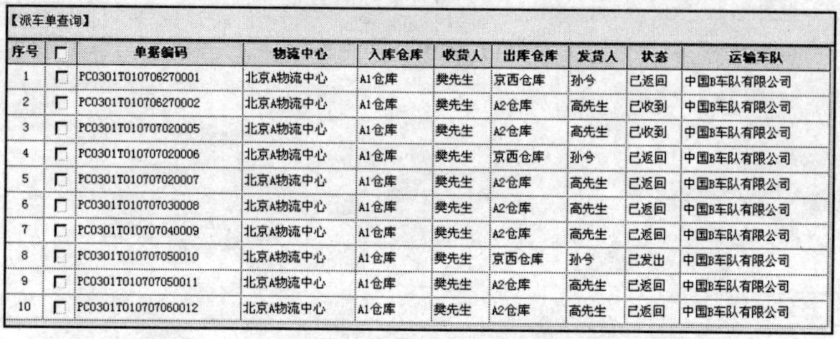

序号		单据编码	物流中心	入库仓库	收货人	出库仓库	发货人	状态	运输车队
1	□	PC0301T010706270001	北京A物流中心	A1仓库	樊先生	京西仓库	孙今	已返回	中国B车队有限公司
2	□	PC0301T010706270002	北京A物流中心	A1仓库	樊先生	A2仓库	高先生	已收到	中国B车队有限公司
3	□	PC0301T010707020005	北京A物流中心	A1仓库	樊先生	A2仓库	高先生	已收到	中国B车队有限公司
4	□	PC0301T010707020006	北京A物流中心	A1仓库	樊先生	京西仓库	孙今	已返回	中国B车队有限公司
5	□	PC0301T010707020007	北京A物流中心	A1仓库	樊先生	A2仓库	高先生	已返回	中国B车队有限公司
6	□	PC0301T010707030008	北京A物流中心	A1仓库	樊先生	A2仓库	高先生	已返回	中国B车队有限公司
7	□	PC0301T010707040009	北京A物流中心	A1仓库	樊先生	A2仓库	高先生	已返回	中国B车队有限公司
8	□	PC0301T010707050010	北京A物流中心	A1仓库	樊先生	京西仓库	孙今	已发出	中国B车队有限公司
9	□	PC0301T010707050011	北京A物流中心	A1仓库	樊先生	A2仓库	高先生	已返回	中国B车队有限公司
10	□	PC0301T010707060012	北京A物流中心	A1仓库	樊先生	A2仓库	高先生	已返回	中国B车队有限公司

图 2-23　派车单查询界面

4. 创建出库通知

实验前提:当前仓库中有产品库存。

操作步骤如下:

(1)以业务受理员的角色登录系统,单击"创建出货通知"按钮,进入"创建出货通知"界面,对出库通知进行查询、增加、修改、删除操作。在界面中填写相关数据,如图 2-24 所示。

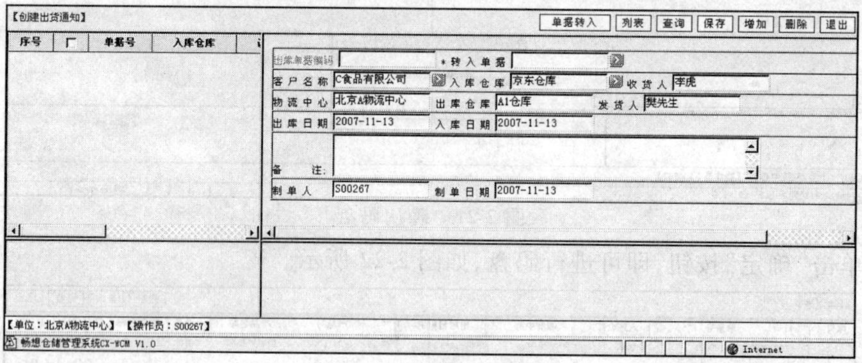

图 2-24　创建出货通知

(2)单击"保存"按钮,如图 2-25 所示。

(3)双击新添加的单据,可单击产品名称旁的蓝色按钮选择产品,如图 2-26 所示。

(4)双击选择的产品,输入产品数量,单击"保存"按钮,如图 2-27 所示。

5. 生成入库单

实验前提:已完成码盘方案处理。

操作步骤如下:

(1)以入库管理员的身份登录系统,单击"生成入库单"按钮,进入"生成入库单"界面,如图 2-28 所示。

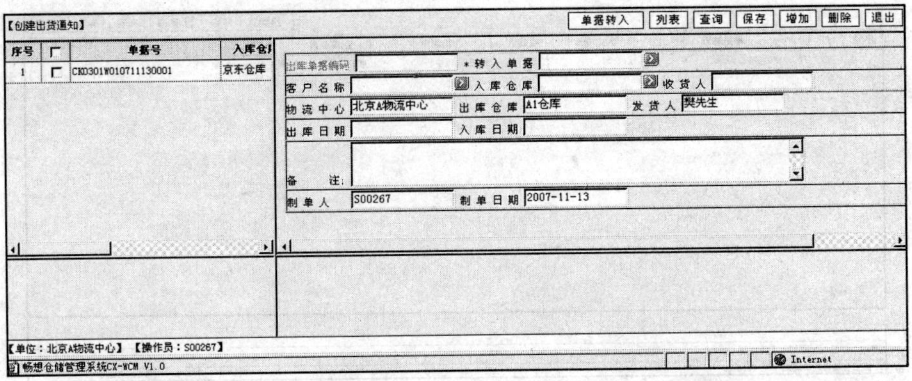

【创建出货通知】　　　　　　　　　　　　　单据转入　列表　查询　保存　增加　删除　退出

序号	□	单套号	入库仓
1	□	CK0301W010711130001	京东仓库

出库单据编码 [　　　　　　] *转入单据 [　]
客户名称 [　　　　] 入库仓库 [　] 收货人 [　]
物流中心 [北京A物流中心] 出库仓库 [A1仓库] 发货人 樊先生
出库日期 [　　] 入库日期 [　　]
备　注 [　　　　]
制单人 S00267 制单日期 2007-11-13

【单位：北京A物流中心】【操作员：S00267】
畅想仓储管理系统CX-WCM V1.0　　　　　　　Internet

图 2-25　保存单据

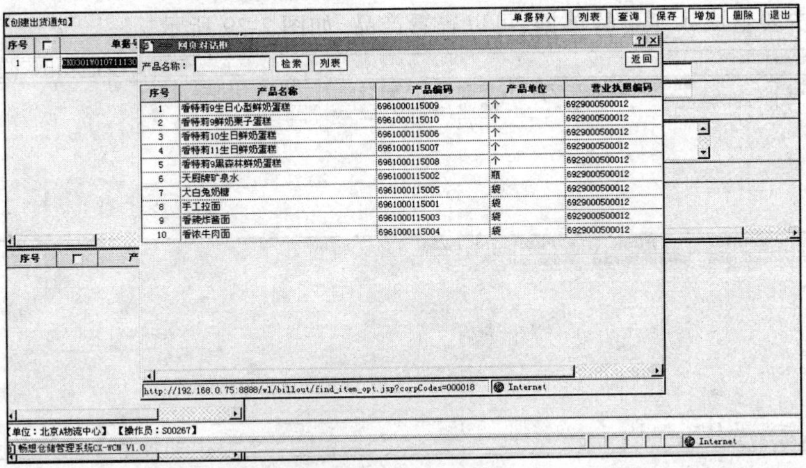

【创建出货通知】　　　　　　　　　　　　　单据转入　列表　查询　保存　增加　删除　退出

序号	□	单套号	
1	□	CK0301W010711130	

网页对话框
产品名称：[　　　] 检索　列表　　　　　　　　返回

序号	产品名称	产品编码	产品单位	营业执照编码
1	香特莉9生日心型鲜奶蛋糕	6961000115009	个	6929000500012
2	香特莉9鲜奶果子蛋糕	6961000115010	个	6929000500012
3	香特莉10生日鲜奶蛋糕	6961000115006	个	6929000500012
4	香特莉11生日鲜奶蛋糕	6961000115007	个	6929000500012
5	香特莉9黑森林鲜奶蛋糕	6961000115008	个	6929000500012
6	天赐牌矿泉水	6961000115002	瓶	6929000500012
7	大白兔奶糖	6961000115005	袋	6929000500012
8	手工拉面	6961000115001	袋	6929000500012
9	香脆炸酱面	6961000115003	袋	6929000500012
10	香辣牛肉面	6961000115004	袋	6929000500012

序号	□	产

http://192.168.0.75:8888/wl/billout/find_item_opt.jsp?corpCode=000018　　Internet

【单位：北京A物流中心】【操作员：S00267】
畅想仓储管理系统CX-WCM V1.0　　　　　　　Internet

图 2-26　选取出库产品

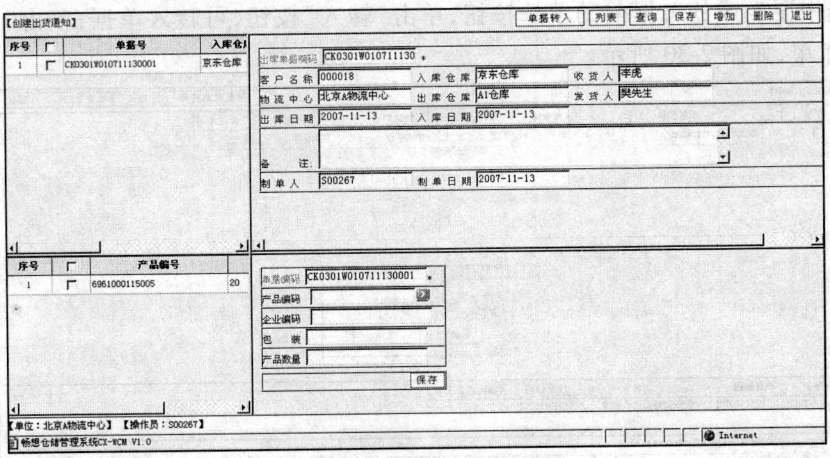

【创建出货通知】　　　　　　　　　　　　　单据转入　列表　查询　保存　增加　删除　退出

序号	□	单套号	入库仓
1	□	CK0301W010711130001	京东仓库

出库单据编码 CK0301W010711130 *
客户名称 000018 入库仓库 京东仓库 收货人 李虎
物流中心 北京A物流中心 出库仓库 A1仓库 发货人 樊先生
出库日期 2007-11-13 入库日期 2007-11-13
备　注 [　　　　]
制单人 S00267 制单日期 2007-11-13

序号	□	产品编号	
1	□	6961000115005	20

单套编码 CK0301W010711130001 *
产品编码 [　　]
企业编码 [　　]
包　装 [　　]
产品数量 [　　]
保存

【单位：北京A物流中心】【操作员：S00267】
畅想仓储管理系统CX-WCM V1.0　　　　　　　Internet

图 2-27　添加出库产品数量

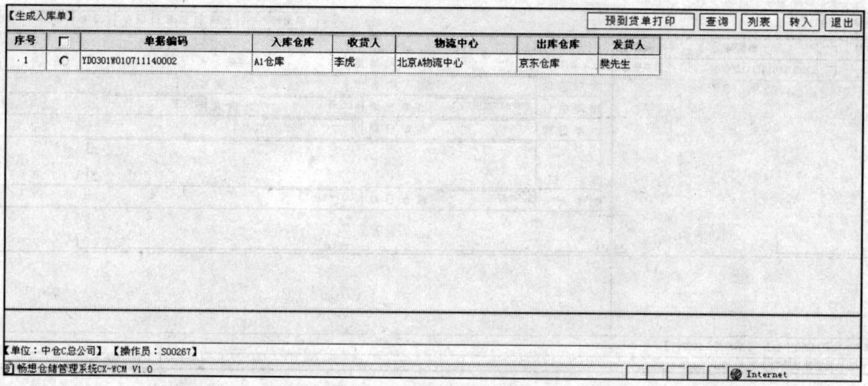

图 2-28　生成入库单模块

（2）双击要生成入库单的单据，可以查看产品，如图 2-29 所示。

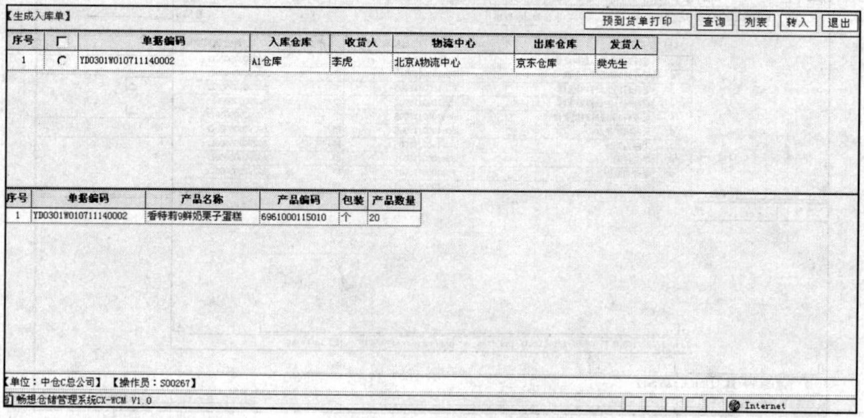

图 2-29　查看产品

（3）选中要生成的单据前的单选按钮，单击"转入"按钮，可转入单据，单击"确定"按钮可转成入库单，如图 2-30 所示。

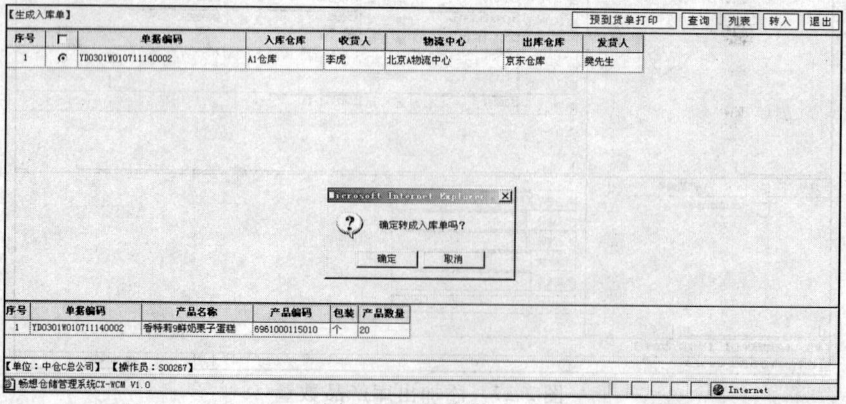

图 2-30　单据转入

（二）实验二 入库管理员实验

在实验一中,学生扮演业务受理员的角色完成了相应出/入库单据的前期处理工作,此时如果进行入库操作,业务受理员应将入库单交与入库管理员,由入库管理员对货物进行码盘收货处理。

码盘收货

实验前提:已生成入库单。

入库管理员按照预先制定好的码盘方案进行货物码盘处理。操作步骤如下:

（1）单击"码盘收货"按钮,进入"码盘收货"界面,如图2-31所示。

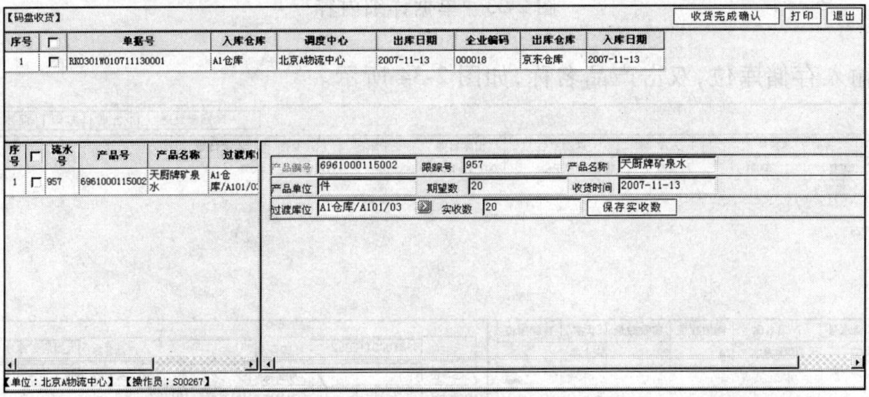

图2-31 码盘收货

（2）选择相应的产品单据,单击"收货完成确认"按钮,系统提示"确认完成收货吗",单击"确定"按钮则完成收货。

（三）实验三 库存管理员实验

1. 上架

实验前提:已完成收货入库。

操作步骤如下:

（1）单击"上架"按钮,进入"上架"界面,如图2-32所示。

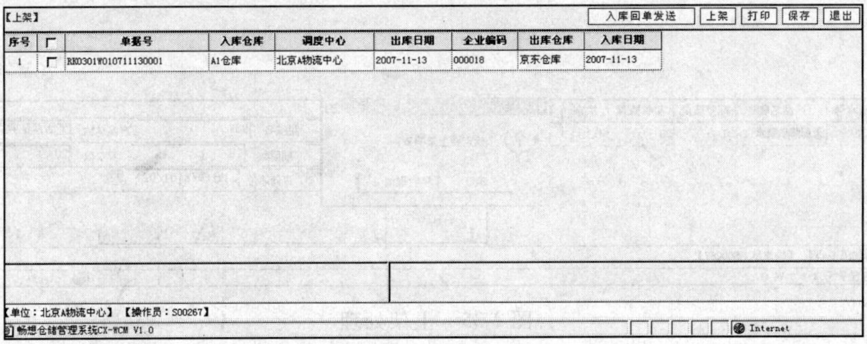

图2-32 上架列表

（2）单击单据编码会显示对应的产品，如图 2-33 所示。

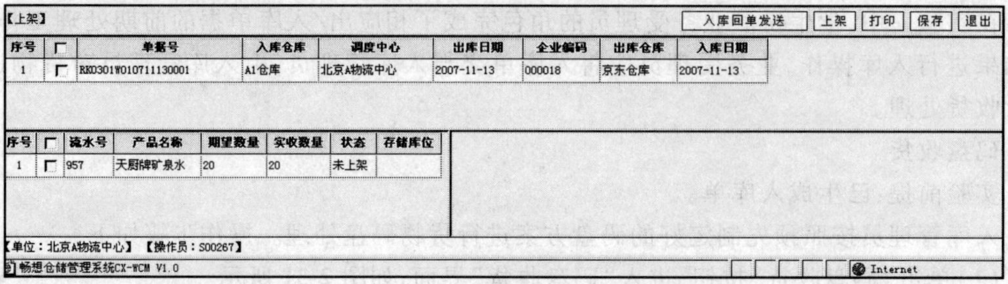

序号	□	单据号	入库仓库	调度中心	出库日期	企业编码	出库仓库	入库日期
1	□	RKD301W010711130001	A1仓库	北京A物流中心	2007-11-13	000018	京东仓库	2007-11-13

入库回单发送　上架　打印　保存　退出

序号	□	流水号	产品名称	期望数量	实收数量	状态	存储库位
1	□	957	天厨牌矿泉水	20	20	未上架	

【单位：北京A物流中心】 【操作员：S00267】

畅想仓储管理系统CX-WCM V1.0　　　　　Internet

图 2-33　单据详细内容

（3）输入存储库位，双击产品名称，如图 2-34 所示。

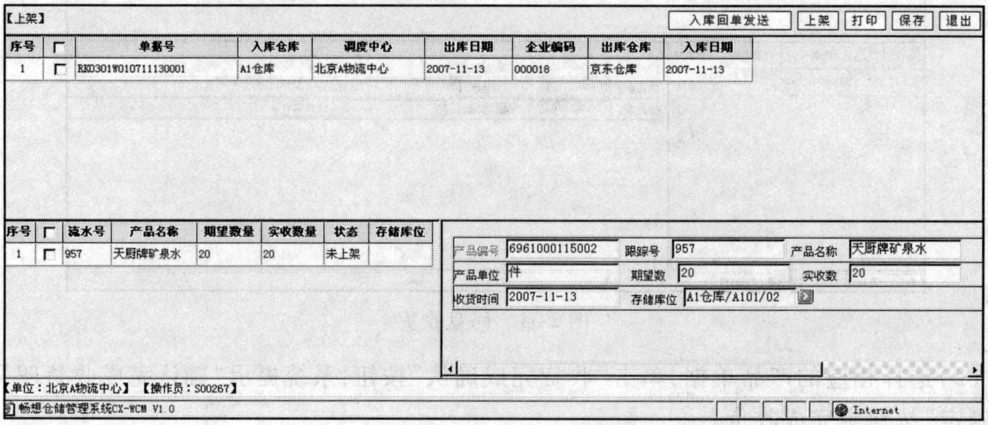

【上架】　　　　　　　　　　　　　　　　入库回单发送　上架　打印　保存　退出

序号	□	单据号	入库仓库	调度中心	出库日期	企业编码	出库仓库	入库日期
1	□	RKD301W010711130001	A1仓库	北京A物流中心	2007-11-13	000018	京东仓库	2007-11-13

序号	□	流水号	产品名称	期望数量	实收数量	状态	存储库位
1	□	957	天厨牌矿泉水	20	20	未上架	

产品编号 6961000115002　跟踪号 957　产品名称 天厨牌矿泉水
产品单位 件　期望数 20　实收数 20
收货时间 2007-11-13　存储库位 A1仓库/A101/02

【单位：北京A物流中心】 【操作员：S00267】

畅想仓储管理系统CX-WCM V1.0　　　　　Internet

图 2-34　库位设置

（4）单击"保存"按钮。选择产品后单击"上架"按钮，如图 2-35 所示。

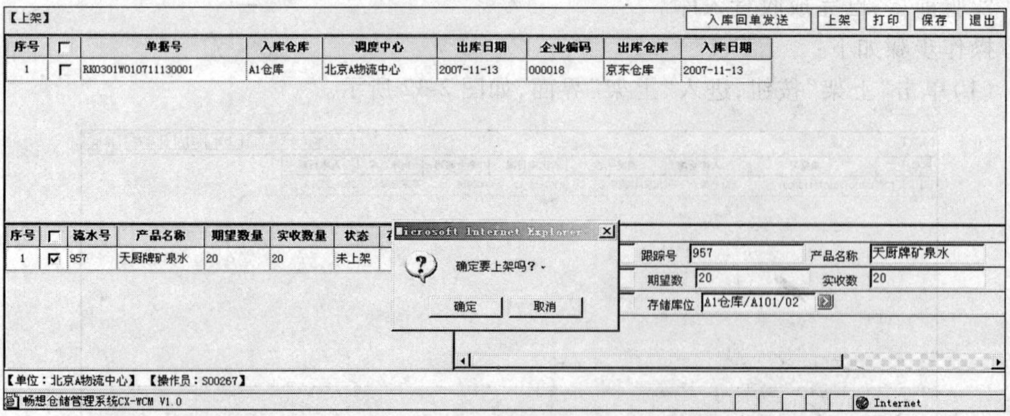

【上架】　　　　　　　　　　　　　　　　入库回单发送　上架　打印　保存　退出

序号	□	单据号	入库仓库	调度中心	出库日期	企业编码	出库仓库	入库日期
1	□	RKD301W010711130001	A1仓库	北京A物流中心	2007-11-13	000018	京东仓库	2007-11-13

序号	□	流水号	产品名称	期望数量	实收数量	状态	存储库位
1	☑	957	天厨牌矿泉水	20	20	未上架	

Microsoft Internet Explorer
? 确定要上架吗？
确定　　取消

跟踪号 957　产品名称 天厨牌矿泉水
期望数 20　实收数 20
存储库位 A1仓库/A101/02

【单位：北京A物流中心】 【操作员：S00267】

畅想仓储管理系统CX-WCM V1.0　　　　　Internet

图 2-35　上架处理

（5）入库回单发送，选择要返回的一体化回单，单击"入库回单发送"按钮。

2. 库存移动

实验前提：仓库中有剩余库存。

库存移动功能可以实现仓库内部各个库区库位间的货品移动。操作步骤如下：

（1）单击"库存移动"按钮，进入"库存移动"界面，如图2-36所示。

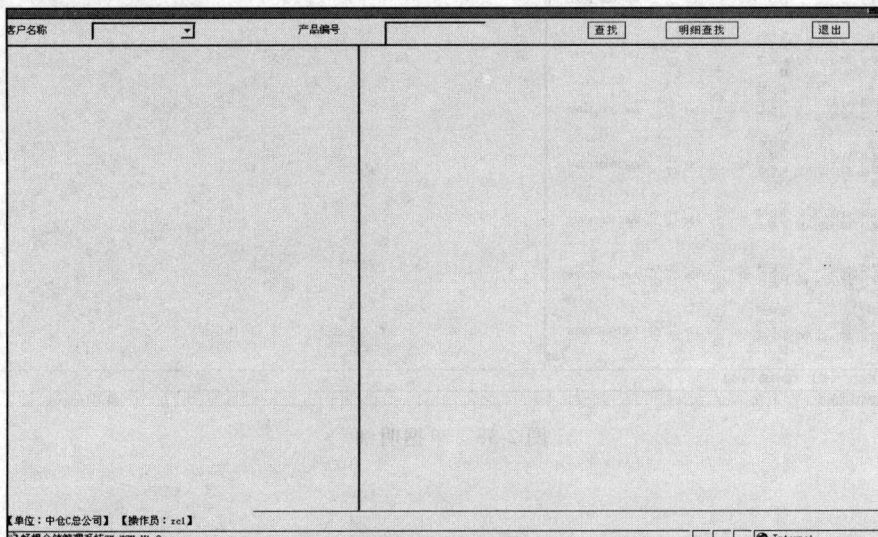

图 2-36　移动模块

（2）当用户要查询客户单据时，首先在"客户名称"下拉列表框中选择要检索的客户名称，如图2-37所示。

图 2-37　检索功能

（3）此处选择了"C 食品有限公司"选项，单击"明细查找"按钮，系统将查出对应单据，如图 2-38 所示。

（4）当用户要对单窗格据进行库存移动时，首先双击要进行移动的单据，如图 2-39 所示。

（5）在右窗格中，可改变单据库位，选择好库位后，选择修改日期，单击"开始移动"按钮，系统将把单据库位修改为 A101，并改变修改日期，如图 2-40 所示。

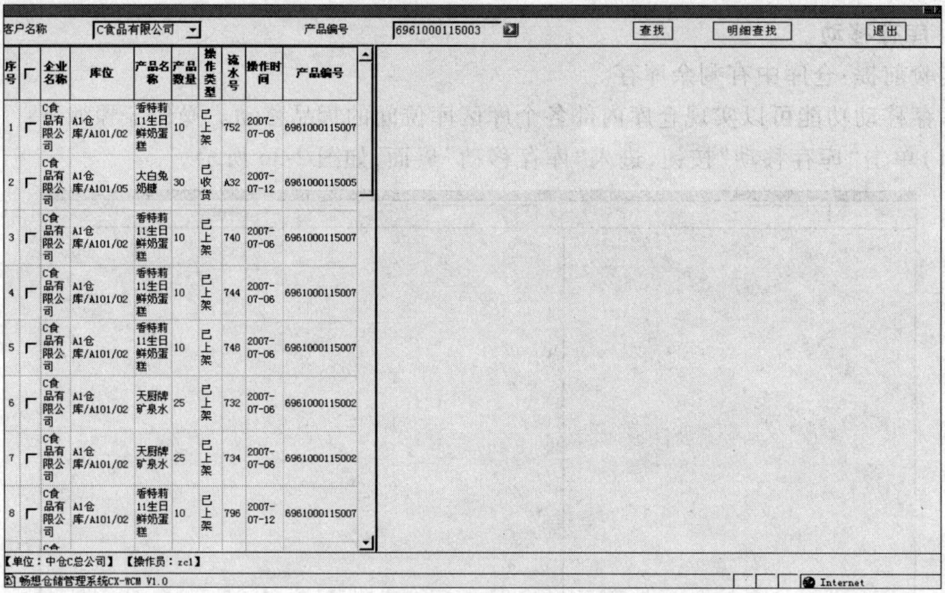

序号	□	企业名称	库位	产品名称	产品数量	操作类型	流水号	操作时间	产品编号
		客户名称	C食品有限公司 ▼			产品编号	6961000115003	查找	明细查找	退出
1	□	C食品有限公司	A1仓库/A101/02	香特莉11生日鲜奶蛋糕	10	已上架	752	2007-07-06	6961000115007
2	□	C食品有限公司	A1仓库/A101/05	大白兔奶糖	30	已收货	A32	2007-07-12	6961000115005
3	□	C食品有限公司	A1仓库/A101/02	香特莉11生日鲜奶蛋糕	10	已上架	740	2007-07-06	6961000115007
4	□	C食品有限公司	A1仓库/A101/02	香特莉11生日鲜奶蛋糕	10	已上架	744	2007-07-06	6961000115007
5	□	C食品有限公司	A1仓库/A101/02	香特莉11生日鲜奶蛋糕	10	已上架	748	2007-07-06	6961000115007
6	□	C食品有限公司	A1仓库/A101/02	天厨牌矿泉水	25	已上架	732	2007-07-06	6961000115002
7	□	C食品有限公司	A1仓库/A101/02	天厨牌矿泉水	25	已上架	734	2007-07-06	6961000115002
8	□	C食品有限公司	A1仓库/A101/02	香特莉11生日鲜奶蛋糕	10	已上架	796	2007-07-12	6961000115007

【单位：中仓C总公司】 【操作员：zc1】

畅想仓储管理系统CX-WCM V1.0　　　　　　　　　　　　　　　　　　　　　　　Internet

图 2-38　单据明细

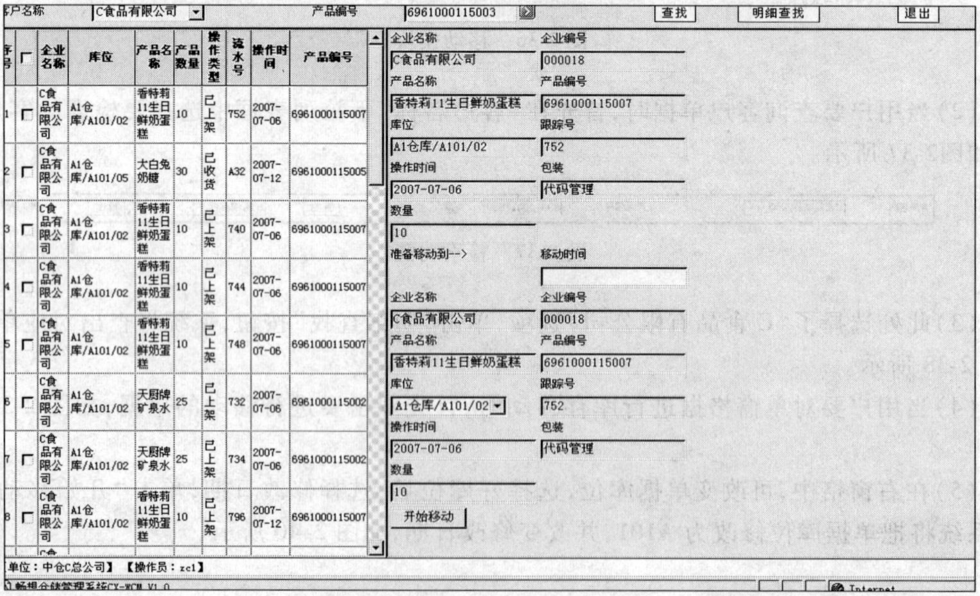

序号	□	企业名称	库位	产品名称	产品数量	操作类型	流水号	操作时间	产品编号
		客户名称	C食品有限公司 ▼			产品编号	6961000115003	查找	明细查找	退出
1	□	C食品有限公司	A1仓库/A101/02	香特莉11生日鲜奶蛋糕		已上架	752	2007-07-06	6961000115007
2	□	C食品有限公司	A1仓库/A101/05	大白兔奶糖	30	已收货	A32	2007-07-12	6961000115005
3	□	C食品有限公司	A1仓库/A101/02	香特莉11生日鲜奶蛋糕		已上架	740	2007-07-06	6961000115007
4	□	C食品有限公司	A1仓库/A101/02	香特莉11生日鲜奶蛋糕		已上架	744	2007-07-06	6961000115007
5	□	C食品有限公司	A1仓库/A101/02	香特莉11生日鲜奶蛋糕		已上架	748	2007-07-06	6961000115007
6	□	C食品有限公司	A1仓库/A101/02	天厨牌矿泉水	25	已上架	732	2007-07-06	6961000115002
7	□	C食品有限公司	A1仓库/A101/02	天厨牌矿泉水	25	已上架	734	2007-07-06	6961000115002
8	□	C食品有限公司	A1仓库/A101/02	香特莉11生日鲜奶蛋糕		已上架	796	2007-07-12	6961000115007

企业名称：C食品有限公司　　企业编号：000018
产品名称：香特莉11生日鲜奶蛋糕　　产品编号：6961000115007
库位：A1仓库/A101/02　　跟踪号：752
操作时间：2007-07-06　　包装：
数量：10　　代码管理：
准备移动到--->　　移动时间：

企业名称：C食品有限公司　　企业编号：000018
产品名称：香特莉11生日鲜奶蛋糕　　产品编号：6961000115007
库位：A1仓库/A101/02 ▼　　跟踪号：752
操作时间：2007-07-06　　包装：
数量：10　　代码管理：

开始移动

单位：中仓C总公司　　【操作员：zc1】

畅想仓储管理系统CX-WCM V1.0　　　　　　　　　　　　　　　　　　　　　　　Internet

图 2-39　库存移动处理

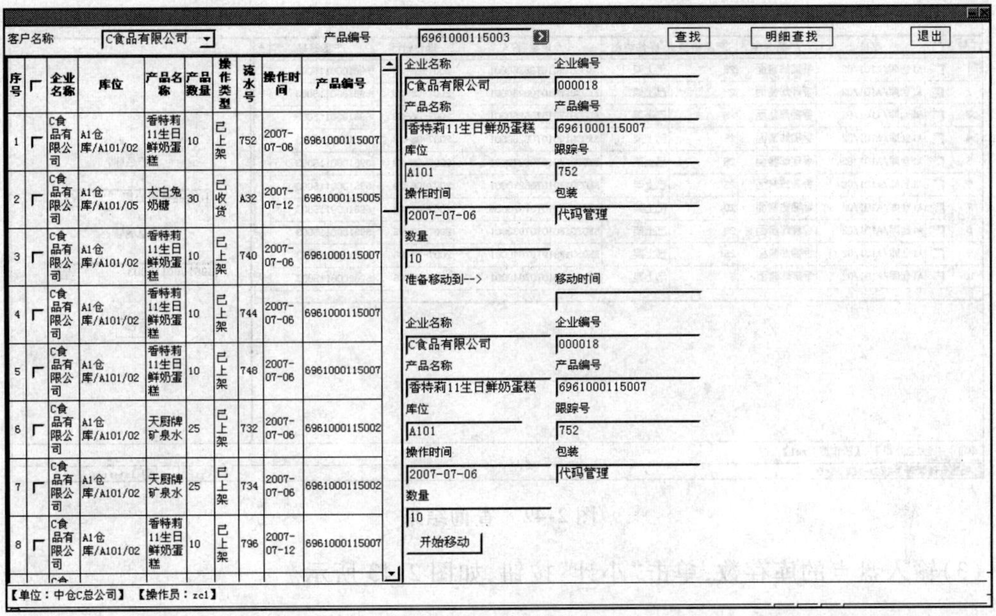

图 2-40　处理完成

3. 库存盘点

通过库存盘点功能可以对库存商品进行实物盘点,核对与系统库存数量是否相符。操作步骤如下:

(1)单击"库存盘点"按钮,进入相关界面,如图 2-41 所示。

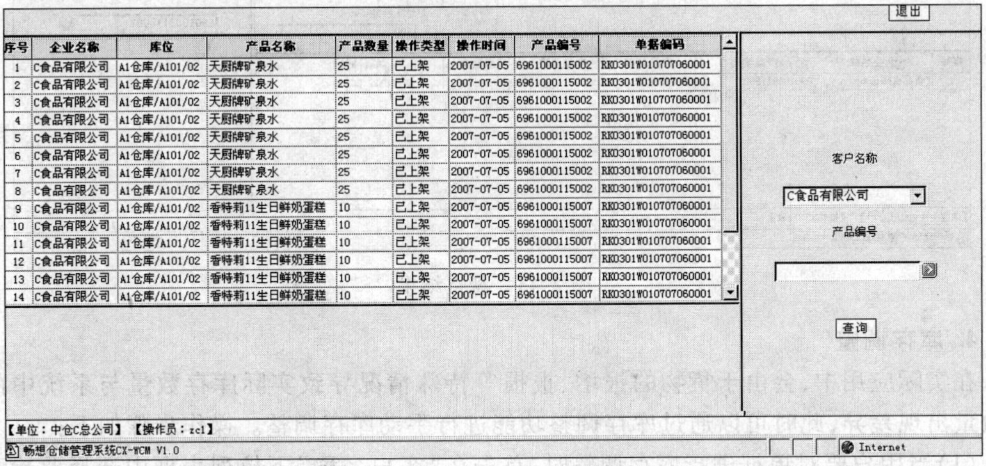

图 2-41　库存列表

(2)当用户要查询单据时,在"客户名称"下拉列表框中选择要查询的客户名称,并选择将查询的产品编号,单击界面中的"查询"按钮,查询结果如图 2-42 所示。

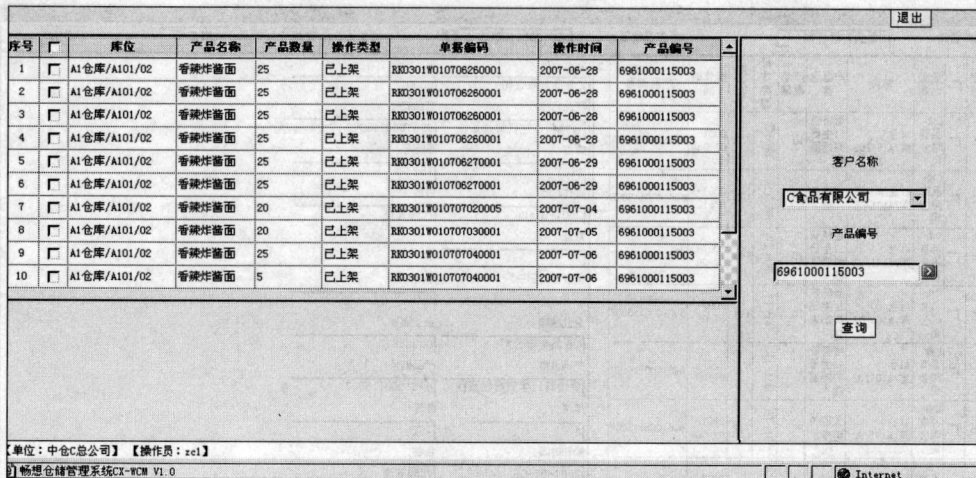

图 2-42　查询结果

（3）输入盘点的库存数，单击"小计"按钮，如图 2-43 所示。

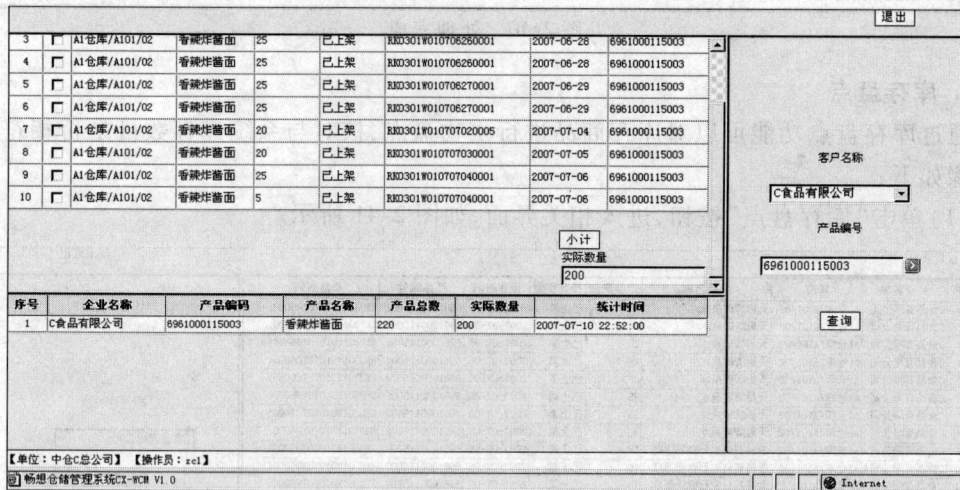

图 2-43　盘点结果

4. 库存调整

在实际应用中，会由于货物的报增、报损等特殊情况导致实际库存数量与系统中的库存数量出现差异，此时可以通过库存调整功能进行手动库存调整。操作步骤如下：

（1）当用户要对单据进行库存调整时，首先在"客户名称"下拉列表框中选择要检索的客户名称，选择客户并单击"明细查询"按钮，系统将查出对应单据，如图 2-44 所示。

（2）双击要进行调整的单据，如图 2-45 所示。

（3）系统显示对应的单据详细信息，如图 2-46 所示。

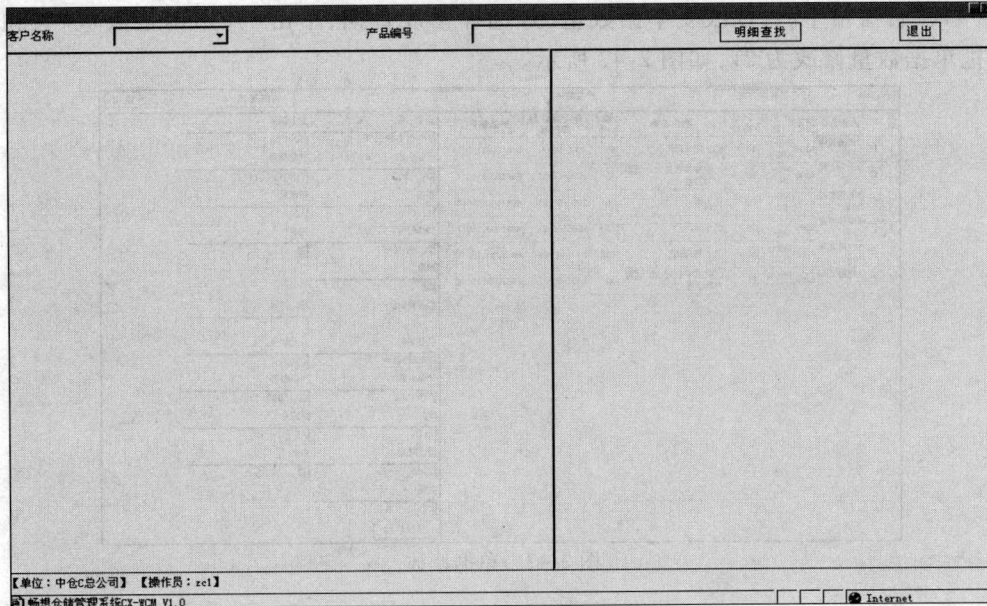

图 2-44 客户查询

图 2-45 查询结果

图 2-46 单据查询

（3）在右窗格中，可以改变单据数量，并选择修改日期，单击"开始调整数量"按钮，系统将把单据数量修改为21，如图2-47所示。

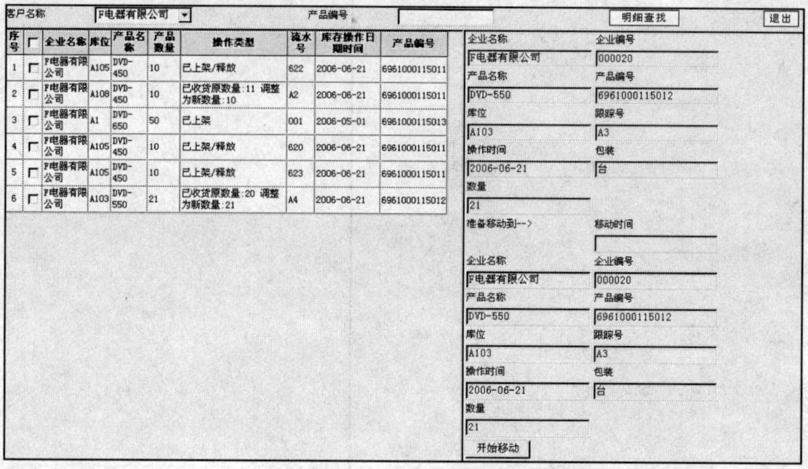

图2-47　单据修改

5. 库存查询

库存查询功能可以实现对当前各项库存状态的实时查询。操作步骤如下：

（1）单击"库存查询"按钮，进入相应界面，如图2-48所示。

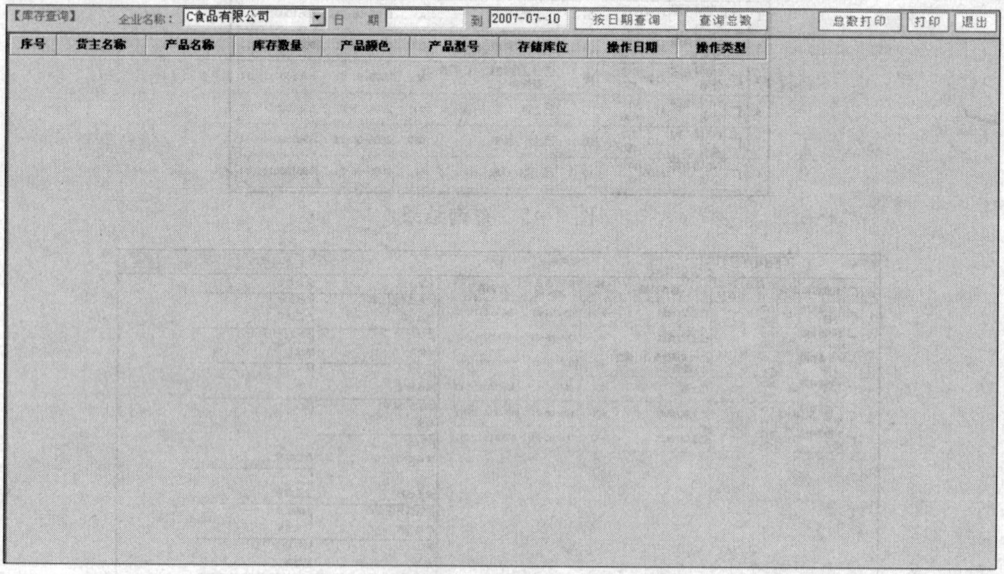

图2-48　库存查询

（2）单击"按日期查询"按钮，可查询满足条件的产品，如图2-49所示。

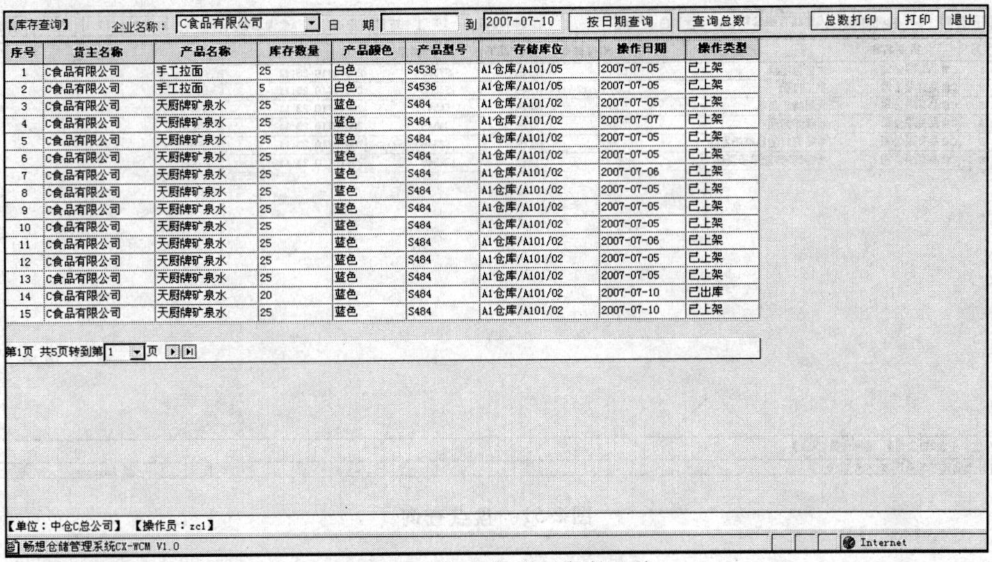

序号	货主名称	产品名称	库存数量	产品颜色	产品型号	存储库位	操作日期	操作类型
1	C食品有限公司	手工拉面	25	白色	S4536	A1仓库/A101/05	2007-07-05	已上架
2	C食品有限公司	手工拉面	5	白色	S4536	A1仓库/A101/05	2007-07-05	已上架
3	C食品有限公司	天厨牌矿泉水	25	蓝色	S484	A1仓库/A101/02	2007-07-05	已上架
4	C食品有限公司	天厨牌矿泉水	25	蓝色	S484	A1仓库/A101/02	2007-07-07	已上架
5	C食品有限公司	天厨牌矿泉水	25	蓝色	S484	A1仓库/A101/02	2007-07-05	已上架
6	C食品有限公司	天厨牌矿泉水	25	蓝色	S484	A1仓库/A101/02	2007-07-05	已上架
7	C食品有限公司	天厨牌矿泉水	25	蓝色	S484	A1仓库/A101/02	2007-07-06	已上架
8	C食品有限公司	天厨牌矿泉水	25	蓝色	S484	A1仓库/A101/02	2007-07-05	已上架
9	C食品有限公司	天厨牌矿泉水	25	蓝色	S484	A1仓库/A101/02	2007-07-05	已上架
10	C食品有限公司	天厨牌矿泉水	25	蓝色	S484	A1仓库/A101/02	2007-07-05	已上架
11	C食品有限公司	天厨牌矿泉水	25	蓝色	S484	A1仓库/A101/02	2007-07-06	已上架
12	C食品有限公司	天厨牌矿泉水	25	蓝色	S484	A1仓库/A101/02	2007-07-05	已上架
13	C食品有限公司	天厨牌矿泉水	25	蓝色	S484	A1仓库/A101/02	2007-07-05	已上架
14	C食品有限公司	天厨牌矿泉水	20	蓝色	S484	A1仓库/A101/02	2007-07-10	已出库
15	C食品有限公司	天厨牌矿泉水	25	蓝色	S484	A1仓库/A101/02	2007-07-10	已上架

图 2-49　按日期进行条件查询

(3)单击“查询总数”按钮，可查询到产品总数，如图 2-50 所示。

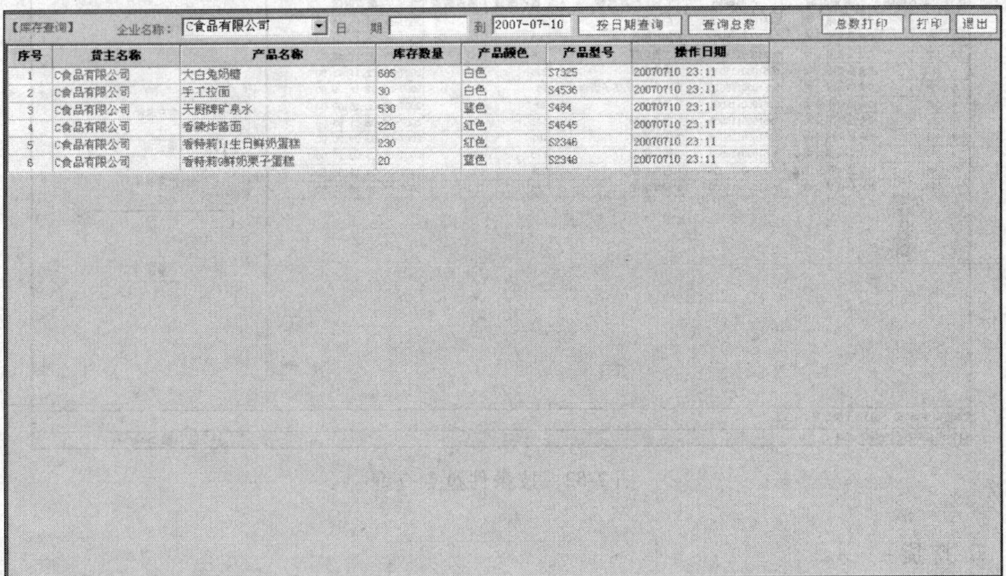

序号	货主名称	产品名称	库存数量	产品颜色	产品型号	操作日期
1	C食品有限公司	大白兔奶糖	605	白色	S7325	20070710 23:11
2	C食品有限公司	手工拉面	30	白色	S4536	20070710 23:11
3	C食品有限公司	天厨牌矿泉水	530	蓝色	S484	20070710 23:11
4	C食品有限公司	香辣炸酱面	220	红色	S4545	20070710 23:11
5	C食品有限公司	香特莉11生日鲜奶蛋糕	230	红色	S2346	20070710 23:11
6	C食品有限公司	香特莉8鲜奶栗子蛋糕	20	蓝色	S2348	20070710 23:11

图 2-50　总数查询

6. 盘点查询

操作步骤如下：

(1)单击“盘点查询”按钮，进入相应界面，如图 2-51 所示。

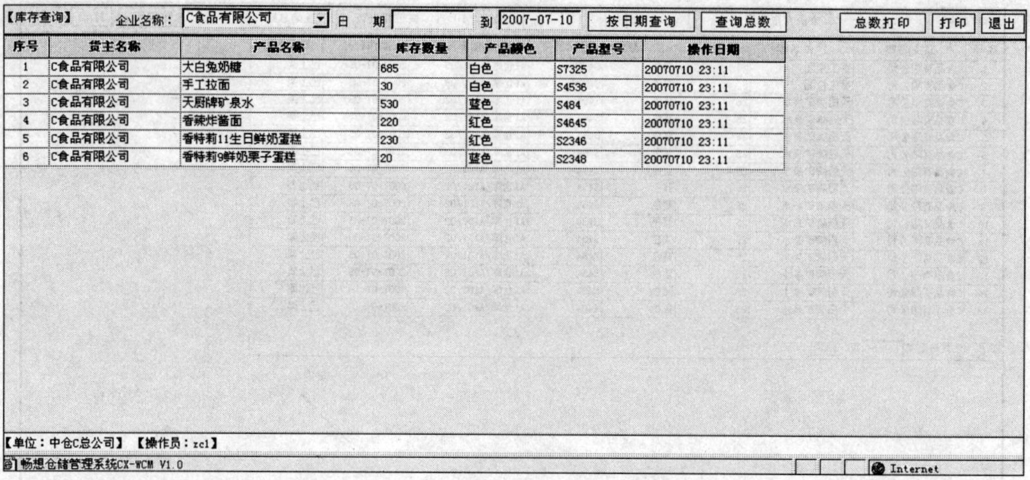

图 2-51　盘点查询

（2）在右窗格中设置查询条件，单击"查询"按钮，进行盘点查询，如图 2-52 所示。

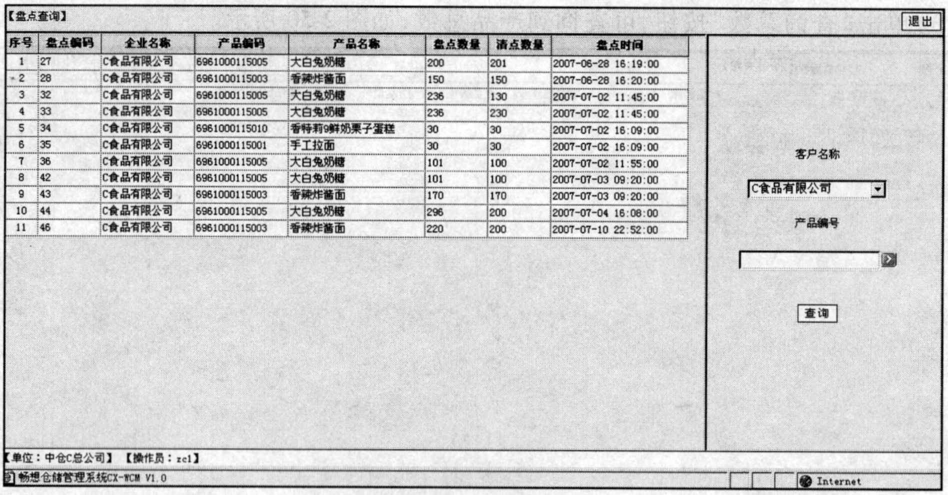

图 2-52　按条件盘点查询

7. 拣货

出库管理进行拣货时需要按照预先制定的拣货计划进行出库拣货操作。操作步骤如下：

（1）单击"拣货"按钮，进入"拣货"界面，当用户要拣出货物时，首先双击要进行拣货的主表信息，得到从表信息。

（2）双击单据，选择准备拣货的产品，单击"拣货"按钮，系统将根据拣货规则拣出货物，如图 2-53 所示。

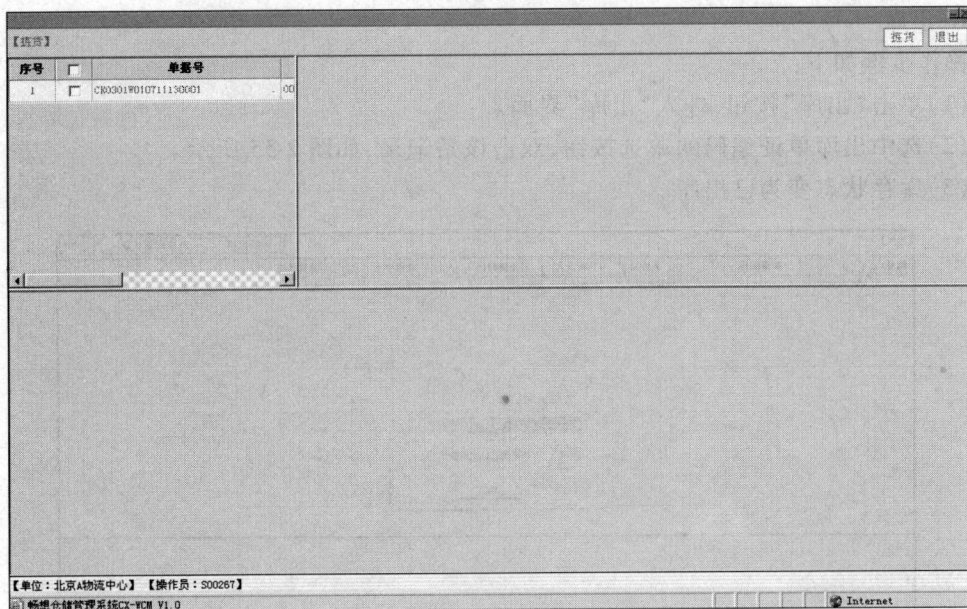

图 2-53　进行拣货操作

（3）系统弹出提示信息对话框，单击"确定"按钮将拣出货物，否则将取消操作，如图 2-54 所示。

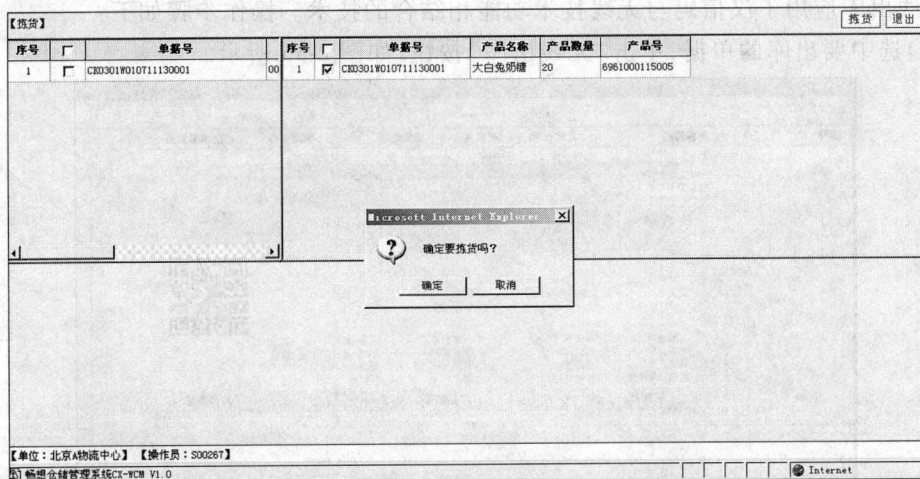

图 2-54　拣货信息

（四）实验四　发货管理员实验

在实验一中，学生扮演业务受理员角色完成了相应的出入库单据的前期处理工作，此时如果需要进行出库操作，应以发货管理员的身份根据出库通知单进行出库处理。

1. 出库

操作步骤如下：

(1)单击"出库"按钮，进入"出库"界面。

(2)选中出库单证编码的单选按钮，双击该条记录，如图 2-55 所示。

(3)库存状态变为已出库。

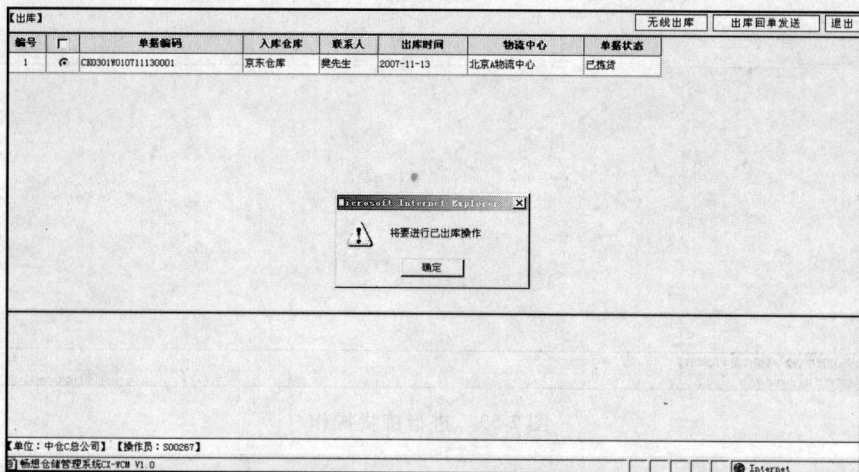

图 2-55　出库操作

2. 无线出库

无线出库应用了汉信码与无线技术功能相结合的技术。操作步骤如下：

(1)选中要出库的单据，单击"无线出库"按钮，如图 2-56 所示。

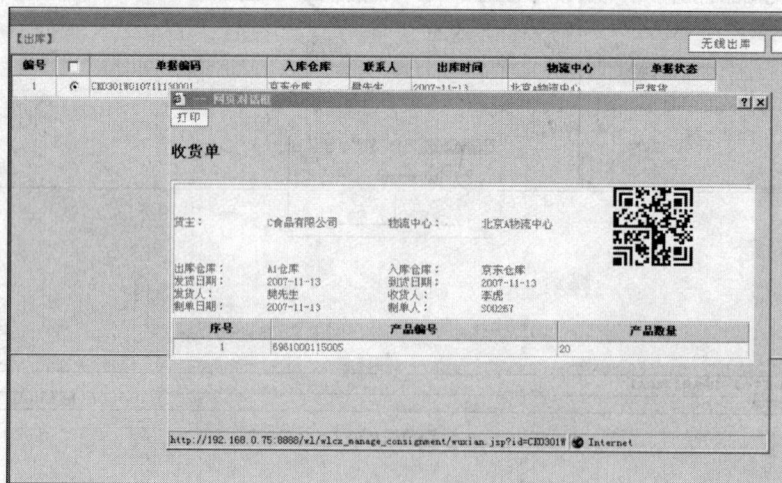

图 2-56　无线出库

(2)然后用外接设备扫描即可出库。

(五)实验五　统计分析员实验

1. 报表查询

操作步骤如下:

单击“报表查询”按钮,进入“报表查询”界面,如图 2-57 所示。

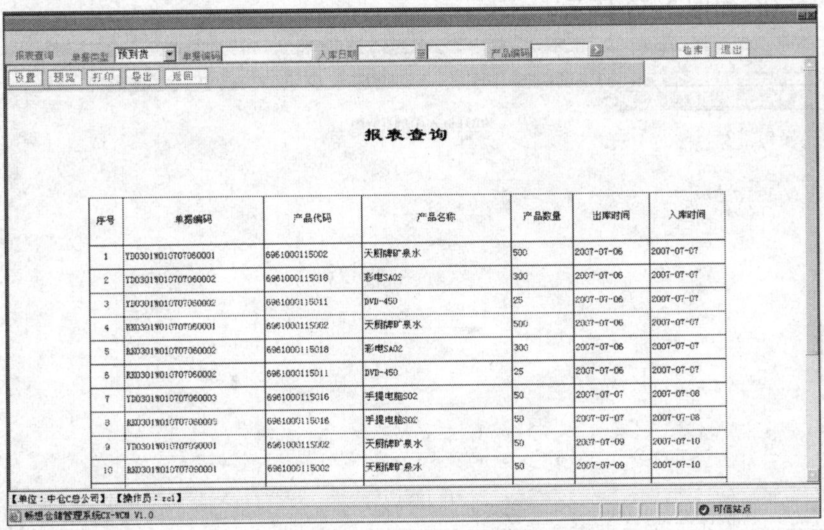

序号	单据编码	产品代码	产品名称	产品数量	出库时间	入库时间
1	YD0301W010707060001	6961000115002	天厨牌矿泉水	500	2007-07-06	2007-07-07
2	YD0301W010707060002	6961000115016	彩电SA02	300	2007-07-06	2007-07-07
3	YD0301W010707060002	6961000115011	DVD-450	25	2007-07-06	2007-07-07
4	RK0301W010707060001	6961000115002	天厨牌矿泉水	500	2007-07-06	2007-07-07
5	RK0301W010707060002	6961000115016	彩电SA02	300	2007-07-06	2007-07-07
6	RK0301W010707060002	6961000115011	DVD-450	25	2007-07-06	2007-07-07
7	YD0301W010707060003	6961000115016	手提电脑S02	50	2007-07-07	2007-07-08
8	RK0301W010707060003	6961000115016	手提电脑S02	50	2007-07-07	2007-07-08
9	YD0301W010707090001	6961000115002	天厨牌矿泉水	50	2007-07-09	2007-07-10
10	RK0301W010707090001	6961000115002	天厨牌矿泉水	50	2007-07-09	2007-07-10

图 2-57　“报表查询”界面

2. 月库存统计

操作步骤如下:

以业务受理员的角色登录系统,单击“月库存统计”按钮,即可进入“月库存统计”界面,可查询每个月的库存统计数量,如图 2-58 所示。

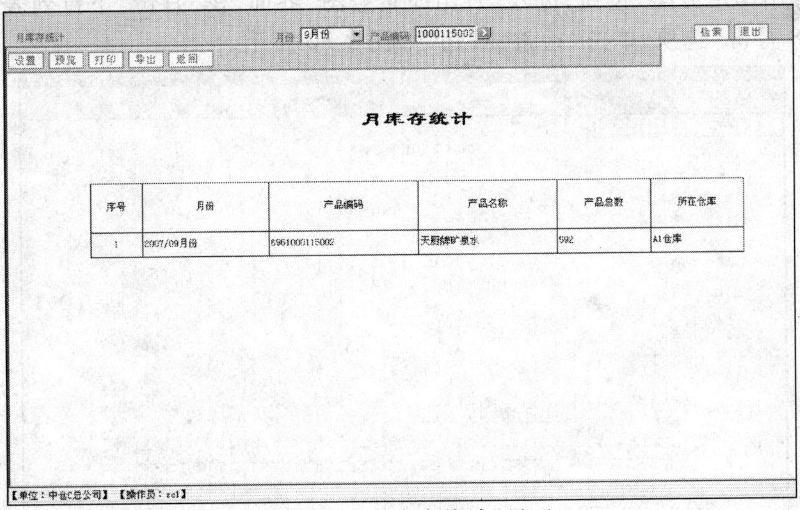

序号	月份	产品编码	产品名称	产品总数	所在仓库
1	2007/09月份	6961000115002	天厨牌矿泉水	992	A1仓库

图 2-58　“月库存统计”界面

3. 月入库走势图

以业务受理员的角色登录系统,进入"月入库走势图"界面,可查询某个月的入库单据走势图,操作步骤如下:

单击"月入库走势图"按钮,在"月份"下拉列表框中选择月份,如选择"8 月份"选项,单击"检索"按钮,如图 2-59 所示。

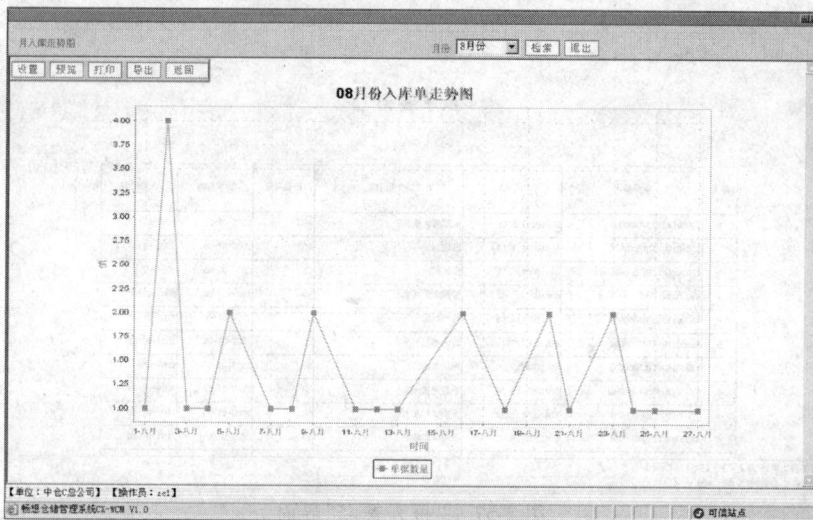

图 2-59 月入库走势图

4. 月出库走势图

以业务受理员的角色登录系统,可查询某个月的出库单走势图,操作步骤如下:

单击"月出库走势图"按钮,进入"月出库走势图"界面,在"月份"下拉列表框中选择月份,如选择"8 月份"选项,单击"检索"按钮,如图 2-60 所示。

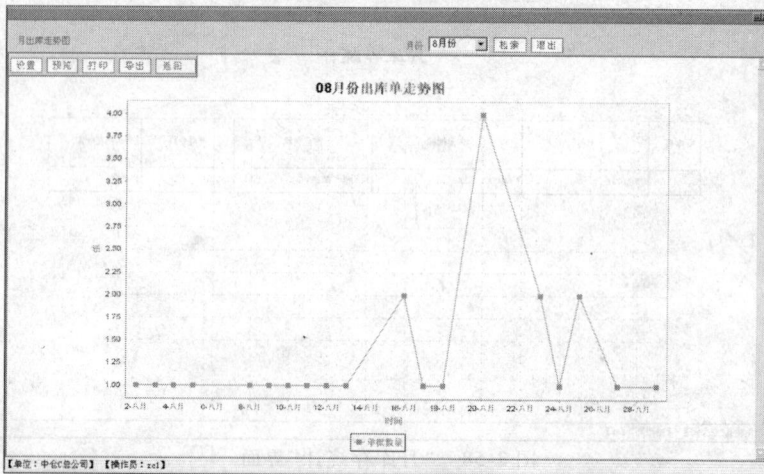

图 2-60 出库单走势图

5. 月入库量走势图

以业务受理员的角色登录系统,可查询某个月某种产品的入库量走势图,操作步骤如下:

单击"月入库量走势图"按钮,进入月"入库量走势图"界面,在"月份"下拉列表框中选择月份,并选择客户以及对应的产品编码,单击"检索"按钮,如图 2-61 所示。

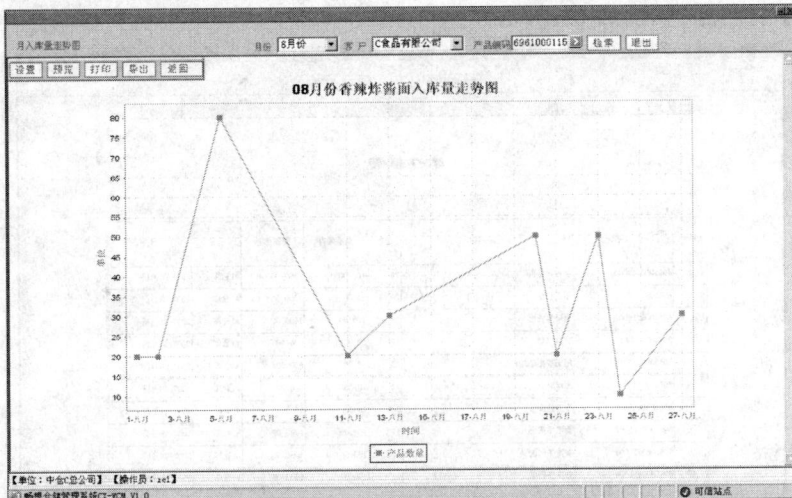

图 2-61　月入库量走势图

6. 月出库量走势图

以业务受理员的角色登录系统,可查询某个月某种产品的出库量走势图,操作步骤如下:

单击"月出库量走势图"按钮,进入"月出库量走势图"界面,在"月份"下拉列表框中选择月份,并选择客户以及对应的产品编码,单击"检索"按钮,如图 2-62 所示。

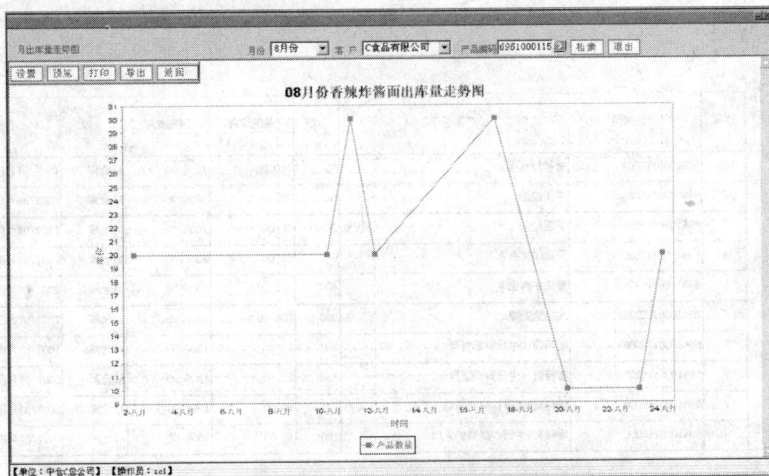

图 2-62　月出库量走势图

7. 库存报警

以业务受理员的角色登录系统，可查询超过最高库存或低于最低库存的产品，操作步骤如下：

（1）单击“库存报警”按钮，进入“库存报警”界面，单击“最低库存报警”按钮，会显示低于最低库存的产品，如图 2-63 所示。

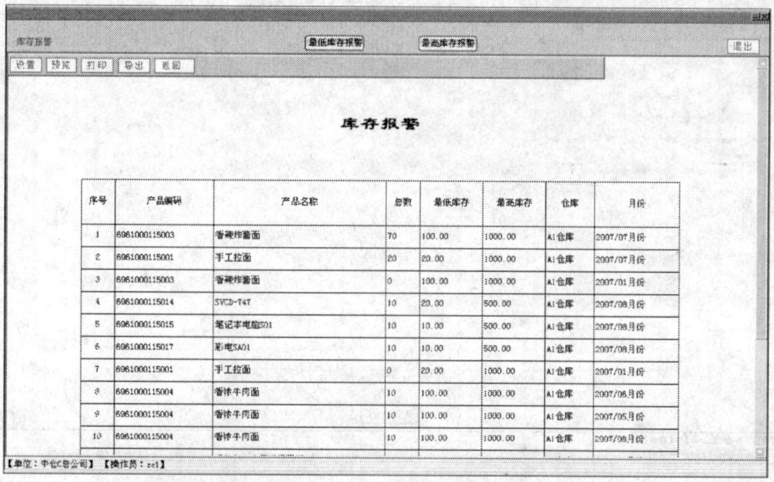

库存报警

序号	产品编码	产品名称	总数	最低库存	最高库存	仓库	月份
1	6961000115003	香辣炸酱面	70	100.00	1000.00	A1仓库	2007/07月份
2	6961000115001	手工拉面	20	20.00	1000.00	A1仓库	2007/07月份
3	6961000115003	香辣炸酱面	0	100.00	1000.00	A1仓库	2007/01月份
4	6961000115014	SVCD-T47	10	20.00	500.00	A1仓库	2007/08月份
5	6961000115015	笔记本电脑S01	10	10.00	500.00	A1仓库	2007/08月份
6	6961000115017	彩电SA01	10	10.00	500.00	A1仓库	2007/08月份
7	6961000115001	手工拉面	0	20.00	1000.00	A1仓库	2007/01月份
8	6961000115004	香浓牛肉面	10	100.00	1000.00	A1仓库	2007/06月份
9	6961000115004	香浓牛肉面	10	100.00	1000.00	A1仓库	2007/05月份
10	6961000115004	香浓牛肉面	10	100.00	1000.00	A1仓库	2007/08月份

图 2-63　最低库存报警

（2）单击“最高库存报警”按钮，显示高于最高库存的产品，如图 2-64 所示。

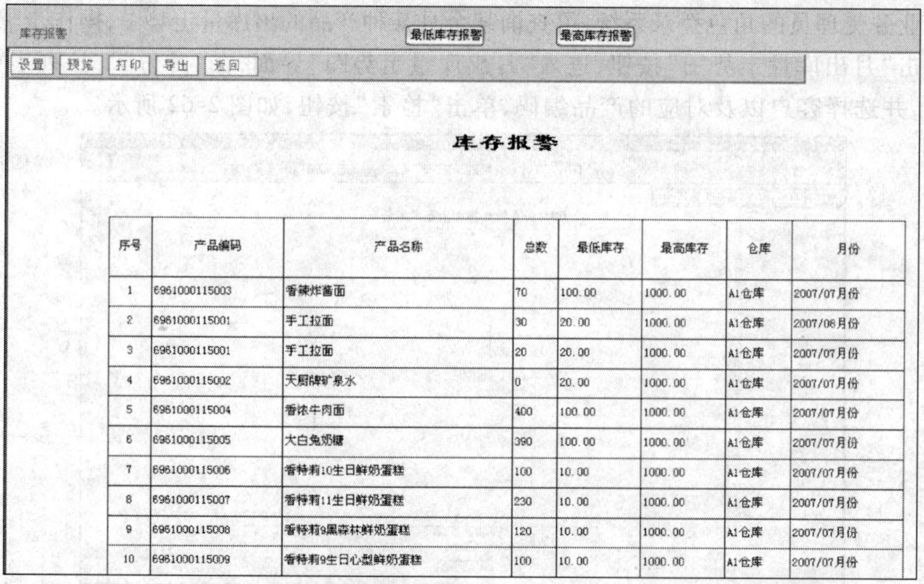

库存报警

序号	产品编码	产品名称	总数	最低库存	最高库存	仓库	月份
1	6961000115003	香辣炸酱面	70	100.00	1000.00	A1仓库	2007/07月份
2	6961000115001	手工拉面	30	20.00	1000.00	A1仓库	2007/06月份
3	6961000115001	手工拉面	20	20.00	1000.00	A1仓库	2007/07月份
4	6961000115002	天厨牌矿泉水	0	20.00	1000.00	A1仓库	2007/07月份
5	6961000115004	香浓牛肉面	400	100.00	1000.00	A1仓库	2007/07月份
6	6961000115005	大白兔奶糖	390	100.00	1000.00	A1仓库	2007/07月份
7	6961000115006	香特莉10生日鲜奶蛋糕	100	10.00	1000.00	A1仓库	2007/07月份
8	6961000115007	香特莉11生日鲜奶蛋糕	230	10.00	1000.00	A1仓库	2007/07月份
9	6961000115008	香特莉9黑森林鲜奶蛋糕	120	10.00	1000.00	A1仓库	2007/07月份
10	6961000115009	香特莉9生日心型鲜奶蛋糕	100	10.00	1000.00	A1仓库	2007/07月份

图 2-64　最高库存报警

8. 存储量统计

以业务受理员的角色登录系统,可根据时间、产品名称查询库存数量,操作步骤如下:

(1)单击"存储量统计"按钮,进入"存储量统计"界面,如图 2-65 所示。

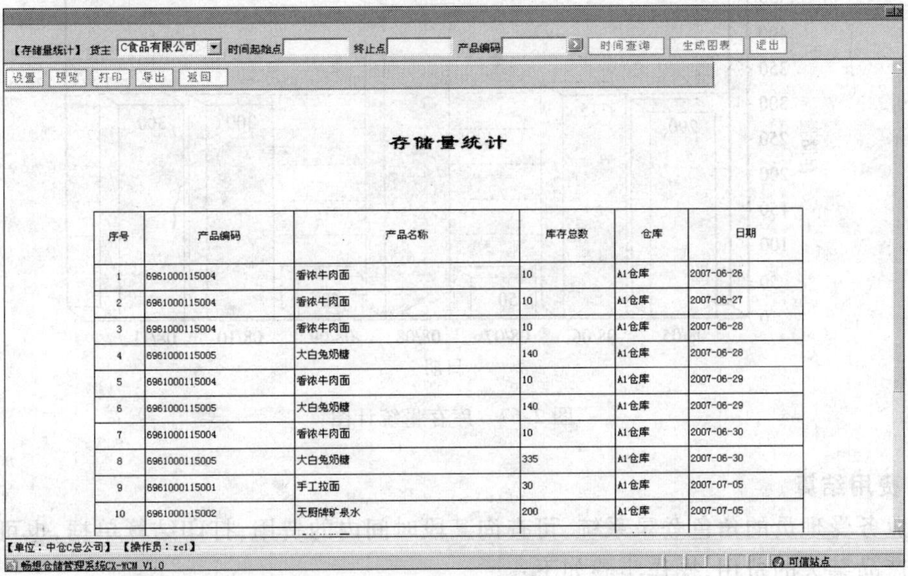

图 2-65 存储量统计

(2)输入起始日期、终止日期、产品编码,单击"时间查询"按钮,可查询库存数量,如图 2-66 所示。

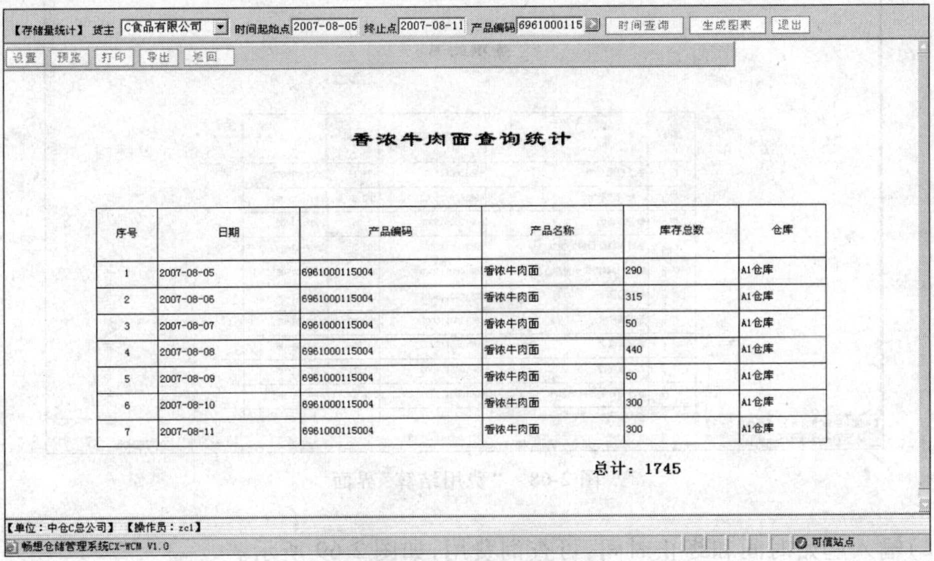

图 2-66 单品库存量查询

（3）单击"生成图表"按钮，可显示柱形图，如图 2-67 所示。

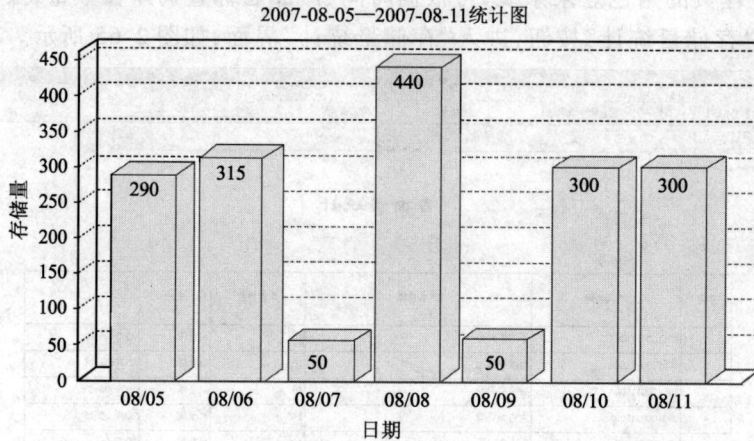

图 2-67　库存量统计图

9. 费用结算

以业务受理员的角色登录系统，可查询某段时间内的费用，打印结算单据，也可以自定义某个产品某天的费用，操作步骤如下：

（1）单击"费用结算"按钮，进入"费用结算"界面，如图 2-68 所示。

图 2-68　"费用结算"界面

（2）输入起始时间和终止时间，可查询费用，如图 2-69 所示。

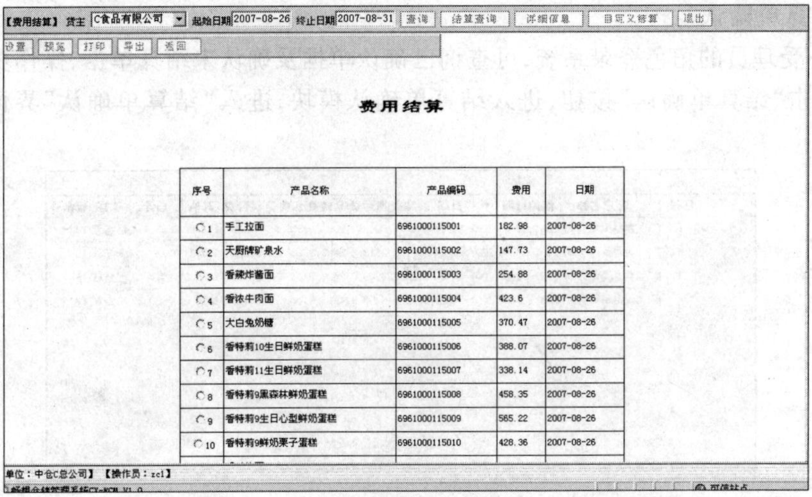

图 2-69　输入查询条件

（3）单击"结算查询"按钮，可查询结算总数，如图 2-70 所示。

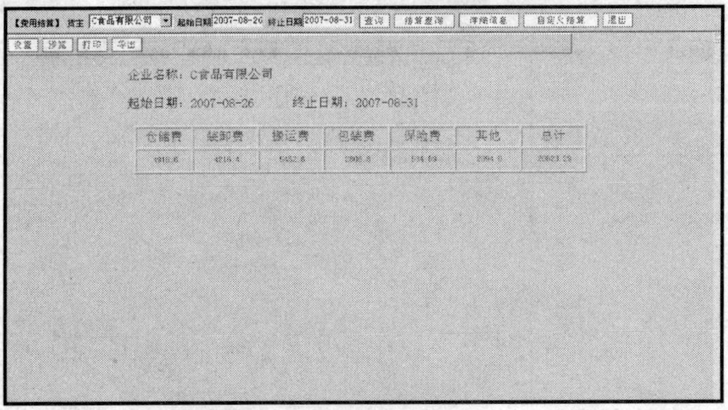

图 2-70　总数查询结果

（4）单击"详细信息"按钮，可显示明细，如图 2-71 所示。

图 2-71　查询结果明细

10. 结算单确认

以业务受理员的角色登录系统,可查询已确认单据及确认未结算单据,操作步骤如下:

(1)单击"结算单确认"按钮,进入结算单确认模块,进入"结算单确认"界面,如图 2-72 所示。

序号	□	客户名称	起始日期	结束日期	装卸费	搬运费	仓储费	包装费	保险费	其他	总计	状态	流水号
1	□	C食品有限公司	2007-07-15	2007-07-16	542.2	894.4	688.2	320.4	40.19	182.0	2667.4	已结算	13
2	□	C食品有限公司	2007-07-08	2007-07-14	1707.3	2813.6	2106.3	1014.6	129.92	593.0	8363.72	未结算	15
3	□	C食品有限公司	2007-08-01	2007-08-04	3436.0	3945.0	2607.5	1569.5	258.89	1025.0	12841.89	已结算	18
4	□	C食品有限公司	2007-08-26	2007-08-31	4216.4	5452.6	4918.6	2806.8	534.89	2894.0	20823.29	未结算	19

图 2-72 结算单列表

(2)双击单据可查看结算单信息,如图 2-73 所示。

序号	产品名称	装卸费	搬运费	仓储费	包装费	保险费	其它	总计
1	手工拉面	420.0	420.0	84.0	105.0	0.53	210.0	1259.56
2	天姚牌矿泉水	375.0	750.0	375.0	375.0	9.36	0.0	1634.35
3	香辣牛筋面	38.3	76.8	38.3	76.6	1.15	383.0	613.94
4	大白兔奶糖	534.0	801.0	801.0	267.0	15.49	0.0	2418.43
5	香特莉11生日鲜奶蛋糕	298.0	745.0	745.0	149.0	86.42	0.0	2023.42
6	香特莉9鲜奶栗子蛋糕	42.0	21.0	63.0	42.0	15.96	0.0	183.96

图 2-73 结算单信息

(3)选中进行结算的单据,单击"确定结算"按钮,单击"确定"按钮,即可结算,如图 2-74 所示。

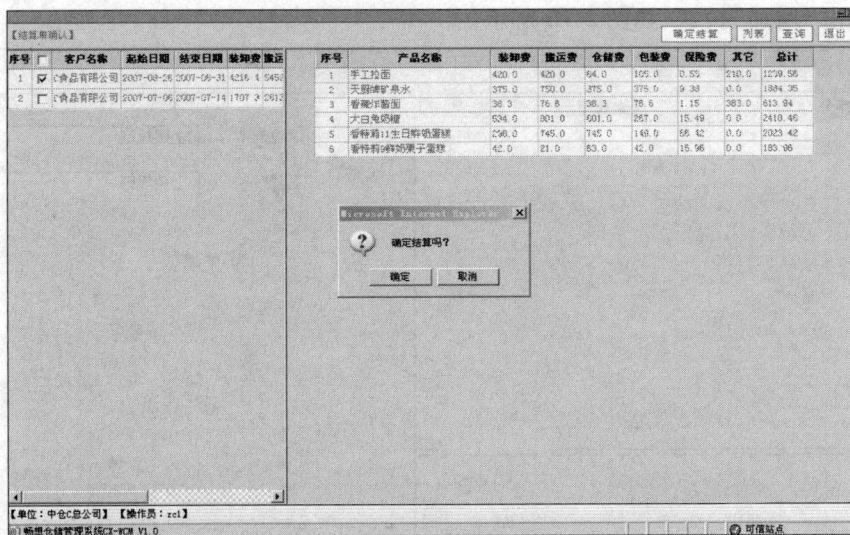

图 2-74 确认结算

（六）实验六 仓库主管实验

仓库主管需要完成对仓库各项业务规则的制定，主要包括：上架规则、库存周转规则、拣货规则、包装规则、库位编码设置、仓储费用设置及相关出入库单据的查询功能。

1. 上架规则

操作步骤如下：

（1）进入仓储基础数据子系统，单击"上架规则"按钮，进入"上架规则"界面，如图 2-75 所示。

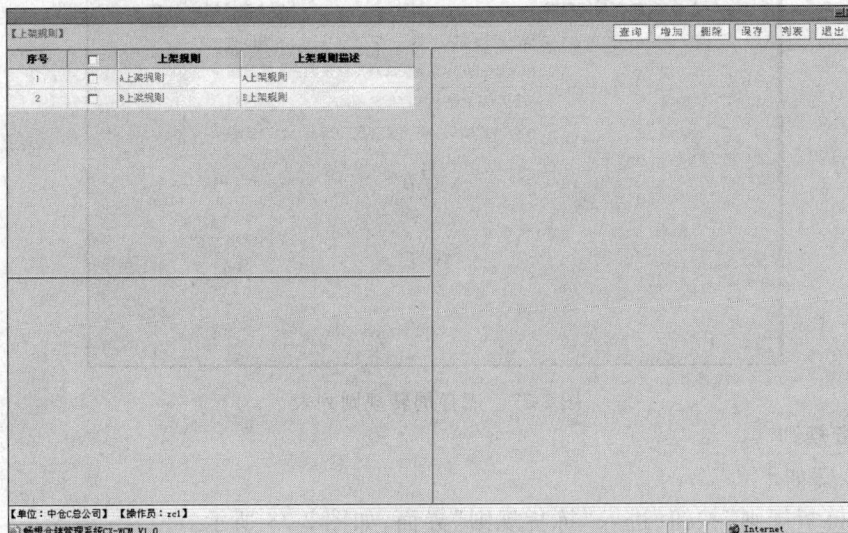

图 2-75 上架规则列表

(2)单击“增加”按钮,如图 2-76 所示。

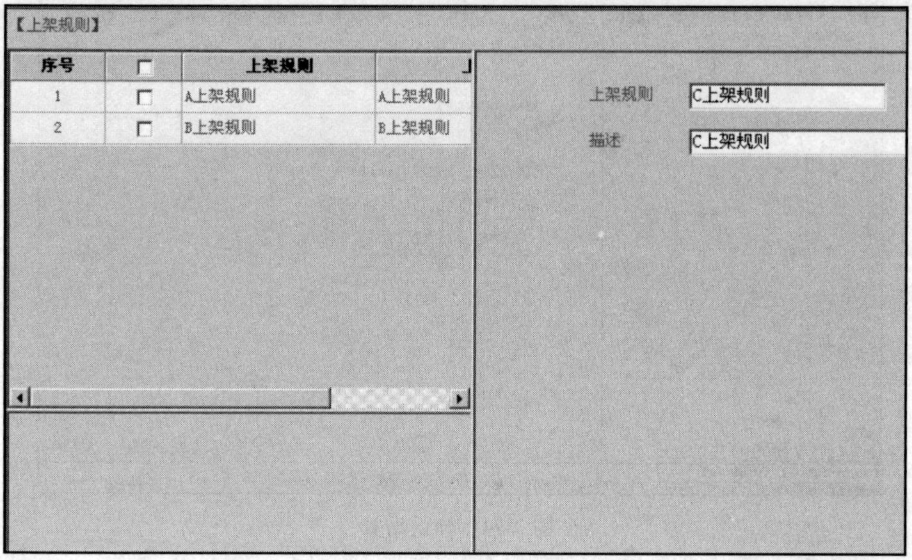

图 2-76 增加规则

(3)单击“保存”按钮,保存记录。

2. 库存周转规则

可以制定不同的库存周转规则,如“按入库日期从小到大库存周转规则”,操作步骤如下:

单击“库存周转规则”按钮,进入相应的界面,如图 2-77 所示。

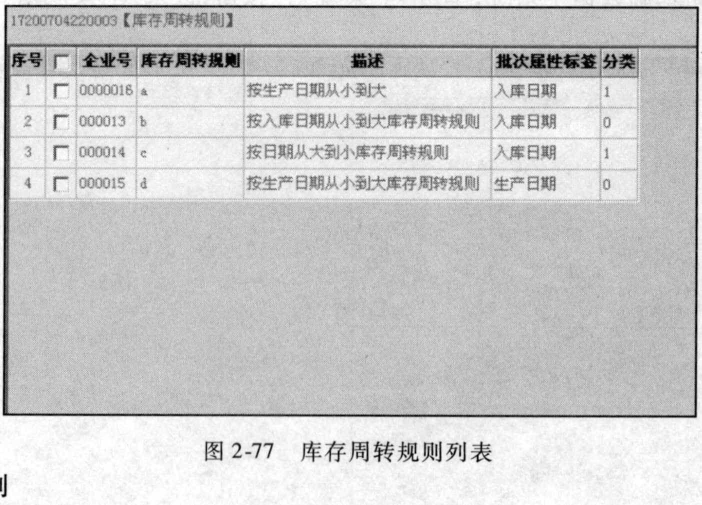
17200704220003【库存周转规则】

序号	□	企业号	库存周转规则	描述	批次属性标签	分类
1	□	0000016	a	按生产日期从小到大	入库日期	1
2	□	000013	b	按入库日期从小到大库存周转规则	入库日期	0
3	□	000014	c	按日期从大到小库存周转规则	入库日期	1
4	□	000015	d	按生产日期从小到大库存周转规则	生产日期	0

图 2-77 库存周转规则列表

3. 拣货规则

操作步骤如下:

单击“拣货规则”按钮,进入“拣货规则”界面,如图 2-78 所示。

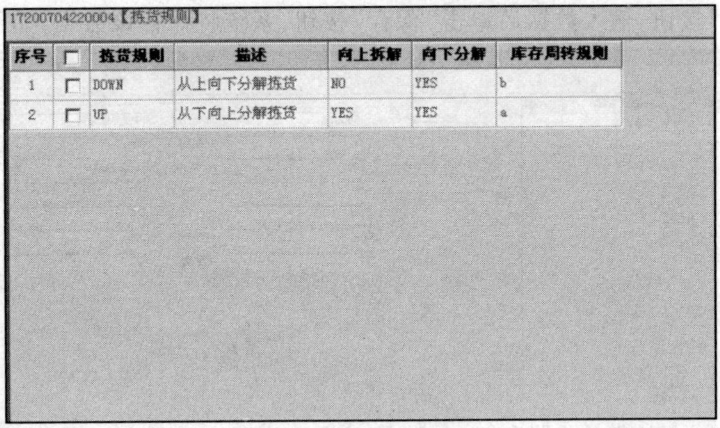

17200704220004【拣货规则】

序号	□	拣货规则	描述	向上拆解	向下分解	库存周转规则
1	□	DOWN	从上向下分解拣货	NO	YES	b
2	□	UP	从下向上分解拣货	YES	YES	a

图 2-78　拣货规则

4. 费用设置

操作步骤如下:

单击"费用设置"按钮,进入"费用设置"界面,增加产品费用,在右窗格中输入数据,单击"保存"按钮,保存数据,如图 2-79 所示。

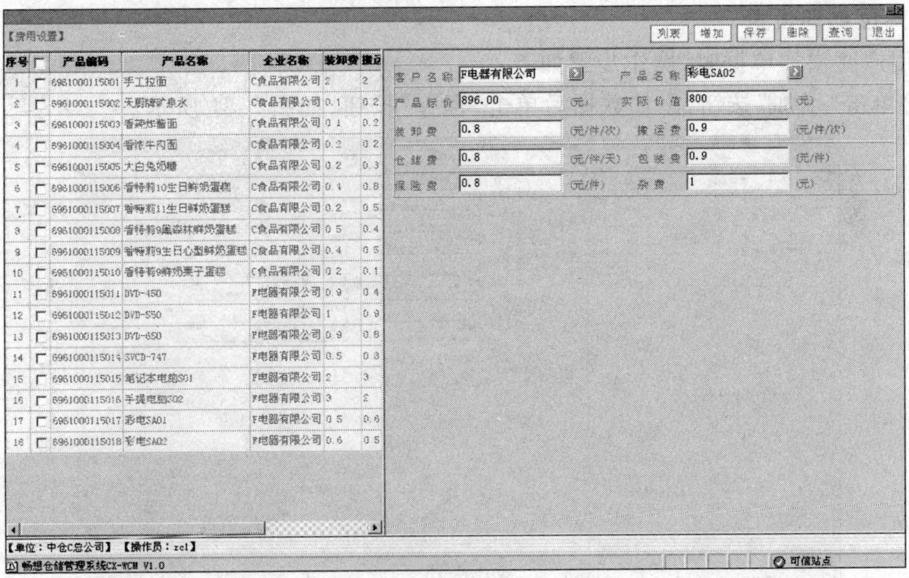

图 2-79　费用设置

5. 包装规则

当用户要增加包装单据时,操作步骤如下:

单击"增加"按钮,输入数据后单击"保存"按钮,系统将保存该数据,如图2-80所示。

图2-80 设置包装

6. 库位编码设置

当用户要增加单据时,操作步骤如下:

(1)单击"增加"按钮,添加数据后单击"保存"按钮,如图2-81所示。

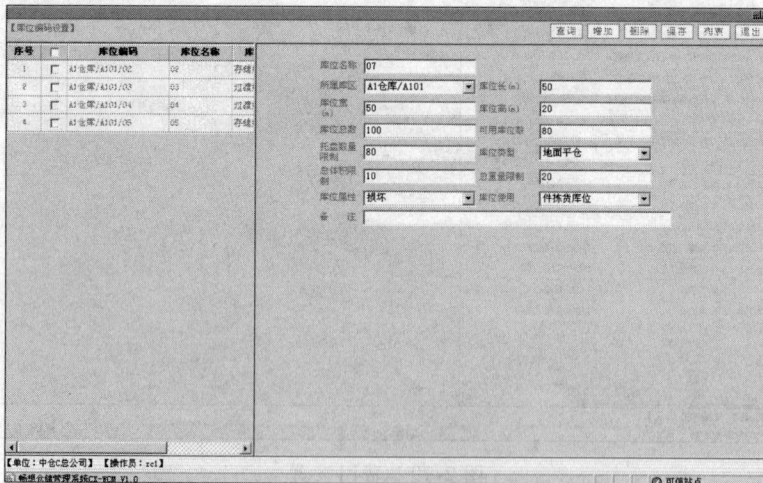

图2-81 增加库位单据信息

(2)单击"入库单据查询"按钮,进入相应的界面,如图2-82所示。

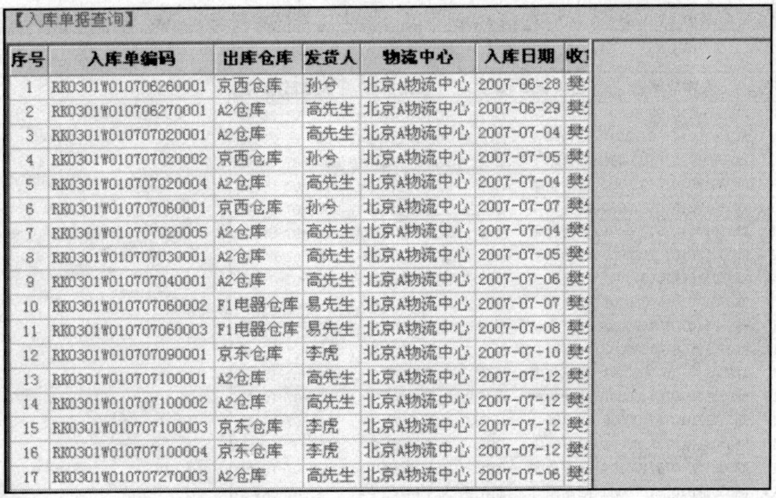

【入库单据查询】

序号	入库单编码	出库仓库	发货人	物流中心	入库日期	收
1	RK0301W010706260001	京西仓库	孙兮	北京A物流中心	2007-06-28	樊
2	RK0301W010706270001	A2仓库	高先生	北京A物流中心	2007-06-29	樊
3	RK0301W010707020001	A2仓库	高先生	北京A物流中心	2007-07-04	樊
4	RK0301W010707020002	京西仓库	孙兮	北京A物流中心	2007-07-05	樊
5	RK0301W010707020004	A2仓库	高先生	北京A物流中心	2007-07-04	樊
6	RK0301W010707060001	京西仓库	孙兮	北京A物流中心	2007-07-07	樊
7	RK0301W010707020005	A2仓库	高先生	北京A物流中心	2007-07-04	樊
8	RK0301W010707030001	A2仓库	高先生	北京A物流中心	2007-07-05	樊
9	RK0301W010707040001	A2仓库	高先生	北京A物流中心	2007-07-06	樊
10	RK0301W010707060002	F1电器仓库	易先生	北京A物流中心	2007-07-07	樊
11	RK0301W010707060003	F1电器仓库	易先生	北京A物流中心	2007-07-08	樊
12	RK0301W010707090001	京东仓库	李虎	北京A物流中心	2007-07-10	樊
13	RK0301W010707100001	A2仓库	高先生	北京A物流中心	2007-07-12	樊
14	RK0301W010707100002	A2仓库	高先生	北京A物流中心	2007-07-12	樊
15	RK0301W010707100003	京东仓库	李虎	北京A物流中心	2007-07-12	樊
16	RK0301W010707100004	京东仓库	李虎	北京A物流中心	2007-07-12	樊
17	RK0301W010707270003	A2仓库	高先生	北京A物流中心	2007-07-06	樊

图 2-82　“入库单据查询”界面

(3)双击要查询的单据,可查询详细信息,如图 2-83 所示。

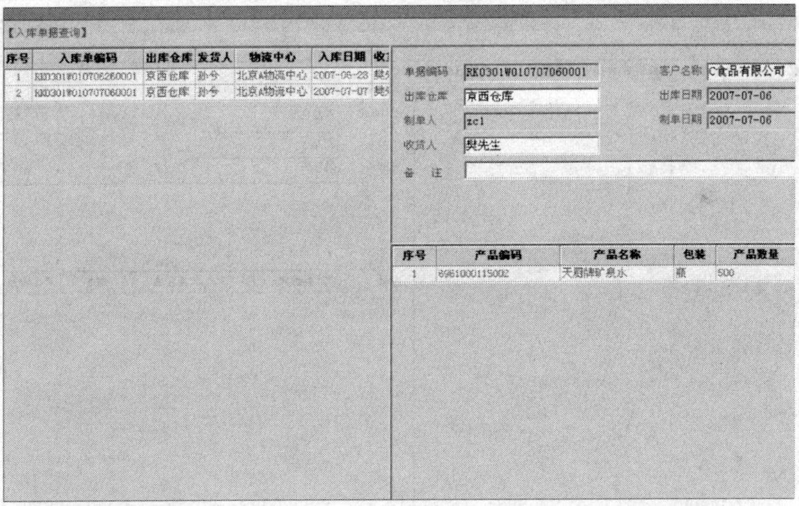

图 2-83　单据详细信息

7. 入库单据查询

操作步骤如下:

(1)单击“入库单据查询”按钮,进入相应的界面,如图 2-84 所示。

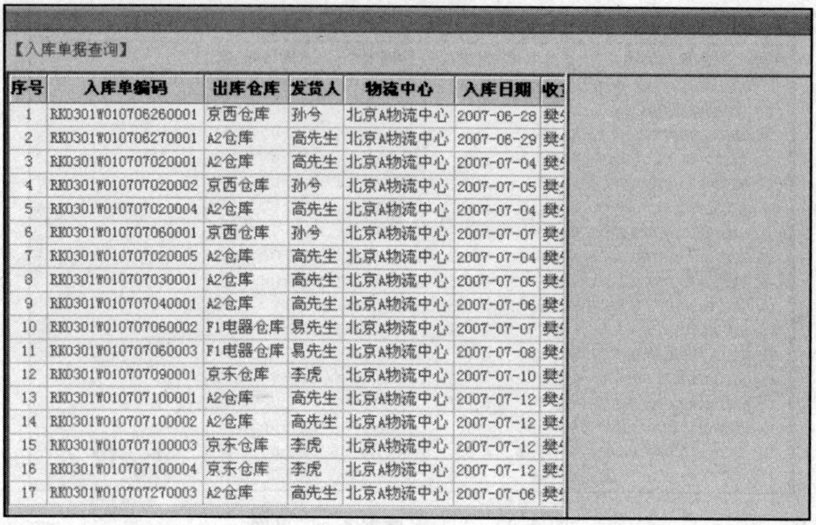

【入库单据查询】

序号	入库单编码	出库仓库	发货人	物流中心	入库日期	收
1	RK0301W010706260001	京西仓库	孙兮	北京A物流中心	2007-06-28	樊
2	RK0301W010706270001	A2仓库	高先生	北京A物流中心	2007-06-29	樊
3	RK0301W010707020001	A2仓库	高先生	北京A物流中心	2007-07-04	樊
4	RK0301W010707020002	京西仓库	孙兮	北京A物流中心	2007-07-05	樊
5	RK0301W010707020004	A2仓库	高先生	北京A物流中心	2007-07-04	樊
6	RK0301W010707060001	京西仓库	孙兮	北京A物流中心	2007-07-07	樊
7	RK0301W010707020005	A2仓库	高先生	北京A物流中心	2007-07-04	樊
8	RK0301W010707030001	A2仓库	高先生	北京A物流中心	2007-07-05	樊
9	RK0301W010707040001	A2仓库	高先生	北京A物流中心	2007-07-06	樊
10	RK0301W010707060002	F1电器仓库	易先生	北京A物流中心	2007-07-07	樊
11	RK0301W010707060003	F1电器仓库	易先生	北京A物流中心	2007-07-08	樊
12	RK0301W010707090001	京东仓库	李虎	北京A物流中心	2007-07-10	樊
13	RK0301W010707100001	A2仓库	高先生	北京A物流中心	2007-07-12	樊
14	RK0301W010707100002	A2仓库	高先生	北京A物流中心	2007-07-12	樊
15	RK0301W010707100003	京东仓库	李虎	北京A物流中心	2007-07-12	樊
16	RK0301W010707100004	京东仓库	李虎	北京A物流中心	2007-07-12	樊
17	RK0301W010707270003	A2仓库	高先生	北京A物流中心	2007-07-06	樊

图 2-84　入库单据列表

(2)双击要查询的单据,可查询详细信息,如图 2-85 所示。

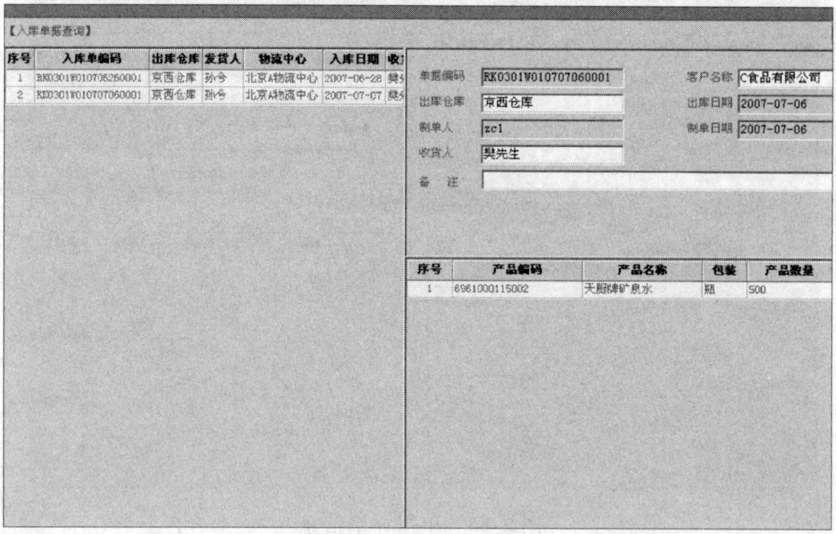

【入库单据查询】

序号	入库单编码	出库仓库	发货人	物流中心	入库日期	收
1	RK0301W010706260001	京西仓库	孙兮	北京A物流中心	2007-06-28	樊
2	RK0301W010707060001	京西仓库	孙兮	北京A物流中心	2007-07-07	樊

单据编码 RK0301W010707060001　客户名称 C食品有限公司
出库仓库 京西仓库　出库日期 2007-07-06
制单人 zcl　制单日期 2007-07-06
收货人 樊先生
备　注

序号	产品编码	产品名称	包装	产品数量
1	6961000115002	天厨牌矿泉水	瓶	500

图 2-85　入库单详细信息

8. 出库单据查询

操作步骤如下:

(1)单击“出库单据查询”按钮,进入相应的界面,如图 2-86 所示。

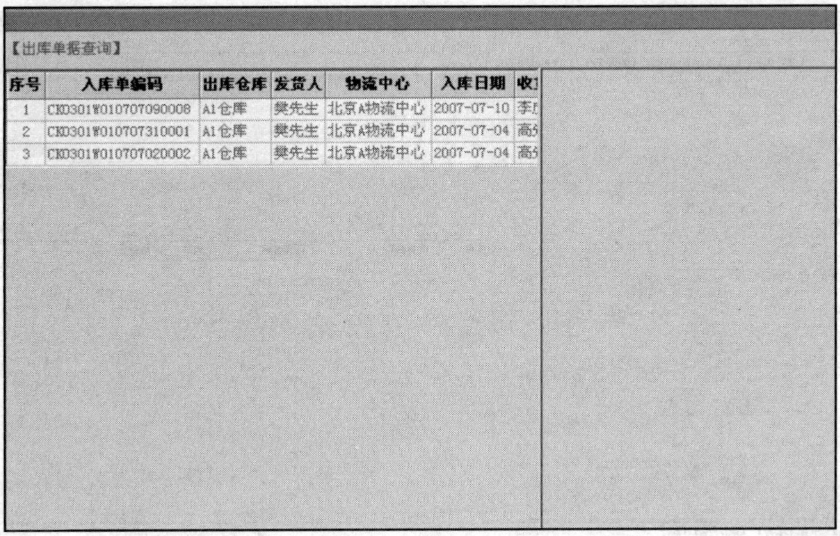

图 2-86　出库单详细内容

（2）当用户要查询出库单时，单击"查询"按钮，输入查询条件，如图 2-87 所示。

（3）双击要查询的单据，可查询详细信息，如图 2-88 所示。

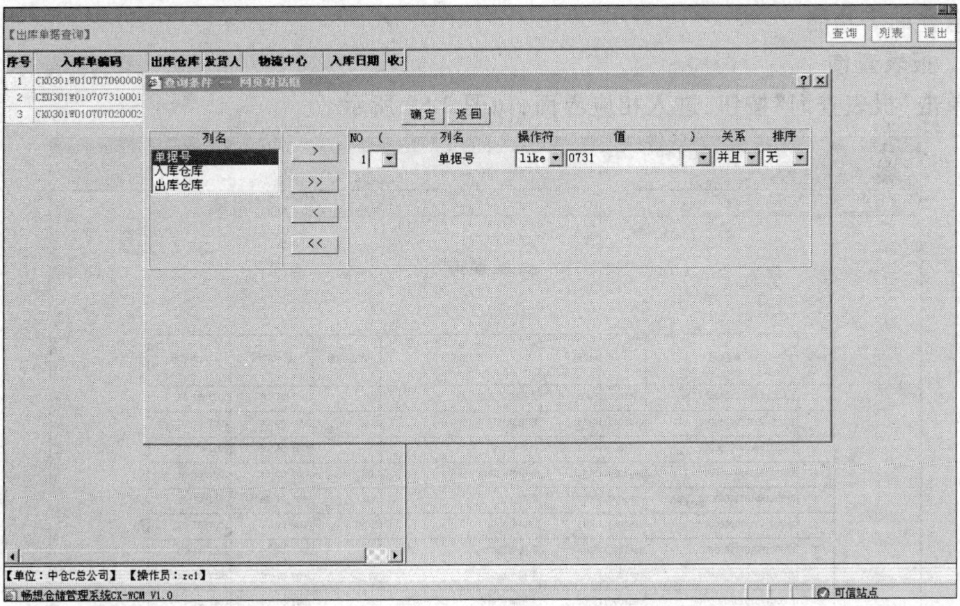

图 2-87　查询条件

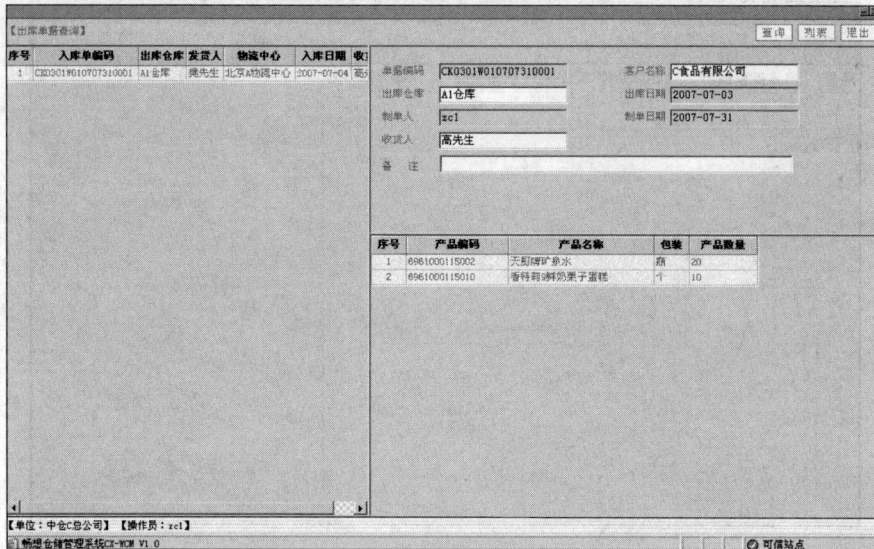

图 2-88　单据详细信息

（七）实验七　仓库经理实验

仓库经理主要实现对仓库各项业务统计报表及仓储费用、客户档案的查看和审核工作,主要包括报表查询、月库存统计、查看月出/入库走势、客户档案查询、库存信息查询、盘点信息查询等功能。

1. 报表查询

单击"报表查询"按钮,进入相应界面,如图 2-89 所示。

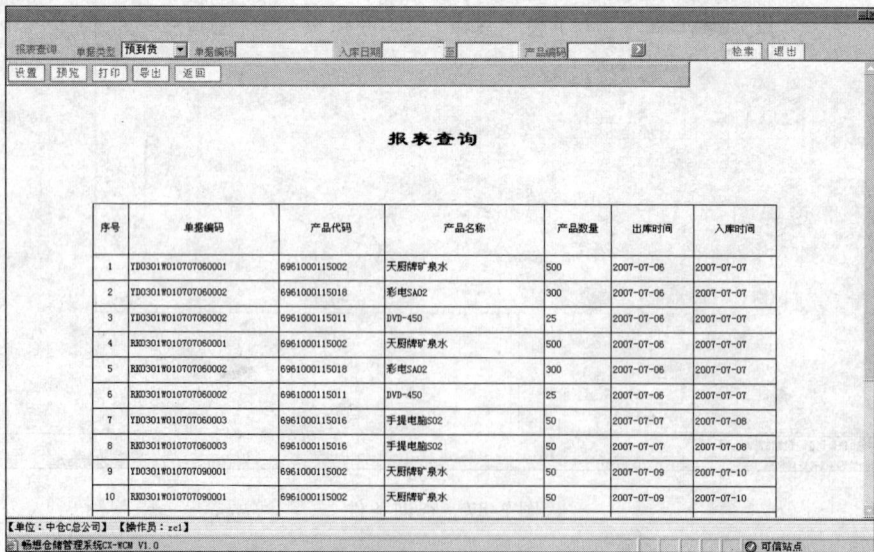

图 2-89　报表查询

2. 月库存统计

以业务受理员的角色登录系统,单击"月库存统计"按钮,进入"月库存统计"界面。可查询每个月的库存统计数量,如图2-90所示。

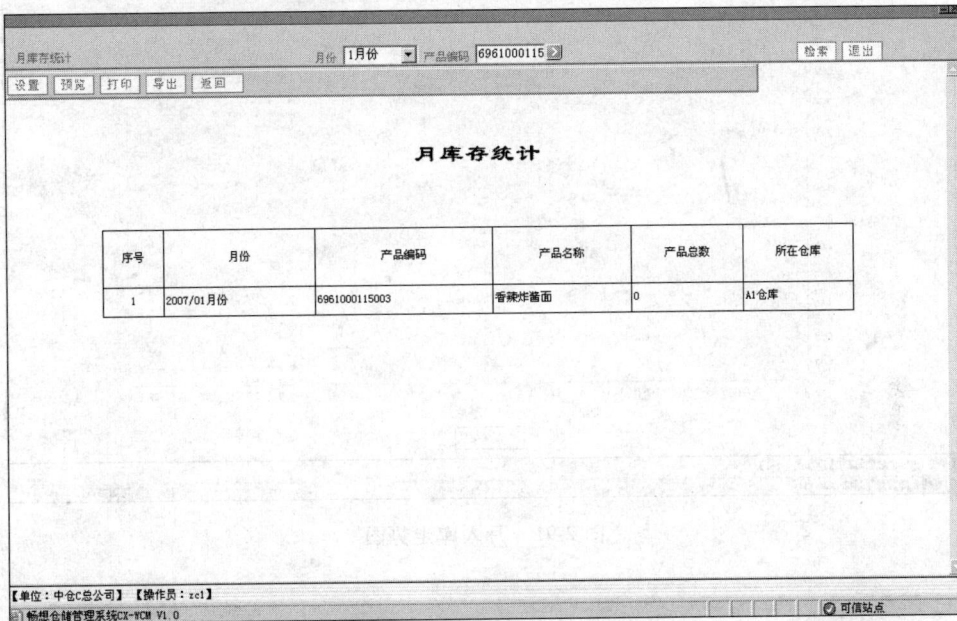

图 2-90 "月库存统计"界面

3. 月入库走势图

以业务受理员的角色登录系统,单击"月入库走势图"按钮,进入"月入库走势图"界面,可查询某个月的入库单据走势图。

在"月份"下拉列表框中选择月份,如选择"8月份"选项,单击"检索"按钮,如图2-91所示。

4. 月出库走势图

以业务受理员的角色登录系统,单击"月出库走势图"按钮,进入"月出库走势图"界面,可查询某个月的出库单据走势图。

在"月份"下拉列表框中选择月份,如选择"8月份"选项,单击"检索"按钮,如图2-92所示。

5. 月入库量走势图

操作步骤如下:

(1)以业务受理员的角色登录系统,进入"月入库量走势图"界面,可查询某个月某种产品的入库量走势图。

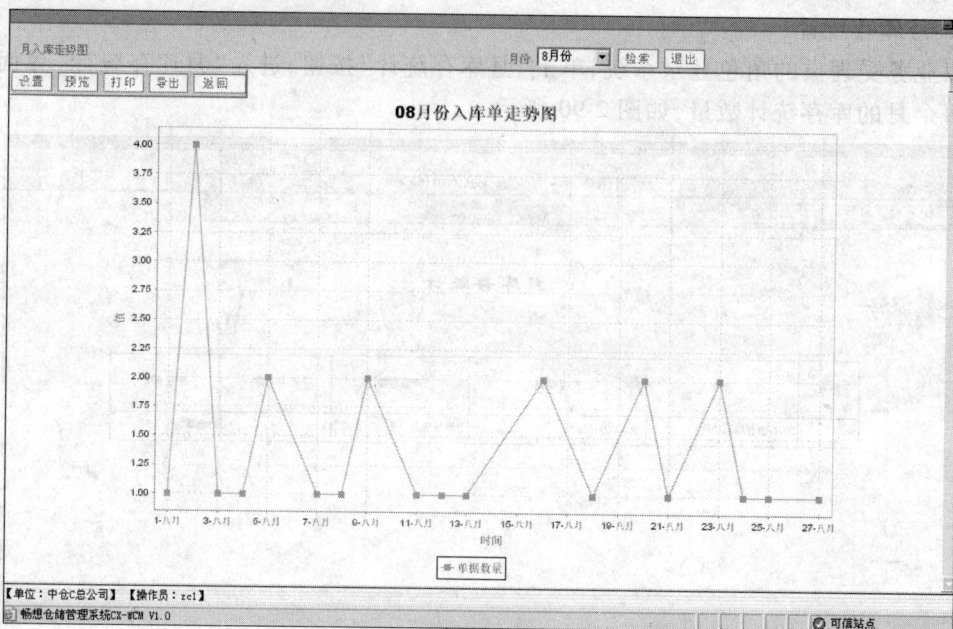

图 2-91　月入库走势图

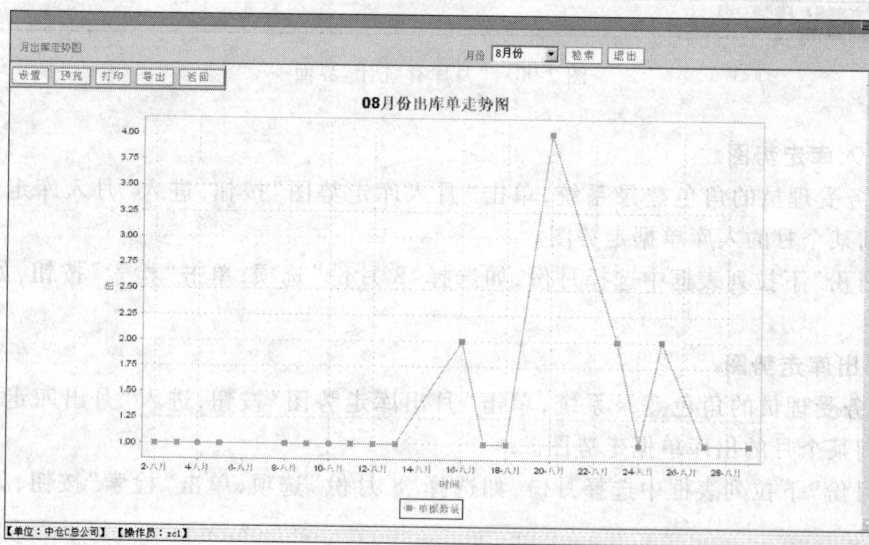

图 2-92　出库单走势图

（2）单击"月入库量走势图"按钮，进入相应的界面，在"月份"下拉列表框中选择月份，并选择客户以及对应的产品编码，单击"检索"按钮，如图 2-93 所示。

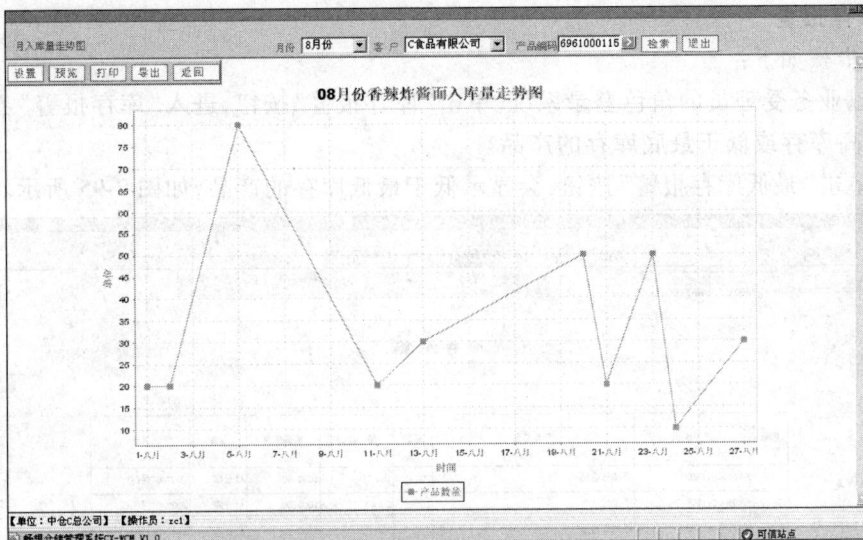

图 2-93 单品月入库量走势图

6. 月出库量走势图

操作步骤如下：

（1）以业务受理员的角色登录系统，单击"月出库量走势图"按钮，进入"月出库量走势图"界面，可查询某个月某种产品的出库量走势图。

（2）在"月份"下拉列表框中选择月份，并选择客户以及对应的产品编码，单击"检索"按钮，如图 2-94 所示。

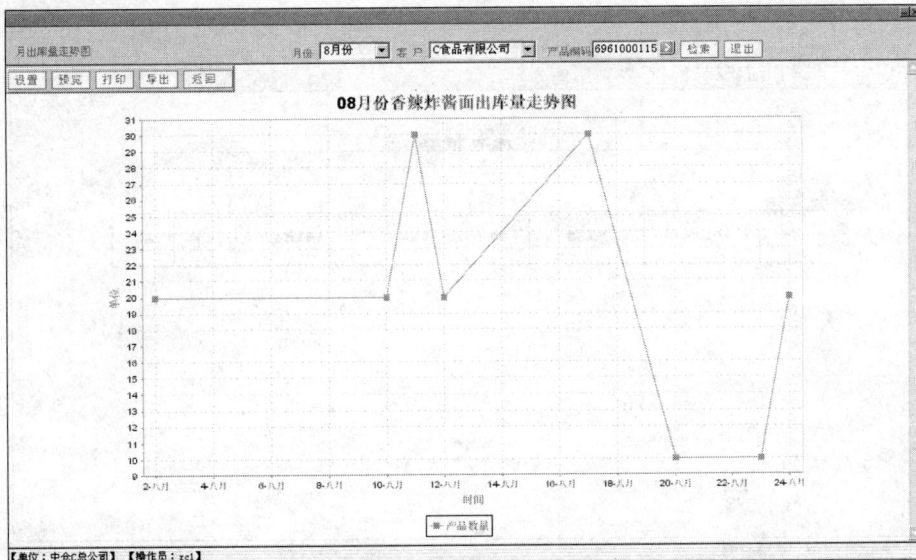

图 2-94 月出库量走势图

7. 库存报警

操作步骤如下：

（1）以业务受理员的角色登录系统，单击"库存报警"按钮，进入"库存报警"界面，可查询超过最高库存或低于最底库存的产品。

（2）单击"最低库存报警"按钮，会显示低于最低库存的产品，如图 2-95 所示。

序号	产品编码	产品名称	总数	最低库存	最高库存	仓库	月份
1	6961000115003	香辣炸酱面	70	100.00	1000.00	A1仓库	2007/07月份
2	6961000115001	手工拉面	20	20.00	1000.00	A1仓库	2007/07月份
3	6961000115003	香辣炸酱面	0	100.00	1000.00	A1仓库	2007/01月份
4	6961000115014	SVCD-747	10	20.00	500.00	A1仓库	2007/08月份
5	6961000115015	笔记本电脑S01	10	10.00	500.00	A1仓库	2007/08月份
6	6961000115017	彩电SA01	10	10.00	500.00	A1仓库	2007/08月份
7	6961000115001	手工拉面	0	20.00	1000.00	A1仓库	2007/01月份
8	6961000115004	香辣牛肉面	10	100.00	1000.00	A1仓库	2007/06月份
9	6961000115004	香辣牛肉面	10	100.00	1000.00	A1仓库	2007/05月份
10	6961000115004	香辣牛肉面	10	100.00	1000.00	A1仓库	2007/08月份

图 2-95　最低库存报警

（3）单击"最高库存报警"按钮，会显示高于最高库存的产品，如图 2-96 所示。

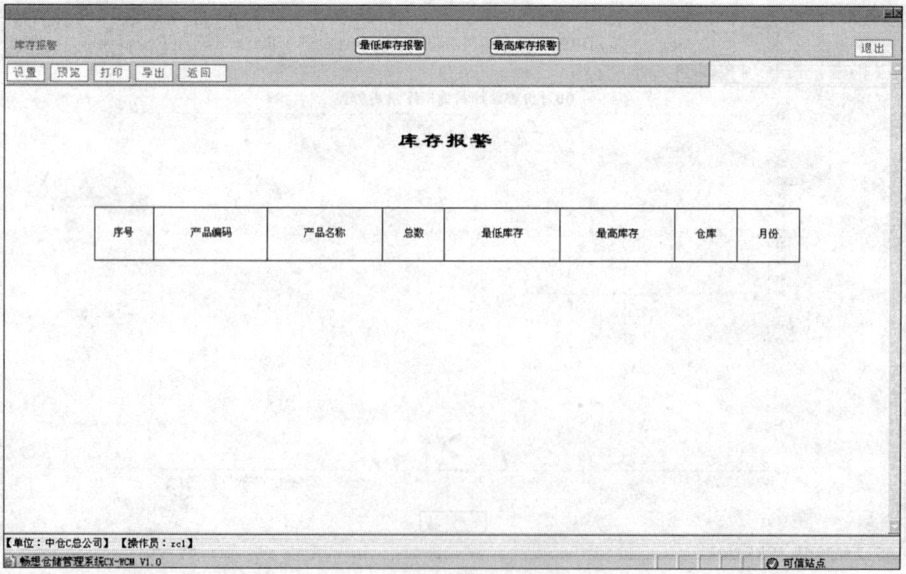

序号	产品编码	产品名称	总数	最低库存	最高库存	仓库	月份

图 2-96　最高库存报警

8. 存储量统计

操作步骤如下:

（1）以业务受理员的身份登录系统,单击"存储量统计"按钮,进入"存储量统计"界面,可根据时间、产品名称查询库存数量,如图2-97所示。

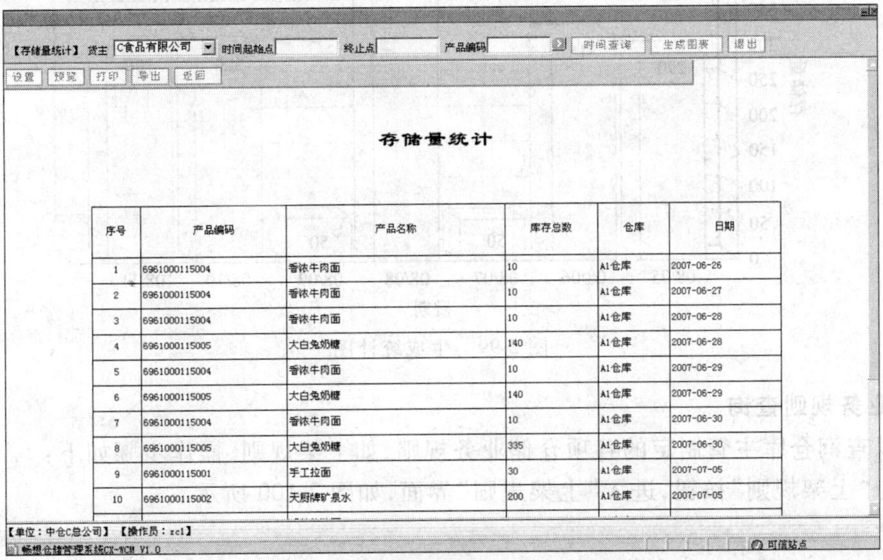

图2-97 存储量统计列表

（2）输入起始日期、终止日期、产品编码,单击"时间查询"按钮,可查询库存数量,如图2-98所示。

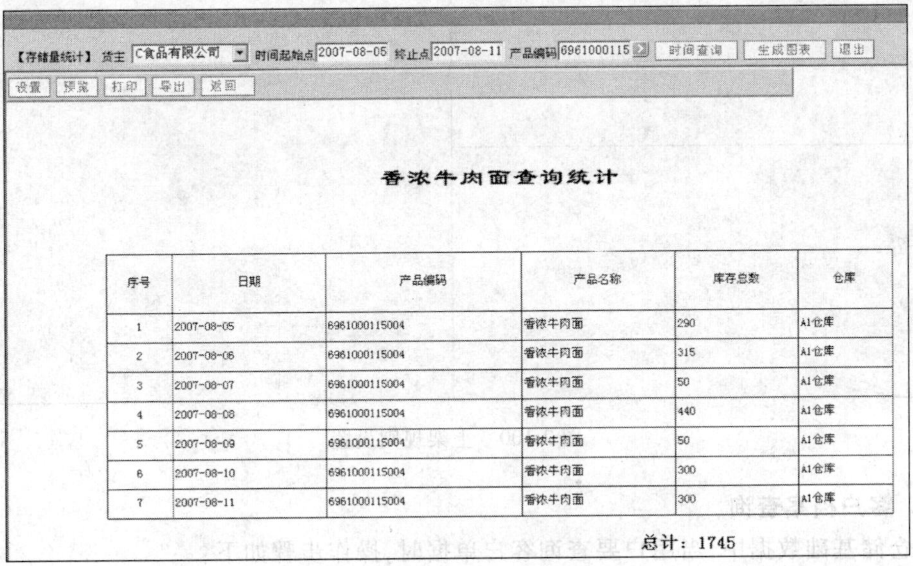

图2-98 产品查询统计

（3）单击"生成图表"按钮,可显示柱形图,如图 2-99 所示。

2007-08-05—2007-08-11统计图

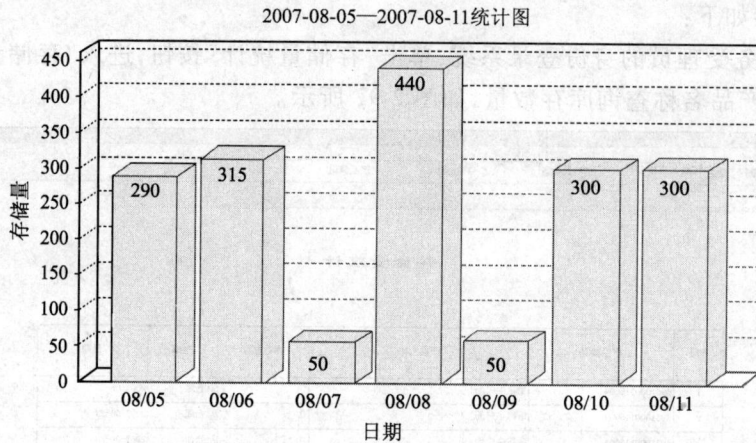

图 2-99　生成统计图

9. 业务规则查询

可以查询仓库主管制定的各项仓储业务规则,如上架规则,操作步骤如下:

单击"上架规则"按钮,进入"上架规则"界面,如图 2-100 所示。

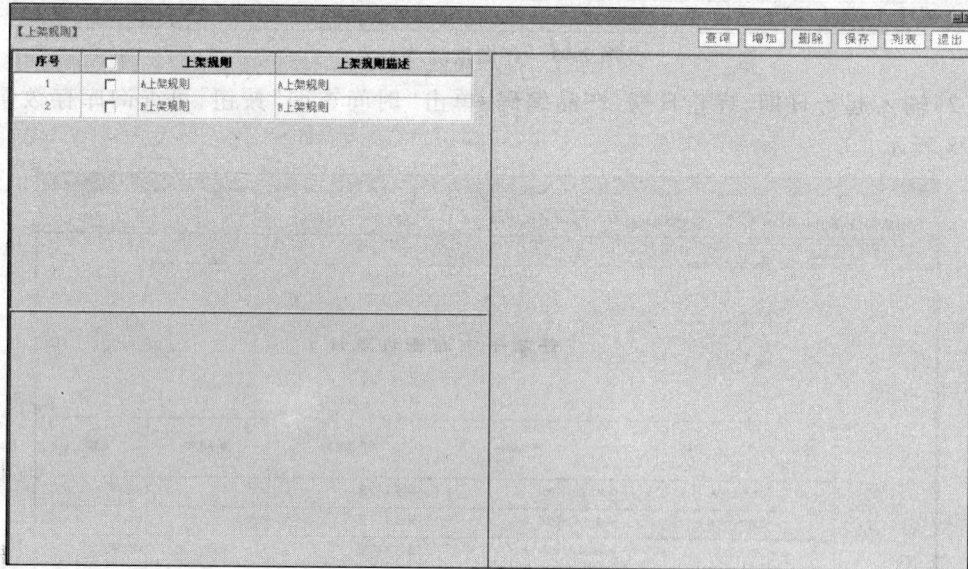

图 2-100　上架规则设置

10. 客户档案查询

在仓储基础数据中,当用户要查询客户单据时,操作步骤如下:

（1）单击"查询"按钮。

（2）用户可根据客户名称、客户简称、所在城市、营业执照、法人代表、公司网址来查询客户单据，设置要进行查询的数据后，单击"确定"按钮，系统将查询出单据，如图 2-101 所示。

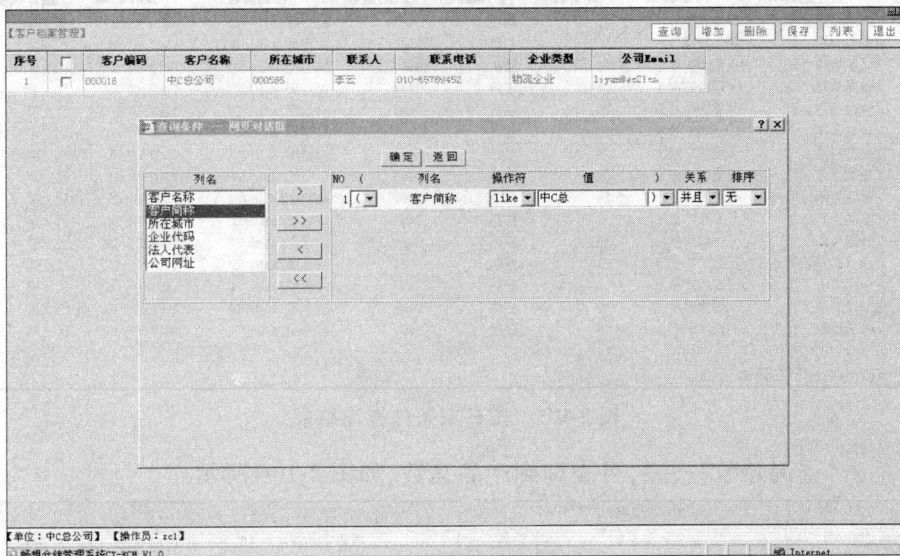

图 2-101　客户档案查询条件

11. 库存信息查询

操作步骤如下：

（1）单击"库存查询"按钮，进入相应的界面，如图 2-102 所示。

图 2-102　"库存查询"界面

（2）单击"按日期查询"按钮，可查询满足条件的产品，如图2-103所示。

序号	货主名称	产品名称	库存数量	产品颜色	产品型号	存储库位	操作日期	操作类型
1	C食品有限公司	手工拉面	25	白色	S4536	A1仓库/A101/05	2007-07-05	已上架
2	C食品有限公司	手工拉面	5	白色	S4536	A1仓库/A101/05	2007-07-05	已上架
3	C食品有限公司	天厨牌矿泉水	25	蓝色	S484	A1仓库/A101/02	2007-07-05	已上架
4	C食品有限公司	天厨牌矿泉水	25	蓝色	S484	A1仓库/A101/02	2007-07-07	已上架
5	C食品有限公司	天厨牌矿泉水	25	蓝色	S484	A1仓库/A101/02	2007-07-05	已上架
6	C食品有限公司	天厨牌矿泉水	25	蓝色	S484	A1仓库/A101/02	2007-07-06	已上架
7	C食品有限公司	天厨牌矿泉水	25	蓝色	S484	A1仓库/A101/02	2007-07-05	已上架
8	C食品有限公司	天厨牌矿泉水	25	蓝色	S484	A1仓库/A101/02	2007-07-05	已上架
9	C食品有限公司	天厨牌矿泉水	25	蓝色	S484	A1仓库/A101/02	2007-07-05	已上架
10	C食品有限公司	天厨牌矿泉水	25	蓝色	S484	A1仓库/A101/02	2007-07-06	已上架
11	C食品有限公司	天厨牌矿泉水	25	蓝色	S484	A1仓库/A101/02	2007-07-05	已上架
12	C食品有限公司	天厨牌矿泉水	25	蓝色	S484	A1仓库/A101/02	2007-07-05	已上架
13	C食品有限公司	天厨牌矿泉水	25	蓝色	S484	A1仓库/A101/02	2007-07-05	已上架
14	C食品有限公司	天厨牌矿泉水	20	蓝色	S484	A1仓库/A101/02	2007-07-10	已出库
15	C食品有限公司	天厨牌矿泉水	25	蓝色	S484	A1仓库/A101/02	2007-07-10	已上架

图 2-103　按日期条件查询结果

（3）单击"查询总数"按钮，可查询到产品总数，如图2-104所示。

序号	货主名称	产品名称	库存数量	产品颜色	产品型号	操作日期
1	C食品有限公司	大白兔奶糖	685	白色	S7325	20070710 23:11
2	C食品有限公司	手工拉面	30	白色	S4536	20070710 23:11
3	C食品有限公司	天厨牌矿泉水	530	蓝色	S484	20070710 23:11
4	C食品有限公司	香辣炸酱面	220	红色	S4645	20070710 23:11
5	C食品有限公司	香特莉11生日鲜奶蛋糕	230	红色	S2346	20070710 23:11
6	C食品有限公司	香特莉9鲜奶栗子蛋糕	20	蓝色	S2348	20070710 23:11

图 2-104　按产品类别条件查询结果

12. 盘点信息查询

操作步骤如下：

（1）单击"盘点查询"按钮，进入相应的界面，如图2-105所示。

序号	盘点编码	企业名称	产品编码	产品名称	盘点数量	清点数量	盘点时间
1	27	C食品有限公司	6961000115005	大白兔奶糖	200	201	2007-06-28 18:19:00
2	28	C食品有限公司	6961000115003	香辣炸酱面	150	150	2007-06-28 16:20:00
3	32	C食品有限公司	6961000115005	大白兔奶糖	236	130	2007-07-02 11:45:00
4	33	C食品有限公司	6961000115005	大白兔奶糖	236	230	2007-07-02 11:45:00
5	34	C食品有限公司	6961000115010	香特莉9鲜奶栗子蛋糕	30	30	2007-07-02 16:09:00
6	35	C食品有限公司	6961000115001	手工拉面	30	30	2007-07-02 16:09:00
7	36	C食品有限公司	6961000115005	大白兔奶糖	101	100	2007-07-02 11:55:00
8	42	C食品有限公司	6961000115005	大白兔奶糖	101	100	2007-07-03 09:20:00
9	43	C食品有限公司	6961000115003	香辣炸酱面	170	170	2007-07-03 09:20:00
10	44	C食品有限公司	6961000115005	大白兔奶糖	296	200	2007-07-04 16:08:00
11	46	C食品有限公司	6961000115003	香辣炸酱面	220	200	2007-07-10 22:52:00

客户名称

C食品有限公司

产品编号

图 2-105　盘点查询界面

(2)在右窗格中输入查询条件,单击"查询"按钮,可查询盘点,如图 2-106 所示。

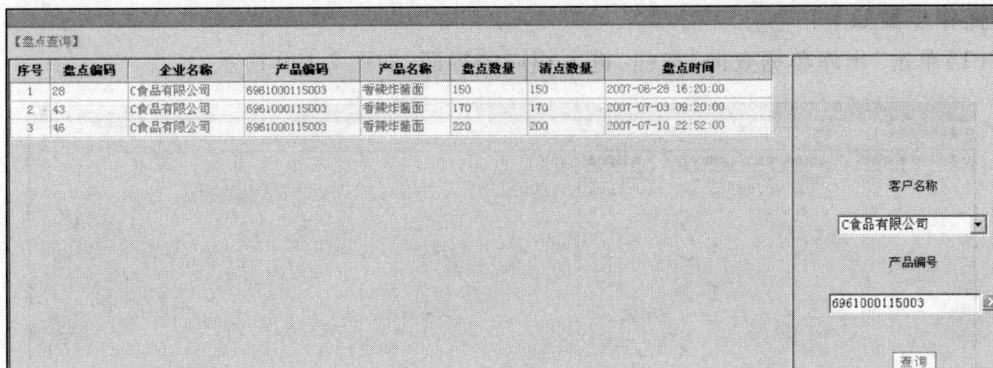

图 2-106 按条件查询结果

13. 入库单据查询

操作步骤如下:

(1)单击"入库单据查询"按钮,进入相应的界面,如图 2-107 所示。

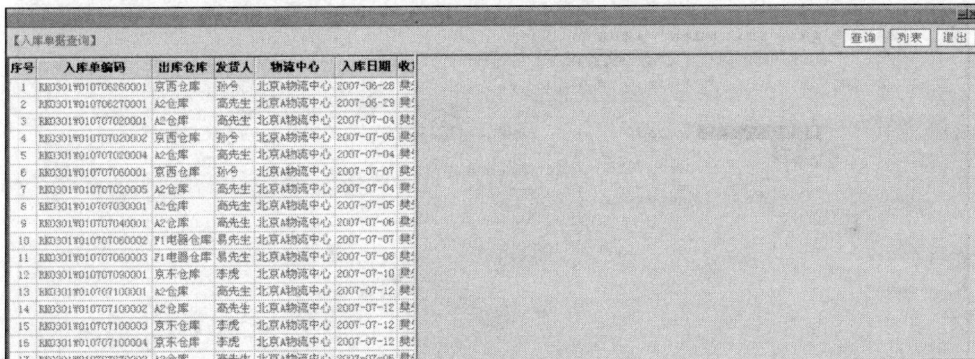

图 2-107 入库单据查询界面

(2)双击要查询的单据,可查询详细信息,如图 2-108 所示。

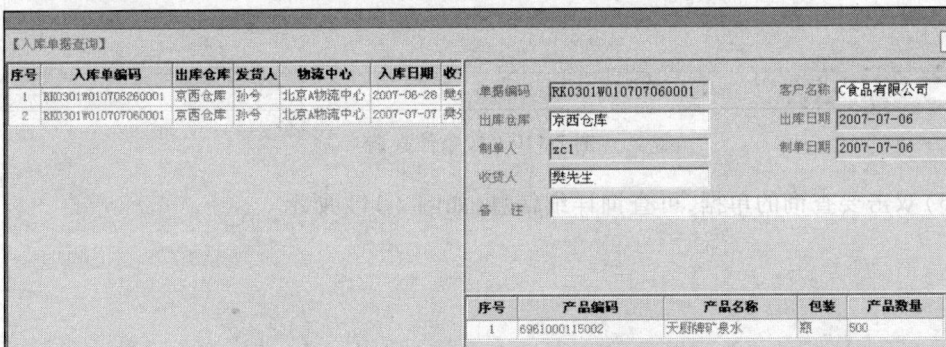

图 2-108 单据详细信息

14. 出库单据查询

操作步骤如下：

(1)单击"出库单据查询"按钮，进入相应的界面，如图 2-109 所示。

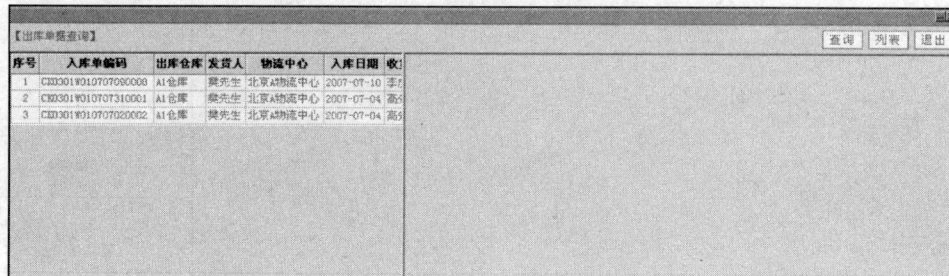

图 2-109　出库单据查询

(2)要查询出库单时，可单击"查询"按钮，弹出"查询条件"对话框，如图 2-110 所示。

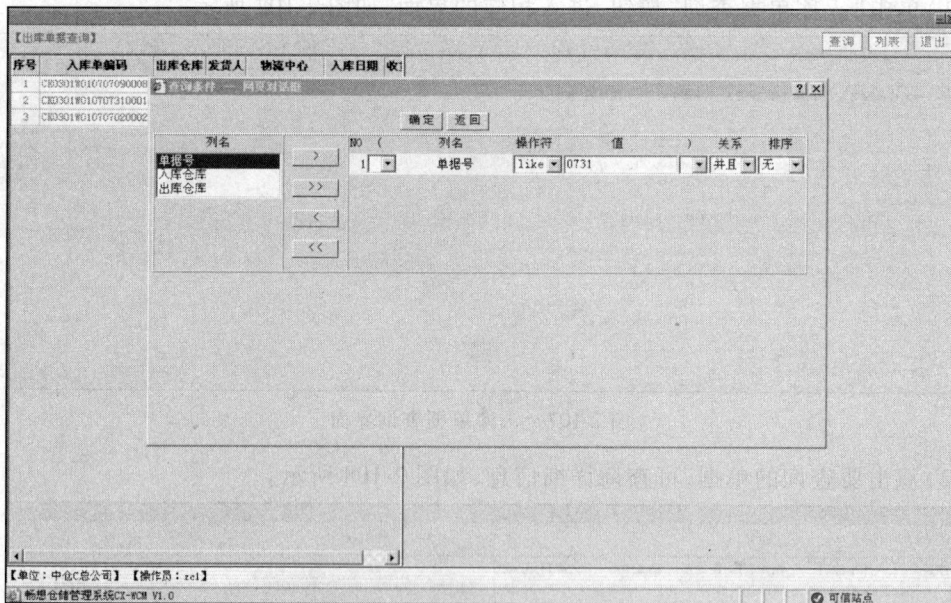

图 2-110　按条件查询

(3)双击要查询的单据，可查询详细信息，如图 2-111 所示。

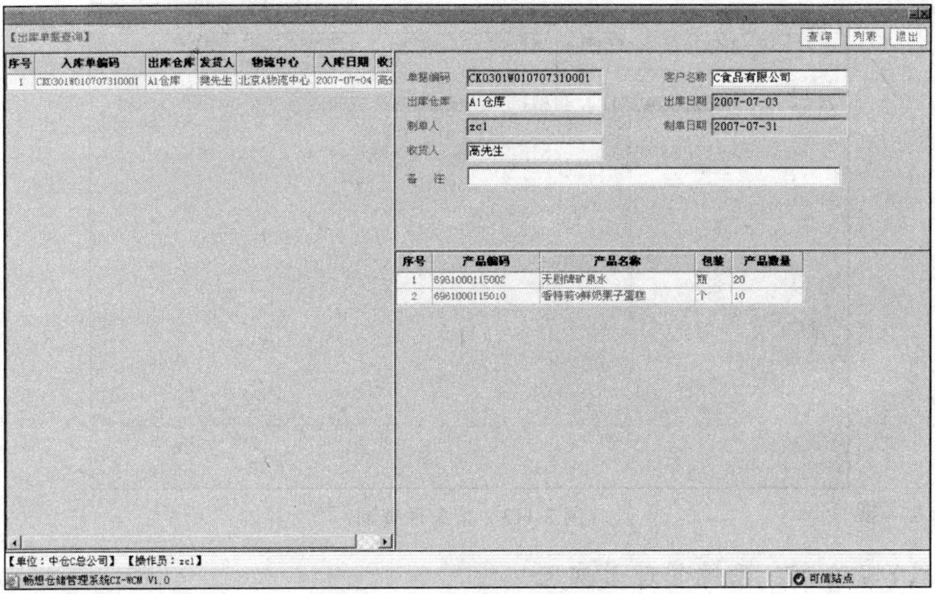

图 2-111　出库单详细信息

15. 系统用户管理

操作步骤如下：

（1）单击"用户注册管理"按钮，进入"注册管理"界面，双击"中仓总公司"选项，系统显示该公司的用户，如图 2-112 所示。

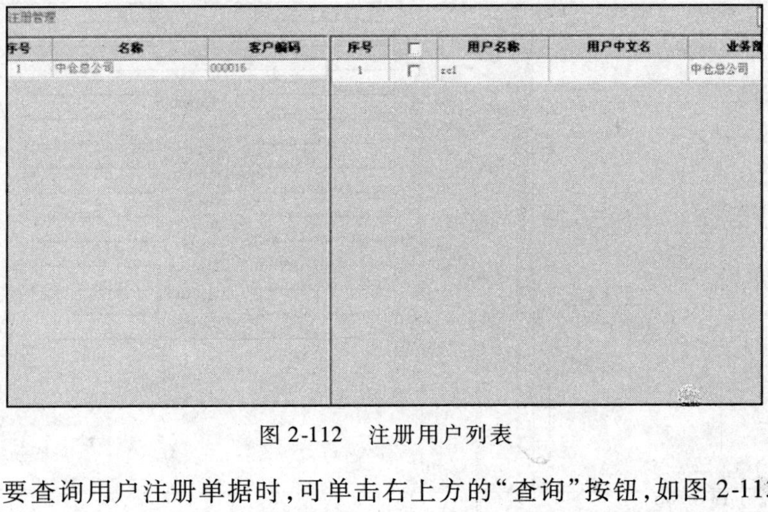

图 2-112　注册用户列表

（2）用户要查询用户注册单据时，可单击右上方的"查询"按钮，如图 2-113 所示。

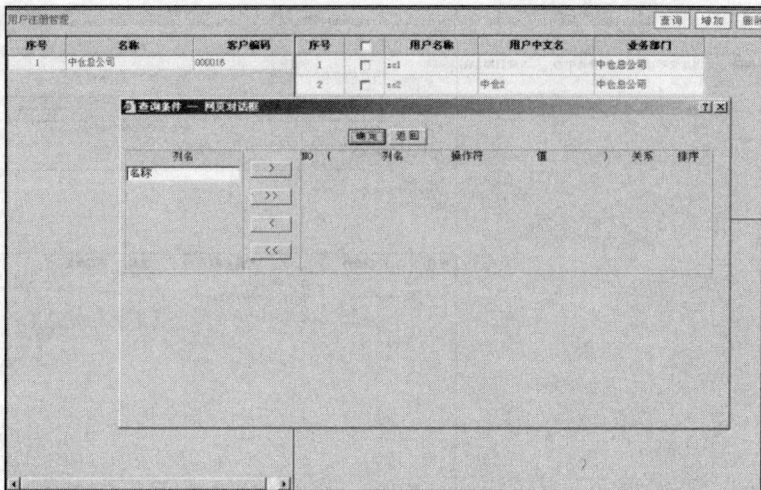

图 2-113 按条件查询

（八）实验八 系统管理员实验

1. 客户档案管理

"仓储基础数据"模块下的子菜单分别为：客户档案、批次属性、包装、库区、库位、产品档案。

当用户要增加客户时,操作步骤如下:

(1)单击"增加"按钮,如图 2-114 所示。

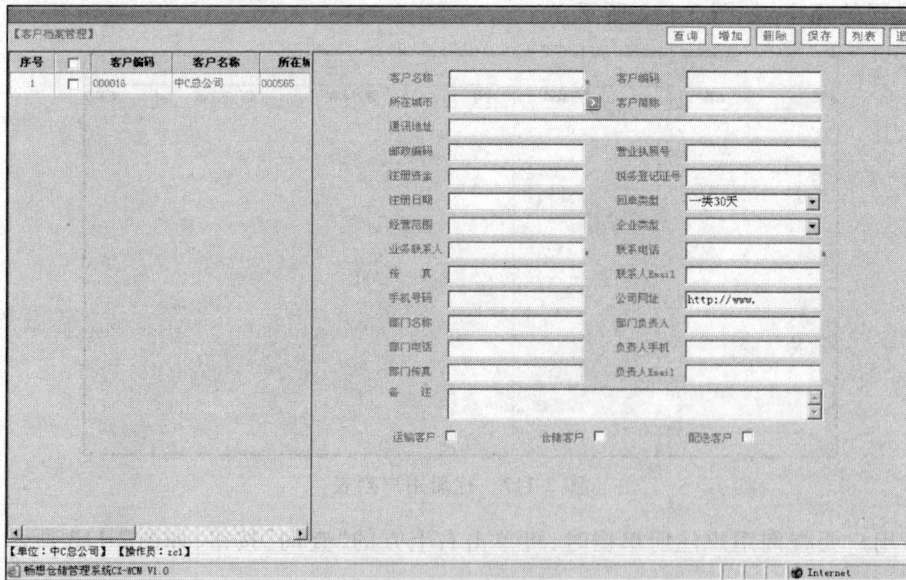

图 2-114 添加客户数据

（2）当客户数据输入完毕后，单击"保存"按钮，系统将保存该单据，如图2-115所示。

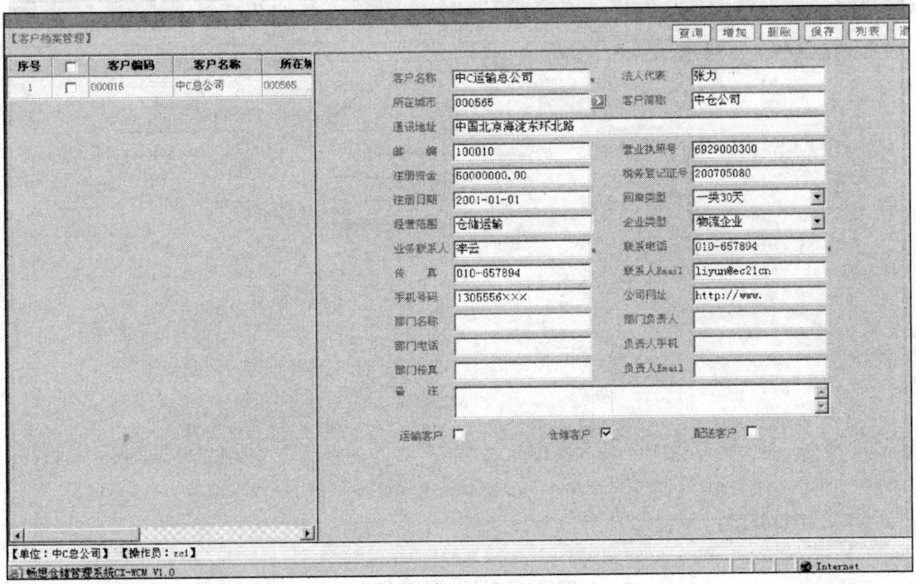

图 2-115　客户数据样例

2. 包装管理

当用户要增加包装单据时，操作步骤如下：

（1）单击"增加"按钮，如图2-116所示。

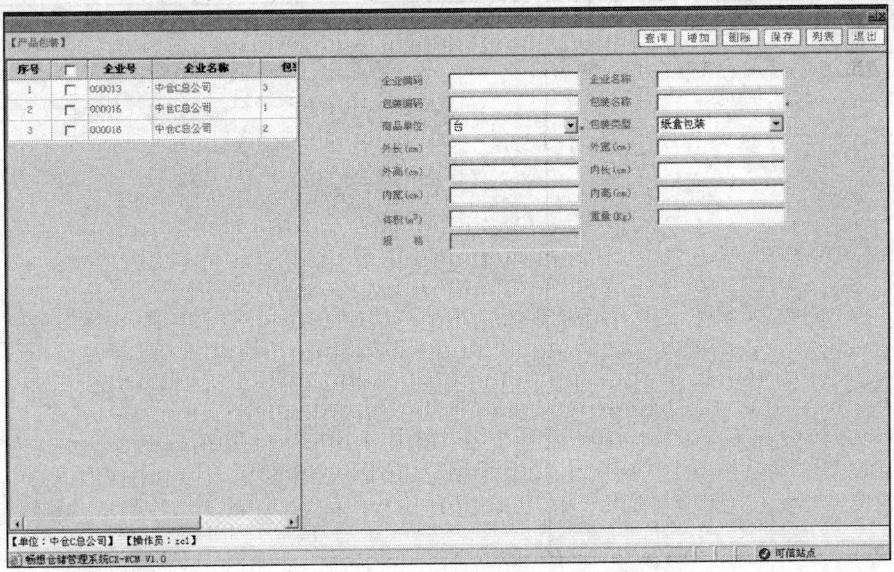

图 2-116　增加包装单据

（2）数据输入完毕后，单击"保存"按钮，系统将保存该单据，如图 2-117 所示。

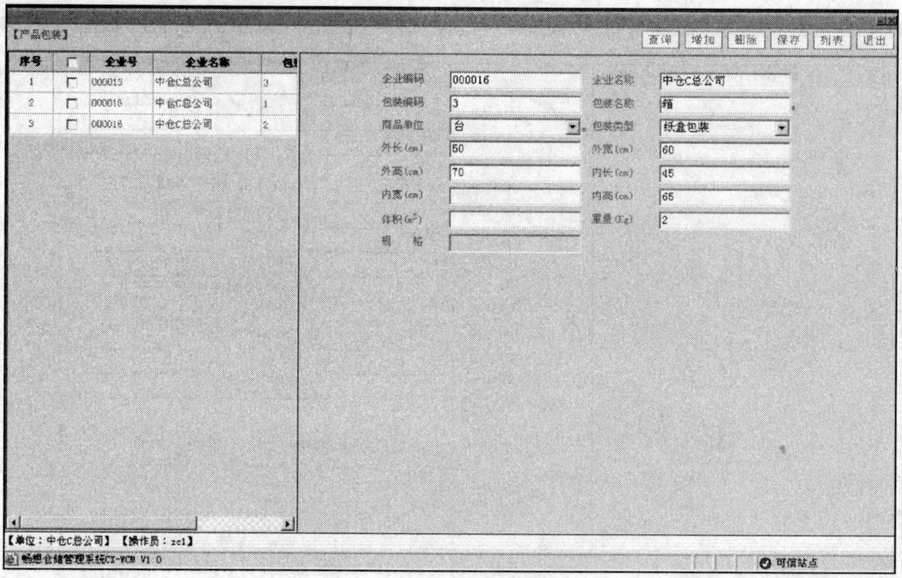

图 2-117　包装单样例

3. 库区编码设置

单击"库区编码设置"按钮，进入相应的界面，单击"增加"按钮，输入数据，单击"保存"按钮，系统将保存该数据，如图 2-118 所示。

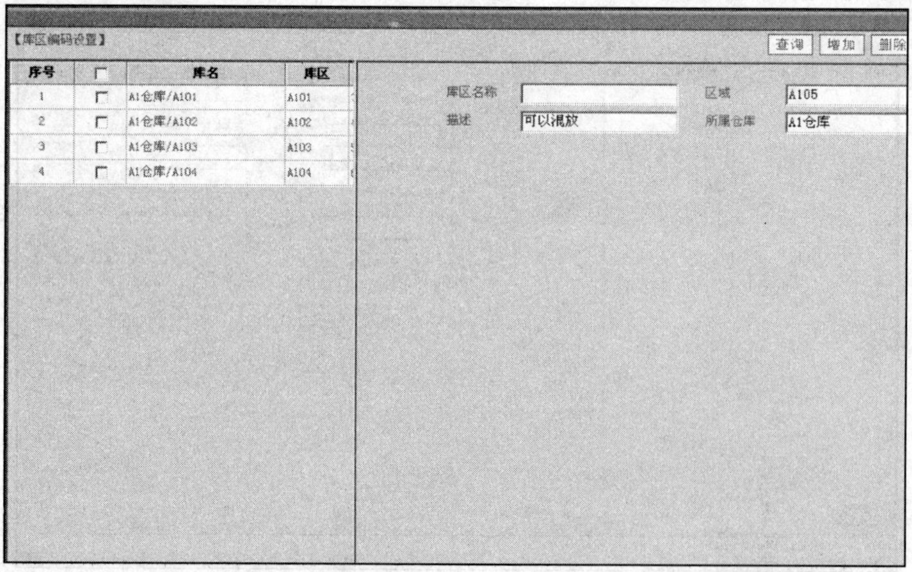

图 2-118　库区编码设置

4. 库位编码设置

单击"库位编码设置"按钮,进入相应的界面,单击"增加"按钮,如图 2-119 所示。

图 2-119　库位编码设置

5. 产品档案管理

操作步骤如下:

(1)单击"产品档案"按钮,进入相应的界面,双击供货商名称。查看货物类别,如图 2-120 所示。

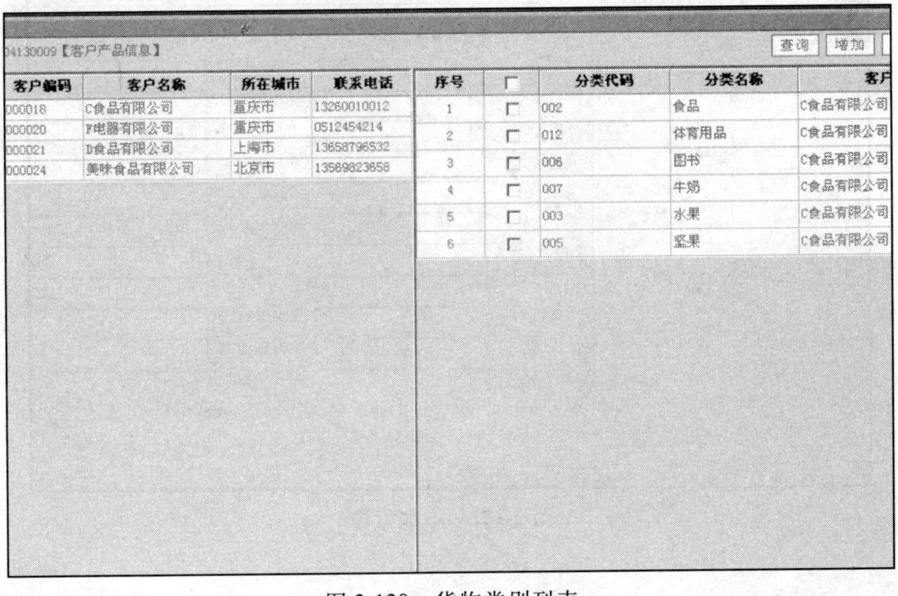

图 2-120　货物类别列表

（2）双击类别名称，查看详细产品信息列表，如图 2-121 所示。

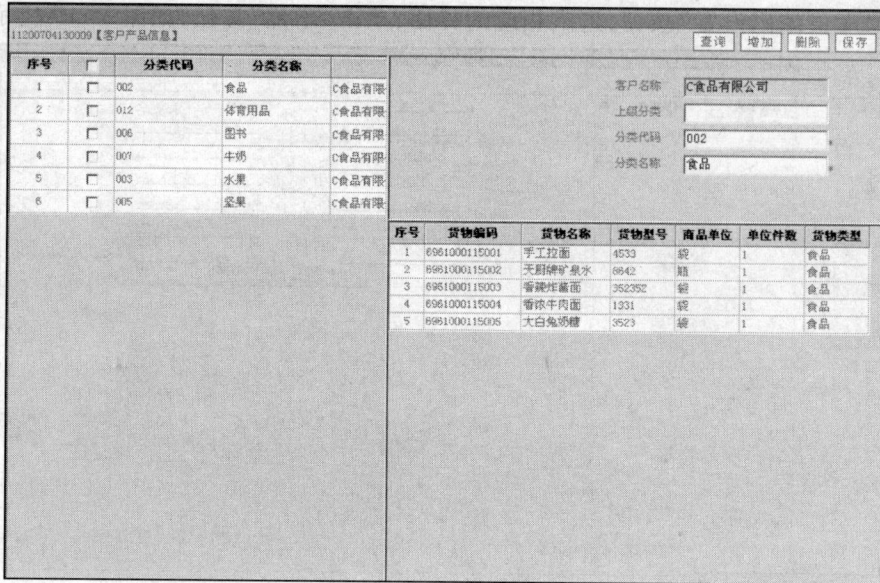

图 2-121　产品信息列表

根据图 2-121 可看出本仓库的该户食品类中包含的货物信息。

如添加新的货物，操作步骤如下：

（1）在指定客户的指定产品类别下双击编辑货物，单击"增加"按钮，如图 2-122 所示。

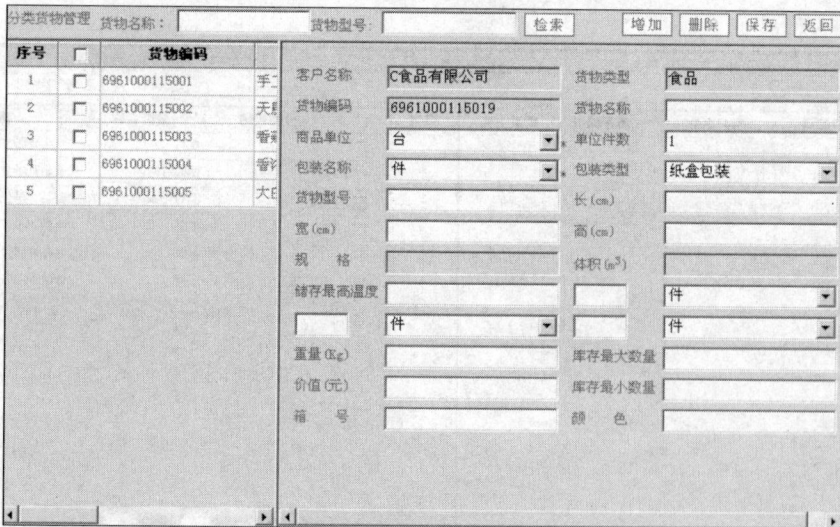

图 2-122　增加货物

（2）数据输入完毕后，单击"保存"按钮，系统将保存该条单据。

如果要添加产品类别，操作步骤如下：

在分类列表中单击"增加"按钮，设置类别名称及自定义代码，默认为一级目录，如有上级分类则选择上级分类，如图 2-123 所示。

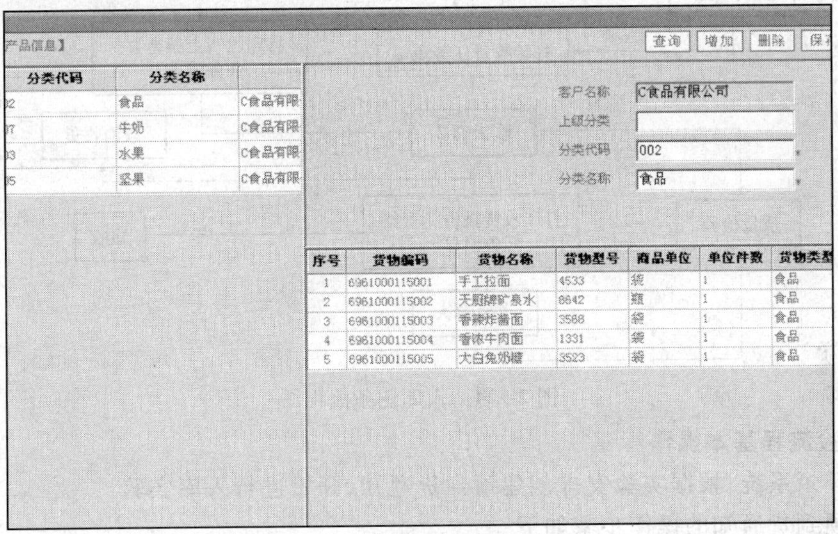

图 2-123 添加产品类别

二、流程实验

（一）实验一 入库业务流程

1. 实验内容

（1）在接到相关业务部门的收货通知后，收货人员应根据堆存计划或与客户签订的合同对将要入库的货物情况进行了解，包括票数、品名、数量、尺寸、标志、性质和包装等。具体到本实验应以货物的数量、品名为主。

（2）根据货物入库的数量和时间，安排好货物验收人员以及货物入库流程。

（3）业务受理员根据客户送货指令创建预到货通知单，并决定是否需要码盘，如果需要码盘则按照预先制定好的包装规则进行码盘处理。

（4）业务受理员根据预到货通知单生成入库单交给入库管理员。

（5）入库管理员分配仓位并进行派工任务处理，由相关人员核对货物无误后进行货物验收（如果需要码盘处理则按照码盘规则进行码盘）。

（6）入库管理员完成码盘任务之后进行货物上架。

入库业务流程如图 2-124 所示。

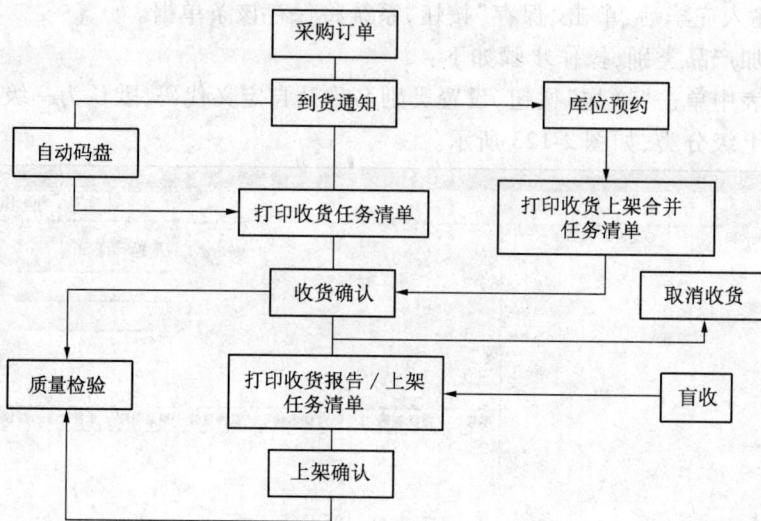

图 2-124　入库业务流程图

2. 实验流程基本操作

学生登录系统,根据实验安排创建预到货通知,开始进行入库实验。

创建预到货通知的操作步骤如下:

(1)以业务受理员的角色登录系统,单击"创建预到货通知"按钮,进入"创建预到货通知"界面,创建预到货通知,对预到货通知进行查询、增加、修改、删除操作。

(2)输入完数据后,单击"保存"按钮,如图 2-125 所示。

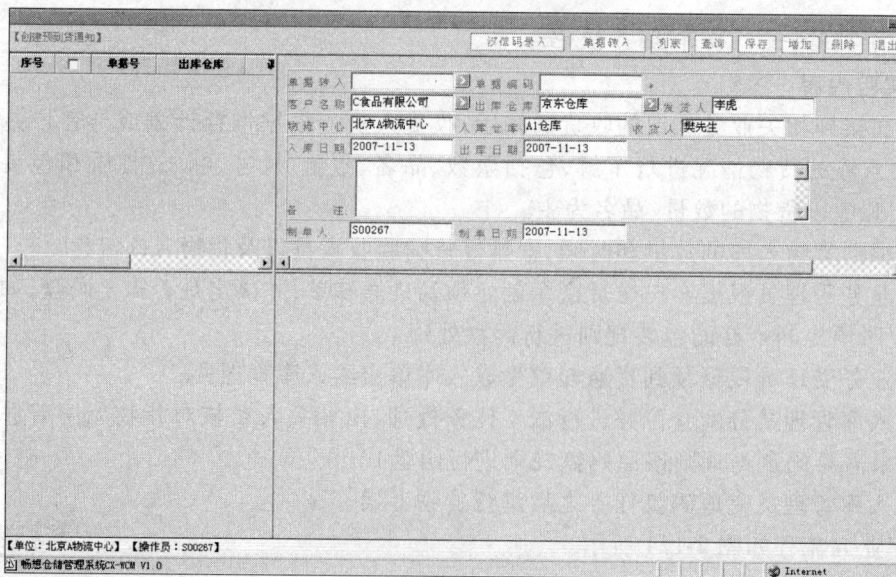

图 2-125　创建预到货通知

（3）双击记录,这条记录单据编号将显示在界面中,如图 2-126 所示。

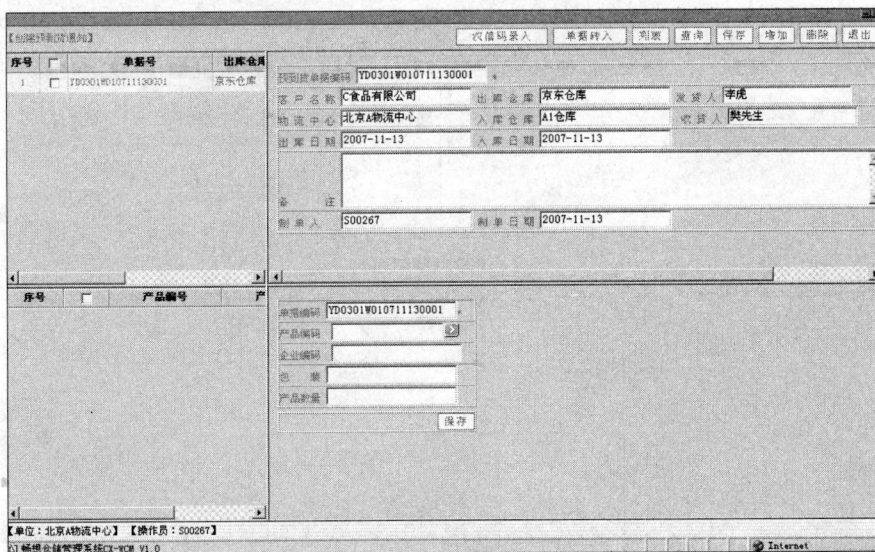

图 2-126　预到货通知单信息

（4）选中产品编码前的复选框,双击产品,输入产品数量,单击"保存"按钮。

当用户要对数据进行码盘处理时,操作步骤如下:

（1）单击"码盘处理"按钮,进入相应的界面,双击要进行码盘的单据,得到对应信息,选择要进行码盘的信息,如图 2-127 所示。

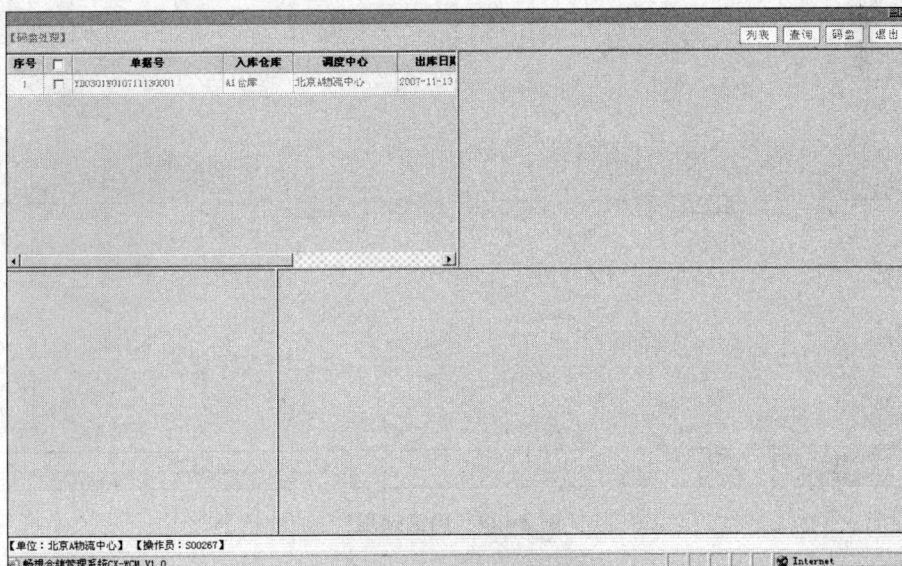

图 2-127　码盘处理界面

（2）选择一条产品记录，单击"码盘"按钮，系统将对该数据进行码盘，如图 2-128 所示。

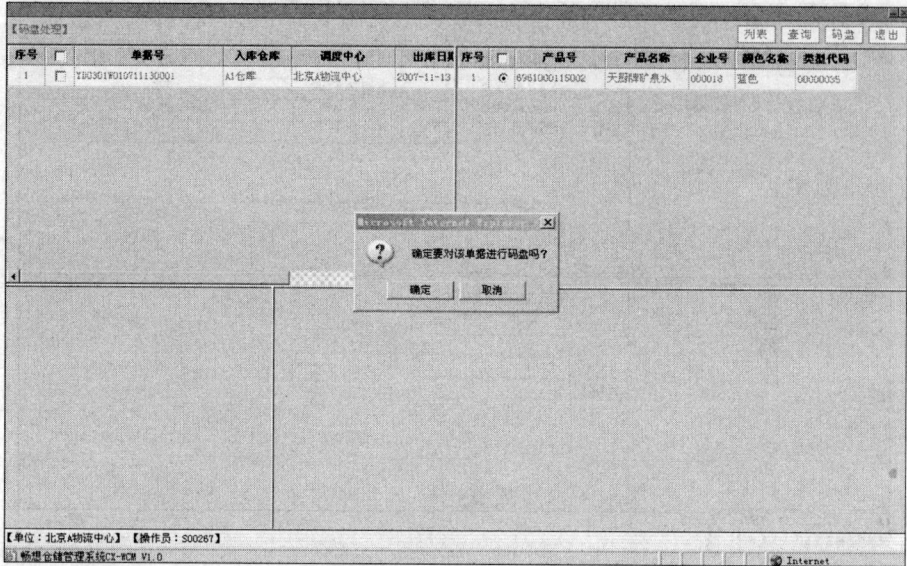

图 2-128　确认码盘任务

（3）单击"确定"按钮，系统对数据完成码盘操作，如图 2-129 所示。

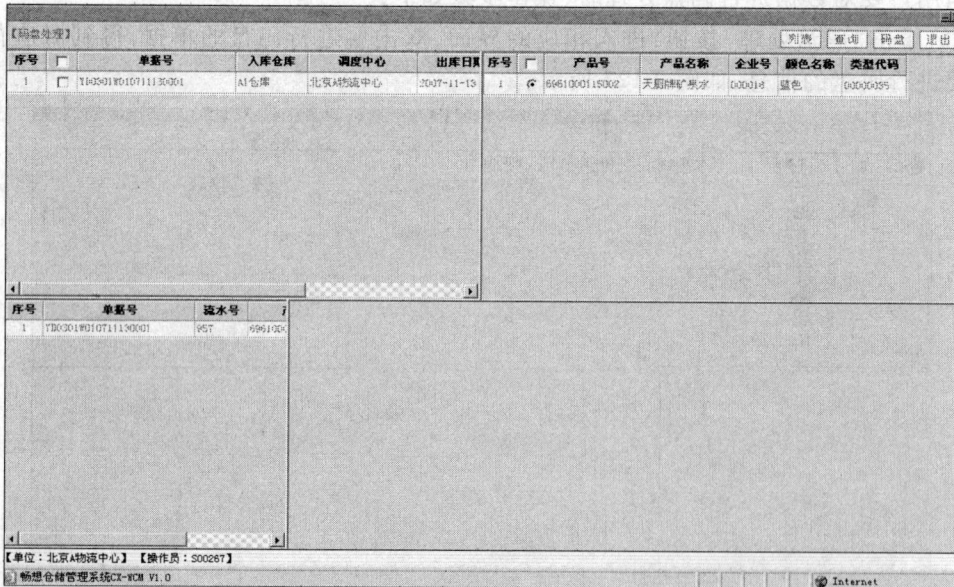

图 2-129　码盘处理

生成入库单的操作步骤如下：

（1）单击"生成入库单"按钮，进入相应的界面，如图2-130所示。

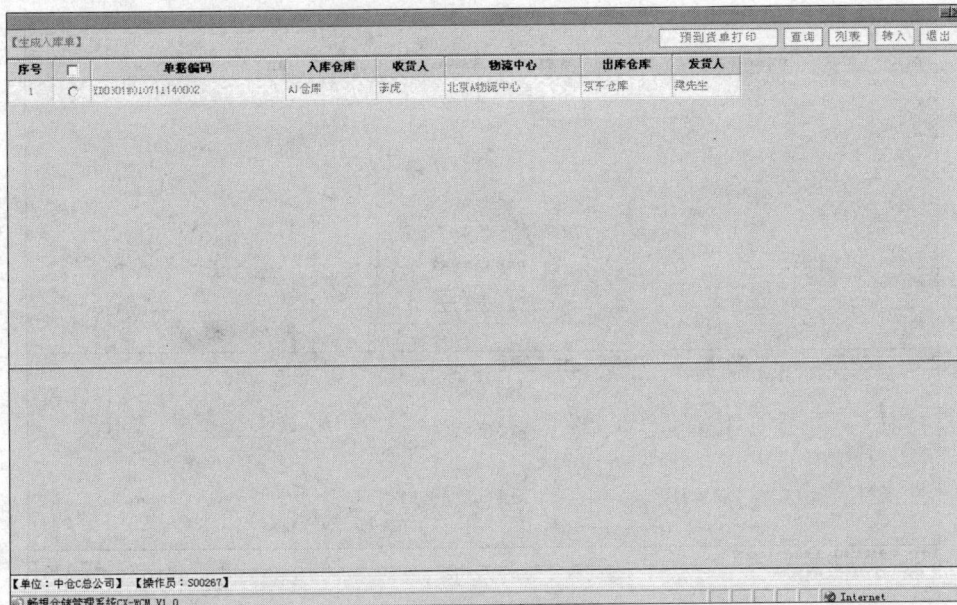

图2-130 入库单管理

（2）双击要生成入库单的单据，可查看产品，如图2-131所示。

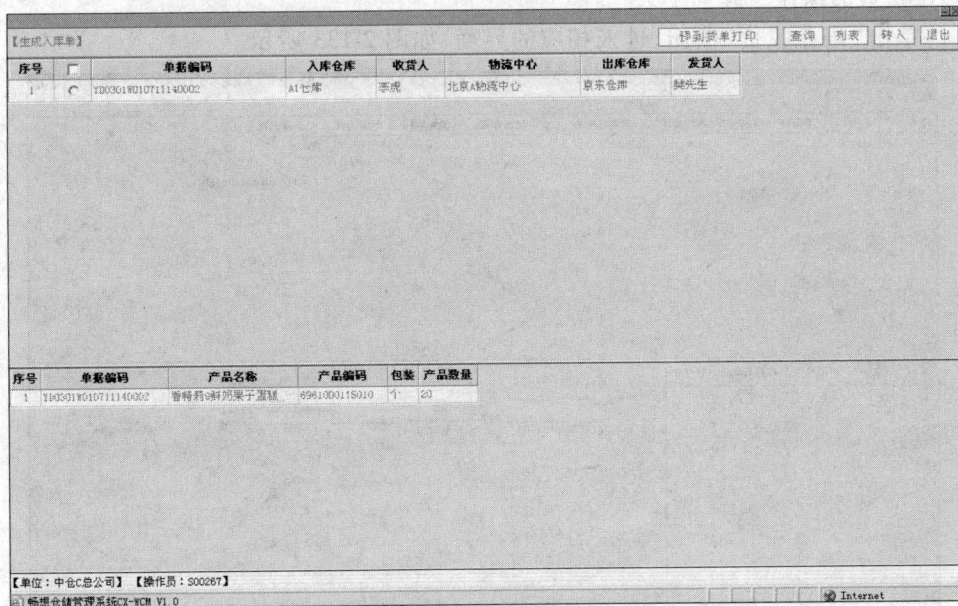

图2-131 入库单查看

（3）选中要生成的单据前的单选按钮，单击"转入"按钮，可转入单据，单击"确定"按钮可转成入库单，如图2-132所示。

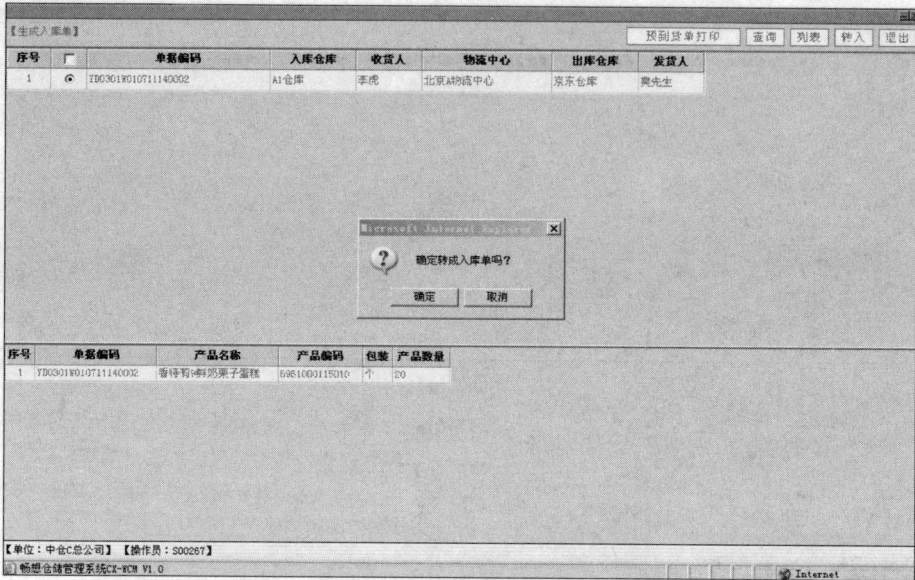

图2-132 入库单转换

（4）入库单转换完毕后，进入"码盘收货"界面进行码盘处理。

码盘收货的操作步骤如下：

（1）单击"码盘收货"按钮，进入相应的界面，如图2-133所示。

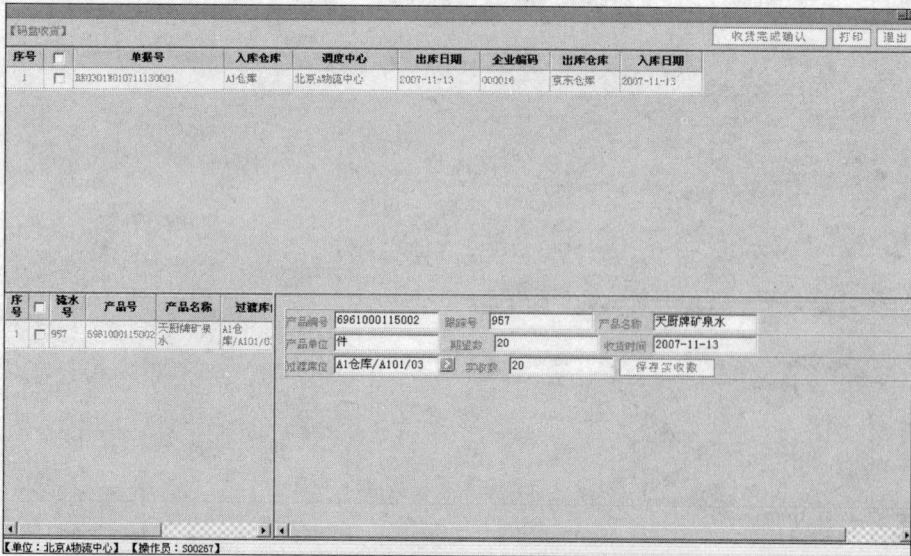

图2-133 码盘管理

（2）选中相应的产品单据号前的复选框，单击"收货完成确认"按钮，弹出提示"确认完成收货吗"的信息对话框，单击"确定"按钮，完成收货。

上架的操作步骤如下：

（1）单击"上架"按钮，进入相应的界面，如图 2-134 所示。

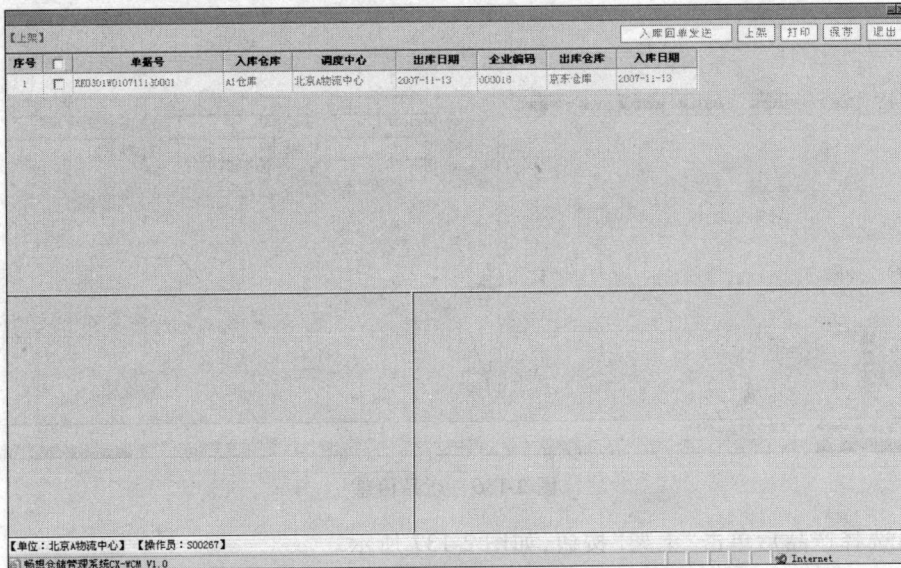

图 2-134 上架管理

（2）单击单据编码，显示对应的产品，如图 2-135 所示。

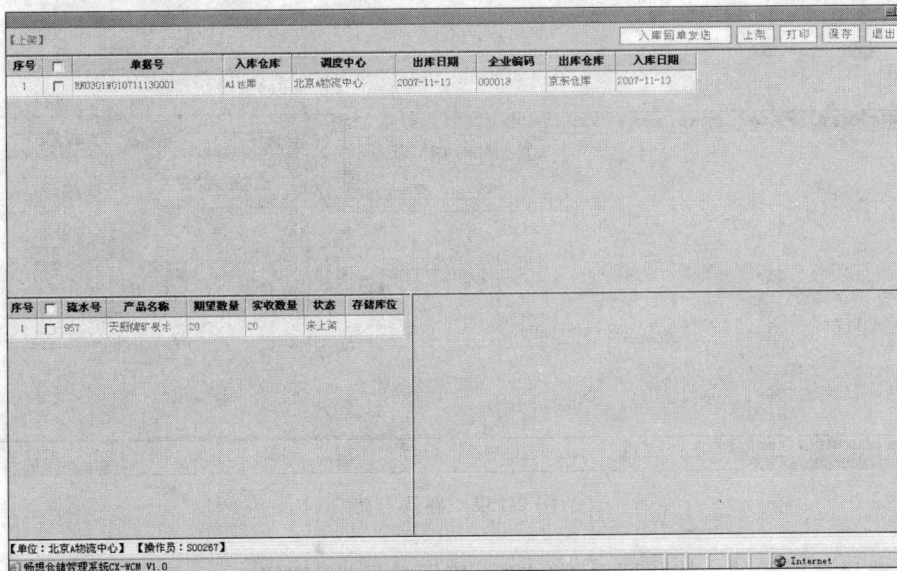

图 2-135 单据信息

（3）输入存储库位，双击产品，单击"保存"按钮，如图 2-136 所示。

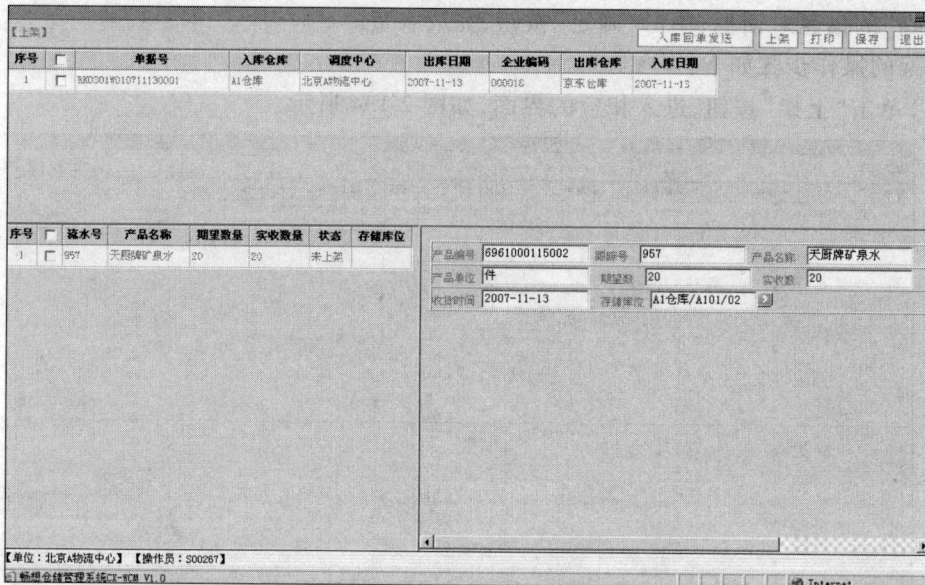

图 2-136　产品信息

（4）选择产品后单击"上架"按钮，如图 2-137 所示。

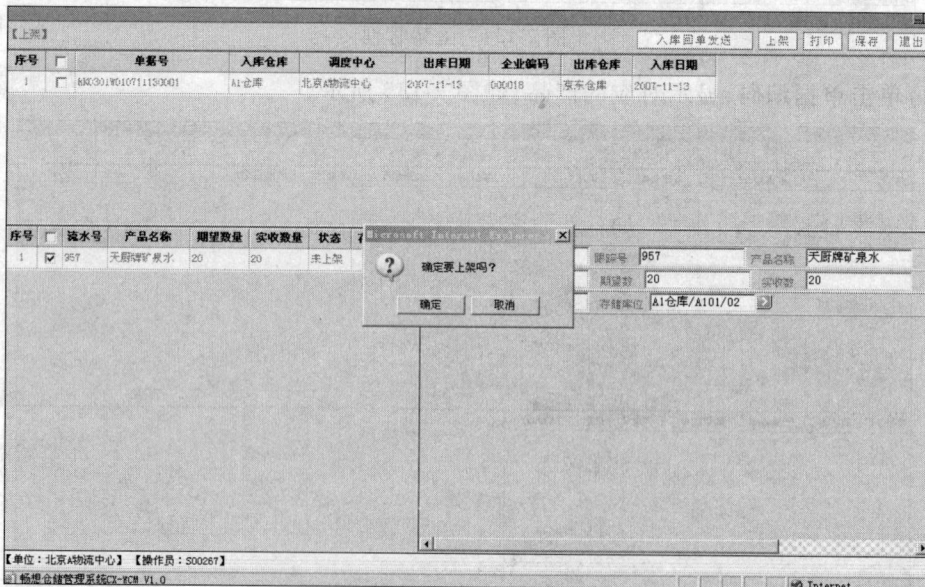

图 2-137　确认上架

（5）选择要返回的一体化回单，单击"入库回单发送"按钮。

（二）实验二　出库业务流程

1. 实验内容

（1）在接到相关部门的出库通知后，业务受理人员应创建出货通知单，并交给出库管理员进行出库处理。

（2）出库管理员进行出库派工处理，按照拣货规则生成拣货任务单。

（3）拣货人员审核货物无误之后填写出库单实际数量进行发货。

出库操作流程如图 2-138 所示。

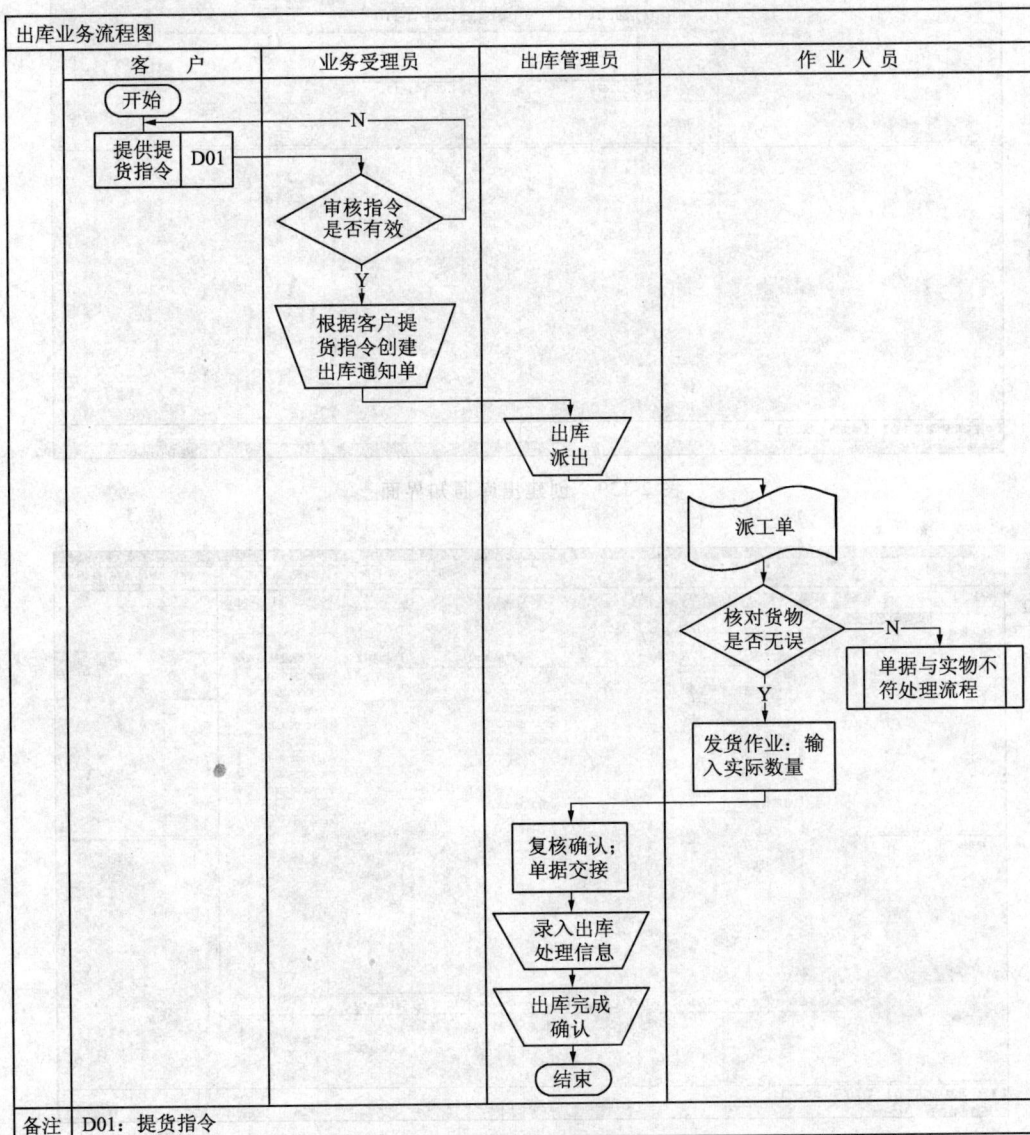

图 2-138　出库业务流程图

2. 实验流程基本操作

创建出库通知,操作步骤如下:

(1)进入"仓储管理子系统",选择"单证处理"选项,单击"创建出库通知"按钮,进入相应的界面,如图 2-139 所示。双击新添加的单据,单击产品名称旁的蓝色按钮,如图 2-140 所示。

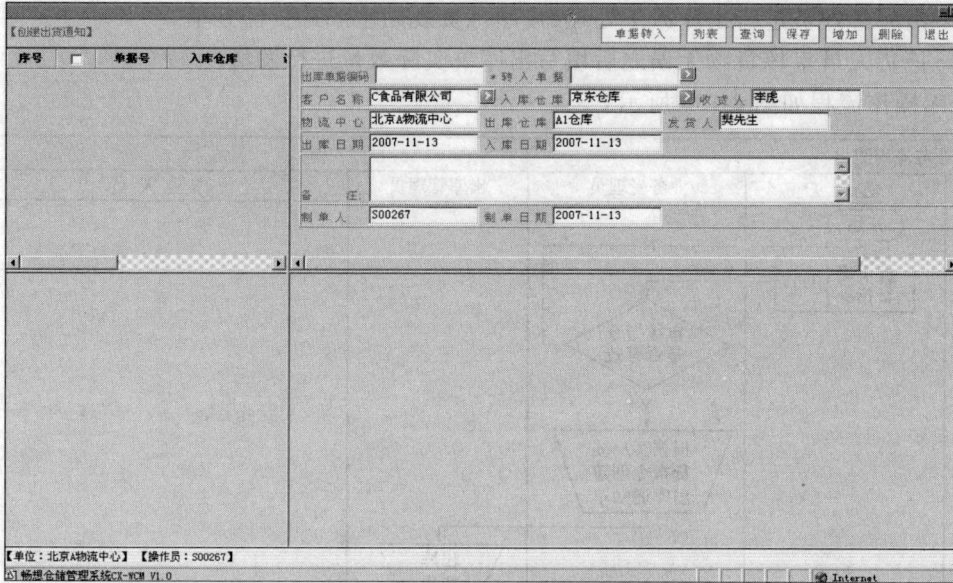

图 2-139 创建出库通知界面

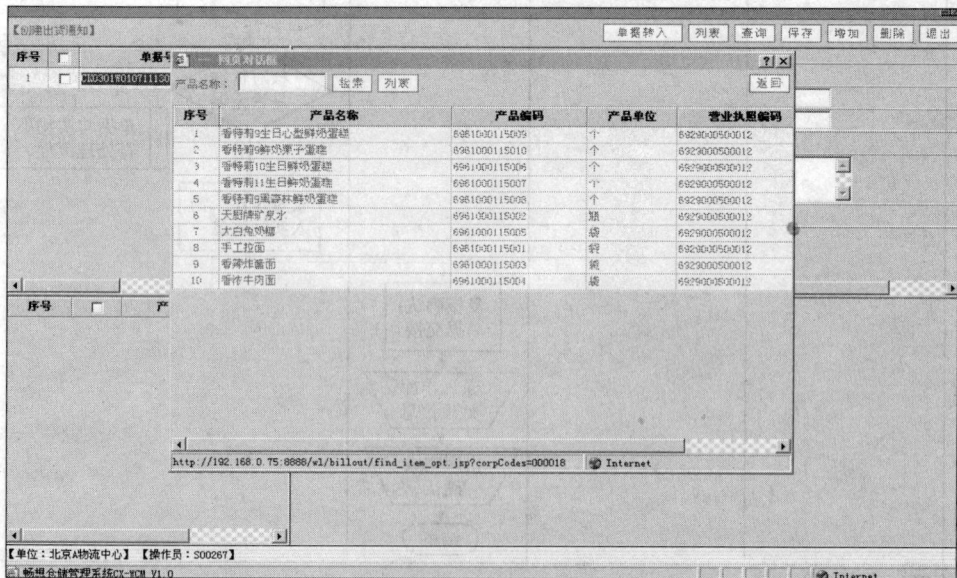

图 2-140 产品列表界面

（2）双击选择的产品，输入产品数量，单击"保存"按钮，出库通知即创建完毕，如图2-141所示。

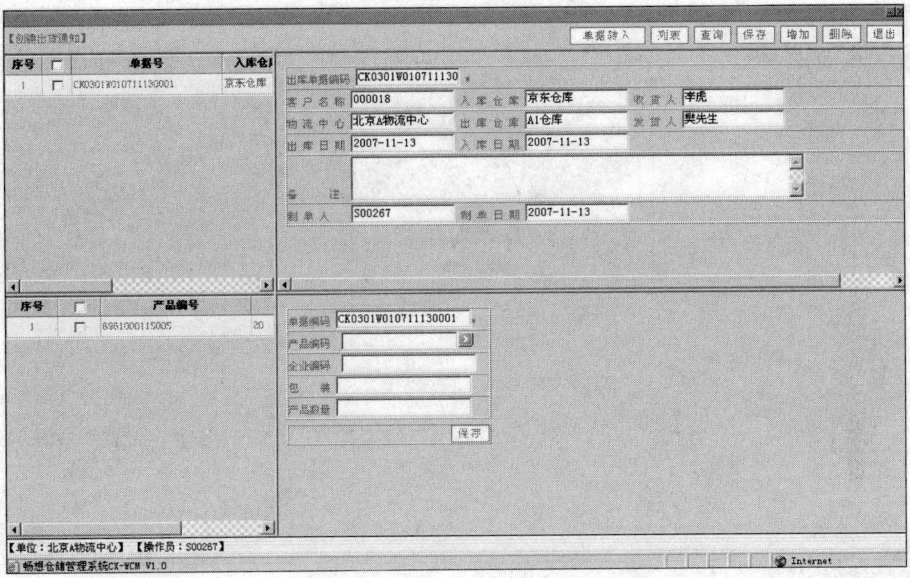

图2-141　出库单填写

拣货操作步骤如下：

（1）当用户要拣出货物时，首先双击要进行拣货的主表信息，得到从表信息，如图2-142所示。

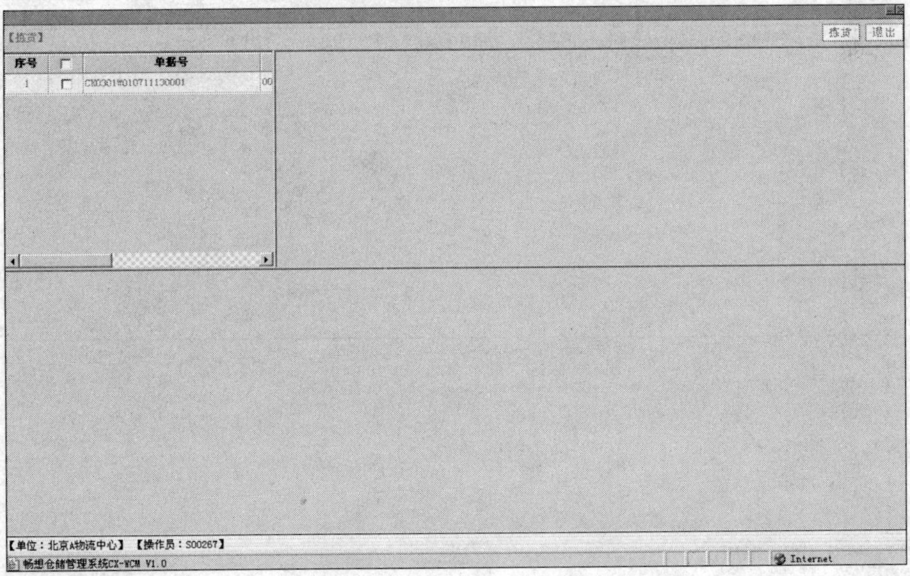

图2-142　拣货信息界面

（2）双击单据，选择准备捡货的产品，单击"拣货"按钮，系统将根据拣货规则拣出货物，如图 2-143 所示。

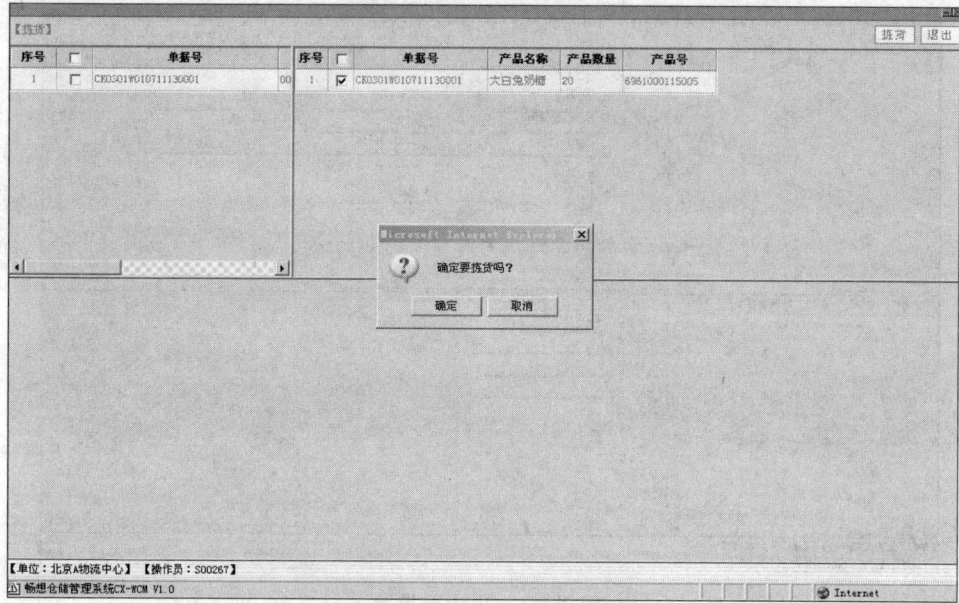

图 2-143　选择拣货单据

出库操作步骤如下：

（1）单击"出库"按钮，进入相应的界面，如图 2-144 所示。

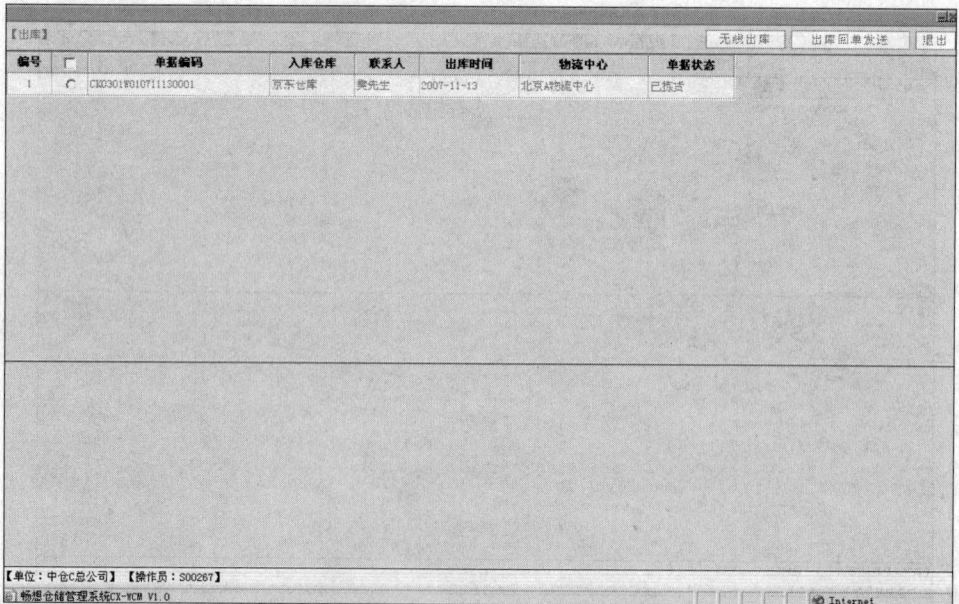

图 2-144　"出库"界面

（2）选中出库单证编码前的单选按钮，双击该条记录，如图 2-145 所示。

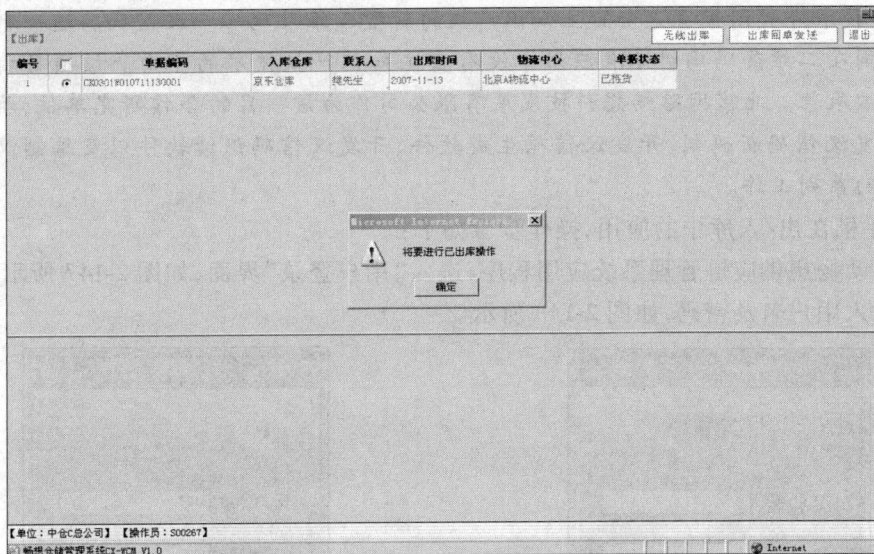

图 2-145　确认出库单据

（3）库存状态变为已出库。

3. 无线出／入库处理

除以上业务流程外，在某些特殊情况下，须使用无线设备或手机进行出入库的处理。

（1）生成出库业务单据，操作步骤如下：

首先通过系统打印功能打印出带有汉信码图像的单据，如图 2-146 所示。

图 2-146　承载单据信息的汉信码

提示:《二维条码新码制开发与关键技术标准研究》项目源于国家"十五"重大科技专项,其核心技术即我国拥有完全自主知识产权的新型二维条码——汉信码。这一科技专项填补了我国在二维条码码制标准应用中没有自主知识产权技术的空白。该项目由中国物品编码中心承担。北京网路畅想科技发展有限公司作为该项目的合作研究单位,承担了包括研究开发汉信码新码制、开发汉信码生成软件、开发汉信码识读软件以及编制汉信码国家标准等的系列工作。

(2)手机在出/入库中的应用,操作步骤如下:

① 启动畅想供应链管理系统应用程序,进入"用户登录"界面,如图 2-147 所示。

② 输入用户名及密码,如图 2-148 所示。

图 2-147 手机应用系统的登录界面　　　　图 2-148 输入登录名及密码

③ 点击手机设备上的"畅想供应链"应用软件图标,启动应用程序,如图 2-149 所示。

④ 点击"扫描条码"按钮或手机界面的任务样上的"扫描"按钮,进入扫描汉信码图像界面,如图 2-150 所示。

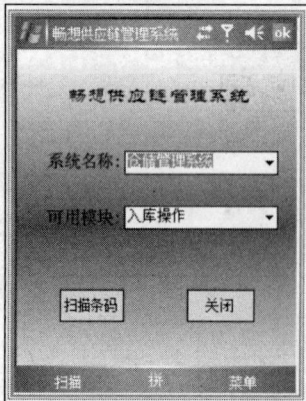

图 2-149 进入入库操作　　　　图 2-150 扫描入库单据上的汉信码

⑤ 点击"识读"按钮,开始识别对应的汉信码图形,如图 2-151 所示。

⑥ 点击"停止"按钮,停止扫描。点击"返回"按钮,关闭图像界面,返回主界面。点击"识读"按钮后,当识读成功时,出现识读结果界面,如图 2-152 所示。

图 2-151　信息识别处理

图 2-152　识别汉信码码图显示出的结果

⑦ 点击"发送"按钮,可以将数据传输到服务器中。服务器端的应用程序接收到数据,向客户端应用程序发送接收的数据;在手机上显示"录入成功"提示。仓库管理系统客户端进行相应的操作处理。出库操作与入库操作应用模式相似,此处不再说明。

第四节　实验报告

一、实验任务和目的

通过对出/入库过程中各项业务的模拟,使学生明确理解出/入库流程中各种单据的填写及使用方法。能够对仓库实际的物流业务活动进行正确的分析和操作,理解出库过程中相关单据的使用方法,掌握拣货、出/入库流程,以及入库的验收方法、创建码盘收货的方式及货物的上架规则,培养学生在企业中的实际操作能力。

二、实验基本要求

(1)了解仓库拣货规则、入库。

(2)了解出/入库过程的基本业务流程。

(3)了解信息流的流动过程。

(4)熟练掌握建立与修改各项业务单据的方法。

三、实验背景

模拟一个商场(或多个商场)向物流仓储企业发出入库指令;仓储中心接到订单后,根据入库通知进行收货操作,分配卸货库位,组织收货,分配入库库位,组织入库;根据码盘后的入库通知进行收货,组织收货、码盘、入库操作。

模拟一个商场(或多个商场)向物流仓储企业发出入库指令,仓储中心接到订单后,根据出库通知和拣货规则拣选合适的产品,生成拣货清单,组织拣货作业;核对待出库产品信息,组织发货的业务流程。

四、实验项目与学时分配

实验项目与学时分配如表 2-3 所示。

表 2-3　实验项目与学时分配表

序　号	实验项目名称	学　时	要　求	任　务　描　述
实验一	业务受理员实验	1	必做	进行各种类型客户单证的录入和预处理
实验二	入库管理员实验	1	必做	组织入库作业,记录入库信息
实验三	库存管理员实验	1	必做	组织库内作业,记录库存交易信息
实验四	出库管理员实验	1	必做	组织出库作业,记录出库信息
实验五	统计分析员实验	1	必做	对库存交易信息、客户信息进行分析,创建报表
实验六	会计实验	1	必做	负责应收账款等科目的总分类和明细分类核算
实验七	仓库主管实验	1	必做	创建制定仓库管理规则,业务单据审核方法,及库存调度统筹计划
实验八	仓库经理实验	1	必做	平时较少使用系统,主要利用系统进行一些业务信息的查询
实验九	系统管理员实验	1	必做	维护系统,管理用户账户和支持系统运作的基础信息
实验十	入库流程实验	0.5	必做	按照入库流程完成货物的入库
实验十一	出库流程实验	0.5	必做	按照出库流程完成货物的出库

本章小结

本章中对仓储理论知识和相关系统操作的学习贯穿课程的始终,通过仓储软件操作形式,模拟仓储的主要运作过程,让学生了解、认识企业复杂多变的生存环境,熟悉仓储企业的业务流程,亲自体会并模拟企业的进出/入库管理、条码应用等功能于一体的仓储,面向第三方物流行业的物流配送中心和仓库,以企业实际操作为模型让学生轻松解决仓库管理、货物流动分析等方面的研究及学生实习问题,迅速提高学生理论知识向实际的飞跃,为将来在实际工作中发挥作用打下一定的基础。

复习思考

1. 查阅相关资料,看看还有哪些与仓储管理相关标准及方法。

2. 本系统可结合使用的物流技术装备有哪些?

3. 汉信码在本系统中如何应用?

4. 分析预到货通知在企业中起到什么作用。

5. 根据实验步骤绘制模拟的业务流程图,制作各种单据和凭证,并讨论本次实验取得的主要收获和体会。

第三章
运输管理系统

第一节　运输管理系统概述

一、系统介绍

　　畅想运输管理系统(CX-TMS)用于支持运输企业的日常作业,能够实现对企业资源的有效管理和优化配置。该系统提供了丰富的功能模块,用以支持各种不同的企业组织架构和物流业务。

　　畅想运输管理系统设计和开发的重点在于提高客户的满意度,为客户提供更多的增值服务。

二、功能说明

　　畅想运输管理系统是畅想供应链管理系统的一个子系统。畅想供应链管理系统以公共基础标准数据库和物流一体化管理系统为基础。运输管理系统通过标准化的数据接口与物流一体化管理系统相连。

　　畅想运输管理系统由系统管理、运输基础数据管理、运输管理、统计报表、费用管理、接口设置等六个子系统构成。通过设置系统功能权限,使系统最大化地适应当前的实际应用情况。

　　畅想运输管理系统在系统管理、运输基础数据管理、运输管理、运输费用管理、运输统计报表模块当中,都要有查询功能,在系统管理模块中查询各级菜单,在列表多的情况下采用查询功能。在基础数据管理模块和运输管理模块中,查询基础数据根据查询条件实现每个要查询的内容。在运输费用管理模块中,查询功能实现对费用费率的查询。在统计报表模块中,查询要实现对报表日期时间、城市以及单据进行检索查询。

　　系统功能框架图如图 3-1 所示。

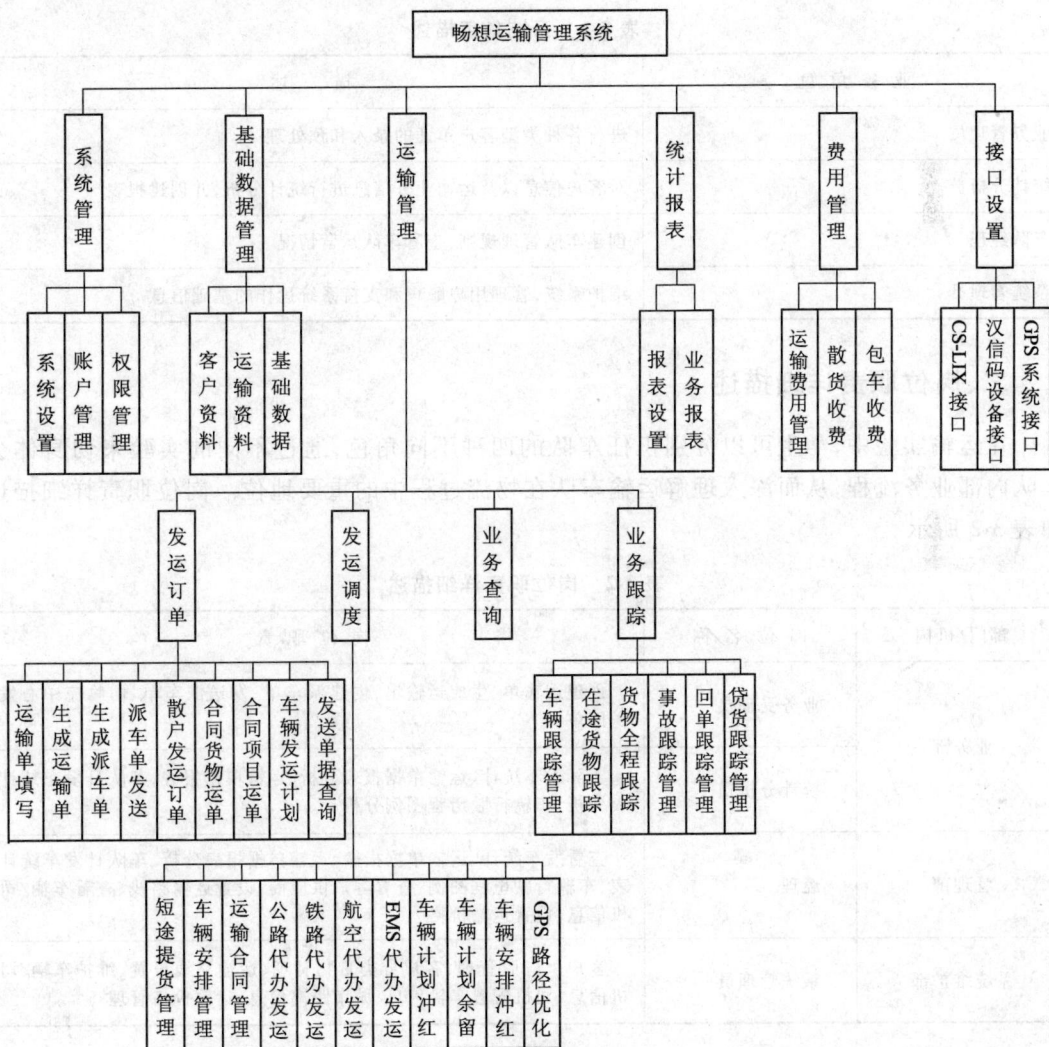

图 3-1　系统功能框架图

一、系统角色概述

畅想运输管理系统真实地再现了物流运输车队管理模型,并根据企业内部结构将实验分为业务管理员、统计分析员、车队经理和系统管理员四个角色。实验内容安排如表 3-1 所示。

表 3-1 系统角色描述

业 务 角 色	描 述
业务管理员	进行各种类型客户单证的录入和预处理
统计分析员	对客户信息以及运输业务信息进行统计分析,并创建报表
车队经理	创建车队管理规则,查看车队运营情况
系统管理员	维护系统,管理用户账户和支持系统运作的基础信息

二、岗位职责详细描述

在运输实验中,学生可以分别担任车队的四种不同角色,通过不同的实验来切身体会车队内部业务流程,从而深入理解运输车队在物流过程中的重要地位。岗位职责详细描述如表 3-2 所示。

表 3-2 岗位职责详细描述

部门/机构	岗 位 名 称	岗 位 职 责
业务部	业务受理员	创建运输单、生成运输单、创建派车单、发送派车单、向物流中心发送回单
	统计分析员	实际发车统计、运输单据报表分析、运输单据报表、车队日发车统计表分析、车辆行驶历程图例分析
管理部	经理	查看发车统计、运输单据报表、运输单据报表分析、车队日发车统计表、车辆行驶里程图例、查看客户供应商、设置运输路线、查看车辆/司机信息、设置运输价格
系统维护部	系统管理员	客户供应商管理、客户分类货物管理、运输路线设置、维护车辆/司机信息、司机配置车辆信息、城市距离信息、运输价格管理

三、注册新用户

当用户还未注册时，可注册新用户，操作步骤如下：

（1）单击"注册"按钮，弹出信息提示对话框，如图3-2所示。

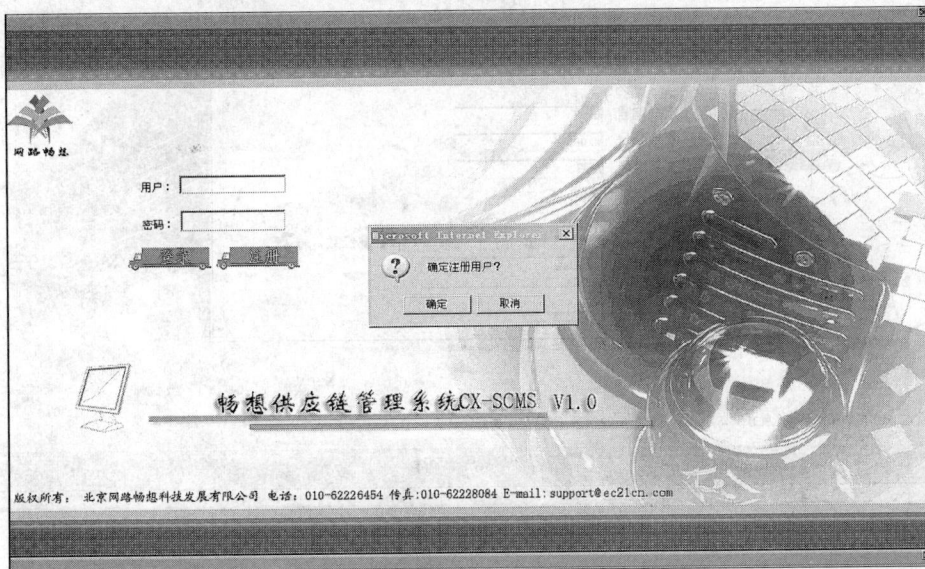

图3-2 系统界面

（2）单击"确定"按钮，弹出"用户注册—网页对话框"对话框，如图3-3所示。

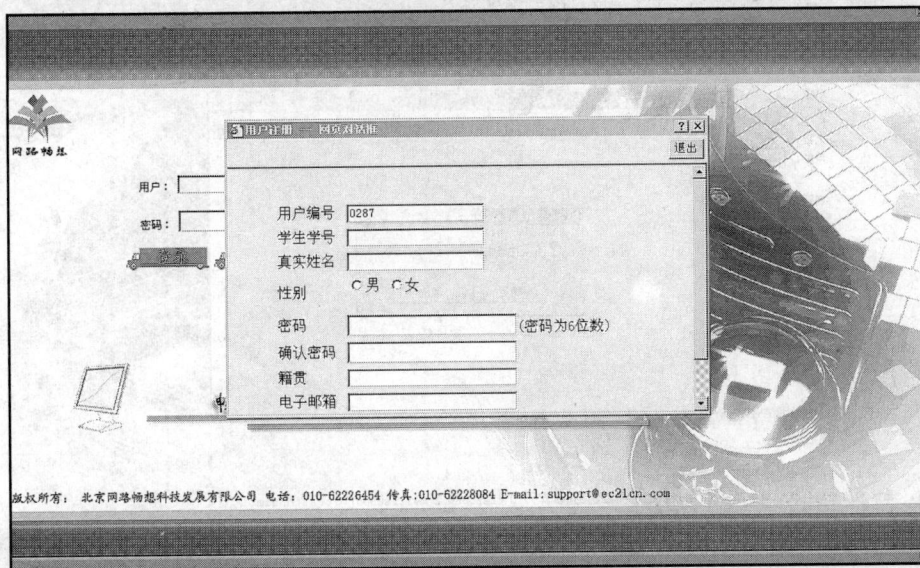

图3-3 注册页面

（3）图3-3中的数据应经过严格的校验，请按提示填写，填写好数据，如图3-4所示。

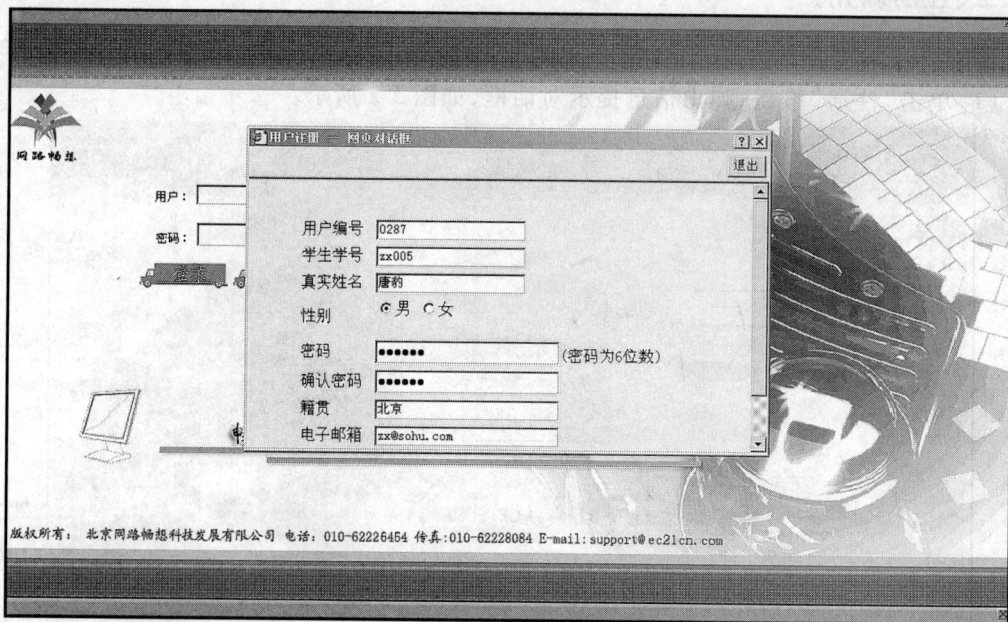

图 3-4　填写注册信息

（4）单击"注册"按钮，弹出信息提示对话框，如图3-5所示。

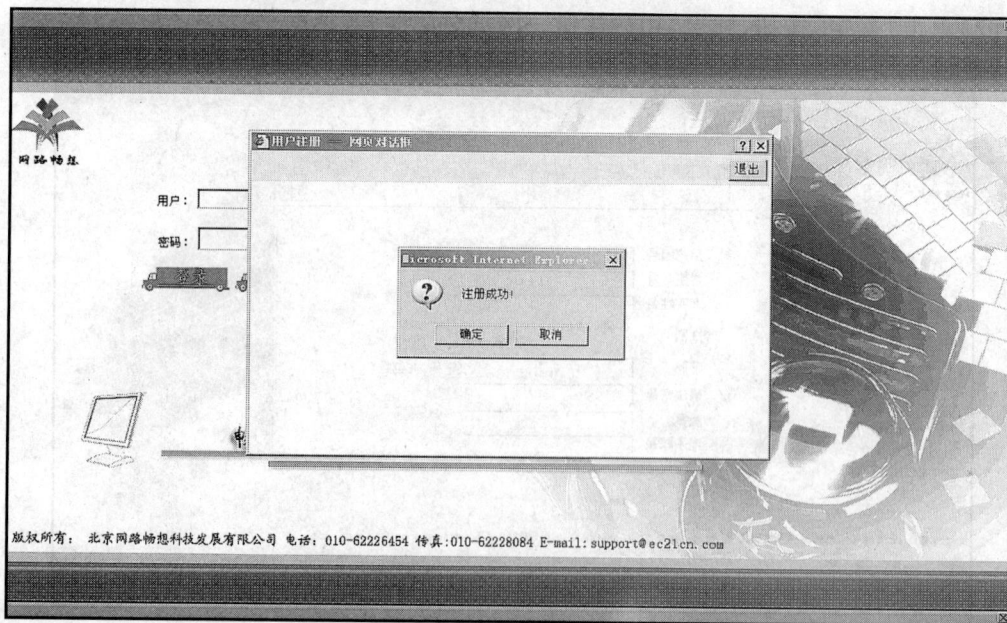

图 3-5　注册成功

（5）单击"确定"按钮，弹出信息提示对话框，如图 3-6 所示。

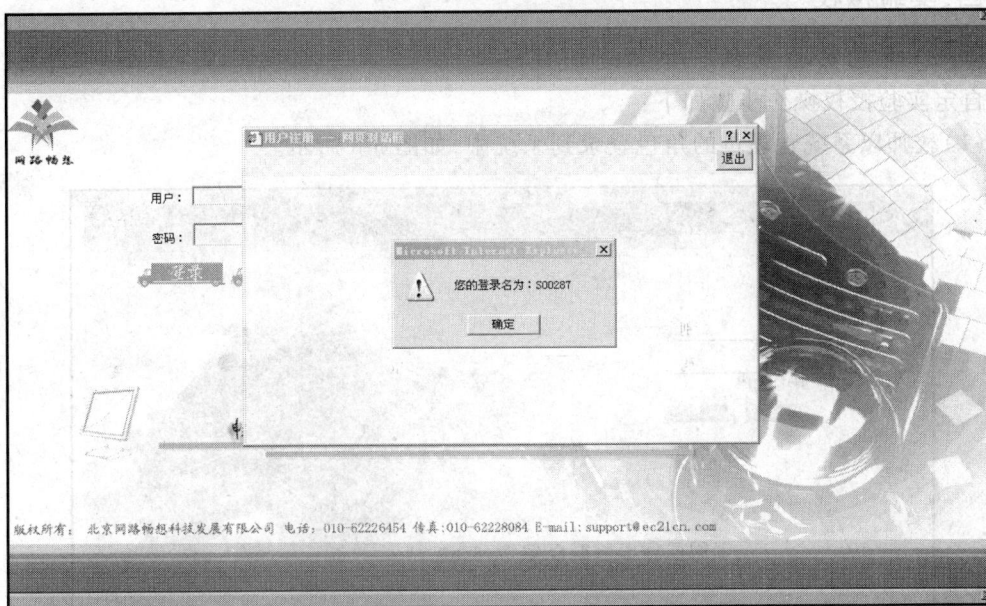

图 3-6 生成账号提示

（6）注册用户成功，用户可得到登录名，根据该登录名及密码登录系统。当未注册用户或登录名及密码为空时，系统将会提示检查用户名和密码，如图 3-7 所示。

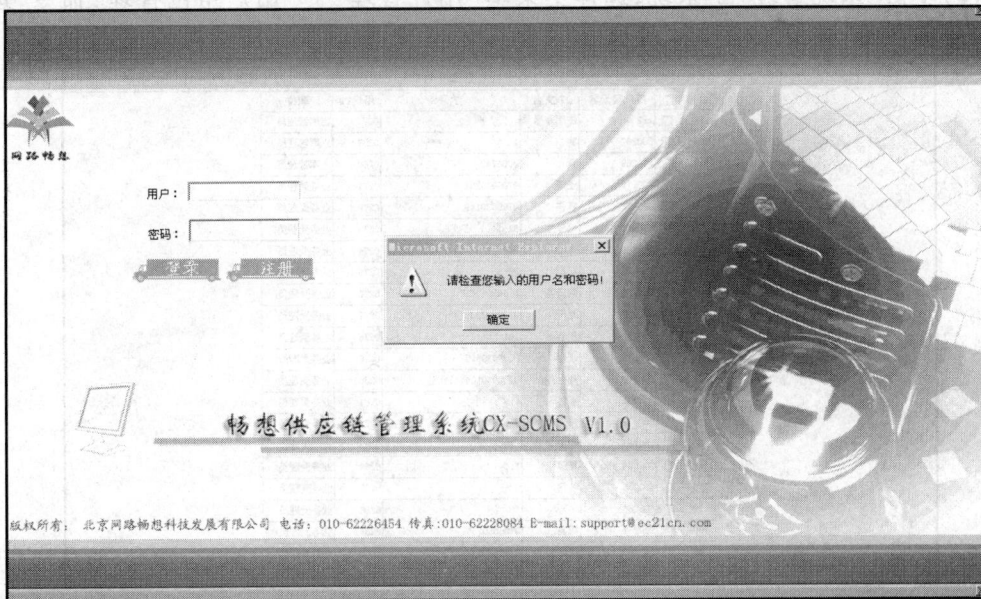

图 3-7 系统登录检测

四、实验授权

（一）角色实验授权

自定实验授权操作步骤如下：

（1）教师以系统管理员的角色登录到系统中，如图 3-8 所示。

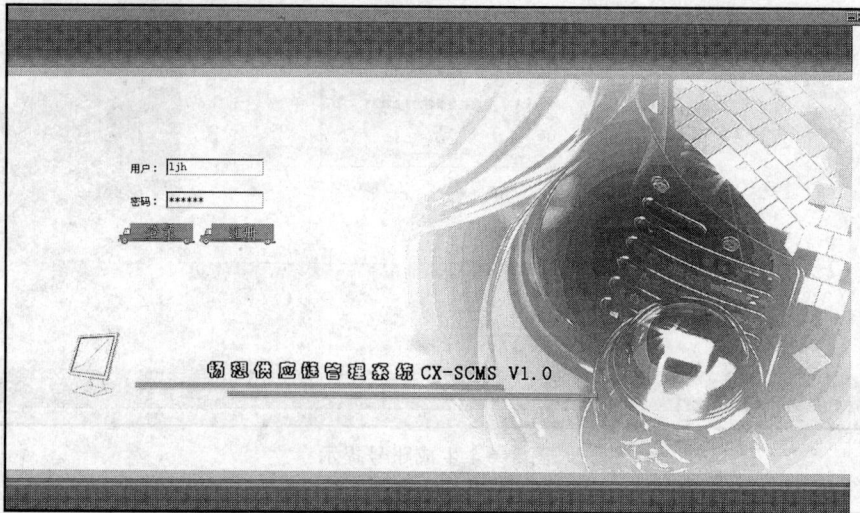

图 3-8　管理员登录

（2）单击"系统管理"子系统，选择主菜单"用户管理"→"用户角色管理"命令，进入"用户角色管理"界面，如图 3-9 所示。

序号		用户登录名	中文名	学号	用户ID	职位
1		zr2	注册账号		0021	出库管理员
2		S00267	我	1	0267	入库管理员
3		S00269	袁	2006743	0269	入库管理员
4		S00271	王琳	0709040201	0271	业务受理员
5		S00272	陈强	0706030149	0272	业务受理员
6		S00273	徐春生	B2-1	0273	业务受理员
7		S00274		1001	0274	业务受理员
8		S00275	左娜	D2-3	0275	业务受理员
9		S00276	向贤龙	07040017437	0276	业务受理员
10		S00277	赵纯	0709030132	0277	业务受理员
11		S00278	王岱平	101	0278	业务受理员
12		S00279	李静	0608030315	0279	业务受理员
13		S00280	刘秀芹	0709030104	0280	业务受理员
14		S00281	陈佳	119	0281	业务受理员
15		S00282	徐伟	0702040104	0282	业务受理员
16		S00283	熊谦	0236	0283	业务受理员
17		S00284	刘静华	111	0284	业务受理员
18		S00285	叶伟	02-5	0285	业务受理员
19		S00286			0286	业务受理员
20		S00287	胡晶	0706050234	0287	业务受理员
21		S00288	胡进心	0709030142	0288	业务受理员
22		S00289	轩辕无忌	0706030122	0289	业务受理员

图 3-9　"用户角色管理"界面

（3）在"企业名称"下拉列表框中选择企业名称,在"职位"下拉列表框中选择需要分配的职位,如图3-10所示。

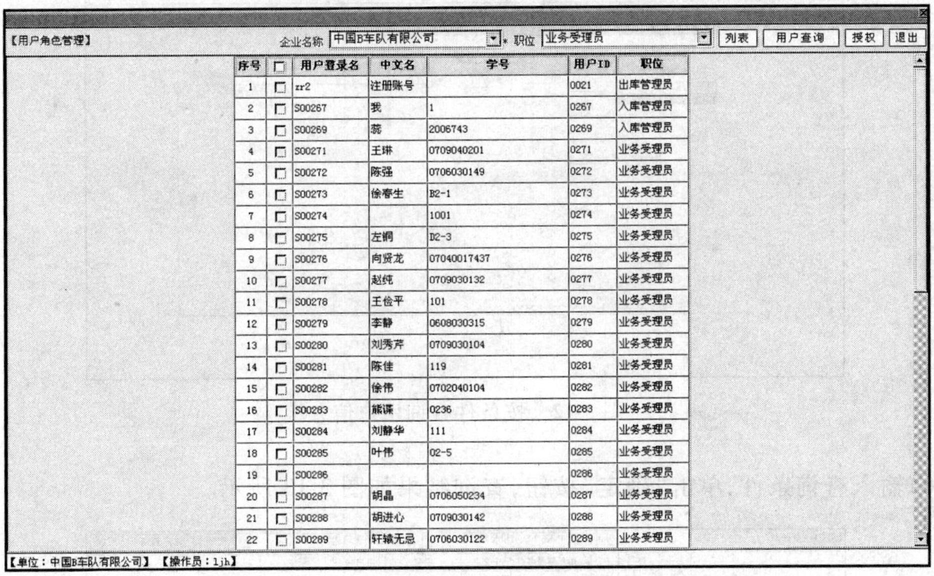

图 3-10 角色分配

（4）选中要分配的角色前的复选框,单击"授权"按钮,弹出信息提示对话框,如图3-11所示。

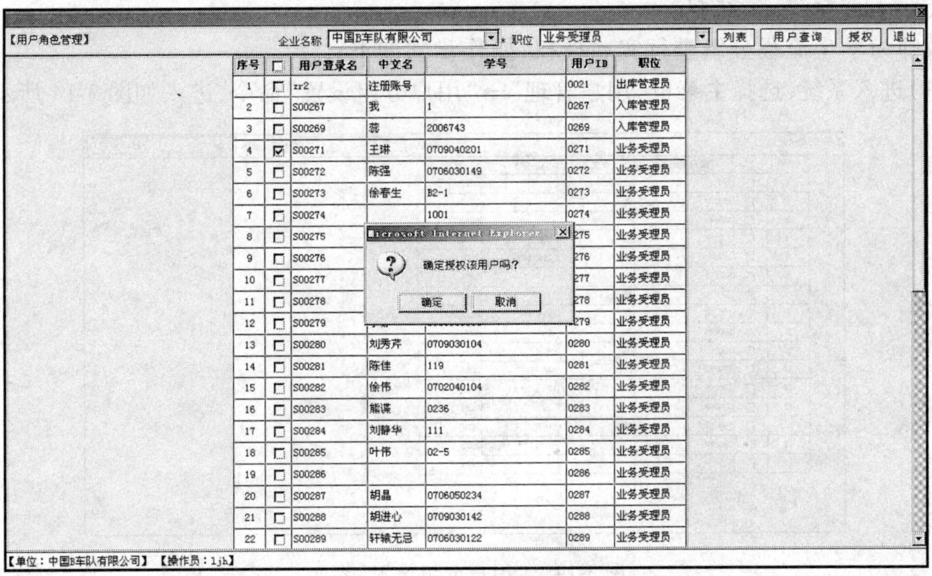

图 3-11 实验分配确认

123

（5）单击"用户查询"按钮，弹出"查询条件—网页对话框"对话框，如图3-12所示。

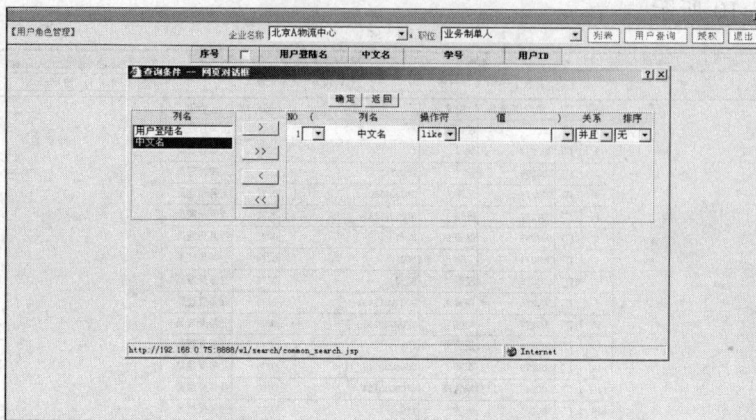

图3-12　按条件查询用户信息

（6）输入查询条件，单击"确定"按钮，查询结果如图3-13所示。

图3-13　查询结果

（7）单击"退出"按钮，可退出此模块。

（二）流程实验授权

教师为学生流程分组进行实验授权，操作步骤如下：

（1）进入系统，选择主菜单"用户管理"→"用户分组设置"命令，进入如图3-14所示界面。

图3-14　"用户分组设置"界面

（2）在"企业名称"下拉列表框中选择企业名称，在"实验流程"下拉列表框中选择"派车流程"选项，单击"自动分组"按钮，弹出信息提示对话框，如图 3-15 所示。

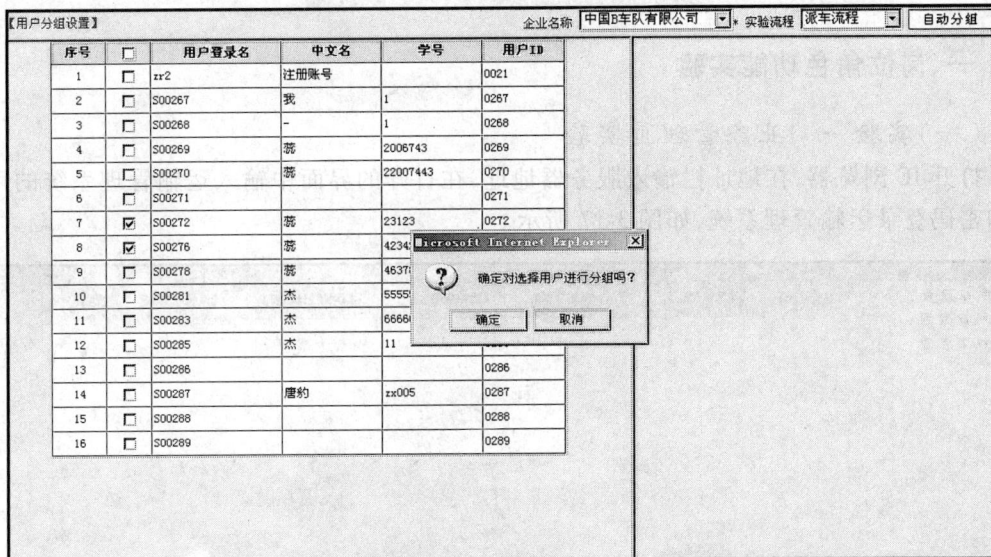

图 3-15 实验分配确认

（3）单击"确定"按钮，自动分组，右面显示分组结果，如图 3-16 所示。

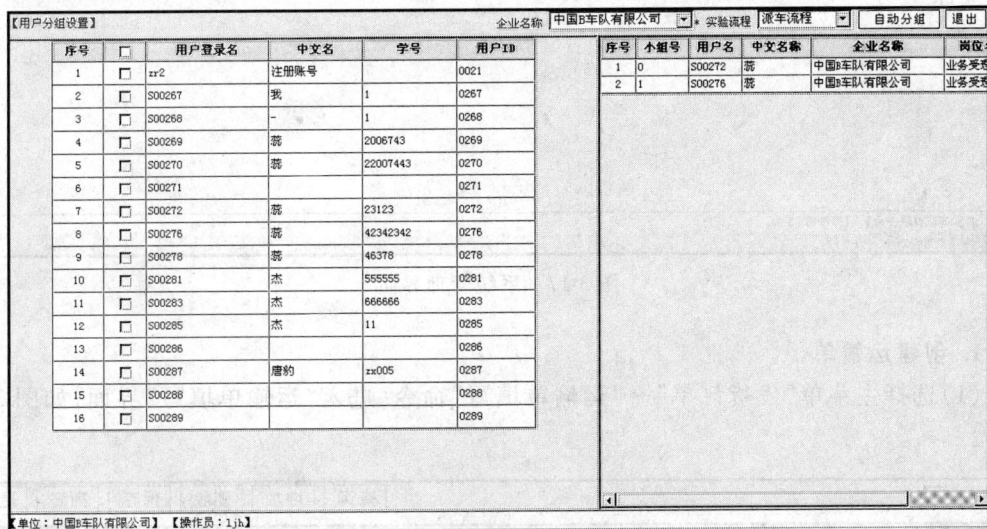

图 3-16 实验分配完成

（4）单击"退出"按钮，返回到初始界面。

第三节 实验操作

一、岗位角色功能实验

(一)实验一 业务管理员实验

打开 IE 浏览器,在地址栏输入服务器地址,在打开的界面中输入运输管理系统的用户名和密码登录运输管理系统,如图 3-17 所示。

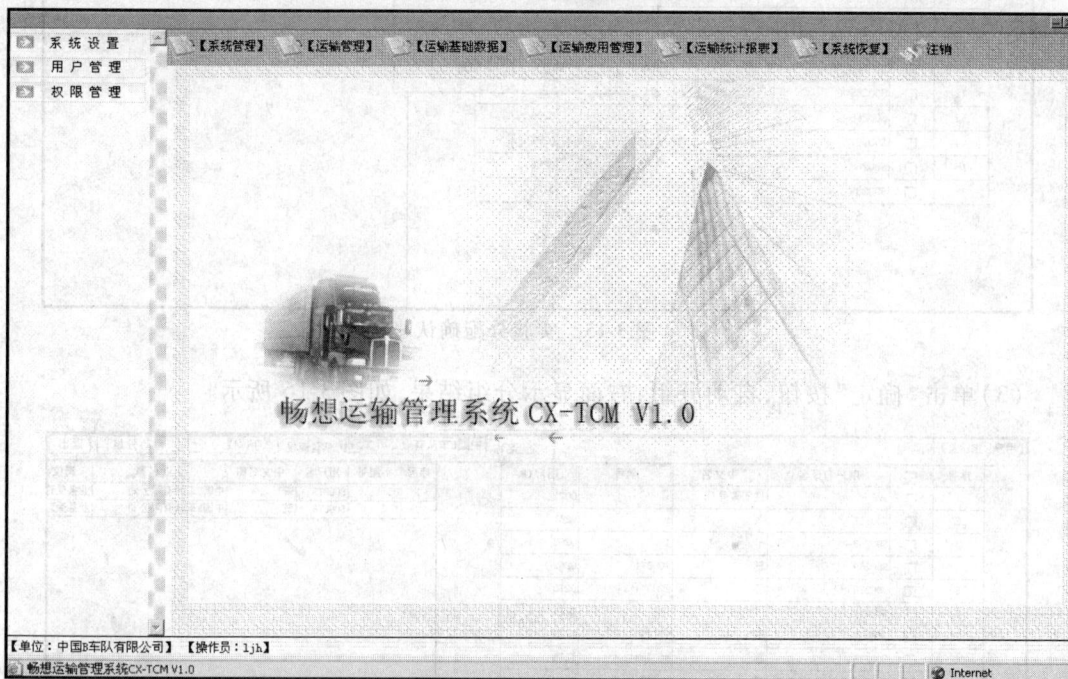

图 3-17 系统管理界面

1. 创建运输单

(1)选择主菜单"发货订单"→"运输单填写"命令,进入"运输单填写"界面,如图 3-18所示。

序号		运输单	企业编码	物流中心	收获人	入库仓库	出库仓库
1	☐	YS0301T010707050002	000018	北京A物流中心	樊先生	A1仓库	A2仓库

【运输单填写】 查询 增加 删除 保存 列表 退出

图 3-18 "运输单填写"界面

（2）单击"增加"按钮，填写正确的单据信息，单击"保存"按钮，录入的数据就保存在了运输单列表中。此时应增加产品信息，在产品文本框中录入数据，如图3-19所示。

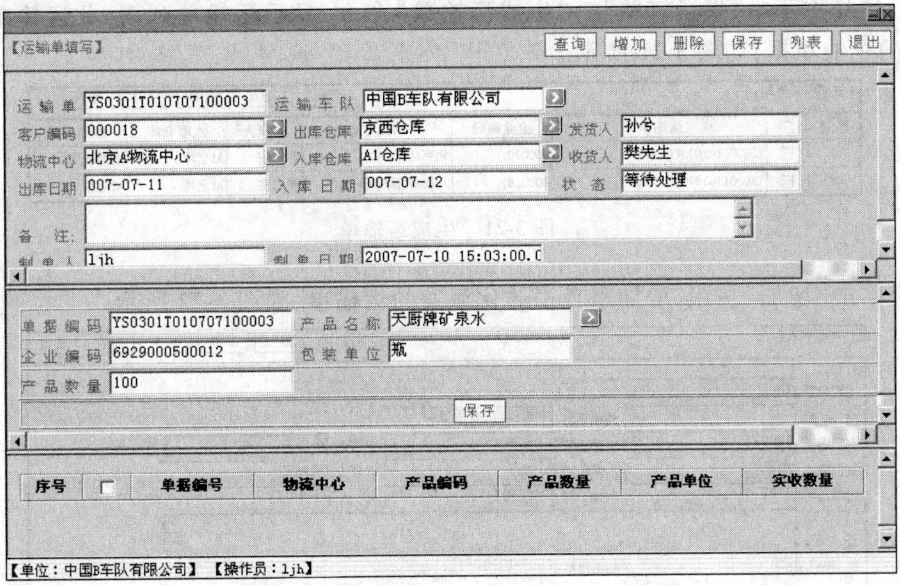

图3-19 运输单填写

（3）单击图3-19中的"保存"按钮确认运输单，如图3-20所示。

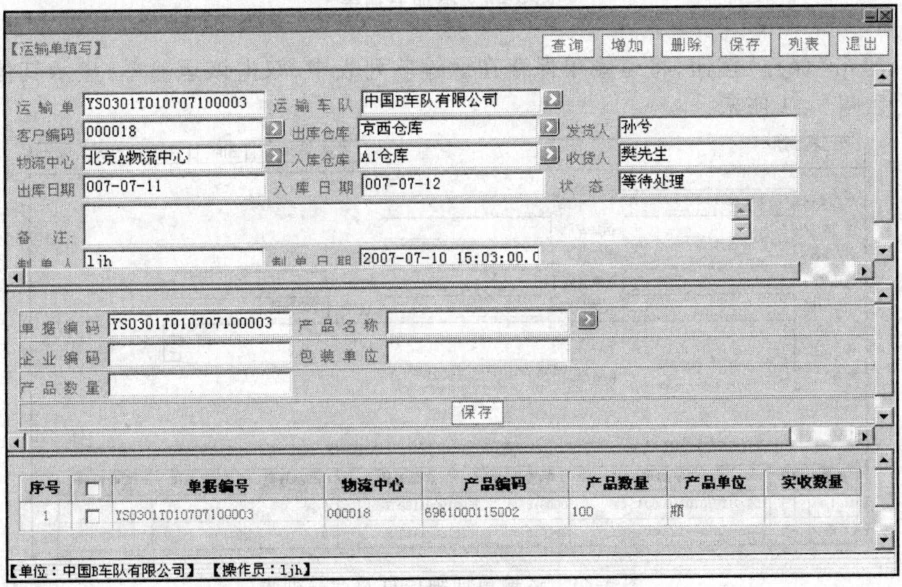

图3-20 运输单确认

2. 生成运输单

如果要接收一体化发送的运输单据,则应在此处完成,操作步骤如下:

(1)选择主菜单"发运订单"→"生成运输单"命令,显示运输单列表,此运输单是供应链承接的企业单据,如图 3-21 所示。

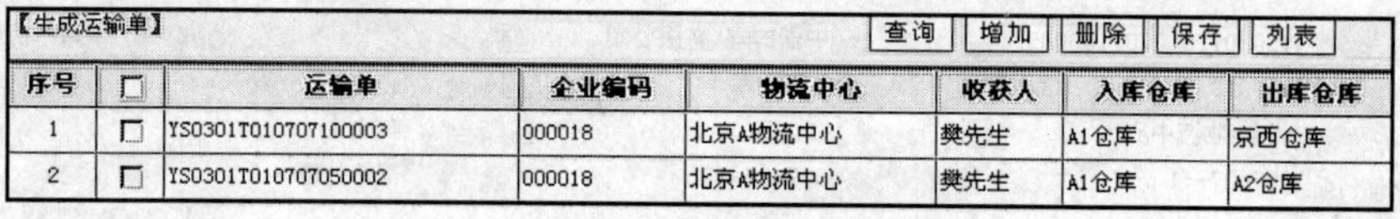

序号	☐	运输单	企业编码	物流中心	收获人	入库仓库	出库仓库
1	☐	YS0301T010707100003	000018	北京A物流中心	樊先生	A1仓库	京西仓库
2	☐	YS0301T010707050002	000018	北京A物流中心	樊先生	A1仓库	A2仓库

(查询 增加 删除 保存 列表)

图 3-21　生成运输单

(2)单击"增加"按钮,增加来自一体化派发的运输单,如图 3-22 所示。

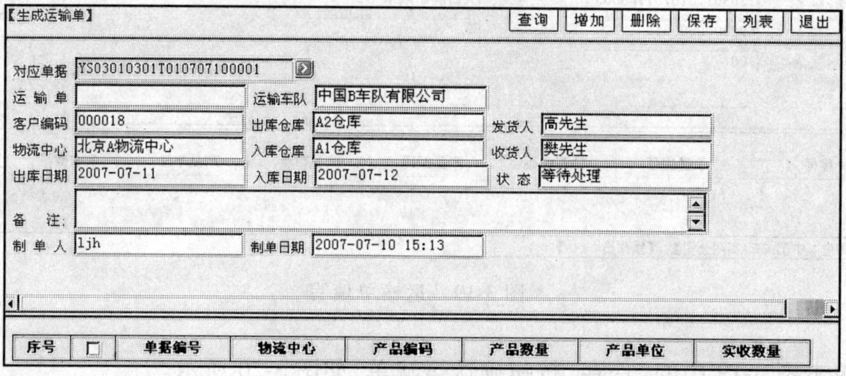

【生成运输单】　　　　　　　　　　　查询 增加 删除 保存 列表 退出

对应单据 YS03010301T010707100001
运 输 单　　　　　　　　运输车队 中国B车队有限公司
客户编码 000018　　　　出库仓库 A2仓库　　　发货人 高先生
物流中心 北京A物流中心　入库仓库 A1仓库　　　收货人 樊先生
出库日期 2007-07-11　　入库日期 2007-07-12　　状　态 等待处理
备　注:
制 单 人 ljh　　　　　　制单日期 2007-07-10 15:13

序号	☐	单据编码	物流中心	产品编码	产品数量	产品单位	实收数量

图 3-22　增加运输单

(3)单击"保存"按钮,将运输单保存在运输单列表中,双击该运输单,显示其信息及产品列表,如图 3-23 所示。

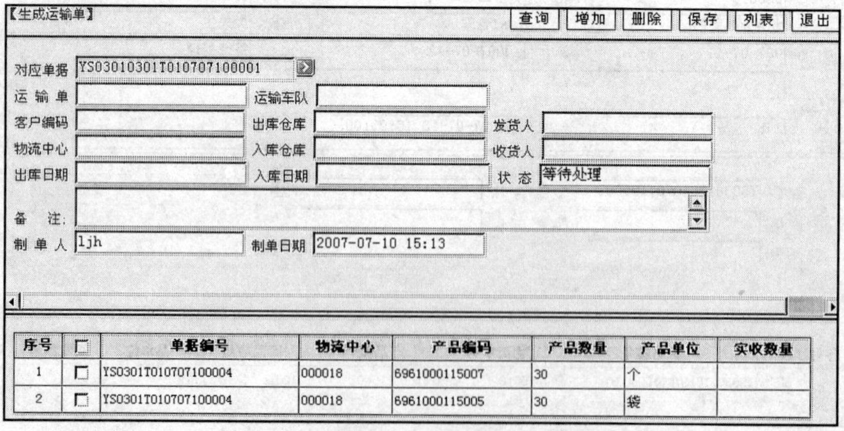

【生成运输单】　　　　　　　　　　　查询 增加 删除 保存 列表 退出

对应单据 YS03010301T010707100001
运 输 单　　　　　　　　运输车队
客户编码　　　　　　　　出库仓库　　　　　　发货人
物流中心　　　　　　　　入库仓库　　　　　　收货人
出库日期　　　　　　　　入库日期　　　　　　状　态 等待处理
备　注:
制 单 人 ljh　　　　　　制单日期 2007-07-10 15:13

序号	☐	单据编码	物流中心	产品编码	产品数量	产品单位	实收数量
1	☐	YS0301T010707100004	000018	6961000115007	30	个	
2	☐	YS0301T010707100004	000018	6961000115005	30	袋	

图 3-23　运输单详细信息及产品列表

3. 生成派车单

运输单创建完成之后,应进行派车处理。操作步骤如下:

(1)选择主菜单"发运订单"→"生成派车单"命令,列出还未进行派车处理的运输单。

(2)双击要派车的运输单,显示详细信息和产品列表,此处可以对其进行修改,在"费用信息"选项区域中根据路途设置费用,如图3-24所示。

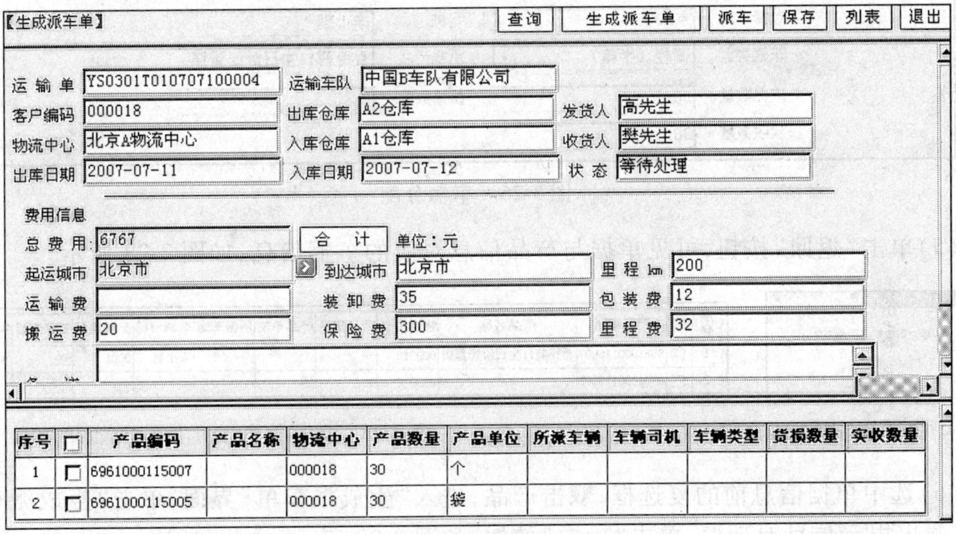

| 【生成派车单】 | | 查询 | 生成派车单 | 派车 | 保存 | 列表 | 退出 |

运输单	YS0301T010707100004	运输车队	中国B车队有限公司		
客户编码	000018	出库仓库	A2仓库	发货人	高先生
物流中心	北京A物流中心	入库仓库	A1仓库	收货人	樊先生
出库日期	2007-07-11	入库日期	2007-07-12	状 态	等待处理

费用信息
总 费 用 6767　　　合　计　单位:元
起运城市 北京市　　到达城市 北京市　　里程km 200
运 输 费　　　装 卸 费 35　　包 装 费 12
搬 运 费 20　　保 险 费 300　　里 程 费 32

序号	☐	产品编码	产品名称	物流中心	产品数量	产品单位	所派车辆	车辆司机	车辆类型	货损数量	实收数量
1	☐	6961000115007		000018	30	个					
2	☐	6961000115005		000018	30	袋					

图3-24　生成派车单并设置费用

(3)单击"合计"按钮,计算费用,双击产品列表信息显示产品列表,如图3-25所示。

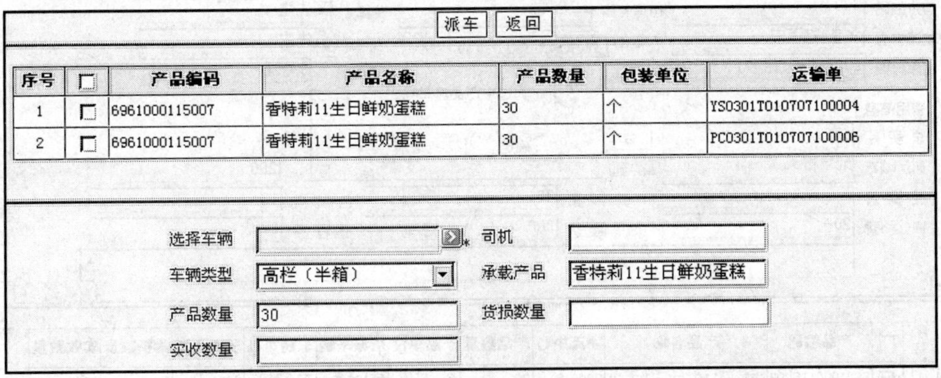

| | | | 派车 | 返回 | |

序号	☐	产品编码	产品名称	产品数量	包装单位	运输单
1	☐	6961000115007	香特莉11生日鲜奶蛋糕	30	个	YS0301T010707100004
2	☐	6961000115007	香特莉11生日鲜奶蛋糕	30	个	PC0301T010707100006

选择车辆　　　　　　司机
车辆类型 高栏(半箱)　　承载产品 香特莉11生日鲜奶蛋糕
产品数量 30　　　　货损数量
实收数量

图3-25　产品列表

(4)预算费用完成后,为产品派车,在"选择车辆"下拉列表框中选择一辆车,并填写实收数量,如图3-26所示。单击"派车"按钮,弹出信息提示对话框,如图3-27所示,单击"确定"按钮,完成派车。

| | | 派车 | 返回 | | | |

序号	☐	产品编码	产品名称	产品数量	包装单位	运输单
1	☐	6961000115007	香特莉11生日鲜奶蛋糕	30	个	YS0301T010707100004
2	☐	6961000115007	香特莉11生日鲜奶蛋糕	30	个	PC0301T010707100006

选择车辆 京A3568　司机 李小鹏
车辆类型 高栏（半箱）　承载产品 香特莉11生日鲜奶蛋糕
产品数量 30　货损数量 0
实收数量 30

图 3-26　车辆分配

（5）单击"返回"按钮，可见单据与产品信息对应的车辆信息，如图 3-28 所示。

Microsoft Internet Explorer
⚠ 通过审核，是否派车？
确定

图 3-27　派车完成确认

序号	☐	产品编码	产品名称	物流中心	产品数量	产品单位	所派车辆	车辆司机	车辆类型	货损数量	实收数量
1	☐	6961000115007	香特莉11生日鲜奶蛋糕	000018	30	个	京A3568	李小鹏	0001	0	30
2	☐	6961000115005		000018	30	袋					

图 3-28　单据信息

（6）选中单据信息前的复选框，双击产品，进入"生成派车单"界面，单击"生成派车单"按钮，弹出提示信息对话框，单击"确定"按钮，如图 3-29 所示。

【生成派车单】　查询　生成派车单　派车　保存　列表　退出
运 输 单 YS0301T010707100004　运输车队 中国B车队有限公司
客户编码 000018　出库仓库 A2仓库　发货人 高先生
物流中心 北京A物流中心　入库仓库　　先生
出库日期 2007-07-11　入库日　特处理

费用信息
总 费 用 6767　合　　为选中产品派车吗？
起运城市 北京市　到　确定　取消　km 200
运 输 费　装 卸 费 35　包 装 费 12
搬运费 20　保 险 费 300　里 程 费 32

序号	☐	产品编码	产品名称	物流中心	产品数量	产品单位	所派车辆	车辆司机	车辆类型	货损数量	实收数量
1	☑	6961000115007	香特莉11生日鲜奶蛋糕	000018	30	个	京A3568	李小鹏	0001		30
2	☑	6961000115005	大白兔奶糖	000018	30	袋	京A3568	李小鹏	0001		30

图 3-29　派车确认

（7）派车完成后，单击"列表"按钮，显示派车完成的运输单，单击"生成派车单"按钮，弹出信息提示对话框,如图 3-30 所示,单击"确定"按钮即可生成派车单。

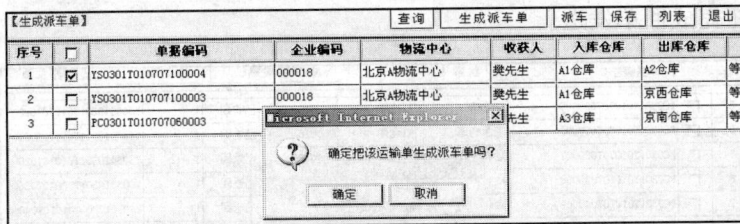

图 3-30　运输单生成派车单

4. 派车单发送

选择主菜单"发运订单"→"派车单发送"命令,选中要发送的派车单,单击"发送"按钮,将该派车单按指定要求发送给仓储企业,如图 3-31 所示。

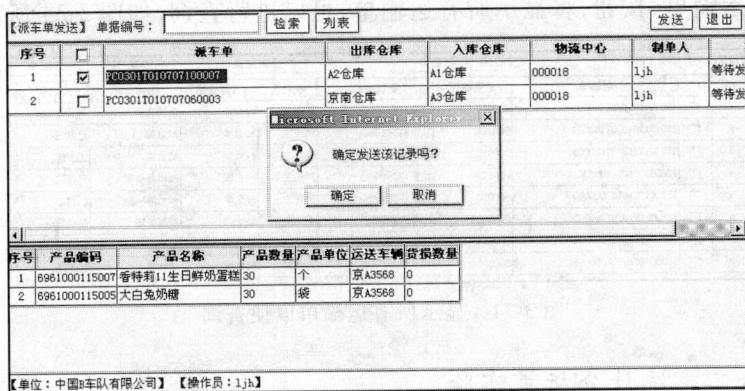

图 3-31　派车单发送

5. 回单发送

运输车队接到一体化发来的运输单后进行派车,在派车处理完成后需要发送回单给一体化以通知一体化派车处理完成。操作步骤如下:

(1)选择主菜单"发运订单"→"回单发送"命令,如图 3-32 所示。

图 3-32　回单发送管理页面

(2)选中确认后的派车单,单击"返回回单"按钮,弹出信息提示对话框,如图 3-33 所示,单击"确定"按钮完成回单发送。

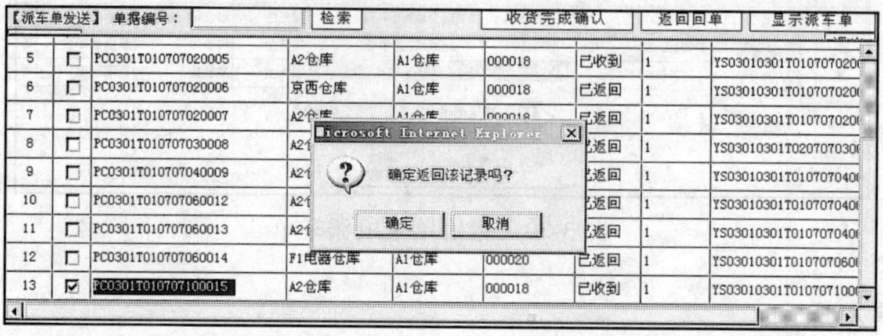

图 3-33 回单发送确认

(3)单击"运输单"按钮,将显示所有运输单,可以进行查询,如图 3-34 所示。

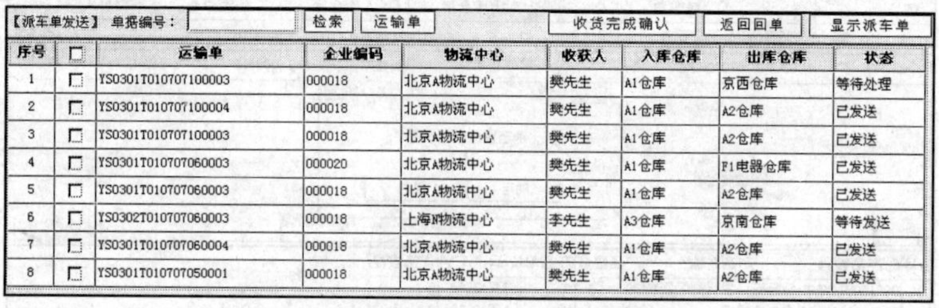

序号		运输单	企业编码	物流中心	收获人	入库仓库	出库仓库	状态
1		YS0301T010707100003	000018	北京A物流中心	樊先生	A1仓库	京西仓库	等待处理
2		YS0301T010707100004	000018	北京A物流中心	樊先生	A1仓库	A2仓库	已发送
3		YS0301T010707100005	000018	北京A物流中心	樊先生	A1仓库	A2仓库	已发送
4		YS0301T010707060003	000020	北京A物流中心	樊先生	A1仓库	F1电器仓库	已发送
5		YS0301T010707060003	000018	北京A物流中心	樊先生	A1仓库	F1电器仓库	已发送
6		YS0302T010707060003	000018	上海A物流中心	李先生	A3仓库	京南仓库	等待发送
7		YS0301T010707060004	000018	北京A物流中心	樊先生	A1仓库	A2仓库	已发送
8		YS0301T010707050001	000018	北京A物流中心	樊先生	A1仓库	A2仓库	已发送

图 3-34 显示所有运输单以便查询

(二)实验二 统计分析员实验

1. 实际发车统计

操作步骤如下:

(1)选择主菜单"统计报表"→"实际发车统计"命令,显示如图 3-35 所示的界面。

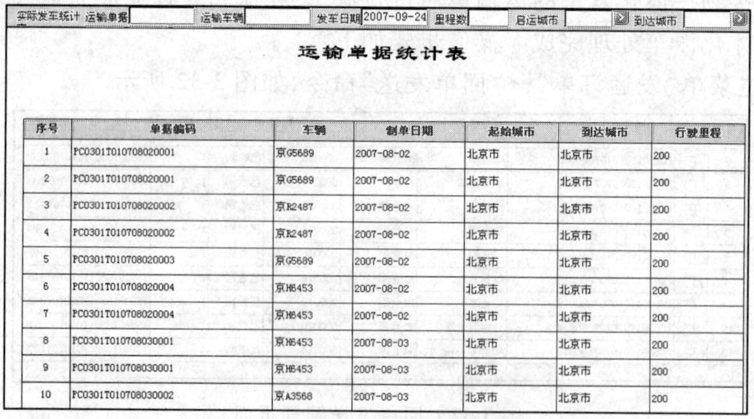

运输单据统计表

序号	单据编码	车辆	制单日期	起始城市	到达城市	行驶里程
1	PC0301T010708020001	京G5689	2007-08-02	北京市	北京市	200
2	PC0301T010708020001	京G5689	2007-08-02	北京市	北京市	200
3	PC0301T010708020002	京R2487	2007-08-02	北京市	北京市	200
4	PC0301T010708020002	京R2487	2007-08-02	北京市	北京市	200
5	PC0301T010708020003	京G5689	2007-08-02	北京市	北京市	200
6	PC0301T010708020004	京H6453	2007-08-02	北京市	北京市	200
7	PC0301T010708020004	京H6453	2007-08-02	北京市	北京市	200
8	PC0301T010708030001	京H6453	2007-08-03	北京市	北京市	200
9	PC0301T010708030001	京H6453	2007-08-03	北京市	北京市	200
10	PC0301T010708030002	京A3568	2007-08-03	北京市	北京市	200

图 3-35 "实际发车统计"界面

（2）在文本框中输入查询条件，单击"检索"按钮，显示检索结果，如图3-36所示。

图3-36　检索结果

（3）单击"退出"按钮，返回到初始界面。

2. 统计报表分析

操作步骤如下：

（1）选择主菜单"统计报表"→"统计报表分析"命令，显示统计报表分析界面，如图3-37所示。

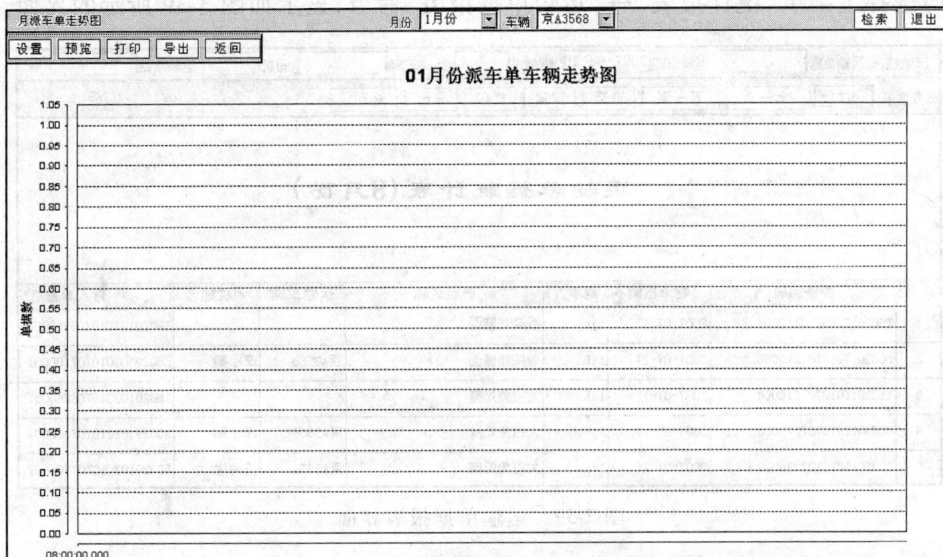

图3-37　统计报表分析界面

（2）在下拉列表框中选择查询条件，单击"检索"按钮，显示检索结果，如图3-38所示。

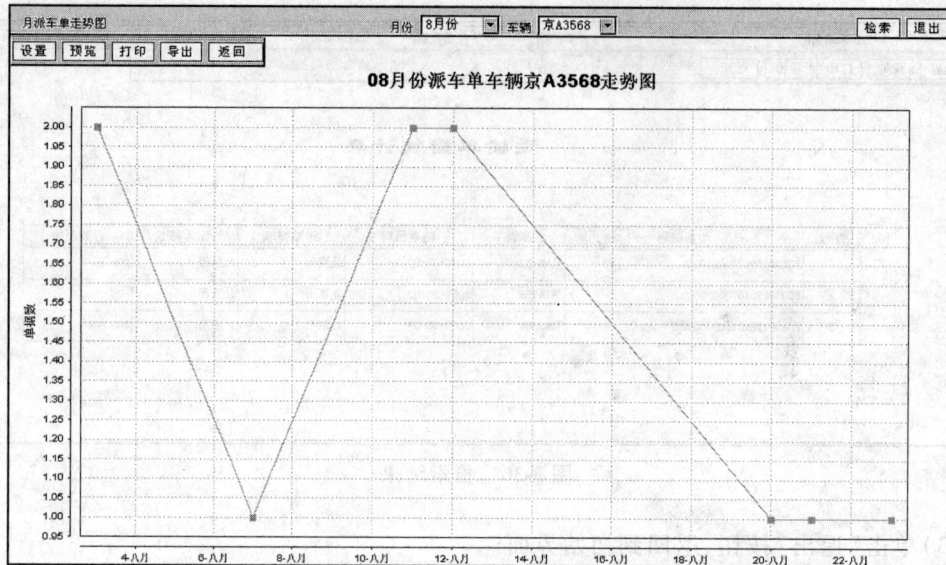

图3-38 统计结果图形显示

3. 运输单据报表

操作步骤如下：

（1）选择主菜单"统计报表"→"运输单据报表"命令，显示如图3-39所示的界面。

序号	单据编码	制单日期	制单人	产品名称	运输车辆	司机姓名	转入单据
1	YS0301T010707110004	2007-07-11	ljh	香辣炸酱面			TH020103010706260001
2	PC0301T010707270008	2007-07-27	ljh	香辣炸酱面	京A3568	李小鹏	S0020103010707100001
3	YS0301T010707110004	2007-07-11	ljh	大白兔奶糖			TH020103010706260001
4	PC0301T010707270008	2007-07-27	ljh	大白兔奶糖	京A3568	李小鹏	S0020103010707100001
5	PC0301T010707270009	2007-07-27	ljh	大白兔奶糖	京K6358	王海生	DB020103010707100001

图3-39 运输单据报表界面

（2）在文本框中输入查询条件，单击"检索"按钮，显示检索结果，如图3-40所示。

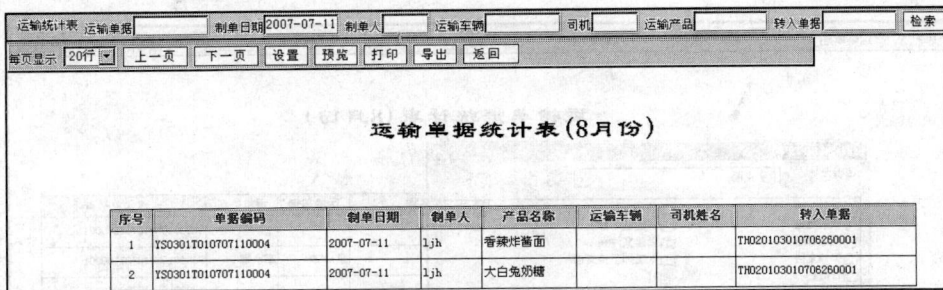

图 3-40 检索结果

（3）单击"预览"按钮，显示如下结果，如图 3-41 所示。

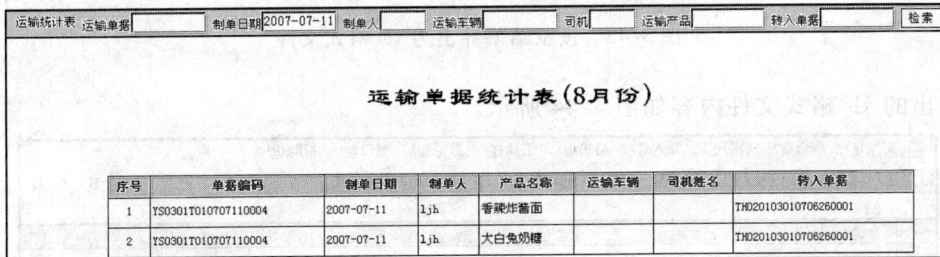

图 3-41 系统预览界面

（4）单击"打印"按钮，可将单据打印出来，如图 3-42 所示。

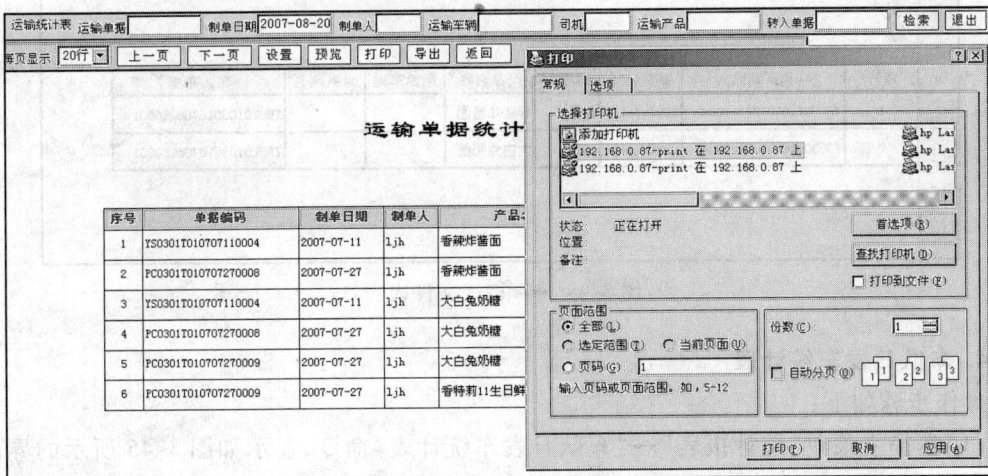

图 3-42 预览结果打印

（5）单击"导出"按钮，可以将单据导出为 xls 格式文件，如图 3-43 所示。

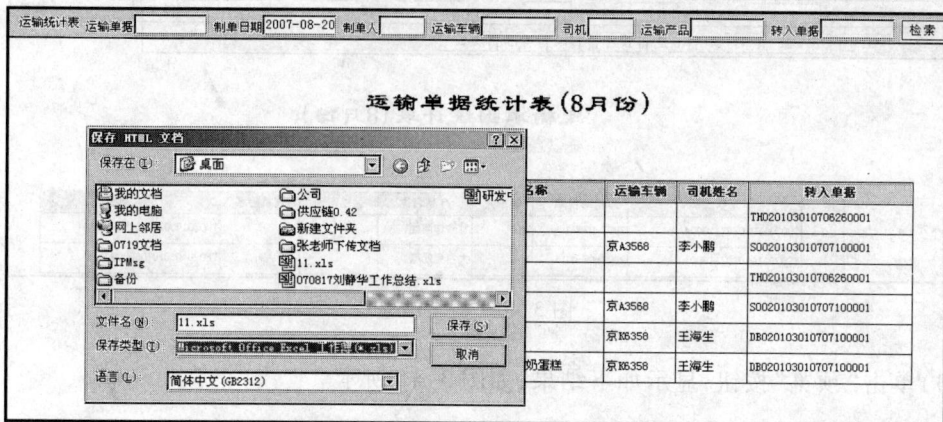

图 3-43　预览结果导出为 xls 格式文件

导出的 xls 格式文件内容如图 3-44 所示。

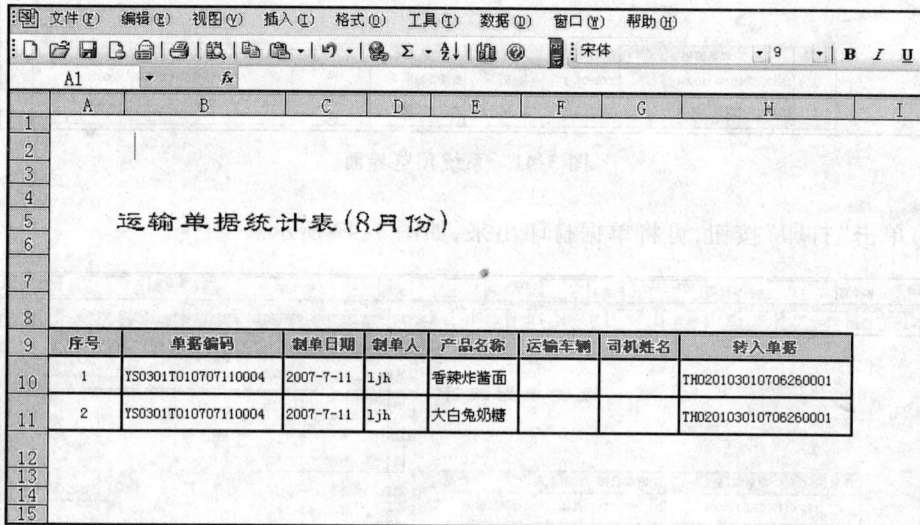

图 3-44　xls 格式文件内容

4. 车队日发车统计表

操作步骤如下：

（1）选择主菜单"统计报表"→"车队日发车统计表"命令，显示如图 3-45 所示的界面。

（2）在文本框中输入条件，单击"检索"按钮，显示检索结果，如图 3-46 所示。

图 3-45 车队日发车统计界面

图 3-46 检索结果

(3)在时间起始点和终止点文本框中输入日期,单击"生成运量图"按钮,生成运量统计图,如图 3-47 所示。

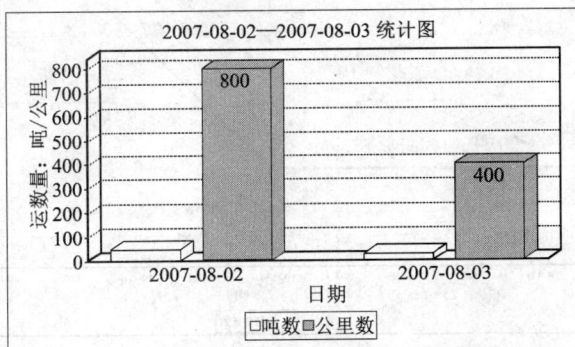

图 3-47 运量统计图

5. 车辆行驶里程图例

操作步骤如下：

（1）选择主菜单"统计报表"→"车辆行驶里程统计"命令，显示车辆行驶里程统计界面，如图 3-48 所示。

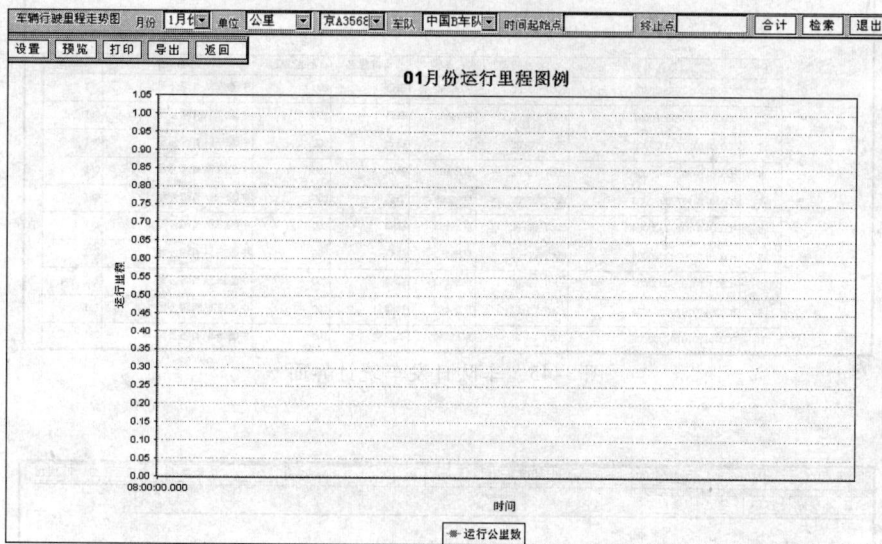

图 3-48　车辆行驶里程统计界面

（2）在文本框中输入查询条件，单击"检索"按钮，显示检索结果，如图 3-49 所示。

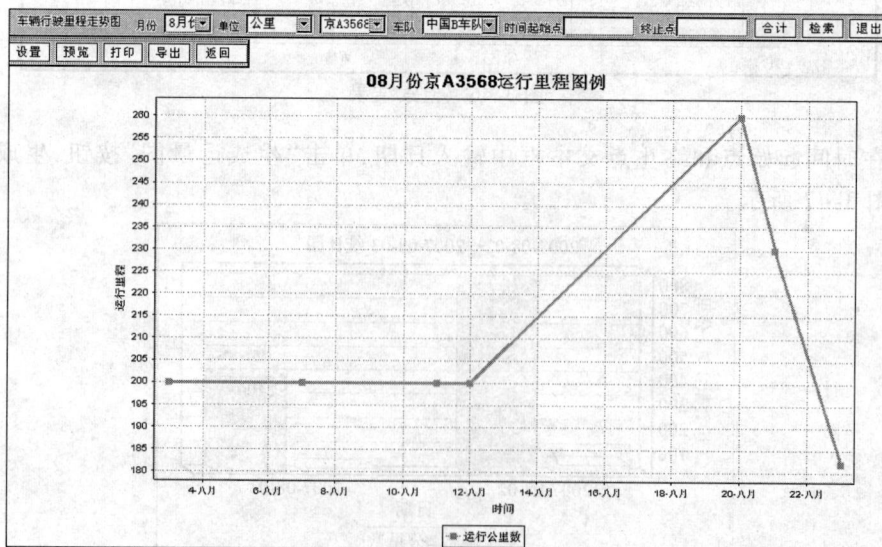

图 3-49　车辆行驶里程统计图形

（3）在时间起始点和终止点的文本框中输入日期，单击"合计"按钮，将显示所有车辆在输入日期间的运行公里数走势图，如图 3-50 所示。

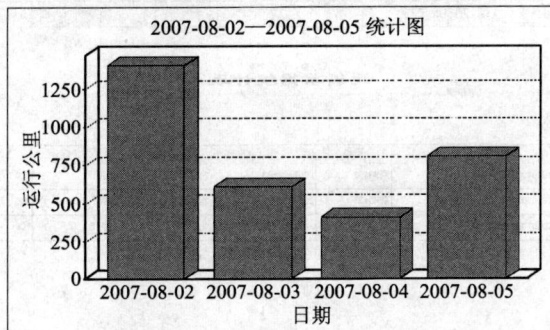

图 3-50　所用车辆在输入日期间的运行里程统计图

（4）单击"退出"按钮，将返回到初始界面。

（三）实验三　车队经理实验

车队经理主要完成对仓库各项业务规则的制定，主要包括：制定上架规则、库存周转规则、拣货规则、包装规则、库位编码设置、仓储费用设置及相关出入库单据的查询等。

1．实际发车统计

操作步骤如下：

（1）选择主菜单"统计报表"→"实际发车统计"命令，显示实际发车统计界面，如图 3-51 所示。

图 3-51　实际发车统计界面

（2）在文本框中输入数据，单击"检索"按钮，显示检索结果，如图 3-52 所示。

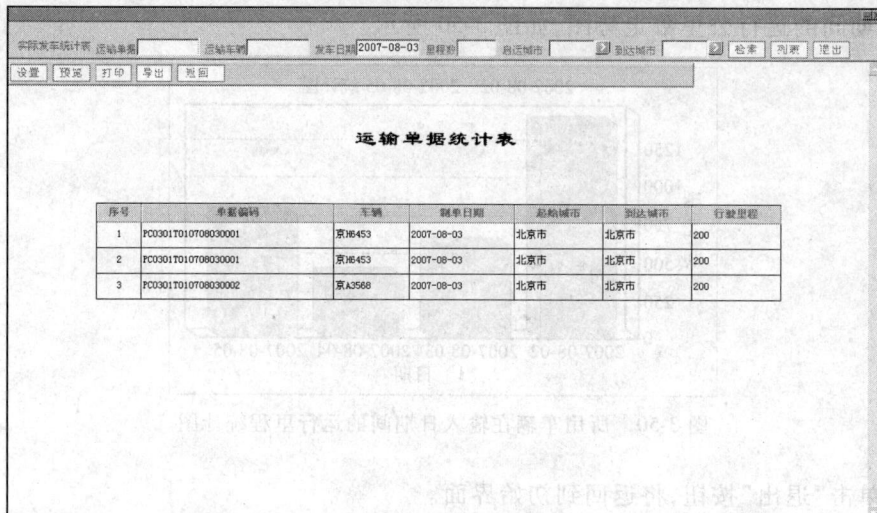

图 3-52　检索结果

（3）单击"退出"按钮，返回到初始界面。

2. 运输单据报表

操作步骤如下：

（1）选择主菜单"统计报表"→"运输单据报表"命令，显示运输单据统计界面，如图 3-53所示。

图 3-53　运输单据统计界面

（2）在文本框中输入查询条件，单击"检索"按钮，显示检索结果，如图3-54所示。

图 3-54　检索结果

3. 统计报表分析

操作步骤如下：

（1）选择主菜单"统计报表"→"统计报表分析"命令，显示统计报表分析界面，如图3-55所示。

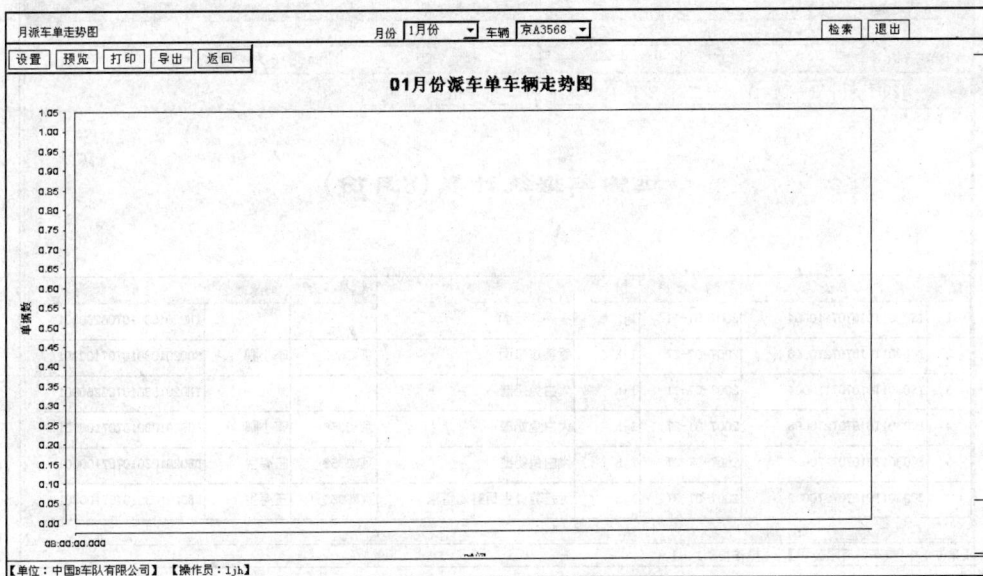

图 3-55　统计报表分析界面

（2）在下拉列表框中输入条件，单击"检索"按钮，显示检索结果，如图3-56所示。

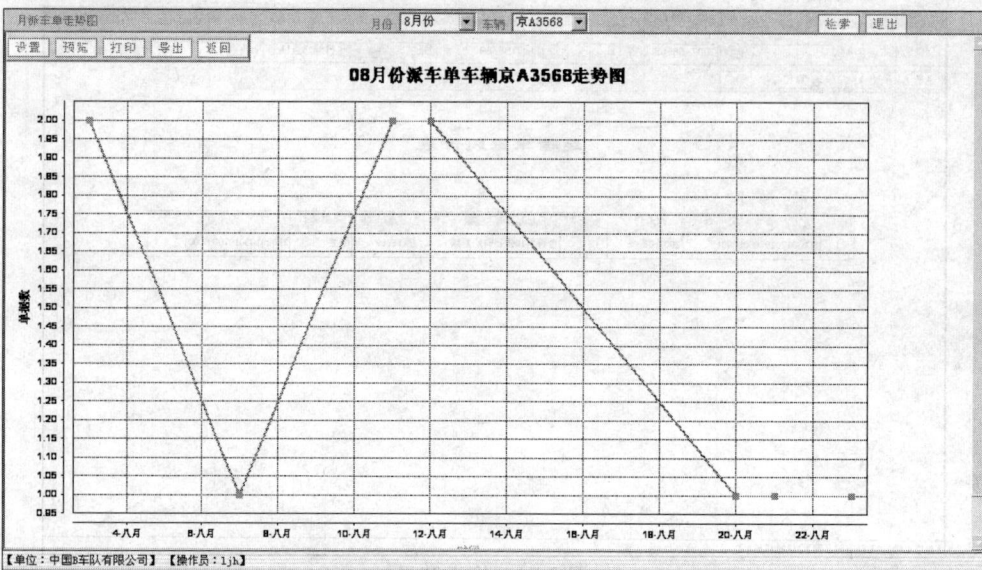

图 3-56　派车单统计图

4. 运输单据报表

操作步骤如下：

（1）选择主菜单"统计分析"→"运输单据报表"，显示运输单据报表界面，如图3-57所示。

图 3-57　运输单据报表界面

（2）在文本框中输入查询条件，单击"检索"按钮，显示检索结果，如图3-58所示。

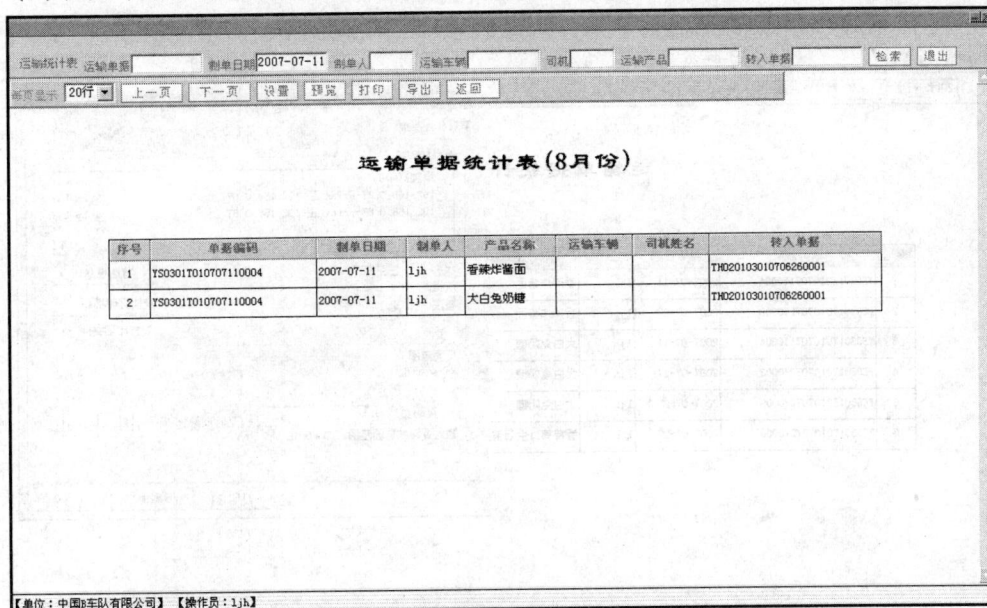

图 3-58 运输单据统计结果

（3）单击"预览"按钮，显示预览结果，如图3-59所示。

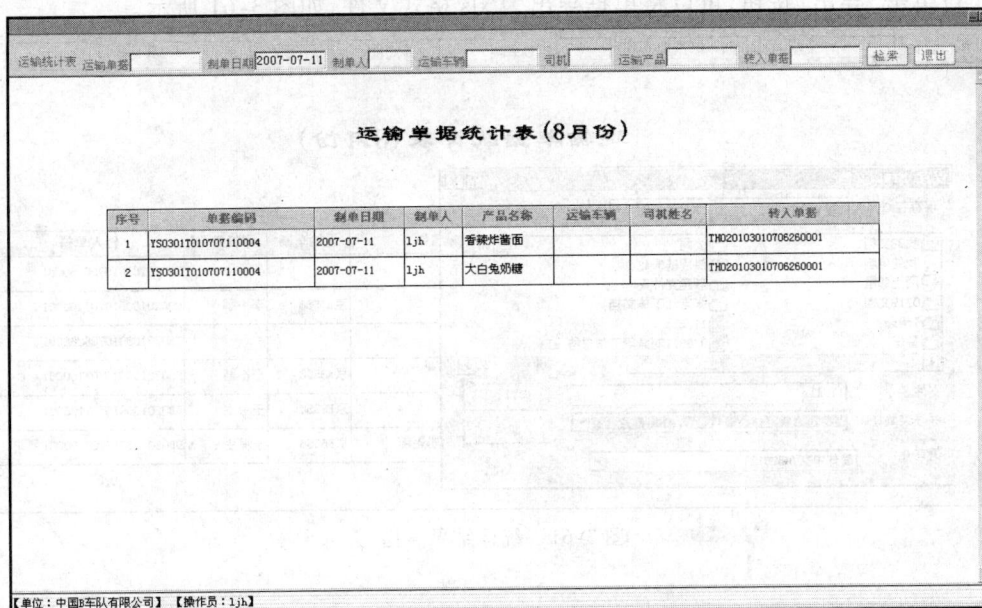

图 3-59 运输单统计预览界面

（4）单击"打印"按钮，可将单据打印出来，如图 3-60 所示。

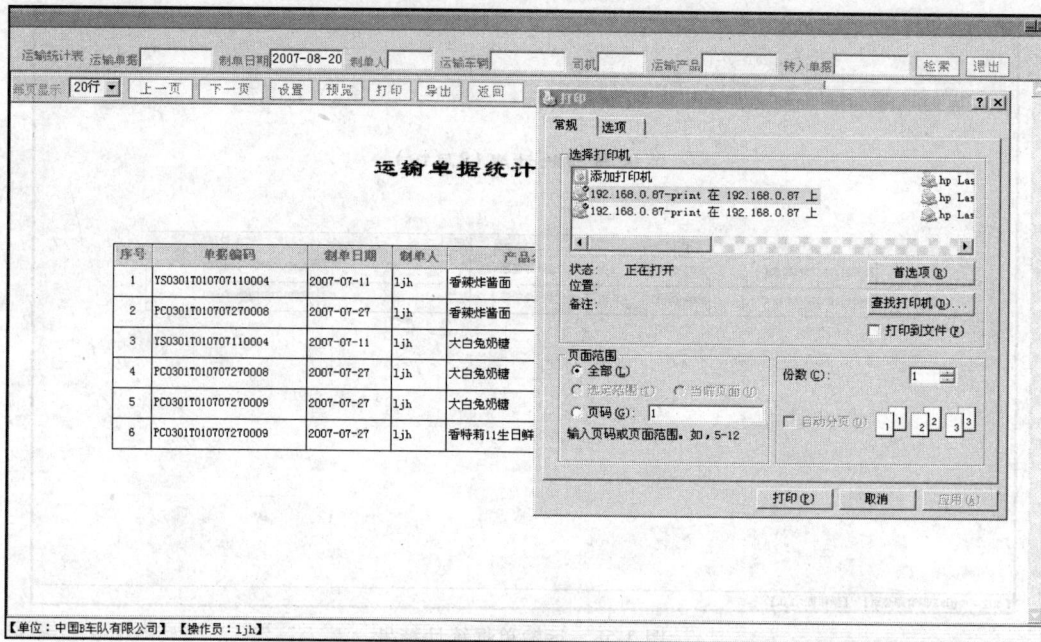

图 3-60　运输单打印

（5）单击"导出"按钮，可以将单据导出为 xls 格式文件，如图 3-61 所示。

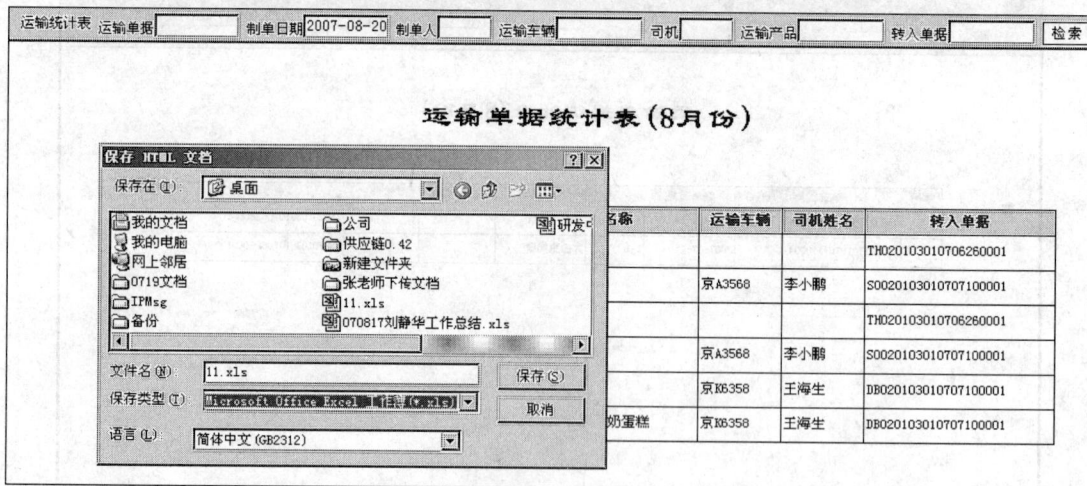

图 3-61　统计结果导出

（6）导出的 xls 格式文件内容如图 3-62 所示。

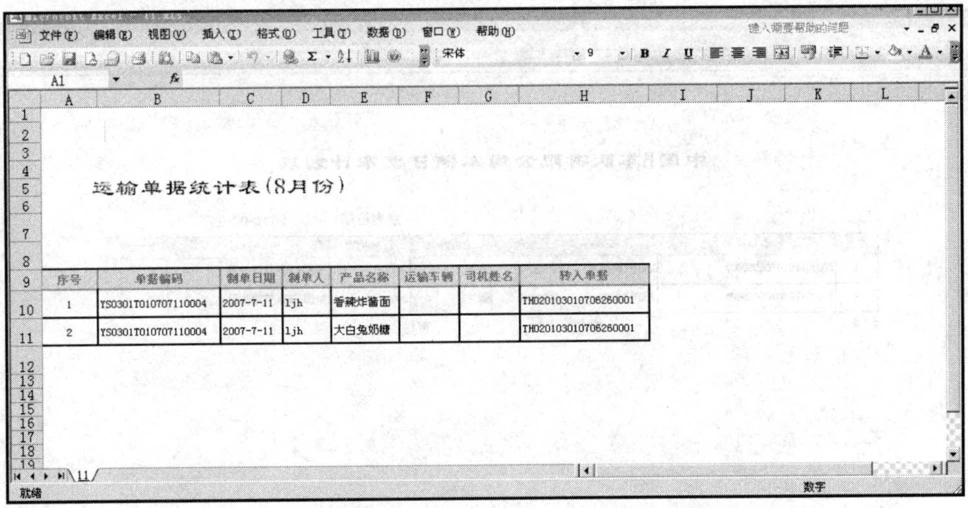

图 3-62　导出的统计结果样式

5. 车队日发车统计表

操作步骤如下：

（1）选择主菜单"统计报表"→"车队日发车统计表"命令，显示车队日发车统计界面，如图 3-63 所示。

图 3-63　车队日发车统计界面

（2）在文本框中输入条件，单击"检索"按钮，显示检索结果，如图 3-64 所示。

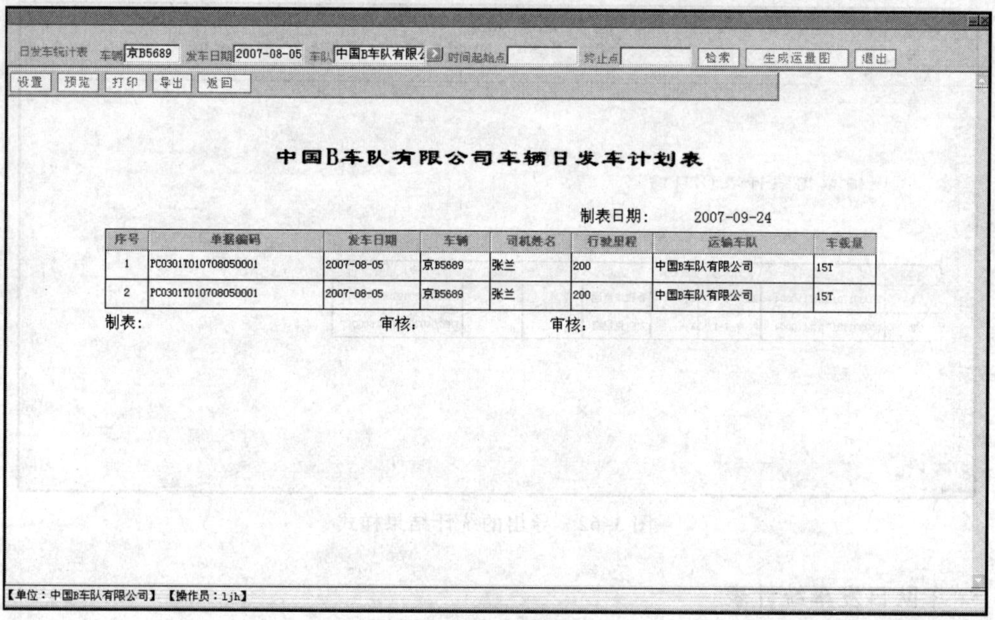

图 3-64　发车检索结果

（3）在时间起始点和终止点的文本框中输入日期，单击"生成运量图"按钮生成运量图，如图 3-65 所示。

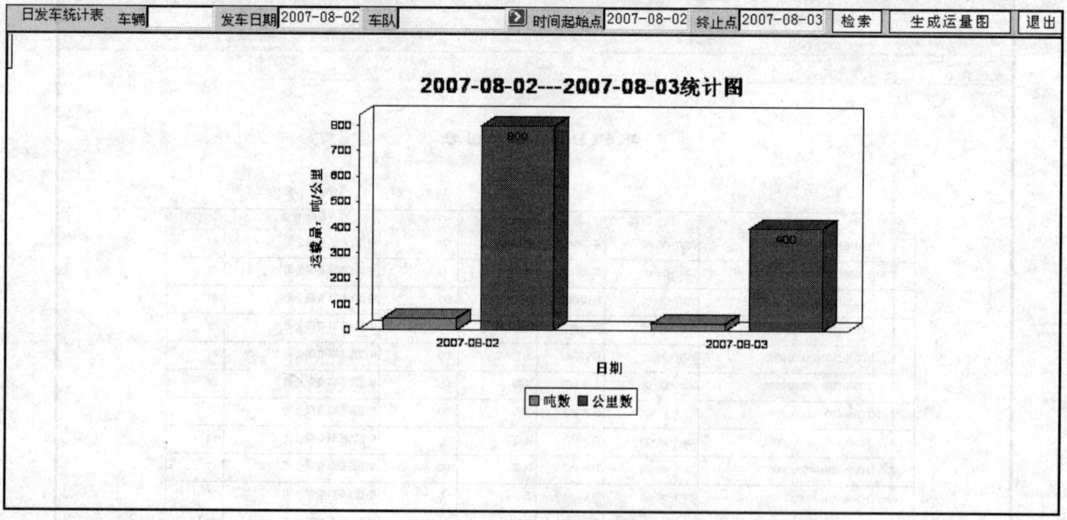

图 3-65　日发车运量图

6. 车辆行驶里程图例

操作步骤如下：

(1)选择主菜单"统计报表"→"车辆行驶里程图例"命令,显示车辆行驶里程界面,如图 3-66 所示。

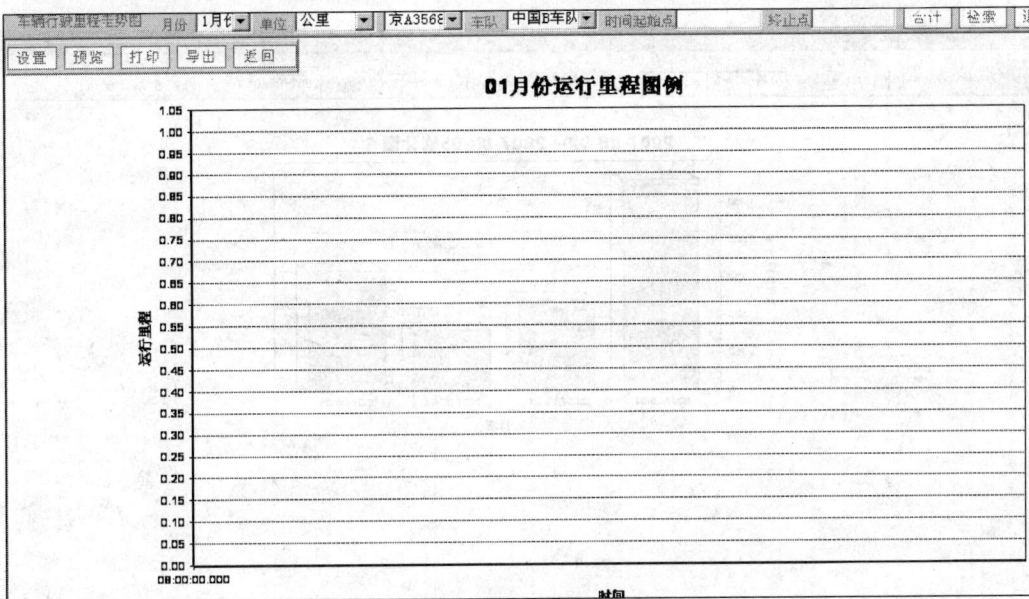

图 3-66 车辆行驶里程界面

(2)在文本框中输入查询条件,单击"检索"按钮,显示检索结果,如图 3-67 所示。

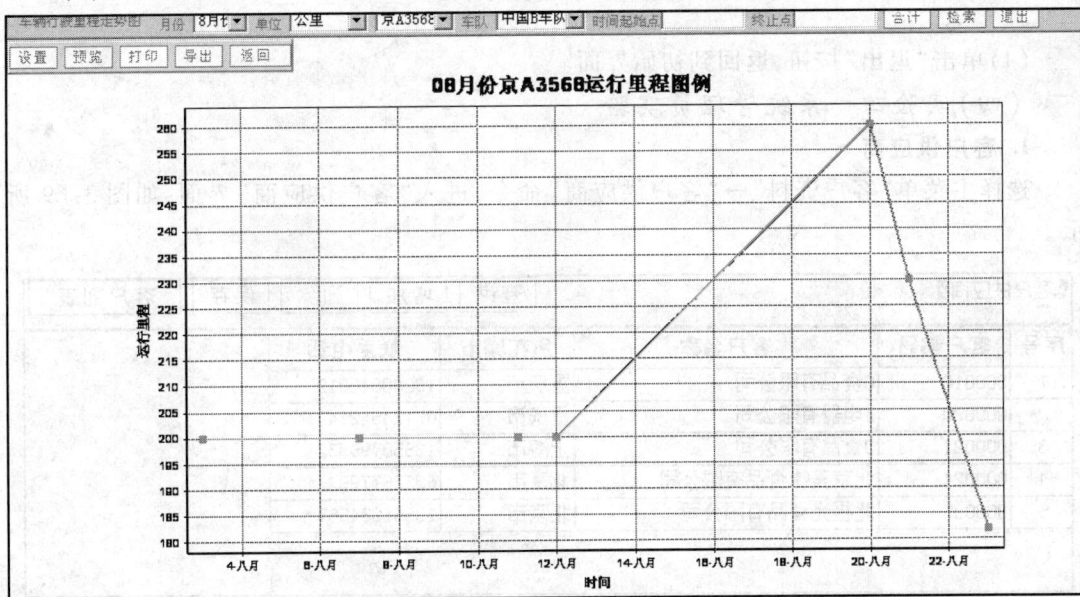

图 3-67 检索结果图例

（3）在时间起始点和终止点的文本框中输入日期，单击"合计"按钮，将显示所有车辆在输入日期间的运行里程走势图，如图 3-68 所示。

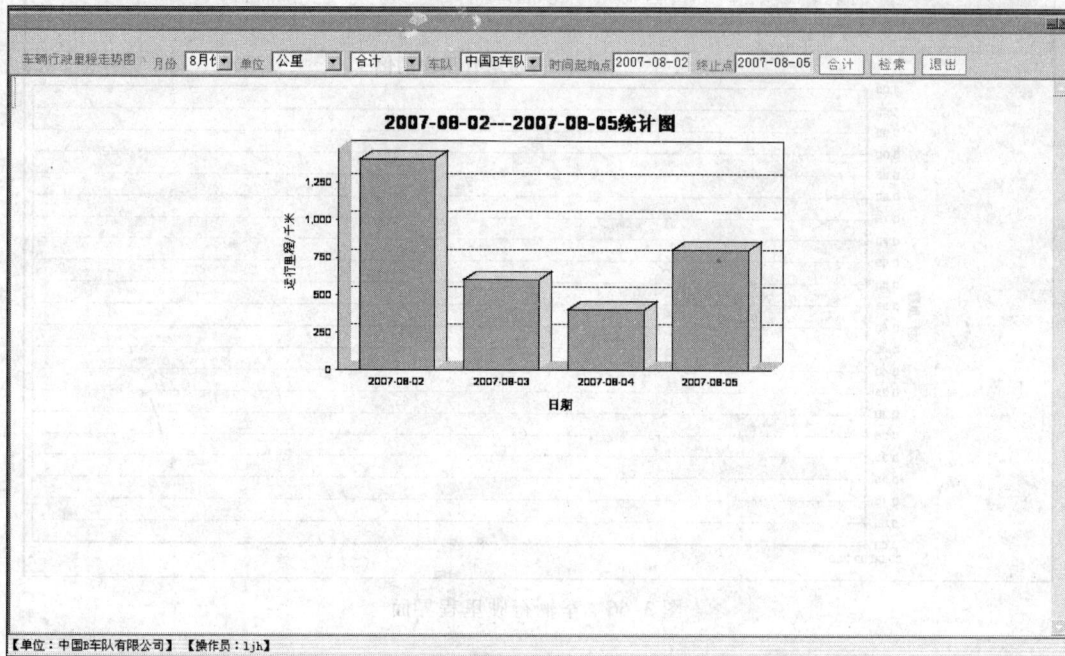

图 3-68　走势统计图

（4）单击"退出"按钮，返回到初始界面。

（四）实验四　系统管理员实验

1. 客户供应商

选择主菜单"客户资料"→"客户供应商"命令，进入"客户供应商"界面，如图 3-69 所示。

【客户供应商】　　　　　　　查询　增加　删除　保存　客户列表

序号	客户编码	客户名称	所在城市	联系电话
1	000018	C食品有限公司	重庆市	13260010012
2	000020	F电器有限公司	重庆市	0512454214
3	000021	D食品有限公司	上海市	13658796532
4	000024	北京美味食品有限公司	北京市	622267799
5	000025	北极光食品有限公司	北京市	13651234567

图 3-69　"客户供应商"界面

（1）增加功能：

双击某企业可以显示该企业的供应商列表，单击"增加"按钮可以增加供应商，在相应的文本框内输入数据，如图 3-70 所示。

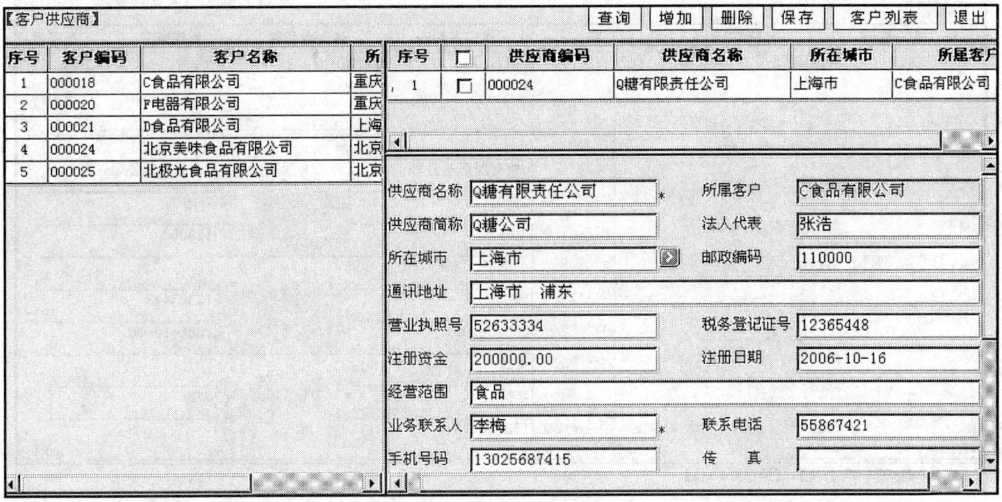

图 3-70 增加供应商

（2）保存功能：

单击"保存"按钮，将数据保存在供应商列表内，双击供应商列表显示供应商详细信息，如图 3-71 所示。

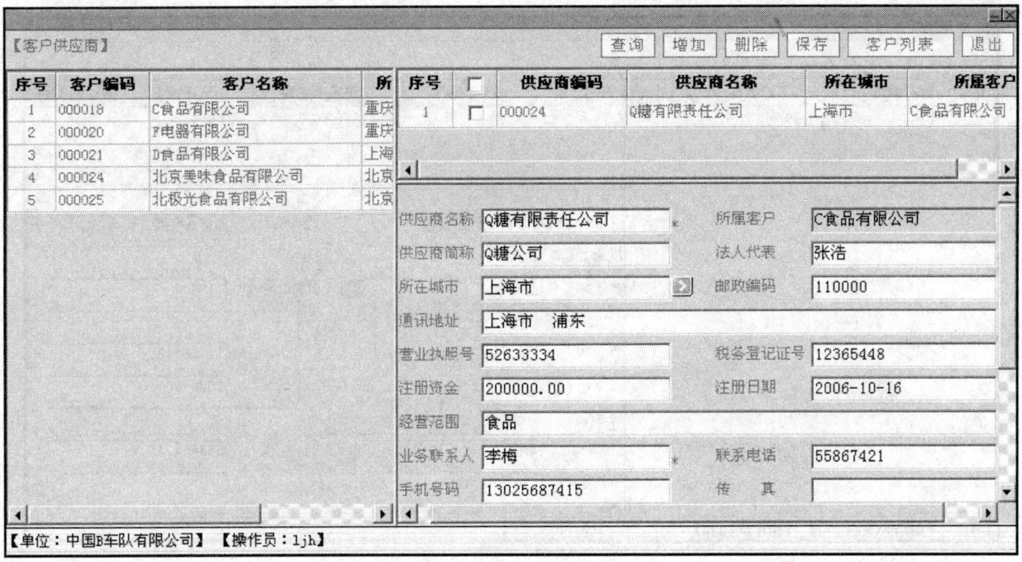

图 3-71 保存供应商

（3）修改功能：

双击供应商列表信息可以对其详细信息进行修改，如图 3-72 所示。

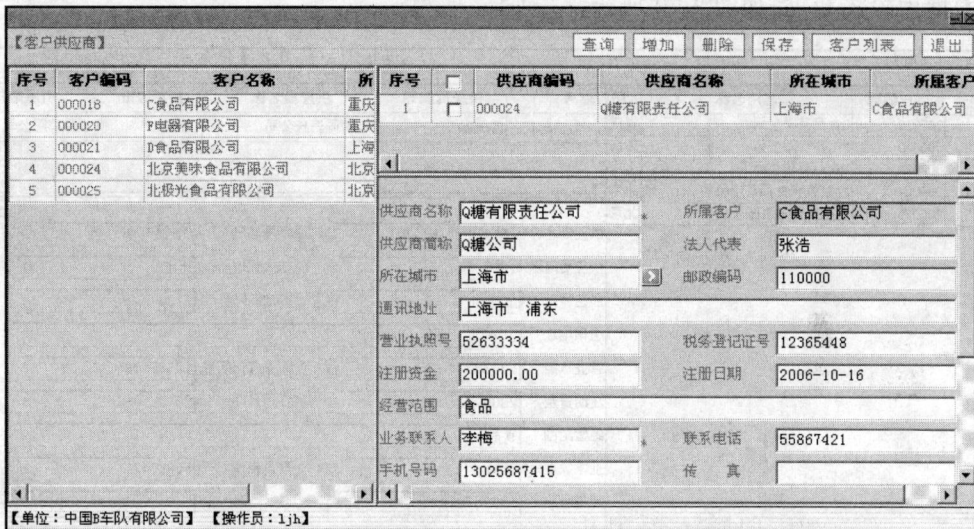

图 3-72　修改供应商信息

（4）删除功能：

选中供应商前面的复选框，单击"删除"按钮，弹出信息提示对话框，如图 3-73 所示。单击"确定"按钮即可删除该供应商。

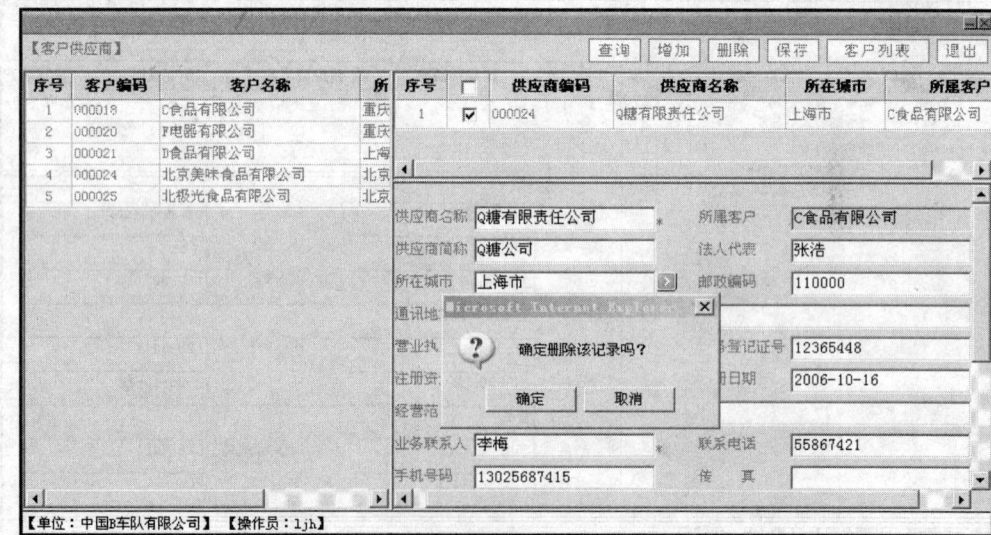

图 3-73　删除供应商

(5)查询功能：

① 单击"查询"按钮，弹出"查询条件—网页对话框"对话框，如图 3-74 所示。输入查询条件后单击"确定"按钮，将显示查询结果，如图 3-75 所示。

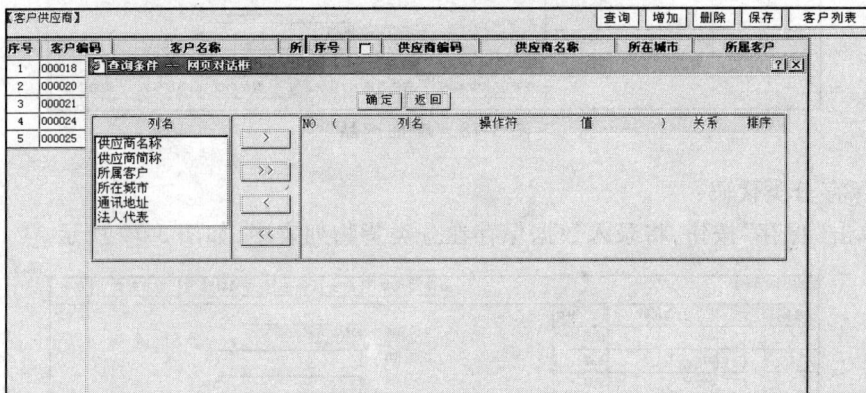

图 3-74　查询条件—网页对话框

图 3-75　查询结果

② 单击"退出"按钮，回到原始页面。

2. 客户分类货物

选择主菜单"客户资料"→"客户分类货物"命令，进入"客户分类货物"界面，如图 3-76 所示。

图 3-76　"客户分类货物"界面

(1)增加分类产品代码：

① 双击客户列表，可以看到该客户能够提供的产品信息，如图 3-77 所示。

图 3-77　客户列表

② 单击"增加"按钮,增加分类货物,在相应的文本框中录入数据,如图 3-78 所示。

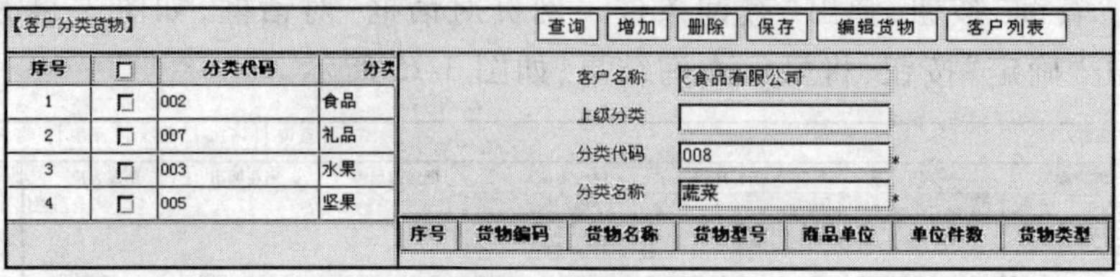

图 3-78　增加产品

(2)保存分类代码:

① 单击"保存"按钮,将录入数据保存在分类货物列表中,如图 3-79 所示。

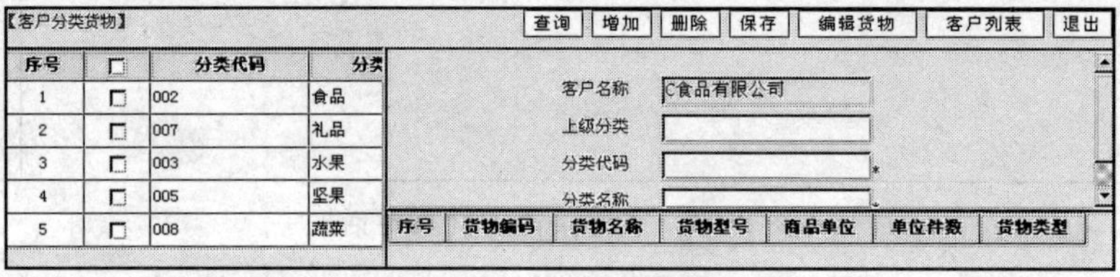

图 3-79　保存分类代码

② 双击分类货物列表可以显示一类代码所对应的产品列表及其分类代码的详细信息,如图 3-80 所示。

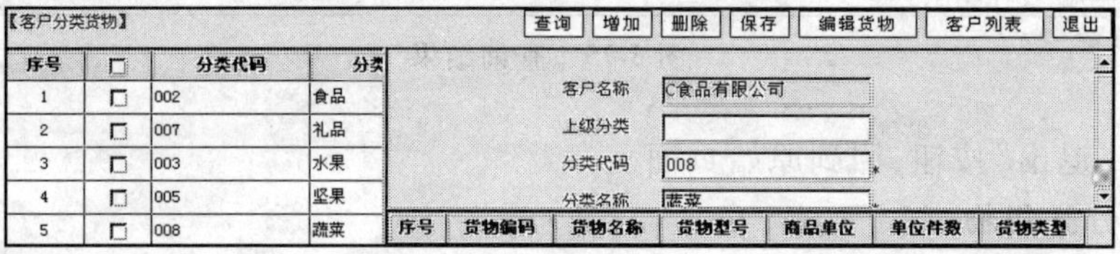

图 3-80　详细信息

(3)编辑货物:

单击"编辑货物"按钮,弹出对话框,可以编辑该类产品,如图 3-81 所示。

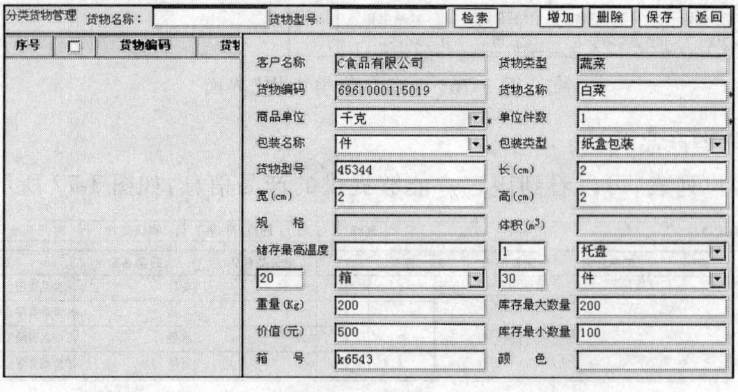

图 3-81　编辑货物

（4）检索：

单击"检索"按钮，把检索出来的数据显示在分类信息列表中，单击"增加"按钮，录入数据，增加该分类代码的产品，如图3-82所示。

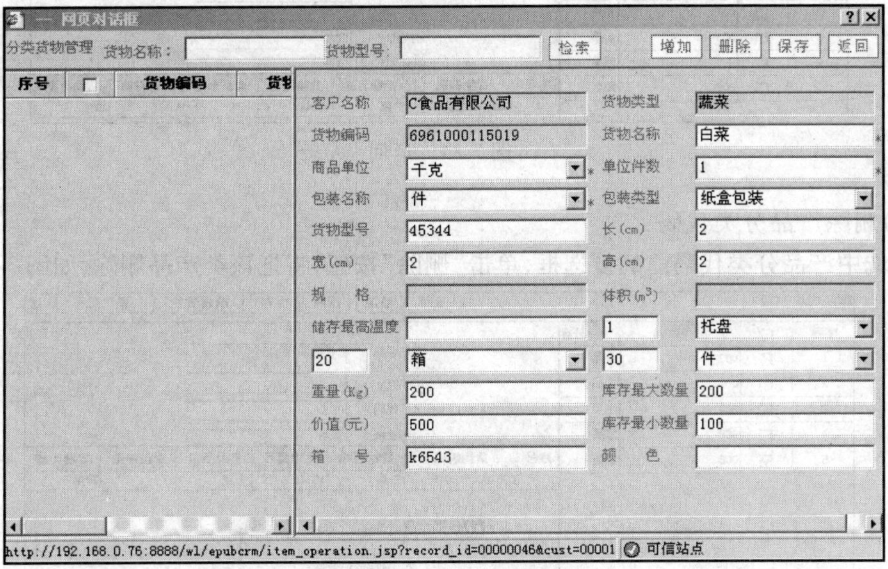

图3-82 检索和增加

（5）保存：

单击"保存"按钮，将数据保存在分类货物信息列表中，双击显示该货物的详细信息。

（6）删除：

① 选货物前面的复选框，单击"删除"按钮，可以删除该条产品，如图3-83所示。

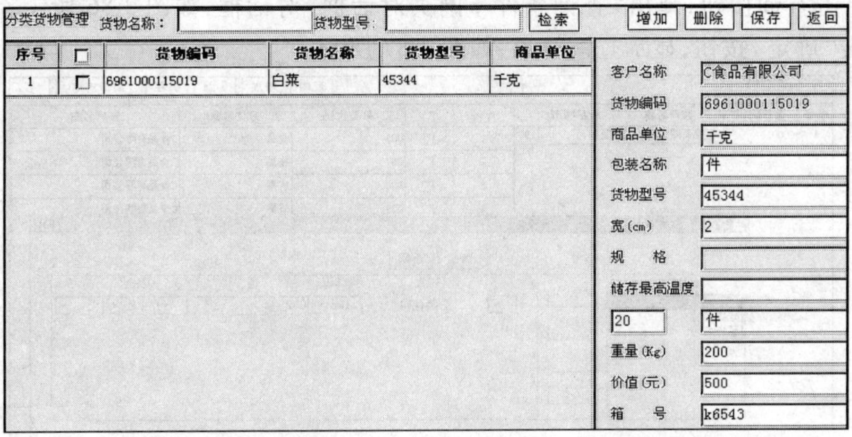

图3-83 删除

② 单击"返回"按钮,返回到客户分类货物界面,如图 3-84 所示。

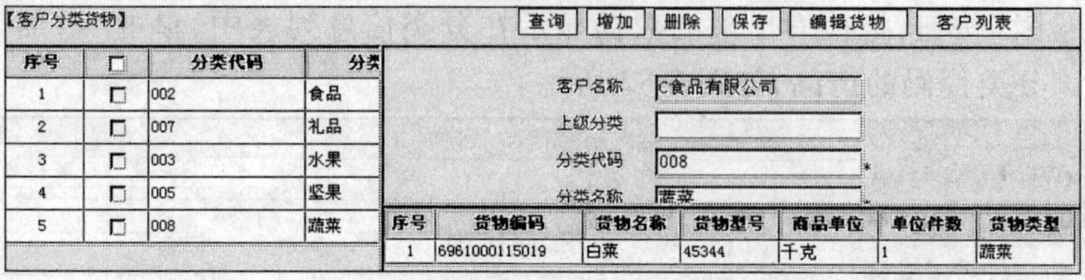

图 3-84　返回

（7）删除产品分类代码：

① 选中产品分类代码前的复选框,单击"删除"按钮,将把该类产品删除,如图 3-85 所示。

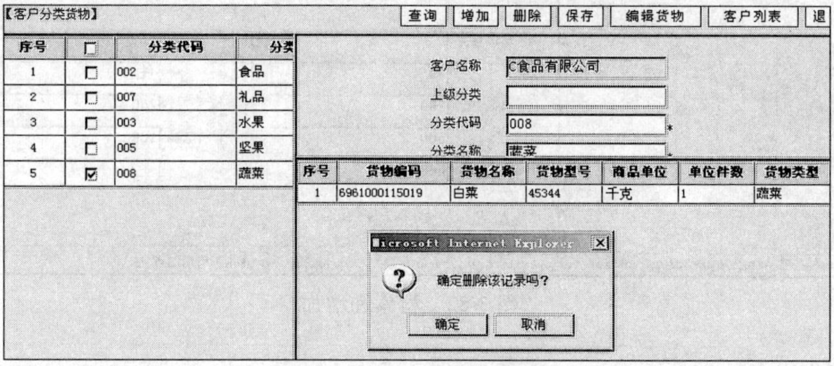

图 3-85　删除产品分类代码

② 单击"客户列表"按钮,显示初始分类客户界面。

（8）查询：

① 单击查询按钮,弹出"查询条件—网页对话框"对话框,如图 3-86 所示。输入查询条件,单击"确定"按钮,显示查询结果,如图 3-87 所示。

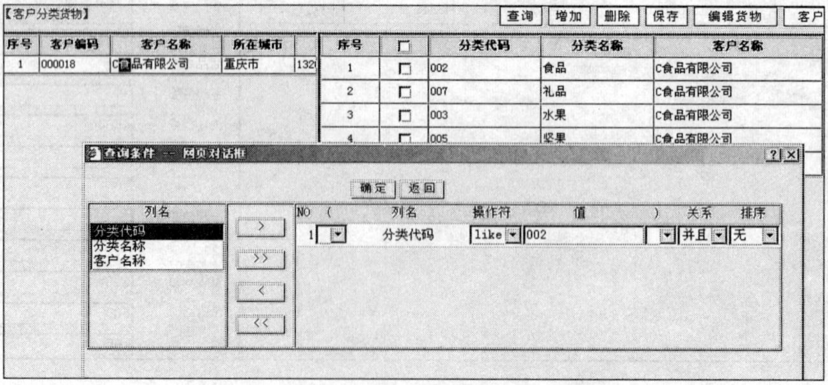

图 3-86　"查询条件—网页对话框"对话框

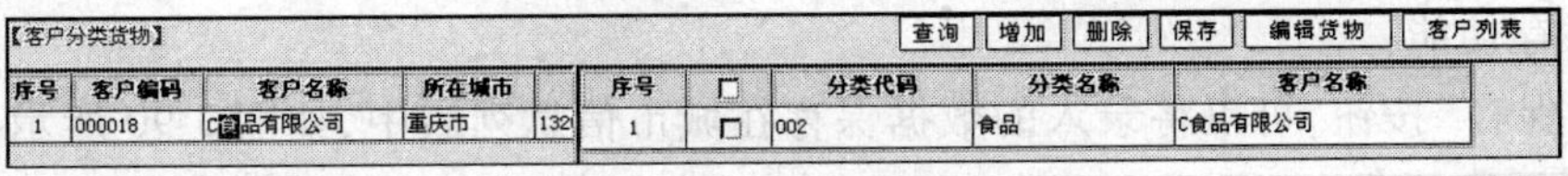

【客户分类货物】				查询	增加	删除	保存	编辑货物	客户列表

序号	客户编码	客户名称	所在城市		序号	□	分类代码	分类名称	客户名称
1	000018	C食品有限公司	重庆市	132	1	□	002	食品	C食品有限公司

图 3-87　查询结果

② 单击"退出"按钮,回到原始界面。

3. 城市代码管理

选择主菜单"运输资料"→"城市代码管理"命令,进入"城市代码管理"界面,如图 3-88 所示。

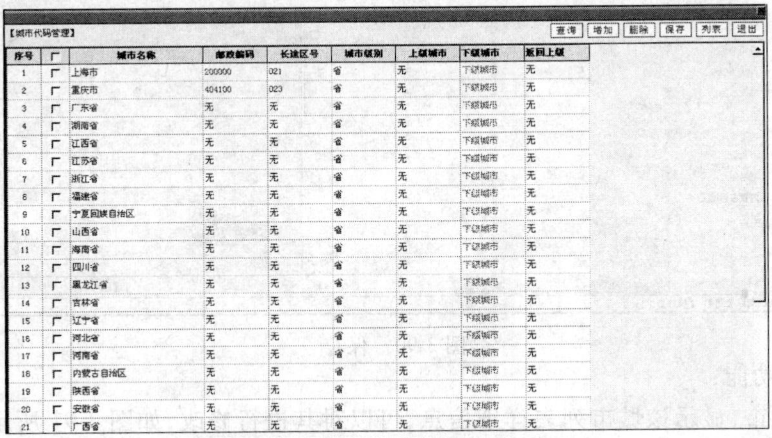

图 3-88　"城市代码管理"界面

(1)增加:

单击"增加"按钮,增加城市信息,如图 3-89 所示。

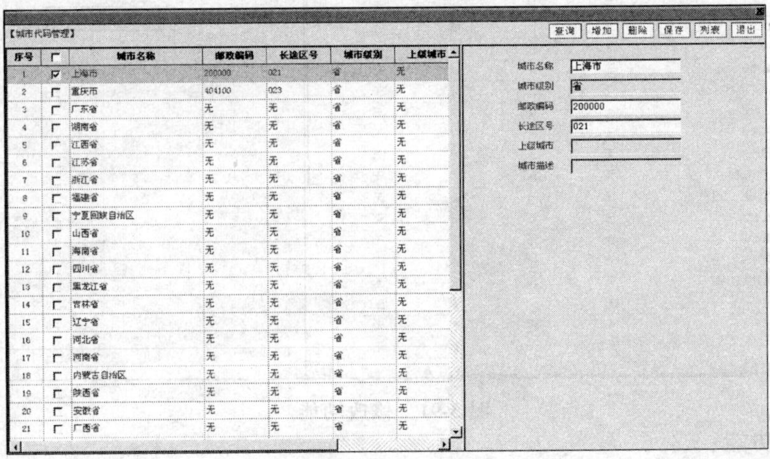

图 3-89　增加

155

（2）保存功能：

单击"保存"按钮，可以将录入的数据保存在城市信息列表中，如图3-90 所示。

图3-90　保存

（3）修改功能：

双击某城市，显示该城市列表详细信息，可以对其进行修改，如图3-91 所示。

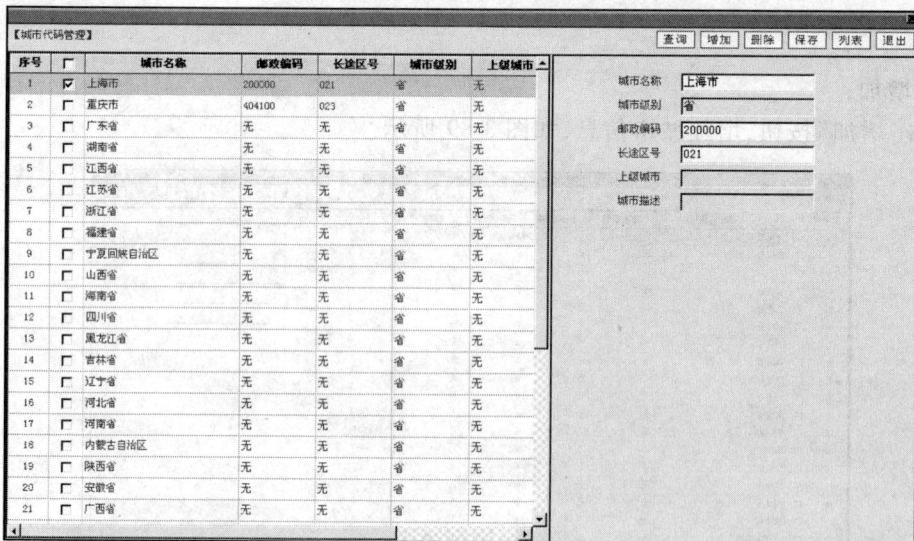

图3-91　修改功能

（4）删除功能：

选中某城市前的复选框，单击"删除"按钮，可以将该城市信息删除，如图3-92 所示。

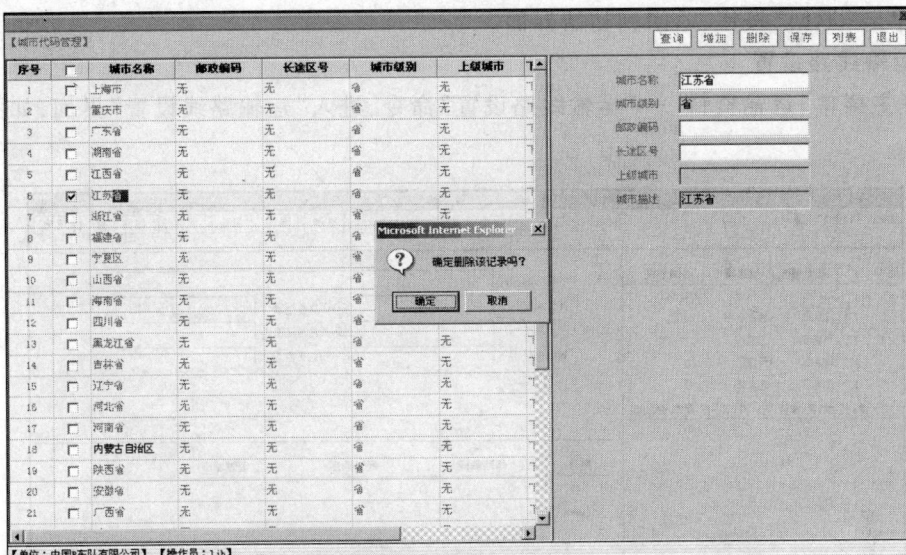

图 3-92　删除

(5) 查询功能：

① 单击"查询"按钮，弹出"查询条件—网页对话框"对话框，如图 3-93 所示。输入查询条件，单击"确定"按钮，显示查询结果，如图 3-94 所示。

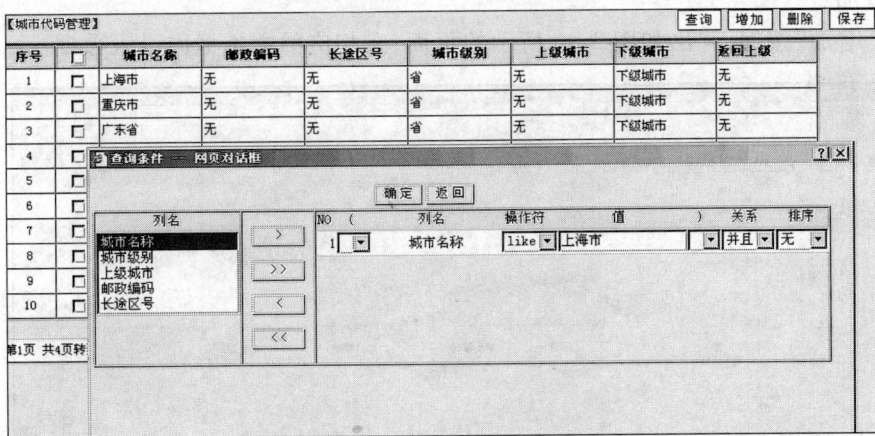

图 3-93　"查询条件—网页对话框"对话框

图 3-94　查询结果

② 单击"返回"按钮,返回到初始界面。

4. 运输线路设置

选择主菜单"运输资料"→"运输线路设置"命令,进入"运输路线设置"界面,如图 3-95 所示。

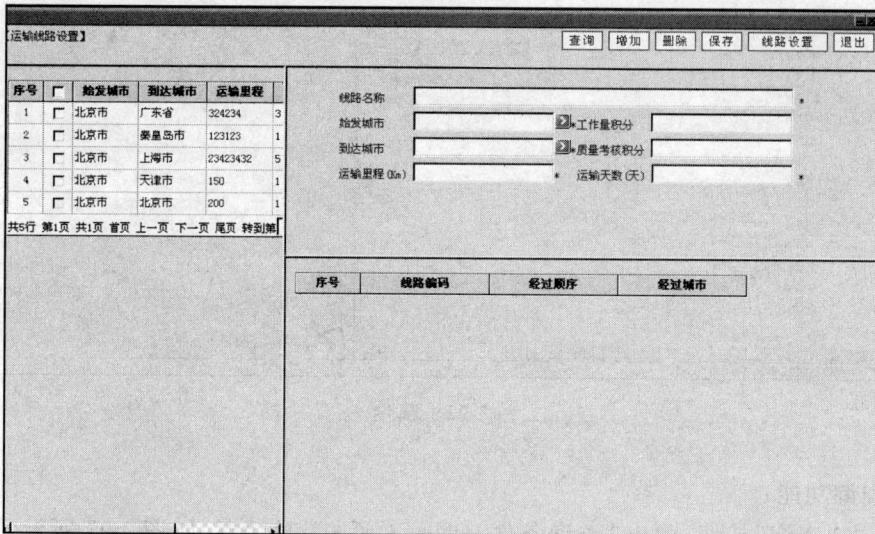

图 3-95 "运输线路设置"界面

(1)增加:

单击"增加"按钮,弹出如图 3-96 所示的页面,在相应的文本框内录入数据。

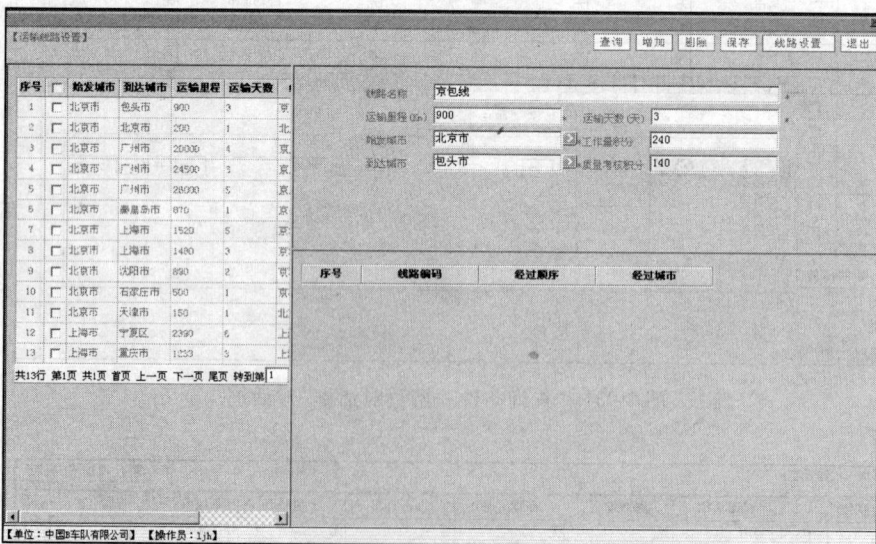

图 3-96 增加运输线路

（2）保存功能：

单击"保存"按钮，将数据保存在运输线路列表中，如图3-97所示。

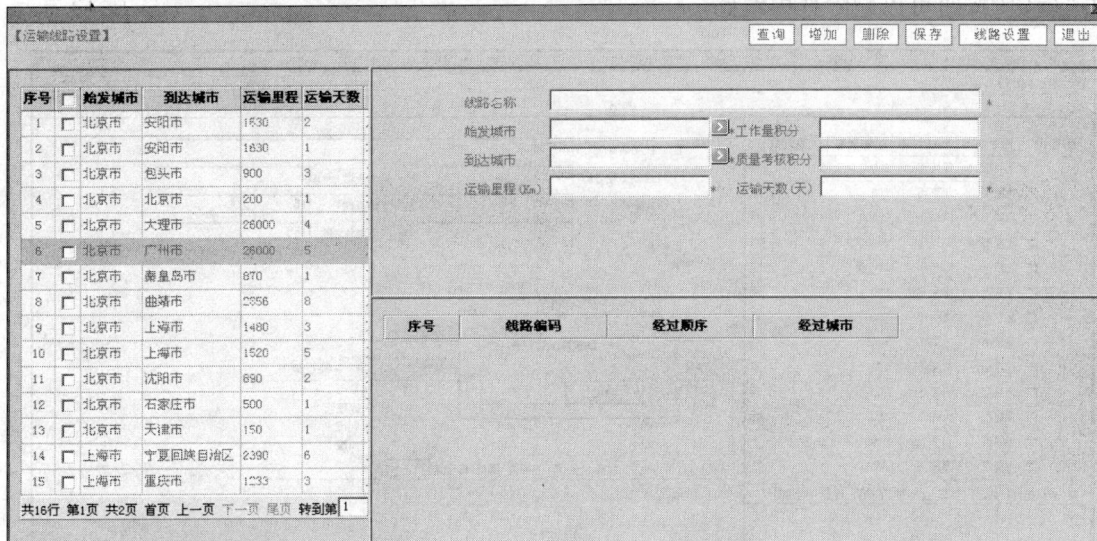

图 3-97 保存

（3）修改功能：

双击某运输线路，显示该运输线路的详细信息，可以对其进行修改，如图3-98所示。

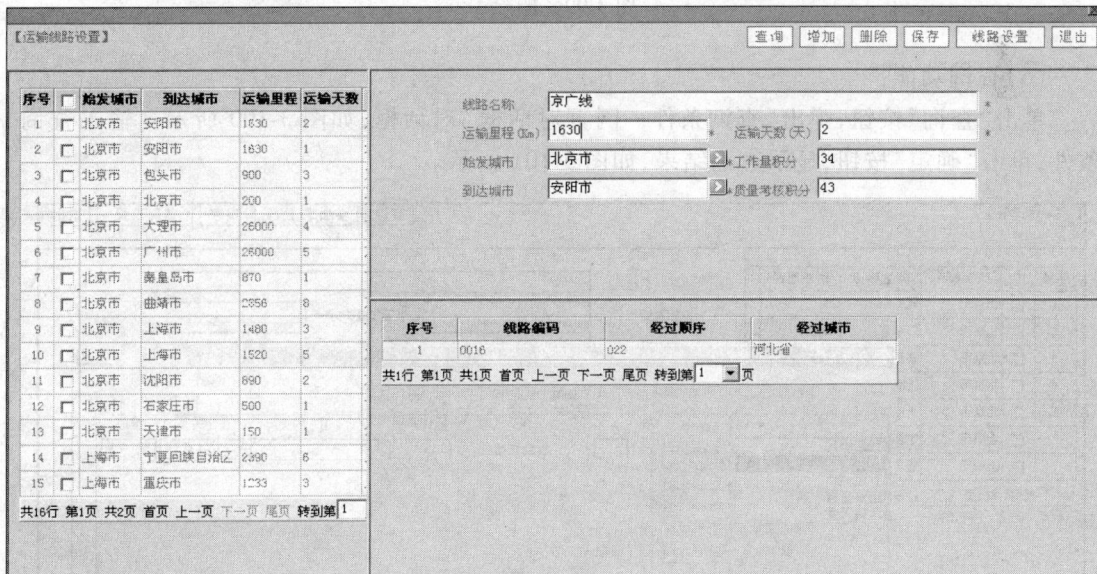

图 3-98 修改

（4）删除功能：

选中运输路线前的复选框，单击"删除"按钮，弹出信息提示对话框，如图 3-99 所示，单击"确定"按钮可以删除选中线路。

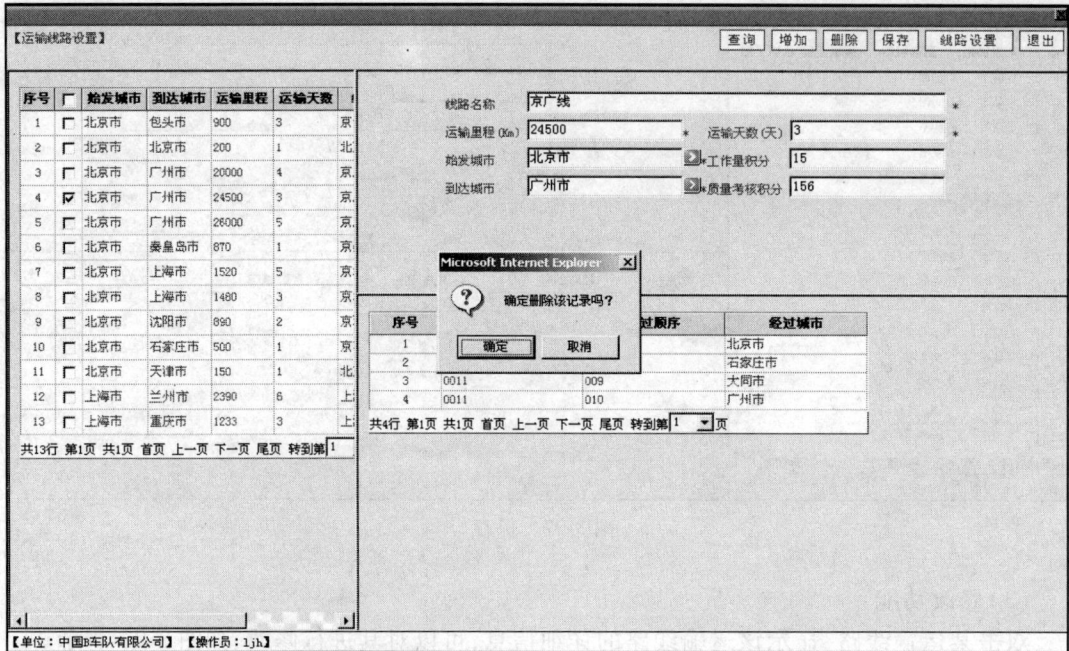

图 3-99　删除

（5）查询功能：

单击"查询"按钮，弹出"查询条件—网页对话框"对话框，如图 3-100 所示。输入查询条件，单击"确定"按钮，显示查询结果，如图 3-101 所示。

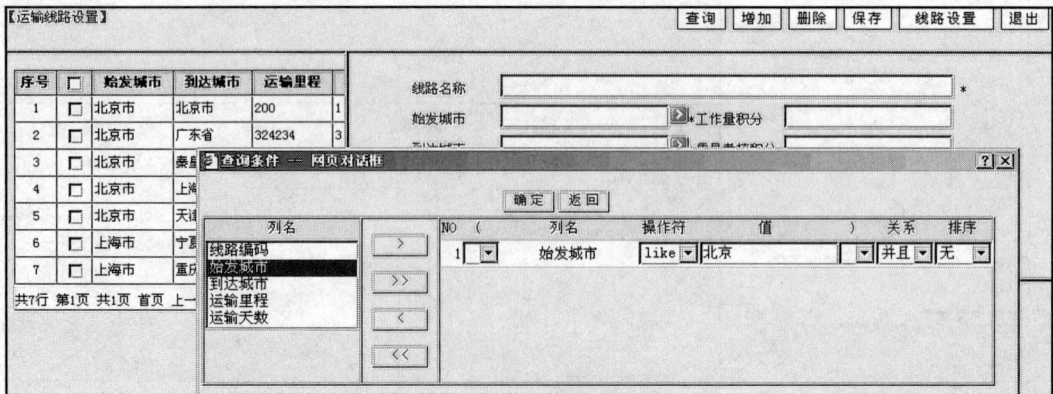

图 3-100　查询

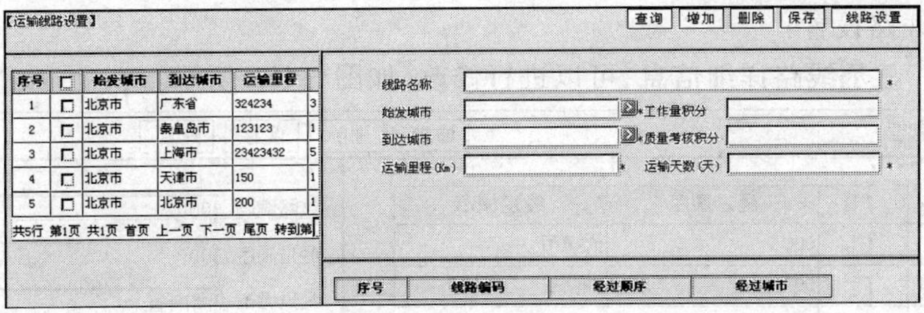

图 3-101　查询结果

（6）增加线路设置：

① 单击"线路设置"按钮，显示如图 3-102 所示界面。

图 3-102　线路设置

② 单击"增加"按钮，录入数据，如图 3-103 所示。

图 3-103　增加线路设置

（7）保存线路设置：

单击"保存"按钮，将数据保存在线路设置列表中，如图 3-104 所示。

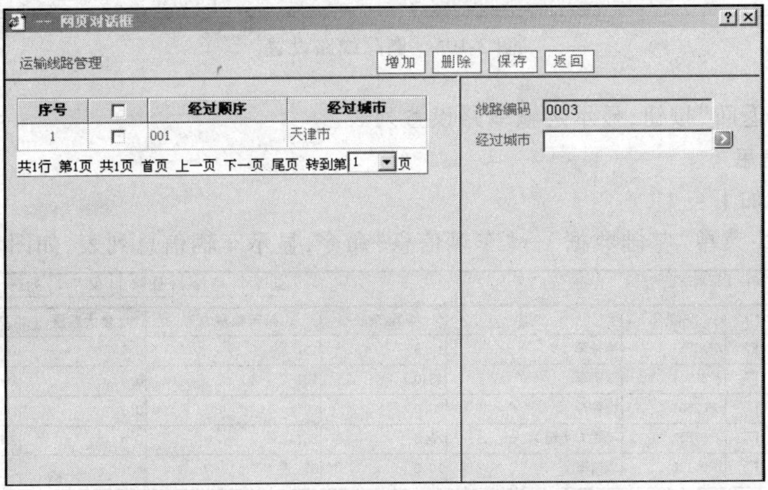

图 3-104　保存线路设置

（8）修改线路设置：

双击线路，显示线路详细信息，可以进行修改，如图3-105所示。

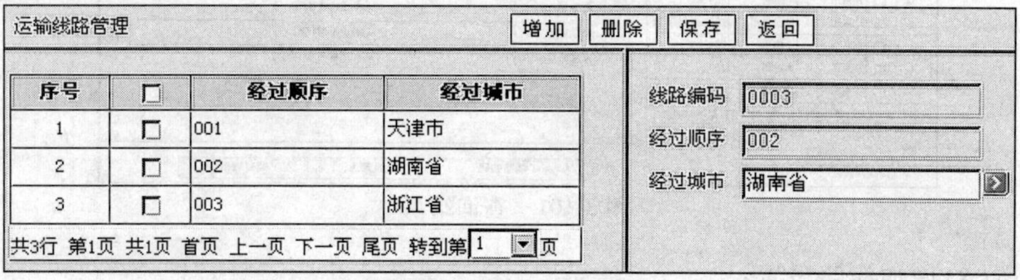

序号	☐	经过顺序	经过城市
1	☐	001	天津市
2	☐	002	湖南省
3	☐	003	浙江省

运输线路管理　　增加　删除　保存　返回

线路编码 0003
经过顺序 002
经过城市 湖南省

共3行 第1页 共1页 首页 上一页 下一页 尾页 转到第 1 页

图 3-105　修改线路设置

（9）删除线路设置：

① 选中线路前的复选框，单击"删除"按钮，弹出信息提示对话框，如图 3-106 所示。单击"确定"按钮将删除选中的线路信息。

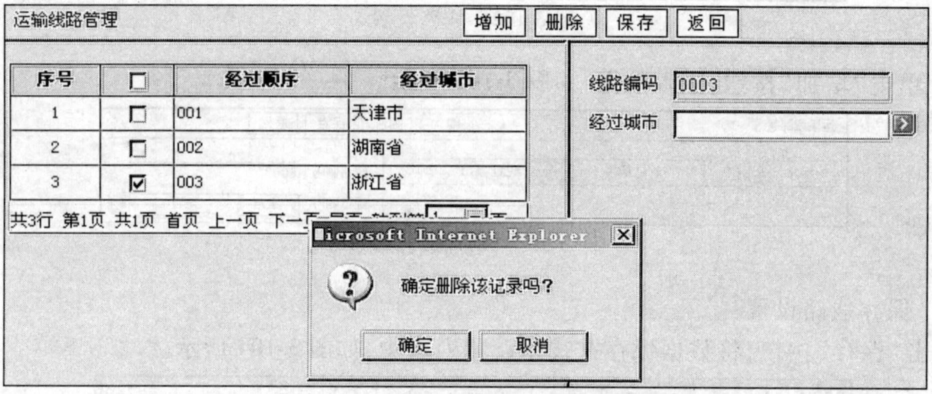

运输线路管理　　增加　删除　保存　返回

序号	☐	经过顺序	经过城市
1	☐	001	天津市
2	☐	002	湖南省
3	☑	003	浙江省

线路编码 0003
经过城市

Microsoft Internet Explorer

? 确定删除该记录吗？

确定　　取消

图 3-106　删除线路设置

② 单击"返回"按钮，显示运输线路设置列表。

5. 车辆信息

操作步骤如下：

（1）选择主菜单"基础数据"→"车辆信息"命令，显示车辆信息列表，如图3-107所示。

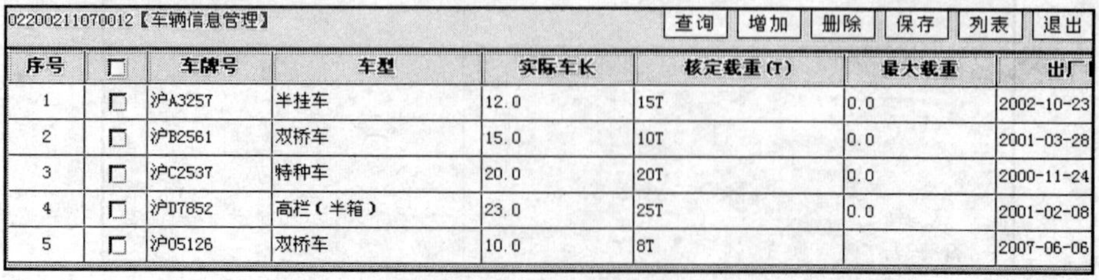

02200211070012【车辆信息管理】　　查询　增加　删除　保存　列表　退出

序号	☐	车牌号	车型	实际车长	核定载重（T）	最大载重	出厂
1	☐	沪A3257	半挂车	12.0	15T	0.0	2002-10-23
2	☐	沪B2561	双桥车	15.0	10T	0.0	2001-03-28
3	☐	沪C2537	特种车	20.0	20T	0.0	2000-11-24
4	☐	沪D7852	高栏（半箱）	23.0	25T	0.0	2001-02-08
5	☐	沪05126	双桥车	10.0	8T		2007-06-06

图 3-107　车辆信息

（2）单击"增加"按钮，可以增加车辆，在相应的文本框内录入数据，单击"保存"按钮，将录入数据保存在车辆信息列表中，如图 3-108 所示。

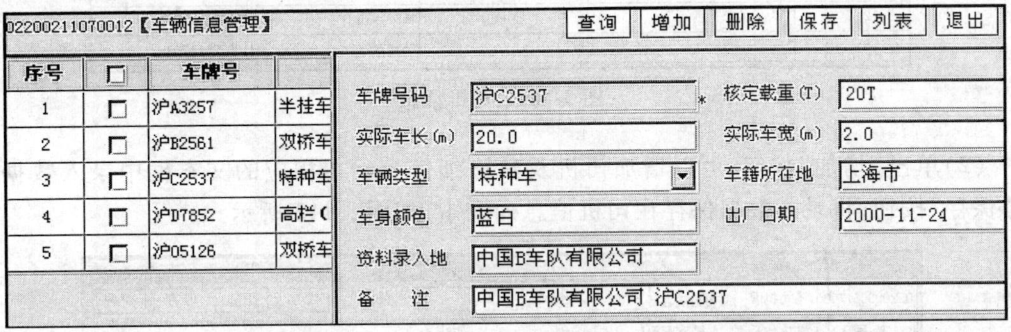

| 0220021107001Z【车辆信息管理】 | | | 查询 | 增加 | 删除 | 保存 | 列表 | 退出 |

序号	□	车牌号	
1	□	沪A3257	半挂车
2	□	沪B2561	双桥车
3	□	沪C2537	特种车
4	□	沪D7852	高栏
5	□	沪05126	双桥车

车牌号码　沪C2537　　　*　核定载重(T)　20T
实际车长(m)　20.0　　　实际车宽(m)　2.0
车辆类型　特种车　　　车籍所在地　上海市
车身颜色　蓝白　　　出厂日期　2000-11-24
资料录入地　中国B车队有限公司
备　注　中国B车队有限公司 沪C2537

图 3-108　增加车辆

（3）双击车辆，在右侧页面显示该车辆的详细信息，可以对其进行修改，保存。

（4）单击"查询"按钮，弹出如图 3-109 所示的对话框，输入查询条件，单击"确定"按钮，显示查询结果，如图 3-110 所示。

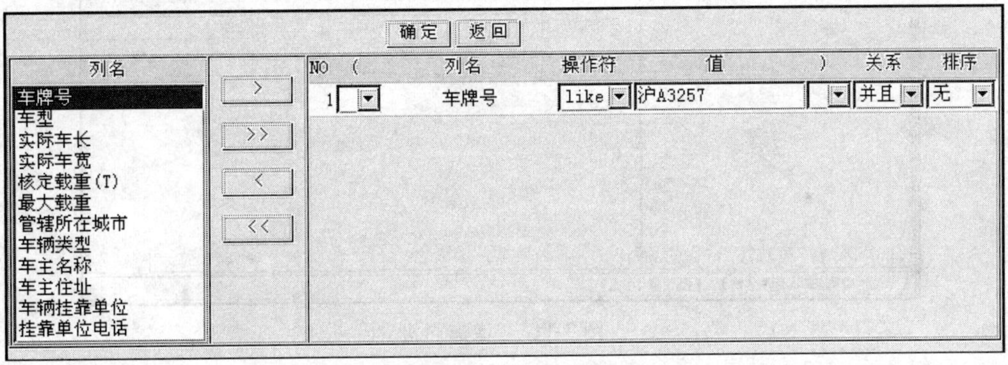

确定　返回

| 列名 | | NO | (| 列名 | 操作符 | 值 |) | 关系 | 排序 |

车牌号
车型
实际车长
实际车宽
核定载重(T)
最大载重
管辖所在城市
车辆类型
车主名称
车主住址
车辆挂靠单位
挂靠单位电话

1 　车牌号　like 沪A3257　　并且　无

图 3-109　查询对话框

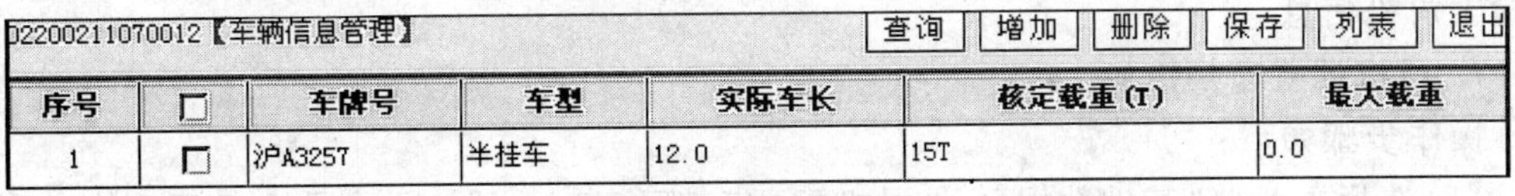

| 0220021107001Z【车辆信息管理】 | | | | 查询 | 增加 | 删除 | 保存 | 列表 | 退出 |

序号	□	车牌号	车型	实际车长	核定载重(T)	最大载重
1	□	沪A3257	半挂车	12.0	15T	0.0

图 3-110　查询结果

（5）单击"退出"按钮，返回到初始界面。

6. 司机信息

操作步骤如下：

（1）选择主菜单"基础数据"→"司机信息"命令，将显示司机信息列表，如图 3-111 所示。

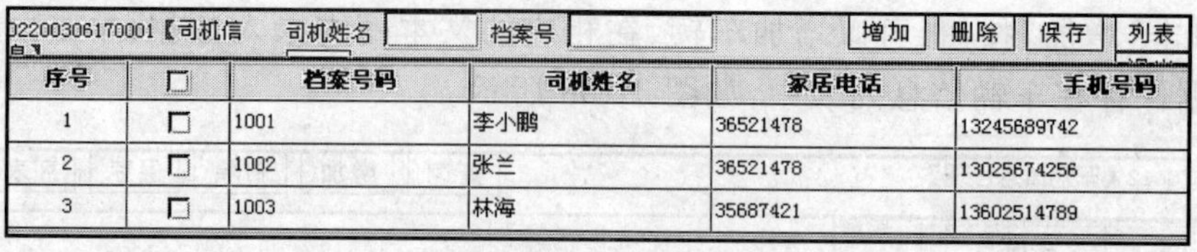

序号	□	档案号码	司机姓名	家居电话	手机号码
1	□	1001	李小鹏	36521478	13245689742
2	□	1002	张兰	36521478	13025674256
3	□	1003	林海	35687421	13602514789

图 3-111　司机信息

(2)单击“增加”按钮,可以增加司机及其详细信息。在相应的文本框中录入数据,单击“保存”按钮,将录入数据保存在司机信息列表中,如图 3-112 所示。

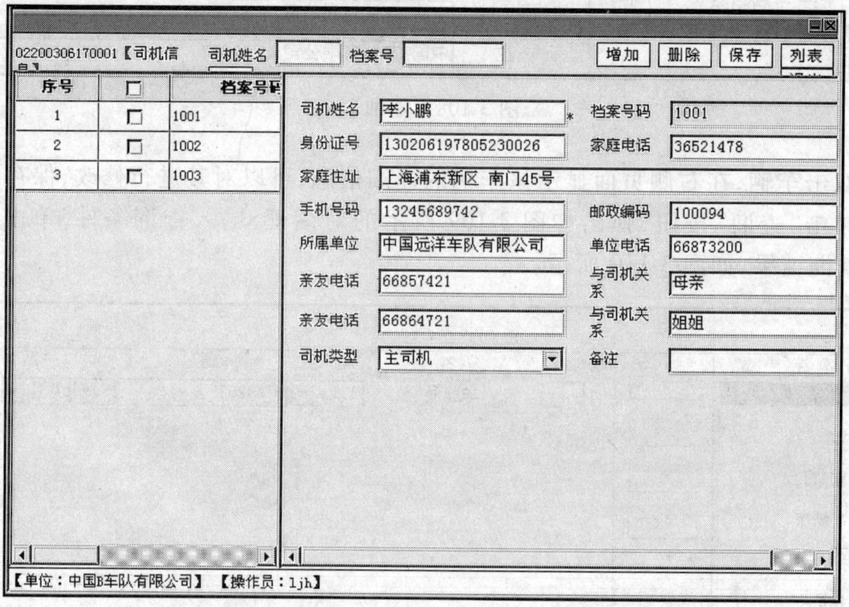

图 3-112　增加司机

(3)分别在司机姓名和档案号文本框中输入司机姓名和档案号,单击“检索”按钮,可以检索司机信息。

7. 司机配置车辆信息

操作步骤如下:

(1)选择主菜单“基础数据”→“司机配置车辆信息”命令,显示司机车辆的信息列表,如图 3-113 所示。

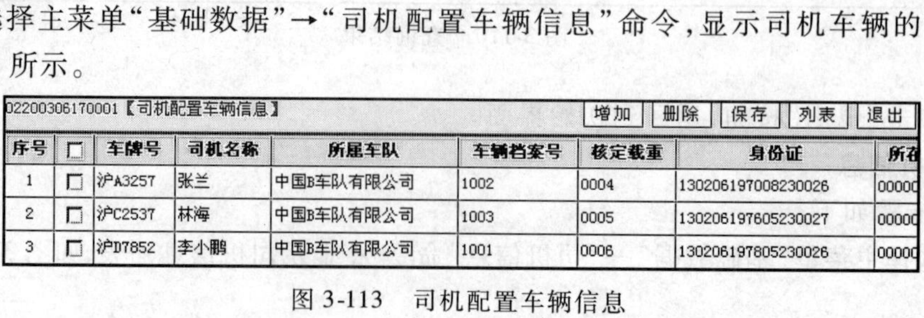

序号	□	车牌号	司机名称	所属车队	车辆档案号	核定载重	身份证	所在
1	□	沪A3257	张兰	中国B车队有限公司	1002	0004	130206197008230026	0000
2	□	沪C2537	林海	中国B车队有限公司	1003	0005	130206197605230027	0000
3	□	沪D7852	李小鹏	中国B车队有限公司	1001	0006	130206197805230026	0000

图 3-113　司机配置车辆信息

（2）单击"增加"按钮，可以根据车辆和司机信息，为其配置。

（3）先选择车辆信息列表，选择车辆，如图 3-114 所示。

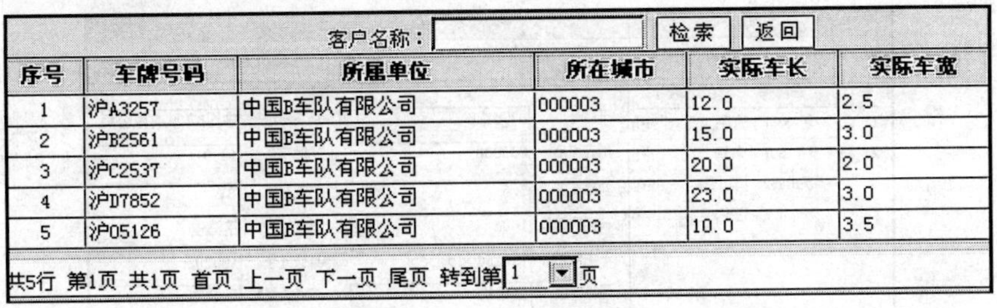

序号	车牌号码	所属单位	所在城市	实际车长	实际车宽
1	沪A3257	中国B车队有限公司	000003	12.0	2.5
2	沪B2561	中国B车队有限公司	000003	15.0	3.0
3	沪C2537	中国B车队有限公司	000003	20.0	2.0
4	沪D7852	中国B车队有限公司	000003	23.0	3.0
5	沪05126	中国B车队有限公司	000003	10.0	3.5

客户名称：　　　　检索　返回

共5行　第1页　共1页　首页　上一页　下一页　尾页　转到第 1 页

图 3-114　车辆信息列表

（4）再选择司机信息，如图 3-115 所示。

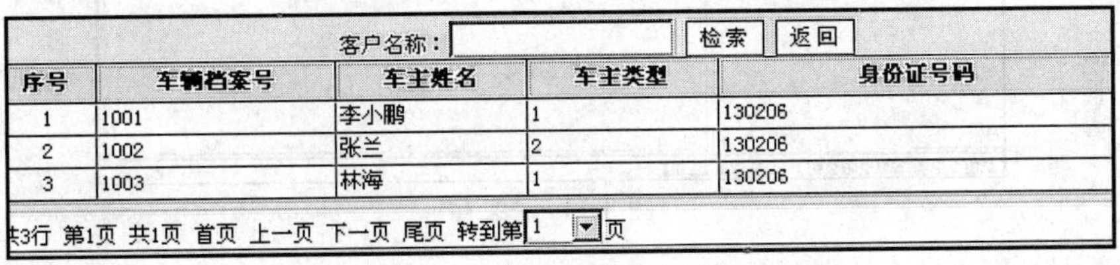

序号	车辆档案号	车主姓名	车主类型	身份证号码
1	1001	李小鹏	1	130206
2	1002	张兰	2	130206
3	1003	林海	1	130206

客户名称：　　　　检索　返回

共3行　第1页　共1页　首页　上一页　下一页　尾页　转到第 1 页

图 3-115　选择司机信息

（5）选择完毕，录入数据，如图 3-116 所示。

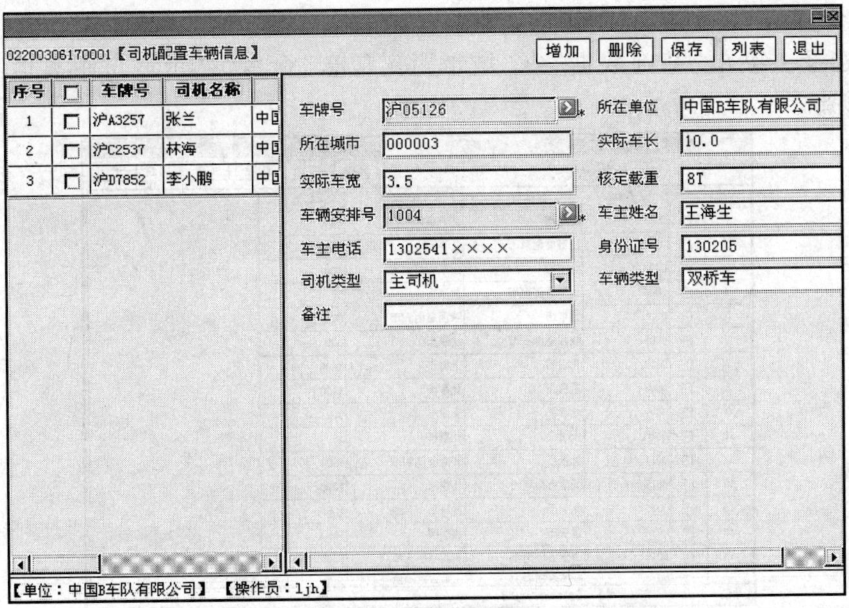

02200306170001【司机配置车辆信息】　　增加　删除　保存　列表　退出

序号	□	车牌号	司机名称	
1	□	沪A3257	张兰	中国
2	□	沪C2537	林海	中国
3	□	沪D7852	李小鹏	中国

车牌号　沪05126　　　所在单位　中国B车队有限公司
所在城市　000003　　　实际车长　10.0
实际车宽　3.5　　　核定载重　8T
车辆安排号　1004　　　车主姓名　王海生
车主电话　1302541××××　身份证号　130205
司机类型　主司机　　　车辆类型　双桥车
备注

【单位：中国B车队有限公司】　【操作员：1jh】

图 3-116　录入数据

(6)单击"保存"按钮后,将会把刚才录入的信息保存在司机车辆配置信息列表中,如图 3-117 所示。

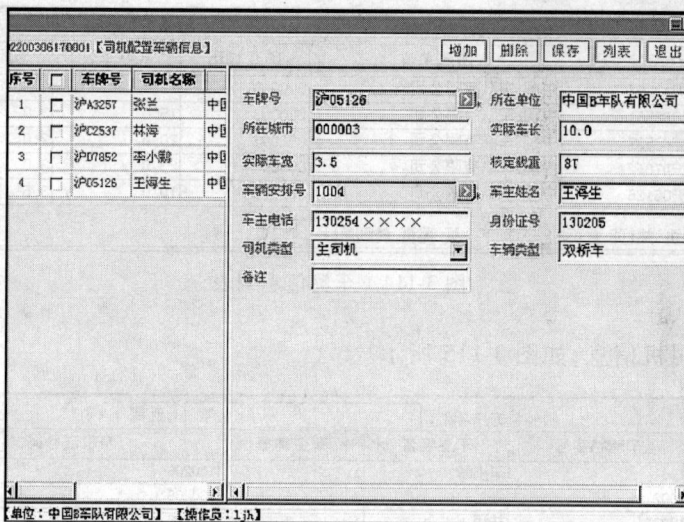

图 3-117　保存

(7)选中车辆司机信息的复选框,单击"删除"按钮,可以将选中的数据删除。

(8)单击"退出"按钮,返回到初始界面。

8. 城市距离信息

操作步骤如下:

(1)选择主菜单"基础数据"→"城市距离信息"命令,显示城市距离信息列表,如图 3-118所示。

图 3-118　城市距离信息

（2）单击"增加"按钮，可以增加城市距离信息，录入相应数据，单击"保存"按钮，将录入的数据保存在城市信息列表中，如图 3-119 所示。

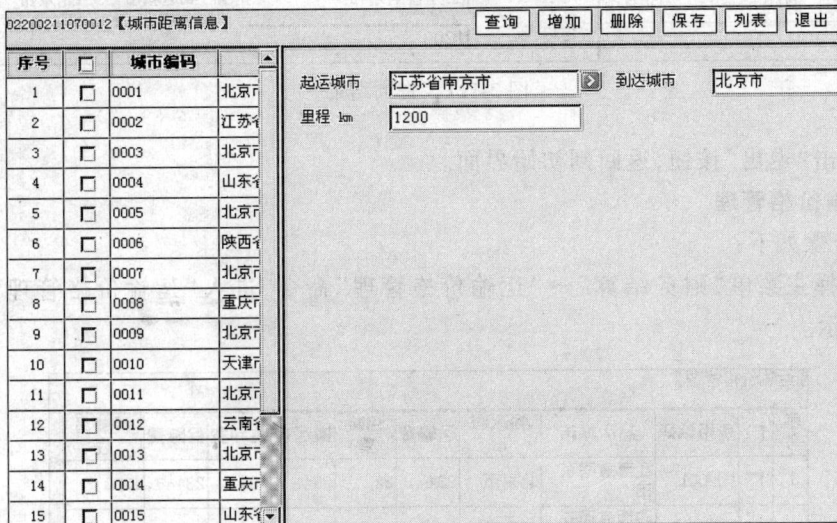

图 3-119　增加信息

（3）双击城市列表信息，可以对城市和里程进行修改。

（4）选中城市距离信息列表前的复选框，单击"删除"按钮，将删除城市距离信息。单击"查询"按钮，将弹出"查询条件—网页对话框"对话框，如图 3-120 所示。输入查询条件，单击"确定"按钮，将显示查询结果，如图 3-121 所示。

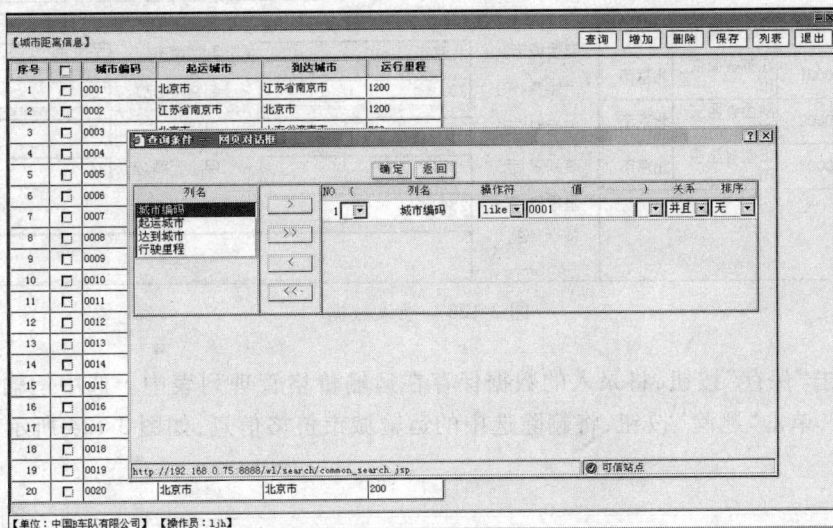

图 3-120　"查询条件—网页对话框"对话框

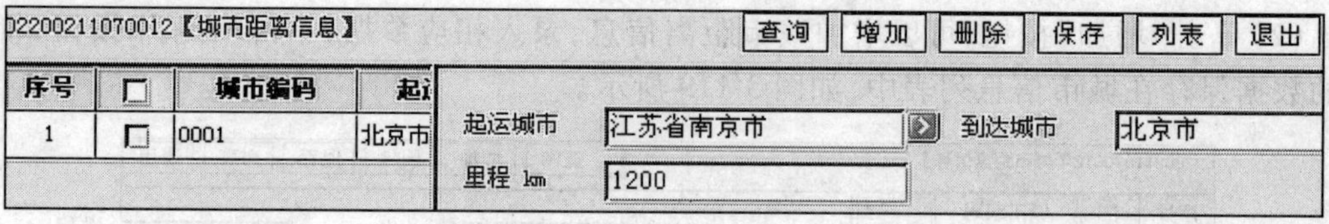

序号	□	城市编码	起				

0200211070012【城市距离信息】　　查询　增加　删除　保存　列表　退出

序号	□	城市编码	起
1	□	0001	北京市

起运城市 江苏省南京市 ▶ 到达城市 北京市
里程 km 1200

图 3-121　查询结果

（5）单击"退出"按钮，返回到初始界面。

9. 运输价格管理

操作步骤如下：

（1）选择主菜单"财务结算"→"运输价格管理"命令，进入"运输价格管理"界面，如图 3-122 所示。

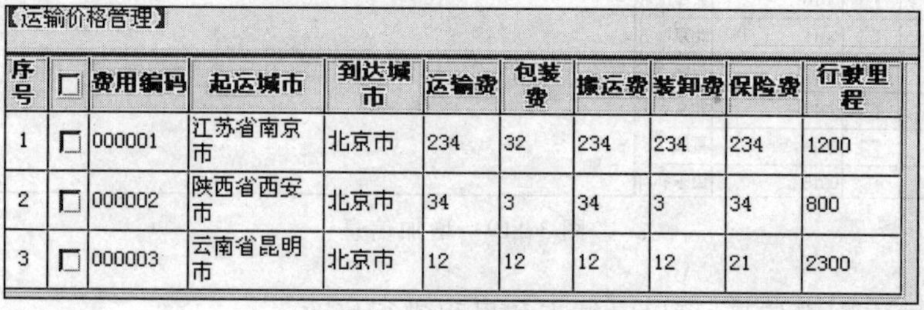

【运输价格管理】

序号	□	费用编码	起运城市	到达城市	运输费	包装费	搬运费	装卸费	保险费	行驶里程
1	□	000001	江苏省南京市	北京市	234	32	234	234	234	1200
2	□	000002	陕西省西安市	北京市	34	3	34	3	34	800
3	□	000003	云南省昆明市	北京市	12	12	12	12	21	2300

图 3-122　"运输价格管理"界面

（2）单击"增加"按钮，录入相关数据，如图 3-123 所示。

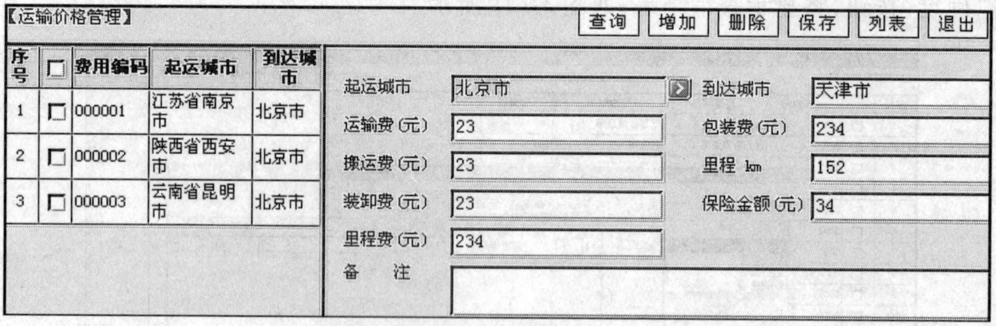

【运输价格管理】　　查询　增加　删除　保存　列表　退出

序号	□	费用编码	起运城市	到达城市
1	□	000001	江苏省南京市	北京市
2	□	000002	陕西省西安市	北京市
3	□	000003	云南省昆明市	北京市

起运城市 北京市 ▶ 到达城市 天津市
运输费（元）23　　包装费（元）234
搬运费（元）23　　里程 km 152
装卸费（元）23　　保险金额（元）34
里程费（元）234
备　注

图 3-123　录入数据

（3）单击"保存"按钮，将录入的数据保存在运输价格管理列表中。选中运输价格列表前的复选框，单击"删除"按钮，将删除选中的运输城市价格信息，如图 3-124 所示。

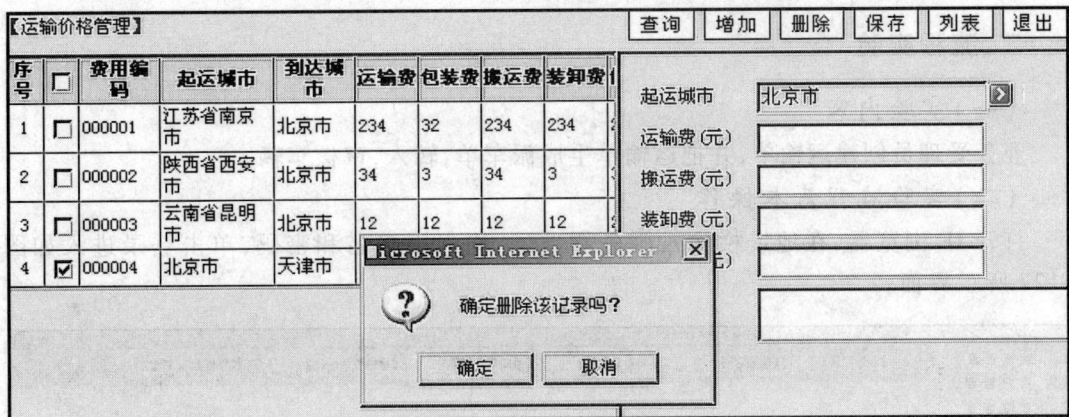

图 3-124 删除记录

（4）单击"查询"按钮，弹出"查询条件—网页对话框"对话框，如图 3-125 所示。输入查询条件，单击"确定"按钮，显示查询结果，如图 3-126 所示。

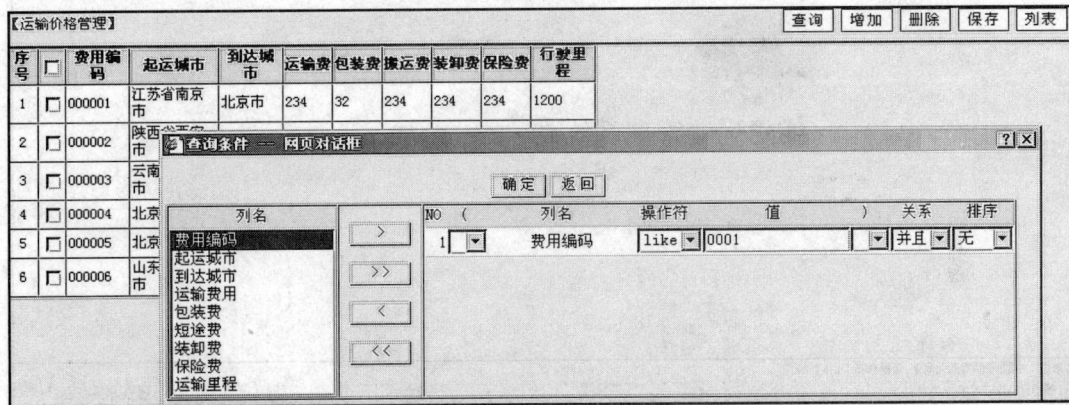

图 3-125 "查询条件—网页对话框"对话框

图 3-126 查询结果

169

（5）单击"退出"按钮,返回到初始界面。

二、流程实验

（一）实验内容

业务受理员创建运输单,并把运输单生成派车单,转入,审核车辆。

（二）实验流程基本操作

打开 IE 浏览器,在地址栏输入服务器地址,输入用户名和密码,单击登录进入如图 3-127 所示界面。

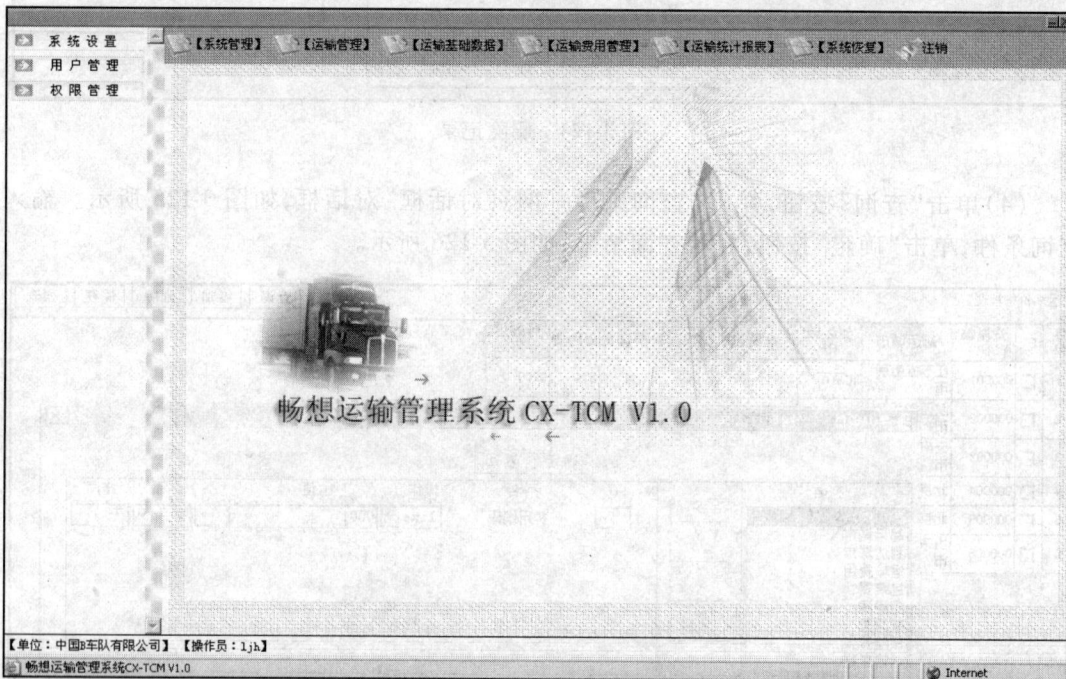

图 3-127　登录界面

1. 创建运输单

操作步骤如下:

（1）选择主菜单"发运订单"→"运输单填写"命令,显示如图 3-128 所示界面。

| 【运输单填写】 | | | | | 查询 | 增加 | 删除 | 保存 | 列表 | 退出 |

序号	☐	运输单	企业编码	物流中心	收获人	入库仓库	出库仓库
1	☐	YS0301T010707050002	000018	北京A物流中心	樊先生	A1仓库	A2仓库

图 3-128　创建运输单

（2）单击"增加"按钮,填写正确的单据信息,单击"保存"按钮,录入数据保存在运输单列表中。此时应增加产品信息,在产品相应的文本框中录入数据,如图3-129所示。

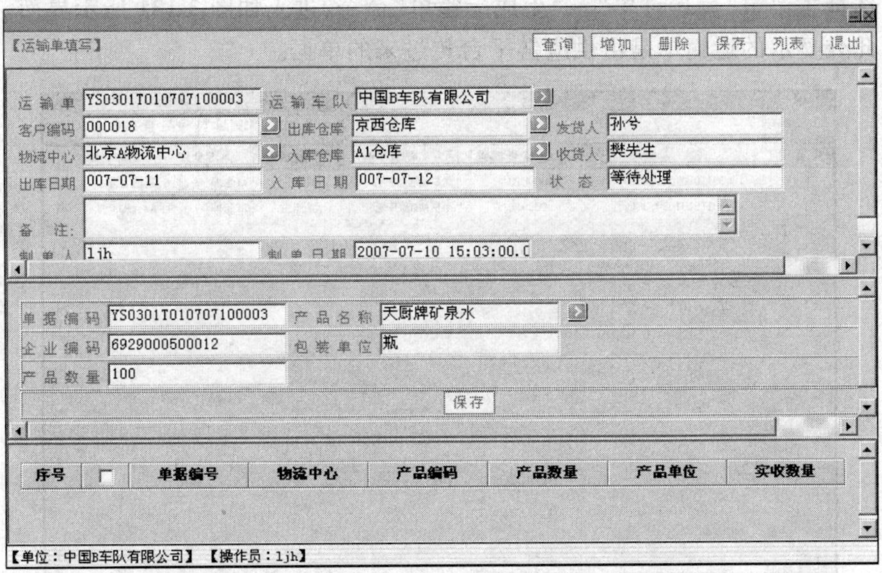

图3-129　录入数据

（3）单击中间的"保存"按钮,将产品保存在产品列表中,如图3-130所示。

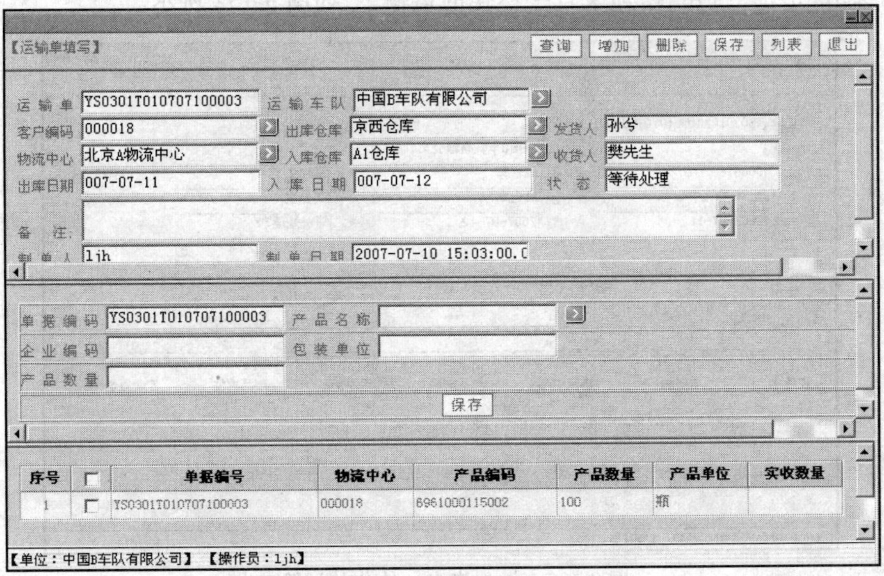

图3-130　产品保存按钮

2. 生成运输单

如果要接收一体化发送的运输单据,则应在此处完成。操作步骤如下:

(1)选择主菜单"发运订单"→"生成运输单"命令,进入如图 3-131 所示界面。

(2)此处显示的运输单是由供应链平台传过来的单据。

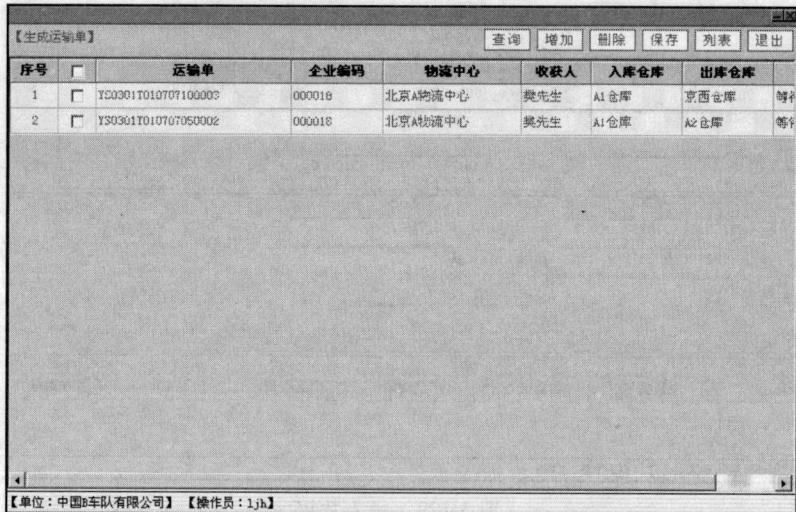

图 3-131　生成运输单

(3)单击"增加"按钮,增加来自一体化的运输单,如图 3-132 所示。

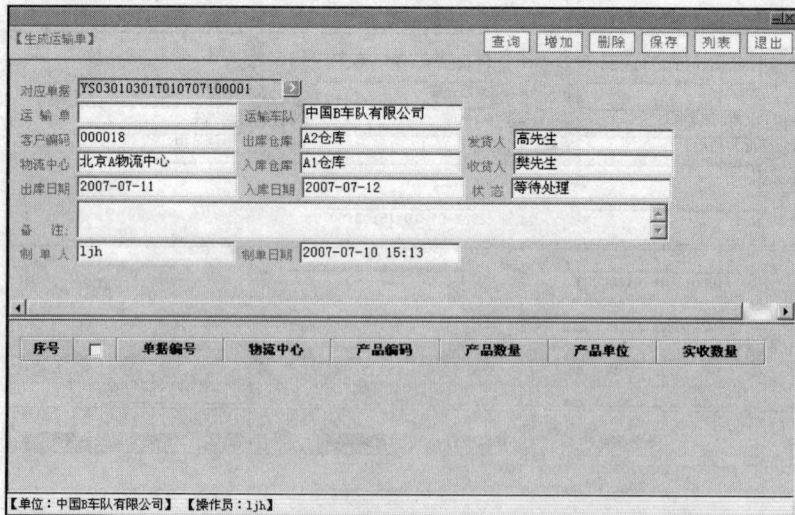

图 3-132　增加来自一体化的运输单

（4）单击“保存”按钮，将运输单保存在运输单列表中。双击运输单列表，显示该运输单的详细信息及其产品列表，如图 3-133 所示。

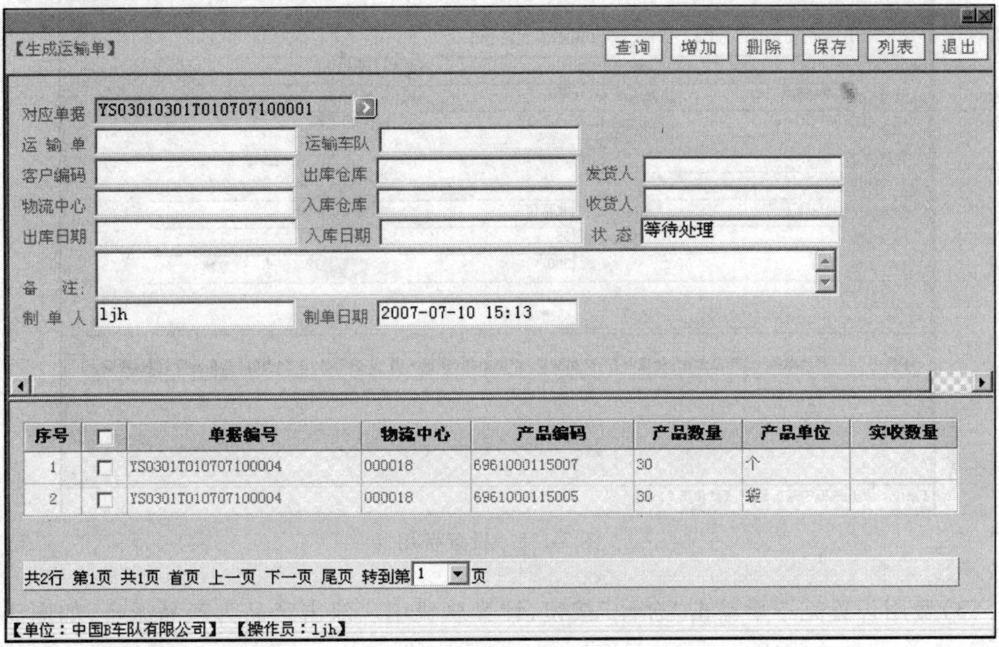

图 3-133 显示列表

3. 生成派车单

运输单创建完成之后，应进行派车处理。操作步骤如下：

（1）选择主菜单“发运订单”→“生成派车单”，此处列出还未进行派车处理的运输单，如图 3-134 所示。

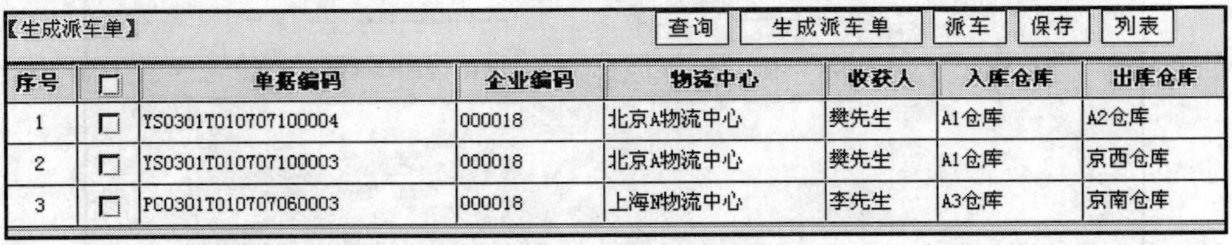

序号	☐	单据编码	企业编码	物流中心	收获人	入库仓库	出库仓库
1	☐	YS0301T010707100004	000018	北京A物流中心	樊先生	A1仓库	A2仓库
2	☐	YS0301T010707100003	000018	北京A物流中心	樊先生	A1仓库	京西仓库
3	☐	PC0301T010707060003	000018	上海N物流中心	李先生	A3仓库	京南仓库

图 3-134 还未派车的运输单

（2）双击要派车的运输单，显示其详细信息和产品列表，可以对其进行修改，在费用信息选项区域文本框中根据路途设置费用，如图 3-135 所示。

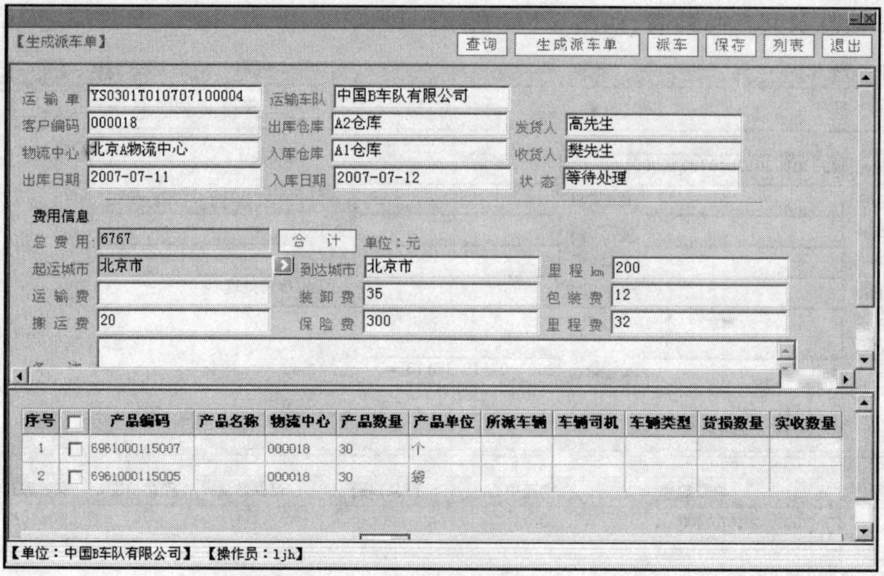

图 3-135　设置费用

（3）费用设置完毕后单击"合计"按钮，计算总费用。双击产品为产品派车，如图 3-136 所示。

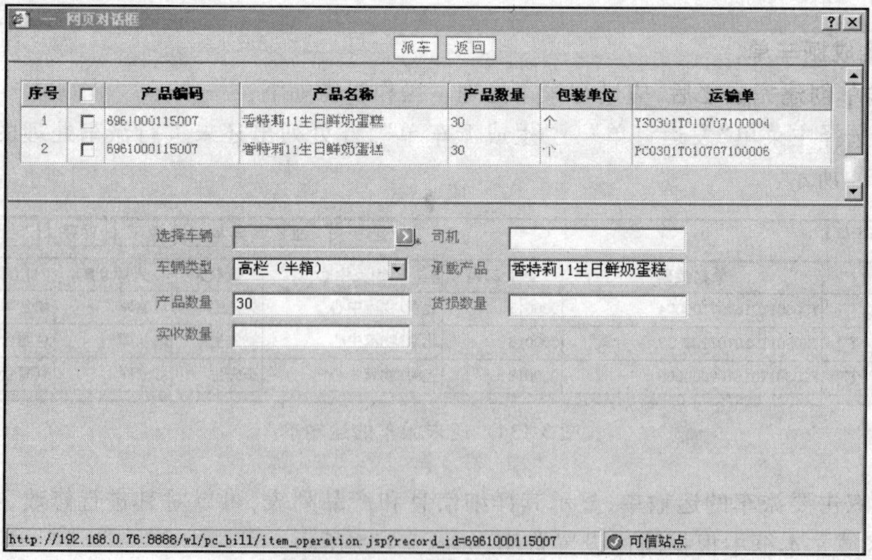

图 3-136　为产品派车

（4）在"选择车辆"下拉列表框内选择一辆车并填写实收数量，如图3-137所示。单击"派车"按钮，在内部通过审核，弹出信息提示对话框，如图3-138所示。单击"确定"按钮弹出派车成功提示，如图3-139所示。

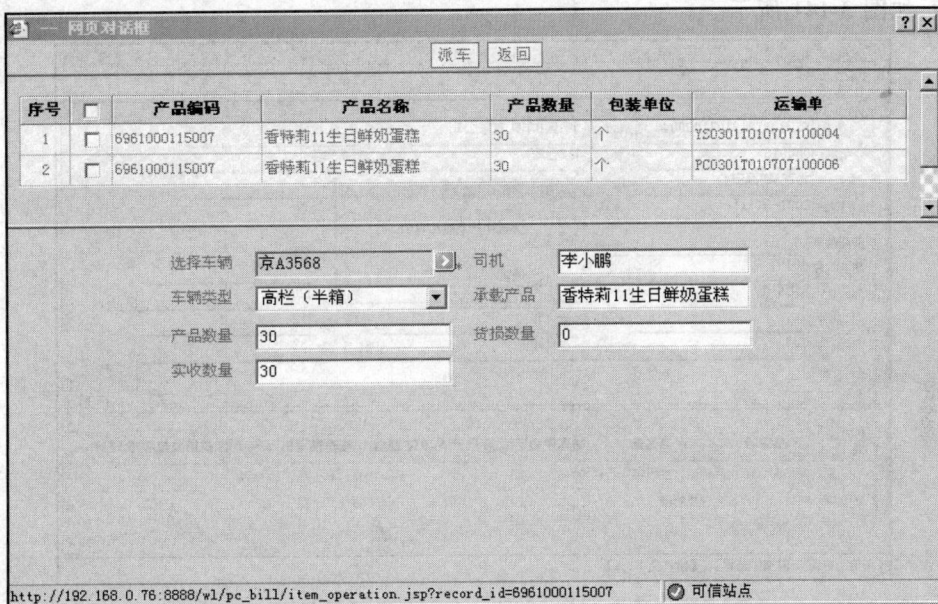

图 3-137 选择车辆填写实收数量

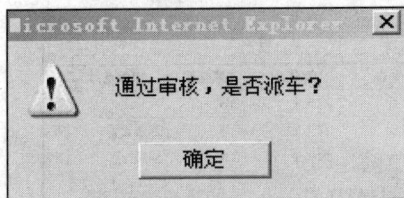

图 3-138 提示信息

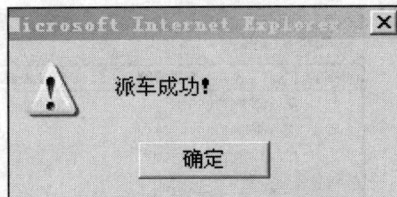

图 3-139 派车成功提示

（5）单击"返回"按钮，返回产品列表，如图3-140所示。

图 3-140 返回

（6）单击列表,把运输单转换成派车单,选中运输单前的复选框,单击"生成派车单"按钮,将派车单生成,状态改变。

（7）为另一个产品进行派车,步骤一样。单击复选框,单击"派车"按钮,弹出信息提示对话框,如图 3-141 所示。

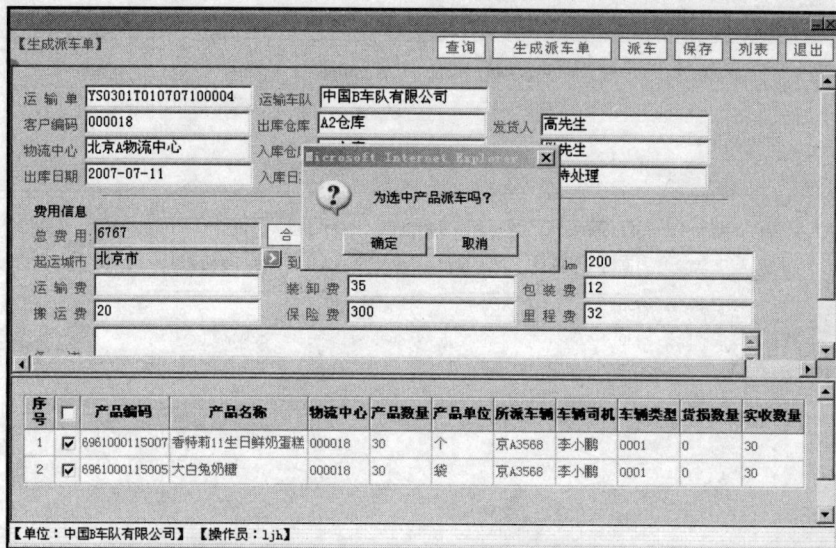

图 3-141　为另一个产品进行派车

（8）单击"确定"按钮,派车完成。单击"列表"按钮,显示派车完成的运输单,单击"生成派车单"按钮,运输单转换成派车单,如图 3-142 所示。

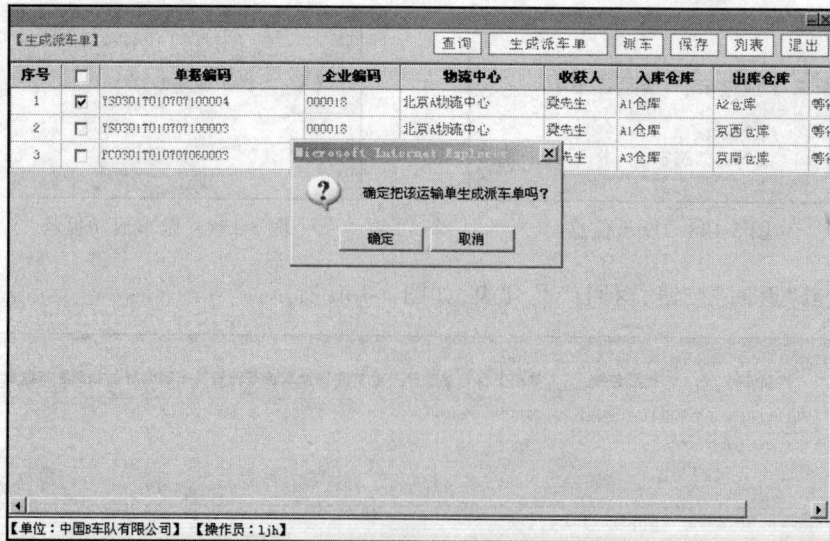

图 3-142　生成派车单

4. 派车单发送

选择主菜单"发运订单"→"派车单发送"命令,选中该派车单,单击"发送"按钮,将该派车单按指定要求发送给仓储企业,如图 3-143 所示。

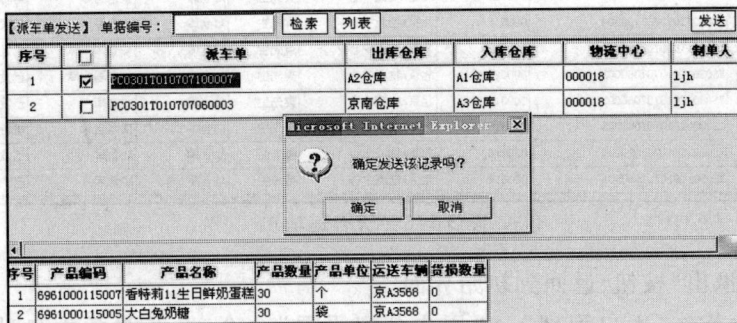

图 3-143　派车单发送

5. 回单发送

运输车队接到一体化发来的运输单后进行派车,在派车处理完成后需要发送回单给一体化以通知一体化派车处理完成。操作步骤如下:

(1)选择主菜单"发运订单"→"回单发送"命令,如图 3-144 所示。

图 3-144　回单发送

(2)选中确认后的派车单,单击"返回回单"按钮,将给"一体化管理系统"一个回单确认,如图 3-145 所示。

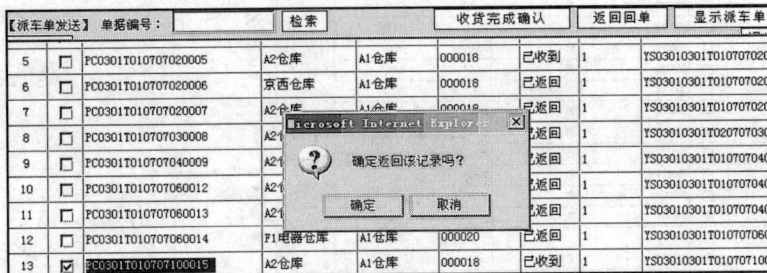

图 3-145　回单返回确认

177

(3)单击“运输单”按钮，将显示所有运输单，可以进行检索，如图 3-146 所示。

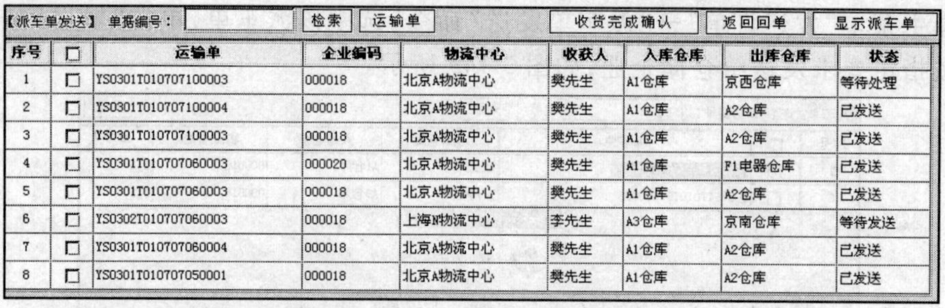

【派车单发送】 单据编号： 检索 运输单 收货完成确认 返回回单 显示派车单

序号	□	运输单	企业编码	物流中心	收获人	入库仓库	出库仓库	状态
1	□	YS0301T010707100003	000018	北京A物流中心	樊先生	A1仓库	京西仓库	等待处理
2	□	YS0301T010707100004	000018	北京A物流中心	樊先生	A1仓库	A2仓库	已发送
3	□	YS0301T010707100003	000018	北京A物流中心	樊先生	A1仓库	A2仓库	已发送
4	□	YS0301T010707060003	000020	北京A物流中心	樊先生	A1仓库	F1电器仓库	已发送
5	□	YS0301T010707060003	000018	北京A物流中心	樊先生	A1仓库	A2仓库	已发送
6	□	YS0302T010707060003	000018	上海N物流中心	李先生	A3仓库	京南仓库	等待发送
7	□	YS0301T010707060004	000018	北京A物流中心	樊先生	A1仓库	A2仓库	已发送
8	□	YS0301T010707050001	000018	北京A物流中心	樊先生	A1仓库	A2仓库	已发送

图 3-146　所有运输单

(4)单击“退出”按钮，返回到初始界面。

(5)选择主菜单“用户管理”→“用户分组设置”命令，系统为学生自动进行分组，如图 3-147所示。

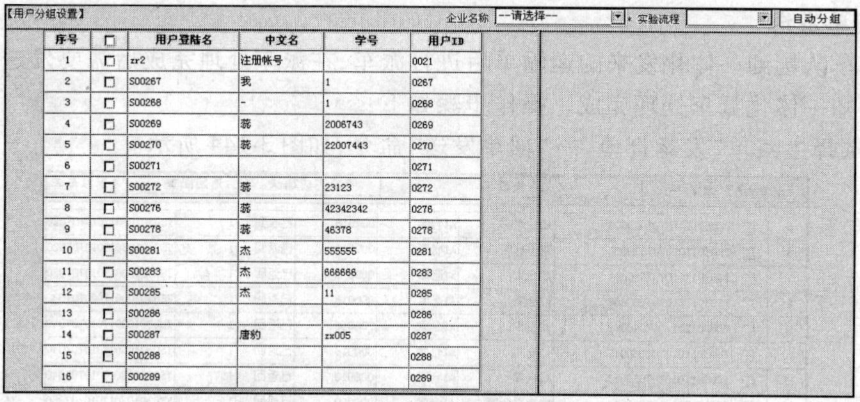

【用户分组设置】 企业名称 --请选择-- 实验流程 自动分组

序号	□	用户登陆名	中文名	学号	用户ID
1	□	zr2	注册帐号		0021
2	□	S00267	我	1	0267
3	□	S00268	-	1	0268
4	□	S00269	蒜	2006743	0269
5	□	S00270	蒜	22007443	0270
6	□	S00271			0271
7	□	S00272	蒜	23123	0272
8	□	S00276	蒜	42342342	0276
9	□	S00278	蒜	46378	0278
10	□	S00281	杰	555555	0281
11	□	S00283	杰	666666	0283
12	□	S00285	杰	11	0285
13	□	S00286			0286
14	□	S00287	唐豹	zx005	0287
15	□	S00288			0288
16	□	S00289			0289

图 3-147　为学生自动进行分组

(6)在“企业名称”下拉列表框中选择企业，在“实验流程”下拉列表框中选择流程，单击“自动分组”按钮，系统将根据选择条件，进行自动分组，如图 3-148 所示。

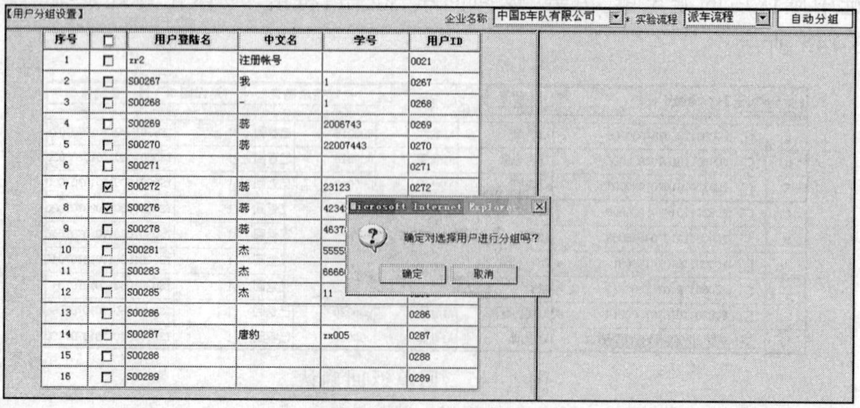

【用户分组设置】 企业名称 中国B车队有限公司 实验流程 派车流程 自动分组

序号	□	用户登陆名	中文名	学号	用户ID
1	□	zr2	注册帐号		0021
2	□	S00267	我	1	0267
3	□	S00268	-	1	0268
4	□	S00269	蒜	2006743	0269
5	□	S00270	蒜	22007443	0270
6	□	S00271			0271
7	☑	S00272	蒜	23123	0272
8	☑	S00276	蒜	4234	
9	□	S00278	蒜	4637	
10	□	S00281	杰	5555	
11	□	S00283	杰	6666	
12	□	S00285	杰	11	
13	□	S00286			0286
14	□	S00287	唐豹	zx005	0287
15	□	S00288			0288
16	□	S00289			0289

图 3-148　自动分组

(7)单击“确定”按钮,自动分组,右面显示分组结果,如图 3-149 所示。

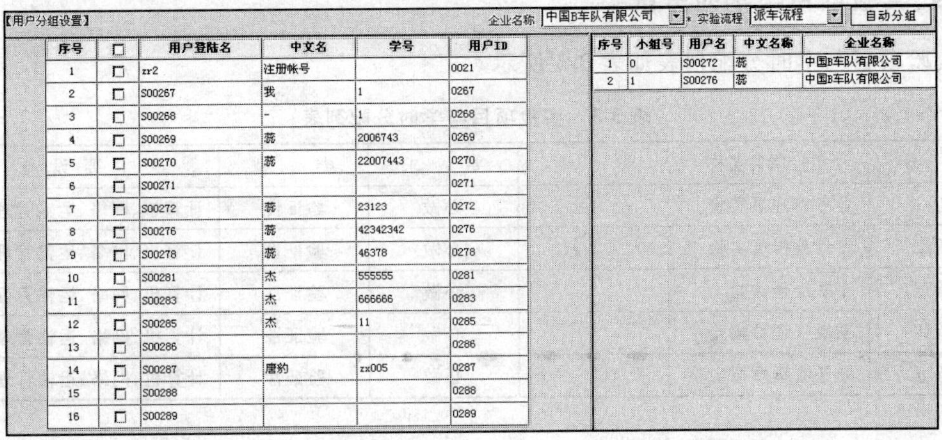

【用户分组设置】　企业名称 中国B车队有限公司 * 实验流程 派车流程 自动分组

序号	□	用户登陆名	中文名	学号	用户ID
1	□	zr2	注册帐号		0021
2	□	S00267	我	1	0267
3	□	S00268	-	1	0268
4	□	S00269	蕊	2006743	0269
5	□	S00270	蕊	22007443	0270
6	□	S00271			0271
7	□	S00272	蕊	23123	0272
8	□	S00276	蕊	42342342	0276
9	□	S00278	蕊	46378	0278
10	□	S00281	杰	555555	0281
11	□	S00283	杰	666666	0283
12	□	S00285	杰	11	0285
13	□	S00286			0286
14	□	S00287	唐豹	zx005	0287
15	□	S00288			0288
16	□	S00289			0289

序号	小组号	用户名	中文名称	企业名称
1	0	S00272	蕊	中国B车队有限公司
2	1	S00276	蕊	中国B车队有限公司

图 3-149　显示分组结果

(8)单击“退出”按钮,返回到初始界面。

第四节　实验报告

一、实验任务和目的

通过该系统使学生了解运输管理与企业物流战略的关系、订单管理、调度管理、外协管理、发运管理、运输相关法律与法规的应用、运输成本核算与控制、运输价格制订。

二、实验基本要求

(1)掌握运输企业岗位所需的业务知识、基本技能,并具有初步的经验。

(2)掌握第三方运输公司对运输环节实施全过程管理。

(3)掌握客户档案、车辆档案、产品档案的管理。

(4)掌握对订单、车辆、运输、货物的管理。

三、实验教学内容

(1)基础资料维护。

(2)运输单处理实验。

(3)合理选择五种运输方式及其组合实验。

(4)维持运输的安全运营实验。

(5)费用管理。

四、实验项目与学时分配

实验项目与学时分配列表如表 3-3 所示。

表 3-3　实验项目与学时分配列表

序　　号	实验项目名称	学　　时	要　　求	类　　型	主　要　设　备
实验一	业务管理员实验	1	必做	验证性	计算机、网络、运输管理系统
实验二	统计分析员实验	2	必做	验证性	计算机、网络、运输管理系统
实验三	车队经理实验	1	必做	验证性	计算机、网络、运输管理系统
实验四	系统管理员实验	1	必做	验证性	计算机、网络、运输管理系统
实验五	业务流程模拟实验	1	必做	验证性	计算机、网络、运输管理系统

本章小结

本章运输理论知识和相关系统操作的学习贯穿课程的始终,通过本系统的运用,学生了解到物流管理的最终目标是降低成本、提高服务水平,这需要物流企业能够及时、准确、全面地掌握运输车辆的信息。掌握运输管理与企业物流战略的关系、订单管理、调度管理、外协管理、发运管理、运输相关法律与法规的应用、运输成本核算与控制、运输价格制订,为将来的实际工作打下一定的基础。

复习思考

1. 对于供应链流程,运输是重要的环节之一,如何满足客户对实时反馈货物运况信息的要求?

2. 面对纷繁复杂的运输任务,如何确定最为经济与便捷的装车方式和配送方式?

3. 如何为庞大的运输队伍平衡分配工作任务?

4. 本系统中五种运输方式都有哪些?

5. 根据实验步骤画出模拟的业务流程图、模拟时的各种单据、做的各种凭证,写出本次实验取得的主要收获和体会。

第四章
配送管理系统

第一节 配送管理系统概述

一、系统介绍

畅想配送管理系统是(CX-DMS)众多资深的行业顾问经过对中国物流实践的丰富积累和对世界领先的物流行业最佳实践的充分理解后,进行设计和开发的。畅想配送管理系统重点在于支持各个子仓库的收货、验货、发货和库存管理等业务操作。其目的是有效地提高仓库的操作效率和库存准确度,也可用于对各个市场进行配送。

畅想配送管理系统还可以通过标准数据接口与畅想物流一体化管理平台相连,进一步扩展自身的功能,包括实现对在途库存的管理、多仓库的集成化管理等。在畅想供应链管理系统当中还应用了多种关键技术,包括:汉信码技术、RFID 技术等。新技术的应用极大地提高了配送中心的操作效率和准确度。

二、功能说明

畅想配送管理系统设计和开发的重点在于提高配送中心从收货、出货到库存管理等各个环节的准确性;提高从内部管理到外部服务的全过程的透明度;最优化配送中心的关键业务流程,使操作效率和配送中心利用率得到大幅度的提高;有效提高其客户的满意度,为客户提供更多的增值服务,帮助企业各部门的物流业务,增强各部门在配送管理过程中的协调能力,从而提高工作效率,节省工作时间。

畅想配送管理系统对货物的入库、出库及订单的调配,体现了配送管理全过程,是一整套体系,是对物流配送理论知识的具体化,可以使学生熟悉物流企业实际运作环境、环节、程序、步骤和管理;同时熟悉物流设备的应用,加深对现代物流手段、物流设备作用的认识。畅想配送管理系统由系统管理、配送基础数据、配送中心、配送费用管理、配送统计报表、系统恢复六个子系统构成。通过设置系统功能权限,使系统最大化地适应当前的实际应用情况,软件结构如图 4-1 所示。

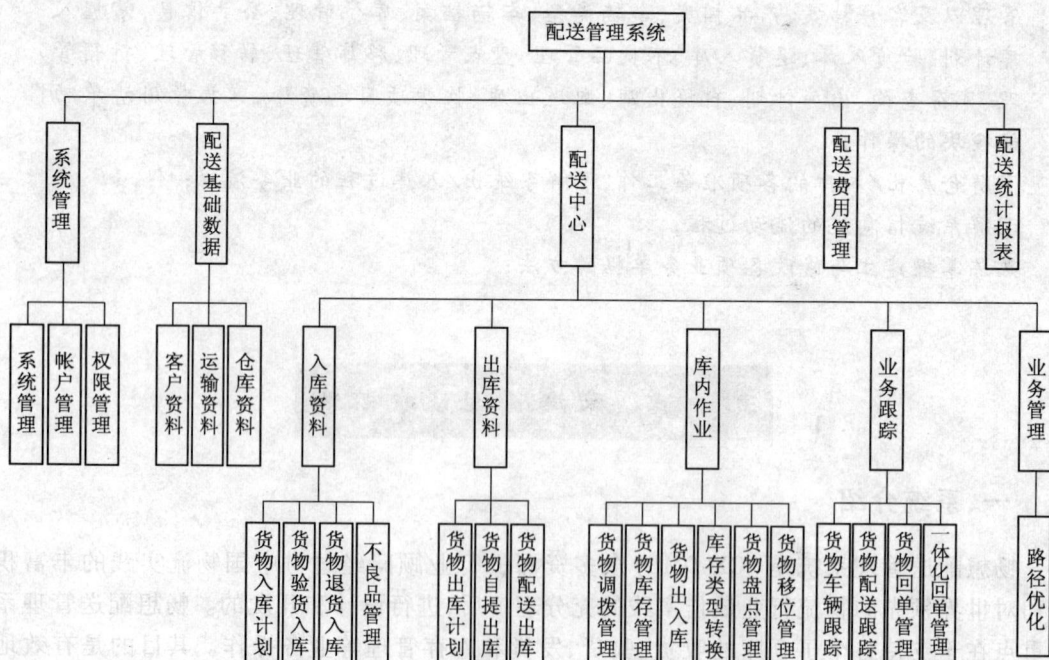

图 4-1　软件结构

第二节 实验安排

一、系统角色概述

畅想配送管理系统真实地再现了物流配送企业的管理模型,并按照功能将人员分为六个岗位:统计分析员、入库管理员、出库管理员、库存管理员、配送中心主管、系统管理员。如表4-1所示。

表4-1 系统角色描述

业 务 角 色	描 述
统计分析员	进行各种类型客户单证的结算管理以及报表分析
入库管理员	组织入库作业,记录入库信息
出库管理员	组织出库作业,记录出库信息
库存管理员	组织库内作业,记录库存交易信息
配送中心主管	创建费用信息,进行费用设置
系统管理员	维护系统,管理用户账户和支持系统运作的基础信息

二、岗位职责详细描述

岗位职责详细描述如表4-2所示。

表4-2 岗位职责描述

部门/机构	岗 位 名 称	岗 位 职 能
业务部	入库管理员	查询预到货通知、生成入库单、入库产品分配库位、入库派工
	出库管理员	查询出库通知、生成拣货单、分配出库任务、生成出库单
	库存管理员	查询库存交易、查询库存余量、创建盘点清单、分配盘点任务、调整库存、转移库存
	统计分析员	查询报表、统计月库存、查询月入库走势、查询月出库走势、查询库存报警、查询统计存储量、设置仓储管理费用、费用结算、结算单完成确认
管理部	配送中心主管	设置费用,结算费用。
系统维护部	系统管理员	维护系统,管理用户账户和支持系统运作的基础信息

三、注册新用户

如果学生还未注册用户,可注册新用户、操作步骤如下:
(1)单击"注册"按钮,弹出提示信息对话框,如图4-2所示。

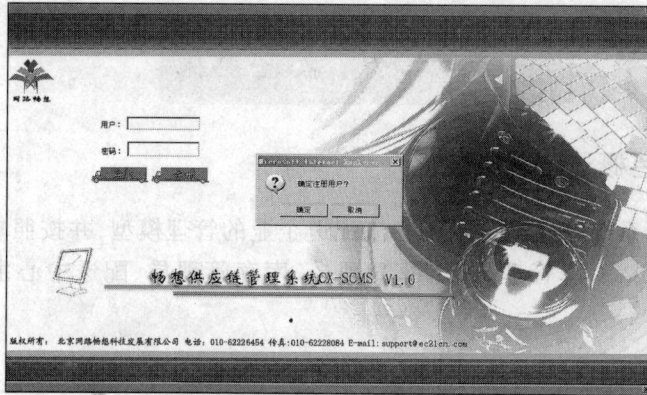

图 4-2 学生注册

（2）单击"确定"按钮，弹出"用户注册—网页对话框"，如图 4-3 所示。

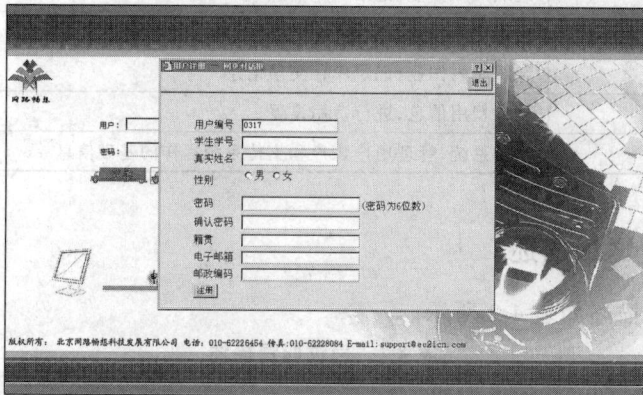

图 4-3 输入注册内容

（3）输入数据后，单击"注册"按钮，如图 4-4 所示。

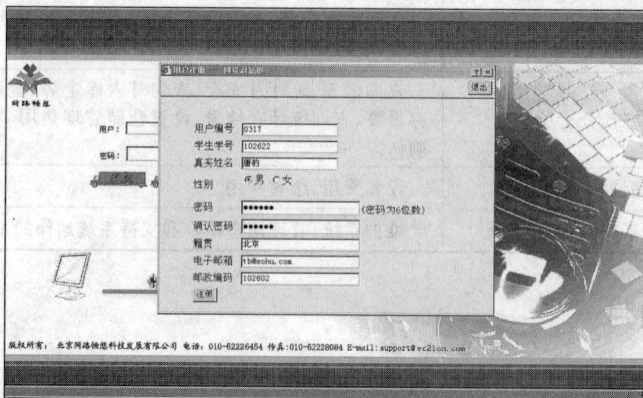

图 4-4 注册填写完成

（4）弹出提示信息对话框，如图4-5所示。

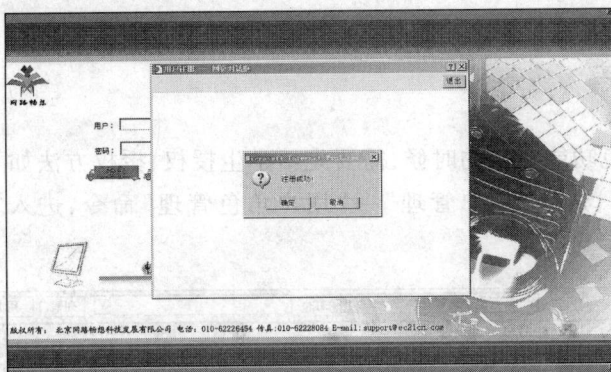

图4-5　提示信息对话框

（5）单击"确定"按钮，如图4-6所示。

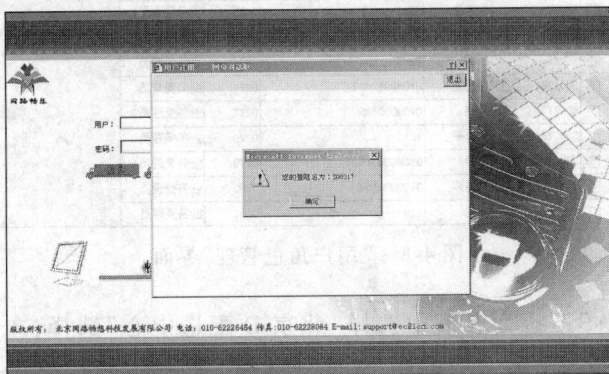

图4-6　注册用户成功

（6）用户注册时如果未注册该用户或登录名、密码为空，系统将会提示检查用户名密码，如图4-7所示。

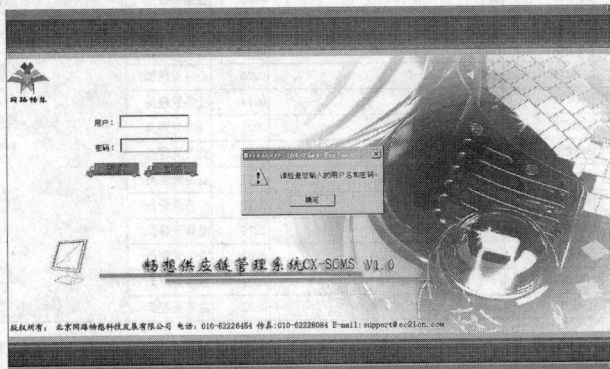

图4-7　登录信息提示

四、教师授权

(一)角色实验

1. 授权

在学生进行角色功能实验的时候,需要先给学生授权,授权方法如下:

(1)进入系统后,选择"用户管理"→"用户角色管理"命令,进入"用户角色管理"界面,如图 4-8 所示。

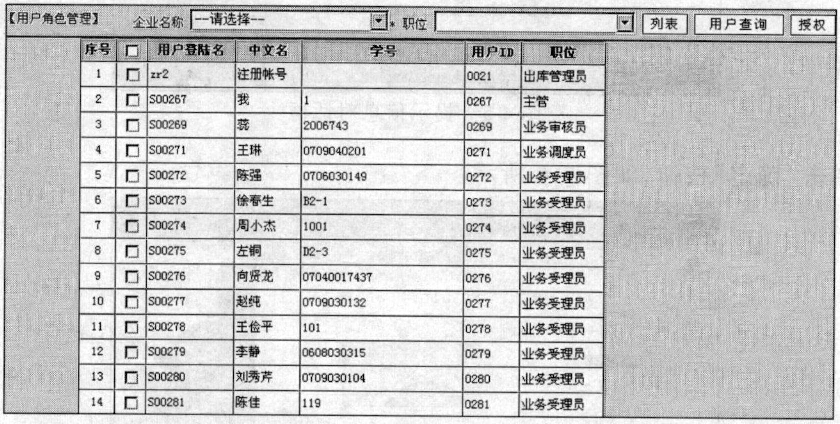

【用户角色管理】 企业名称 --请选择-- * 职位 列表 用户查询 授权

序号	□	用户登陆名	中文名	学号	用户ID	职位
1	□	zr2	注册帐号		0021	出库管理员
2	□	S00267	我	1	0267	主管
3	□	S00269	蕊	2006743	0269	业务审核员
4	□	S00271	王琳	0709040201	0271	业务调度员
5	□	S00272	陈强	0706030149	0272	业务受理员
6	□	S00273	徐春生	B2-1	0273	业务受理员
7	□	S00274	周小杰	1001	0274	业务受理员
8	□	S00275	左铜	D2-3	0275	业务受理员
9	□	S00276	向贤龙	07040017437	0276	业务受理员
10	□	S00277	赵纯	0709030132	0277	业务受理员
11	□	S00278	王俭平	101	0278	业务受理员
12	□	S00279	李静	0608030315	0279	业务受理员
13	□	S00280	刘秀芹	0709030104	0280	业务受理员
14	□	S00281	陈佳	119	0281	业务受理员

图 4-8 "用户角色管理"界面

(2)在"企业名称"下拉列表框中选择"北京 D 配送中心"选择,在"职位"下接列表框会显示职位名称,选择与实验对应的职位,此处选择"统计分析员"选项,如图 4-9 所示。

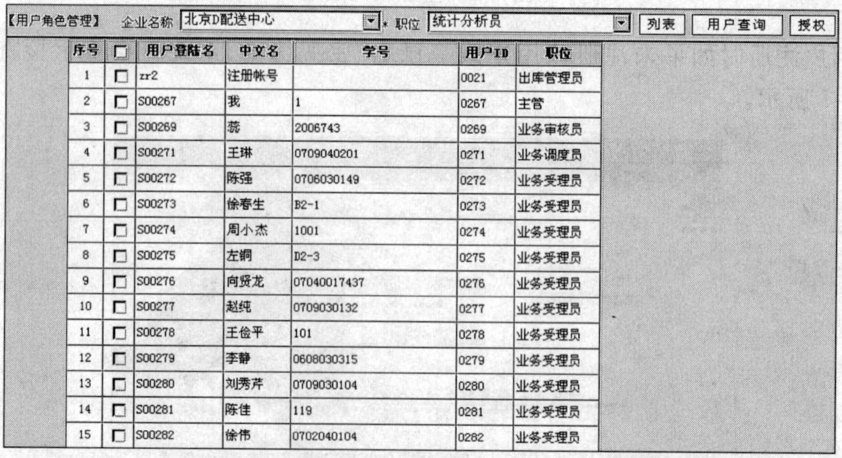

【用户角色管理】 企业名称 北京D配送中心 * 职位 统计分析员 列表 用户查询 授权

序号	□	用户登陆名	中文名	学号	用户ID	职位
1	□	zr2	注册帐号		0021	出库管理员
2	□	S00267	我	1	0267	主管
3	□	S00269	蕊	2006743	0269	业务审核员
4	□	S00271	王琳	0709040201	0271	业务调度员
5	□	S00272	陈强	0706030149	0272	业务受理员
6	□	S00273	徐春生	B2-1	0273	业务受理员
7	□	S00274	周小杰	1001	0274	业务受理员
8	□	S00275	左铜	D2-3	0275	业务受理员
9	□	S00276	向贤龙	07040017437	0276	业务受理员
10	□	S00277	赵纯	0709030132	0277	业务受理员
11	□	S00278	王俭平	101	0278	业务受理员
12	□	S00279	李静	0608030315	0279	业务受理员
13	□	S00280	刘秀芹	0709030104	0280	业务受理员
14	□	S00281	陈佳	119	0281	业务受理员
15	□	S00282	徐伟	0702040104	0282	业务受理员

图 4-9 选择企业

（3）选择用户，选中要分配的角色前的复选框，单击"授权"按钮，如图 4-10 所示。

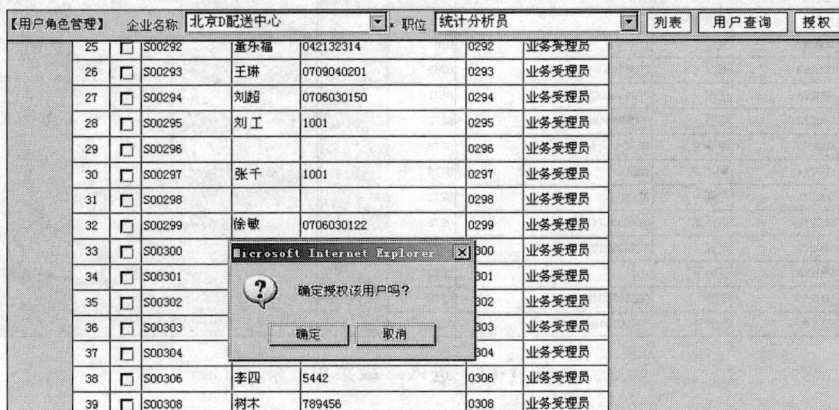

图 4-10　分配角色

2. 查询

操作步骤如下：

（1）单击"用户查询"按钮，输入查询条件，如图 4-11 所示。

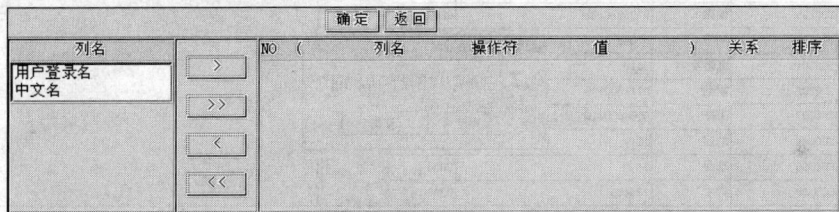

图 4-11　根据条件查询

（2）单击"确定"按钮，系统返回查询结果，如图 4-12 所示。

图 4-12　查询结果

（二）流程实验授权

操作步骤如下：

（1）选择"用户管理"→"用户分组设置"命令，如图 4-13 所示。在"企业名称"下拉列表框中选择企业，这里选择"北京 D 配送中心"选项，再选择准备做实验的流程，单击分组按钮，系统将根据选择条件进行自动分组，如图 4-14 所示。

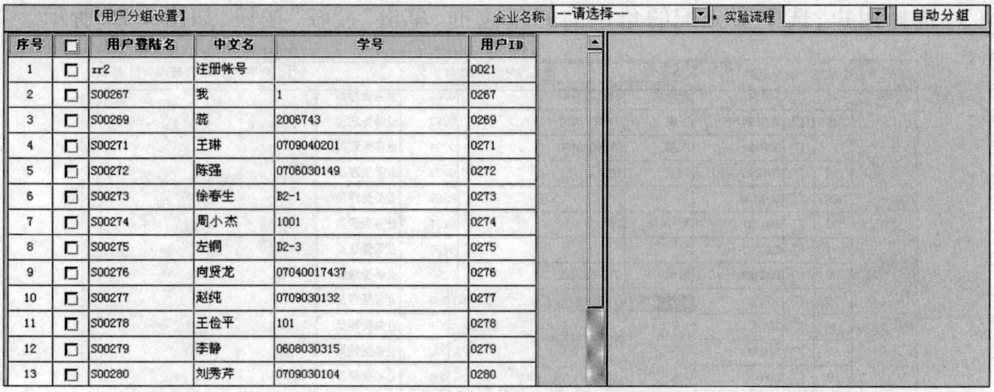
【用户分组设置】
企业名称 --请选择--
实验流程
自动分组
序号 用户登陆名 中文名 学号 用户ID
1 zr2 注册帐号 0021
2 S00267 我 1 0267
3 S00269 蕊 2006743 0269
4 S00271 王琳 0709040201 0271
5 S00272 陈强 0706030149 0272
6 S00273 徐春生 B2-1 0273
7 S00274 周小杰 1001 0274
8 S00275 左徊 D2-3 0275
9 S00276 向贤龙 07040017437 0276
10 S00277 赵纯 0709030132 0277
11 S00278 王俭平 101 0278
12 S00279 李静 0608030315 0279
13 S00280 刘秀芹 0709030104 0280

图 4-13　进入二级菜单

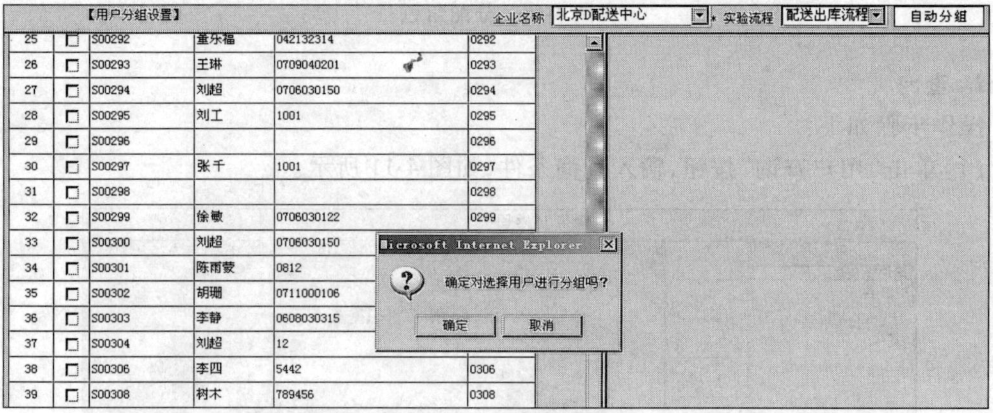
【用户分组设置】
企业名称 北京D配送中心
实验流程 配送出库流程
自动分组
25 S00292 董乐福 042132314 0292
26 S00293 王琳 0709040201 0293
27 S00294 刘超 0706030150 0294
28 S00295 刘工 1001 0295
29 S00296 0296
30 S00297 张千 1001 0297
31 S00298 0298
32 S00299 徐敏 0706030122 0299
33 S00300 刘超 0706030150
34 S00301 陈雨萱 0812
35 S00302 胡珊 0711000106
36 S00303 李静 0608030315
37 S00304 刘超 12
38 S00306 李四 5442 0306
39 S00308 树木 789456 0308
Microsoft Internet Explorer
确定对选择用户进行分组吗?
确定
取消

图 4-14　分组确定

（2）单击“确定”按钮，系统将进行自动分组，右窗格中显示分组结果，如图 4-15 所示。

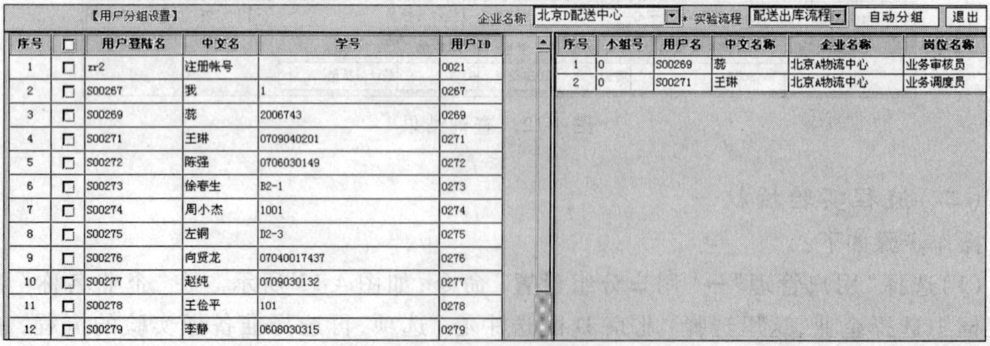
【用户分组设置】
企业名称 北京D配送中心
实验流程 配送出库流程
自动分组
退出
序号 用户登陆名 中文名 学号 用户ID
1 zr2 注册帐号 0021
2 S00267 我 1 0267
3 S00269 蕊 2006743 0269
4 S00271 王琳 0709040201 0271
5 S00272 陈强 0706030149 0272
6 S00273 徐春生 B2-1 0273
7 S00274 周小杰 1001 0274
8 S00275 左徊 D2-3 0275
9 S00276 向贤龙 07040017437 0276
10 S00277 赵纯 0709030132 0277
11 S00278 王俭平 101 0278
12 S00279 李静 0608030315 0279
序号 小组号 用户名 中文名称 企业名称 岗位名称
1 0 S00269 蕊 北京A物流中心 业务审核员
2 0 S00271 王琳 北京A物流中心 业务调度员

图 4-15　自动分组

第三节　实验操作

一、岗位角色功能实验

（一）实验一　入库管理员实验

入库管理员在本实验中可以完成创建入库通知、生成入库单业务操作。

1. 创建入库单

实验前提：仓库中已建立完整基础数据。

操作步骤如下：

（1）以入库管理员的角色登录畅想配送管理系统，进入"创建入库单通知"界面，单击"入库货物计划"按钮，进入相应界面，如图 4-16 所示。

图 4-16　"货物入库计划"界面

（2）添加入库货物计划可单击"增加"按钮，如图 4-17 所示。

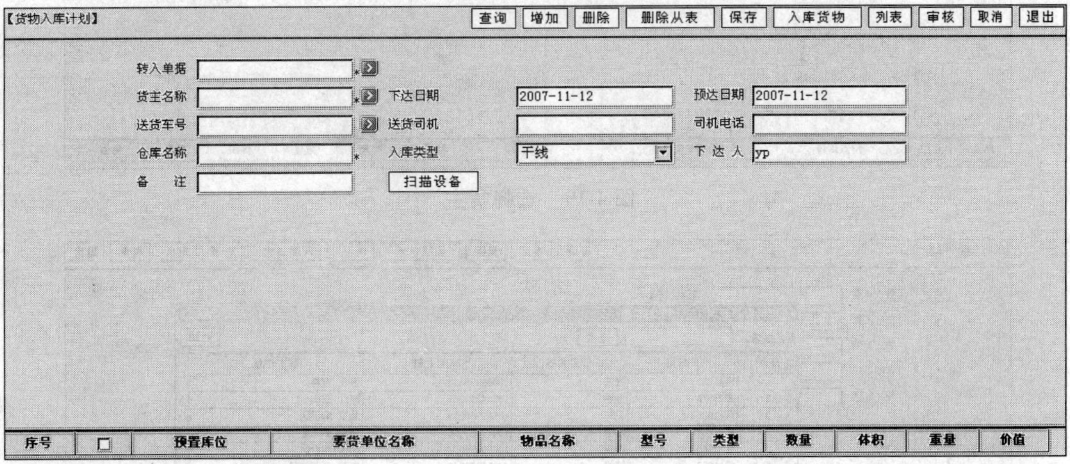

图 4-17　单击"增加"按钮

（3）对于入库单，用户可以根据一体化过来的单据进行转入，也可自己创建入库单，单击货主名称右侧的 ▶ 按钮，选择货主名称，如图 4-18 所示。

（4）选择单据，然后双击即可，如图 4-19 所示。

（5）选择送货车号，单击送货车号右侧的 ▶ 按钮，如图 4-20 所示。

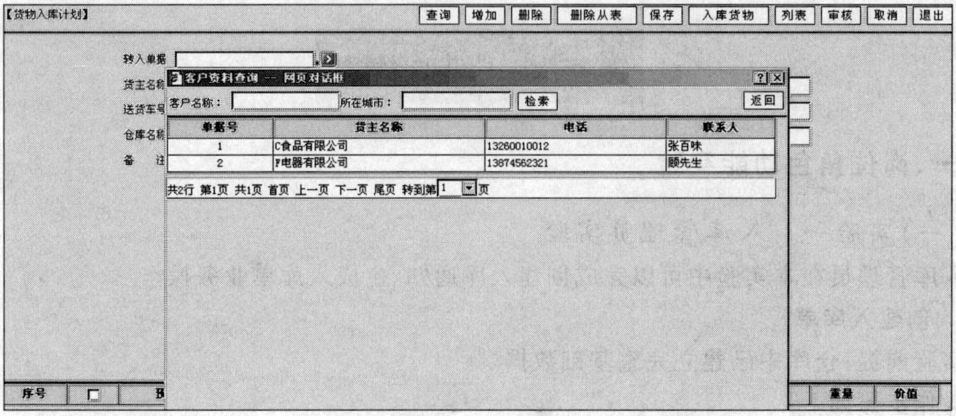

【货物入库计划】　　　　　　　　　　　　　查询　增加　删除　删除从表　保存　入库货物　列表　审核　取消　退出

转入单据
货主名称

客户资料查询 -- 网页对话框　　　　　　　　　　　　　　　　？Ｘ

客户名称：[　　　　　]　所在城市：[　　　　　]　　检索　　　　　　返回

单据号	货主名称	电话	联系人
1	C食品有限公司	13260010012	张百味
2	F电器有限公司	13874562321	顾先生

共2行　第1页　共1页　首页　上一页　下一页　尾页　转到第 [1 ▾] 页

序号　□　　B

图 4-18　单据转入

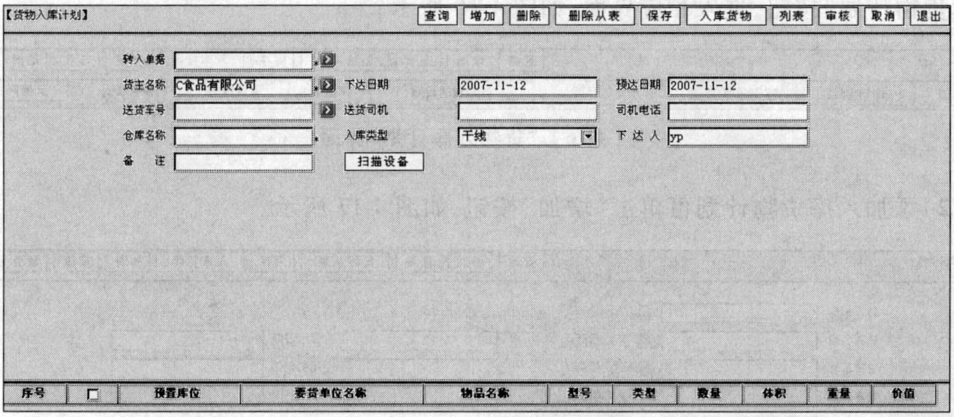

【货物入库计划】　　　　　　　　　　　　　查询　增加　删除　删除从表　保存　入库货物　列表　审核　取消　退出

转入单据　[　　　　　]
货主名称　[C食品有限公司]　下达日期　[2007-11-12]　预达日期　[2007-11-12]
送货车号　[　　　　　]　送货司机　[　　　　　]　司机电话　[　　　　　]
仓库名称　[　　　　　]　入库类型　[干线 ▾]　下达人　[yp]
备　　注　[　　　　　]　[扫描设备]

序号	□	预置库位	要货单位名称	物品名称	型号	类型	数量	体积	重量	价值

图 4-19　选择货主

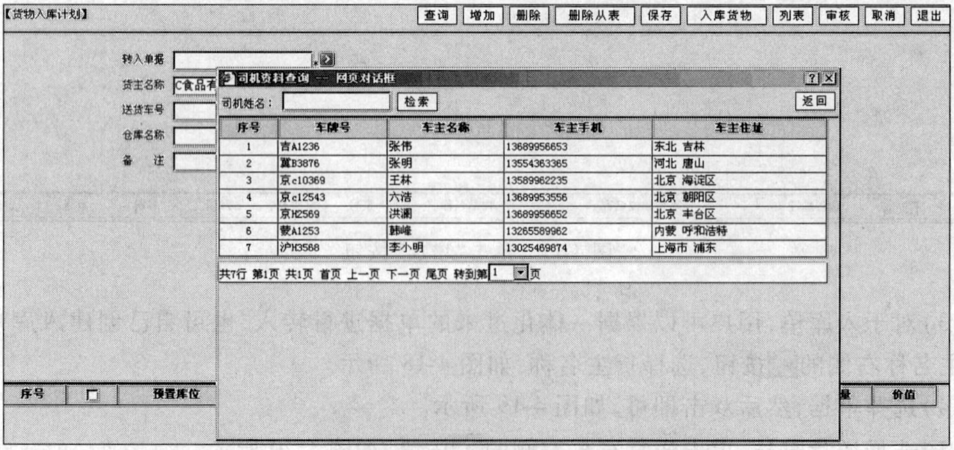

【货物入库计划】　　　　　　　　　　　　　查询　增加　删除　删除从表　保存　入库货物　列表　审核　取消　退出

转入单据
货主名称　C食品有
送货车号
仓库名称
备　注

司机资料查询 -- 网页对话框　　　　　　　　　　　　　　　？Ｘ

司机姓名：[　　　]　　检索　　　　　　　　　　返回

序号	车牌号	车主名称	车主手机	车主住址
1	吉A1236	张伟	13689956653	东北 吉林
2	冀B3876	张明	13554363385	河北 唐山
3	京c10369	王林	13589962235	北京 海淀区
4	京c12543	六浩	13689953556	北京 朝阳区
5	京H2569	洪澜	13689956652	北京 丰台区
6	蒙A1253	韩峰	13265589962	内蒙 呼和浩特
7	沪H3568	李小明	13025469874	上海市 浦东

共7行　第1页　共1页　首页　上一页　下一页　尾页　转到第 [1 ▾] 页

序号　□　　预置库位　　　　　　　　　　　　　　　　　　　　　　重量　价值

图 4-20　选择送货车号

(6)根据业务单据内容计算车辆类型,双击即可,如图4-21所示。

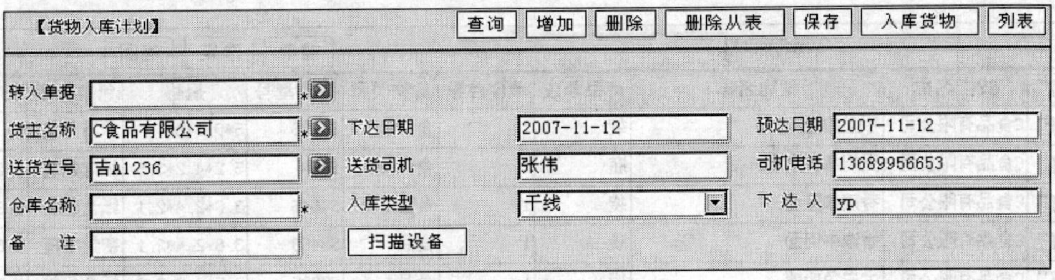

图4-21 分配车辆

(7)单击"保存"按钮,如图4-22所示。

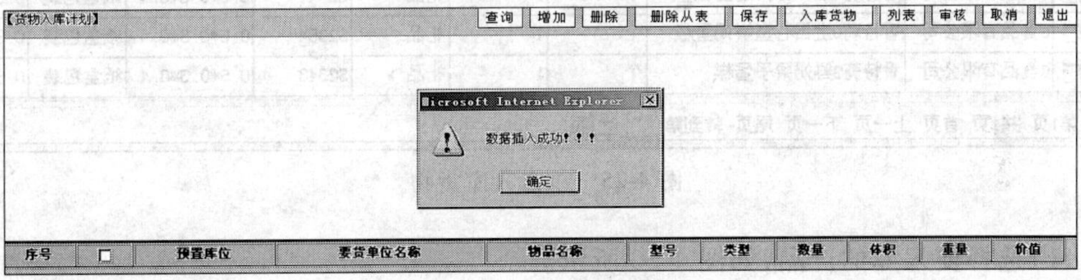

图4-22 保存单据

(8)单击"列表"按钮,即可看到单据,如图4-23所示。

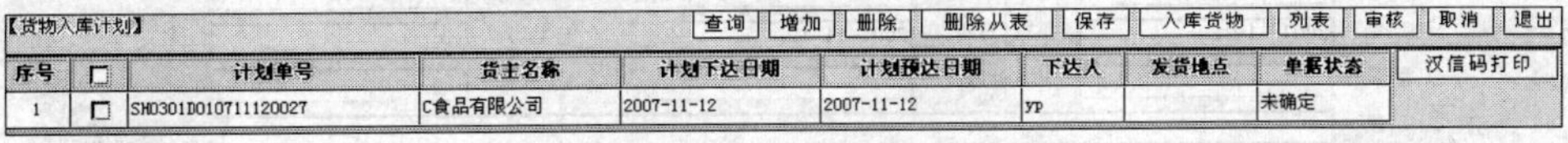

图4-23 查看单据

(9)双击该条单据,选择要入库的产品,如图4-24所示。

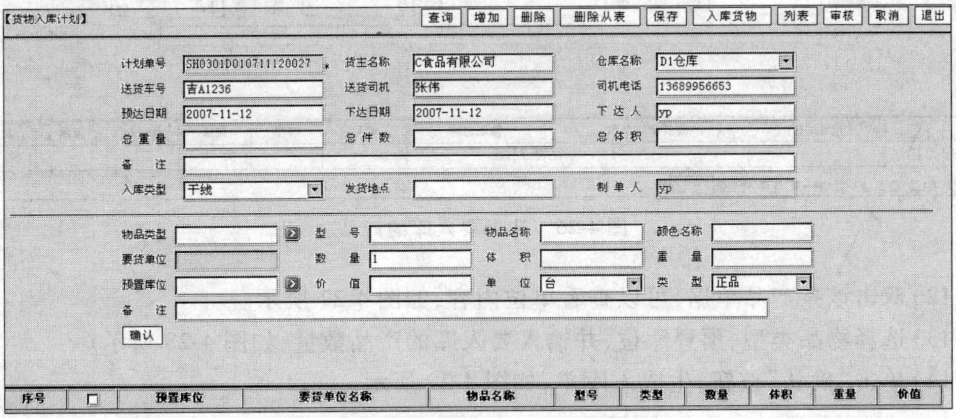

图4-24 选择要入库的产品

（10）单击入库货物，如图 4-25 所示。

序号	☐	货主名称	货物名称	商品单位	单位件数	货物类型	货物型号	规格	包装类型	长（cm）
1	☐	C食品有限公司	手工拉面	袋	1	食品	S4536	5*0.3*6	木箱包装	5
2	☐	C食品有限公司	天厨牌矿泉水	瓶	1	食品	S484	5.2*4.2*3.5	纸盒包装	5.2
3	☐	C食品有限公司	香辣炸酱面	袋	1	食品	S4645	3.8*2.4*2.1	纸盒包装	3.8
4	☐	C食品有限公司	香浓牛肉面	袋	1	食品	S3453	3.8*2.4*2.1	密封木箱	3.8
5	☐	C食品有限公司	大白兔奶糖	袋	1	食品	S7325	0.7*0.8*0.9	纸盒包装	0.7
6	☐	C食品有限公司	香特莉10生日鲜奶蛋糕	个	1	礼品	S2343	0.5*0.3*0.4	纸盒包装	0.5
7	☐	C食品有限公司	香特莉11生日鲜奶蛋糕	个	1	礼品	S2346	0.5*0.3*0.4	纸盒包装	0.5
8	☐	C食品有限公司	香特莉9黑森林鲜奶蛋糕	个	1	礼品	S2347	0.5*0.3*0.4	纸盒包装	0.5
9	☐	C食品有限公司	香特莉9生日心型鲜奶蛋糕	个	1	礼品	S2354	0.5*0.3*0.4	纸盒包装	0.5
10	☐	C食品有限公司	香特莉9鲜奶栗子蛋糕	个	1	礼品	S2348	0.5*0.3*0.4	纸盒包装	0.5

共10行 第1页 共1页 首页 上一页 下一页 尾页 转到第 1 页

货物名称： 搜索 选定 返回

图 4-25　单击入库货物

（11）选择要入库的产品，如图 4-26 所示。

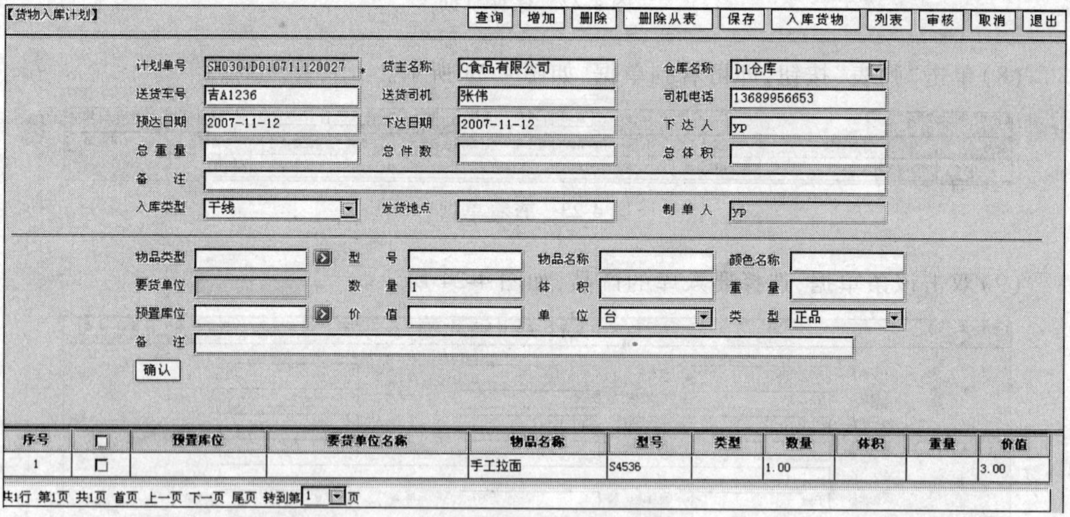

图 4-26　选择要入库的产品

（12）双击该条产品单据，可以查看单位内容，如图 4-27 所示。

（13）选择物品类型、预置库位，并输入要入库的产品数量，如图 4-28 所示。

（14）单击"确认"按钮，生成入库单，如图 4-29 所示。

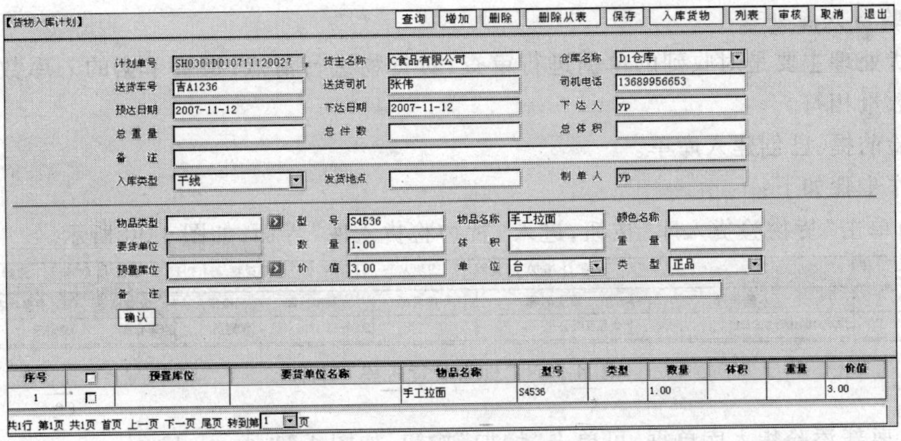

图 4-27 产品单据内容

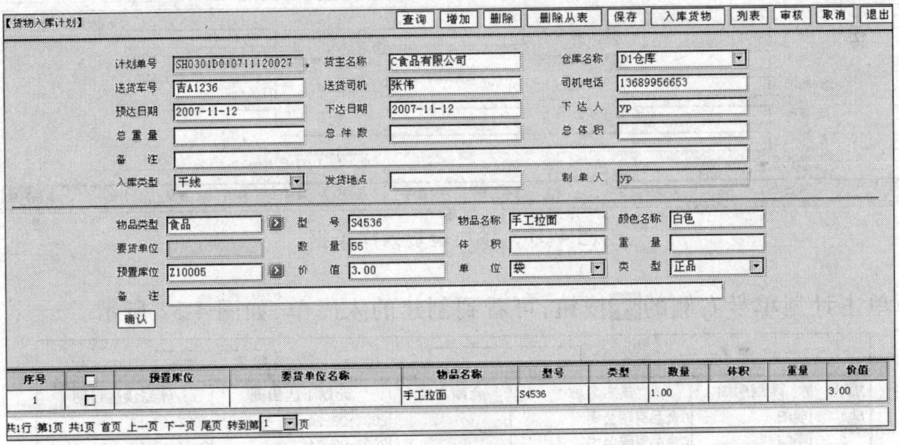

图 4-28 设置相关参数

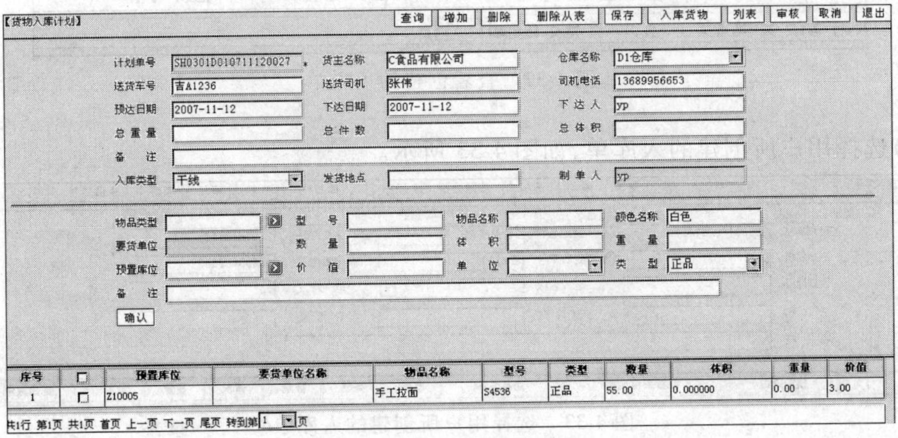

图 4-29 生成入库单

2. 验货入库处理

验货处理主要是对收到的单据进行审查,对货物进行清点,检查单据的入库数量是否与实际数量相符。

实验前提:已创建入库单。

操作步骤如下:

(1)单击"货物验货入库"按钮,进入"货物验货入库"界面,如图 4-30 所示。

【货物验货入库】		查询	增加	删除	删除从表	保存	入库货物	列表	审核	取消	货损货差

序号	□	入库单号	货主名称	仓库名称	入库日期	验货人	发货地点	单据状态
1	□	SHO301D010711050017	C食品有限公司		2007-11-05	管理员	京东仓库	未确定

图 4-30 "货物验货入库"界面

(2)要新添验货入库单据,可单击"增加"按钮,如图 4-31 所示。

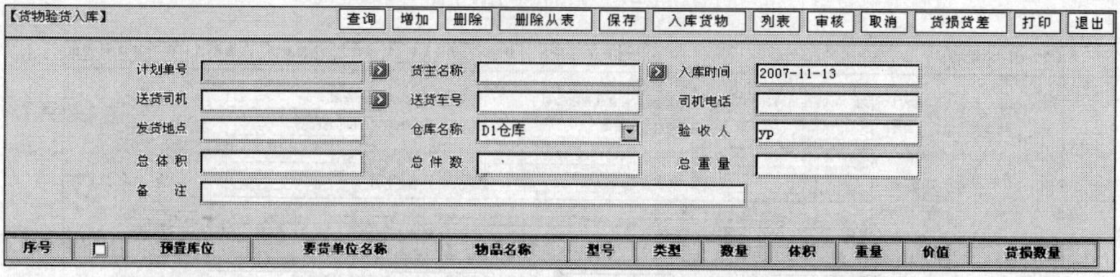

【货物验货入库】	查询	增加	删除	删除从表	保存	入库货物	列表	审核	取消	货损货差	打印	退出

计划单号 [　　　]▶　货主名称 [　　　]▶　入库时间 2007-11-13
送货司机 [　　　]▶　送货车号 [　　　]　司机电话 [　　　]
发货地点 [　　　]　仓库名称 [D1仓库 ▼]　验收人 yp
总体积 [　　　]　总件数 [　　　]　总重量 [　　　]
备注 [　　　]

序号	□	预置库位	要货单位名称	物品名称	型号	类型	数量	体积	重量	价值	货损数量

图 4-31 添加验货入库单据

(3)单击计划单号右侧的 ▶ 按钮,可看到创建的入库单,如图 4-32 所示。

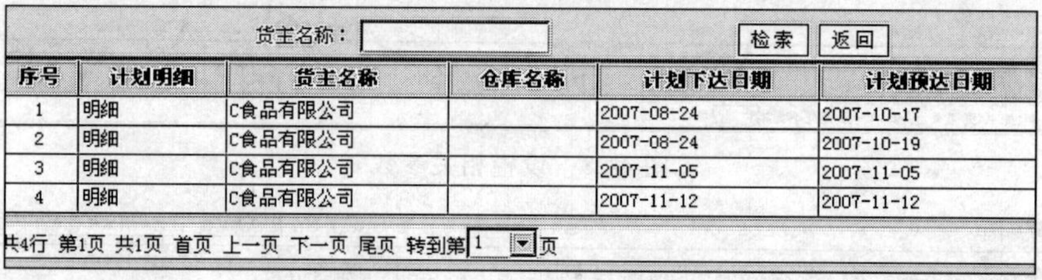

货主名称:[　　　]　　　检索　返回

序号	计划明细	货主名称	仓库名称	计划下达日期	计划预达日期
1	明细	C食品有限公司		2007-08-24	2007-10-17
2	明细	C食品有限公司		2007-08-24	2007-10-19
3	明细	C食品有限公司		2007-11-05	2007-11-05
4	明细	C食品有限公司		2007-11-12	2007-11-12

共4行 第1页 共1页 首页 上一页 下一页 尾页 转到第 1 ▼ 页

图 4-32 查看创建的入库单

(4)选择用户所创建的入库单,如图 4-33 所示。

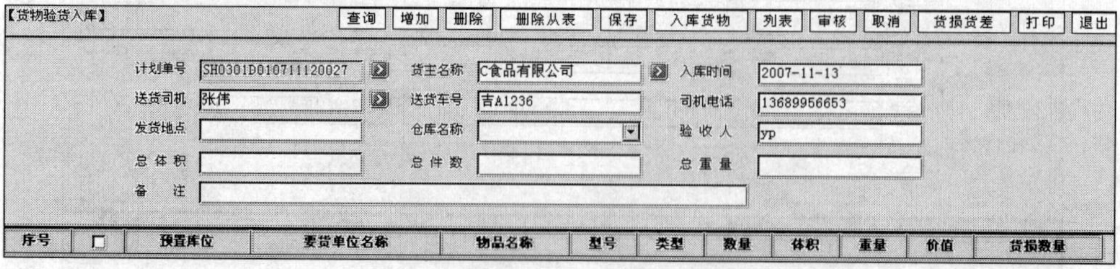

【货物验货入库】	查询	增加	删除	删除从表	保存	入库货物	列表	审核	取消	货损货差	打印	退出

计划单号 [SHO301D010711120027]▶　货主名称 [C食品有限公司]▶　入库时间 2007-11-13
送货司机 [张伟]▶　送货车号 [吉A1236]　司机电话 13689956653
发货地点 [　　　]　仓库名称 [　　▼]　验收人 yp
总体积 [　　　]　总件数 [　　　]　总重量 [　　　]
备注 [　　　]

序号	□	预置库位	要货单位名称	物品名称	型号	类型	数量	体积	重量	价值	货损数量

图 4-33 选择用户所创建的入库单

（5）选择入库仓库，如图 4-34 所示。

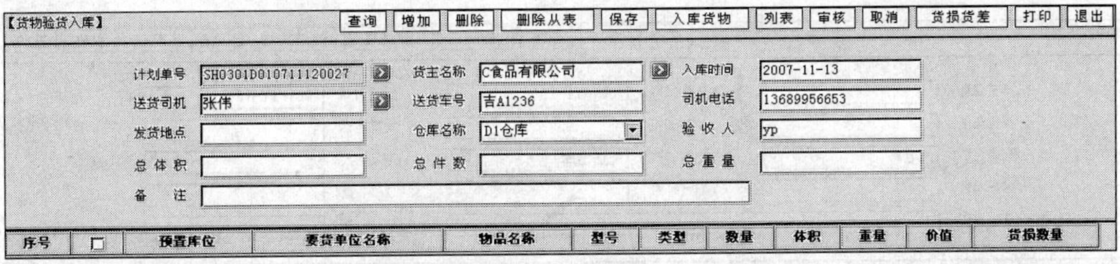

| 【货物验货入库】 | | | 查询 | 增加 | 删除 | 删除从表 | 保存 | 入库货物 | 列表 | 审核 | 取消 | 货损货差 | 打印 | 退出 |

计划单号	SH0301D010711120027	▶	货主名称	C食品有限公司	▶	入库时间	2007-11-13
送货司机	张伟	▶	送货车号	吉A1236		司机电话	13689956653
发货地点			仓库名称	D1仓库	▼	验收人	yp
总体积			总件数			总重量	
备 注							

| 序号 | □ | 预置库位 | 要货单位名称 | 物品名称 | 型号 | 类型 | 数量 | 体积 | 重量 | 价值 | 货损数量 |

图 4-34　选择入库仓库

（6）单击"保存"按钮，系统将自动保存单据，如图 4-35 所示。

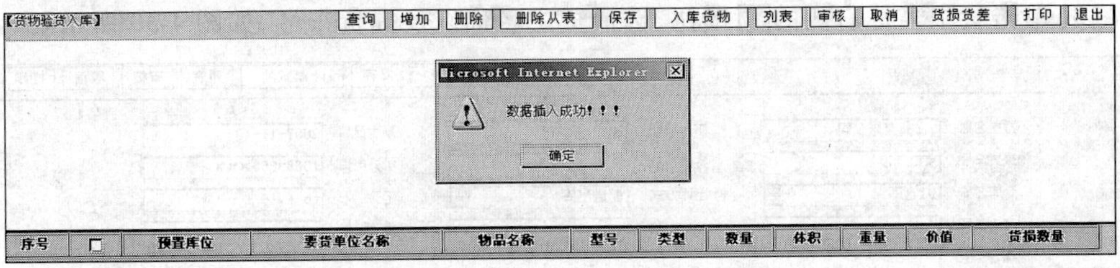

| 【货物验货入库】 | | | 查询 | 增加 | 删除 | 删除从表 | 保存 | 入库货物 | 列表 | 审核 | 取消 | 货损货差 | 打印 | 退出 |

Microsoft Internet Explorer

数据插入成功！！！

确定

| 序号 | □ | 预置库位 | 要货单位名称 | 物品名称 | 型号 | 类型 | 数量 | 体积 | 重量 | 价值 | 货损数量 |

图 4-35　单击保存按钮

（7）单击"列表"按钮，如图 4-36 所示。

【货物验货入库】			查询	增加	删除	删除从表	保存	入库货物	列表	审核	取消	货损货差	打印	退出
序号	□	入库单号	货主名称	仓库名称	入库日期	验货人	发货地点	单据状态	客户单号
1	□	SH0301D010711050017	C食品有限公司		2007-11-05	管理员	京东仓库	未确定	
2	□	SH0301D010711130027	C食品有限公司		2007-11-13	yp		未确定	

图 4-36　单击列表按钮

（8）双击入库单，双击单据产品，输入货损数量与实际数量。单击"确定"按钮，然后单击"保存"按钮保存单据。单击"审核"按钮入库，系统将该单据入库。

（二）实验二　出库管理员实验

在实验二中，当前扮演的角色为出库管理员，出库管理主要是对货物进行出库操作，主要进行货物计划单填写、货物出库和自提货物出库。

1. 货物出库计划

实验前提：仓库中已建立完整基础数据。

货物出库计划是根据一定的计划填写出库计划单。操作步骤如下：

（1）单击"货物出库计划"按钮，进入如图 4-37 所示的界面。

| 【货物出库计划】 | | | 查询 | 增加 | 删除 | 删除从表 | 保存 | 计划货物 | 列表 | 审核 | 取消 | 打印 | 退出 |
| 序号 | □ | 计划单号 | 货主名称 | 仓库名称 | 计划出库日期 | 计划下达日期 | 单据状态 | 客户单号 | 汉信码打印 |

图 4-37　货物出库计划管理界面

（2）单击"增加"按钮，添加单据，如图4-38所示。

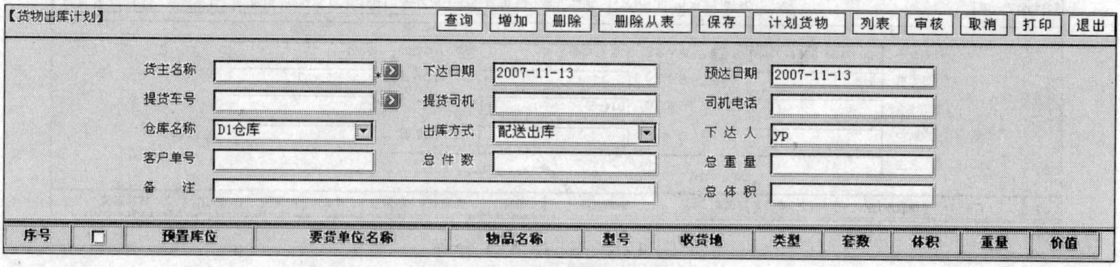

图 4-38　添加货物出库计划

（3）单击货主名称右侧的▶按钮，选择货主名称以及提货车号，如图4-39所示。

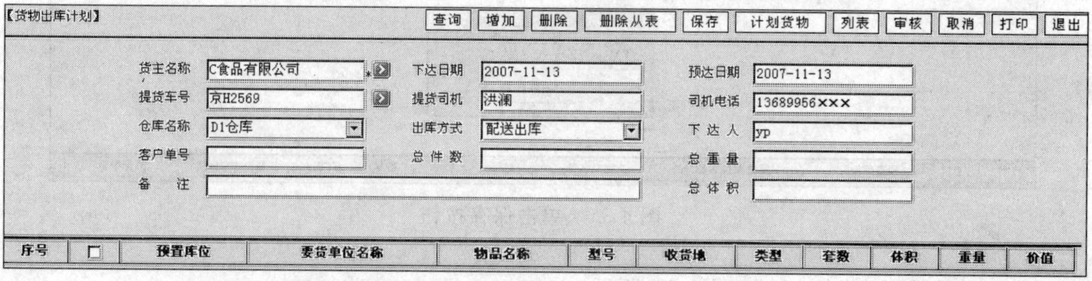

图 4-39　填写相关数据

（4）单击"保存"按钮，系统将保存单据，如图4-40所示。

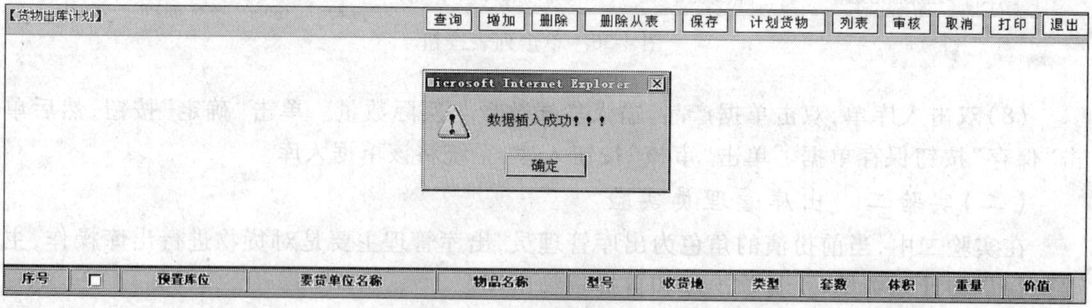

图 4-40　保存单据

（5）单击"列表"按钮，显示单据列表如图4-41所示。

序号	□	计划单号	货主名称	仓库名称	计划出库日期	计划下达日期	单据状态	客户单号	汉信码打印
1	□	CK0301D010711130024	C食品有限公司	D1仓库	2007-11-13	2007-11-13	未确定		

图 4-41　出库计划单据列表

（6）双击创建的单据，如图 4-42 所示。

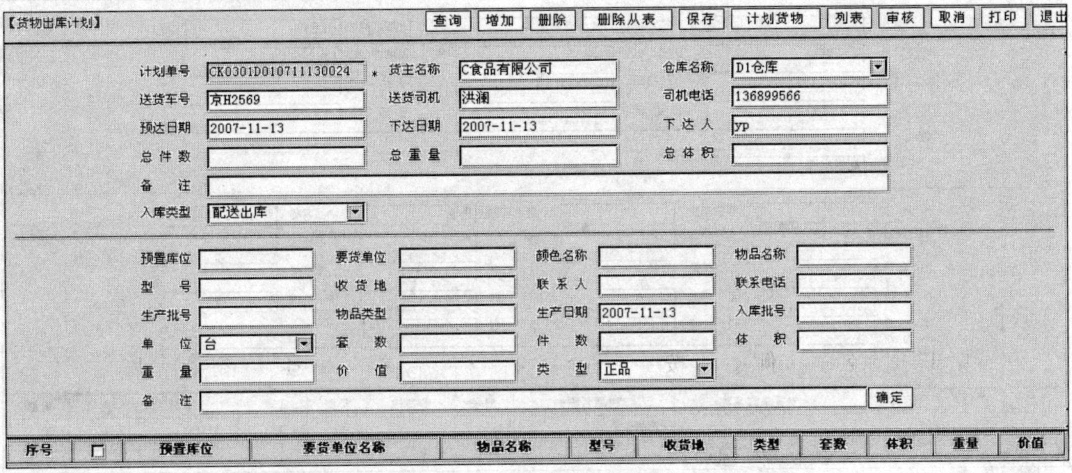

【货物出库计划】　　　　　　查询　增加　删除　删除从表　保存　计划货物　列表　审核　取消　打印　退出

计划单号 CK0301D010711130024　＊ 货主名称 C食品有限公司　　仓库名称 D1仓库
送货车号 京H2569　　送货司机 洪澜　　　　司机电话 136899566
预达日期 2007-11-13　　下达日期 2007-11-13　　下达人 yp
总件数　　　　　总重量　　　　　总体积
备　注
入库类型 配送出库

预置库位　　　要货单位　　　颜色名称　　　物品名称
型　号　　　　收货地　　　　联系人　　　　联系电话
生产批号　　　物品类型　　　生产日期 2007-11-13　入库批号
单　位 台　　　套　数　　　件　数　　　　体　积
重　量　　　价　值　　　类　型 正品
备　注　　　　　　　　　　　　　　　　　　　　　确定

序号	□	预置库位	要货单位名称	物品名称	型号	收货地	类型	套数	体积	重量	价值

图 4-42　出库计划单据信息

（7）单击"计划货物"按钮，选择要出库的货物，如图 4-43 所示。

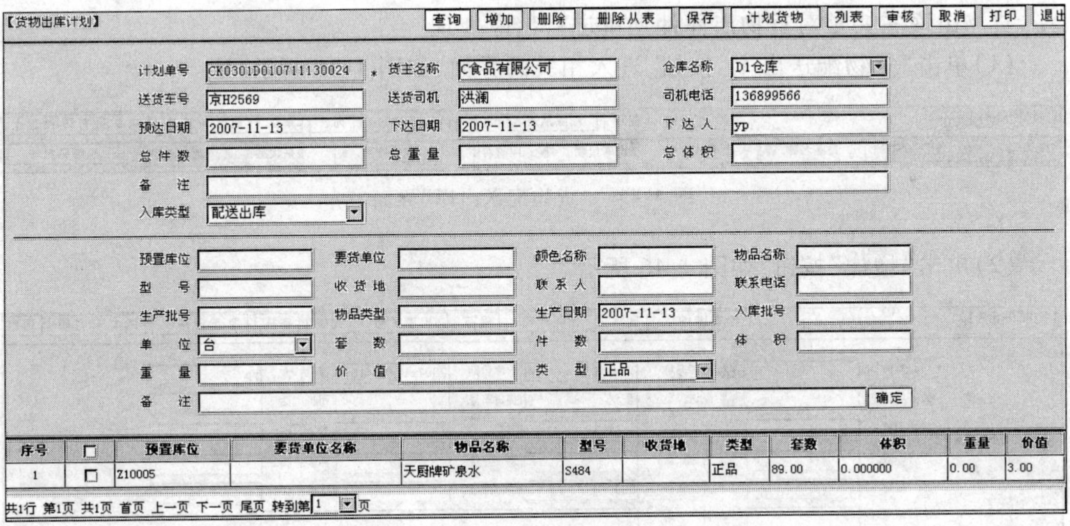

【货物出库计划】　　　　　　查询　增加　删除　删除从表　保存　计划货物　列表　审核　取消　打印　退出

计划单号 CK0301D010711130024　＊ 货主名称 C食品有限公司　　仓库名称 D1仓库
送货车号 京H2569　　送货司机 洪澜　　　　司机电话 136899566
预达日期 2007-11-13　　下达日期 2007-11-13　　下达人 yp
总件数　　　　　总重量　　　　　总体积
备　注
入库类型 配送出库

预置库位　　　要货单位　　　颜色名称　　　物品名称
型　号　　　　收货地　　　　联系人　　　　联系电话
生产批号　　　物品类型　　　生产日期 2007-11-13　入库批号
单　位 台　　　套　数　　　件　数　　　　体　积
重　量　　　价　值　　　类　型 正品
备　注　　　　　　　　　　　　　　　　　　　　　确定

序号	□	预置库位	要货单位名称	物品名称	型号	收货地	类型	套数	体积	重量	价值
1		Z10005		天厨牌矿泉水	S484		正品	89.00	0.000000	0.00	3.00

共1行 第1页 共1页 首页 上一页 下一页 尾页 转到第 1 页

图 4-43　货物选择

（8）双击产品单据查看是否有误，单击"确定"按钮，如图 4-44 所示。

（9）单击"审核"按钮，系统将审核单据并转成出库单。

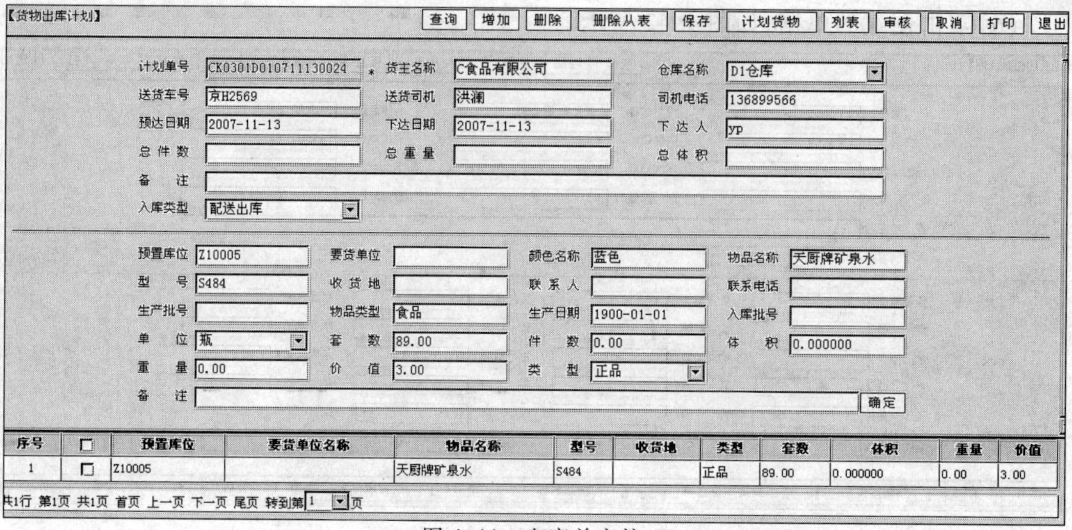

图 4-44　出库单审核

2. 货物配送出库

实验前提：仓库中已建立完整基础数据。

货物出库主要是对货物出库计划单进行出库处理。

（1）单击"货物配送出库"按钮，进入相关的界面，如图 4-45 所示。

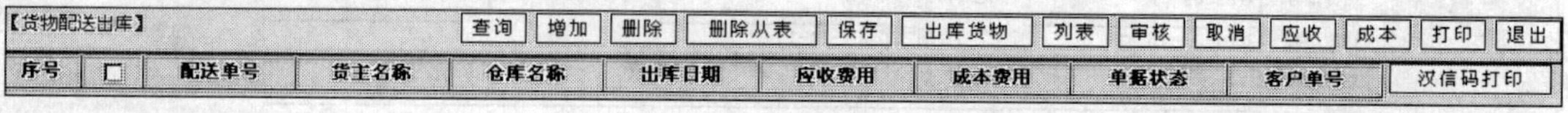

图 4-45　"货物配送出库"界面

（2）单击"增加"按钮，如图 4-46 所示。

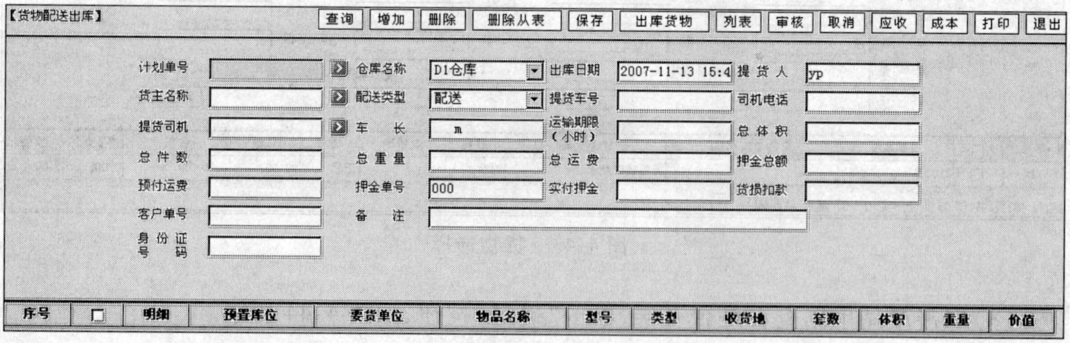

图 4-46　单击"增加"按钮

（3）单击计划单号右侧的 ▶ 按钮，选择货物出库计划传过来的单据，如图 4-47 所示。

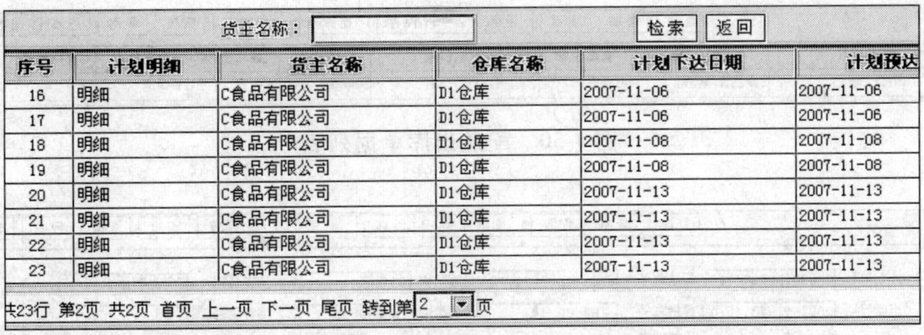

序号	计划明细	货主名称	仓库名称	计划下达日期	计划预送
16	明细	C食品有限公司	D1仓库	2007-11-06	2007-11-06
17	明细	C食品有限公司	D1仓库	2007-11-06	2007-11-06
18	明细	C食品有限公司	D1仓库	2007-11-08	2007-11-08
19	明细	C食品有限公司	D1仓库	2007-11-08	2007-11-08
20	明细	C食品有限公司	D1仓库	2007-11-13	2007-11-13
21	明细	C食品有限公司	D1仓库	2007-11-13	2007-11-13
22	明细	C食品有限公司	D1仓库	2007-11-13	2007-11-13
23	明细	C食品有限公司	D1仓库	2007-11-13	2007-11-13

共23行 第2页 共2页 首页 上一页 下一页 尾页 转到第 2 页

图 4-47　提取货物出库计划传过来的单据

(4) 双击选择的单据,查看该单据,如图 4-48 所示。

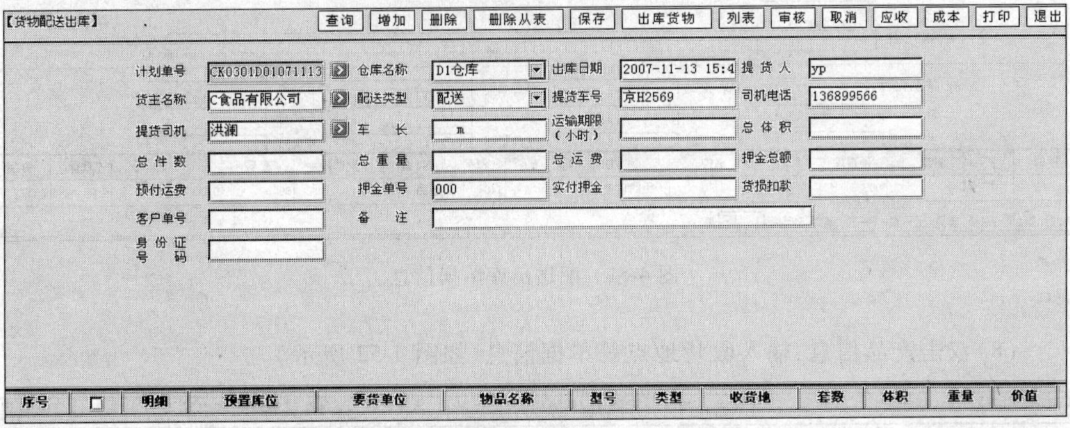

图 4-48　查看单据

(5) 单击"保存"按钮,系统将自动保存单据信息,如图 4-49 所示。

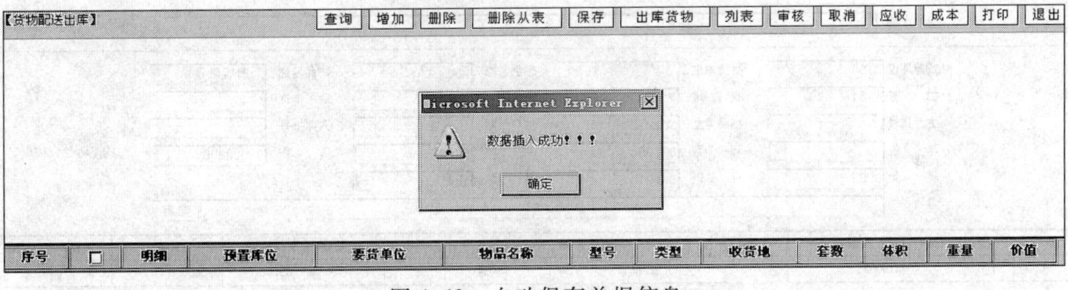

图 4-49　自动保存单据信息

(6) 单击"列表"按钮,显示单据列表,如图 4-50 所示。

(7) 双击单据,显示配送出库单据信息,如图 4-51 所示。

序号		配送单号	货主名称	仓库名称	出库日期	应收费用	成本费用	单据状态	客户单号	汉信码打印
1	☐	FHD301D010711130021	C食品有限公司	D1仓库	2007-11-13 15:47	未收费	未收费	未确定		

【货物配送出库】　　　　查询　增加　删除　删除从表　保存　出库货物　列表　审核　取消　应收　成本　打印　退出

图 4-50　配送出库单据列表

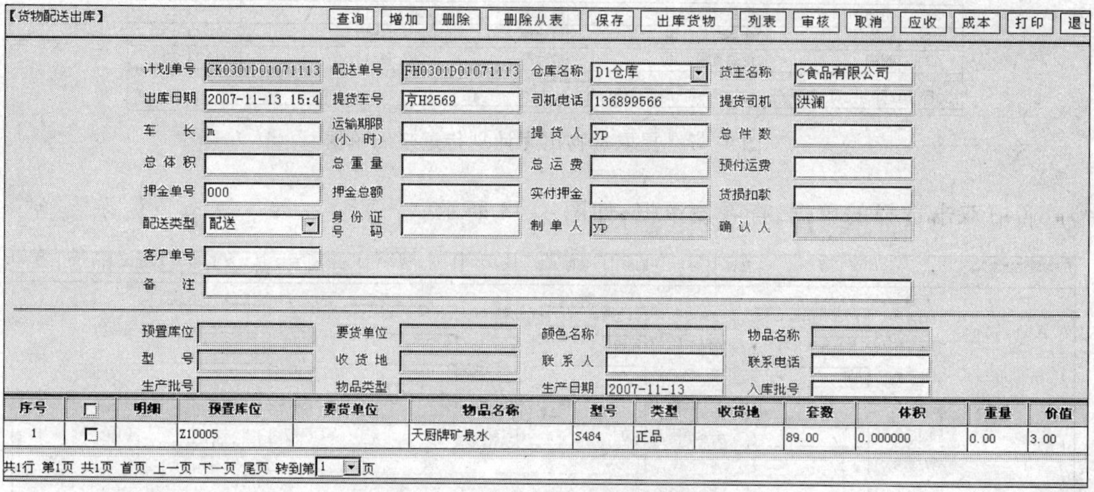

【货物配送出库】　　　　查询　增加　删除　删除从表　保存　出库货物　列表　审核　取消　应收　成本　打印　退出

计划单号 CK0301D01071113　配送单号 FH0301D01071113　仓库名称 D1仓库　货主名称 C食品有限公司
出库日期 2007-11-13 15:4　提货车号 京H2569　司机电话 136899566　提货司机 洪澜
车　长 m　运输期限（小时）　　提货人 yp　总件数
总体积　　总重量　　总运费　　预付运费
押金单号 000　押金总额　　实付押金　　货损扣款
配送类型 配送　身份证号码　制单人 yp　确认人
客户单号
备　注

预置库位　要货单位　颜色名称　物品名称
型　号　收货地　联系人　联系电话
生产批号　物品类型　生产日期 2007-11-13　入库批号

序号		明细	预置库位	要货单位	物品名称	型号	类型	收货地	套数	体积	重量	价值
1	☐		Z10005		天厨牌矿泉水	S484	正品		89.00	0.000000	0.00	3.00

共1行 第1页 共1页 首页 上一页 下一页 尾页 转到第 1 页

图 4-51　配送出库单据信息

（8）双击产品信息，输入收货地点等单据信息，如图 4-52 所示。

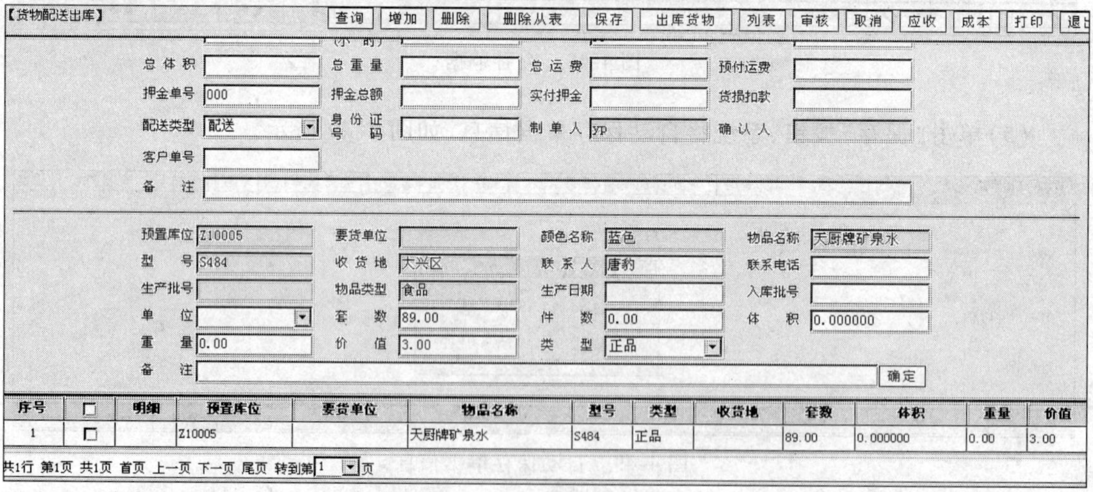

【货物配送出库】　　　　查询　增加　删除　删除从表　保存　出库货物　列表　审核　取消　应收　成本　打印　退出

（小　时）
总体积　　总重量　　总运费　　预付运费
押金单号 000　押金总额　　实付押金　　货损扣款
配送类型 配送　身份证号码　制单人 yp　确认人
客户单号
备　注

预置库位 Z10005　要货单位　颜色名称 蓝色　物品名称 天厨牌矿泉水
型　号 S484　收货地 大兴区　联系人 唐莉　联系电话
生产批号　物品类型 食品　生产日期　入库批号
单　位　套　数 89.00　件　数 0.00　体　积 0.000000
重　量 0.00　价　值 3.00　类　型 正品
备　注　　　　　　　　　　　　　　　　　　　确定

序号		明细	预置库位	要货单位	物品名称	型号	类型	收货地	套数	体积	重量	价值
1	☐		Z10005		天厨牌矿泉水	S484	正品		89.00	0.000000	0.00	3.00

共1行 第1页 共1页 首页 上一页 下一页 尾页 转到第 1 页

图 4-52　输入出库数据

（9）设置完毕后，单击"确定"按钮确认出库单，如图 4-53 所示。

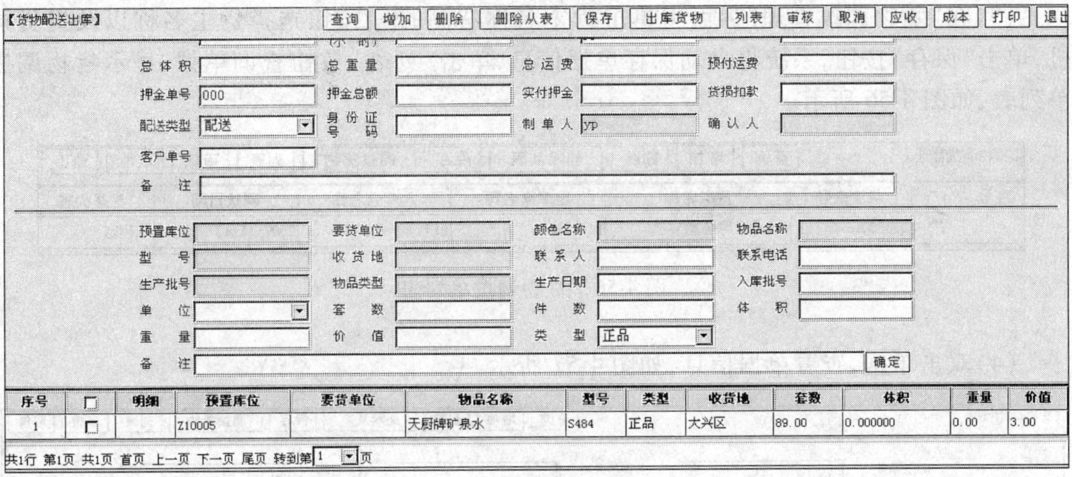

图 4-53　确认配送出库单

审核通过后，系统将记录产品出库状态。

（三）实验三　库存管理员实验

实验前提：仓库中已建立完整基础数据。

1. 库存调拨管理

操作步骤如下：

（1）单击"货物调拨管理"模块，进入相应的界面如图 4-54 所示。

图 4-54　库存调拨管理界面

（2）单击"增加"按钮，增加货物调拨单，如图 4-55 所示。

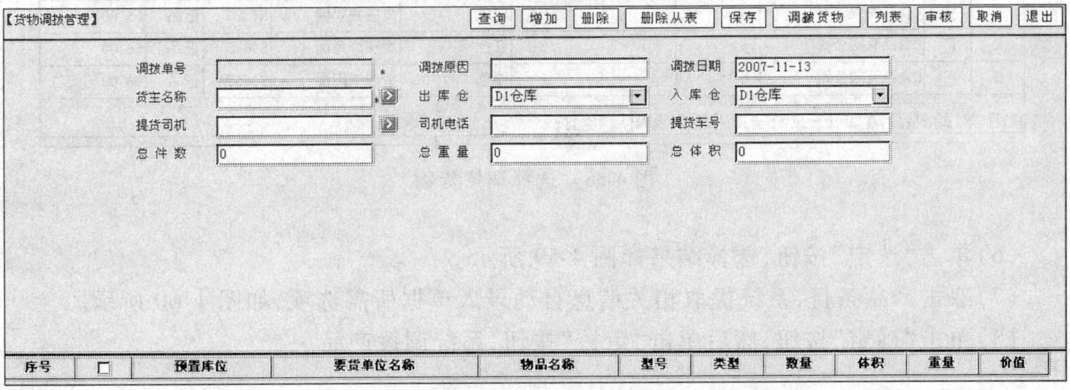

图 4-55　货物调拨单添加

（3）在"货物调拨管理"界面中单击货主名称右侧的 ▶ 按钮选择货主名称以及提货司机，单击"保存"按钮，系统将自动保存单据信息，单击"列表"按钮查询单据，显示货物调拨单列表，如图4-56所示。

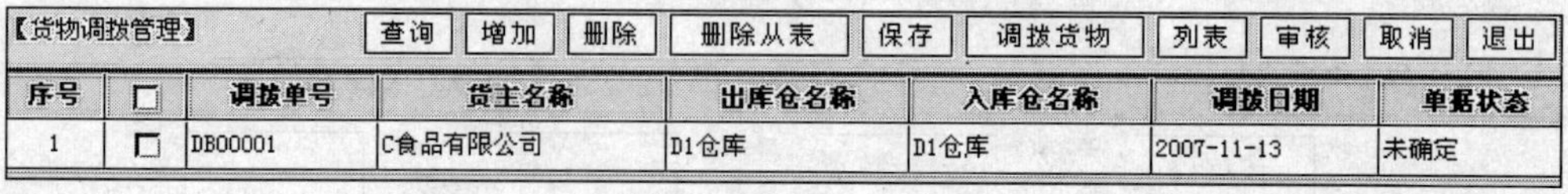

【货物调拨管理】		查询	增加	删除	删除从表	保存	调拨货物	列表	审核	取消	退出

序号	□	调拨单号	货主名称	出库仓名称	入库仓名称	调拨日期	单据状态
1	□	DB00001	C食品有限公司	D1仓库	D1仓库	2007-11-13	未确定

图 4-56　货物调拨单列表

（4）双击单据，查看单据信息，如图4-57所示。

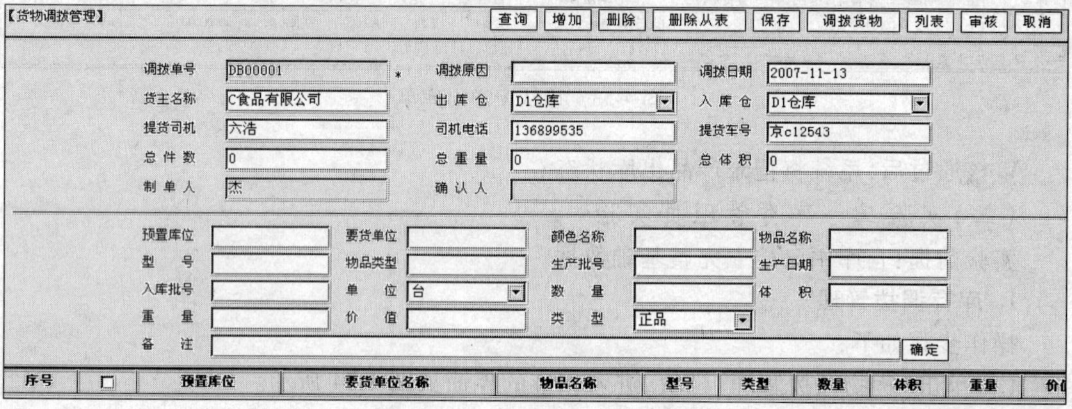

【货物调拨管理】		查询	增加	删除	删除从表	保存	调拨货物	列表	审核	取消

调拨单号　DB00001　　＊　　调拨原因　[　]　　调拨日期　2007-11-13
货主名称　C食品有限公司　　出库仓　D1仓库　　入库仓　D1仓库
提货司机　六浩　　司机电话　136899535　　提货车号　京c12543
总件数　0　　总重量　0　　总体积　0
制单人　杰　　确认人　[　]

预置库位　[　]　　要货单位　[　]　　颜色名称　[　]　　物品名称　[　]
型号　[　]　　物品类型　[　]　　生产批号　[　]　　生产日期　[　]
入库批号　[　]　　单位　台　　数量　[　]　　体积　[　]
重量　[　]　　价值　[　]　　类型　正品　
备注　[　]　　　　　　确定

序号	□	预置库位	要货单位名称	物品名称	型号	类型	数量	体积	重量	价值

图 4-57　查看单据信息

（5）单击"调拨货物"按钮，选择要处理的货物，如图4-58所示。

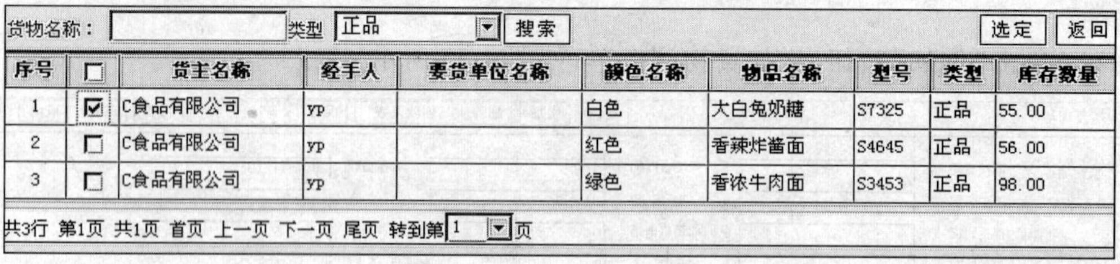

货物名称　[　]　　类型　正品　　搜索　　　　选定　返回

序号	□	货主名称	经手人	要货单位名称	颜色名称	物品名称	型号	类型	库存数量
1	☑	C食品有限公司	yp		白色	大白兔奶糖	S7325	正品	55.00
2	□	C食品有限公司	yp		红色	香辣炸酱面	S4645	正品	56.00
3	□	C食品有限公司	yp		绿色	香浓牛肉面	S3453	正品	98.00

共3行 第1页 共1页 首页 上一页 下一页 尾页 转到第 1 页

图 4-58　选择调拨货物

（6）单击"选定"按钮，选择结果如图4-59所示。

（7）双击产品条目，系统提取相关信息自动录入单据所需选项，如图4-60所示。

（8）单击"确定"按钮，然后单击"审核"按钮，系统调拨产品。

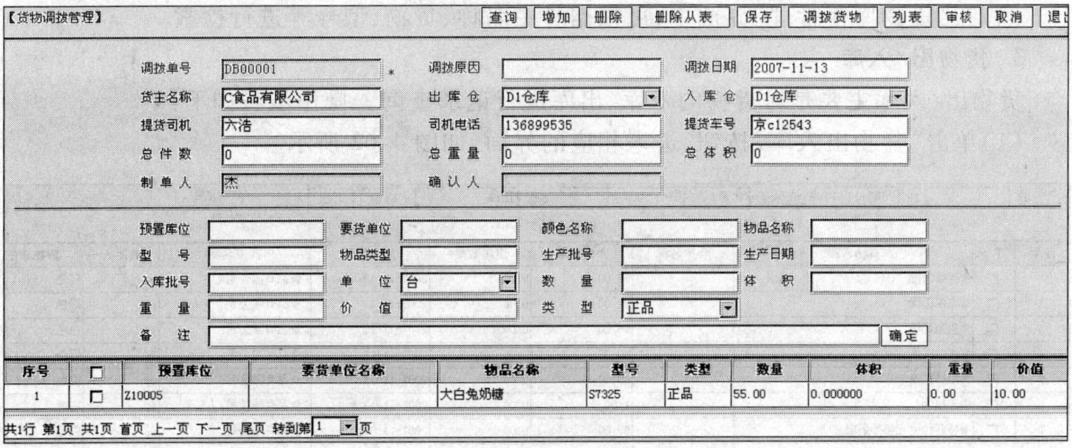

图 4-59　选择货物

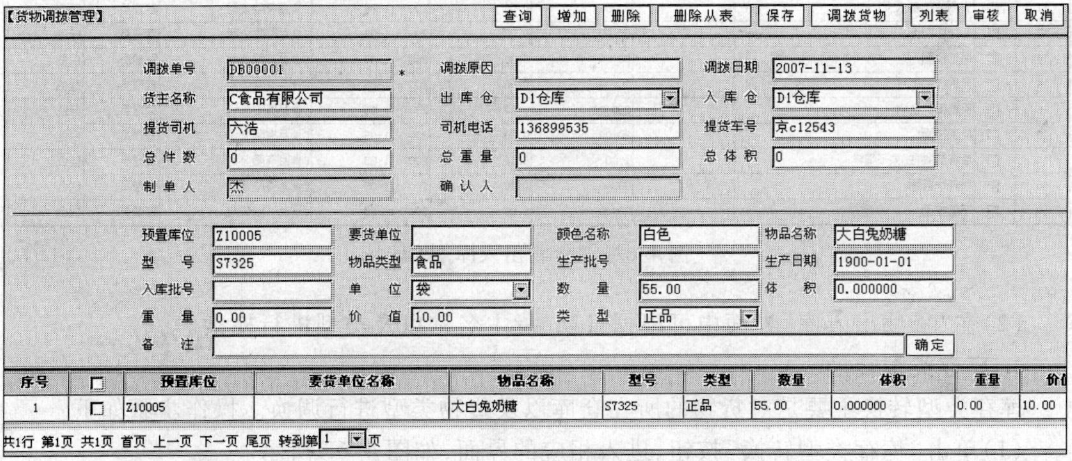

图 4-60　自动录入单据数据

2. 货物库存管理

货物库存管理主要是查看及检索货物的处理。操作步骤如下：

(1) 单击"货物库存管理"按钮，进入相应的界面，如图 4-61 所示。

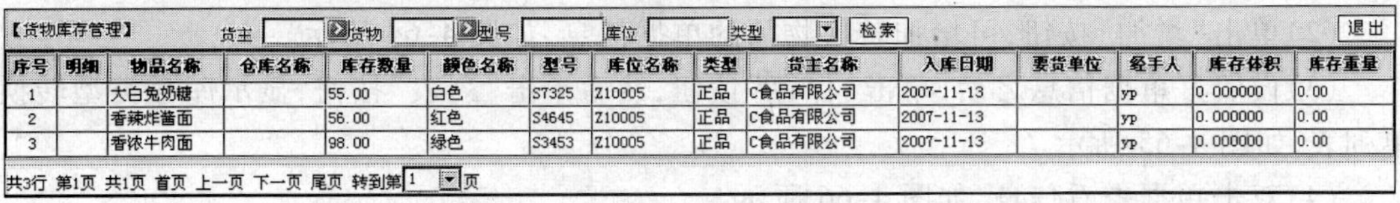

图 4-61　货物库存管理界面

（2）在"货物库存管理"界面中,可根据货主名称、货物、型号等进行检索。

3. 货物出/入库

货物出/入库主要是对货物的入库、出库进行记录查询。操作步骤如下:

（1）单击"货物出入库"按钮,进入相应的界面,如图 4-62 所示。

| 日 期 | | | 到 | 2007-11-14 | 货主名称 | 北京A物流中心 | ▼ | 类型 | 正品 | ▼ | 检索 | 退出 |

序号	□	货物名称	仓库名称	入库数量	出库数量	发生日期	货主名称	经手人	货物颜色
1	□	香辣炸酱面		56.00	0.00	2007-11-13	C食品有限公司	yp	红色
2	□	香浓牛肉面		98.00	0.00	2007-11-13	C食品有限公司	yp	绿色
3	□	大白兔奶糖		55.00	0.00	2007-11-13	C食品有限公司	yp	白色
4	□	香浓牛肉面		60.00	0.00	2007-11-13	C食品有限公司	yp	绿色
5	□	天厨牌矿泉水		89.00	0.00	2007-11-13	C食品有限公司	yp	蓝色
6	□	手工拉面		1.00	0.00	2007-11-13	C食品有限公司	yp	白色
7	□	香特莉10生日鲜奶蛋糕		88.00	0.00	2007-11-08	C食品有限公司	yp	白色
8	□	手工拉面		22.00	0.00	2007-11-08	C食品有限公司	S00276	白色
9	□	香辣炸酱面		55.00	0.00	2007-11-06	C食品有限公司	管理员	红色
10	□	大白兔奶糖		66.00	0.00	2007-11-06	C食品有限公司	管理员	白色
11	□	天厨牌矿泉水		38.00	0.00	2007-11-06	C食品有限公司	管理员	蓝色
12	□	香浓牛肉面		56.00	0.00	2007-11-06	C食品有限公司	管理员	绿色
13	□	手工拉面		20.00	0.00	2007-11-05	C食品有限公司	管理员	白色
14	□	天厨牌矿泉水		20.00	0.00	2007-11-05	C食品有限公司	管理员	蓝色
15	□	天厨牌矿泉水		200.00	0.00	2007-11-05	C食品有限公司	管理员	蓝色
16	□	手工拉面		20.00	0.00	2007-11-05	C食品有限公司	管理员	白色
17	□	香特莉9鲜奶栗子蛋糕		1.00	0.00	2007-11-05	C食品有限公司	管理员	蓝色
18	□	香辣炸酱面		30.00	0.00	2007-11-05	C食品有限公司	管理员	红色
19	□	手工拉面		20.00	0.00	2007-10-25	C食品有限公司	管理员	白色

图 4-62 "货物出入库"界面

（2）在"货物出入库"界面中可根据日期、货主名称以及类型进行检索。

4. 库存类型转换

库存类型转换主要是对货物的所在仓库以及货物类型进行调换。操作步骤如下:

（1）单击"库存类型转换"按钮,进入相应的界面,如图 4-63 所示。

| 【库存类型转换】 | | 查询 | 增加 | 删除 | 删除从表 | 保存 | 货损货物 | 列表 | 审核 | 取消 | 退出 |

序号	□	转换单号	货主名称	仓库名称	发生日期	转换类型	单据状态
1	□	00001	C食品有限公司	D1仓库	2007-06-27	正品	未确定

图 4-63 "库存类型转换"界面

（2）单击"增加"按钮,可增加转换物品的单据信息,如图 4-64 所示。

（3）设置好单据信息之后,单击"保存"按钮,然后单击"列表"按钮,显示库存类型转换单列表,如图 4-65 所示。

（4）双击单据查看信息,如图 4-66 所示。

（5）双击信息,即可进行物品类型转换。

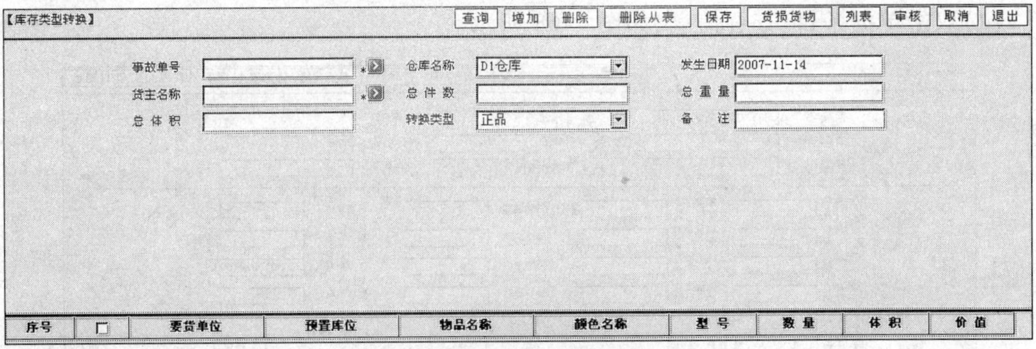

图 4-64　添加库存类型转换单

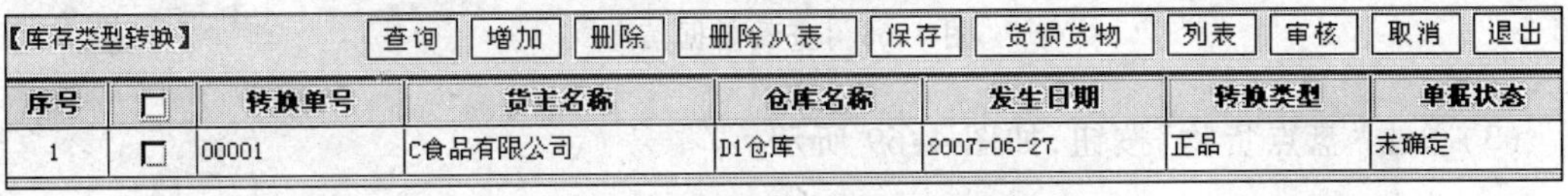

图 4-65　货物类型转换单列表

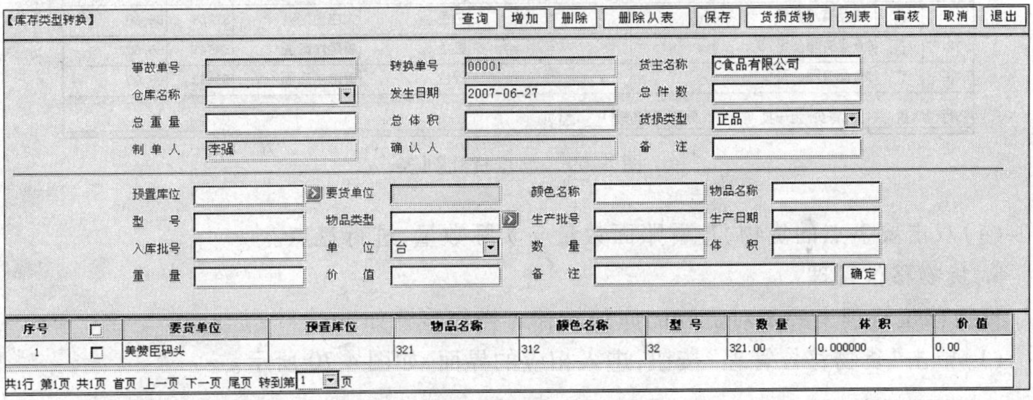

图 4-66　查看单据信息

5. 货物盘点管理

企业一般在每个月末或每年末,对货物进行盘点。操作步骤如下:

(1)单击"货物盘点管理"按钮,进入相应的界面,单击"增加"按钮即可增加盘点单据。单击"保存"按钮,然后单击"列表"按钮,如图 4-67 所示。

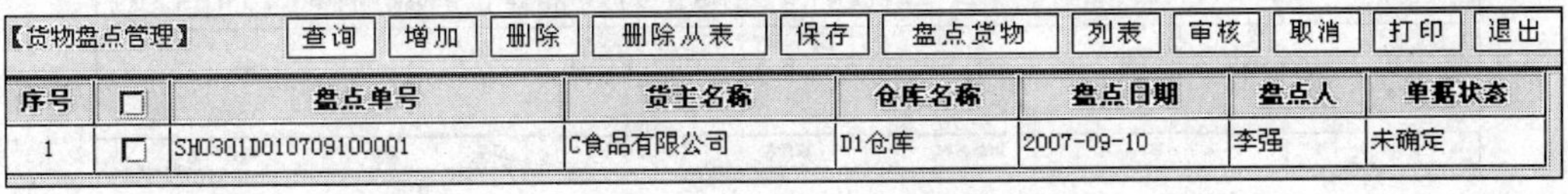

图 4-67　货物盘点管理界面

205

（2）双击单据条目，查看信息，如图 4-68 所示。

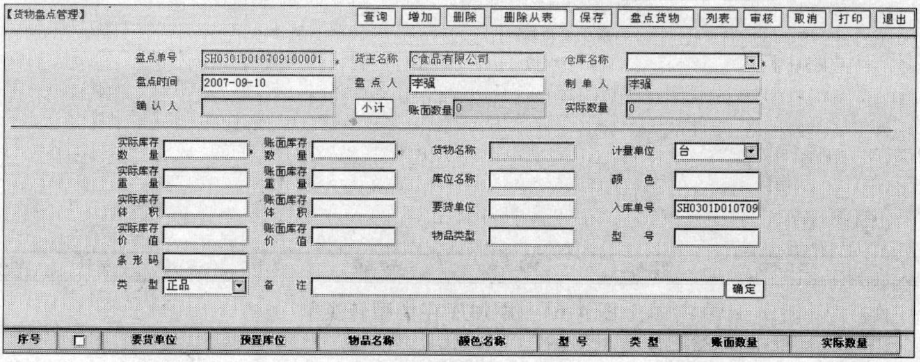

图 4-68　查看单据信息

（3）单击"盘点货物"按钮，如图 4-69 所示。

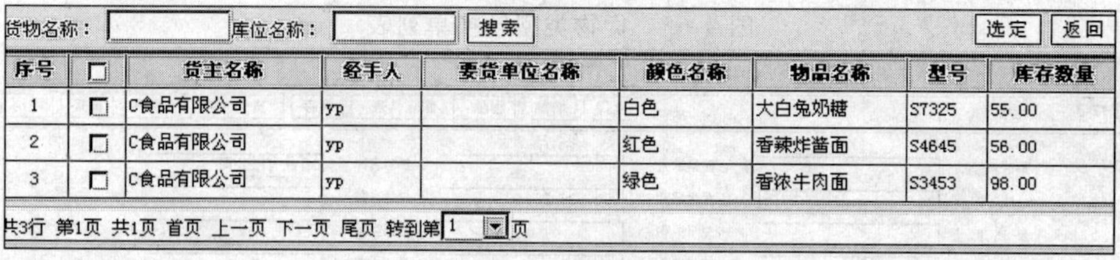

序号	☐	货主名称	经手人	要货单位名称	颜色名称	物品名称	型号	库存数量
1	☐	C食品有限公司	yp		白色	大白兔奶糖	ST325	55.00
2	☐	C食品有限公司	yp		红色	香辣炸酱面	S4645	56.00
3	☐	C食品有限公司	yp		绿色	香浓牛肉面	S3453	98.00

共3行 第1页 共1页 首页 上一页 下一页 尾页 转到第 1 页

图 4-69　盘点货物列表

（4）双击要盘点的货物，查看账面数量与实际数量，进行盘点。

6. 货物移位管理

货物移位管理主要是对货物的库位转移。操作步骤如下：

（1）单击"货物移位管理"按钮，进入相应的界面，如图 4-70 所示。

序号	☐	移位单号	仓库名称	移动日期	制单人	单据状态
1	☐	00001	D1仓库	2007-06-27	李强	未确定

图 4-70　货物移位管理界面

（2）单击"增加"按钮，如图 4-71 所示。

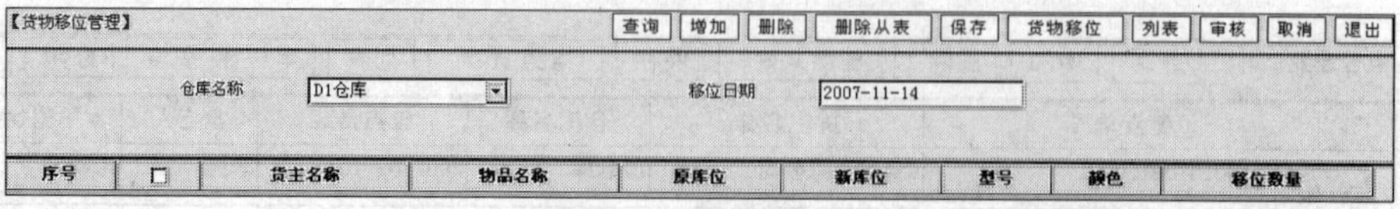

图 4-71　添加单据

(3)选择仓库名称,单击“保存”按钮,如图 4-72 所示。

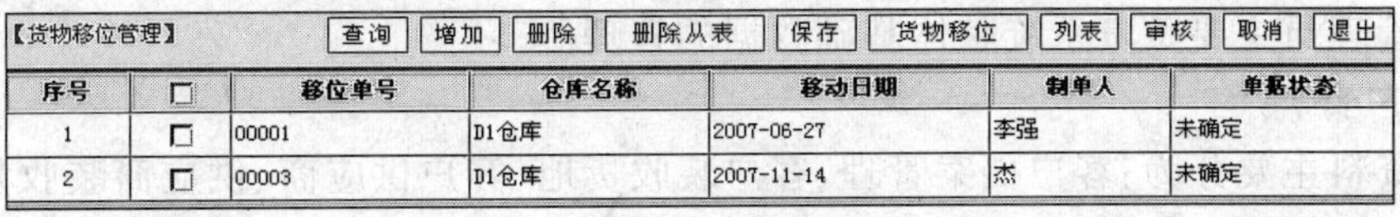
【货物移位管理】
查询 增加 删除 删除从表 保存 货物移位 列表 审核 取消 退出
序号 移位单号 仓库名称 移动日期 制单人 单据状态
1 00001 D1仓库 2007-06-27 李强 未确定
2 00003 D1仓库 2007-11-14 杰 未确定

图 4-72　选择进行移位操作的仓库

(4)双击所创建的单据,查看并设置详细信息,如图 4-73 所示。

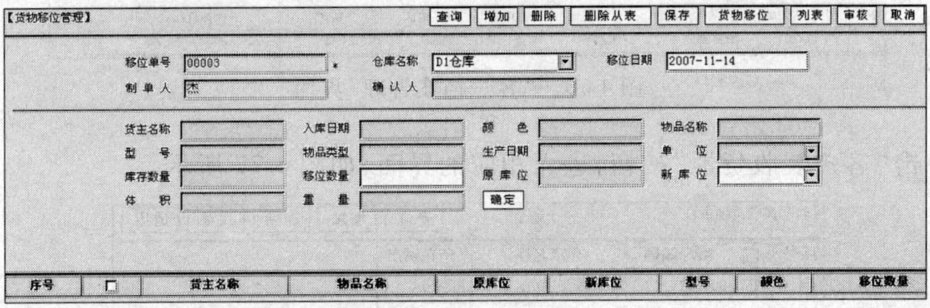
【货物移位管理】
查询 增加 删除 删除从表 保存 货物移位 列表 审核 取消
移位单号 00003
仓库名称 D1仓库
移位日期 2007-11-14
制单人 杰
确认人
货主名称 入库日期 颜色 物品名称
型号 物品类型 生产日期 单位
库存数量 移位数量 原库位 新库位
体积 重量 确定
序号 货主名称 物品名称 原库位 新库位 型号 颜色 移位数量

图 4-73　单据详细信息

(5)单击“货物移位”按钮,查看详细的列表,如图 4-74 所示。

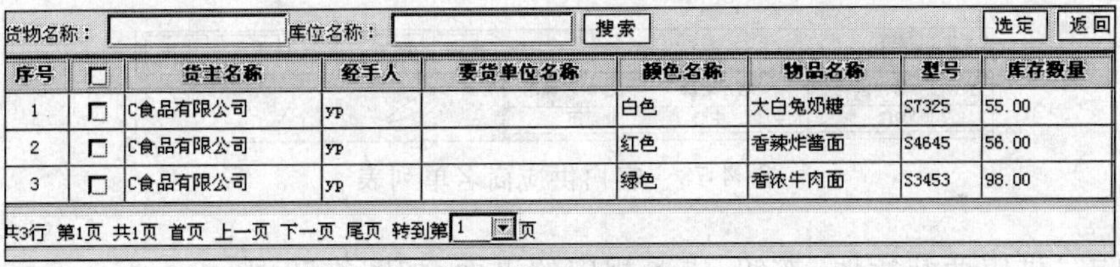
货物名称：
库位名称：
搜索
选定
返回
序号 货主名称 经手人 要货单位名称 颜色名称 物品名称 型号 库存数量
1 C食品有限公司 yp 白色 大白兔奶糖 S7325 55.00
2 C食品有限公司 yp 红色 香辣炸酱面 S4645 56.00
3 C食品有限公司 yp 绿色 香浓牛肉面 S3453 98.00
共3行 第1页 共1页 首页 上一页 下一页 尾页 转到第 1 页

图 4-74　选择移位货物

(6)选择要移位的货物,单击“审核”按钮,如图 4-75 所示。

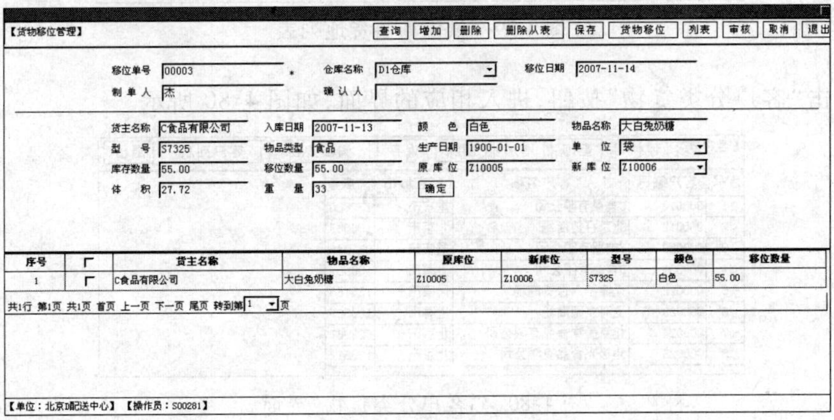
【货物移位管理】
查询 增加 删除 删除从表 保存 货物移位 列表 审核 取消 退出
移位单号 00003
仓库名称 D1仓库
移位日期 2007-11-14
制单人 杰
确认人
货主名称 C食品有限公司
入库日期 2007-11-13
颜色 白色
物品名称 大白兔奶糖
型号 S7325
物品类型 食品
生产日期 1900-01-01
单位 袋
库存数量 55.00
移位数量 55.00
原库位 Z10005
新库位 Z10006
体积 27.72
重量 33
确定
序号 货主名称 物品名称 原库位 新库位 型号 颜色 移位数量
1 C食品有限公司 大白兔奶糖 Z10005 Z10006 S7325 白色 55.00
共1行 第1页 共1页 首页 上一页 下一页 尾页 转到第 1 页
【单位：北京D配送中心】【操作员：S00281】

图 4-75　移位货物选择完成

（四）实验四　系统管理员实验

系统管理员主要负责系统整体基础数据的管理。

1. 客户资料

客户资料主要分为：客户档案管理、客户装收货地、客户供应商、供应商装收货地、客户分类货物、承运商档案。分为不同的模块对客户资料进行管理。操作步骤如下：

（1）单击"客户档案管理"按钮，进入相应的界面，如图4-76所示。

【客户档案管理】								查询 增加 删除 保存 列表 退出
序号	□	客户编码	客户名称	所在城市	联系人	联系电话	传真	公司Email
1	□	000017	北京D配送中心	北京市	赵勇	135528921	010124552	zhangyong5566@sohu.com

图4-76　"客户档案管理"界面

（2）单击"客户装收货地"按钮，进入相应的界面，如图4-77所示。

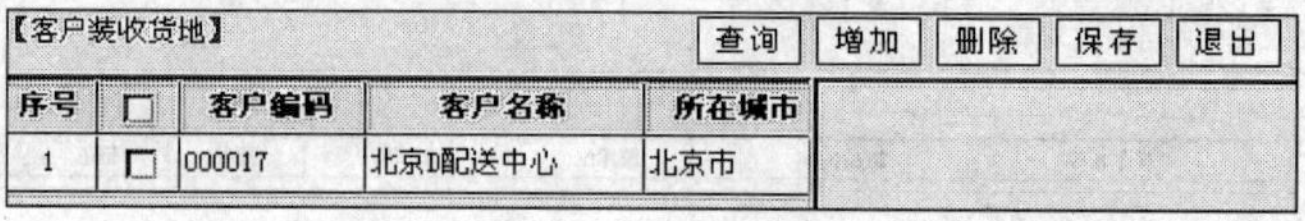

【客户装收货地】				查询 增加 删除 保存 退出
序号	□	客户编码	客户名称	所在城市
1	□	000017	北京D配送中心	北京市

图4-77　客户装收货地列表

（3）单击"客户供应商"按钮，进入相应的界面，如图4-78所示。

【客户供应商】			查询 增加 删除 保存 退出
序号	客户编码	客户名称	所在城市
1	000017	北京D配送中心	北京市

图4-78　客户供应商名单列表

（4）单击"供应商装货地"按钮，进入相应的界面，如图4-79所示。

【供应商装收货地】			查询 增加 删除 保存 退出
序号	供应商编码	供应商名称	所属
1	000023	北京D中心子公司	北京D配送

图4-79　供应商装货地列表

（5）单击"客户分类货物"按钮，进入相应的界面，如图4-80所示。

【客户分类货物】		查询 增加 删除 保存 编辑货物 客户列表 退出		
序号	客户编码	客户名称	所在城市	联系
1	000018	C食品有限公司	重庆市	132600
2	000019	北京百货商场	北京市	136065
3	000020	F电器有限公司	重庆市	051245
4	000021	D食品有限公司	上海市	136587
5	000022	天津第六百货商场	天津市	135768
6	000023	上海友谊商场	上海市	136587
7	000024	北京美味食品有限公司	北京市	622267
8	000025	北极光食品有限公司	北京市	136512

图4-80　"客户分类货物"界面

(6)单击“承运商档案”按钮,进入相应的界面,如图 4-81 所示。

【承运商档案】 查询 增加 删除 保存 列表 分支机构 专线信息 退出

序号	☐	编码	承运商名称	所在城市	业务联系人	联系电话	传真	运输方式
1	☐	000002	鸿昌货运有限公司	重庆市	鸿昌	136544588	0206987856	公路
2	☐	000009	湘江运输有限公司	长沙市	杨虎城	136855878	0208874551	公路
3	☐	000011	广州客运	上海市	可可	130965231	0203312598	公路
4	☐	000015	中国B车队有限公司	上海市	张美	139878565	0203389451	公路
5	☐	000013	北京快运	北京市	李素娥	136258742	0206658995	铁路
6	☐	000008	广州铁路运输有限公司	广州市	广铁	159846588	0209962315	铁路
7	☐	000005	南方航空公司	广州市	南航	130566877	0208878548	航空
8	☐	000012	联邦快递集团	海南省	古风	132543243	0205568968	航空
9	☐	000014	南宁运输有限公司	南宁市	刘田	135236874	0201136895	海运

图 4-81　承运商档案界面

2. 运输资料

运输资料主要用于对车队的车辆进行管理,包括:自用车辆管理、合同车辆管理、社会车辆管理以及城市代码管理。操作步骤如下:

(1)单击“自用车辆管理”按钮,进入相应的界面,如图 4-82 所示。

【自用车辆管理】 查询 增加 删除 保存 司机信息 列表 退出

序号	☐	车牌号	车型	实际车长	核定载重(T)	最大载重	出厂日期
1	☐	冀B3876	单桥车	2.0	08T	12.0	2002-08-23
2	☐	京c10369	单桥车	0.0	08T	34.0	2002-06-12
3	☐	蒙A1253	半挂车	3.0	15T	234.0	2002-05-15

图 4-82　“自用车辆管理”界面

(2)单击“合同车辆管理”按钮,进入相应的界面,如图 4-83 所示。

【合同车辆管理】 查询 增加 删除 保存 司机信息 列表 列入黑名单 显示黑名单 退出

序号	☐	车牌号	车型	实际车长	核定载重(T)	最大载重	出厂日期
1	☐	京c12543	集装箱	0.0	08T	0.0	1990-06-10
2	☐	沪H3568	平板	23.0	10T	10.0	2007-06-15

图 4-83　“合同车辆管理”界面

(3)单击“社会车辆管理”按钮,进入相应的界面,如图 4-84 所示。

【社会车辆管理】 查询 增加 删除 保存 司机信息 列表 列入黑名单 显示黑名单 退出

序号	☐	车牌号	车型	实际车长	核定载重(T)	最大载重	出厂日期
1	☐	吉A1236	特种车	3.0	08T	234.0	1998-11-08
2	☐	京H2569	半挂车	8.0	20T	20.0	2004-05-20

图 4-84　“社会车辆管理”界面

(4)单击"城市代码管理"按钮,进入相应的界面,如图 4-85 所示。

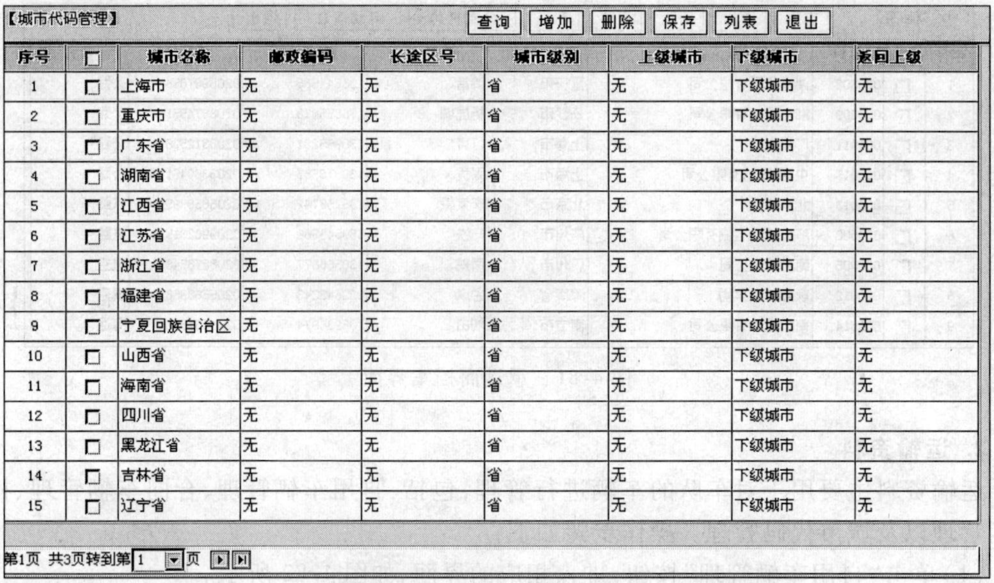

序号	☐	城市名称	邮政编码	长途区号	城市级别	上级城市	下级城市	返回上级
1	☐	上海市	无	无	省	无	下级城市	无
2	☐	重庆市	无	无	省	无	下级城市	无
3	☐	广东省	无	无	省	无	下级城市	无
4	☐	湖南省	无	无	省	无	下级城市	无
5	☐	江西省	无	无	省	无	下级城市	无
6	☐	江苏省	无	无	省	无	下级城市	无
7	☐	浙江省	无	无	省	无	下级城市	无
8	☐	福建省	无	无	省	无	下级城市	无
9	☐	宁夏回族自治区	无	无	省	无	下级城市	无
10	☐	山西省	无	无	省	无	下级城市	无
11	☐	海南省	无	无	省	无	下级城市	无
12	☐	四川省	无	无	省	无	下级城市	无
13	☐	黑龙江省	无	无	省	无	下级城市	无
14	☐	吉林省	无	无	省	无	下级城市	无
15	☐	辽宁省	无	无	省	无	下级城市	无

第1页 共3页 转到第 1 页 ▶ ▶|

图 4-85 "城市代码管理"界面

(五)实验五 配送中心主管实验

配送中心主管主要对系统中的财务进行整理和管理,主要分为:收费项管理、合同管理、收费单据管理、货物应收费用、货物成本费用。操作步骤如下:

(1)单击"收费项管理"按钮,进入相应的界面,如图 4-86 所示。

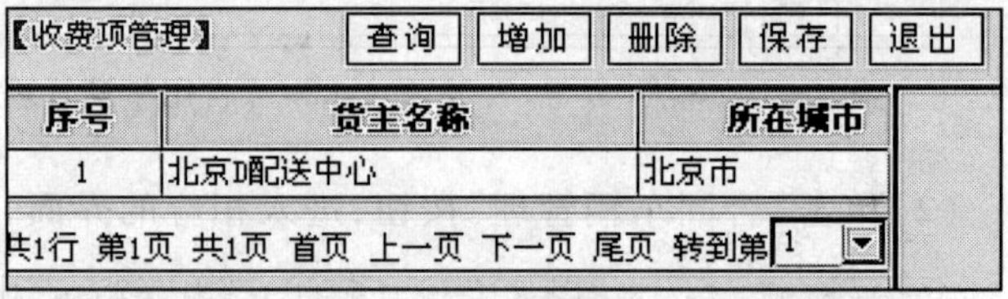

(2)单击"合同管理"按钮,进入相应的界面,如图 4-87 所示。

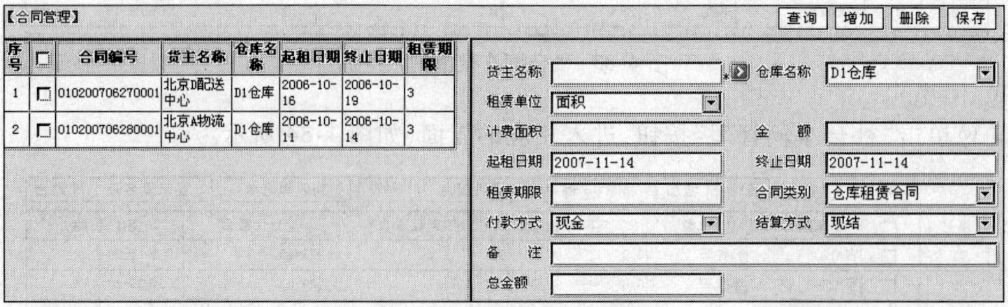

图 4-86 收费项管理界面

图 4-87 合同管理界面

（3）单击"收费单据管理"按钮,进入相应的界面,如图4-88所示。

【收费单据管理】　　　　　　　　　　查询　增加　删除　删除从表　保存　列表　审核　取消　退出

序号	□	签收单号	货主名称	仓库名称	总金额	收费日期	运费	单据状态
1	□	0001	C食品有限公司		324242.00	2007-06-07	67567.00	未确定
2	□	0002	C食品有限公司	D1仓库	9562.00	2007-08-09	34.00	未确定

图4-88　收费单据管理页面

（4）单击"货物应收费用"按钮,进入相应的界面,如图4-89所示。

【货物应收费用】　　　　　　　　　　查询　增加　删除　删除从表　保存　列表　审核　取消　退出

序号	□	收费单号	货主名称	仓库名称	总金额	收费日期	制单人	收获地	单据状态
1	□	00001	C食品有限公司		5823	2007-06-07	李强	北京	未确定

图4-89　"货物应收费用"界面

（5）单击"货物成本费用"按钮,进入相应的界面,如图4-90所示。

【货物成本费用】　　　　　　　　　　查询　增加　删除　删除从表　保存　列表　审核　取消　退出

序号	□	费用单号	货主名称	收货地	仓库名称	总金额	收费日期	单据状态
1	□	00001	C食品有限公司	123	D1仓库	123	2007-10-25	未确定

图4-90　"货物成本费用"界面

（六）实验六　统计分析员实验

统计分析员主要对费用的结算与报表进行整理和管理,主要分为:成本费用管理、押金支付管理。

1. 财务结算

操作步骤如下:

（1）单击"成本费用管理"按钮,进入相应的界面,如图4-91所示。

【成本费用管理】　　　　　　　　查询　增加　删除　删除从表　保存　列表　审核　取消　退出

序号	□	货主名称	车号	发货地点	收货地	仓库名称	方数	总金额	收费日期	单据状态
1	□	D食品有限公司	京H00843	合肥	深圳	D1仓库	8	6898.00	2007-08-08	未确定
2	□	C食品有限公司	京B90543	北京市海淀区	天津市	D1仓库	87	7219.00	2007-08-09	未确定

图4-91　"成本费用管理"界面

（2）单击"押金支付管理"按钮,进入相应的界面,如图4-92所示。

【押金支付管理】　押金单号 [　　　　　]　　　　检索　删除　增加　异常处理　保存　审核

序号	选择	押金单号	司机姓名	车号	发生日期	凭证日期	押金总额	发站	到站	单据状态
1	□	001	李小鹏	京J66543	2006-09-06	2006-09-20	658	北京	天津	未支付
2	□	002	张兰	京X96543	2006-04-18	2006-04-27	896	北京	山东	未支付
3	□	005	李小明	沪H3568	2006-09-05	2006-09-20	567	北京	山西	未支付
4	□	010	张明广	沪C6436	2006-09-13	2006-09-28	987	北京	天津	未支付
5	□	012	刘浩东	沪A3328	2006-09-06	2006-09-27	980	北京	深圳	未支付

共5行 第1页 共1页 首页 上一页 下一页 尾页 转到第 [1 ▼] 页

图4-92　"押金支付管理"界面

2. 报表统计

报表统计主要是对一些报表进行管理,包括导出、打印等功能,分为:收费统计报表、仓库费用报表、发货记录报表、消费统计报表、库存管理统计报表、押金统计报表、月统计分析、库存量统计、库存报警。操作步骤如下:

(1)单击"收费统计报表"按钮,进入相应的界面,如图 4-93 所示。

(2)单击"仓库费用报表"按钮,进入相应的界面,如图 4-94 所示。

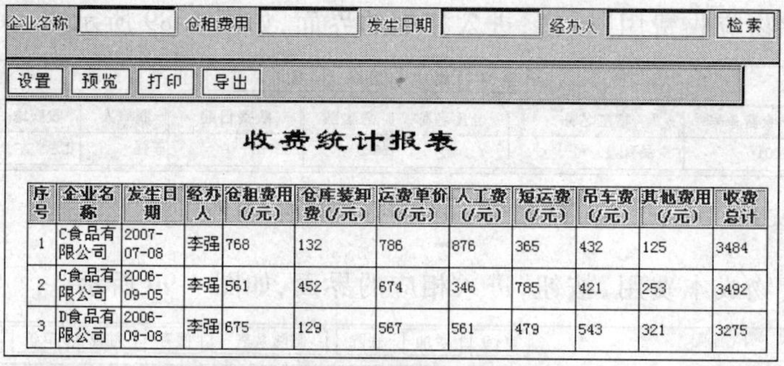

企业名称		仓租费用		发生日期		经办人		检索

设置　预览　打印　导出

收费统计报表

序号	企业名称	发生日期	经办人	仓租费用(/元)	仓库装卸费(/元)	运费单价(/元)	人工费(/元)	短运费(/元)	吊车费(/元)	其他费用(/元)	收费总计
1	C食品有限公司	2007-07-08	李强	768	132	786	876	365	432	125	3484
2	C食品有限公司	2006-09-05	李强	561	452	674	346	785	421	253	3492
3	D食品有限公司	2006-09-08	李强	675	129	567	561	479	543	321	3275

图 4-93　收费统计报表

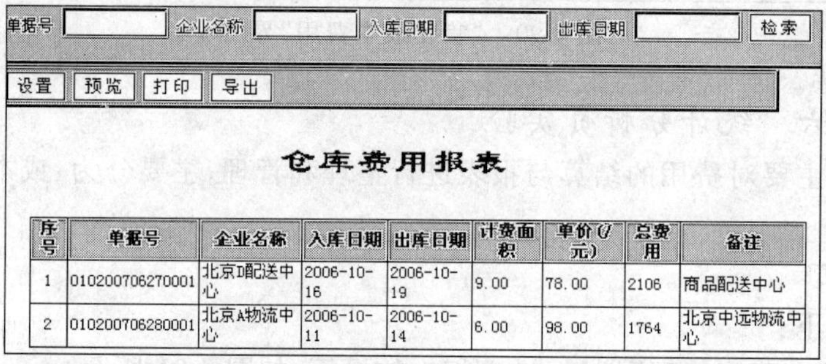

单据号		企业名称		入库日期		出库日期		检索

设置　预览　打印　导出

仓库费用报表

序号	单据号	企业名称	入库日期	出库日期	计费面积	单价(/元)	总费用	备注
1	010200706270001	北京D配送中心	2006-10-16	2006-10-19	9.00	78.00	2106	商品配送中心
2	010200706280001	北京A物流中心	2006-10-11	2006-10-14	6.00	98.00	1764	北京中远物流中心

图 4-94　仓库费用报表

(3)单击"发货记录报表"按钮,进入相应的界面,如图 4-95 所示。

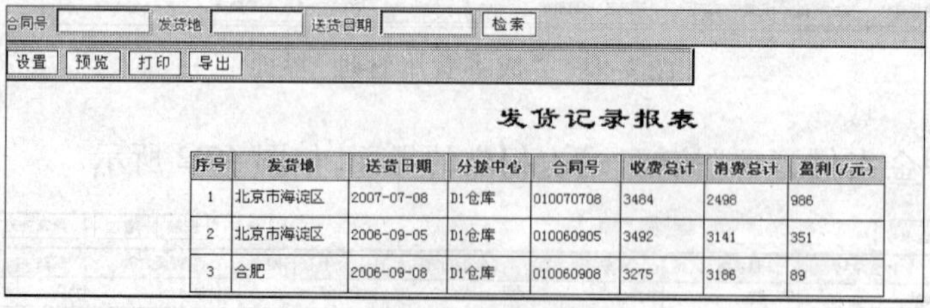

合同号		发货地		送货日期		检索

设置　预览　打印　导出

发货记录报表

序号	发货地	送货日期	分拨中心	合同号	收费总计	消费总计	盈利(/元)
1	北京市海淀区	2007-07-08	D1仓库	010070708	3484	2498	986
2	北京市海淀区	2006-09-05	D1仓库	010060905	3492	3141	351
3	合肥	2006-09-08	D1仓库	010060908	3275	3186	89

图 4-95　发货记录报表

(4)单击"消费统计记录"按钮,进入相应的界面,如图 4-96 所示。

(5)单击"库存管理统计报表"按钮,进入相应的界面,如图 4-97 所示。

企业信息 | 发货地 | 合同号 | 经办人 | 车号 | 实际运费 | 检索

设置　预览　打印　导出

消费统计报表

序号	企业信息	发货地	合同号	经办人	分拨中心	车号	招待费	人员工资	电话费	房租费用	已付运费	交通费	生活补助	办公费	押金	手机费	消费统计
1	C食品有限公司	北京市海淀区	010070708	李强	D1仓库	京J66543	34	1431	21	123	561	13	21	53	225	16	2498
2	C食品有限公司	北京市海淀区	010060905	李强	D1仓库	京B90543	58	2156	87	69	68	10	23	69	586	15	3141
3	D食品有限公司	合肥	010060908	李强	D1仓库	京H00843	21	1722	12	123	235	567	14	33	437	22	3186

图 4-96　消费统计报表

单据号 | 企业名称 | 入库日期 | 经办人 | 产品名称 | 数量 | 包装 | 检索

设置　预览　打印　导出

库存管理统计报表

序号	单据号	企业名称	产品名称	入库日期	颜色	经办人	数量	包装
1	SH0301D010711130030	C食品有限公司	大白兔奶糖	2007-11-13	白色	YP	55.00	装
2	SH0301D010711130030	C食品有限公司	香辣炸酱面	2007-11-13	红色	YP	56.00	装
3	SH0301D010711130031	C食品有限公司	香辣牛肉面	2007-11-13	绿色	YP	98.00	装
4	SH0301D010711140032	C食品有限公司	香特莉9生日心型鲜奶蛋糕	2007-11-14	粉色	YP	1.00	个
5	SH0301D010711140032	C食品有限公司	手工拉面	2007-11-14	白色	YP	0.00	装
6	SH0301D010711140033	C食品有限公司	手工拉面	2007-11-14	白色	S00268	22.00	装
7	SH0301D010711140033	C食品有限公司	香辣牛肉面	2007-11-14	绿色	S00268	21.00	装
8	SH0301D010711140034	C食品有限公司	天晟牌矿泉水	2007-11-14	蓝色	S00268	30.00	瓶
9	SH0301D010711140034	C食品有限公司	大白兔奶糖	2007-11-14	白色	S00268	30.00	装
10	SH0301D010711140035	C食品有限公司	手工拉面	2007-11-14	白色	YP	1.00	装
11	SH0301D010711140035	C食品有限公司	大白兔奶糖	2007-11-14	白色	YP	1.00	装

图 4-97　库存管理统计报表

（6）单击"押金统计报表"按钮，如图 4-98 所示。

凭证日期 | 车号 | 到站 | 押金证号 | 押金 | 检索

设置　预览　打印　导出

押金统计报表

序号	凭证日期	日期	发站	到站	车号	品名	押金证号	押金(/元)	备注
1	2006-09-20	2006-09-06	北京	天津	京J66543	食品	001	658	天津
2	2006-04-27	2006-04-18	北京	山东	京H96543	食品	002	896	无
3	2006-09-20	2006-09-05	北京	山西	沪H3568	食品	005	567	无
4	2006-09-28	2006-09-13	北京	天津	沪C6436	食品	010	987	无
5	2006-09-27	2006-09-06	北京	深圳	沪A3328	食品	012	980	深圳

图 4-98　押金统计报表

（7）单击"月统计分析"，如图4-99所示。

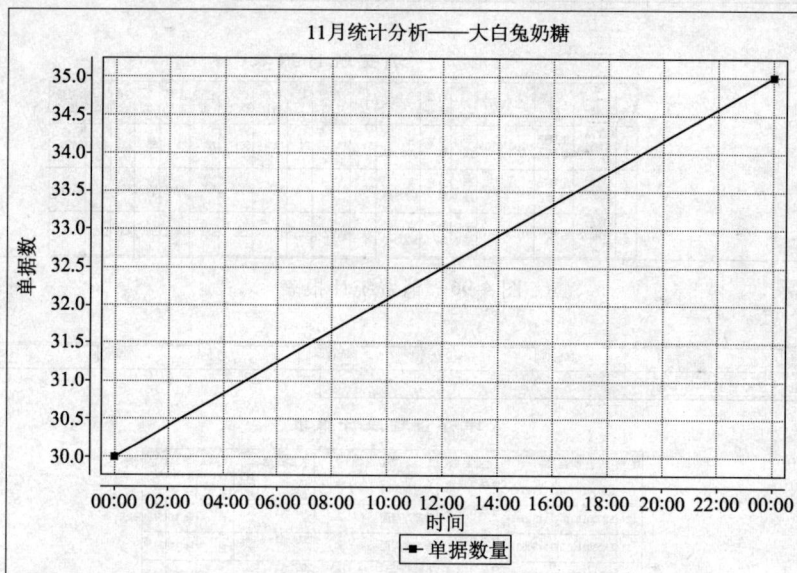

图4-99　月统计分析界面

（8）单击"存储量统计"按钮，进入相应的界面，如图4-100所示。

【存储量统计】 货主 C食品有限公司 ▾ 时间起始点 □ 终止点 □ 产品编码 □ ▶ 时间查询 退出

存储量统计

序号	产品编码	产品名称	库存量	仓库	日期
1	6961000115001	手工拉面	0	D1仓库	2007-01-01
2	6961000115001	手工拉面	0	D1仓库	2007-01-02
3	6961000115001	手工拉面	0	D1仓库	2007-01-03
4	6961000115001	手工拉面	0	D1仓库	2007-01-04
5	6961000115001	手工拉面	0	D1仓库	2007-01-05
6	6961000115001	手工拉面	0	D1仓库	2007-01-06
7	6961000115001	手工拉面	0	D1仓库	2007-01-07
8	6961000115001	手工拉面	0	D1仓库	2007-01-08
9	6961000115001	手工拉面	0	D1仓库	2007-01-09
10	6961000115001	手工拉面	0	D1仓库	2007-01-10
11	6961000115001	手工拉面	0	D1仓库	2007-01-11

图4-100　"存储量统计"界面

（9）单击"库存报警"按钮，进入相应的界面，如图4-101所示。

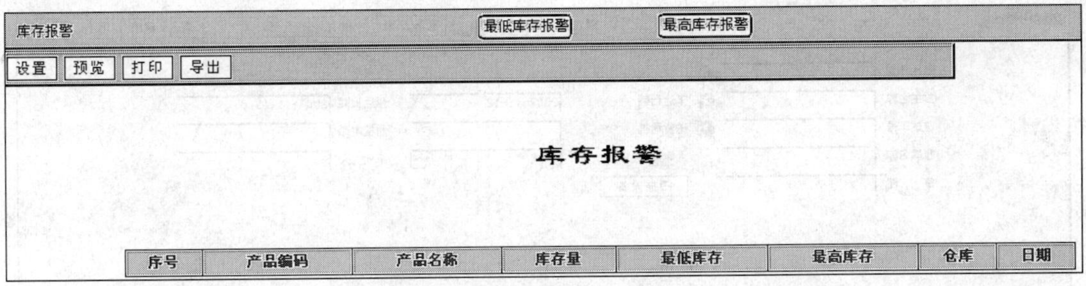

库存报警		最低库存报警		最高库存报警		

设置　预览　打印　导出

库存报警

序号	产品编码	产品名称	库存量	最低库存	最高库存	仓库	日期

图 4-101　"库存报警"界面

二、流程实验

(一)实验一　入库业务流程

1. 实验内容

(1)在接到相关业务部门的收货通知后,收货人员应根据堆存计划或与客户签订的合同对将要入库的货物情况进行了解,如票数、品名、数量、尺寸、标志、性质和包装等。具体到本实验,应以货物的数量、品名为主。

(2)根据货物入库的数量和时间,安排好货物验收人员以及货物入库流程。

(3)入库管理员根据客户送货指令创建入库单。

(4)入库管理员进行验货,查看单据与实际数量等数据是否相符。

(5)入库管理员审核货物,进行货物入库处理。

2. 实验流程基本操作

操作步骤如下:

(1)单击"入库货物计划"按钮,进入相应的界面,如图 4-102 所示。

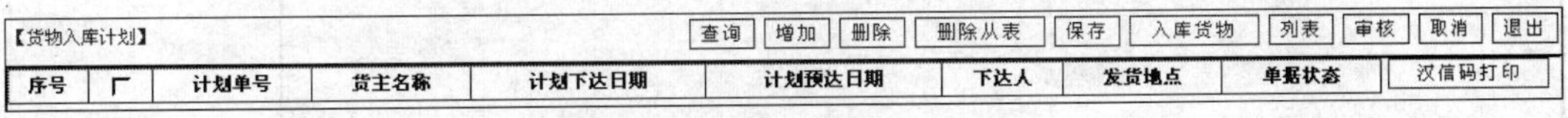

【货物入库计划】　查询　增加　删除　删除从表　保存　入库货物　列表　审核　取消　退出

序号	厂	计划单号	货主名称	计划下达日期	计划预达日期	下达人	发货地点	单据状态	汉信码打印

图 4-102　"货物入库计划"界面

(2)单击"增加"按钮,如图 4-103 所示。

(3)填写入库单,用户可以根据一体化的单据进行转入,也可以自己创建入库单,单击"货主名称"文本框右侧的 ▷ 按钮,选择货主名称,如图 4-104 所示。

(4)在弹出的对话框中可以进行选择。选择单据号为"1"的货主,双击即可自动生成相关信息,如图 4-105 所示。

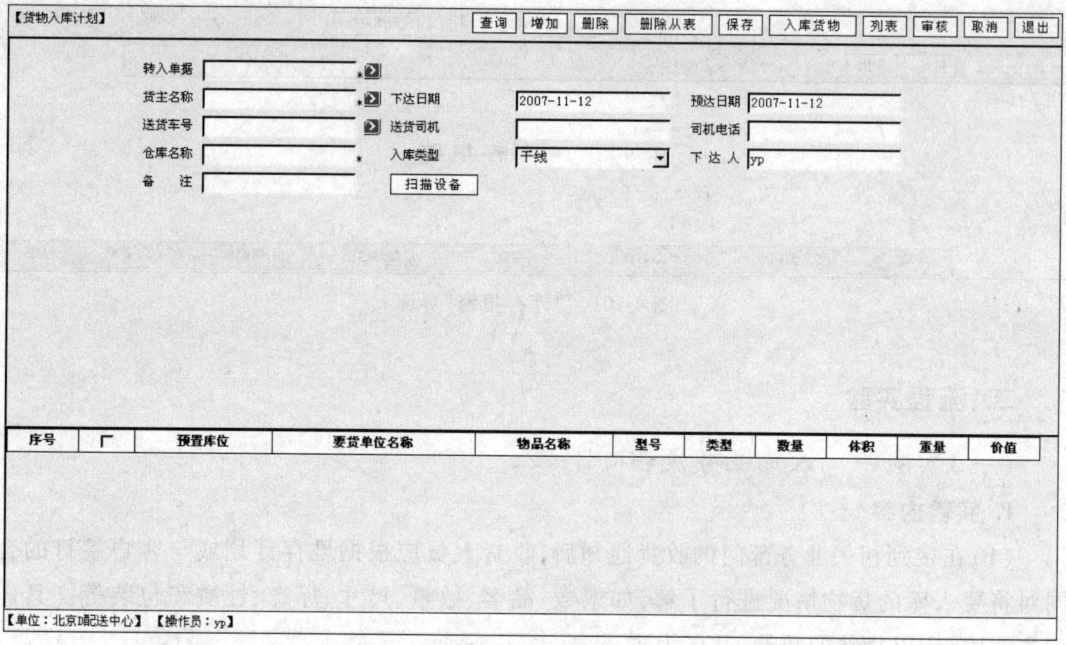

【货物入库计划】　　　　　　　　　　　　　　　 查询 | 增加 | 删除 | 删除从表 | 保存 | 入库货物 | 列表 | 审核 | 取消 | 退出

转入单据 [　　　　　　] *☒
货主名称 [　　　　　　] *☒ 下达日期 [2007-11-12] 预达日期 [2007-11-12]
送货车号 [　　　　　　] ☒ 送货司机 [　　　　　　] 司机电话 [　　　　　　]
仓库名称 [　　　　　　] * 入库类型 [干线　▼] 下达人 [yp]
备　注 [　　　　　　] [扫描设备]

序号	□	预置库位	要货单位名称	物品名称	型号	类型	数量	体积	重量	价值

【单位：北京D配送中心】 【操作员：yp】

图 4-103　单击"增加"按钮

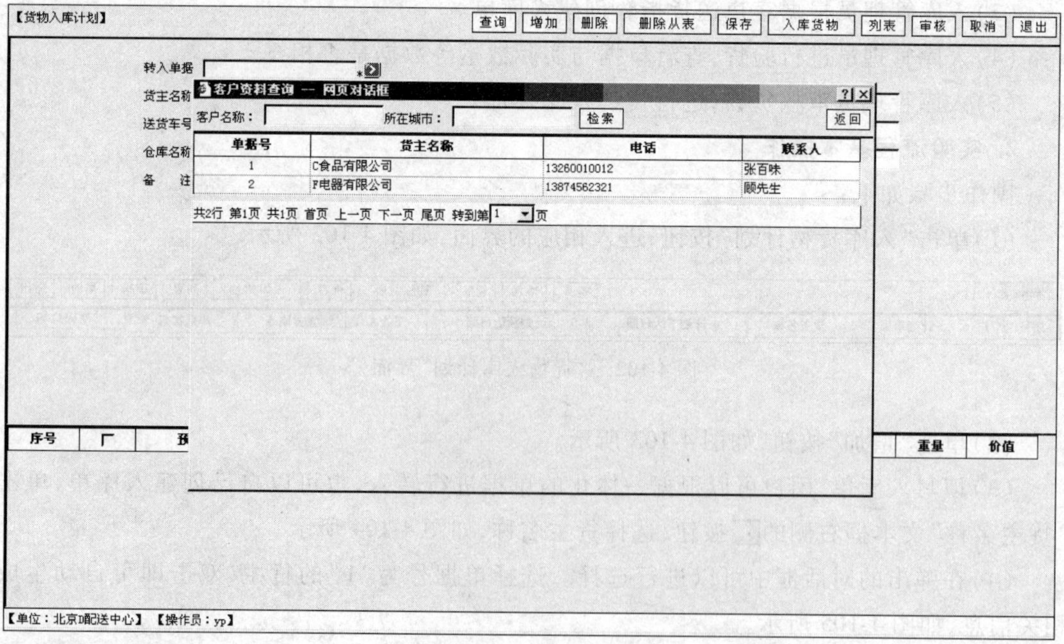

【货物入库计划】　　　　　　　　　　　　　　　 查询 | 增加 | 删除 | 删除从表 | 保存 | 入库货物 | 列表 | 审核 | 取消 | 退出

转入单据 [　　　　　　] *☒
货主名称　客户资料查询 -- 网页对话框　　　　　　　　　　　　?☒
送货车号　客户名称：[　　　　] 所在城市：[　　　] [检索] [返回]
仓库名称

单据号	货主名称	电话	联系人
1	C食品有限公司	13260010012	张百映
2	F电器有限公司	13874562321	顾先生

共2行 第1页 共1页 首页 上一页 下一页 尾页 转到第 [1 ▼] 页

序号	□	预				重量	价值

【单位：北京D配送中心】 【操作员：yp】

图 4-104　填写入库单

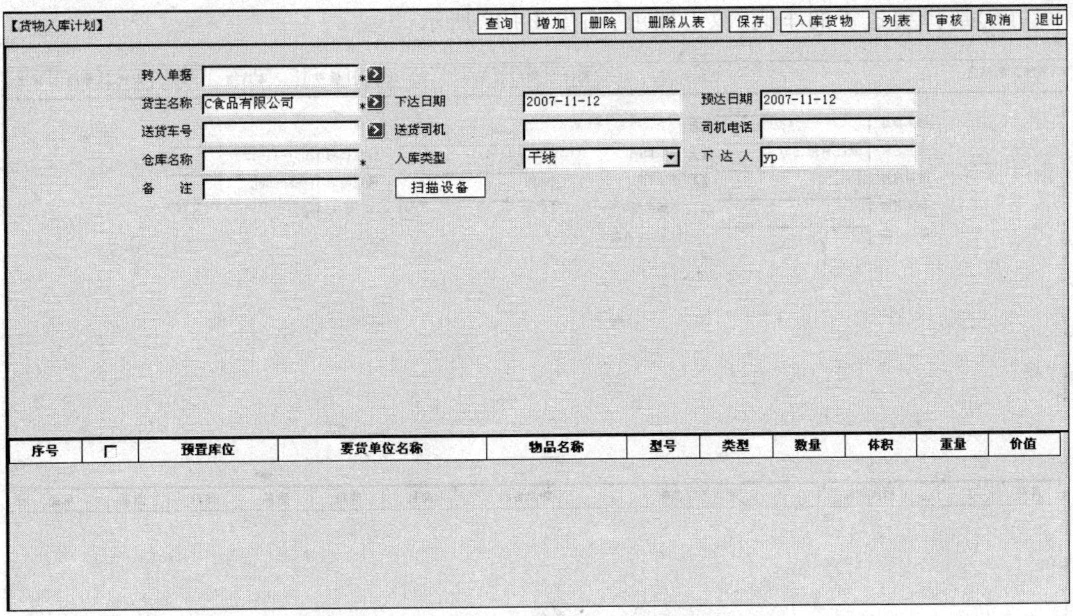

【货物入库计划】　　　　　　　　　　　　　　　　查询｜增加｜删除｜删除从表｜保存｜入库货物｜列表｜审核｜取消｜退出

转入单据 [　　　　　　] *▣
货主名称 [C食品有限公司] *▣　下达日期 [2007-11-12]　　预达日期 [2007-11-12]
送货车号 [　　　　　　] ▣　送货司机 [　　　　　　]　　司机电话 [　　　　]
仓库名称 [　　　　　　] *　入库类型 [干线　　　▼]　下达人 [yp]
备　注 [　　　　　　]　　[扫描设备]

序号	☐	预置库位	要货单位名称	物品名称	型号	类型	数量	体积	重量	价值

图 4-105　生成货主信息

（5）选择送货车号，单击"送货车号"文本框右侧的▣按钮，如图 4-106 所示。

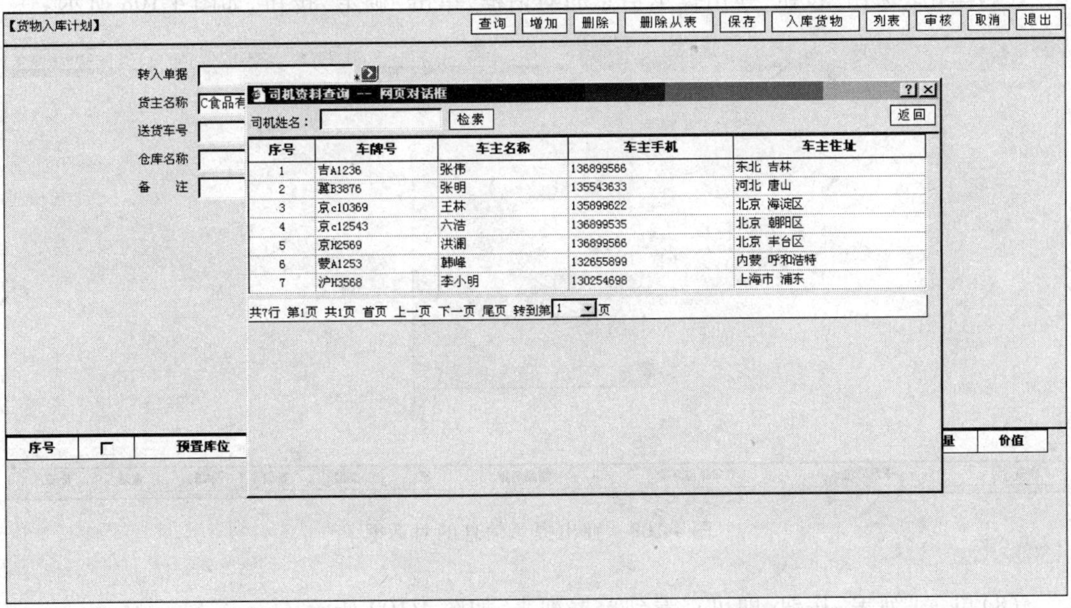

【货物入库计划】　　　　　　　　　　　　　　　　查询｜增加｜删除｜删除从表｜保存｜入库货物｜列表｜审核｜取消｜退出

转入单据 [　　　　　　] *▣
货主名称 [C食品有]

司机资料查询 -- 网页对话框　　　　　　　　　　　　　　? ✕
送货车号
仓库名称　　司机姓名：[　　　] [检索]　　　　　　　　　　　　[返回]
备　注

序号	车牌号	车主名称	车主手机	车主住址
1	吉A1236	张伟	136899566	东北 吉林
2	冀B3876	张明	135543633	河北 唐山
3	京c10369	王林	135899622	北京 海淀区
4	京c12543	六浩	136899535	北京 朝阳区
5	京H2569	洪澜	136899566	北京 丰台区
6	蒙A1253	瞒峰	132855899	内蒙 呼和浩特
7	沪H3568	李小明	130254698	上海市 浦东

共7行 第1页 共1页 首页 上一页 下一页 尾页 转到第 [1 ▼] 页

序号	☐	预置库位							量	价值

图 4-106　选择送货车号

（6）选择要送货的车辆，双击即可，如图4-107所示。

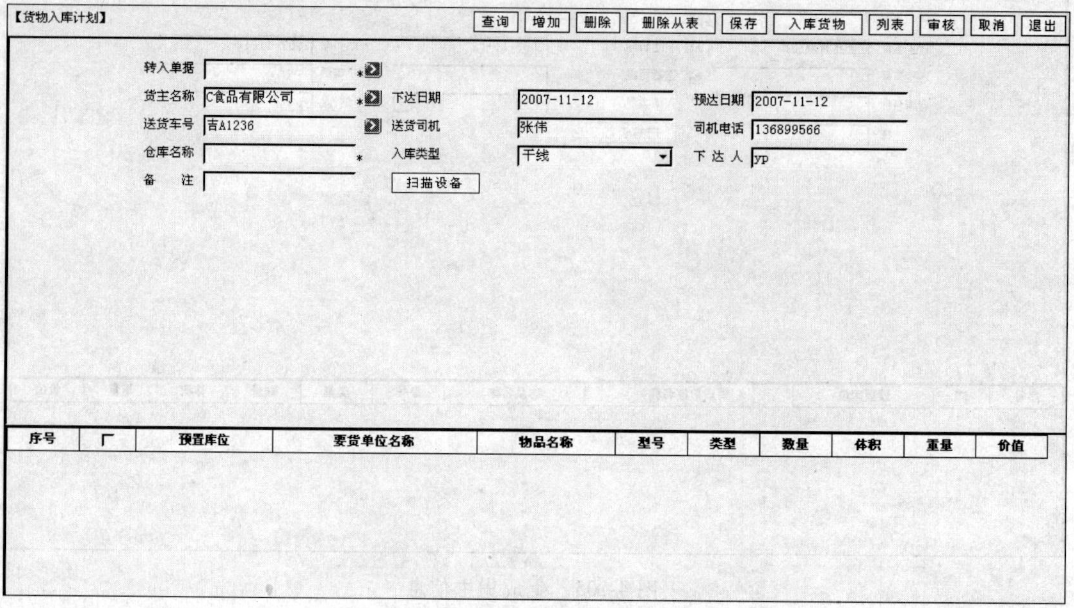

图4-107 生成送货的车辆信息

（7）单击"保存"按钮，弹出提示信息的对话框，单击"确定"按钮，如图4-108所示。

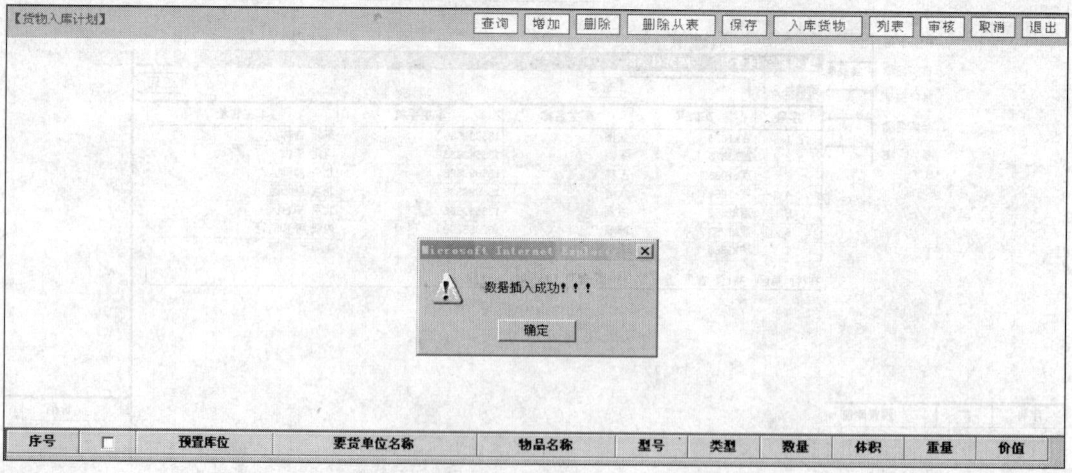

图4-108 弹出提示信息的对话框

（8）单击"列表"按钮，即可查看到单据列表，如图4-109所示。

（9）双击该条单据，选择要入库的产品，如图4-110所示。

【货物入库计划】　　　　　　　　　　　查询　增加　删除　删除从表　保存　入库货物　列表　审核　取消

序号	□	计划单号	货主名称	计划下达日期	计划预达日期	下达人	发货地点	单据状态	汉信码打
1	□	SH0301D010711120027	C食品有限公司	2007-11-12	2007-11-12	yp		未确定	

图 4-109　查看单据列表

【货物入库计划】　　　　　　　　　　　查询　增加　删除　删除从表　保存　入库货物　列表　审核　取消

计划单号　SH0301D010711120027　*　　货主名称　C食品有限公司　　　　　仓库名称　D1仓库
送货车号　吉A1236　　　　　　　　送货司机　张伟　　　　　　　　司机电话　136899566
预达日期　2007-11-12　　　　　　　下达日期　2007-11-12　　　　　　下达人　yp
总重量　　　　　　　　　　　　　总件数　　　　　　　　　　　　总体积
备注
入库类型　干线　　　　　　　　　发货地点　　　　　　　　　　　制单人　yp

物品类型　　　　　　　型号　　　　物品名称　　　　　　颜色名称
要货单位　　　　　　　数量　1　　体积　　　　　　　　重量
预置库位　　　　　　　价值　　　　单位　台　　　　类型　正品
备注
确认

序号	□	预置库位	要货单位名称	物品名称	型号	类型	数量	体积	重量	价值

图 4-110　单据信息内容

（10）单击"入库货物"按钮，弹出"客户货物查询—网页对话框"对话框，如图 4-111 所示。

【货物入库计划】　　　　　　　　　　　查询　增加　删除　删除从表　保存　入库货物　列表　审核　取消

计划单号
送货车号
预达日期
总重量
备注
入库类型

物品类型
要货单位
预置库位
备注
确认

客户货物查询 —— 网页对话框

货物名称：　　　　　　　　搜索　选定　返回

序号	□	货主名称	货物名称	商品单位	单位件数	货物类型	货物型号	规格	包装类型	长（cm）
1	□	C食品有限公司	手工拉面	袋	1	食品	S4536	5*0.3*6	木箱包装	5
2	□	C食品有限公司	天厨牌矿泉水	瓶	1	食品	S484	5.2*4.2*3.5	纸盒包装	5.2
3	□	C食品有限公司	香辣炸酱面	袋	1	食品	S4645	3.8*2.4*2.1	纸盒包装	3.8
4	□	C食品有限公司	香浓牛肉面	袋	1	食品	S3453	3.8*2.4*2.1	密封木箱	3.8
5	□	C食品有限公司	大白兔奶糖	袋	1	食品	ST325	0.7*0.8*0.9	纸盒包装	0.7
6	□	C食品有限公司	香特莉10生日鲜奶蛋糕	个	1	礼品	S2343	0.5*0.3*0.4	纸盒包装	0.5
7	□	C食品有限公司	香特莉11生日鲜奶蛋糕	个	1	礼品	S2346	0.5*0.3*0.4	纸盒包装	0.5
8	□	C食品有限公司	香特莉9黑森林鲜奶蛋糕	个	1	礼品	S2347	0.5*0.3*0.4	纸盒包装	0.5
9	□	C食品有限公司	香特莉9生日心型鲜奶蛋糕	个	1	礼品	S2354	0.5*0.3*0.4	纸盒包装	0.5
10	□	C食品有限公司	香特莉9鲜奶栗子蛋糕	个	1	礼品	S2348	0.5*0.3*0.4	纸盒包装	0.5

共10行 第1页 共1页 首页 上一页 下一页 尾页 转到第 1 页

序号	□	预置		价值

图 4-111　入库货物选取列表

（11）选择要入库的产品，如图 4-112 所示。

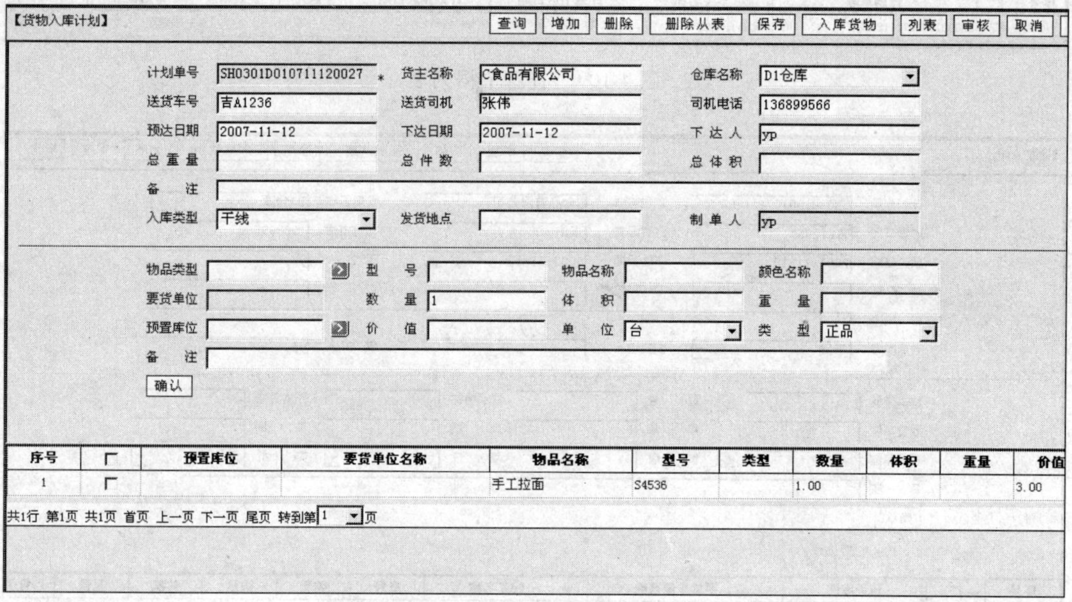

【货物入库计划】 查询 增加 删除 删除从表 保存 入库货物 列表 审核 取消

计划单号	SH0301D010711120027	*	货主名称	C食品有限公司		仓库名称	D1仓库
送货车号	吉A1236		送货司机	张伟		司机电话	136899566
预达日期	2007-11-12		下达日期	2007-11-12		下达人	yp
总重量			总件数			总体积	
备注							
入库类型	干线		发货地点			制单人	yp

物品类型 [　] ▶ 型 号 [　] 物品名称 [　] 颜色名称 [　]
要货单位 [　] 数 量 [1] 体 积 [　] 重 量 [　]
预置库位 [　] ▶ 价 值 [　] 单 位 [台 ▼] 类 型 [正品 ▼]
备 注 [　]
确认

序号	☐	预置库位	要货单位名称	物品名称	型号	类型	数量	体积	重量	价值
1	☐			手工拉面	S4536		1.00			3.00

共1行 第1页 共1页 首页 上一页 下一页 尾页 转到第 [1 ▼] 页

图 4-112　入库产品添加完成

（12）双击该条产品信息，自动录入产品单据，如图 4-113 所示。

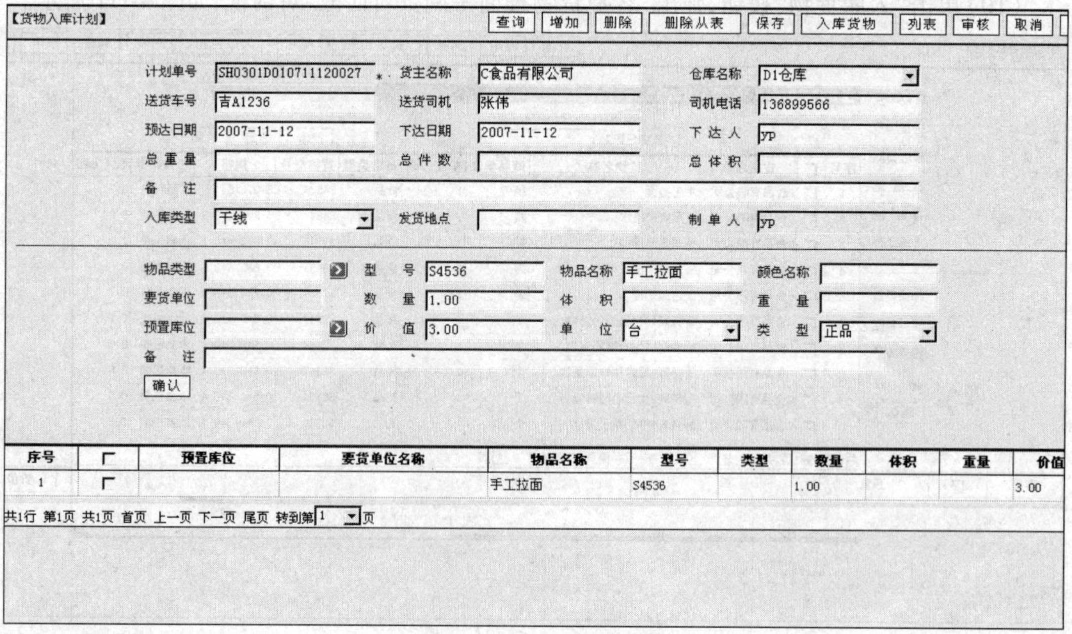

【货物入库计划】 查询 增加 删除 删除从表 保存 入库货物 列表 审核 取消

计划单号	SH0301D010711120027	*	货主名称	C食品有限公司		仓库名称	D1仓库
送货车号	吉A1236		送货司机	张伟		司机电话	136899566
预达日期	2007-11-12		下达日期	2007-11-12		下达人	yp
总重量			总件数			总体积	
备注							
入库类型	干线		发货地点			制单人	yp

物品类型 [　] ▶ 型 号 [S4536] 物品名称 [手工拉面] 颜色名称 [　]
要货单位 [　] 数 量 [1.00] 体 积 [　] 重 量 [　]
预置库位 [　] ▶ 价 值 [3.00] 单 位 [台 ▼] 类 型 [正品 ▼]
备 注 [　]
确认

序号	☐	预置库位	要货单位名称	物品名称	型号	类型	数量	体积	重量	价值
1	☐			手工拉面	S4536		1.00			3.00

共1行 第1页 共1页 首页 上一页 下一页 尾页 转到第 [1 ▼] 页

图 4-113　自动录入产品单据

（13）选择物品类型、预置库位，并输入要入库的产品数量，如图4-114所示。

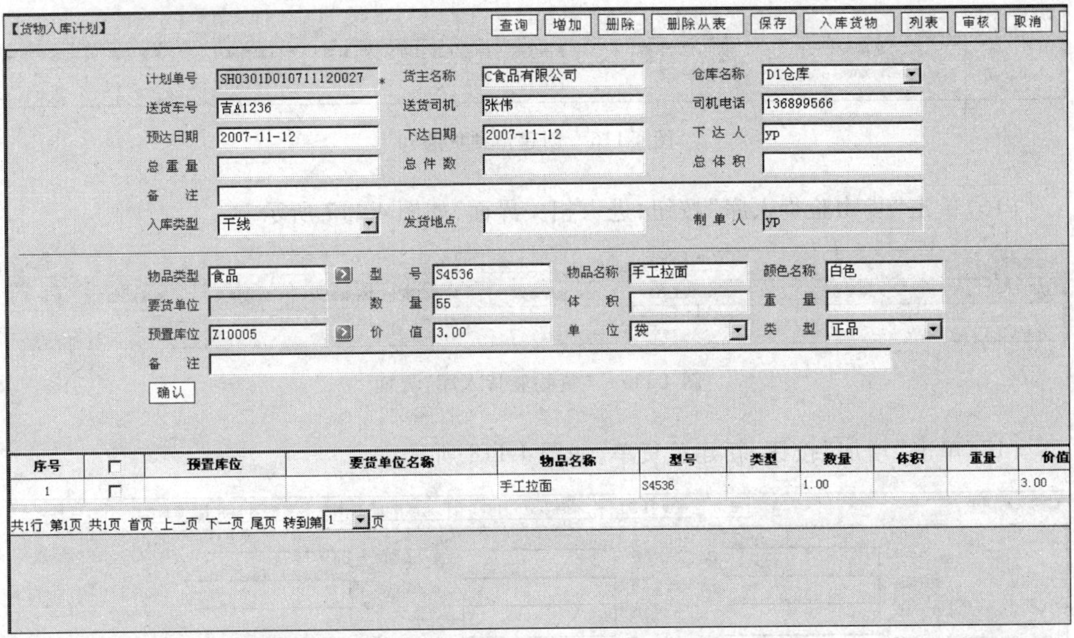

【货物入库计划】　　　　　　　　　　　　　　　　　查询　增加　删除　删除从表　保存　入库货物　列表　审核　取消

计划单号 SH0301D010711120027	货主名称 C食品有限公司	仓库名称 D1仓库
送货车号 吉A1236	送货司机 张伟	司机电话 136899566
预达日期 2007-11-12	下达日期 2007-11-12	下达人 yp
总重量	总件数	总体积
备注		
入库类型 干线	发货地点	制单人 yp

物品类型 食品	型号 S4536	物品名称 手工拉面	颜色名称 白色
要货单位	数量 55	体积	重量
预置库位 Z10005	价值 3.00	单位 袋	类型 正品
备注			

确认

序号	□	预置库位	要货单位名称	物品名称	型号	类型	数量	体积	重量	价值
1	□			手工拉面	S4536		1.00			3.00

共1行 第1页 共1页 首页 上一页 下一页 尾页 转到第 1 页

图 4-114　输入要入库的产品数量

（14）单击"确认"按钮，生成入库单，如图4-115所示。

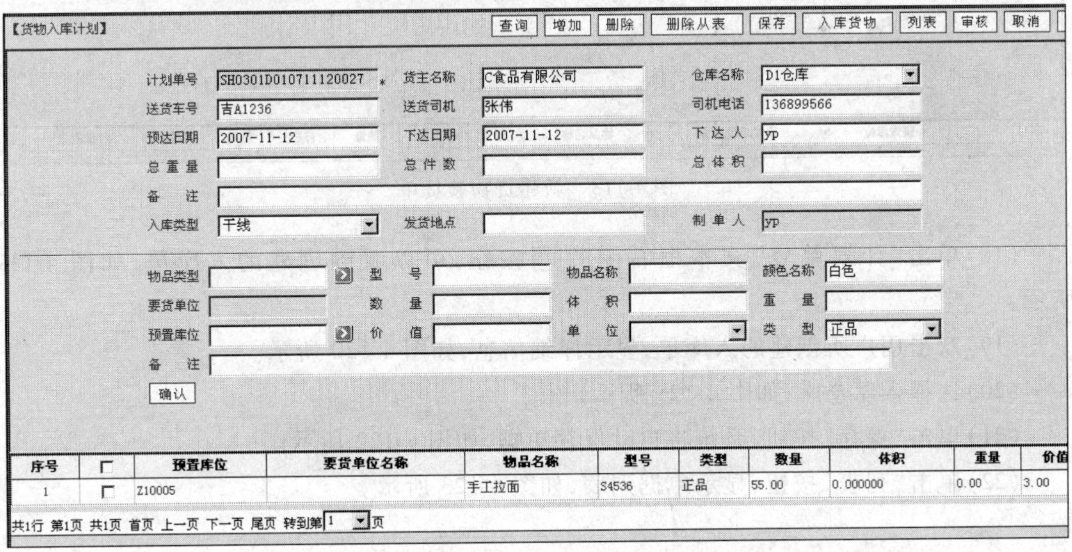

【货物入库计划】　　　　　　　　　　　　　　　　　查询　增加　删除　删除从表　保存　入库货物　列表　审核　取消

计划单号 SH0301D010711120027 ＊	货主名称 C食品有限公司	仓库名称 D1仓库
送货车号 吉A1236	送货司机 张伟	司机电话 136899566
预达日期 2007-11-12	下达日期 2007-11-12	下达人 yp
总重量	总件数	总体积
备注		
入库类型 干线	发货地点	制单人 yp

物品类型	型号	物品名称	颜色名称 白色
要货单位	数量	体积	重量
预置库位	价值	单位	类型 正品
备注			

确认

序号	□	预置库位	要货单位名称	物品名称	型号	类型	数量	体积	重量	价值
1	□	Z10005		手工拉面	S4536	正品	55.00	0.000000	0.00	3.00

共1行 第1页 共1页 首页 上一页 下一页 尾页 转到第 1 页

图 4-115　生成入库单

（15）单击"保存"按钮，该记录将会被创建为一条预到货通知记录，如图4-116所示。

序号	□	入库单号	货主名称	仓库名称	入库日期	验货人	发货地点	单据状态	客户单号
1	□	SH0301D010711050017	C食品有限公司		2007-11-05	管理员	京东仓库	未确定	

【货物验货入库】 查询 增加 删除 删除从表 保存 入库货物 列表 审核 取消 货损货差 打印

图4-116　创建预到货通知

（16）单击"货物验货入库"按钮，进入相关界面，如图4-117所示。

序号	□	入库单号	货主名称	仓库名称	入库日期	验货人	发货地点	单据状态	客户单号
1	□	SH0301D010711050017	C食品有限公司		2007-11-05	管理员	京东仓库	未确定	

【货物验货入库】 查询 增加 删除 删除从表 保存 入库货物 列表 审核 取消 货损货差 打印

图4-117　"货物验货入库"界面

（17）单击"增加"按钮，新建验货单，如图4-118所示。

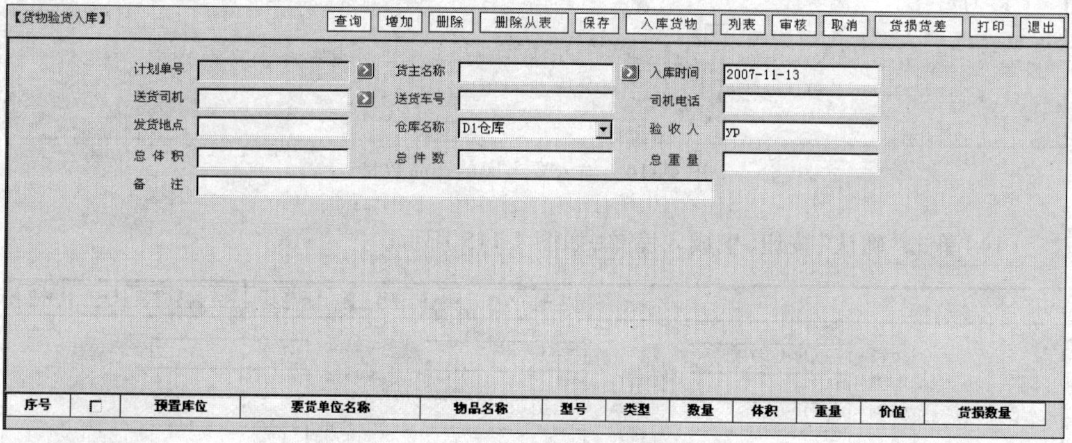

【货物验货入库】 查询 增加 删除 删除从表 保存 入库货物 列表 审核 取消 货损货差 打印 退出

计划单号 ［　　　］　货主名称 ［　　　］　入库时间 2007-11-13
送货司机 ［　　　］　送货车号 ［　　　］　司机电话 ［　　　］
发货地点 ［　　　］　仓库名称 D1仓库　　验收人 yp
总体积 ［　　　］　总件数 ［　　　］　总重量 ［　　　］
备注 ［　　　］

序号	□	预置库位	要货单位名称	物品名称	型号	类型	数量	体积	重量	价值	货损数量

图4-118　新建货物验货单

（18）单击"计划单号"文本框右侧的 ▶ 按钮，可以看到创建的入库单，如图4-119所示。

（19）双击用户所创建的入库单，显示详细信息，如图4-120所示。

（20）选择入库仓库，如图4-121所示。

（21）单击"保存"按钮，系统将自动保存单据，如图4-122所示。

（22）单击"列表"按钮，显示单据列表，如图4-123所示。

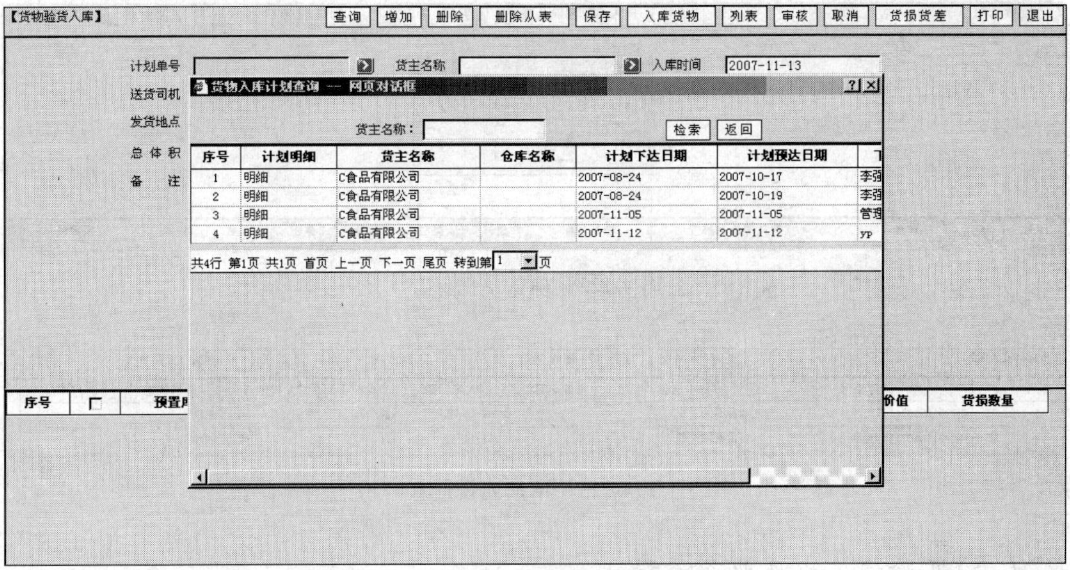

【货物验货入库】　　　　　査询　增加　删除　删除从表　保存　入库货物　列表　审核　取消　货损货差　打印　退出

计划单号 _____ ▶ 货主名称 _____ ▶ 入库时间 2007-11-13

送货司机

发货地点

总体积

备　注

货物入库计划查询 -- 网页对话框　　　　　　　　　　　　　　　　? X

货主名称：_____ 　　　检索　返回

序号	计划明细	货主名称	仓库名称	计划下达日期	计划预达日期	
1	明细	C食品有限公司		2007-08-24	2007-10-17	李强
2	明细	C食品有限公司		2007-08-24	2007-10-19	李强
3	明细	C食品有限公司		2007-11-05	2007-11-05	管理
4		C食品有限公司		2007-11-12	2007-11-12	yp

共4行 第1页 共1页 首页 上一页 下一页 尾页 转到第 1 ▼ 页

序号	☐	预置库位					价值	货损数量

图 4-119　创建的入库单

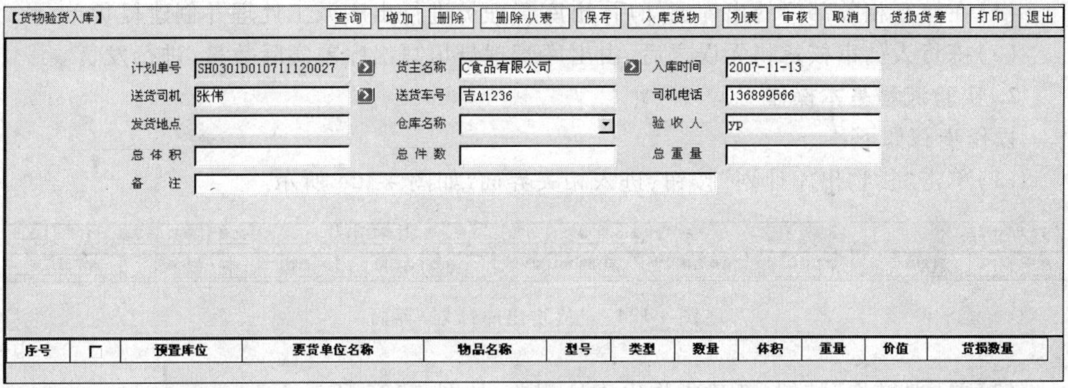

【货物验货入库】　　　　　査询　增加　删除　删除从表　保存　入库货物　列表　审核　取消　货损货差　打印　退出

计划单号 SH0301D010711120027 ▶ 货主名称 C食品有限公司 ▶ 入库时间 2007-11-13

送货司机 张伟 ▶ 送货车号 吉A1236 司机电话 136899566

发货地点 _____ 仓库名称 _____ ▼ 验收人 yp

总体积 _____ 总件数 _____ 总重量 _____

备　注 _____

序号	☐	预置库位	要货单位名称	物品名称	型号	类型	数量	体积	重量	价值	货损数量

图 4-120　选择用户所创建的入库单

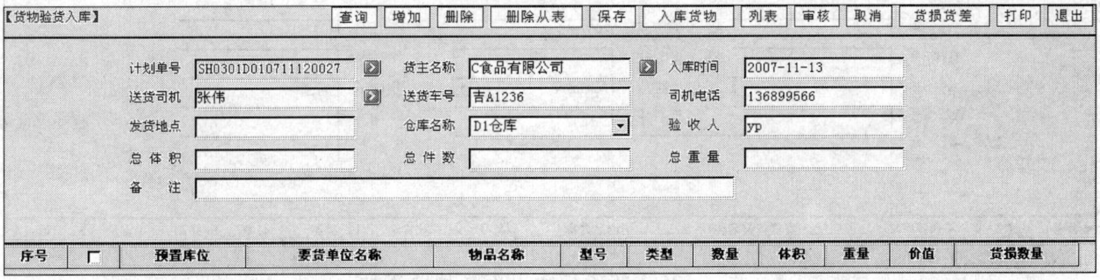

【货物验货入库】　　　　　査询　增加　删除　删除从表　保存　入库货物　列表　审核　取消　货损货差　打印　退出

计划单号 SH0301D010711120027 ▶ 货主名称 C食品有限公司 ▶ 入库时间 2007-11-13

送货司机 张伟 ▶ 送货车号 吉A1236 司机电话 136899566

发货地点 _____ 仓库名称 D1仓库 ▼ 验收人 yp

总体积 _____ 总件数 _____ 总重量 _____

备　注 _____

序号	☐	预置库位	要货单位名称	物品名称	型号	类型	数量	体积	重量	价值	货损数量

图 4-121　选择入库仓库

【货物验货入库】 查询 增加 删除 删除从表 保存 入库货物 列表 审核 取消 货损货差 打印 退出

序号	□	预置库位	要货单位名称	物品名称	型号	类型	数量	体积	重量	价值	货损数量

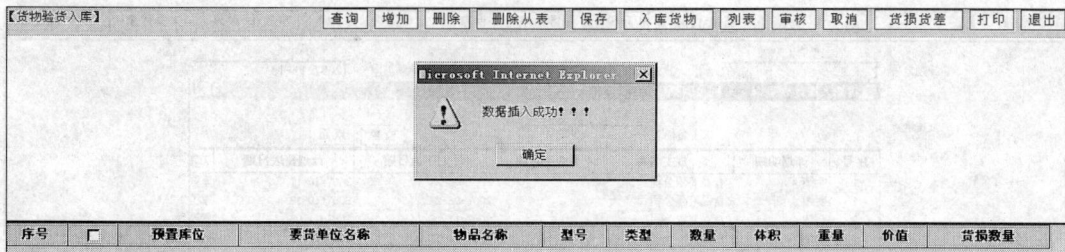

图 4-122　确认单据保存

【货物验货入库】 查询 增加 删除 删除从表 保存 入库货物 列表 审核 取消 货损货差 打印 退出

序号	□	入库单号	货主名称	仓库名称	入库日期	验货人	发货地点	单据状态	客户单号
1	□	SH0301D010711050017	C食品有限公司		2007-11-05	管理员	京东仓库	未确定	
2	□	SH0301D010711130027	C食品有限公司		2007-11-13	yp		未确定	

图 4-123　单据列表信息

（二）实验二　出库业务流程

1. 实验内容

（1）在接到相关部门的出库通知后，出库管理员进行出库派工处理并创建提货单。

（2）拣货人员审核货物无误之后，由出库管理员填写出库单实际数量，进行发货。

2. 实验流程基本操作

操作步骤如下：

（1）单击"货物出库计划"按钮，进入相关界面，如图 4-124 所示。

【货物出库计划】 查询 增加 删除 删除从表 保存 计划货物 列表 审核 取消 打印 退出

序号	□	计划单号	货主名称	仓库名称	计划出库日期	计划下达日期	单据状态	客户单号	汉信码打印

图 4-124　"货物出库计划"界面

（2）单击"增加"按钮，新建货物出库计划单，如图 4-125 所示。

【货物出库计划】 查询 增加 删除 删除从表 保存 计划货物 列表 审核 取消 打印 退出

货主名称 _____ *▶　下达日期 2007-11-13　预达日期 2007-11-13
提货车号 _____ ▶　提货司机 _____　司机电话 _____
仓库名称 D1仓库 ▼　出库方式 配送出库 ▼　下达人 yp
客户单号 _____　总件数 _____　总重量 _____
备　注 _____　　　　　　　　　　总体积 _____

序号	□	预置库位	要货单位名称	物品名称	型号	收货地	类型	套数	体积	重量	价值

图 4-125　新建货物出库计划单添加

（3）单击"货主名称"文本框右侧的 ▶ 按钮，选择货主名称并选择提货车号，如图 4-126 所示。

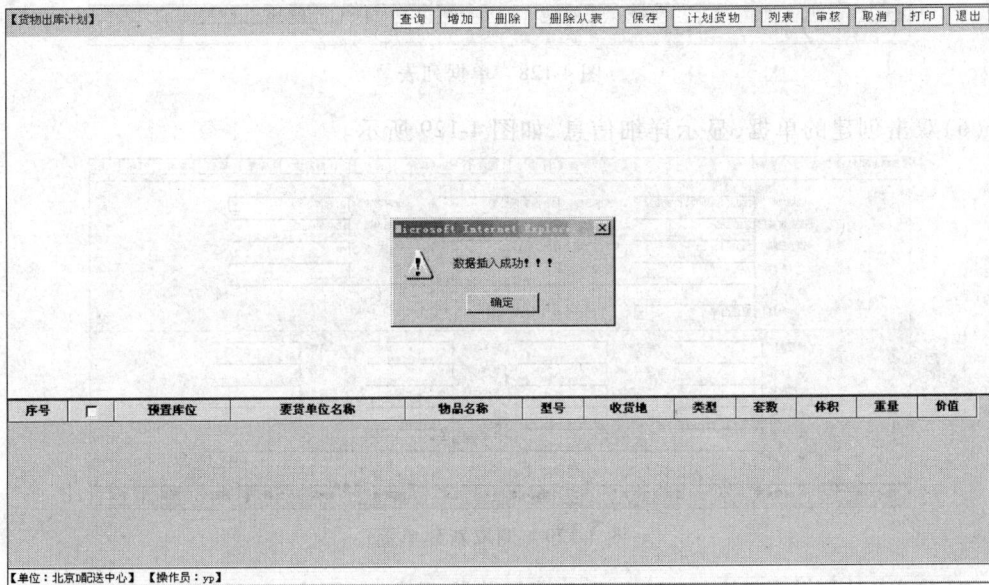

图 4-126　设置相关数据

（4）单击"保存"按钮，系统将保存单据，如图 4-127 所示。

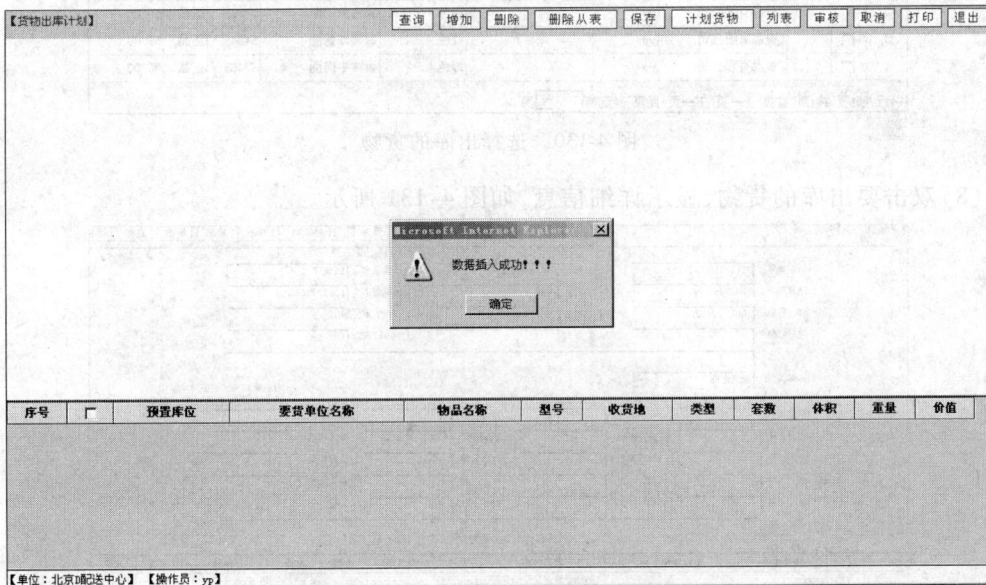

图 4-127　货物出库计划数据保存

（5）单击"列表"按钮，显示单据列表，如图 4-128 所示。

序号	□	计划单号	货主名称	仓库名称	计划出库日期	计划下达日期	单据状态	客户单号
1	□	CK0301D010711130024	C食品有限公司	D1仓库	2007-11-13	2007-11-13	未确定	

图 4-128　单据列表

（6）双击创建的单据，显示详细信息，如图 4-129 所示。

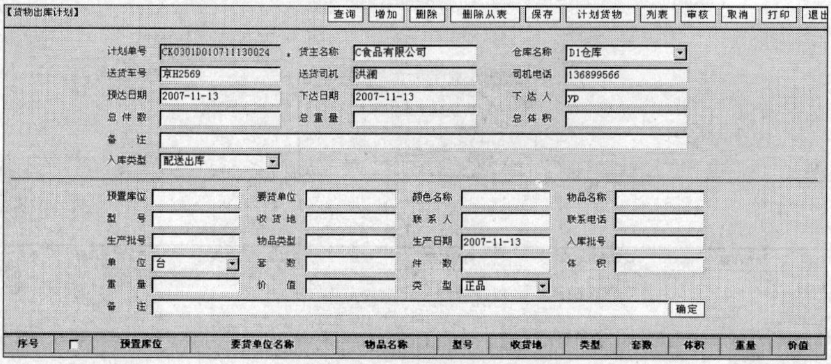

图 4-129　调取新建单据

（7）单击"计划货物"按钮，显示要出库的货物列表，如图 4-130 所示。

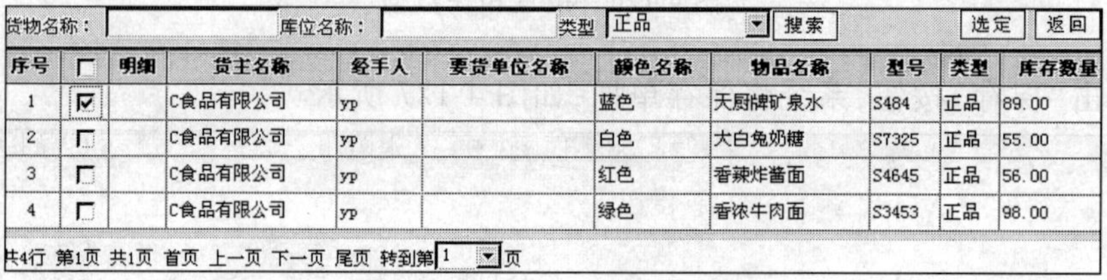

序号	□	明细	货主名称	经手人	要货单位名称	颜色名称	物品名称	型号	类型	库存数量
1	☑		C食品有限公司	yp		蓝色	天厨牌矿泉水	S484	正品	89.00
2	□		C食品有限公司	yp		白色	大白兔奶糖	S7325	正品	55.00
3	□		C食品有限公司	yp		红色	香辣炸酱面	S4645	正品	56.00
4	□		C食品有限公司	yp		绿色	香浓牛肉面	S3453	正品	98.00

共4行 第1页 共1页 首页 上一页 下一页 尾页 转到第 1 页

图 4-130　选择出库的货物

（8）双击要出库的货物，显示详细信息，如图 4-131 所示。

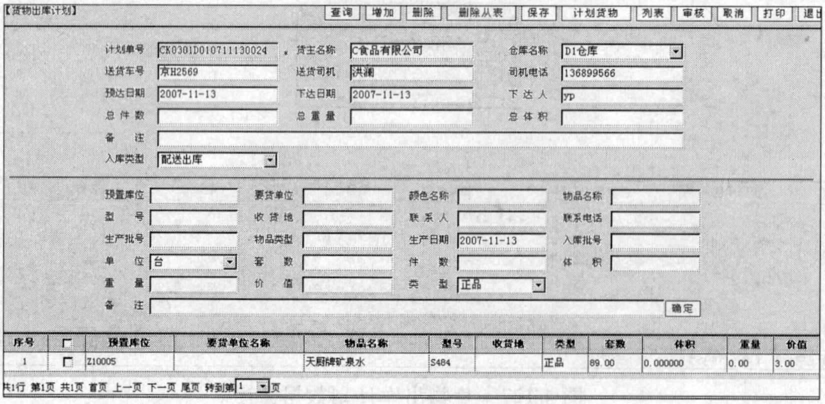

序号	□	预置库位	要货单位名称	物品名称	型号	收货地	类型	套数	体积	重量	价值
1	□	Z1000S		天厨牌矿泉水	S484		正品	89.00	0.000000	0.00	3.00

共1行 第1页 共1页 首页 上一页 下一页 尾页 转到第 1 页

图 4-131　出库货物信息

（9）双击产品单据，查看是否有误，无误后单击"确定"按钮，如图 4-132 所示。

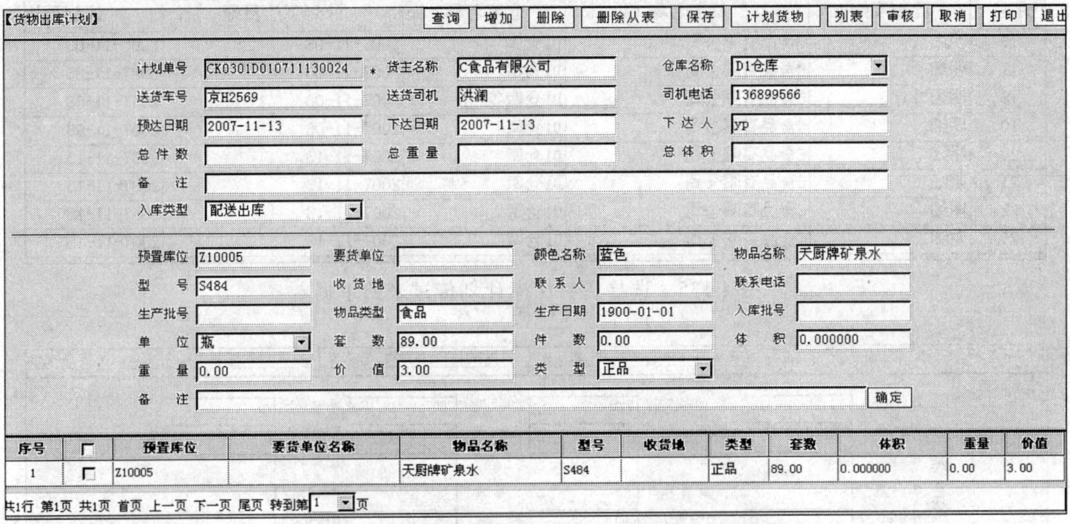

图 4-132　单据信息查询

（10）单击"货物配送出库"按钮，进入相关界面，如图 4-133 所示。

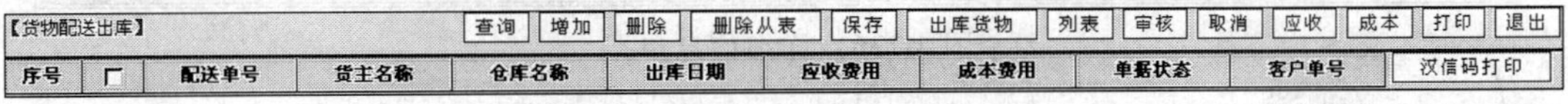

图 4-133　货物配送出库页面

（11）单击"增加"按钮，新建货物配送出库单，如图 4-134 所示。

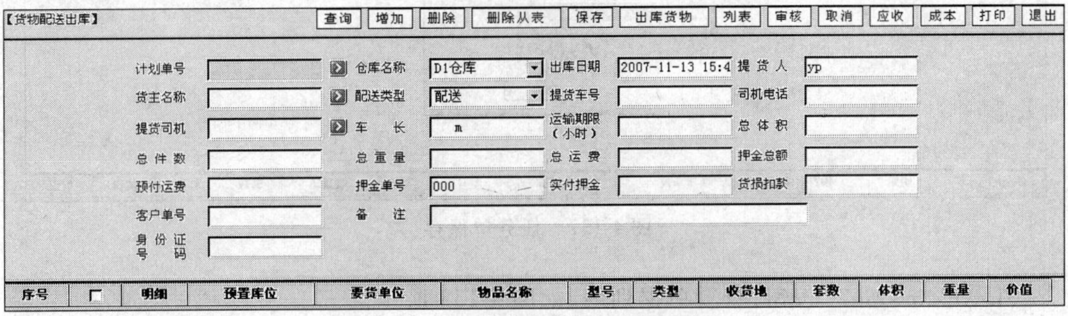

图 4-134　新建货物配送出库单

（12）单击"计划单号"文本框右侧的 按钮，选择货物出库计划传过来的单据，如图 4-135 所示。

（13）双击单据条目，查看详细信息，如图 4-136 所示。

货主名称：				检 索	返 回

序号	计划明细	货主名称	仓库名称	计划下达日期	计划预送
16	明细	C食品有限公司	D1仓库	2007-11-06	2007-11-06
17	明细	C食品有限公司	D1仓库	2007-11-06	2007-11-06
18	明细	C食品有限公司	D1仓库	2007-11-08	2007-11-08
19	明细	C食品有限公司	D1仓库	2007-11-08	2007-11-08
20	明细	C食品有限公司	D1仓库	2007-11-13	2007-11-13
21	明细	C食品有限公司	D1仓库	2007-11-13	2007-11-13
22	明细	C食品有限公司	D1仓库	2007-11-13	2007-11-13
23	明细	C食品有限公司	D1仓库	2007-11-13	2007-11-13

图 4-135　选择货物出库计划传过来的单据

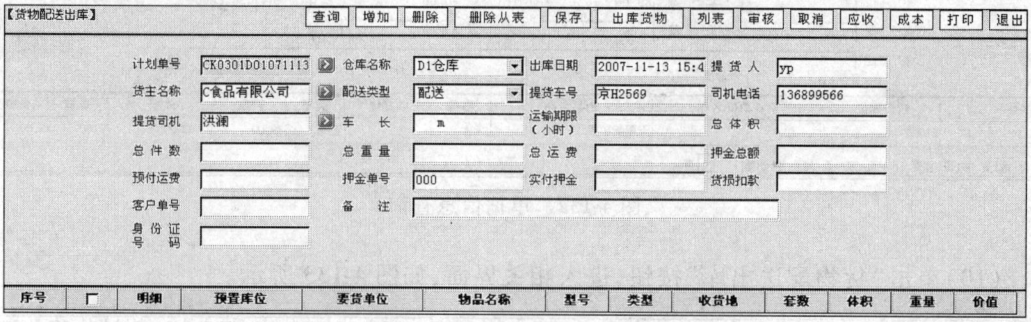

图 4-136　详细信息单据

（14）单击"保存"按钮，系统将自动保存单据信息，如图 4-137 所示。

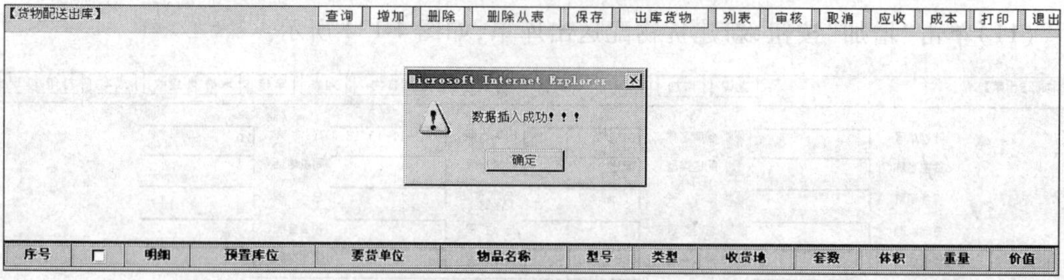

图 4-137　任务单保存

（15）单击"列表"按钮，查看单据列表，如图 4-138 所示。

图 4-138　任务单列表

（16）双击单据可进行查询，如图 4-139 所示。

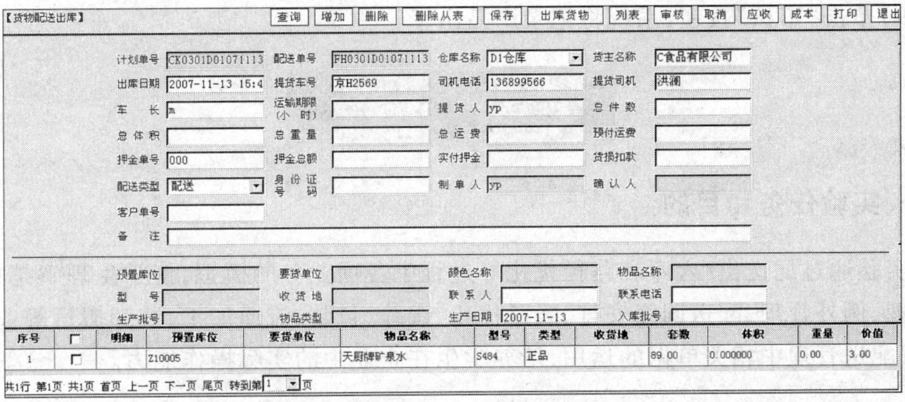

图 4-139　单据内容

（17）双击产品条目，设置收货地等信息，如图 4-140 所示。

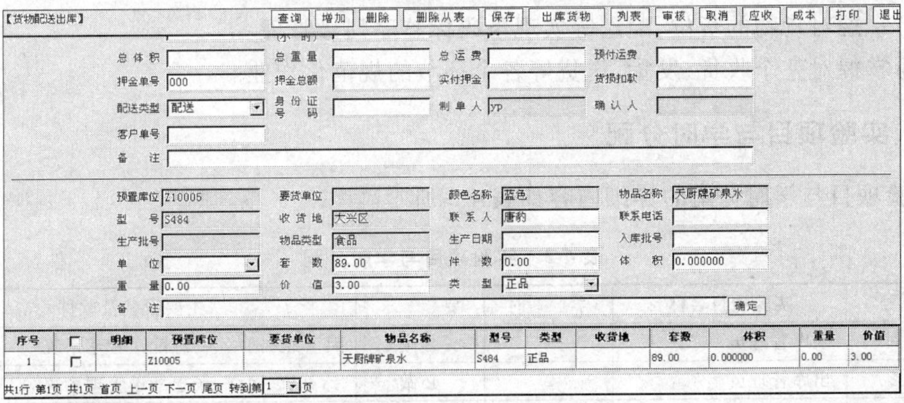

图 4-140　设置收货地等信息

（18）单击"确定"按钮，确认填写信息，如图 4-141 所示。

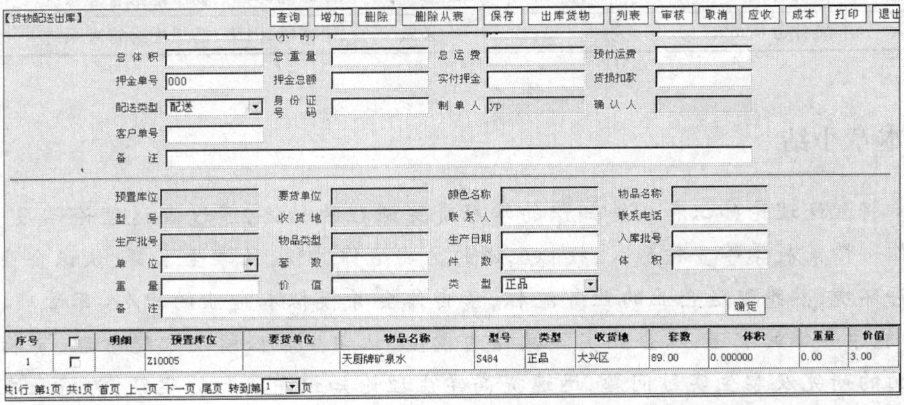

图 4-141　单据填写完成确认

（19）单击"审核"按钮，系统将记录产品出库。

第四节　实验报告

一、实验任务和目的

本实验通过配送出/入库和路径优化等过程中各项业务的模拟，使学生理解越库管理、退货管理、例外管理、配送调度安排、线路优化、跟踪、包装、流通加工、装卸搬运等业务的管理，理解配送管理中相关单据的运用，培养学生在企业中的实际操作能力。

二、实验基本要求

（1）掌握对配送各环节实施全过程控制管理。
（2）掌握对货物的货位、配送等实现条码标签序列号管理。
（3）掌握对整个收货、发货、送货等各个环节的规范化作业。

三、实验项目与学时分配

实验项目与学时分配的详细内容如表4-3所示。

表4-3　实验项目与学时分配

序　号	实验项目名称	学　时	要　求	主要设备及软件
实验一	入库管理员	1	必做	计算机、网络、畅想配送管理系统
实验二	出库管理员	2	必做	计算机、网络、畅想配送管理系统
实验三	库存管理员	2	必做	计算机、网络、畅想配送管理系统
实验四	配送中心主管	1	必做	计算机、网络、畅想配送管理系统
实验五	系统管理员	2	必做	计算机、网络、畅想配送管理系统
实验六	统计分析员	2	必做	计算机、网络、畅想配送管理系统

本章小结

本章将配送理论知识和相关知识的学习贯穿课程的始终，通过配送理论学习、软件学习与操作—情景教学等多种形式，模拟配送的主要运作过程，让学生了解、认识企业复杂多变的生存环境，熟悉配送企业的业务流程，亲自体会并模拟本企业的出/入库管理、条码应用、等功能于一体的配送，以企业实际操作为模型，让学生轻松解决配送管理、货物流动分析等方面的研究及学生实习问题，迅速提高学生理论知识向实际的飞跃，为将来在实际工作中发挥作用打下一定的基础。

复习思考

1. 写出实验的具体过程。
2. 总结实验体会，可提出改善建议。
3. 查阅相关资料，看看还有哪些与配送管理相关的标准及方法。
4. 制作模拟过程中的各种单据和凭证，并叙述本次实验取得的主要收获和体会。

第五章
物流一体化管理系统

知识目标

了解物流一体化各种不同的企业组织架构和物流业务,包括仓储、运输、配送等业务的管理;

了解如何与跨部门、跨企业的物流资源整合。

能力目标

通过对本章软件的操作,熟练掌握权限设置、接口设置(仓储、运输、配送系统);

熟练掌握账户管理产品基本数据的增、改、删,产品类型、来源类型、用途类型等多种属性定义、产品分类属性定义,定义物料的多种属性;

实现按多种方式定义计量单位、地区代码、单据类型、单据编号、业务调度、业务管理、生成费用清单、自定义收费项目和费率、应用费用统计功能、结算。

第一节 物流一体化管理系统概述

一、系统介绍

畅想物流一体化管理系统(CX-LIS V2.0)设计和开发的重点在于提高物流中心从接受单据到发往仓储企业、运输企业、配送企业的准确性;提高从内部管理到外部服务的全过程的透明度;优化物流中心的关键业务流程,使操作效率得到大幅度的提高;有效提高其客户的满意度,为客户提供更多的增值服务。

二、功能说明

CX-LIS 对企业的提货、发货等订单的调配,体现了物流中心运作的全过程,是一整套体系,是对物流中心理论知识的具体化,有利于用户熟悉物流中心实际运作环境、环节、程序、步骤和管理;同时,有利于用户熟悉物流设备的应用,加深对现代物流手段、物流设备作用的认识。

　　物流一体化管理系统以物流调度系统为核心,下设四种类型的接口,分别与仓储系统、运输系统、配送系统相连。这里的接口可以是系统间的数据接口(用于系统间的直接连接),也可以是用户界面。生产系统、销售系统以及外部物流企业系统通过数据接口接入公共基础标准数据库,从而实现信息的标准化过程,通过与物流一体化管理系统的接口进行标准化信息的传递,软件结构如图5-1所示。

图 5-1 系统结构图

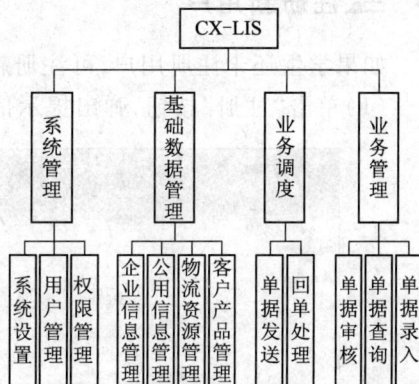

第二节 实验安排

一、系统角色概述

　　畅想物流一体化管理系统真实地再现了物流中心管理模型,并按照功能将人员分为四个岗位:业务制单员、业务审核员、业务调度员、系统管理员,如表5-1所示。

表5-1 系统角色描述

系统角色	岗位描述	系统角色	岗位描述
业务制单员	编制各种单据	业务审核员	审核各种单据
业务调度员	调度各种单据	系统管理员	设置公用代码、设置公用信息、设置用户权限、维护用户账户信息、维护企业基础信息、维护系统接口

二、岗位职责详细描述

　　岗位职责如表5-2所示。

表5-2 岗位职责表

部门/机构	岗位名称	岗位职能
业务部	业务制单员	编制收货单、发货单、运输单等单据
	业务审核员	审核收货单、发货单、运输单等单据
	业务调度员	发送收货单、发货单、运输单,同时负责处理其他企业的回单信息。
系统维护部	系统管理员	设置公用代码、设置公用信息、设置用户权限、维护用户账户信息、维护企业基础信息、维护系统接口

三、注册新用户

如果学生还未注册用户,可注册新用户,操作步骤如下:

(1)单击"注册"按钮,弹出提示信息对话框,如图 5-2 所示。

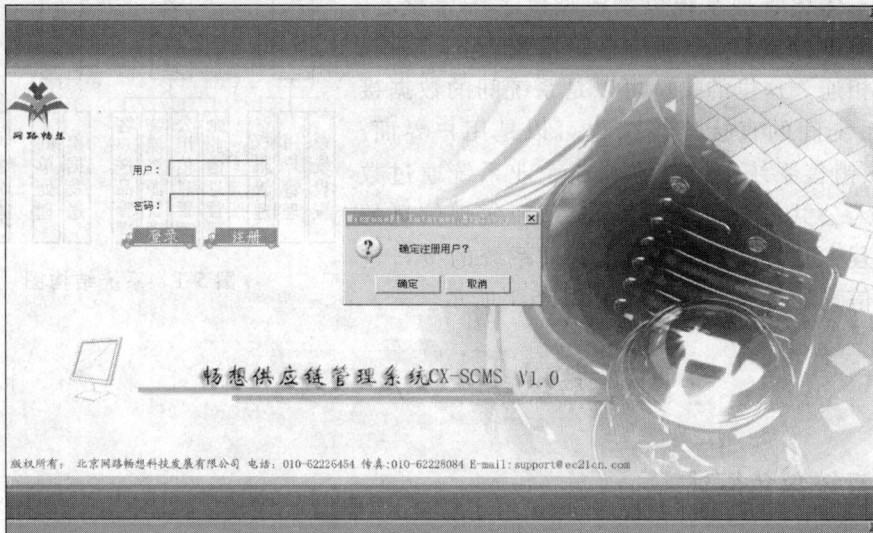

图 5-2　系统注册界面

(2)单击"确定"按钮,填写注册信息,如图 5-3 所示。

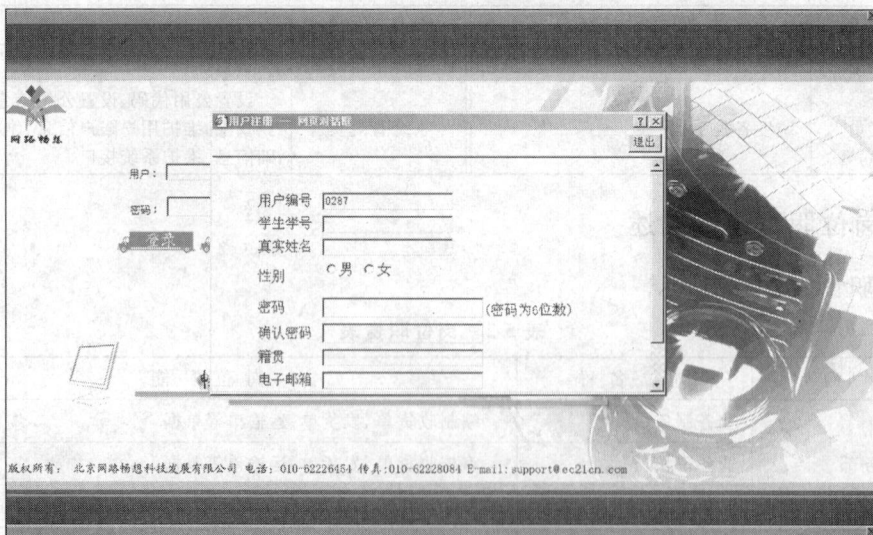

图 5-3　注册信息填写界面

（3）填写的数据要经过严格的校验，应按提示填写，填写好数据后，单击"注册"按钮，如图 5-4 所示。

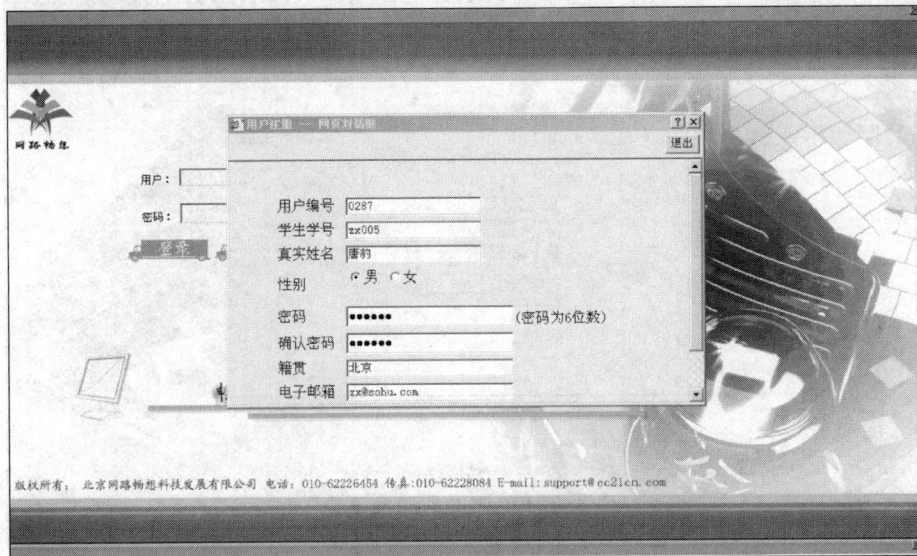

图 5-4　注册内容样例

（4）单击"注册"按钮，弹出提示信息对话框，如图 5-5 所示。

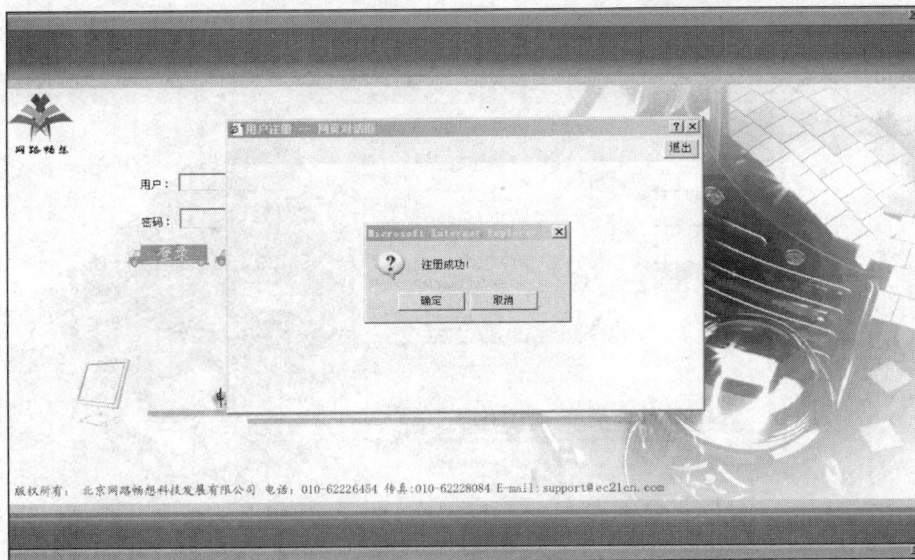

图 5-5　注册确认

（5）单击"确定"按钮，用户可得到登录名称，利用该登录名称及密码登录系统，如图 5-6 所示。

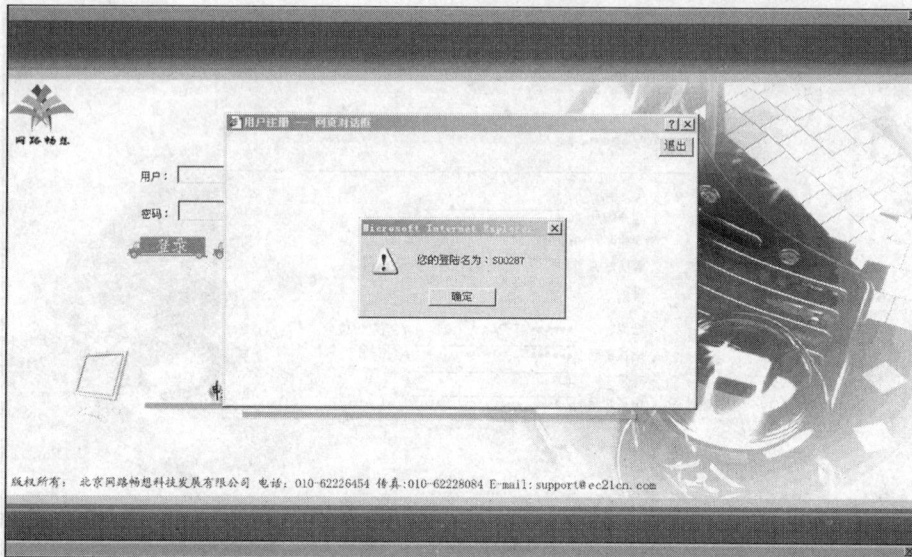

图 5-6　系统分配的账号

（6）如果未注册用户，或登录名、密码为空，系统将会提示检查用户名和密码，如图 5-7 所示。

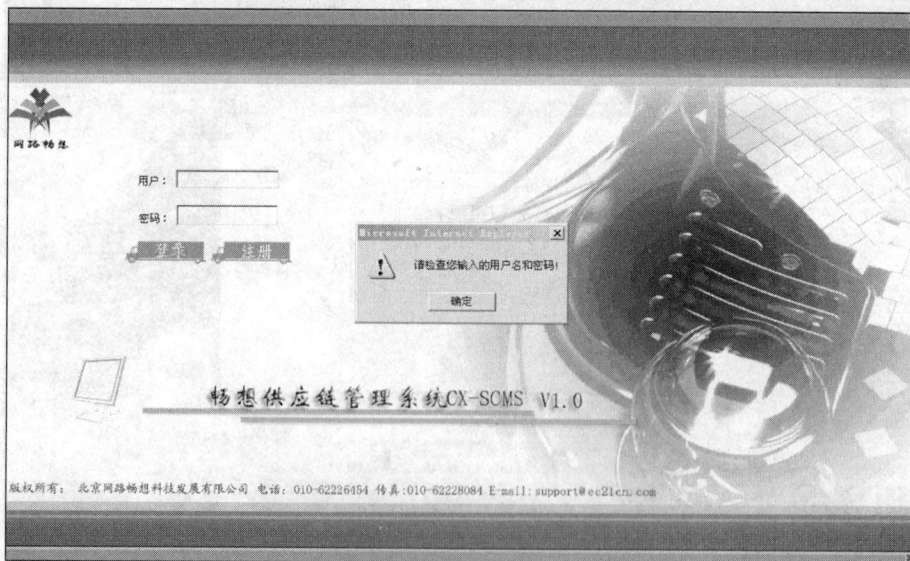

图 5-7　登录账号校验

（7）进入选择具体操作界面，其中子系统包括系统管理、基础数据管理、业务调度、业务管理。单击"注销"按钮可退回主界面重新登录。

四、教师授权

（一）角色实验授权

在学生进行角色功能试验的时候，需要先给学生授权，授权操作步骤如下：

（1）选择"用户管理"→"用户角色管理"命令，进入相应的界面，如图5-8所示。

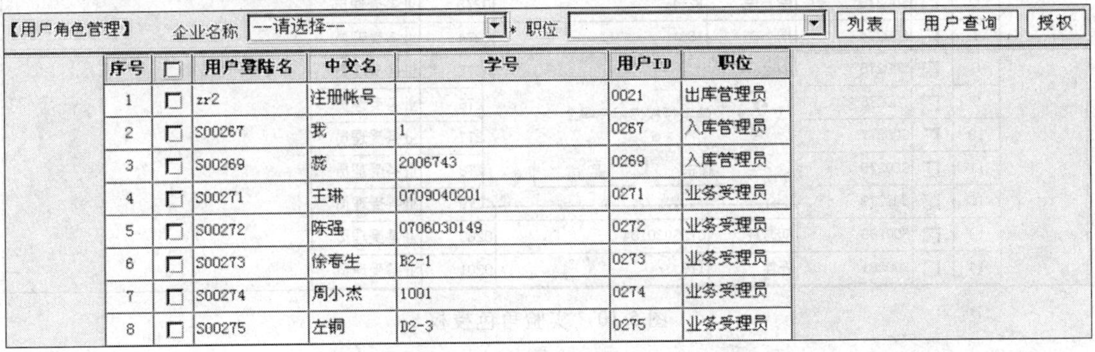

【用户角色管理】	企业名称 --请选择-- ▼ * 职位 ▼		列表	用户查询	授权			
序号	□	用户登陆名	中文名	学号	用户ID	职位		
1	□	zr2	注册帐号		0021	出库管理员		
2	□	S00267	我	1	0267	入库管理员		
3	□	S00269	蕊	2006743	0269	入库管理员		
4	□	S00271	王琳	0709040201	0271	业务受理员		
5	□	S00272	陈强	0706030149	0272	业务受理员		
6	□	S00273	徐春生	B2-1	0273	业务受理员		
7	□	S00274	周小杰	1001	0274	业务受理员		
8	□	S00275	左铜	D2-3	0275	业务受理员		

图5-8 "用户角色管理"界面

（2）在"企业名称"下拉列表框中选择"北京A物流中心"选项，"职位"下拉列表中会显示职位名称，选择与实验对应的职位，如图5-9所示。

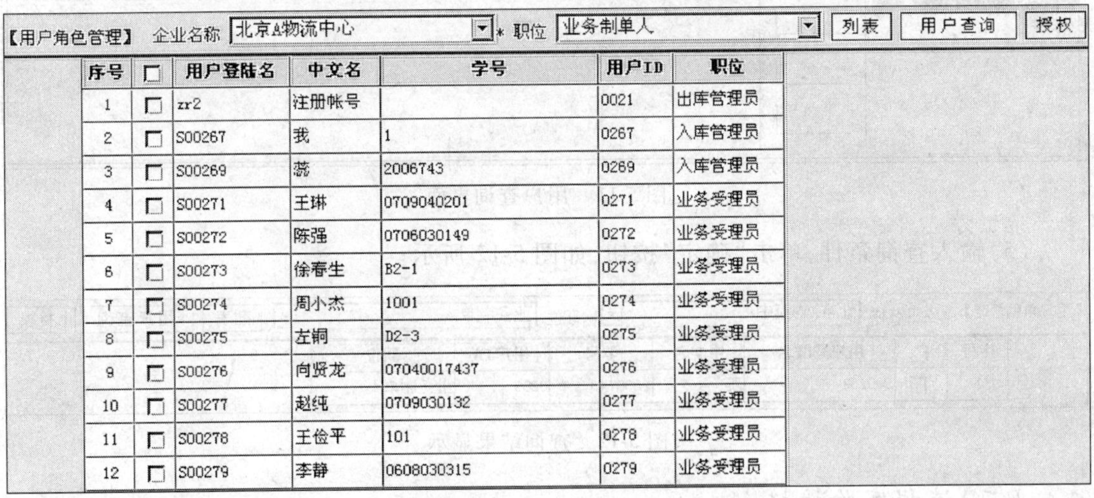

【用户角色管理】	企业名称 北京A物流中心 ▼ * 职位 业务制单人 ▼		列表	用户查询	授权			
序号	□	用户登陆名	中文名	学号	用户ID	职位		
1	□	zr2	注册帐号		0021	出库管理员		
2	□	S00267	我	1	0267	入库管理员		
3	□	S00269	蕊	2006743	0269	入库管理员		
4	□	S00271	王琳	0709040201	0271	业务受理员		
5	□	S00272	陈强	0706030149	0272	业务受理员		
6	□	S00273	徐春生	B2-1	0273	业务受理员		
7	□	S00274	周小杰	1001	0274	业务受理员		
8	□	S00275	左铜	D2-3	0275	业务受理员		
9	□	S00276	向贤龙	07040017437	0276	业务受理员		
10	□	S00277	赵纯	0709030132	0277	业务受理员		
11	□	S00278	王俭平	101	0278	业务受理员		
12	□	S00279	李静	0608030315	0279	业务受理员		

图5-9 选择实验职位

（3）选择用户，选中要分配的角色前的复选框，单击"授权"按钮，如图 5-10 所示。

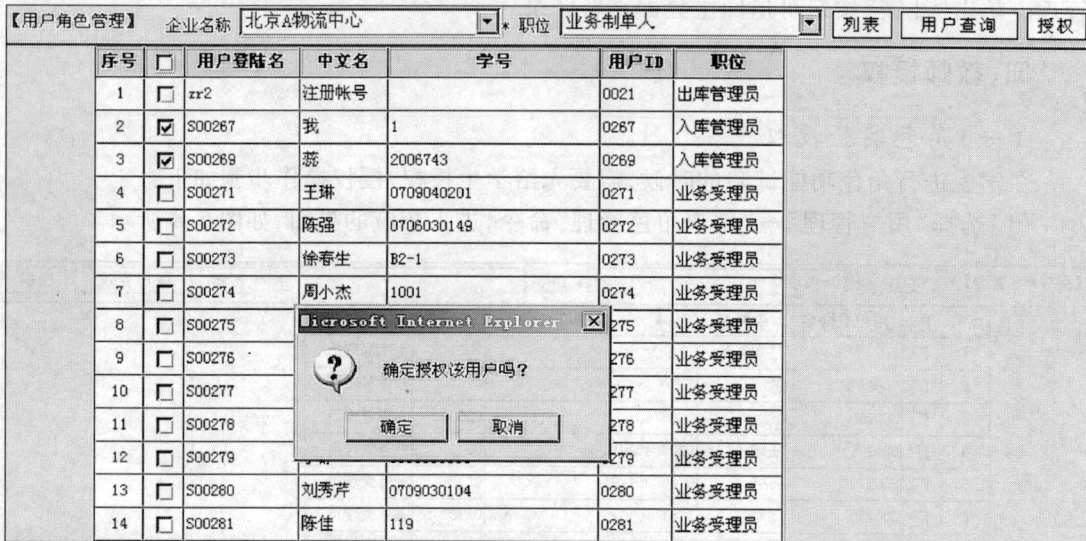

图 5-10　实验角色授权

（4）单击"确定"按钮，授权成功。单击"用户查询"按钮，设置查询条件，如图 5-11 所示。

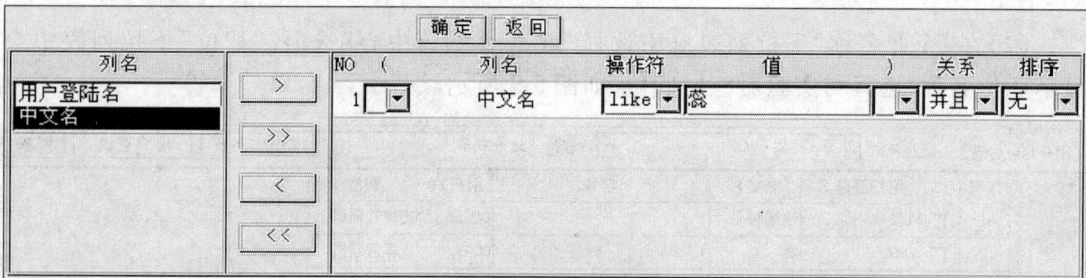

图 5-11　用户查询界面

（5）输入查询条件，单击"确定"按钮，如图 5-12 所示。

图 5-12　查询结果显示

（二）流程实验授权

操作步骤如下：

（1）选择"用户管理"→"用户分组设置"命令，如图 5-13 所示。

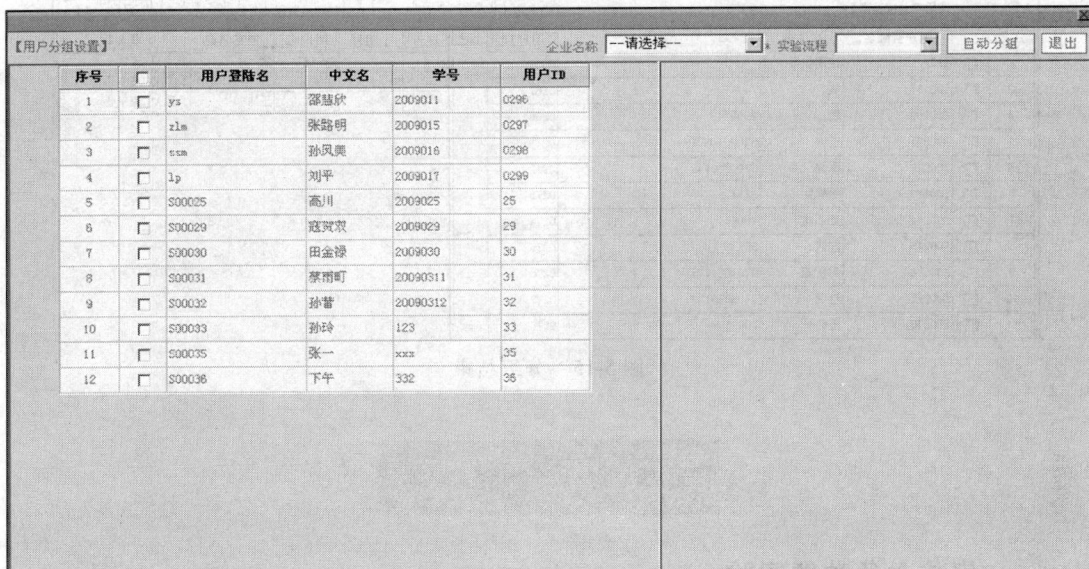

图 5-13　用户分组设置

（2）在"企业名称"下拉列表框中选择企业,在这里选择"北京 A 物流中心"选项,再选择准备做实验的流程,单击分组按钮,系统将根据选择条件进行自动分组,如图 5-14所示。

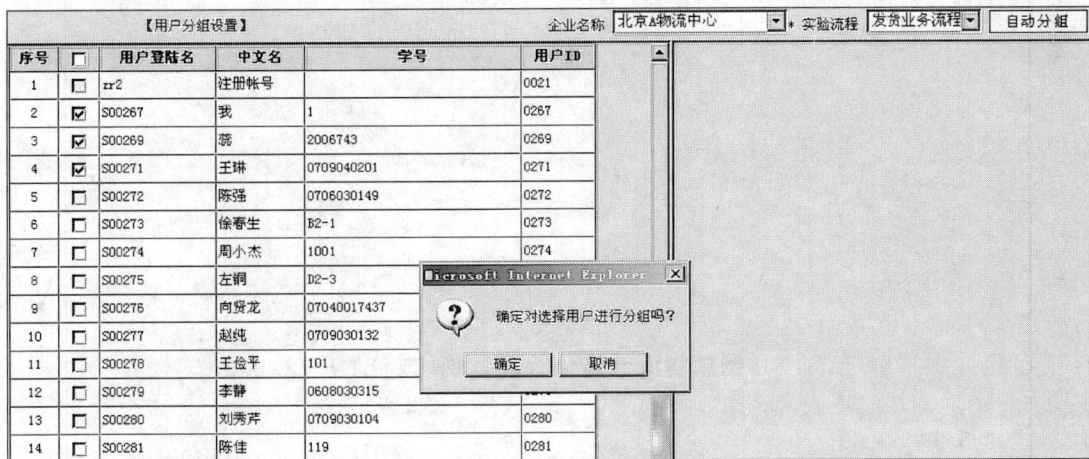

图 5-14　实验分组确认

（3）单击"确定"按钮，进行自动分组，右窗格中将显示分组结果，如图 5-15 所示。

序号	□	用户登陆名	中文名	学号	用户ID		序号	小组号	用户名	中文名称	企业名称	
1	□	zr2	注册帐号		0021		1	0	S00267	我	北京A物流中心	
2	□	S00267	我	1	0267		2	0	S00269	蕊	北京A物流中心	
3	□	S00269	蕊	2006743	0269		3	0	S00271	王琳	北京A物流中心	
4	□	S00271	王琳	0709040201	0271							
5	□	S00272	陈强	0706030149	0272							
6	□	S00273	徐春生	B2-1	0273							
7	□	S00274	周小杰	1001	0274							
8	□	S00275	左桐	D2-3	0275							
9	□	S00276	向贤龙	07040017437	0276							
10	□	S00277	赵纯	0709030132	0277							
11	□	S00278	王俭平	1O1	0278							

【用户分组设置】　企业名称 北京A物流中心　* 实验流程 发货业务流程　自动分组

图 5-15　分组结束

第三节　实验操作

一、岗位角色功能实验

（一）实验一　业务制单员实验

单击"业务管理"按钮，进入相应的界面，如图 5-16 所示。

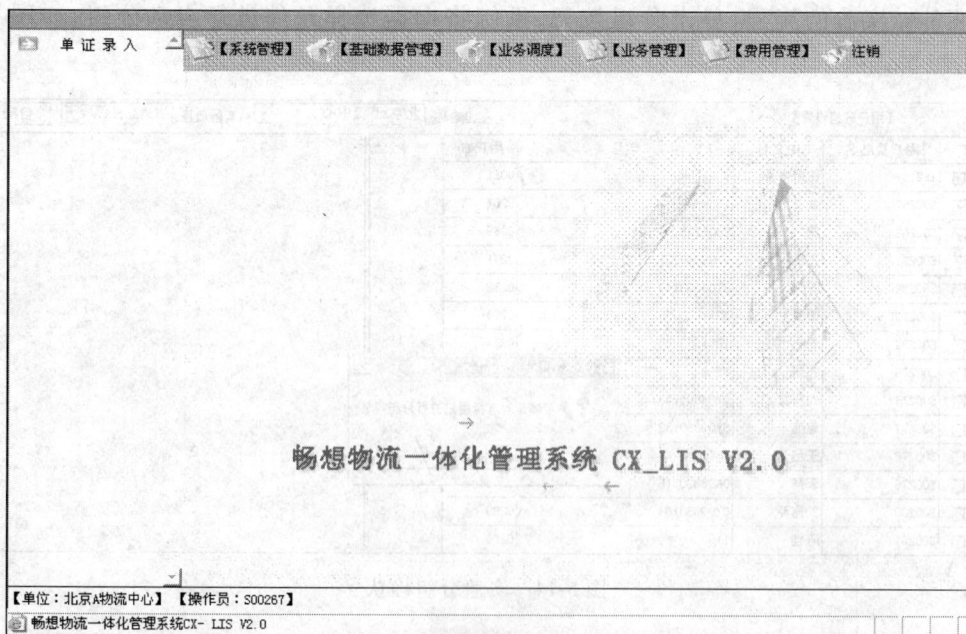

单证录入　【系统管理】　【基础数据管理】　【业务调度】　【业务管理】　【费用管理】　注销

畅想物流一体化管理系统 CX_LIS V2.0

【单位：北京A物流中心】　【操作员：S00267】

畅想物流一体化管理系统CX- LIS V2.0

图 5-16　业务管理模块

1. 填写收货单

操作步骤如下：

(1)单击"收货单填写"按钮，进入相应的界面，如图 5-17 所示。

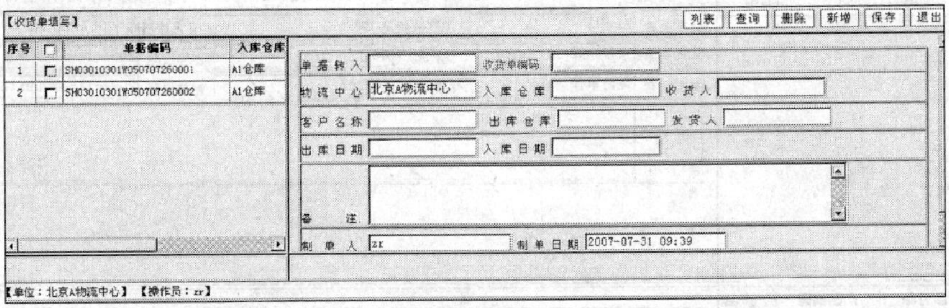

图 5-17　填写收货单

(2)设置入库仓库（"A1 仓库"）、收货人、客户名称（"C 食品有限公司"）、出库仓库（"京东仓库"）、发货人、出库日期（当前日期）、入库日期后，单击"保存"按钮，系统将保存用户所填写的数据。用户要添加单据从表信息时，可双击要添加的单据，如图 5-18 所示。

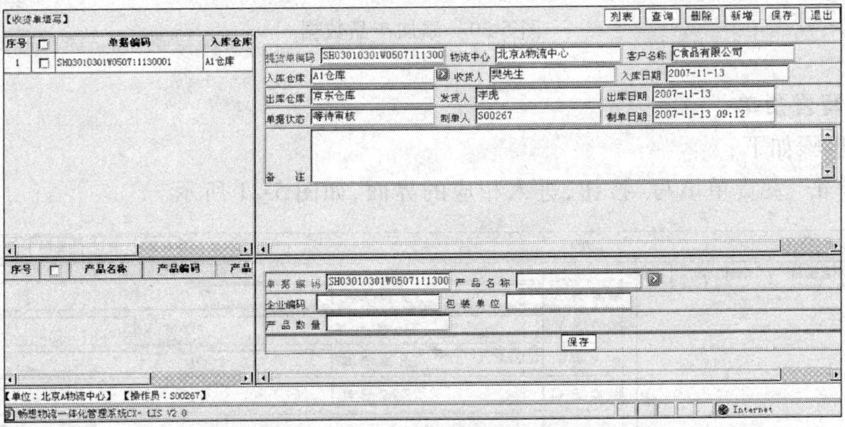

图 5-18　填写单据数据

(3)单击产品名称旁的蓝色按钮，显示产品信息列表，如图 5-19 所示。

序号	产品名称	产品编码	产品单位	营业执照编码
1	香特莉9生日心型鲜奶蛋糕	6961000115009	个	6929000500012
2	香特莉9鲜奶栗子蛋糕	6961000115010	个	6929000500012
3	香特莉10生日鲜奶蛋糕	6961000115006	个	6929000500012
4	香特莉11生日鲜奶蛋糕	6961000115007	个	6929000500012
5	香特莉9黑森林鲜奶蛋糕	6961000115008	个	6929000500012
6	天厨牌矿泉水	6961000115002	瓶	6929000500012
7	大白兔奶糖	6961000115005	袋	6929000500012
8	手工拉面	6961000115001	袋	6929000500012
9	香辣炸酱面	6961000115003	袋	6929000500012
10	香浓牛肉面	6961000115004	袋	6929000500012

图 5-19　供选择的产品信息列表

（4）双击"大白兔奶糖"产品条目，添加产品数据，如图 5-20 所示。

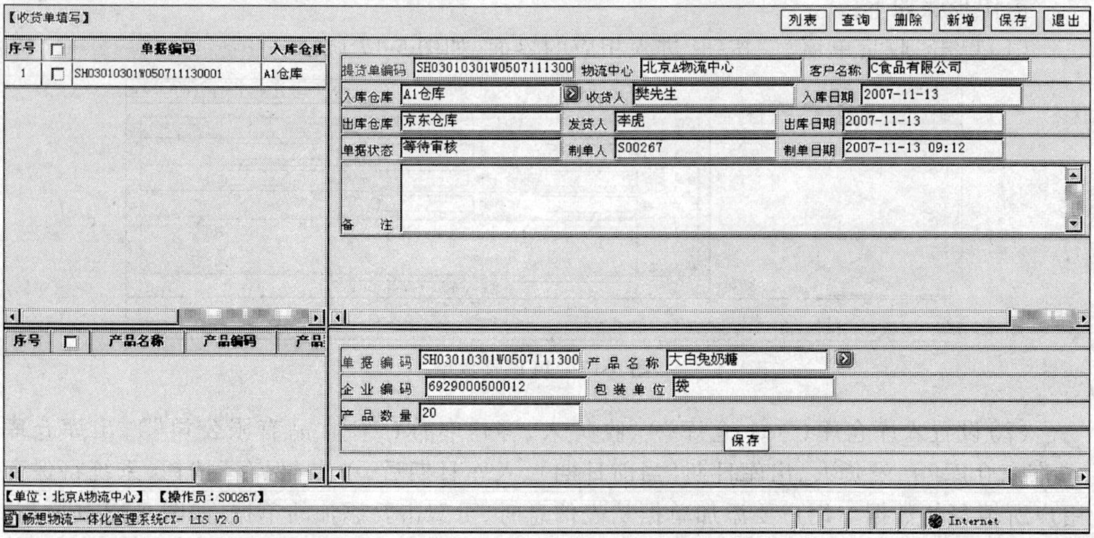

图 5-20　添加产品数据

2. 填写发货单

操作步骤如下：

（1）单击"发货单填写"按钮，进入相应的界面，如图 5-21 所示。

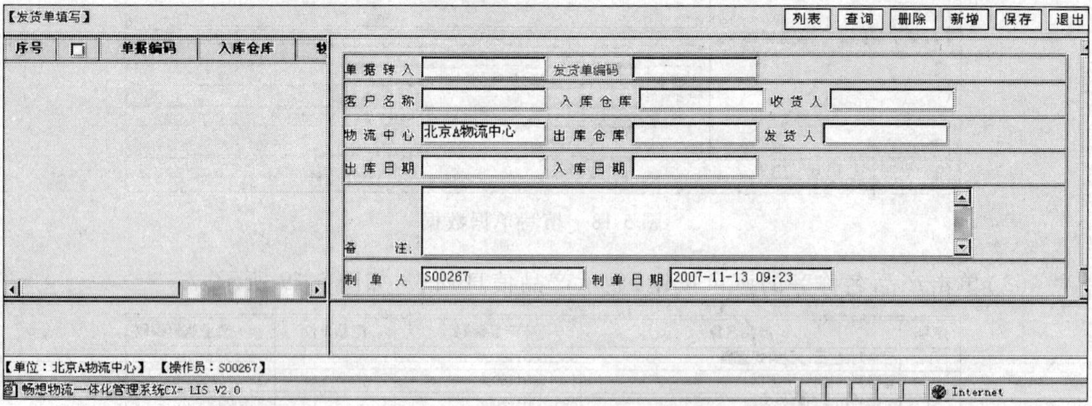

图 5-21　填写发货单

（2）设置入库仓库（"B1 百仓库"）、收货人、客户名称（"C 食品有限公司"）、出库仓库（"A1 仓库"）、发货人、出库日期（当前日期）、入库日期后，单击"保存"按钮，系统将保存用户所填写的数据。用户要添加单据从表信息时，可双击要添加的单据，如图 5-22 所示。

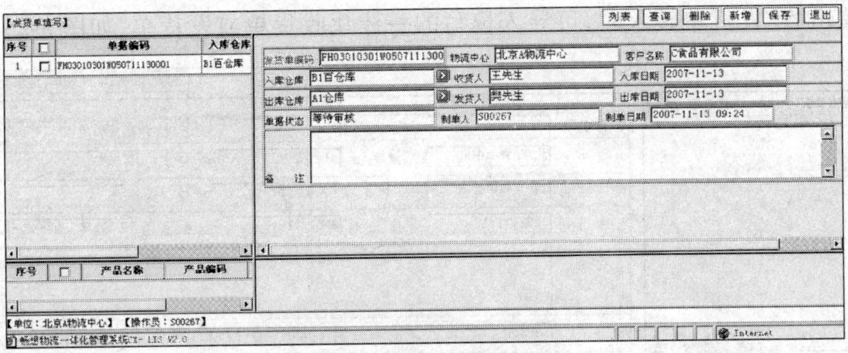

图 5-22　填写发货单数据

（3）单击产品名称旁的蓝色按钮，在产品信息列表中双击产品条目，添加产品数据，如图 5-23 所示。

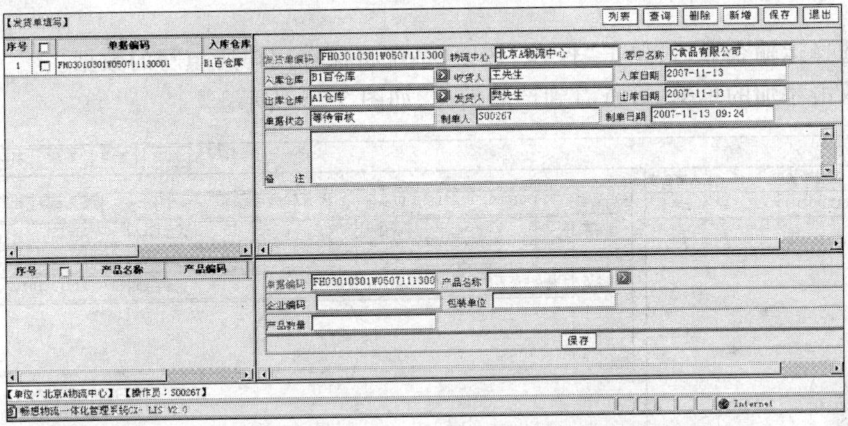

图 5-23　添加产品数据

3. 填写运输单

操作步骤如下：

（1）单击"运输单填写"按钮，进入相关的界面，如图 5-24 所示。

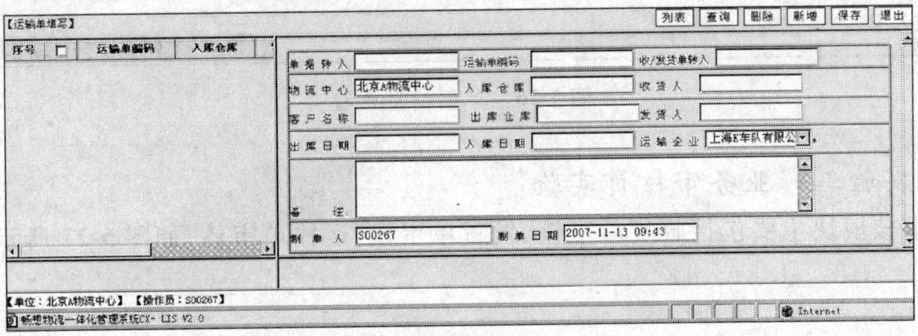

图 5-24　填写运输单

243

（2）单击收/发货单转入时，可导入填写的一体化收货单或发货单，如图 5-25 所示。

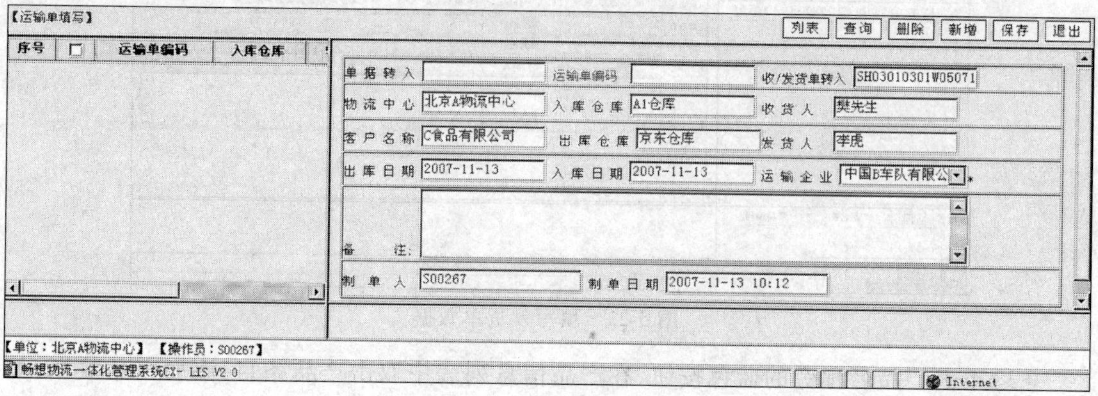

图 5-25　导入的运输单

（3）选择运输企业后，单击"保存"按钮，系统将保存用户所填写的数据。

（4）双击添加的单据，可查看到产品信息，如图 5-26 所示。

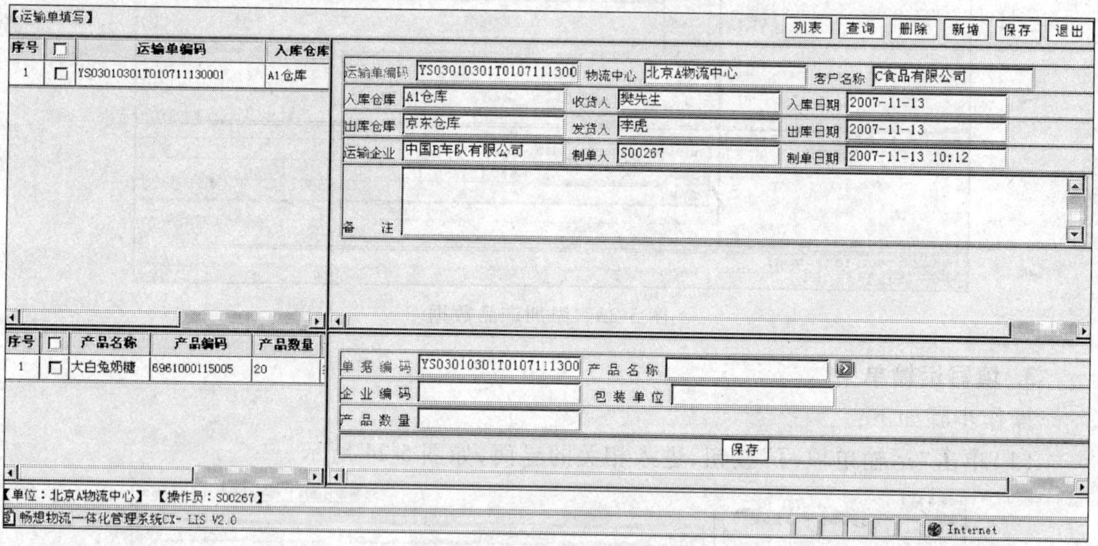

图 5-26　单据信息查看

（二）实验二　业务审核员实验

单据审核模块主要包括收货单审核、发货单审核、运输单审核，如图 5-27 所示。

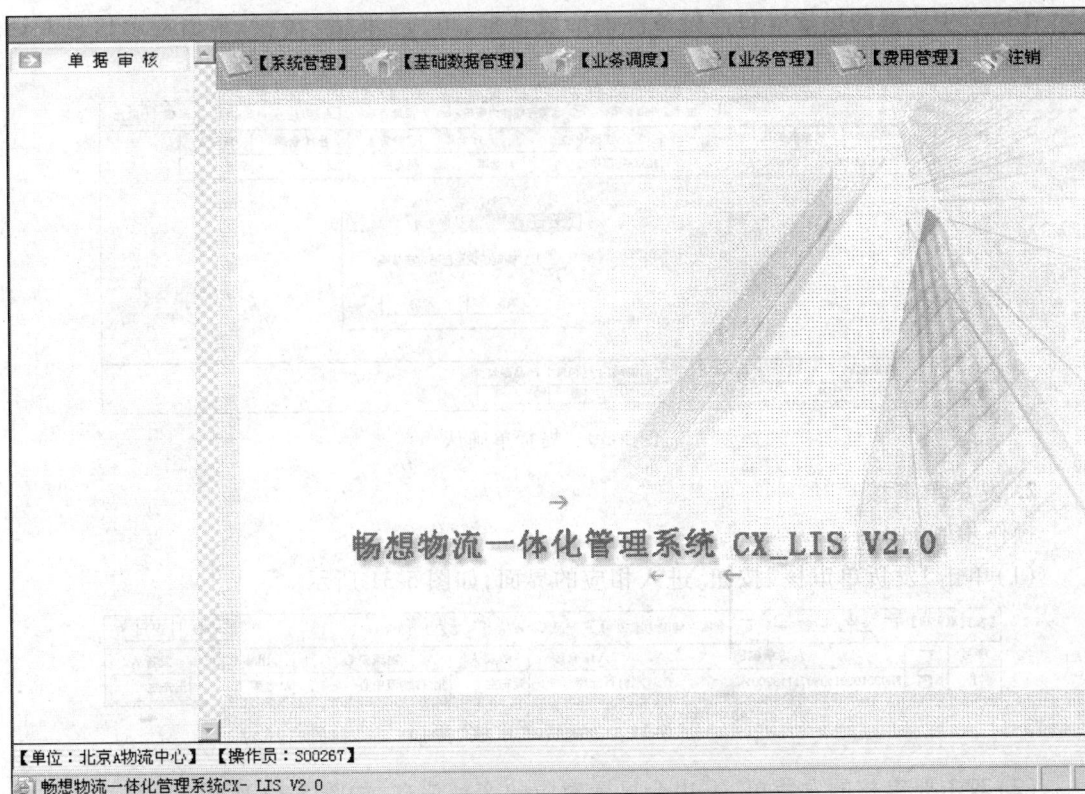

图 5-27　单据审核界面

1. 收货单审核

操作步骤如下：

(1)单击"收货单审核"按钮，进行相应的界面，如图 5-28 所示。

图 5-28　"收货单审核"界面

(2)双击所要审核的提货单，下边会显示对应的产品信息，如图 5-29 所示。

图 5-29　单据产品信息

（3）选中所选的提货单和审核条件前的复选框，单击"审核"按钮，弹出提示信息对话框，如图 5-30 所示。

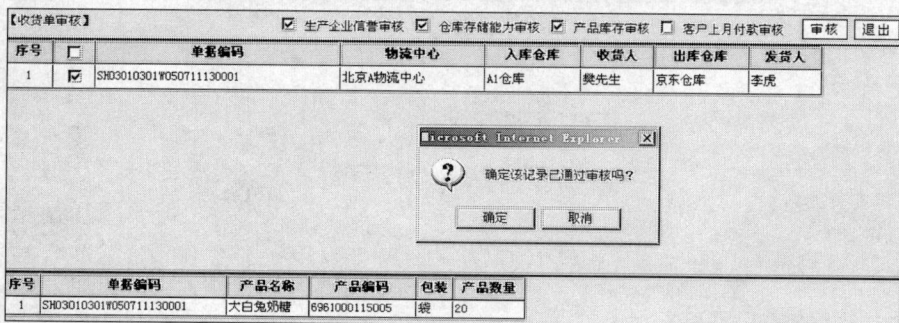

图 5-30　提货单确认

2. 发货单审核

操作步骤如下：

（1）单击"发货单审核"按钮，进入相应的界面，如图 5-31 所示。

图 5-31　"发货单审核"界面

（2）双击要审核的发货单，下边会显示对应的产品信息，如图 5-32 所示。

图 5-32　发货单信息查看

（3）选中所选的发货单和审核条件前的复选框，单击"审核"按钮，如图 5-33 所示。

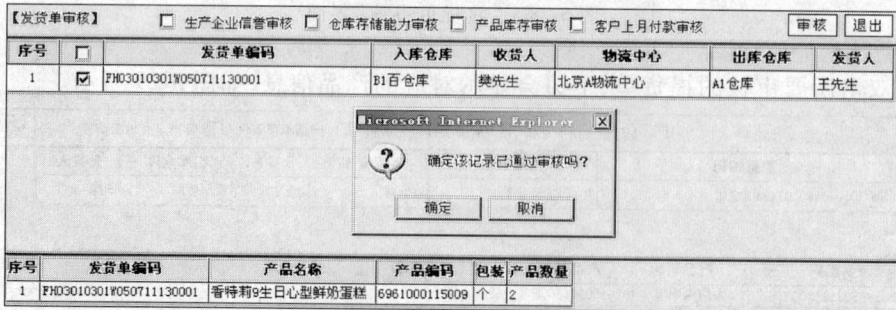

图 5-33　发货单审核确认

3. 运输单审核

操作步骤如下：

（1）单击"运输单审核"按钮，进入相应的界面，如图5-34所示。

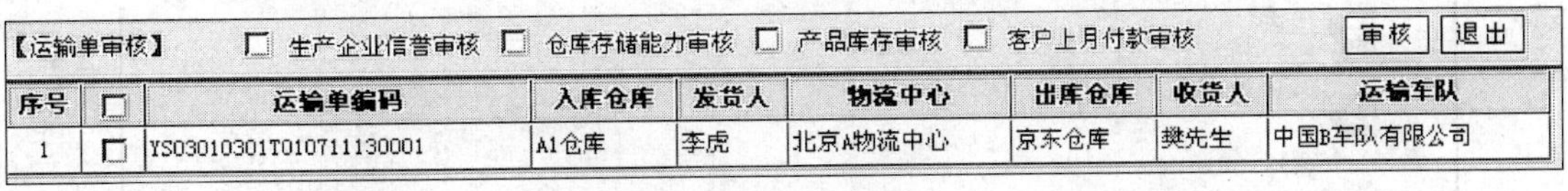

【运输单审核】		□ 生产企业信誉审核	□ 仓库存储能力审核	□ 产品库存审核		□ 客户上月付款审核		审核	退出
序号	□	运输单编码	入库仓库	发货人	物流中心	出库仓库	收货人	运输车队	
1	□	YS03010301T010711130001	A1仓库	李虎	北京A物流中心	京东仓库	樊先生	中国B车队有限公司	

图5-34 运输单审核界面

（2）双击要审核的运输单，下边会显示对应的产品信息，如图5-35所示。

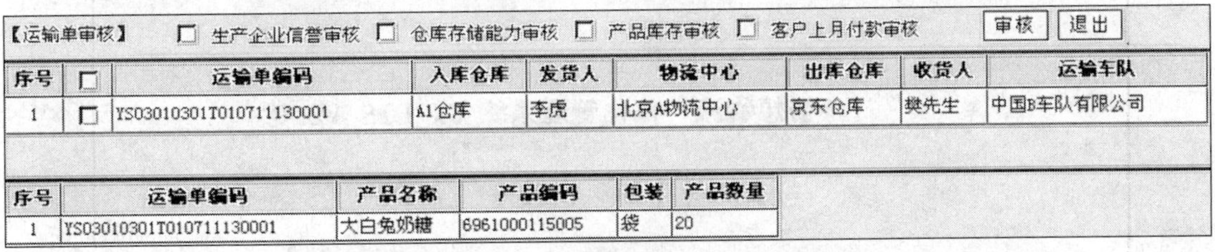

【运输单审核】		□ 生产企业信誉审核	□ 仓库存储能力审核	□ 产品库存审核		□ 客户上月付款审核		审核	退出
序号	□	运输单编码	入库仓库	发货人	物流中心	出库仓库	收货人	运输车队	
1	□	YS03010301T010711130001	A1仓库	李虎	北京A物流中心	京东仓库	樊先生	中国B车队有限公司	

序号	运输单编码	产品名称	产品编码	包装	产品数量
1	YS03010301T010711130001	大白兔奶糖	6961000115005	袋	20

图5-35 运输单信息查看

（3）选中所选的运输单前的复选框，单击"审核"按钮，如图5-36所示。

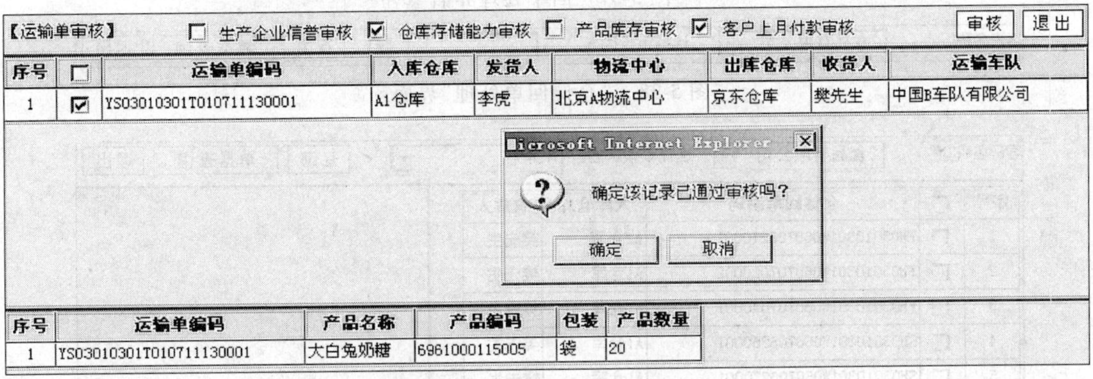

【运输单审核】		□ 生产企业信誉审核	☑ 仓库存储能力审核	□ 产品库存审核		☑ 客户上月付款审核		审核	退出
序号	□	运输单编码	入库仓库	发货人	物流中心	出库仓库	收货人	运输车队	
1	☑	YS03010301T010711130001	A1仓库	李虎	北京A物流中心	京东仓库	樊先生	中国B车队有限公司	

Microsoft Internet Explorer

? 确定该记录已通过审核吗？

确定 　 取消

序号	运输单编码	产品名称	产品编码	包装	产品数量
1	YS03010301T010711130001	大白兔奶糖	6961000115005	袋	20

图5-36 运输单审核确认

（三）实验三 业务调度员实验

1. 回单处理

回单处理模块包括仓储回单处理、运输回单处理、配送回单处理，如图5-37所示。

（1）仓储回单处理：

操作步骤如下：

① 单击"仓储回单处理"按钮，进入相应的界面，如图5-38所示。

② 选择要查询的客户和单据状态，单击"查询"按钮，如图5-39所示。

③ 双击左窗格显示的单据信息，右窗格中会显示相应的产品，如图5-40所示。

图 5-37 回单处理界面

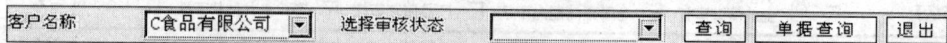

图 5-38 "仓储回单处理"界面

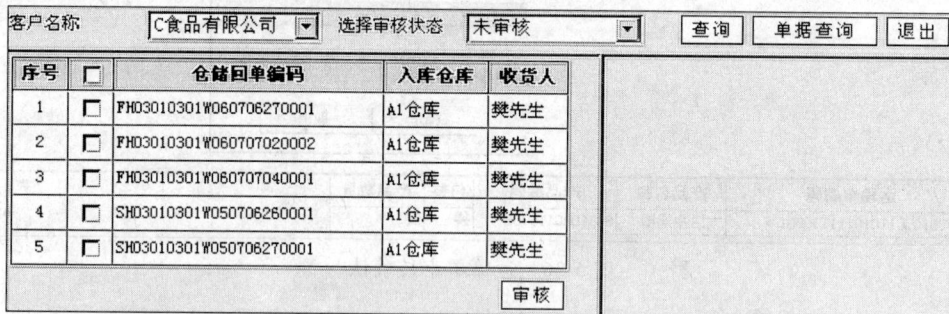

图 5-39 查询功能界面

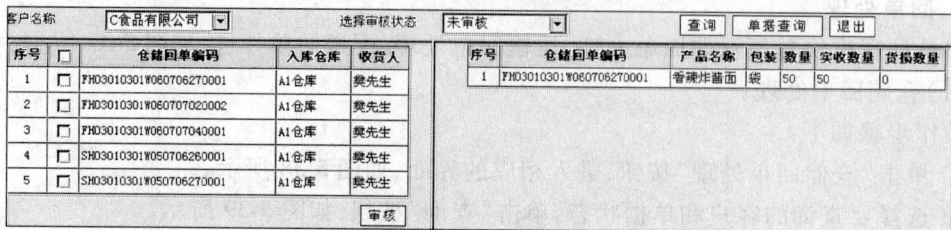

图 5-40 查看单据信息

④ 可根据"列名"查询单据，如图 5-41 所示。

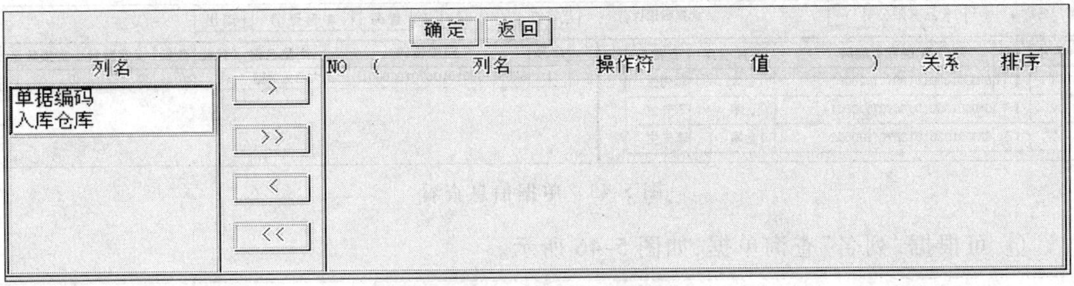

图 5-41　按条件查询

⑤ 选中要审核的单据前的复选框，单击"审核"按钮，如图 5-42 所示。

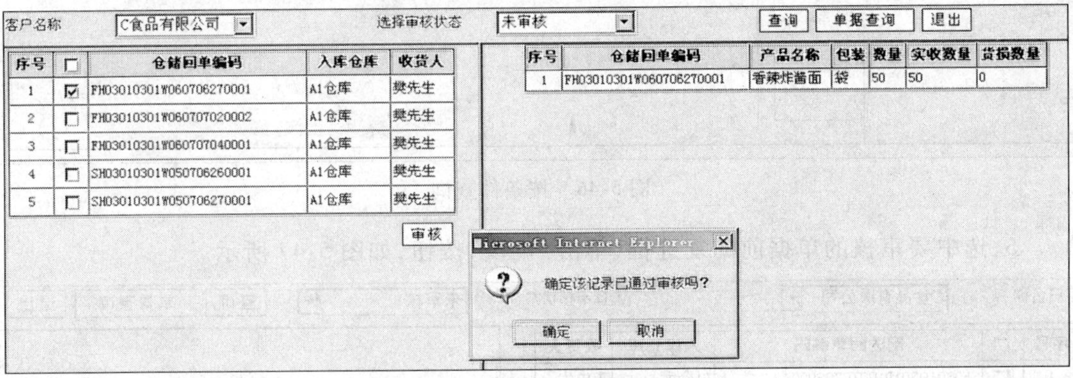

图 5-42　单据审核确认

（2）配送回单处理：

操作步骤如下：

① 单击"配送回单处理"按钮，进入相应的界面，如图 5-43 所示。

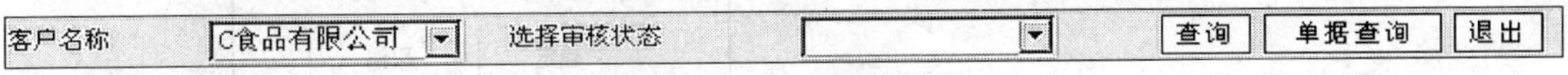

图 5-43　配送回单处理界面

② 选择所要查询的客户和单据状态，单击"查询"按钮，如图 5-44 所示。

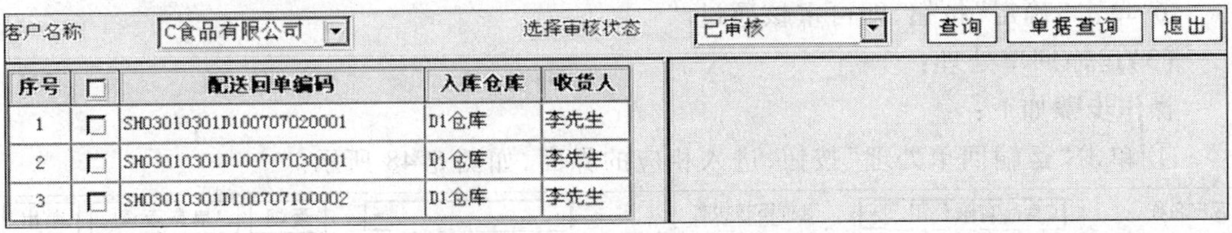

图 5-44　配送回单查询

③ 双击左窗格显示的单据信息，右窗格中会显示相应的产品，如图 5-45 所示。

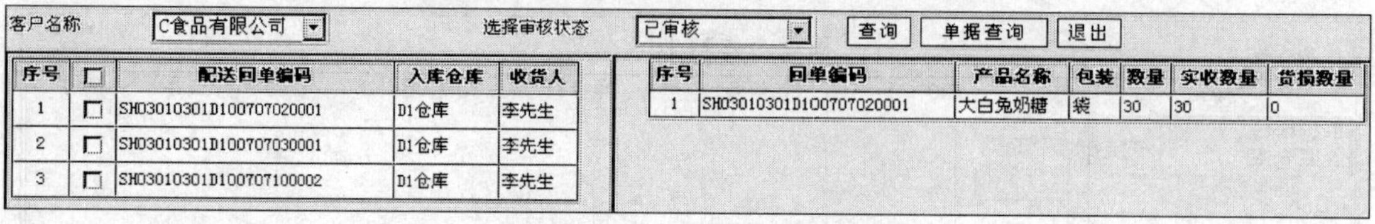

| 客户名称 | C食品有限公司 ▼ | | | 选择审核状态 | 已审核 ▼ | | 查询 | 单据查询 | 退出 |

序号	☐	配送回单编码	入库仓库	收货人
1	☐	SH03010301D100707020001	D1仓库	李先生
2	☐	SH03010301D100707030001	D1仓库	李先生
3	☐	SH03010301D100707100002	D1仓库	李先生

序号	回单编码	产品名称	包装	数量	实收数量	货损数量
1	SH03010301D100707020001	大白兔奶糖	袋	30	30	0

图 5-45　单据信息查看

④ 可根据"列名"查询单据，如图 5-46 所示。

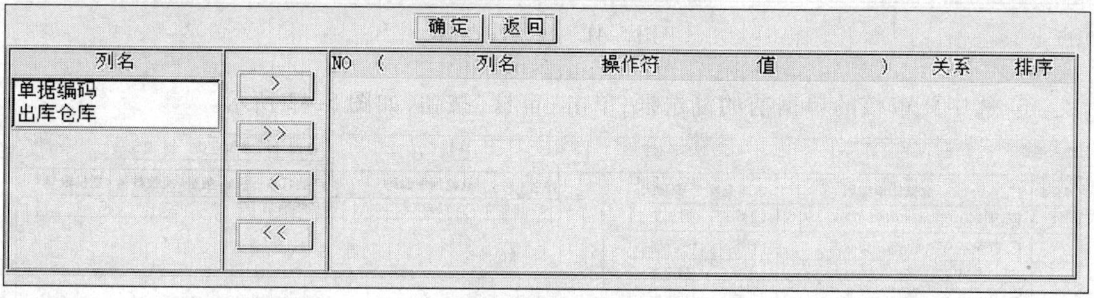

	确定	返回						
列名		>	NO	（	列名	操作符	值	）	关系	排序
单据编码 出库仓库		>>						
		<						
		<<						

图 5-46　按条件查询

⑤ 选中要审核的单据前的复选框，单击"审核"按钮，如图 5-47 所示。

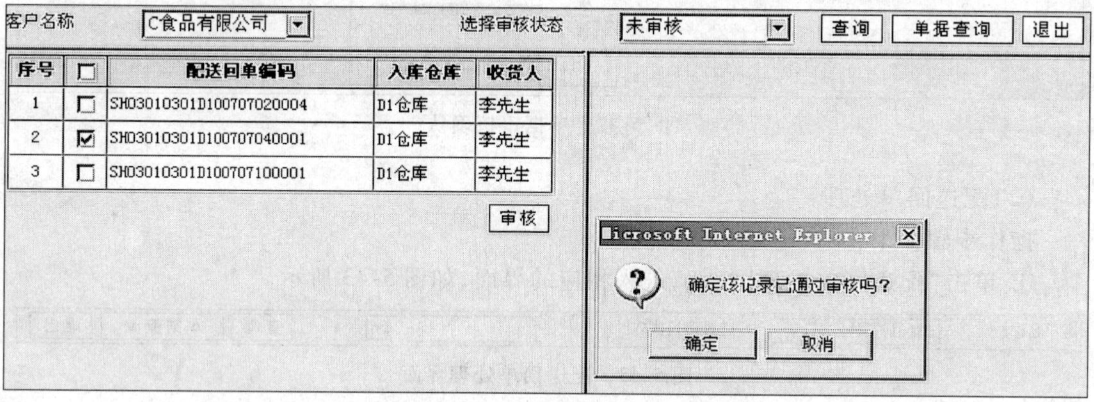

| 客户名称 | C食品有限公司 ▼ | | | 选择审核状态 | 未审核 ▼ | | 查询 | 单据查询 | 退出 |

序号	☐	配送回单编码	入库仓库	收货人
1	☐	SH03010301D100707020004	D1仓库	李先生
2	☑	SH03010301D100707040001	D1仓库	李先生
3	☐	SH03010301D100707100001	D1仓库	李先生

审核

Microsoft Internet Explorer ✕
? 确定该记录已通过审核吗？
确定　取消

图 5-47　单据审核确认

⑥ 单击"确定"按钮，即可审核通过。

（3）运输回单处理：

操作步骤如下：

① 单击"运输回单处理"按钮，进入相应的界面，如图 5-48 所示。

| 客户名称 | C食品有限公司 ▼ | 选择审核状态 | ▼ | 查询 | 单据查询 | 退出 |

图 5-48　运输回单处理界面

② 选择要查询的客户和单据状态,单击"查询"按钮,如图5-49所示。

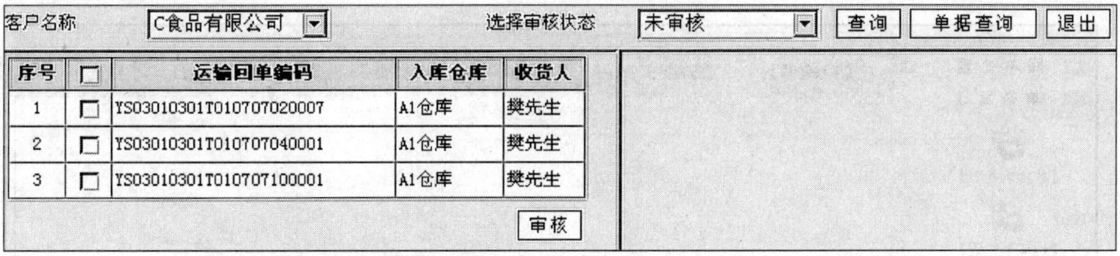

图5-49 运输回单处理信息查询

③ 双击左窗格显示的单据信息,右窗格中会显示相应的产品,如图5-50所示。

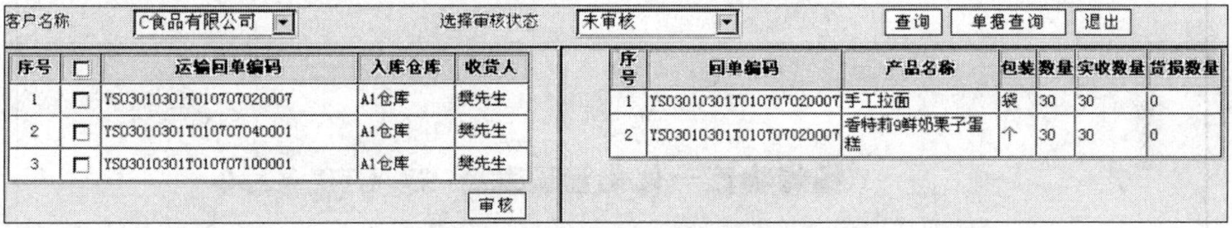

图5-50 产品信息详细查询

④ 选中要审核的单据前的复选框,单击"审核"按钮,如图5-51所示。

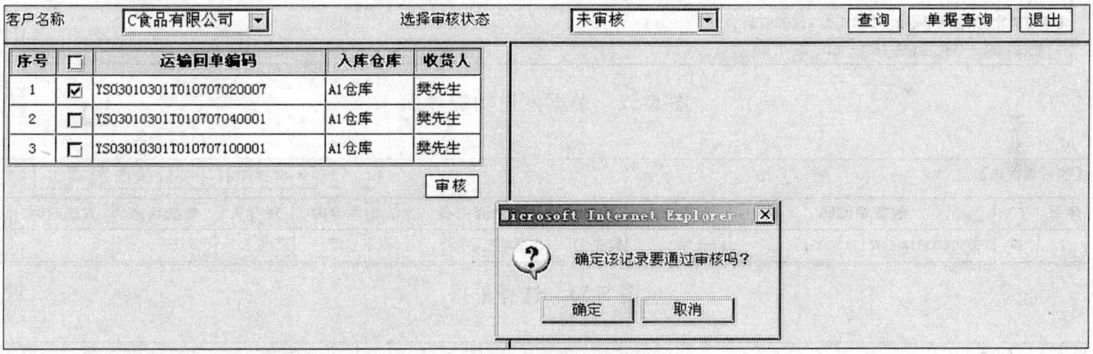

图5-51 单据审核确认

2. 单据发送

单据发送模块包括收货单发送、运输单发送和发货单发送,如图5-52所示。

(1)收货单发送:

操作步骤如下:

① 单击"发货单发送"按钮,进入相应的界面,选中单据前的单选按钮,如图5-53所示。

② 单击"发送"按钮,即可发送,如图5-54所示。

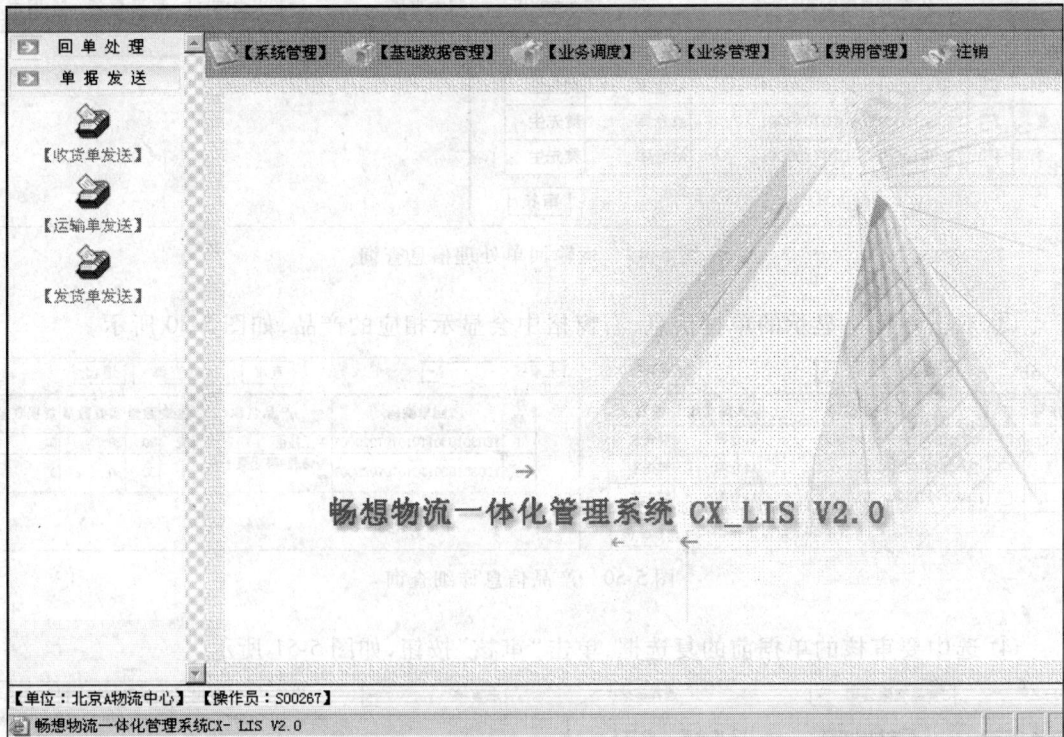

图 5-52　单据发送功能界面

图 5-53　选择单据

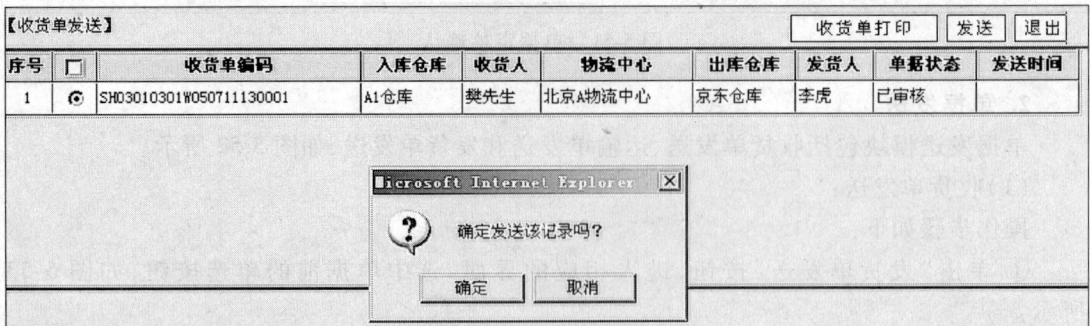

图 5-54　单据发送确认

（2）运输单发送：

操作步骤如下：

① 单击"运输单发送"按钮，进入相应的界面，如图5-55所示。

【运输单发送】									运输单打印	发送	退出
序号	☐	运输单据编码	入库仓库	收货人	物流中心	出库仓库	发货人	运输企业	单据状态	发送时间	
1	○	YS03010301T010711130001	A1仓库	樊先生	北京A物流中心	京东仓库	李虎	中国B车队有限公司	已审核		

图5-55 运输单发送界面

② 选中单据前的单选按钮，单击"发送"按钮，即可发送。如图5-56所示。

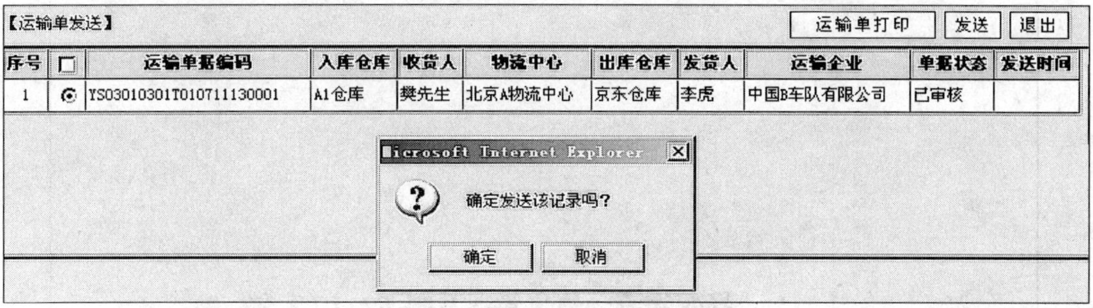

【运输单发送】									运输单打印	发送	退出
序号	☐	运输单据编码	入库仓库	收货人	物流中心	出库仓库	发货人	运输企业	单据状态	发送时间	
1	⊙	YS03010301T010711130001	A1仓库	樊先生	北京A物流中心	京东仓库	李虎	中国B车队有限公司	已审核		

Microsoft Internet Explorer ✖

❓ 确定发送该记录吗？

确定　　取消

图5-56 单据发送确认

（3）发货单发送：

操作步骤如下：

① 单击"发货单发送"按钮，进入相应的界面，如图5-57所示。

【发货单发送】								发货单打印	发送	退出
序号	☐	发货单编码	入库仓库	收货人	物流中心	出库仓库	发货人	状态	发送时间	
1	○	FH03010301W050711130001	B1百仓库	樊先生	北京A物流中心	A1仓库	王先生	已审核		

图5-57 发货单发送界面

② 选中单据前的单选按钮，单击"发送"按钮，即可发送，如图5-58所示。

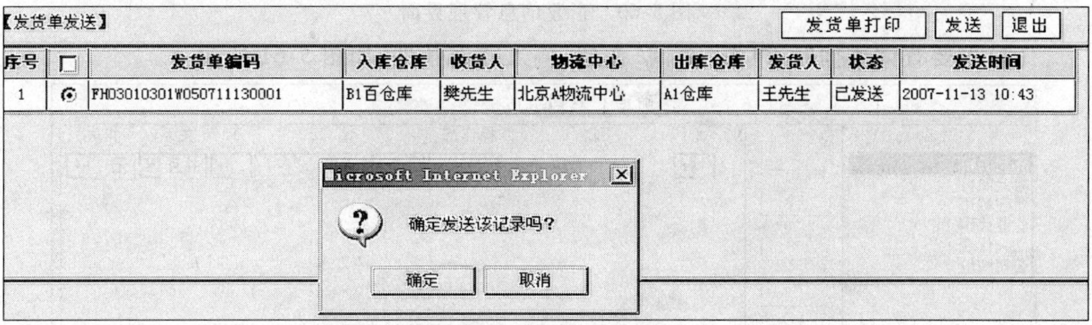

【发货单发送】								发货单打印	发送	退出
序号	☐	发货单编码	入库仓库	收货人	物流中心	出库仓库	发货人	状态	发送时间	
1	⊙	FH03010301W050711130001	B1百仓库	樊先生	北京A物流中心	A1仓库	王先生	已发送	2007-11-13 10:43	

Microsoft Internet Explorer ✖

❓ 确定发送该记录吗？

确定　　取消

图5-58 单据发送确认

（四）实验四　系统管理员实验

1. 企业信息管理

操作步骤如下：

（1）单击"发货单发送"按钮，进入相应的界面，如图 5-59 所示。

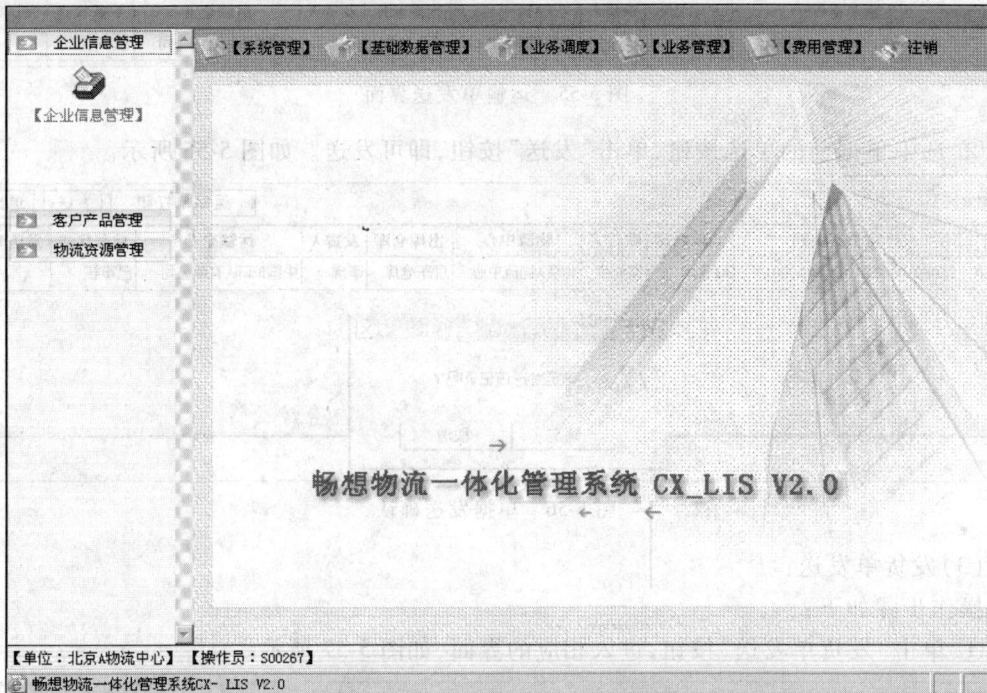

图 5-59　系统界面

（2）单击"企业信息管理"按钮，进入相应的界面，如图 5-60 所示。

序号		企业名称	所在城市	营业执照	联系人	联系电话	客户编码
1		北京A物流中心	上海市	6929000100012	李渊	136010236	000014

【企业信息管理】　查询　增加　删除　保存　列表　退出

图 5-60　企业信息管理界面

（3）当要查询单据时，单击"查询"按钮，输入查询条件，如图 5-61 所示。

图 5-61　按条件查询

（4）可以根据列名查询单据信息，单击"确定"按钮，如图 5-62 所示。

| | | 查询 | 增加 | 删除 | 保存 | 列表 | 退出 |

【企业信息管理】

序号	☐	企业名称	所在城市	营业执照	联系人	联系电话	客户编码
1	☐	北京A物流中心	北京市	6929000100012	李渊	136010236	000014

图 5-62　单据查询结果显示

（5）当用户要增加企业时，单击"增加"按钮，新建企业信息单，如图 5-63 所示。

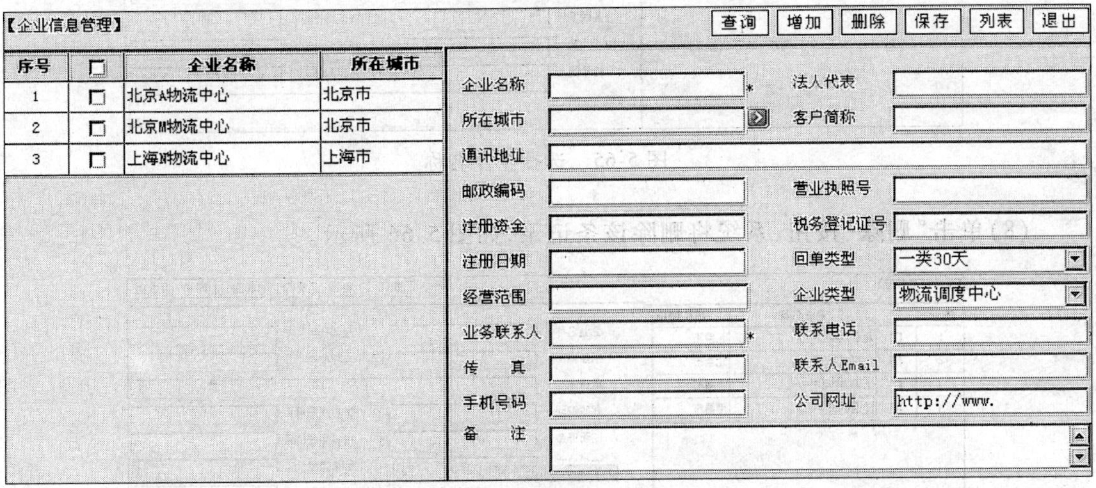

【企业信息管理】　查询 增加 删除 保存 列表 退出

序号	☐	企业名称	所在城市
1	☐	北京A物流中心	北京市
2	☐	北京M物流中心	北京市
3	☐	上海N物流中心	上海市

企业名称　＊　法人代表
所在城市　客户简称
通讯地址
邮政编码　营业执照号
注册资金　税务登记证号
注册日期　回单类型 一类30天
经营范围　企业类型 物流调度中心
业务联系人　＊　联系电话
传真　联系人Email
手机号码　公司网址 http://www.
备注

图 5-63　添加新企业数据

（6）填写企业信息，单击"保存"按钮，系统将保存该条单据，如图 5-64 所示。

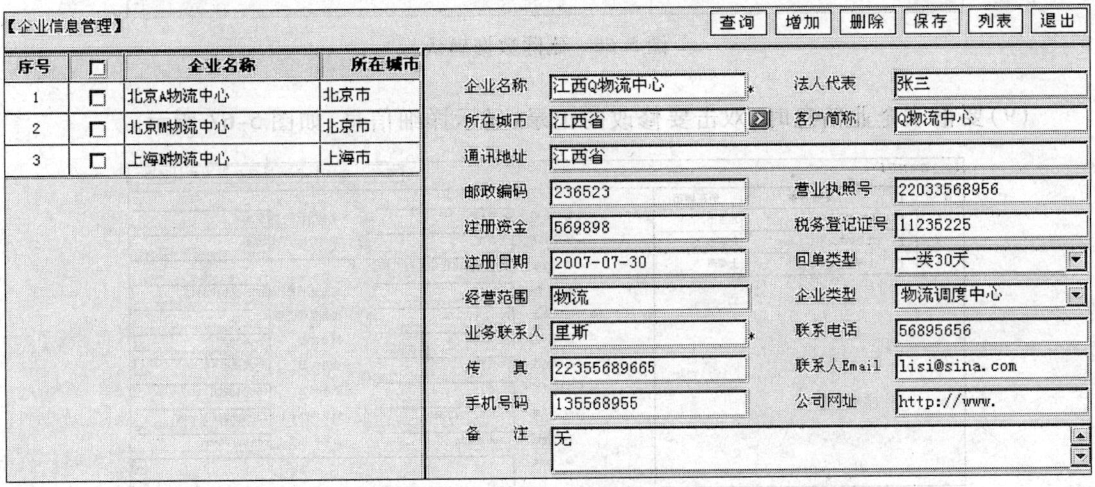

【企业信息管理】　查询 增加 删除 保存 列表 退出

序号	☐	企业名称	所在城市
1	☐	北京A物流中心	北京市
2	☐	北京M物流中心	北京市
3	☐	上海N物流中心	上海市

企业名称 江西Q物流中心　＊　法人代表 张三
所在城市 江西省　客户简称 Q物流中心
通讯地址 江西省
邮政编码 236523　营业执照号 22033568956
注册资金 569898　税务登记证号 11235225
注册日期 2007-07-30　回单类型 一类30天
经营范围 物流　企业类型 物流调度中心
业务联系人 里斯　＊　联系电话 56895656
传真 22355689665　联系人Email lisi@sina.com
手机号码 135568955　公司网址 http://www.
备注 无

图 5-64　企业信息样例

（7）当用户要删除某企业时，选择要删除的企业，如图 5-65 所示。

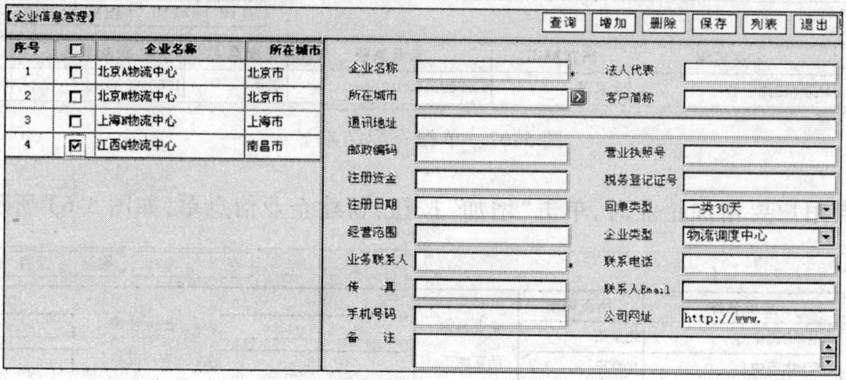

图 5-65　选择企业名称

（8）单击"删除"按钮，系统将删除该条记录，如图 5-66 所示。

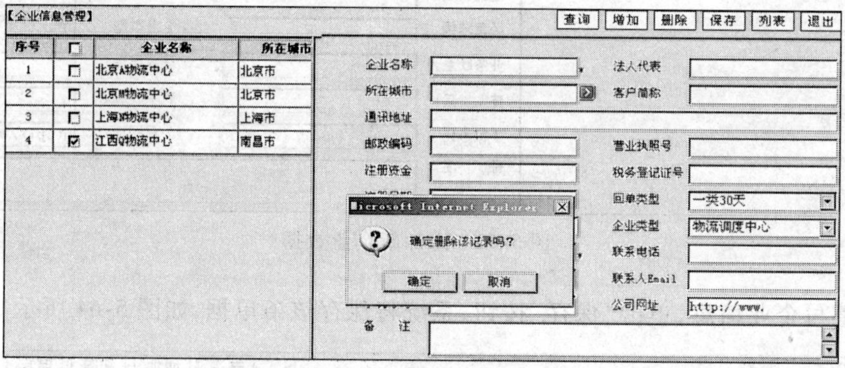

图 5-66　删除数据确认

（9）要修改企业信息时，双击要修改的记录，显示详细信息，如图 5-67 所示。

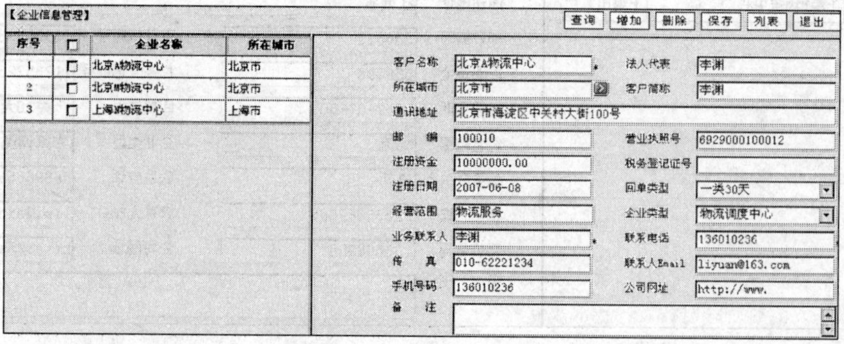

图 5-67　修改企业信息

（10）修改要变更的选项，单击"保存"按钮，系统将保存修改后的记录列表。当用户在进行其他操作，需要预览企业信息数据时，单击"列表"按钮，系统将列出所有企业信息，如图5-68所示。

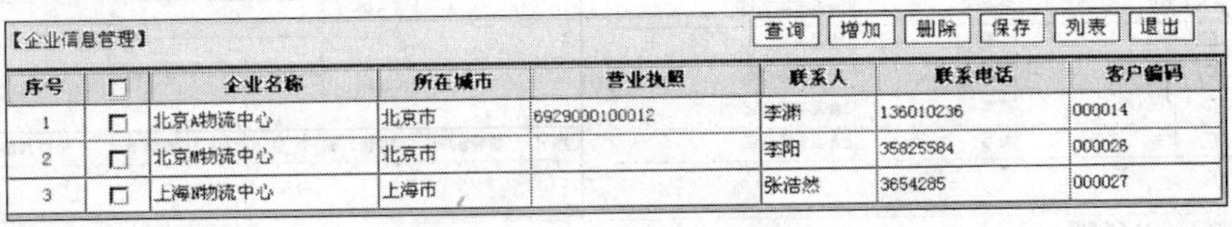

图5-68　企业信息列表

2. 客户产品信息

操作步骤如下：

（1）单击"客户产品信息"按钮，进入相应的界面，如图5-69所示。

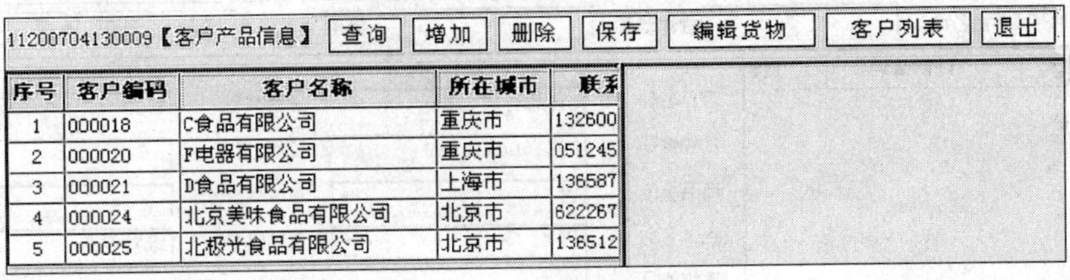

图5-69　客户产品信息管理界面

（2）当要查询单据时，单击"查询"按钮，如图5-70所示。

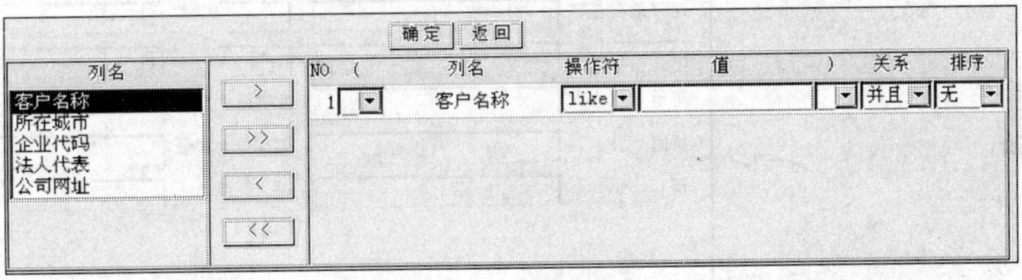

图5-70　按条件查询

（3）要增加产品，可双击企业信息，首先增加产品分类，单击"增加"按钮，设置相关数据，如图5-71所示。

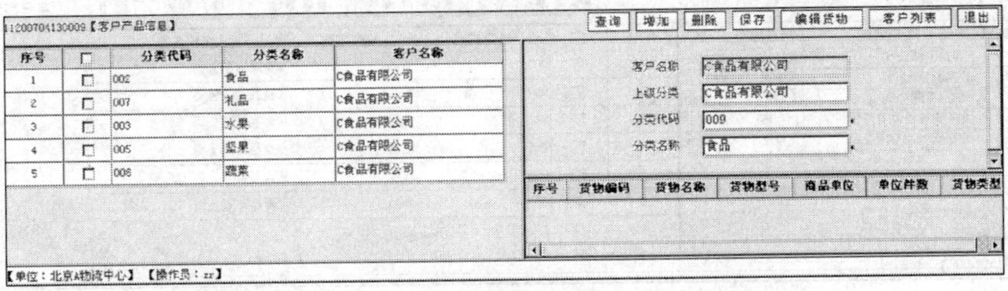

图5-71　增加产品分类

（4）单击"保存"按钮，保存产品分类，如图 5-72 所示。

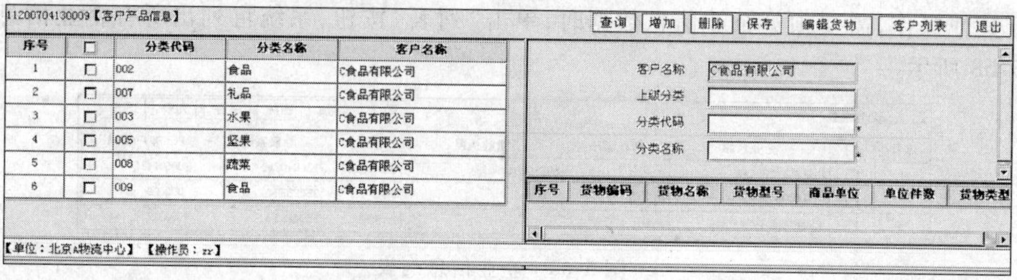

图 5-72　产品分类添加完成

（5）双击新添加的产品分类，单击"编辑货物"按钮，然后单击"增加"按钮，设置相关数据，如图 5-73 所示。

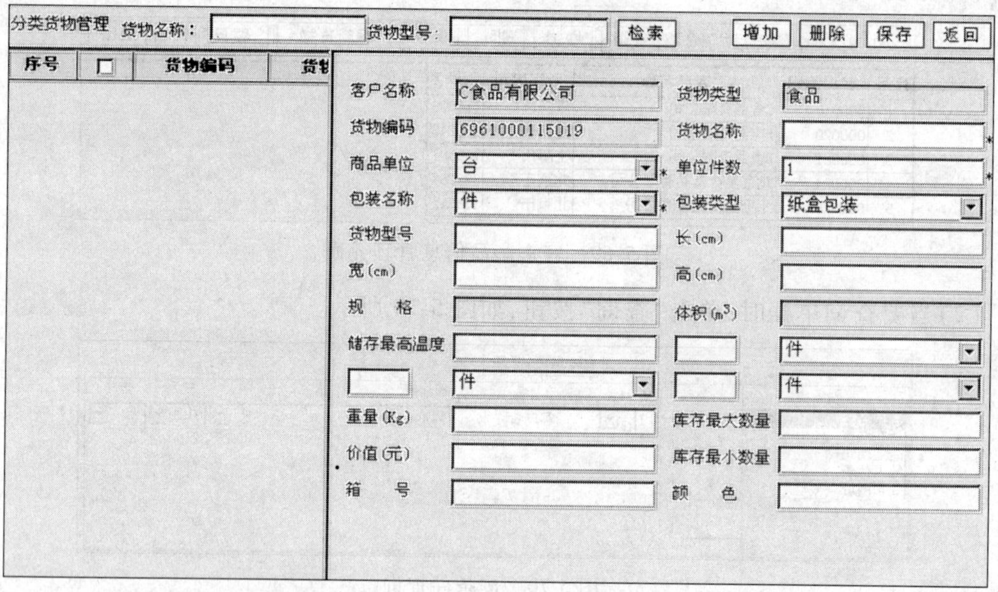

图 5-73　添加货物信息

（6）要删除货物信息时，选择要删除货物信息条目，如图 5-74 所示。

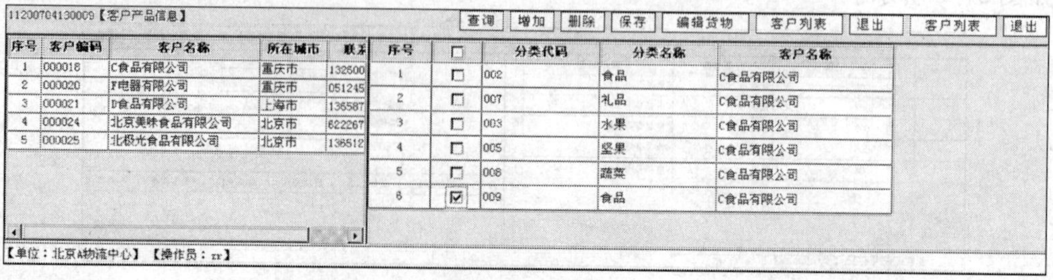

图 5-74　选择信息

(7) 单击"删除"按钮,即可删除数据,如图 5-75 所示。

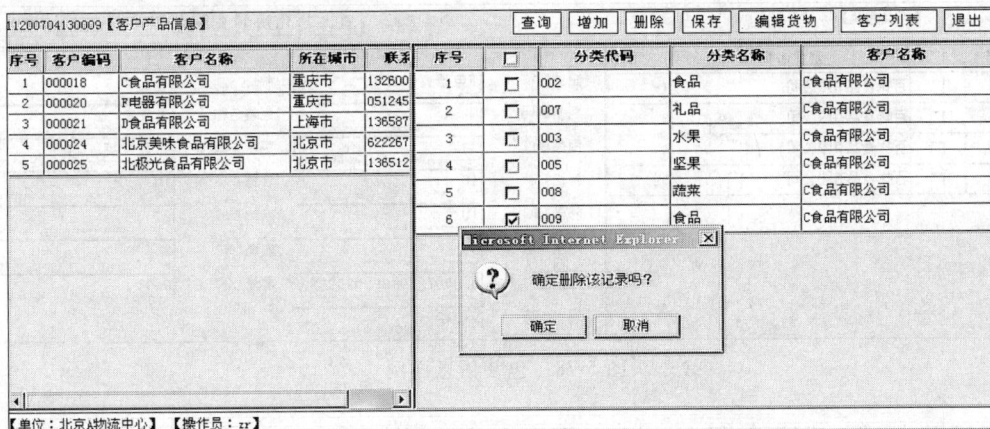

图 5-75 数据删除确认

(8) 当用户在进行其他操作时,要预览客户信息,可单击"客户列表"按钮,系统将列出全部客户信息,如图 5-76 所示。

图 5-76 客户列表

3. 产品包装

操作步骤如下:

(1) 单击"产品包装"按钮,进入相应的界面,如图 5-77 所示。

图 5-77 产品包装界面

259

（2）单击"增加"按钮，设置相关数据，如图 5-78 所示。

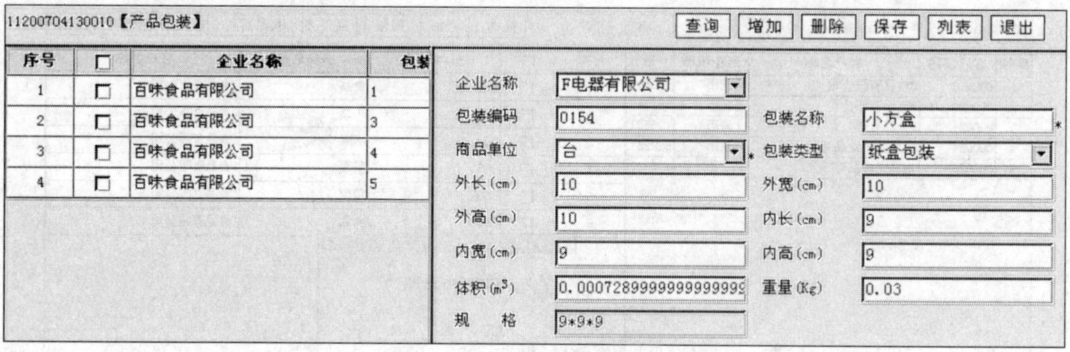

图 5-78　包装信息样例

（3）单击"保存"按钮，保存数据，如图 5-79 所示。

图 5-79　数据保存完成

（4）双击要修改的产品包装列表，右窗格中会显示详细信息，修改后单击"保存"按钮即可，如图 5-80 所示。

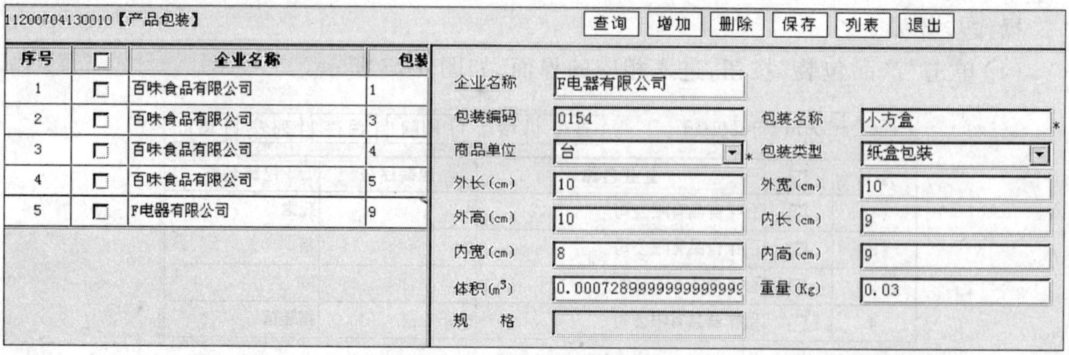

图 5-80　单据详细信息

（5）当用户在进行其他操作时，要预览包装信息，可单击"列表"按钮，如图 5-81 所示。

序号	☐	企业名称	包装序号	包装名称
1	☐	百味食品有限公司	1	托盘
2	☐	百味食品有限公司	3	箱
3	☐	百味食品有限公司	4	件
4	☐	百味食品有限公司	5	集装箱
5	☐	F电器有限公司	9	小方盒

图 5-81　包装信息列表

（6）选择要删除的信息，如图 5-82 所示。

序号	☐	企业名称	包装序号	包装名称
1	☐	百味食品有限公司	1	托盘
2	☐	百味食品有限公司	3	箱
3	☐	百味食品有限公司	4	件
4	☐	百味食品有限公司	5	集装箱
5	☑	F电器有限公司	9	小方盒

图 5-82　选择单据

（7）选择了序号为"5"的包装信息，单击"删除"按钮，系统将删除用户所指定的包装信息，如图 5-83 所示。

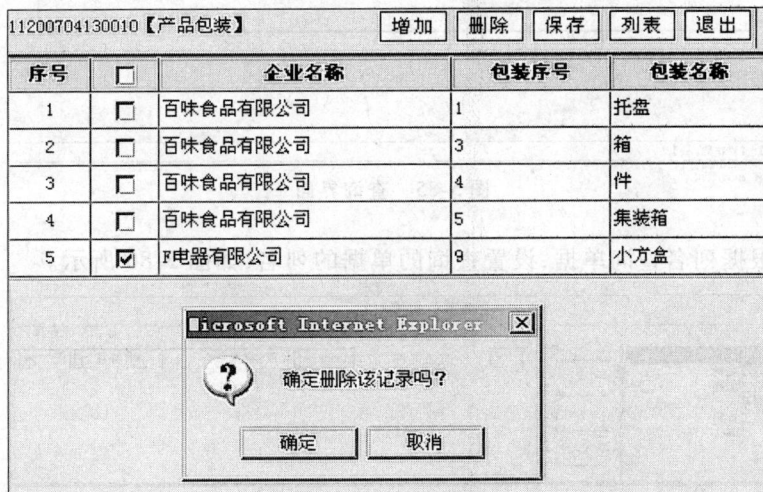

序号	☐	企业名称	包装序号	包装名称
1	☐	百味食品有限公司	1	托盘
2	☐	百味食品有限公司	3	箱
3	☐	百味食品有限公司	4	件
4	☐	百味食品有限公司	5	集装箱
5	☑	F电器有限公司	9	小方盒

Microsoft Internet Explorer

? 确定删除该记录吗？

确定　　取消

图 5-83　确认数据删除

4. 仓库使用信息

操作步骤如下：

（1）单击"仓库使用信息"按钮，进入相应的界面，如图5-84所示。

序号	□	企业名称	仓库名称	库位总数	可用库位	所在城市
1	□	北京A物流中心	A1仓库	200	150	北京市
2	□	北京A物流中心	A2仓库	500	460	北京市
3	□	北京A物流中心	A3仓库	200	180	北京市
4	□	北京D配送中心	D1仓库	1000	850	北京市

11200704150002【仓库使用信息】　　查询　增加　删除　保存　列表　退出

图5-84　"仓库使用信息"界面

（2）当要查询单据信息时，单击"查询"按钮，如图5-85所示。

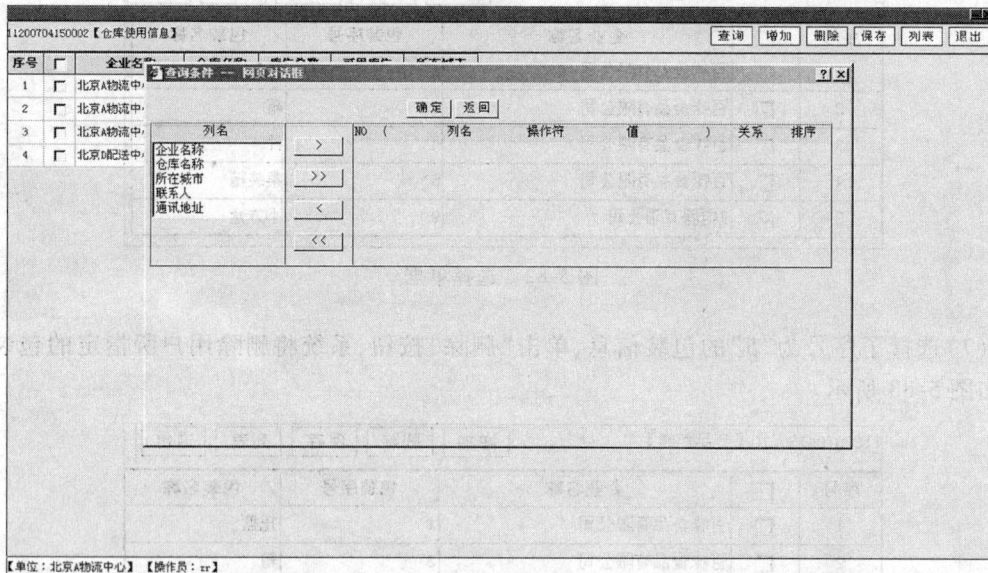

图5-85　查询界面

（3）可以根据列名查询单据，设置查询的单据的列名，如图5-86所示。

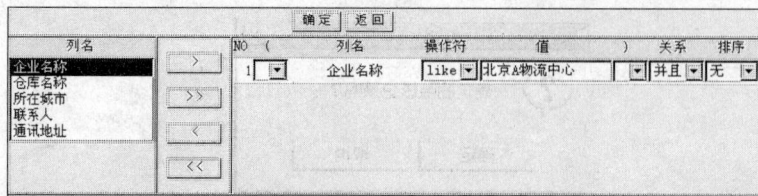

图5-86　按条件查询

(4)单击“确定”按钮，如图 5-87 所示。

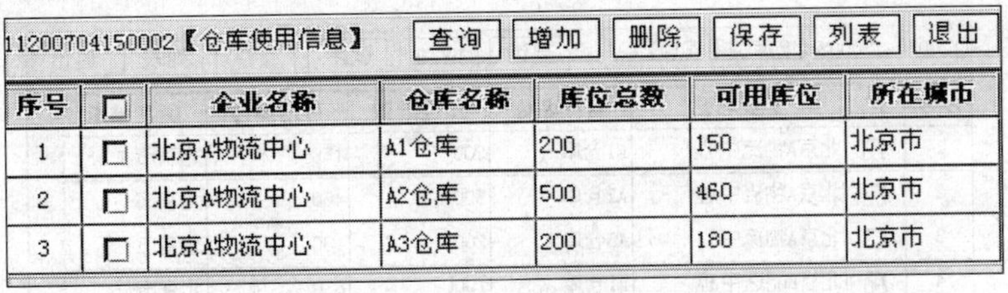
11200704150002【仓库使用信息】 查询 增加 删除 保存 列表 退出

序号	☐	企业名称	仓库名称	库位总数	可用库位	所在城市
1	☐	北京A物流中心	A1仓库	200	150	北京市
2	☐	北京A物流中心	A2仓库	500	460	北京市
3	☐	北京A物流中心	A3仓库	200	180	北京市

图 5-87　查询结果显示

(5)要增加仓库信息时，单击“增加”按钮，设置相关数据，如图 5-88 所示。

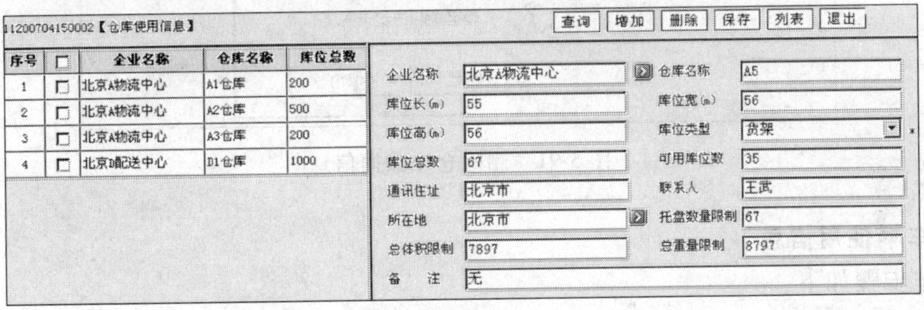
11200704150002【仓库使用信息】 查询 增加 删除 保存 列表 退出

序号	☐	企业名称	仓库名称	库位总数
1	☐	北京A物流中心	A1仓库	200
2	☐	北京A物流中心	A2仓库	500
3	☐	北京A物流中心	A3仓库	200
4	☐	北京D配送中心	D1仓库	1000

企业名称	北京A物流中心	仓库名称	A5
库位长(m)	55	库位宽(m)	56
库位高(m)	56	库位类型	货架
库位总数	67	可用库位数	35
通讯住址	北京市	联系人	王武
所在地	北京市	托盘数量限制	67
总体积限制	7897	总重量限制	8797
备　注	无		

图 5-88　增加仓库

(6)当用户在进行其他操作，要预览仓库信息时，单击“列表”按钮，如图 5-89 所示。

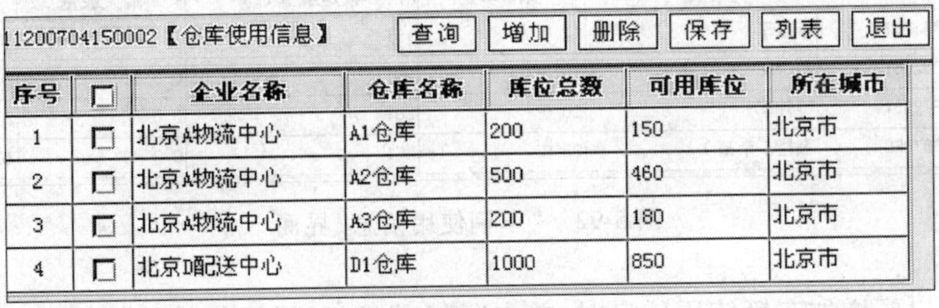
11200704150002【仓库使用信息】 查询 增加 删除 保存 列表 退出

序号	☐	企业名称	仓库名称	库位总数	可用库位	所在城市
1	☐	北京A物流中心	A1仓库	200	150	北京市
2	☐	北京A物流中心	A2仓库	500	460	北京市
3	☐	北京A物流中心	A3仓库	200	180	北京市
4	☐	北京D配送中心	D1仓库	1000	850	北京市

图 5-89　仓库信息预览列表

(7)当用户要进行删除操作时，首先选择要删除的数据，如图 5-90 所示。

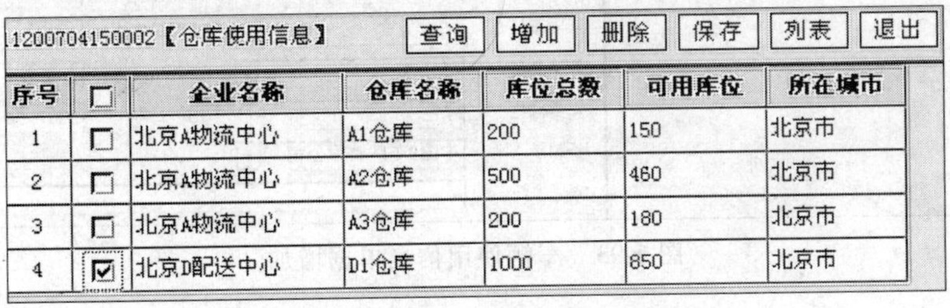
11200704150002【仓库使用信息】 查询 增加 删除 保存 列表 退出

序号	☐	企业名称	仓库名称	库位总数	可用库位	所在城市
1	☐	北京A物流中心	A1仓库	200	150	北京市
2	☐	北京A物流中心	A2仓库	500	460	北京市
3	☐	北京A物流中心	A3仓库	200	180	北京市
4	☑	北京D配送中心	D1仓库	1000	850	北京市

图 5-90　选中单据名称复选框

（8）单击"删除"按钮，系统将删除该信息，如图 5-91 所示。

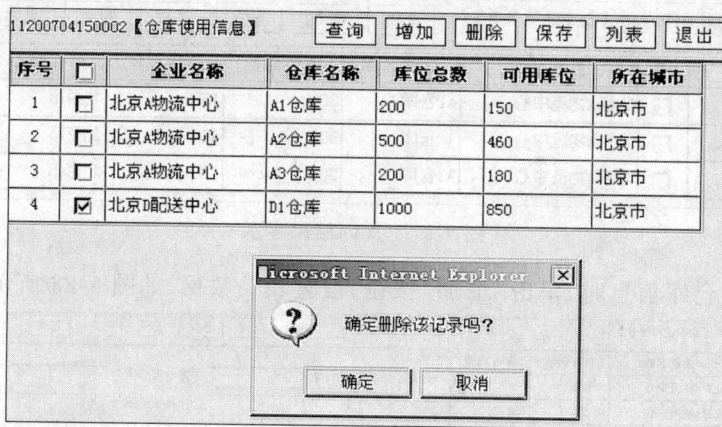

序号	☐	企业名称	仓库名称	库位总数	可用库位	所在城市
1	☐	北京A物流中心	A1仓库	200	150	北京市
2	☐	北京A物流中心	A2仓库	500	460	北京市
3	☐	北京A物流中心	A3仓库	200	180	北京市
4	☑	北京D配送中心	D1仓库	1000	850	北京市

11200704150002【仓库使用信息】 查询 增加 删除 保存 列表 退出

Microsoft Internet Explorer — 确定删除该记录吗？ 确定 取消

图 5-91 删除仓库数据信息

5. 车辆使用信息

操作步骤如下：

（1）单击"车辆使用信息"按钮，进入相应的界面，如图 5-92 所示。

11200704150003【车辆使用信息】 查询 增加 删除 保存 列表 退出

序号	☐	车牌号	车型	实际车长	核定载重(T)	最大载重	出厂日期
1	☐	沪A3257	半挂车	12.0	15T	0.0	2002-10-23
2	☐	沪B2561	双桥车	15.0	10T	0.0	2001-03-28
3	☐	沪C2537	特种车	20.0	20T	0.0	2000-11-24
4	☐	沪D7852	高栏（半箱）	23.0	25T	0.0	2001-02-08

图 5-92 "车辆使用信息"界面

（2）当用户要增加车辆使用信息时，单击"增加"按钮，设置相关的数据，如图 5-93 所示。

11200704150003【车辆使用信息】 查询 增加 删除 保存 列表 退出

序号	☐	车牌号	车型	实际
1	☐	沪B2561	双桥车	15.0

车牌号码 沪05126 核定载重(T) 8T
实际车长(m) 10 实际车宽(m) 3.5
车辆类型 双桥车 车籍所在地 上海市
车身颜色 绿色 出厂日期 2007-06-06
资料录入地 中国B车队有限公司
备注

图 5-93 车辆使用信息单据增加

（3）单击"保存"按钮，系统将保存该数据，如图 5-94 所示。

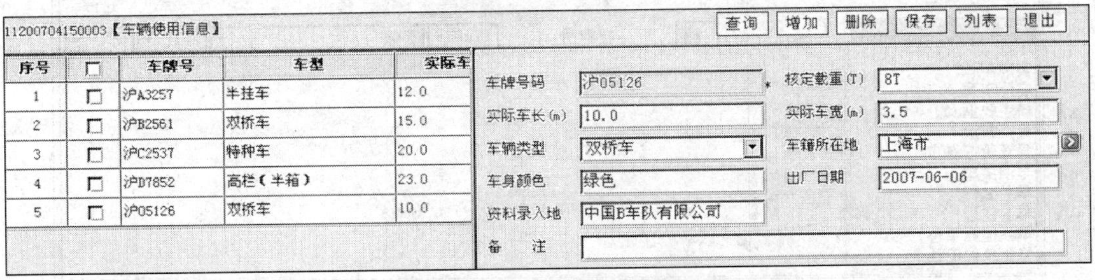

图 5-94　填写完整的单据样式

（4）当用户在进行其他操作，要预览车辆使用信息时，可单击"列表"按钮，如图 5-95 所示。

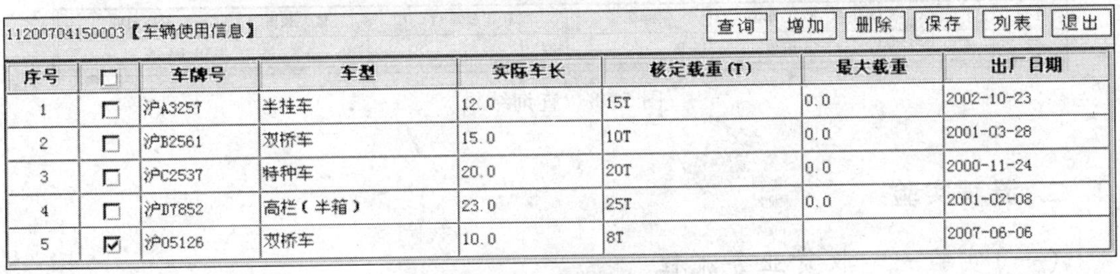

序号	□	车牌号	车型	实际车长	核定载重(T)	最大载重	出厂日期
1	□	沪A3257	半挂车	12.0	15T	0.0	2002-10-23
2	□	沪B2561	双桥车	15.0	10T	0.0	2001-03-28
3	□	沪C2537	特种车	20.0	20T	0.0	2000-11-24
4	□	沪D7852	高栏（半箱）	23.0	25T	0.0	2001-02-08
5	☑	沪05126	双桥车	10.0	8T		2007-06-06

图 5-95　车辆使用信息列表

（5）要查询车辆使用信息时，单击"查询"按钮，进入相应的界面，如图 5-96 所示。

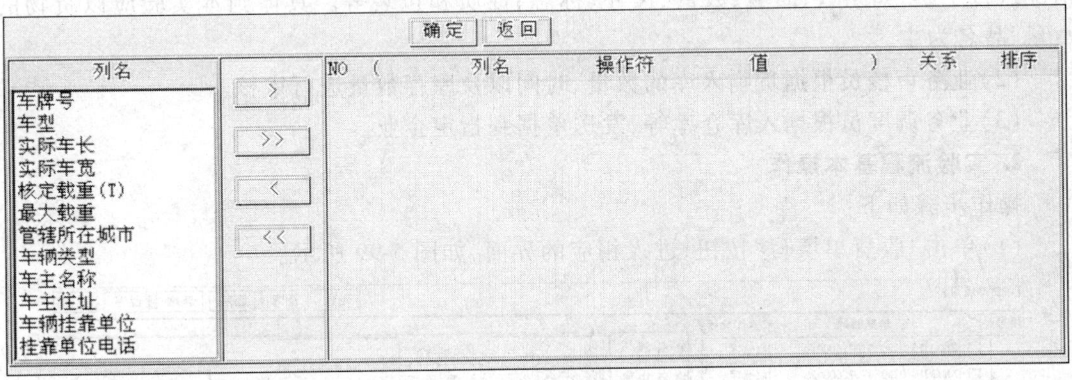

图 5-96　供查询的条件

（6）设置查询条件，可根据车牌号等进行查询，如图 5-97 所示。

（7）此处查询车牌号为"2561"的数据，单击"确认"按钮，系统将查询用户指定的单据信息，如图 5-98 所示。

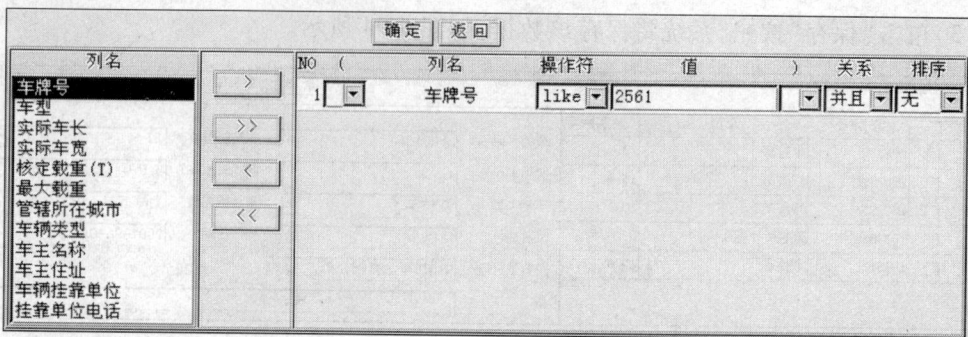

图 5-97　按条件查询

图 5-98　查询结果

二、流程实验

（一）实验一　收货业务流程

1. 实验内容

（1）业务制单人创建收货单，应根据堆存计划或与客户签订的合同对将要入库的货物情况进行了解，如票数、品名、数量、尺寸、标志、性质和包装等。具体到本实验应以货物的数量、品名为主。

（2）业务审核员根据货物入库的数量、时间以及库存数量进行审核。

（3）业务调度员根据入库仓库等，发送单据到指定企业。

2. 实验流程基本操作

操作步骤如下：

（1）单击"收货单填写"按钮，进入相应的界面，如图 5-99 所示。

图 5-99　"收货单填写"界面

（2）输入入库仓库、客户名称、出库日期等单据信息后，单击"保存"按钮进行保存。要添加单据从表信息时，可双击要添加的单据，查看详细信息，如图 5-100 所示。

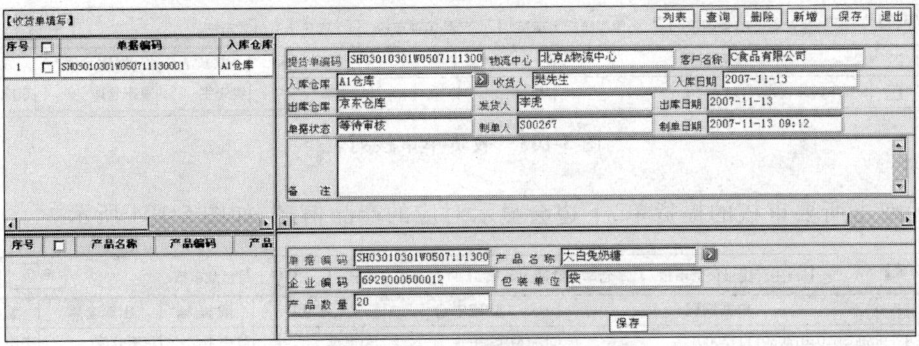

图 5-100　详细信息添加

（3）单击产品名称旁的蓝色按钮，选择收货产品，如图 5-101 所示。

序号	产品名称	产品编码	产品单位	营业执照编码
1	香特莉9生日心型鲜奶蛋糕	6961000115009	个	6929000500012
2	香特莉9鲜奶栗子蛋糕	6961000115010	个	6929000500012
3	香特莉10生日鲜奶蛋糕	6961000115006	个	6929000500012
4	香特莉11生日鲜奶蛋糕	6961000115007	个	6929000500012
5	香特莉9黑森林鲜奶蛋糕	6961000115008	个	6929000500012
6	天厨牌矿泉水	6961000115002	瓶	6929000500012
7	大白兔奶糖	6961000115005	袋	6929000500012
8	手工拉面	6961000115001	袋	6929000500012
9	香辣炸酱面	6961000115003	袋	6929000500012
10	香浓牛肉面	6961000115004	袋	6929000500012

图 5-101　供选择的产品数据

（4）双击产品条目，以大白兔奶糖为例，如图 5-102 所示。

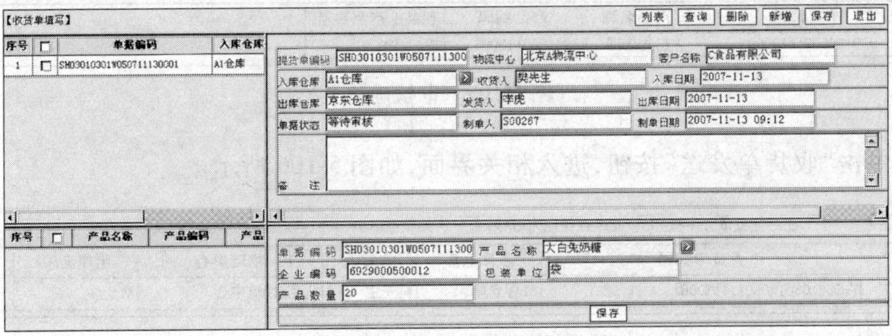

图 5-102　产品信息添加完成

(5)添加产品数量后单击"保存"按钮,可保存产品信息。单击"收货单审核"按钮,进入相关的界面,如图5-103所示。

【收货单审核】		□ 生产企业信誉审核	□ 仓库存储能力审核	□ 产品库存审核	□ 客户上月付款审核		审核	退出
序号	□	单据编号	物流中心	入库仓库	收货人	出库仓库	发货人
1	□	SH03010301W050711130001	北京A物流中心	A1仓库	樊先生	京东仓库	李虎

图5-103 收货单审核列表

(6)双击所要审核的提货单,下边会显示对应的产品信息,如图5-104所示。

【收货单审核】		□ 生产企业信誉审核	□ 仓库存储能力审核	□ 产品库存审核	□ 客户上月付款审核		审核	退出
序号	□	单据编号	物流中心	入库仓库	收货人	出库仓库	发货人
1	□	SH03010301W050711130001	北京A物流中心	A1仓库	樊先生	京东仓库	李虎

序号	单据编号	产品名称	产品编号	包装	产品数量
1	SH03010301W050711130001	大白兔奶糖	6961000115005	袋	20

图5-104 单据信息查看

(7)选中所选的提货单和审核的条件前的复选框,单击"审核"按钮,弹出提示信息对话框,如图5-105所示。

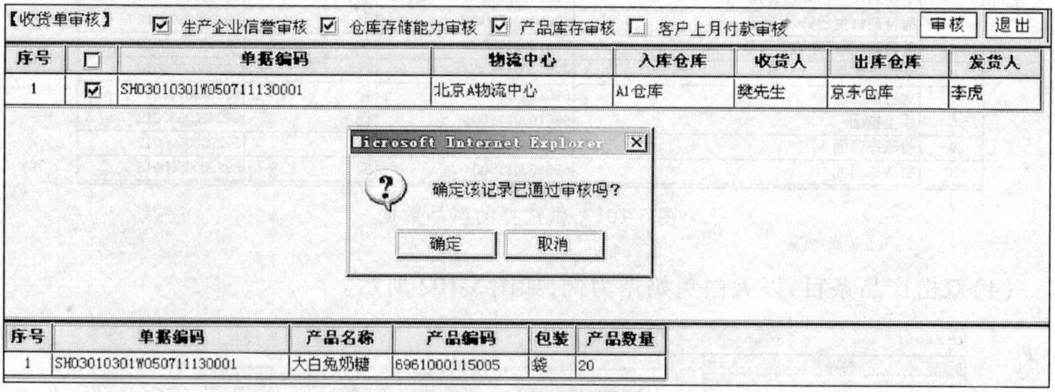

【收货单审核】		☑ 生产企业信誉审核	☑ 仓库存储能力审核	☑ 产品库存审核	□ 客户上月付款审核		审核	退出
序号	□	单据编号	物流中心	入库仓库	收货人	出库仓库	发货人
1	☑	SH03010301W050711130001	北京A物流中心	A1仓库	樊先生	京东仓库	李虎

Microsoft Internet Explorer

? 确定该记录已通过审核吗?

确定   取消

序号	单据编号	产品名称	产品编号	包装	产品数量
1	SH03010301W050711130001	大白兔奶糖	6961000115005	袋	20

图5-105 审核确认

(8)单击"收货单发送"按钮,进入相关界面,如图5-106所示。

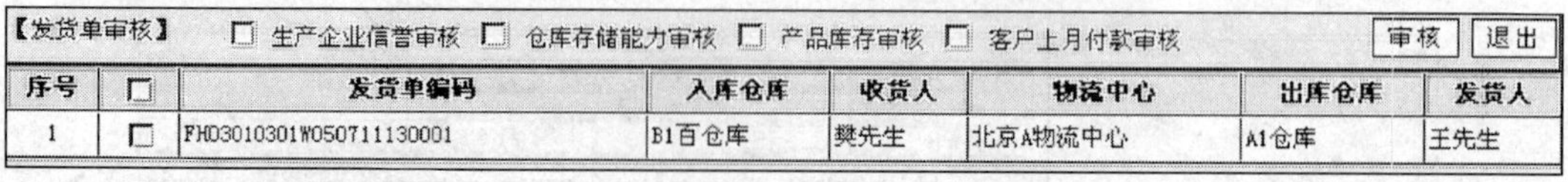

【发货单审核】		□ 生产企业信誉审核	□ 仓库存储能力审核	□ 产品库存审核	□ 客户上月付款审核		审核	退出
序号	□	发货单编号	入库仓库	收货人	物流中心	出库仓库	发货人
1	□	FH03010301W050711130001	B1百仓库	樊先生	北京A物流中心	A1仓库	王先生

图5-106 收货单发送管理界面

（9）选中所选的单据前的单选按钮，单击"发送"按钮，在弹出的提示信息对话框中单击"确定"按钮即可发送，如图5-107所示。

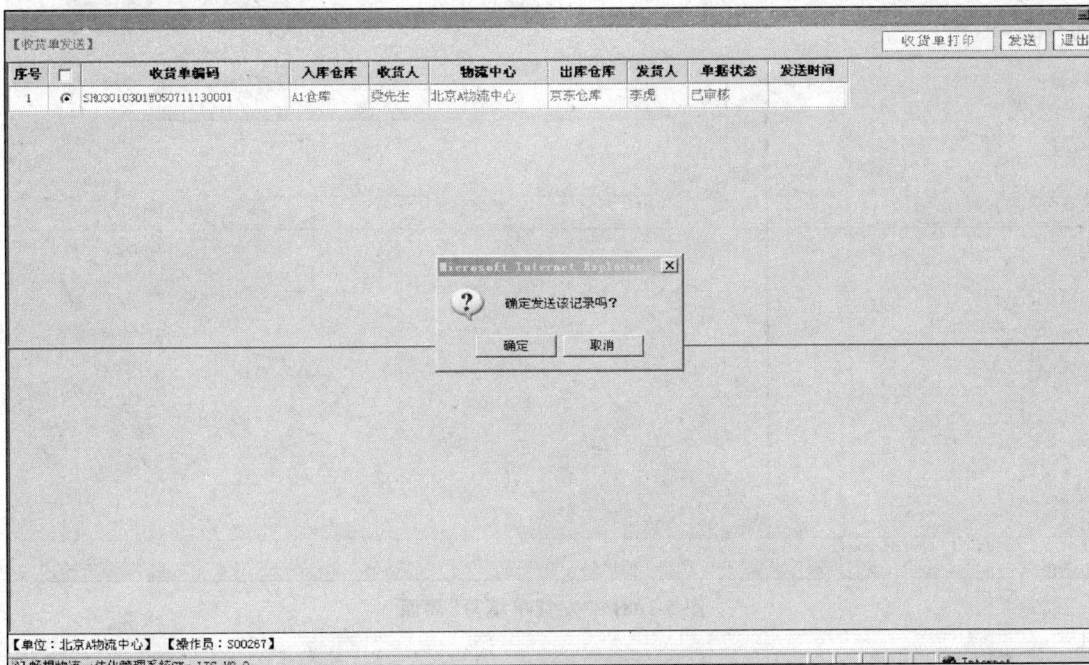

图5-107　进行收货单发送

（二）实验二　发货业务流程

1. 实验内容

（1）业务制单人创建发货单，应根据堆存计划或与客户签订的合同对将要入库的货物情况进行了解，如票数、品名、数量、尺寸、标志、性质和包装等。具体到本实验，应以货物的数量、品名为主。

（2）业务审核员根据货物入库的数量、时间以及库存数量，进行审核。

（3）业务调度员根据出库仓库等，发送单据到指定企业。

2. 实验流程基本操作

操作步骤如下：

（1）单击"发货单填写"按钮，进入相关的界面，如图5-108所示。

（2）输入入库仓库、收货人、客户名称、出库仓库、发货人、出库日期（当前日期）、入库日期后，单击"保存"按钮进行保存。当用户要添加单据从表信息时，可双击要添加的单据，查看详细信息，如图5-109所示。

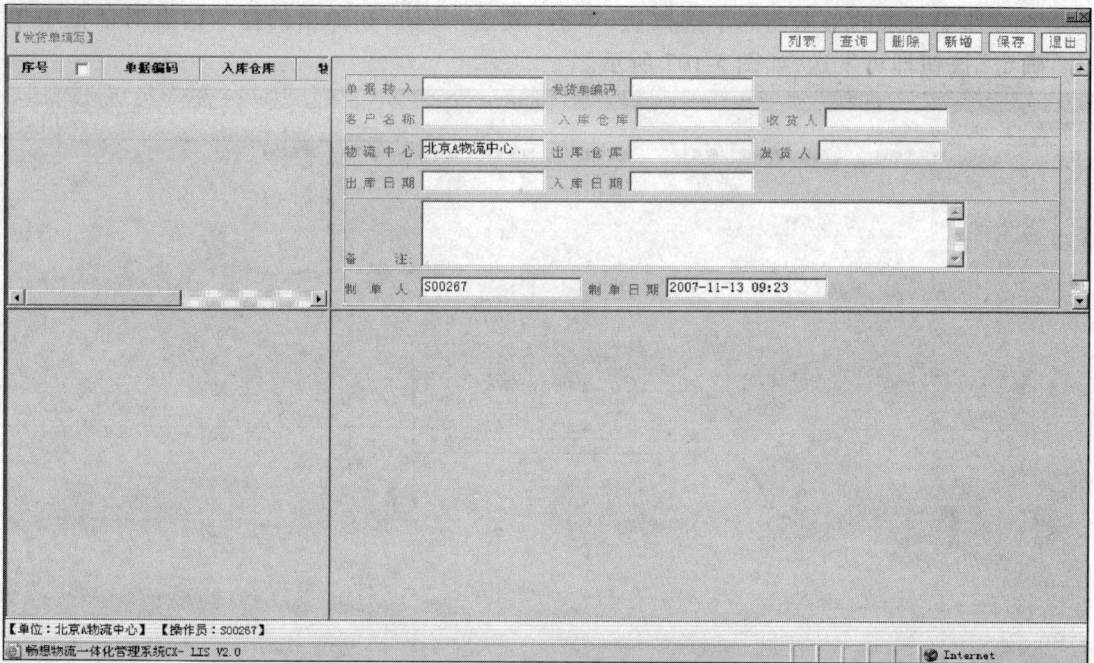

图 5-108 "发货单填写"界面

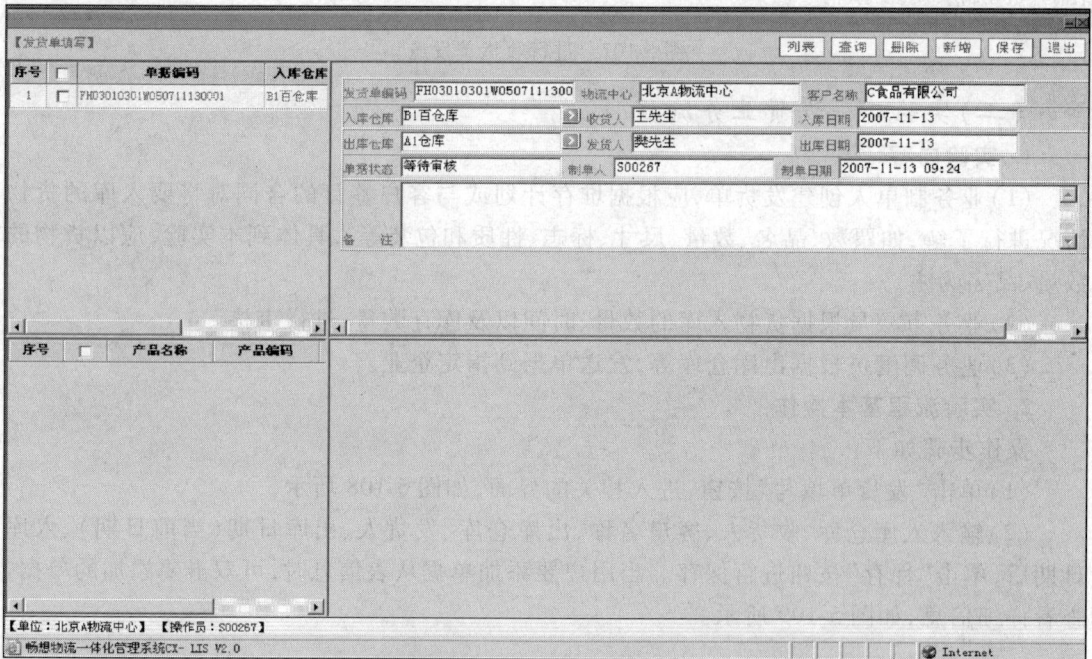

图 5-109 详细信息添加

（3）双击新添加的单据,可添加产品。单击"保存"按钮,系统将保存用户所填写的数据,如图 5-110 所示。

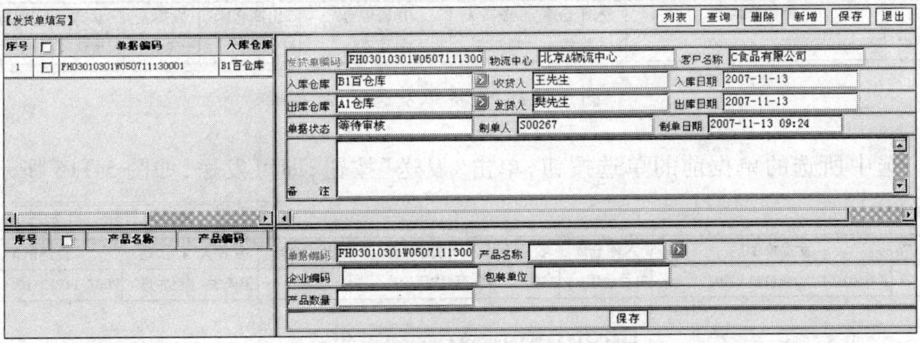

图 5-110　发货单填写完成并保存

（4）单击"发货单审核"按钮,进入相应的界面,如图 5-111 所示。

图 5-111　发货单审核界面

（5）双击要审核的发货单,下边会显示对应的产品信息,如图 5-112 所示。

图 5-112　发货单信息查看

（6）选中所选的发货单和审核的条件前的复选框,单击"审核"按钮,如图 5-113 所示。

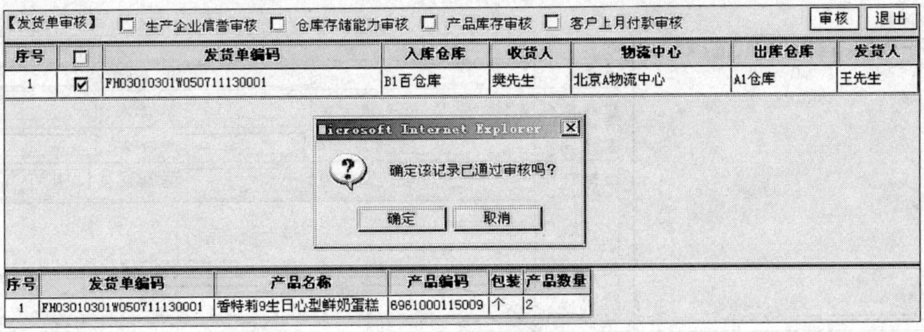

图 5-113　确认审核

（7）单击“发货单发送”按钮，进入相关界面，如图 5-114 所示。

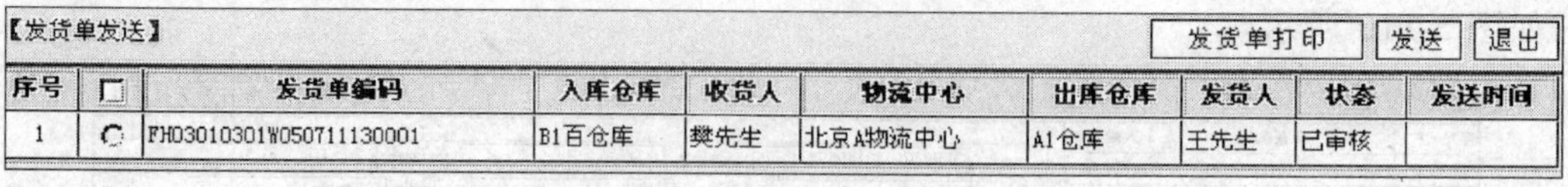
【发货单发送】
发货单打印
发送
退出
序号
发货单编码
入库仓库
收货人
物流中心
出库仓库
发货人
状态
发送时间
1
FH03010301W050711130001
B1百仓库
樊先生
北京A物流中心
A1仓库
王先生
已审核

图 5-114　发货单发送界面

（8）选中所选的单据前的单选按钮，单击“发送”按钮，即可发送，如图 5-115 所示。

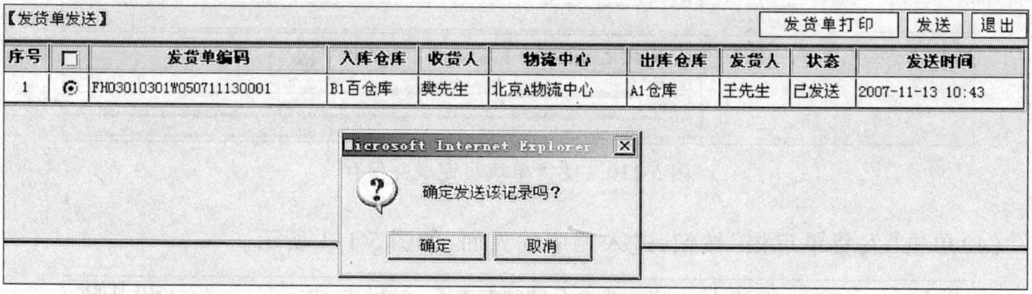
【发货单发送】
发货单打印
发送
退出
序号
发货单编码
入库仓库
收货人
物流中心
出库仓库
发货人
状态
发送时间
1
FH03010301W050711130001
B1百仓库
樊先生
北京A物流中心
A1仓库
王先生
已发送
2007-11-13 10:43
确定发送该记录吗？
确定
取消

图 5-115　发货单发送确认

（三）实验三　运输业务流程

1. 实验内容

（1）业务制单人创建运输单，应根据堆存计划或与客户签订的合同对将要入库的货物情况进行了解，如票数、品名、数量、尺寸、标志、性质和包装等。具体到本实验，应以货物的数量、品名为主。

（2）业务审核员根据货物入库的数量、时间以及库存数量，进行审核。

（3）业务调度员根据入库仓库等，发送单据到指定企业。

2. 实验流程基本操作

操作步骤如下：

（1）单击“运输单填写”按钮，进入相应的界面，如图 5-116 所示。

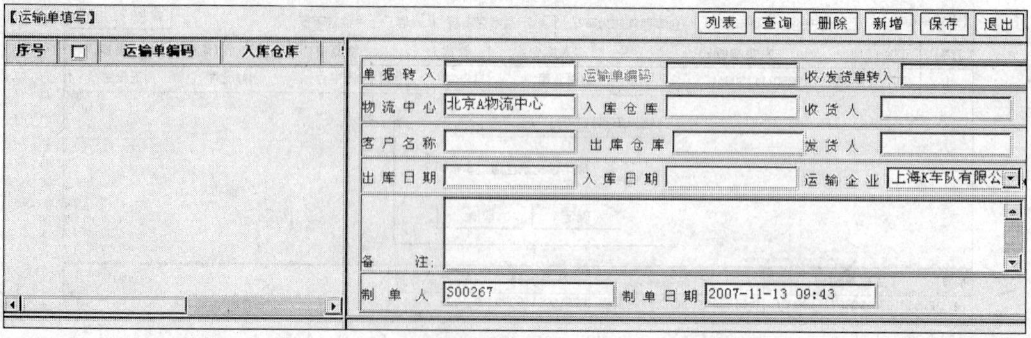
【运输单填写】
列表
查询
删除
新增
保存
退出
序号
运输单编码
入库仓库
单据转入
运输单编码
收/发货单转入
物流中心
北京A物流中心
入库仓库
收货人
客户名称
出库仓库
发货人
出库日期
入库日期
运输企业
上海K车队有限公
备注：
制单人
S00267
制单日期
2007-11-13 09:43

图 5-116　添加运输单据

（2）单击"收/发货单转入"文本框，可导入一体化填写的收货单或发货单，如图 5-117 所示。

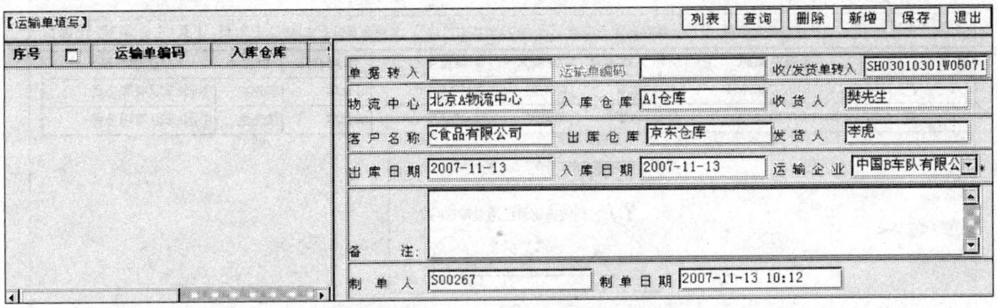

图 5-117　导入的单据信息

（3）选择运输企业后，单击"保存"按钮，系统将保存用户所填写的数据。双击添加的单据，可查看到产品详细信息，如图 5-118 所示。

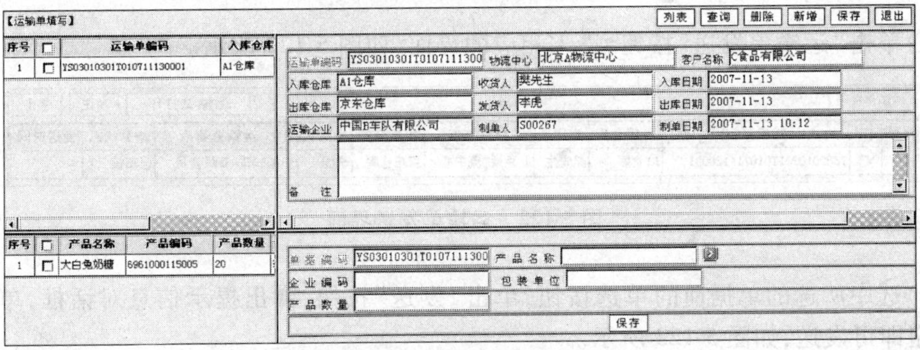

图 5-118　单据详细信息查看

（4）单击"运输单审核"按钮，进入相应的界面，如图 5-119 所示。

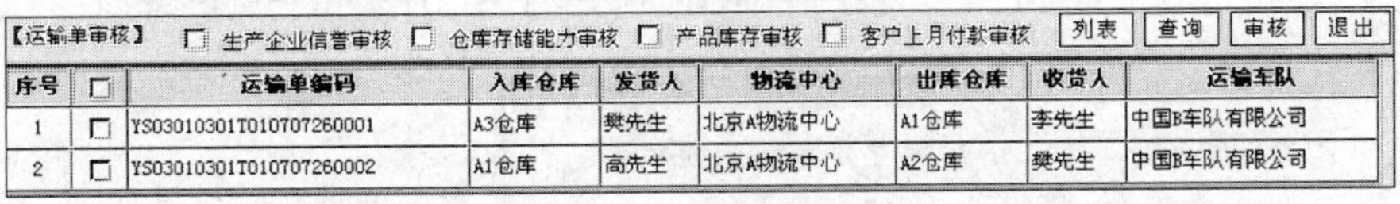

图 5-119　运输单审核界面

（5）双击要审核的运输单，下边会显示对应的产品信息，如图 5-120 所示。

图 5-120　运输单信息查看

（6）选中所选的运输单前的复选框，单击"审核"按钮，如图 5-121 所示。

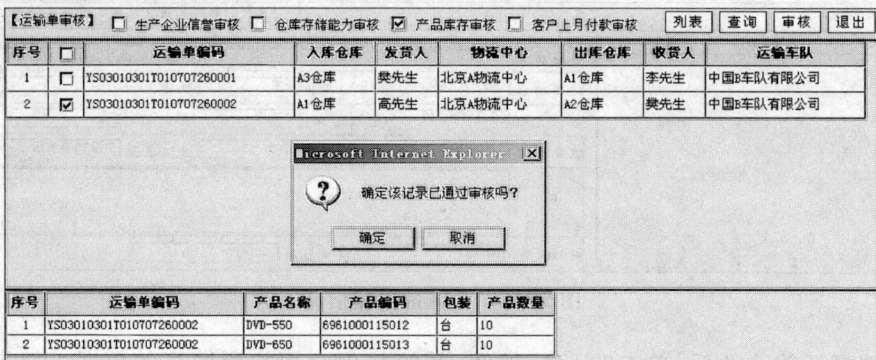

图 5-121　审核确认

（7）单击"运输单发送"按钮，进入相应的界面，如图 5-122 所示。

图 5-122　运输单发送界面

（8）选中所选的单据前的单选按钮，单击"发送"按钮，弹出提示信息对话框，单击"确定"按钮即可发送，如图 5-123 所示。

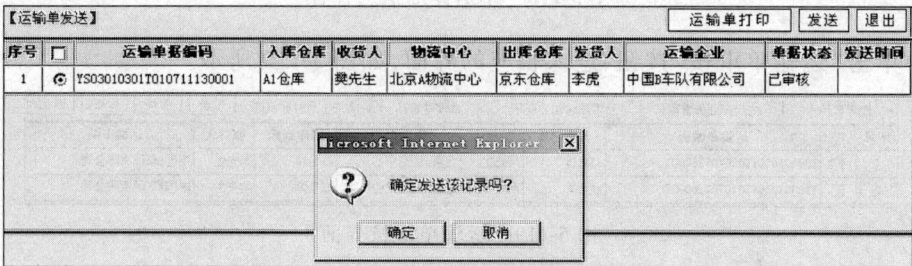

图 5-123　运输单发送确认

第四节　实验报告

一、实验任务和实验目的

本实验通过对收/发货过程中各项业务的模拟，使学生理解收/发货方法、收/发货单的审核、发送,理解收发货过程中相关单据的运用,掌握收发货流程,培养学生在企业中的实际操作能力。

理解发货单和收货单填写、审核、发送的流动过程;了解信息流的流动过程;熟练掌握建立与修改各项业务单据的方法;通过对创建收货单、审核、发送过程中各项业务的模拟,使学生明确理解发货流程中单据的填写及使用方法,能够对物流中心的活动进行正确的分析和操作,理解过程中相关单据的使用,掌握发货业务流程,培养学生在企业中的实际操作能力。

二、实验基本要求

了解"畅想物流一体化系统"软件,了解企业物流的业务流程,理解物流管理思想;掌握"畅想物流一体化系统"软件的主要功能和主要操作;了解生产企业、物流中心、物流企业和仓库之间的物流协作过程;掌握物流一体化管理软件的主要业务流程。

三、实验项目与学时分配

实验项目与学时分配如表 5-3 所示。

表 5-3　实验项目与学时分配表

序　号	实验项目名称	学　时	要　求	主要设备
实验一	业务制单员	1	必做	计算机、网络、物流一体化管理系统
实验二	业务审核员	1	必做	计算机、网络、物流一体化管理系统
实验三	业务调度员	1	必做	计算机、网络、物流一体化管理系统
实验四	系统管理员	1	必做	计算机、网络、物流一体化管理系统
实验五	收货业务流程	2	必做	计算机、网络、物流一体化管理系统
实验六	发货业务流程	2	必做	计算机、网络、物流一体化管理系统
实验七	运输业务流程	2	必做	计算机、网络、物流一体化管理系统

本章小结

物流一体化实验指导根据有关专业的课程教学时数的安排和实验室现有软件、仪器、设备的情况,提供了与课堂教学有密切联系的实验内容,各专业可根据开课具体情况进行选择。"畅想物流一体化系统"不仅完整地叙述了每个实验过程、目的和要求,而且对实验软件的使用方法也进行了详尽的介绍,以达到实验与理论教学相结合的目的。

复习思考

1. 明确实验目的及要求。

2. 写出实验的具体过程。

3. 总结实验体会，可提出改善建议。

4. 查阅相关资料，看看还有哪些与物流一体化相关的标准及方法。

5. 根据实验步骤绘制模拟的业务流程图，模拟制作各种单据和凭证，并叙述本次实验取得的主要收获和体会。

第六章
生产企业管理系统

知识目标

模拟企业的主要运作过程,让学生了解、认识企业复杂多变的生存环境;

熟悉企业的业务流程,亲自体会并模拟企业的销售管理、采购管理、库存控制、质量管理、计划管理、车间管理、成本管理、财务管理、固定资产管理等。

技能目标

熟悉 ERP 销售流程设置、价格管理、信用管理、订单管理、销售出货管理、退货、折扣管理以及有关销售账务管理,熟练掌握软件的基本操作;

熟悉采购流程设置、采购申请的提出、采购询价管理、采购订单管理、采购进货管理、采购退货以及有关采购账务管理,熟练掌握软件的基本操作;

熟悉库存货品管理流程、货品进出货手续管理、盘点管理、货品调拨管理、库存调整以及有关库存货品账务管理,熟练掌握软件的基本操作;

熟悉质量管理范围和程序,熟练掌握软件的基本操作;

熟悉生产管理范围和流程,熟练掌握软件的基本操作;

熟悉技术管理范围和程序,熟练掌握软件的基本操作;

熟悉车间管理范围和程序,熟练掌握软件的基本操作;

熟悉财务管理范围和程序,熟练掌握软件的基本操作。

第一节　ERP 管理系统概述

一、系统介绍

我国中小企业在高速发展的同时,都在承受着材料成本上涨、能源限制、劳动力空前紧张、竞争日趋激烈等压力。很多企业家越来越明显地意识到,自己的企业遇到了发展的瓶颈,如果不改变,根本无法想象业务进一步扩大后企业会如何混乱。

面对生存和发展的压力,企业所有者和经营者们都在积极寻找方法,力图改变现状——学习 MBA 课程,管理咨询,进行企业诊断,导入 ISO 认证体系,引入 ERP 管理工具……以期望扩大生存空间,降低成本,消除管理瓶颈,创造后续发展的基础。事实证明成功导入 ERP 是最有效的解决方法之一,它可满足企业更加客户化的需求、更准确的订单承诺、更短的提前期、更准确的交货时间、更好的售后服务等方面的苛刻要求。

市场面前,机会均等。中小企业的竞争伙伴们同样面临着竞争环境日益恶化、管理局限性越来越明显的压力。谁能更快地适应变化,更快地理顺和提升运作管理水平,谁就能更早地甩开竞争对手,在产业格局"洗牌"重组的挑战中占据有利的竞争地位。

经理人 ERP 能给企业带来:动态库存最小化、加工排产合理化、质检效益最大化、物流财务同步化、成本计算准确化、财务资金透明化、销售服务实时化、管理预警自动化、关联信息集成化、应用设置自助化等诸多优势。

二、功能说明

经理人 ERP 的产品功能模块组如表 6-1 所示。

表 6-1 经理人 ERP 产品功能模块组

模 块 组	功 能
生产管理	BOM 组合生产、简易生产、工序生产、MRP 计划生产、全能生管、生产质检、委外加工
物流管理	采购管理、销售管理、库存管理、物流成本、物流质检、海关贸易
财务管理	总账管理、收款管理、付款管理、票据银行、固定资产
行政管理	人事考勤、薪资管理、审核流程、预警管理、系统自定义

(一)系统设置

提供用户自定义的各种基础数据编码,比如客户/厂商信息、会计科目设置、货品资料信息、审核流程设置、操作者及权限信息等。

(二)采购管理

软件从请购单到询价单、采购订单、收货检验、验收入库等过程加以管理,帮助企业管理合同、定金,从价格、质量、交货及时率等角度详细评价和比较供应商的历史信用,处理异常业务的退回。

(三)销售管理

软件有针对性地从报价到接受订单/合同、定金、折扣处理、信用检查与控制、准备货物、发货出库(退货处理)等过程加以追踪管理。提供针对业务员、产品、时间等多维度、多角度的统计分析表。

（四）库存管理

软件从库存物品的出/入库操作、库存调整调拨业务、盘点业务及盈亏差异处理等过程加以管理,支持多仓库、货位、批次、包装单位等管理方式,支持固定、变动成本核算方式和多种计算方法。

（五）收款管理

软件通过特有的凭证模板自定义技术,帮助企业实现收款业务(应收、预收、冲销、票据等)与总账和销售之间的信息动态同步和共享。所有销售业务引起的出/入库物流业务细节,都可以自动、及时地反映在财务账上,软件还提供多角度收款考核及真实的应收账款账龄分析。

（六）票据银行

软件对企业经营活动中遇到的支票、本票、期票、信用证等票据业务进行管理,包括冲销、托收、兑现、转付、贴现、退票、注销、还票、质押等业务,提供票据的账龄分析。同时管理银行账户的收支情况、资金预估、余额调节表、内部结算、代付款等相关业务。

（七）总账报表

帮助企业管理日常账务及财务报表工作(凭证、账簿、报表等)。所有不是从物流业务自动结转记账的凭证(如费用报销等)都可以在总账模块中录入并汇总总账,同时,各种财务报表和管理报表都可以由用户自定义。

（八）固定资产

软件帮助企业管理固定资产及其变动明细、固定资产每月折旧的自动记账和报表制作等工作,从而做到准确及时,节省企业财务人员的工作量。

（九）工序生产

企业接到加工订单后根据制成品工艺路线产生各工序的生产加工单,各生产车间凭工序加工单进行原材料的领/退,工序生产完工后,进行各工序的生产日报作业,完成后进行成品缴库,并通过人工及制费分摊作业核算成本。企业可通过生产动态表对工序生产情况进行有效控制。

（十）质检管理

系统提供对采购货品、托工缴回货品、工序生产货品、制成品等的品质管理。各种质检情况下,当货品入库时,可以先进行入库送检,检验后对合格品进行入库,对不合格品视不同情况进行相应处理,帮助企业有效控制入库物料品质、准确更新库存有效数量,保证生产的顺利进行。

（十一）BOM 组合生产

系统严格按 BOM 表用量进行组合,成品缴库的同时冲减原材料的库存数量,能有效控制原材料的使用数量,准确计算出成品成本。

（十二）MRP 计划生产

系统依据订单要求的时间、数量进行生产需求分析,并自动产生原材料采购计划和制成品生产计划(含委外加工计划),指导企业进行物料采购,同时生产车间依据加工单进行原材料的领/退作业,生产完工后进行缴库,并通过人工及制费分摊作业核算成本,帮助企业控制货品库存,实现动态库存最小化,对企业自制生产业务和委外加工业务进行有效的管理。

(十三)简易生产

企业接到加工订单后,可依据 BOM 表进行材料需求分析并产生原材料采购计划,指导企业进行物料采购,同时生产车间依据加工单进行原材料的领/退作业,生产完工后进行缴库,并通过人工及制费分摊作业核算成本,清晰、有效地管理企业的采购业务,从而达到有效管理企业生产领料业务和有效控制生产成本的目的。

(十四)全能生管

系统依据订单要求的时间、数量进行主生产计划运算,并根据主生产计划的结果进行材料需求计划运算,产生缺料表,指导企业原材料采购,同时依据主生产计划的结果进行请制单维护作业,把所需生产的成品自动转成加工单,再依据产品工艺路线的设置产生工序生产通知单,对产品生产工序进行管理,还可以结合产能分析,计算出每道工序生产机台的生产能力和生产负荷,使企业可以有效把握工序生产机台的生产能力与生产负荷是否平衡,保证生产计划的有效执行。

(十五)薪资管理

软件提供了灵活实用的计件工资管理,特别适合大多数制造企业的薪酬挂钩模式。软件还支持薪资项目、计算关系及方法的自定义,支持不同企业的薪资个性管理模式。同时可以从生产环节自动获取计件、工时等数据,还可以将薪资计算结单直接自动生成财务凭证。

(十六)审核流程

软件提供对业务单据的审批流程管理,审批流程可由客户设定,对企业一些重要的业务单据进行多级审核、反审核,并提供批次处理、转授权等灵活运用功能和相关报表。业务岗位的工作由被动寻找变为主动提醒,从而帮助企业提高部门间的配合、工作效率和衔接性,减少疏忽和遗漏。

(十七)人事考勤

系统根据企业所输入的资料,对企业的人事资料进行管理、数据统计及分析,帮助企业了解和掌握员工情况,提供通行的人事管理功能,支持打卡、指纹识别等辅助考勤设备,从而帮助企业实现有效的管理和考核,大大减轻了企业的管理工作量,提升了劳动生产率。

(十八)系统自定义

软件提供了灵活的界面/流程/操作自定义功能,扩大了软件的适应面,可满足不同用户的一些特殊要求,极大地方便了客户的操作,帮助使用者快速上手。

（十九）预警管理

软件提供了对于经营问题的实时监督和主动提醒。预警内容包括：库存不足、票据过期未兑、采购订单过期、销售订单过期、借入未还出、借出未还入、应收账款过期、应付账款过期、生产进度延迟、过期的批号、到期的磨具等十余项。报警提醒的参数可以由客户自行设定，大大减少管理疏漏。

（二十）海关贸易

对于来料/进料加工的企业，系统中的海关贸易模块提供了包括合同管理、进出口报关、国内转厂、进出口材料和成品的实时监控及海关监管、外汇的调度、生产加工后边角废料的核销功能，加强了外销企业对进出口及报关的管理，更大范围地帮助企业实现数据资源的集成和共享，有效给进出口业务和企业带来最大便利的利益。

第二节 实验安排

一、系统角色概述

系统分为八个岗位进行实验：销售经理、采购管理经理、仓储部经理、质量部经理、生产部经理、技术部经理、车间主任、财务经理，如表 6-2 所示。

表 6-2 系统角色描述

业 务 角 色	描 述
销售经理	销售流程设置、价格管理、信用管理、订单管理、销售出货管理、退货、折扣管理以及有关销售账务管理，熟练掌握软件的基本操作
采购管理经理	采购流程设置、采购申请的提出、采购询价管理、采购订单管理、采购进货管理、采购退货以及有关采购账务管理，熟练掌握软件的基本操作
仓储部经理	库存货品管理流程、货品进出货手续管理、盘点管理、货品调拨管理、库存调整以及有关库存货品账务管理，熟练掌握软件的基本操作
质量部经理	质量管理范围和程序，熟练掌握软件的基本操作
生产部经理	生产管理范围和流程，熟练掌握软件的基本操作
技术部经理	技术管理范围和程序，熟练掌握软件的基本操作
车间主任	车间管理范围和程序，熟练掌握软件的基本操作
财务经理	财务管理范围和程序，熟练掌握软件的基本操作

二、岗位职责详细描述

岗位职责详细描述如表 6-3 所示。

表 6-3 岗位职责表

部　　门	岗 位 职 能
销售部	价格管理 信用管理 订单管理 销售出货管理 退货管理 折扣管理 销售账务管理
采购部	掌握供应商档案的建立 有关价格政策的设定、采购询价管理 采购订单管理 采购进货管理 采购退货管理 采购账务管理
仓储部	库存货品流程管理 货品进/出货手续管理 盘点管理 货品调拨管理 库存调整 库存货品账务管理
质量部	进货的质量管理:质量指标的确定、采购送检、进货检验 制品的质量管理:质量指标的确定、在制品巡检 委托加工货品的质量管理:质量指标的确定、托工送检、托工检验 半成品的质量管理——质量指标的确定、入库送检、入库检验 成品的质量管理——质量指标的确定、入库送检、入库检验 质量管理各项报表:进货质量分析表、质量问题原因分析表、在制品质量分析表、成品质量分析表
生产部	生产管理各项报表:主生产计划、加工单报表、托工单报表、订单材料消耗表、产品材料消耗表
技术部	利用 ERP 对明确构成单件货品的原材料、零配件的数量进行管理 利用 ERP 设定每个货品的加工工序、加工时间 利用软件确定各个货品的质量标准 理解技术管理各项报表:成品 BOM 表、加工工序表
车间管理办	生产领料的管理 生产退料的管理 生产补料的管理 生产完工汇报的管理 生产工人计件工资的管理 理解车间管理各项报表:材料消耗表、产量明细表

部　门	岗位职能
财务部	销售应收款的管理：应收款的产生、款项的收取、和客户的对账管理 采购应付款的管理：应付款的产生、款项的支付、和客户的对账管理 固定的管理：购买、折旧的提取、固定资产的报废、变卖、维修的处理 采购材料成本的核算，生产成本的核算； 会计分录的录入和自动产生 会计分录的审核、记账 销售发票和采购发票的管理 银行票据的管理：支票、承兑汇票、信用证的管理 财务报表的自动产生和核对 理解质量管理各项报表：资产负债表、利润表、现金流量表、各明细账、统计表、应收款明细表、应付款明细表、固定资料情况等

三、实验帮助：帮助手册中的常用名称

账套：即一套相互关联的账务数据。每个企业均有自己的一套账，在本系统中可以提供多套账，即可以处理多账套账务数据。

系统：经理人 ERP 系统。

管制核算项目：即核算项目管理。

立账：即产生应收/应付账款。

冲账：即对应收/应付账款进行冲销。

帮助：即系统的使用说明。在任何一个界面中按【F1】键，即可获取该界面的使用方法说明。

模块：指各个可独立的管理系统，如经理人 ERP 系统中的总账系统、进销存系统、收付款系统等。

凭证模板：指一张凭证的格式，它是连接单据与凭证的桥梁。

打印套版：指单据的打印格式，本系统提供了两种套版，即 Froluma 和 FastReport 两种。

【F1】键：是本系统的帮助键，当欲查询某功能的使用说明时，按此键即可。

【F8】键：本系统存盘的快捷键。按【F8】键，即可快速存盘。

【Esc】键：表示退出、放弃，操作时只需要按【Esc】键即可。

【F11】键：本系统的编辑快捷键。

【F12】键：在本系统报表中，按【F12】键，可以实现在代号与名称、主单位数量与拆解数量之间的切换显示。

"新增"按钮：当录入完一张单据后，单击该按钮后可以进行下一笔单据的录入。

"速查"按钮：单击该按钮可以查找在此之前录入的所有单据。选择好起止日期，单击绿色按钮可过滤出相关数据，还可单击条件按钮输入过滤"条件"进行过滤。

"编辑"按钮：当对已经录入的单据进行修改时，可打开单据，单击此按钮，使该单据处于可编辑状态，再进行修改。

"删除"按钮:当不再需要某张单据时,可以单击此按钮删除(指自己制作的单据)。如果要删除表身的某行数据,则按【Ctrl + Delete】组合键。

"属性"按钮:系统中非常重要的按钮,通过该按钮可以对单据进行不同的控制,以达到管理上的目的。

"预览"按钮:对需要打印的页面提供的功能,可以看出所排版面是否与自己所需的一致。

"打印"按钮:打印某张单据或报表。

"保存盘"按钮:保存某张单据。

"关闭"按钮:当不需要当前界面时,单击该按钮即可关闭。

第三节 实验操作

一、系统基础资料建立

(一)系统流程图

系统流程如图6-1所示。

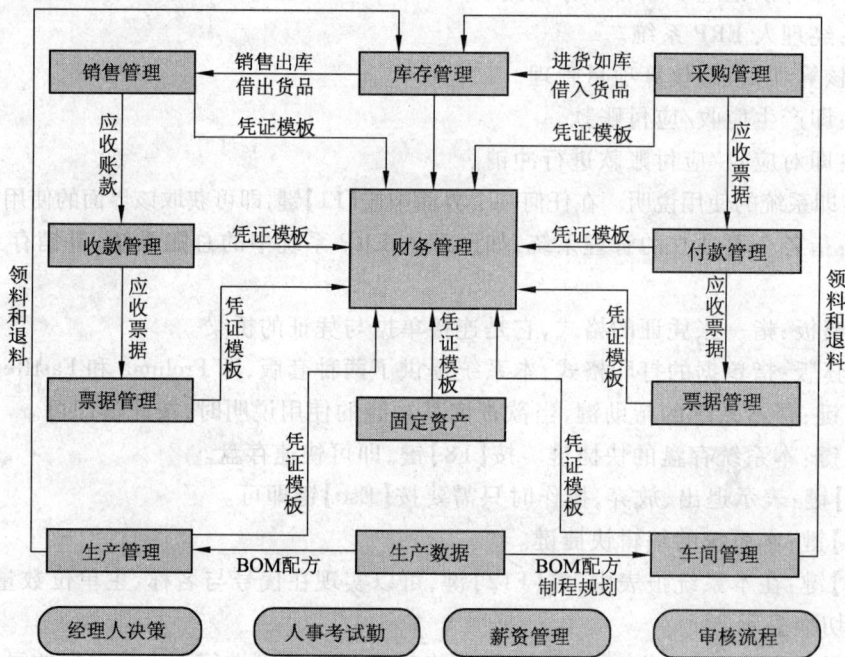

图 6-1 系统流程图

(二)帮助文档索引

为了更好地熟悉经理人 ERP 管理软件的使用步骤,在此设计了一套数据,按照软件提供的方法进行详细的操作,相信学生一定能够尽快熟练掌握这套软件。该套数据的流程和软件本身的流程基本一致,如图 6-2 所示。

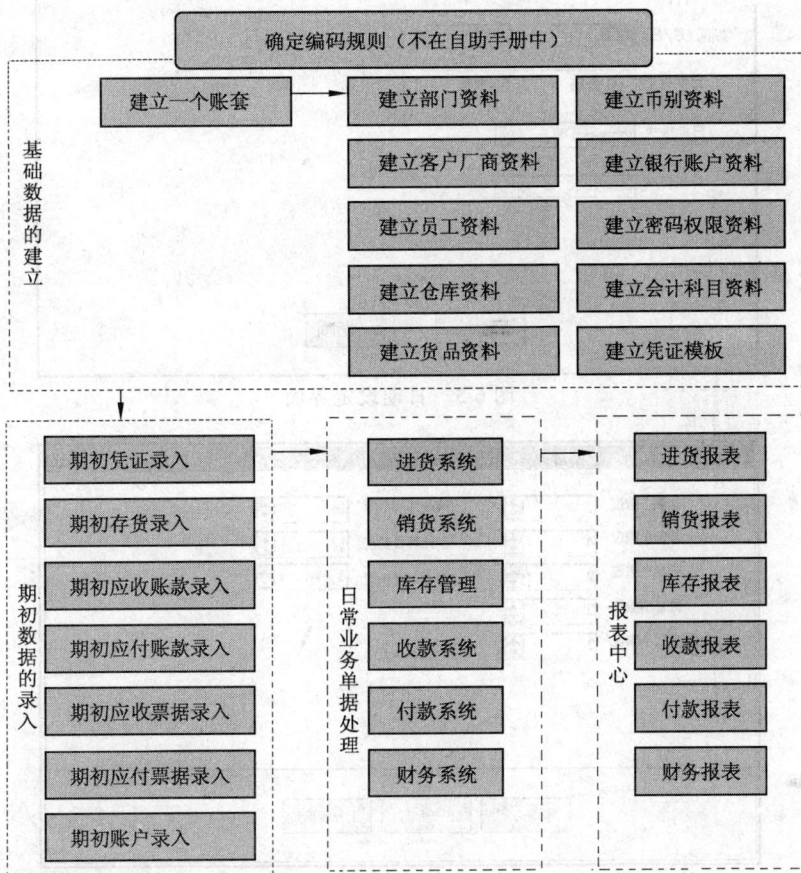

图 6-2 数据流程图

（三）新建／启用账套

（1）首先进入数据库管理工具 MgrAst 创建账套,创建账套的步骤可参考 MgrAst 使用说明中的新建账套相关说明;账套创建成功后,使用新建的用户名、密码登录系统;

（2）进入账套日期设定界面,如图 6-3 所示。

（3）设定好账套日期后,单击"前进"按钮或按【F8】键进入小数位及代码长度设定界面,如图 6-4 所示。

（4）设定好小数位及代码长度后,单击"前进"按钮或按【F8】键进入基础会计设计阶段,如图 6-5 所示。

（5）设定好基础会计内容后,单击"下一步"按钮或按【F8】键进入基础设置界面。如图6-6所示。

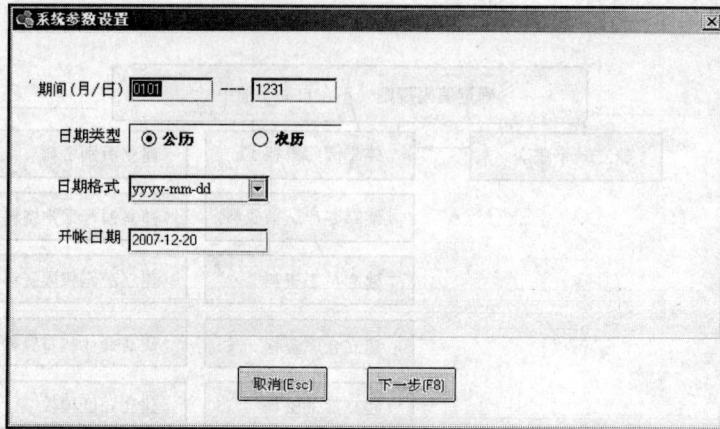

图 6-3　日期设定界面

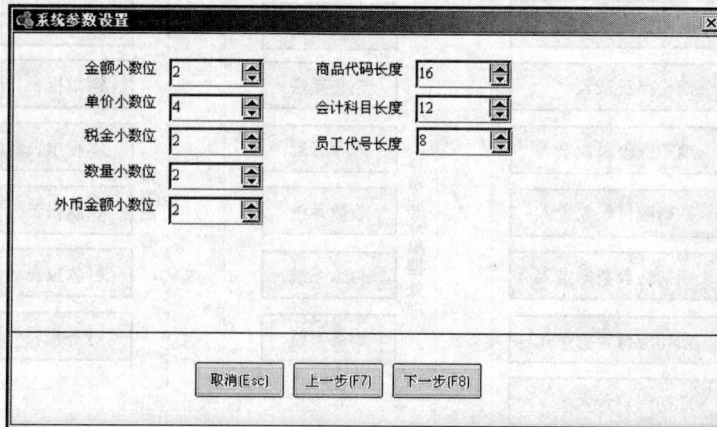

图 6-4　小数位及代码长度设置界面

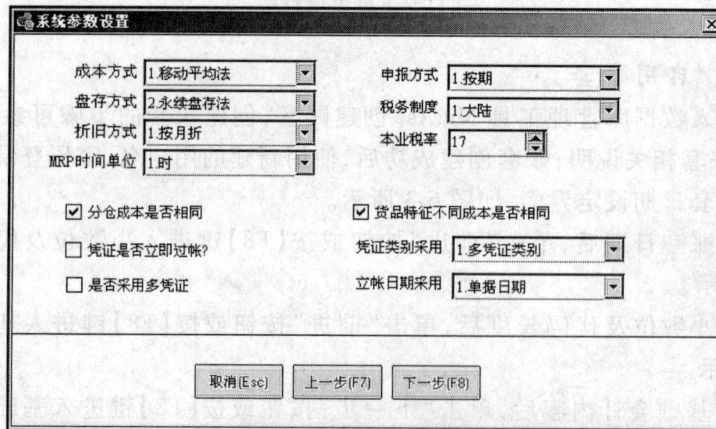

图 6-5　基础会计设置界面

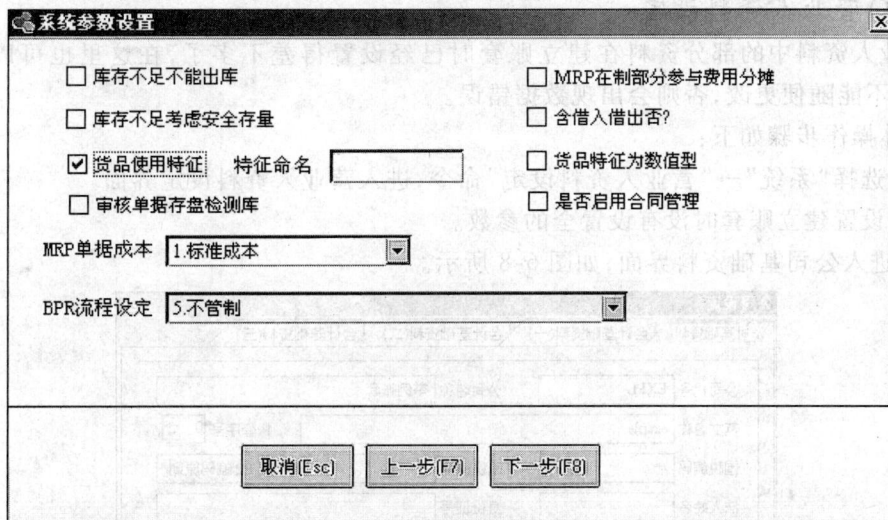

图 6-6 基础设置界面

（6）设定基础内容后，单击"下一步"按钮或按【F8】键进入启用设置，如图 6-7 所示。

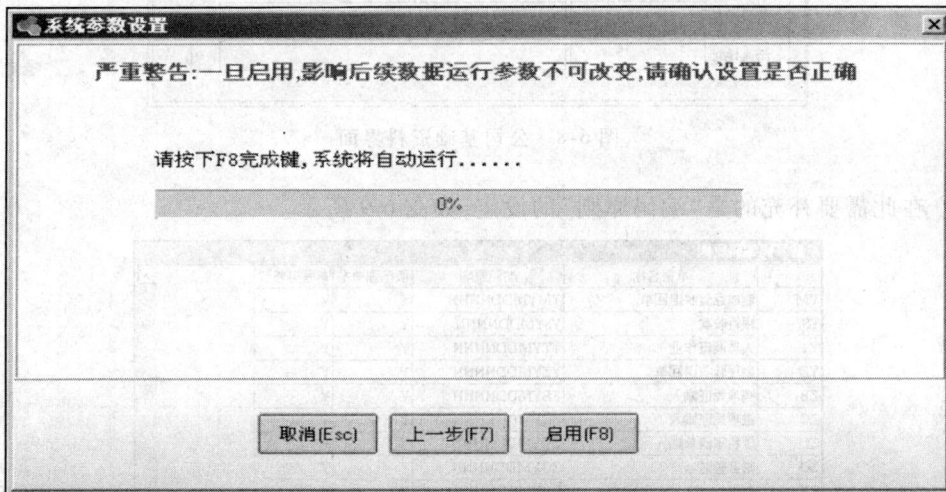

图 6-7 启用设置

确定之后，单击"启用"按钮或者按【F8】键，弹出提示"是否确定参数已经设置完毕，开始启用账套"信息对话框，单击"是"按钮开始执行，执行完毕，弹出"账套成功启用，请重新登录"提示信息对话框，单击"确定"按钮，返回登录界面重新进入即可。

账套启用成功后，在营业人资料设置中就可以看到有些项目已成为不可修改的状态，只有极少数参数可以修改。

（四）营业人资料设定

营业人资料中的部分资料在建立账套时已经设置得差不多了，在这里也可以修改设置，不过不能随便更改，否则会出现数据错误。

具体操作步骤如下：

（1）选择"系统"→"营业人资料设定"命令，进入营业人资料设定界面。

（2）设置建立账套时没有设置全的参数。

① 进入公司基础资料界面，如图6-8所示。

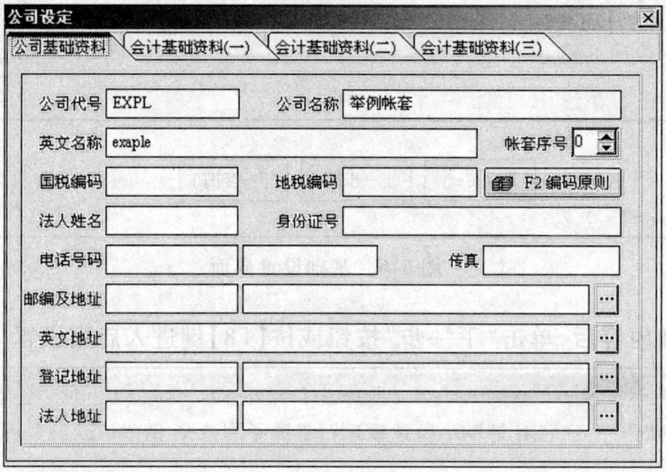

图 6-8　公司基础资料界面

② 在此需要补充的是"编码原则"的设定，如图6-9所示。

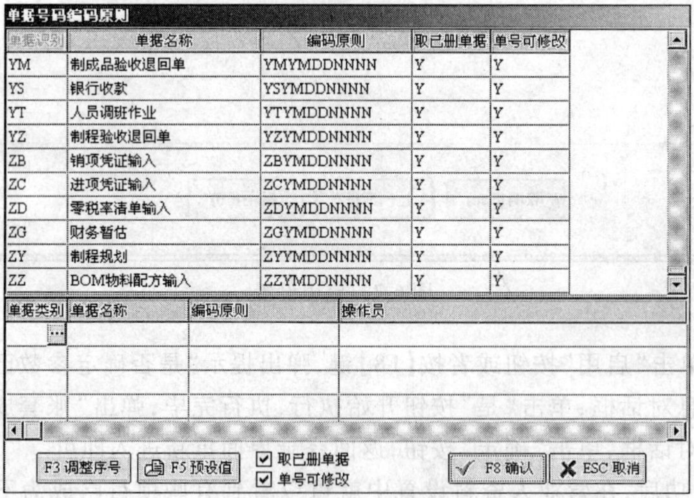

图 6-9　编码原则设置

③ 单击标签,选择"会计基础资料(一)"选项卡,如图 6-10 所示。

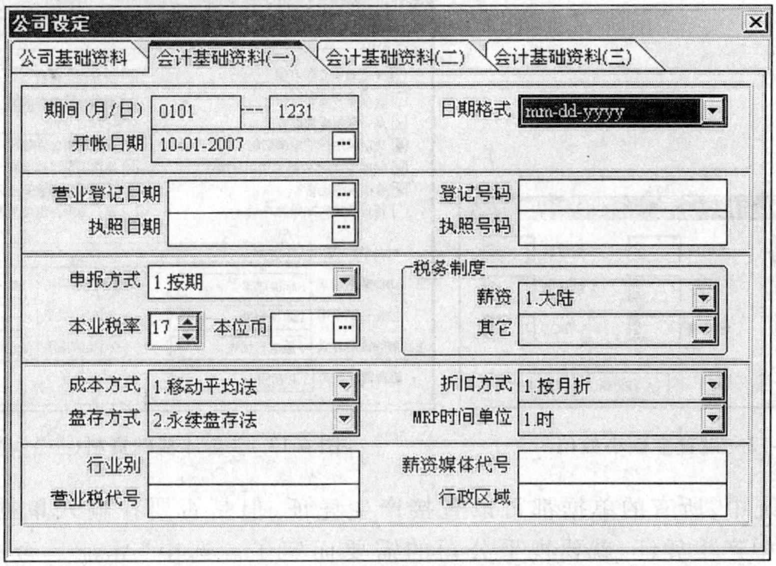

图 6-10 "会计基础资料(一)"选项卡

④ 单击标签,选择"会计基础资料(二)"选项卡,如图 6-11 所示。

⑤ 单击"F3 报表"按钮,设置各模块报表的金额小数位,如图 6-12 所示。

⑥ 单击标签,选择"会计基础资料(三)"选项卡,如图 6-13 所示。

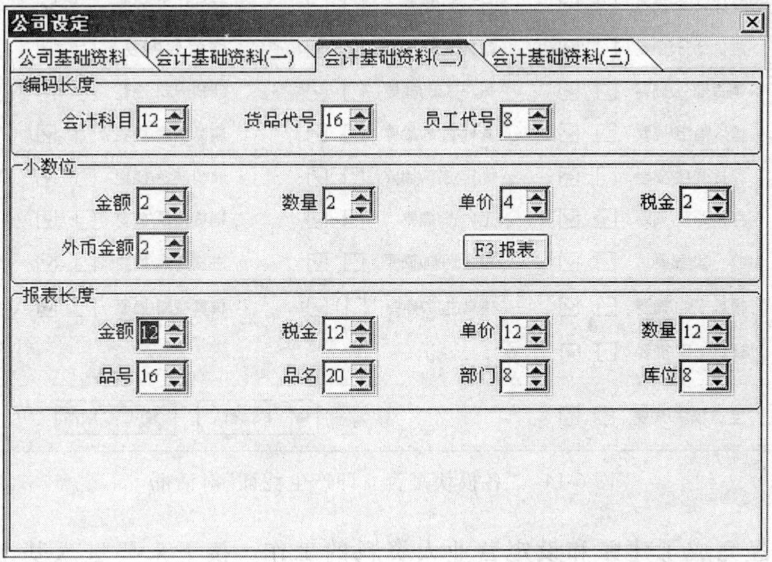

图 6-11 "会计基础资料(二)"选项卡

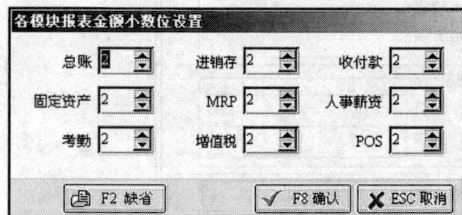

图 6-12 设置金额小数位

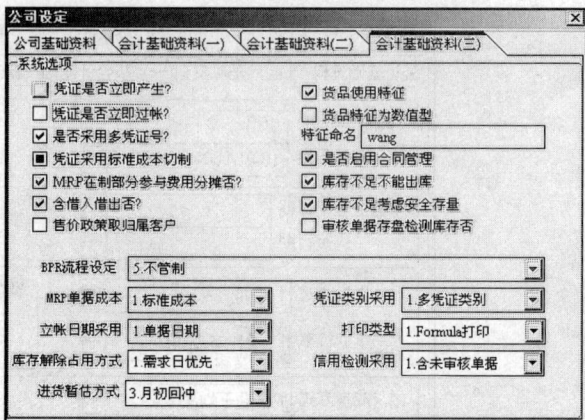

图 6-13 "会计基础资料(三)"选项卡

在本系统中,所有的单据都可以直接产生凭证,但是否要在输入单据的同时立即在财务模块中产生凭证,就要视乎公司的需要而定了。选中"凭证是否立即产生"复选框,弹出"各模块是否立即产生凭证"对话框,如图 6-14 所示,若要立即产生,可选中单据后的第一个复选框,若在产生凭证的同时产生系统设置的摘要,那么可选中第二个复选框。

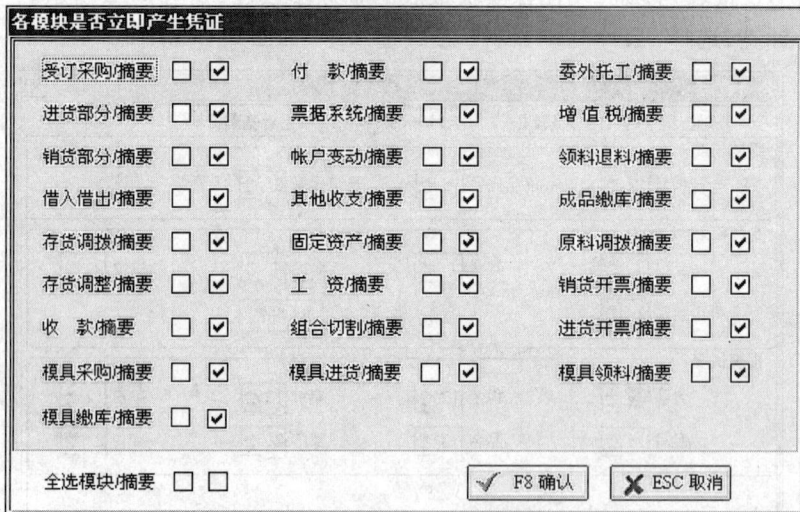

图 6-14 "各模块是否立即产生凭证"对话框

至此,已经完成了建账和设定营业人资料的工作。接下来要进入基本数据的录入工作。

（五）建立部门资料

为了明确责任、加强管理,可以为各利润中心设置一个代号,即部门代号。在系统中,单据来自不同的部门,因此,在进行管理时会经常地使用到部门代号。操作步骤如下:

(1)进入部门资料界面,选择"系统"→"部门代号"命令

(2)进入部门资料编辑界面,如图 6-15 所示。

图 6-15　部门代号建档界面

方法:按【F2】键新增部门代号,这时光标会在第一栏"代号"处闪动,逐一输入资料即可。

（六）建立客户/厂商资料

建立客户/厂商资料是为了方便查询与公司发生经济关系的对象,从中可以了解其交易的有关经济事项的状况,可以及时据此作出妥当的决策。操作步骤如下:

(1)选择"系统"→"客户/厂商资料"命令,弹出"客户/厂商资料"对话框。

(2)进入数据录入界面,如图 6-16 所示。

图 6-17 是客户/厂商资料的账款管理界面,设置和客户往来时账款的管理形式。这里的设置只是在以后的操作中提供一个默认值,在具体的单据上可作改动。

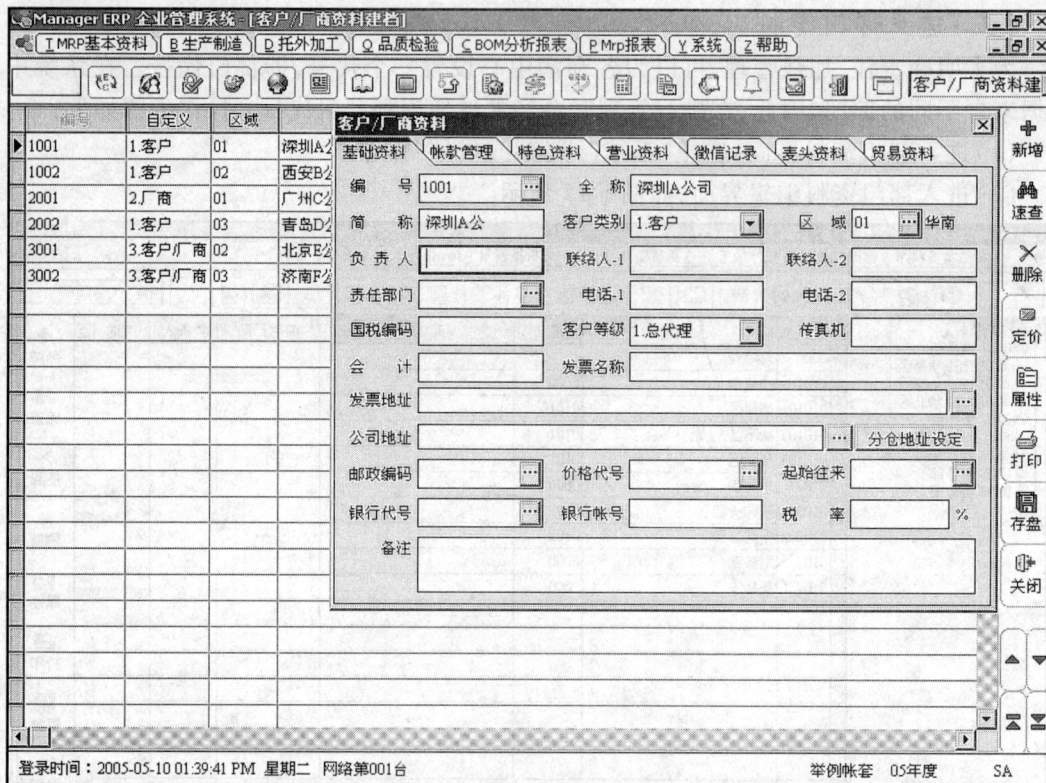

图 6-16　数据录入界面

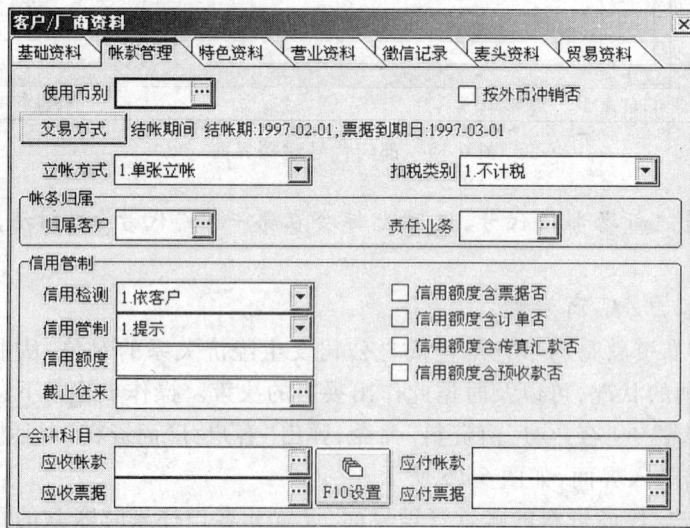

图 6-17　"账款管理"界面

（七）建立员工资料

本栏位是专门对本公司员工进行管理的窗口，目的是便于查询。（不等同于公司人事资料，只要录入相关业务操作人员就可以了）操作步骤如下：

（1）进入员工资料界面，选择"系统"→"员工资料"命令。

（2）进入新增、编辑、删除记录界面，如图 6-18 所示。

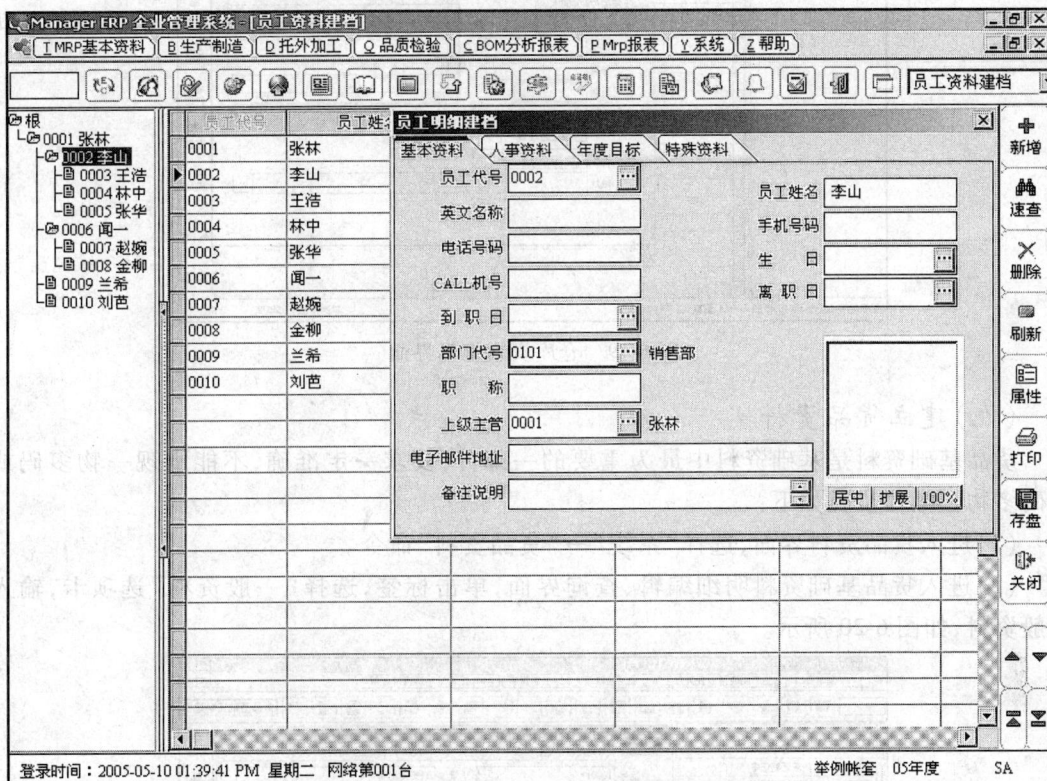

图 6-18　员工资料建档界面

当新建员工资料时，可以在主页进行编辑，也可以按【F2】键打开明细窗口，在明细窗口中进行编辑，在此窗口的表头有四个选项卡：基本资料、人事资料、年度目标（可通过其完成情况考察业绩）、特殊资料。基本资料选项卡的运用很简单，只需根据实际情况填入即可。特殊资料选项卡是进一步对员工的明细管制，比如，可根据地区、所销商品、年龄等对其进行管制，这样当进行目标统计时，敲入代码即可。

（八）建立仓库资料

操作步骤如下：

（1）进入仓库编辑资料界面，选择"系统"→"货品资料"命令。

（2）进入仓库资料编辑界面，如图 6-19 所示。

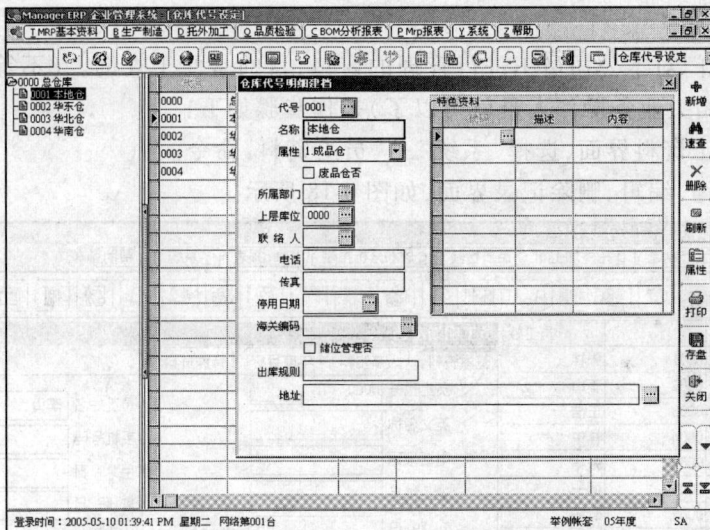

图 6-19　仓库资料编辑界面

（九）建立货品资料

货品基础资料是基础资料中最为重要的一部分,要求一定准确,不能出现一物多码或一码多物。操作步骤如下:

(1)进入货品资料界面,选择"系统"→"货品资料"命令。

(2)进入货品基础资料明细编辑、查询界面,单击标签,选择"一般资料"选项卡,输入一般资料,如图 6-20 所示。

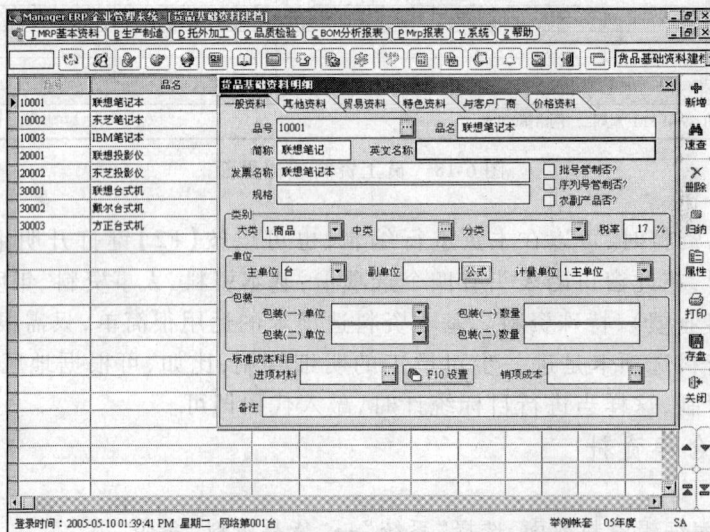

图 6-20　"一般资料"选项卡

（3）单击标签，选择"其他资料"选项卡，输入其他资料，如图 6-21 所示。

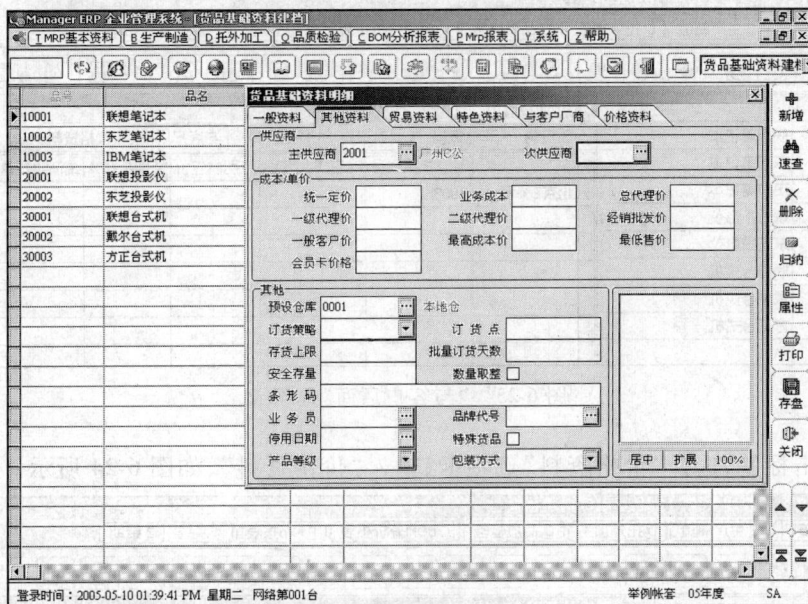

图 6-21　"其他资料"选项卡

（4）单击标签，选择"贸易资料"选项卡，输入与海关和包装有关的资料，如图 6-22 所示。

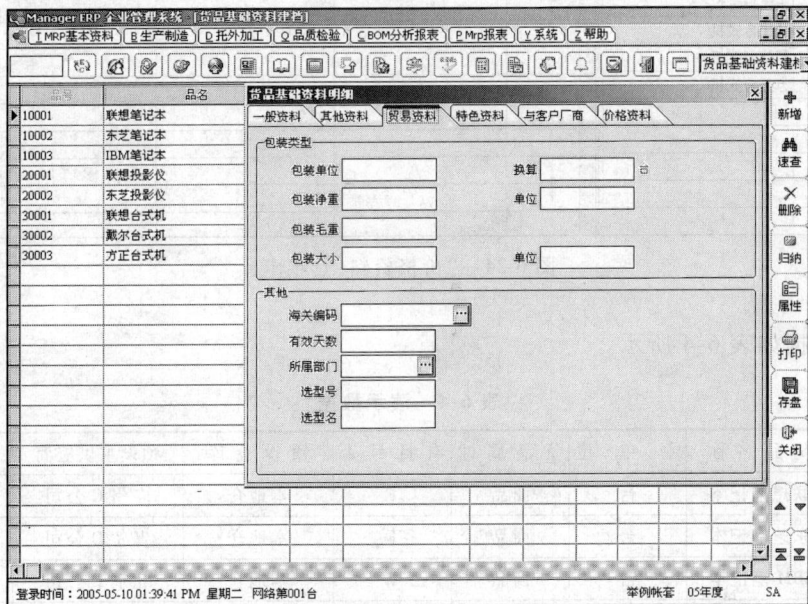

图 6-22　"贸易资料"选项卡

（5）单击标签,选择"与客户厂商"选项卡,输入"与客户厂商"有关的资料,如图6-23所示。

图6-23　"与客户厂商"选项卡

（6）单击标签,选择"价格资料"选项卡,输入"价格资料",如图6-24所示。

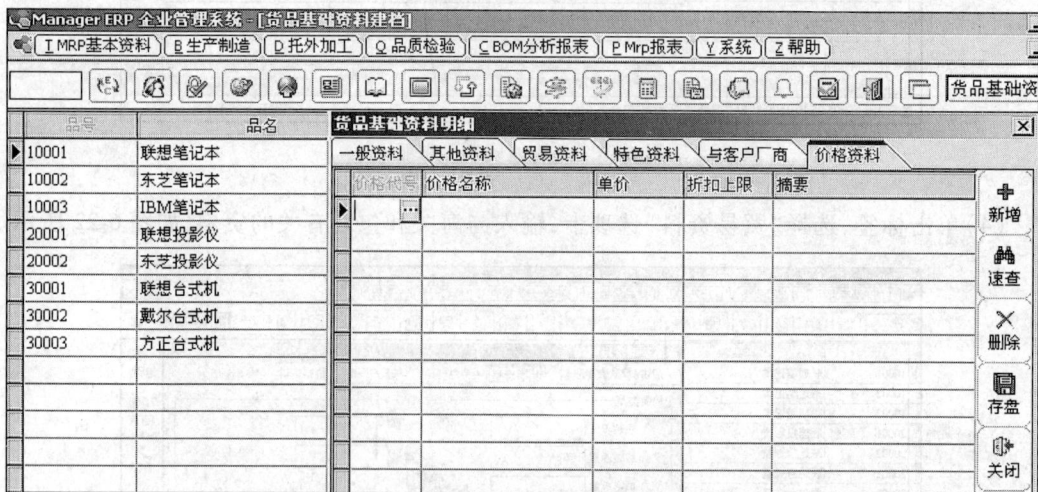

图6-24　"价格资料"选项卡

演示数据如表6-4所示。

表6-4　演示数据

货品代号	货品名称	主　单　位	货品属性	有批号否	预设仓库	预设主供应商	客户/厂商号
10001	联想笔记本	台	商品	F	本地仓	广州C公司	2001
10002	东芝笔记本	台	商品	F	本地仓	青岛D公司	2002
10003	IBM笔记本	台	商品	F	本地仓	北京E公司	3001
20001	联想投影仪	台	商品	Y	本地仓	广州C公司	2001

（十）建立币别资料

（1）进入币别资料界面，选择"系统"→"币别设定"命令。

（2）进入"外币种类设置"界面，如图 6-25 所示。

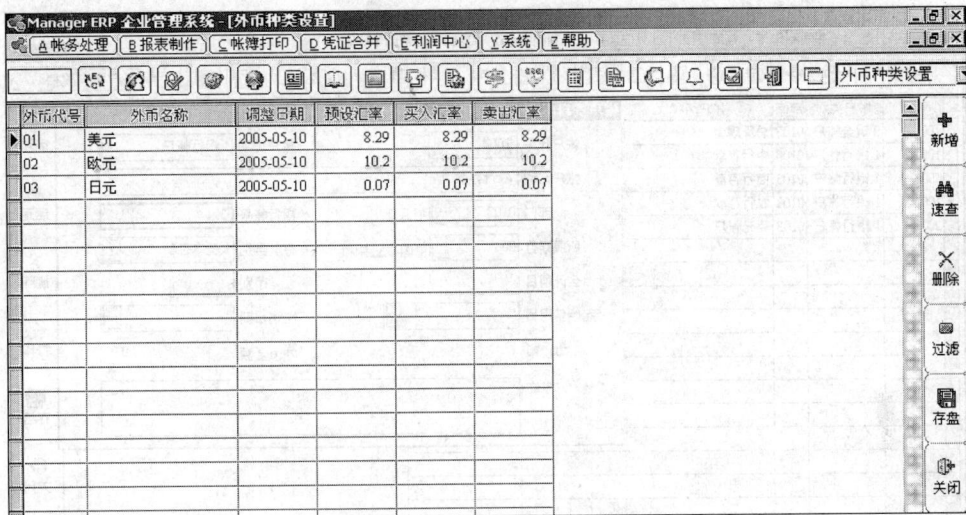

图 6-25 "外币种类设置"界面

（十一）银行账户资料

在此系统中要经常与金钱打交道，所以在这里银行资料是必不可少的。

1. 银行资料

（1）选择"系统"→"银行账户资料"→"银行资料"命令，进入银行、账户资料界面。

（2）单击新增资料界面，在"银行代号"、"银行名称"文本框内输入相应内容，如图 6-26 所示。

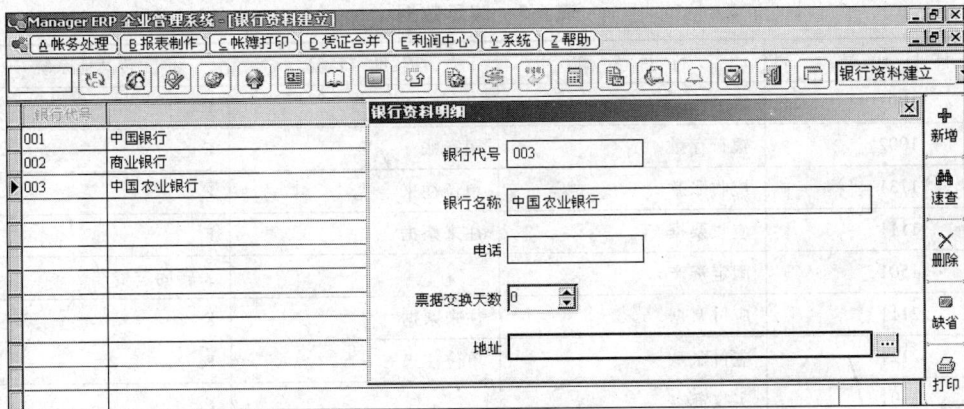

图 6-26 新增资料

2. 账户资料

（1）选择"系统"→"银行账户资料"→"账户资料"命令，进入账户资料界面。

（2）录入公司所有银行的账户资料，如图6-27所示。

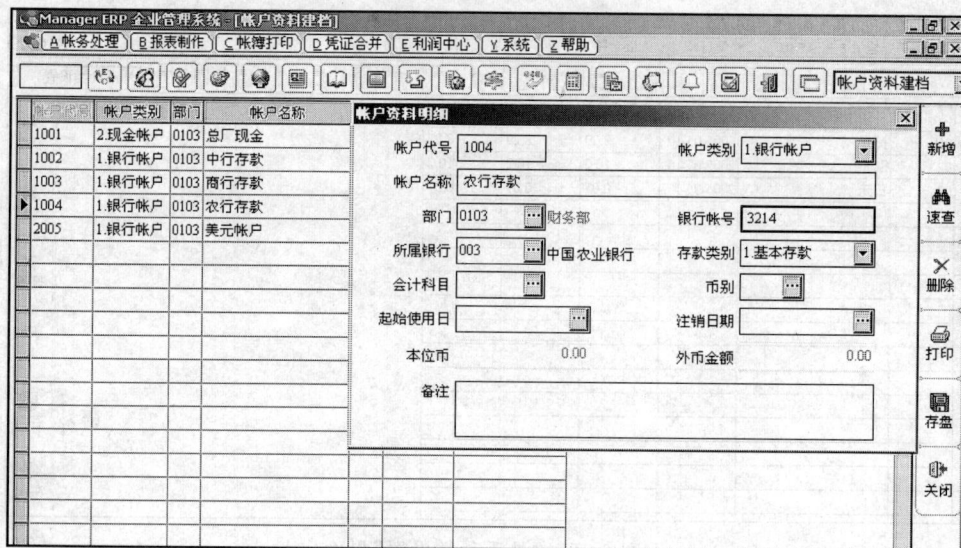

图6-27 账户资料界面

（十二）设定会计科目

操作步骤如下：

（1）选择"系统"→"会计科目设置"命令，进入会计科目设置界面。

（2）按公司财务部门提供的会计科目进行设置。

演示数据如表6-5所示。

表6-5 演示数据

科 目 代 号	科 目 名 称	辅 助 核 算	转其他系统
1001	现金		F
1002	银行存款	银行账	F
1131	应收账款	单位往来	F
1111	应收票据	往来票据	F
1501	固定资产		X 转固定资产
2111	应付票据	往来票据	F
2121	应付账款	单位往来	F
3101	实收资本		F
5502	管理费用		F

（十三）密码资料设定

操作步骤如下：

（1）选择"系统"→"密码资料"→"密码资料"命令进入密码资料设定界面；输入"识别代码"、"密码"进入详细设定界面。

（2）设定与 ERP 有关人员的"识别代码"、"名称"以及相对应的权限，如图 6-28 所示。

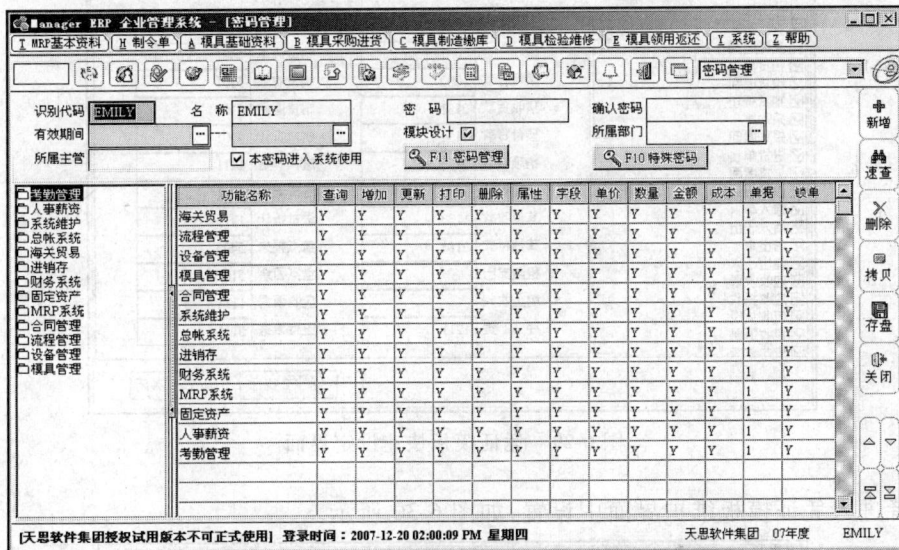

图 6-28　设定人员识别代码、名称及权限

注意：人员权限的设定由最高权限者和系统管理员设定。

演示数据如表 6-6 所示。

表 6-6　演示数据

登录号	登录名称	登录密码	所属部门	权限定义		
0001	张林		总经理	进销存系统	总账系统	收付款系统
0002	李山		销售部	进销存系统		收付款系统
0003	王浩		华南区	进销存系统		收付款系统
0004	林中		华北区	进销存系统		收付款系统
8888	系统管理员	Sysman		进销存系统	总账系统	收付款系统

（十四）设定凭证模板

只有设置好凭证模板才能产生凭证，用对应的会计科目设好快速模板并执行就能把凭证所用到的大部分科目转入各种单据中，不必在每种单据里再设置。

制作模板是连接发生业务与总账凭证的纽带，即可以通过凭证模板将所发生的业务状况直接制作成凭证，并通过转账到总账里。这样可以一举两得，在打单据时直接生成凭证，

而不用再到总账中作凭证,从而起到事半功倍的效果。操作步骤如下:

(1)按路径"系统"→"凭证模板设定"→"凭证模板快速设定"命令进入快速设置凭证界面。

(2)开始设置快速凭证模板,如图 6-29 所示。

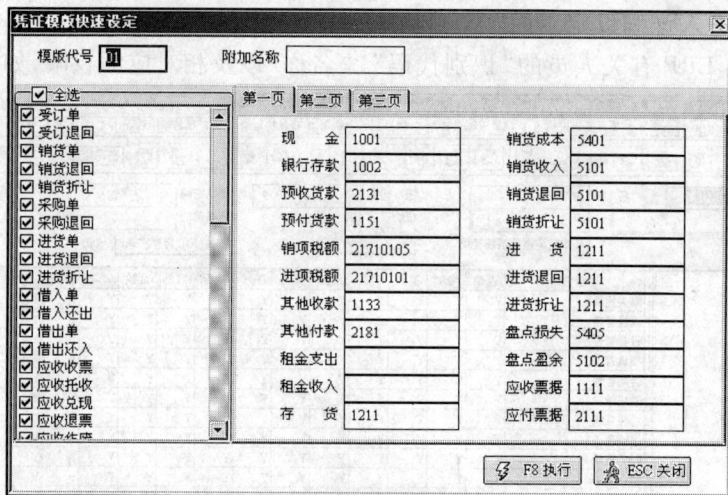

图 6-29 凭证模板快速设定界面

或者进入凭证模板维护界面中设置,如图 6-30 所示。

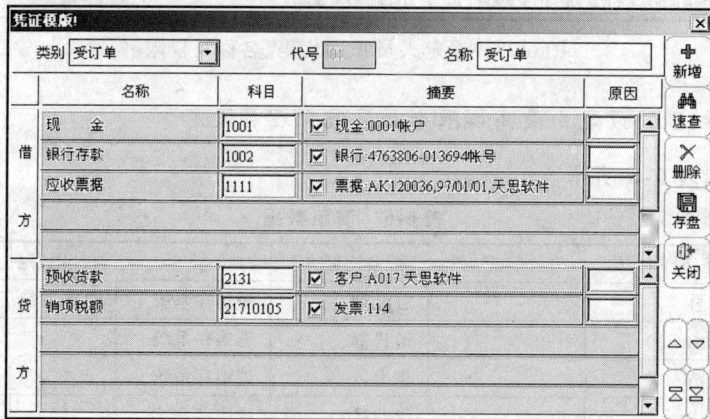

图 6-30 凭证模板维护界面

二、期初数据输入

(一)期初库存

期初库存(2004-04-30 盘点的库存)

首先,对于没有批号管理的货品期初存货输入步骤如下:

（1）选择"系统"→"期初开账汇集"→"期初存货输入"→"分仓存货输入"命令。

（2）进入期初库存的输入界面,进行录入工作,如图 6-31 所示。

一定是开账日
期的前一个月

图 6-31　期初库存界面

其次,对于有批号管理的货品期初存货输入步骤如下:

（1）选择"系统"→"期初开账汇集"→"期初存货输入"→"批号存货输入"命令。

（2）进入期初批号库存的输入界面,进行录入工作。

由于是期初批号库存输入,所以在进行输入之前,要进行批号的设置,单击"批号",进入批号设置界面,如图 6-32 所示。

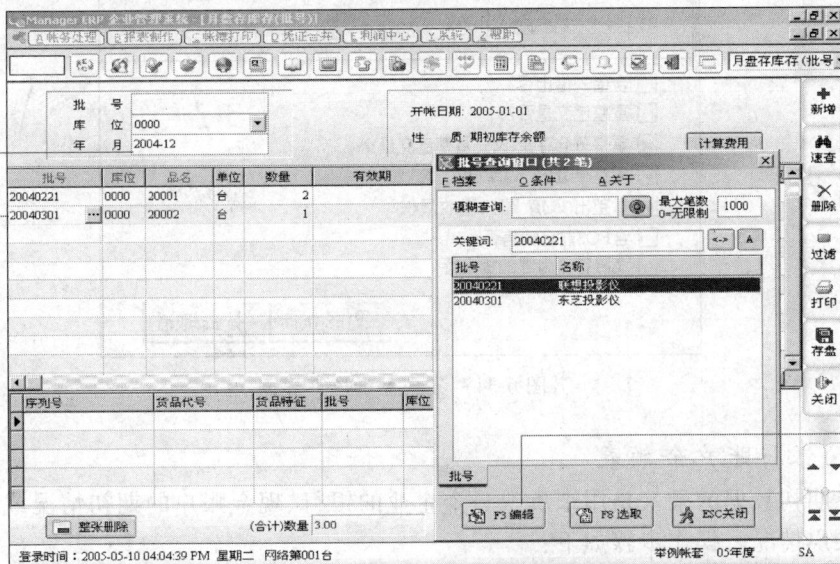

一定是开账日
期的前一个月

单击"批号"

编辑"批号"界面

图 6-32　批号设置界面

在批号编辑框内输入相应的批号及名称,然后保存,如图 6-33 所示。

图 6-33　批号编辑后保存

到现在为止,已经进行了期初存货的输入工作,但退出期初存货输入界面后会出现分仓存量核算的界面,如图 6-34 所示。若要进行分仓存量核算,则设置相应的条件,单击"F8执行"按钮。

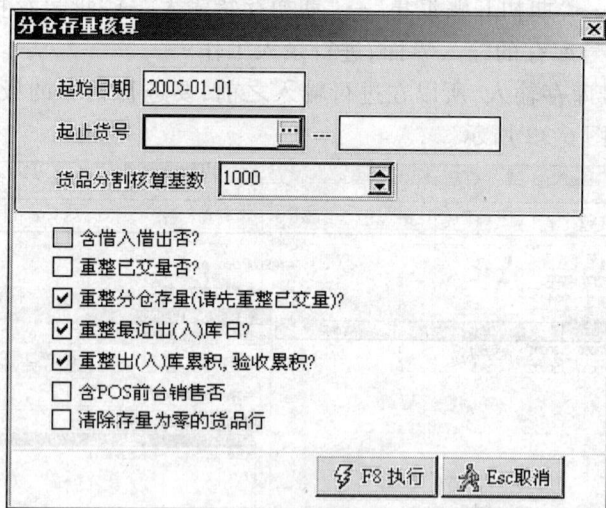

图 6-34　分仓存量核算界面

(二)银行账户余额表

账户期初数据的录入是用来反映一个企业的银行、现金账户的期初情况或首次使用本系统时账户情况。操作步骤如下:

(1)选择"系统"→"期初开账汇集"→"期初账户输入"命令。

（2）进行期初账户输入工作,如图 6-35 所示。

图 6-35　期初账户输入

（三）期初应收/应付账款

期初应收账款

当用户首次使用本系统时,以前的应收账就在本单中输入,在此可知期初应收账的情况,使用开用户,即表示在使用系统前各结余结转。操作步骤如下:

（1）选择"系统"→"期初开账汇集"→"期初应收账款"命令。

（2）进行期初应收账款的输入操作,如图 6-36 所示。

图 6-36　期初应收账款输入

当用户首次使用本系统时,以前的应付账就在本单中输入,在此可知期初应付账的情况,使用开账,即表示在使用系统前各结余结转。操作步骤如下:

操作步骤如下:

(1)选择"系统"→"期初开账汇集"→"期初应付账款"命令。

(2)进行期初应付账款的输入操作,如图 6-37 所示。

图 6-37　期初应付账款输入

注意:

(1)期初开账,"税别"一般可以选择"不计税"。

(2)期初开账时,应对每一家厂商立一张应付款开账单,这样有利于以后冲账。

(3)当为外币账款时,"金额"栏账显示的是"外币金额",外币金额均保留四位小数。

(四)期初应收/应付票据

1. 期初应收票据

在应收票据里录入,主要是处理期初尚未变动的应收票据的资料。操作步骤如下:

(1)选择"系统"→"期初开账汇集"→"期初应收票据"命令。

(2)进行期初应收票据的输入操作,如图 6-38 所示。

注意:

(1)当该票据是本位币金额时,"票面金额"与"本位币"栏的金额是一致的。

(2)当该票据是外币时,则需点击"币别"旁边的按钮,选择该票据的币种,这时"票据金额"栏体现的是外币金额,折算后的本位币金额记录在"本位币"栏中。

(3)由于该票据属于"开账票",因此表中的"凭证模板"栏没有模板,这里不需要产生凭证。

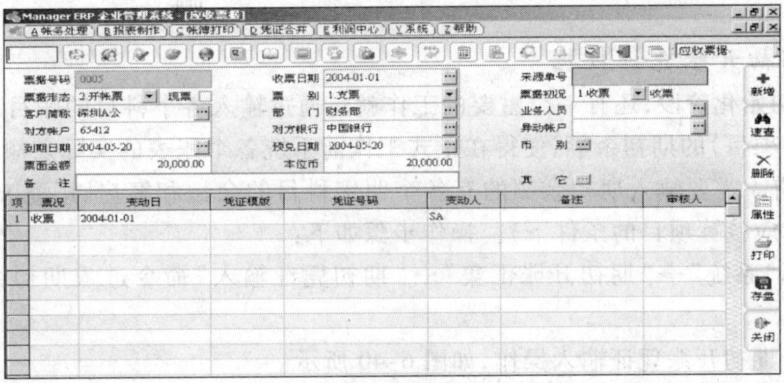

图 6-38　期初应收票据输入

2. 期初应付票据

在应付票据里录入,主要是处理期初尚未变动的应付票据的资料。操作步骤如下:

(1)进行票据的购买作业,也就是要进行应付票据号码的初始化工作。

选择"票据"→"应付票据"→"应付票据购买作业"命令进入票据号码的购买作业界面。

(2)选择"系统"→"期初开账汇集"→"期初应付票据"命令进入期初应付票据的输入界面。

(3)进行期初应付票据的输入操作,如图 6-39 所示。

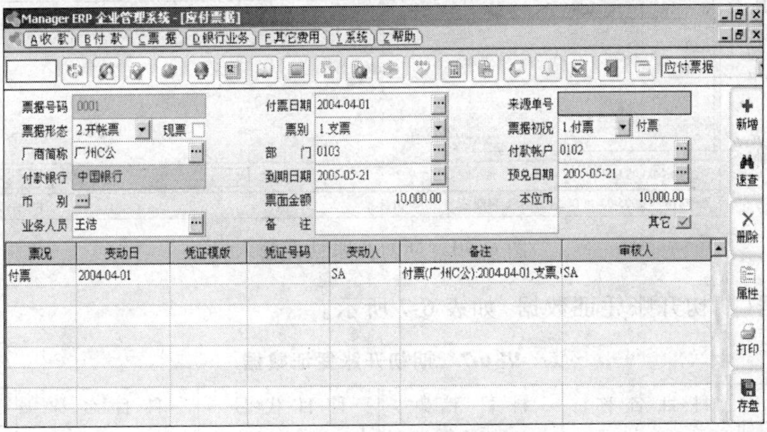

图 6-39　期初应付票据输入

注意:

(1)当该票据是本位币金额时,"票据金额"与"本位币"栏的金额是一致的。

(2)当该票据是外币时,则需点击"币别"旁边的按钮,选择票据的币种,这时"票据金额"栏体现的是外币金额,折算后的本位币金则记录在"本位币"栏中。

(3)由于该票据属于"开账票",因此表中的"凭证模板"栏没有模板,这里不需产生凭证。

（五）期初开账凭证数据

在系统初始化阶段，还有一个重要的工作就是通过输入各个科目的账目和相关的各个辅助账（核算项目）的期初余额，使得在正式工作前系统各个账表的实际余额与开工日期的实际情况相符。需要输入期初余额的有各个明细科目的余额和客户、厂商、个人的相关余额（在进行相应核算项目的条件下）。操作步骤如下：

（1）选择"系统"→"期初开账汇集"→"期初凭证输入"命令进入期初会计凭证输入界面。

（2）进行期初开账凭证输入操作，如图6-40所示。

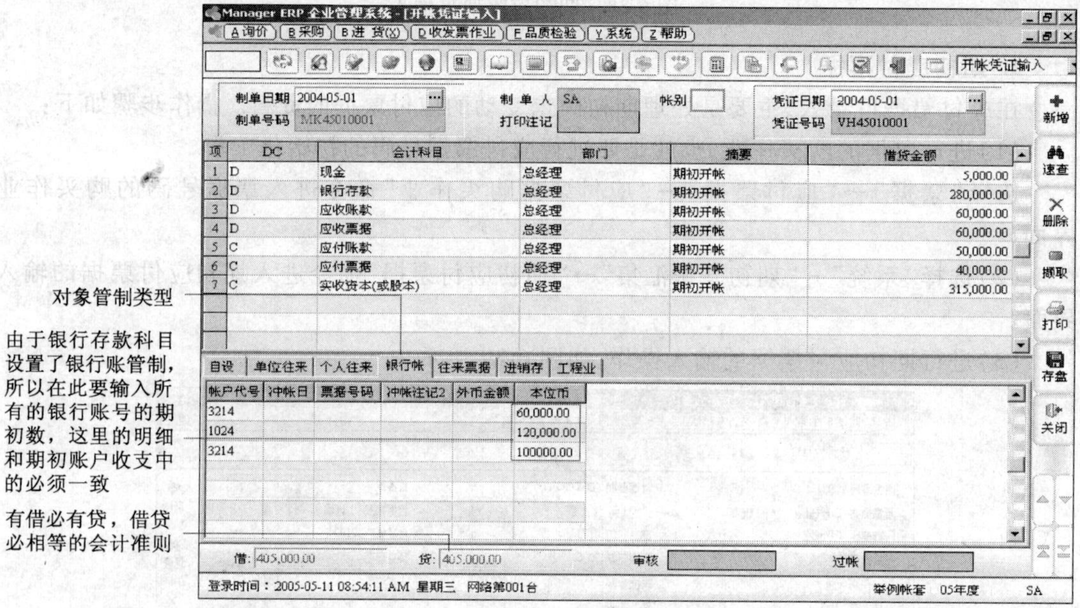

对象管制类型

由于银行存款科目设置了银行账管制，所以在此要输入所有的银行账号的期初数，这里的明细和期初账户收支中的必须一致

有借必有贷，借贷必相等的会计准则

图 6-40　期初开账见证输入

演示数据（期初开账凭证数据）如表6-7所示。

表 6-7　期初开账凭证数据

科目代号	科目名称	科目余额	利目代号	科目名称	科目余额
1001	现金	5 000	2121	应付账款	50 000
1002	银行存款	280 000	2111	应付票据	40 000
1131	应收账款	60 000	3101	实收资本	315 000
1111	应收票据	60 000			

到现在为止，基础数据和期初数据已经准备完毕，接下来该做的就是日常业务的处理以及相关报表的查询了。

三、物流管理

下面的业务单据都与财务模块有联系,联系的依据就是在单据中选择合适的凭证模板。

(一)采购管理

当进行采购时,首先要做的是请购单,得到领导批准后,才可以进行询价单的操作,可以向三家供应商进行询价,并确定向哪家采购,接下来便是正式签订采购合同。对于采购回来的货品,首先要做入库送检,经过进货验收,如有不合格,则通过验收退回单将货品退回,如质量合格,则做进货单,将货品存入仓库。

采购管理流程

流程如图 6-41 所示。

(1)当需要采购时,对内可能要进行请购,对外要向厂商询价。

(2)主管核准了请购,厂商的报价也被接受,此时就可以开始采购了。

(3)对于采购回来的货品,首先要做入库送检,从而对质量进行严格的把关。

(4)经过质检,可以放心地将货品存放到库房了,通过进货单,可以生成进货凭证,将这次的业务反映到财务上,同时可以形成详细的报表。

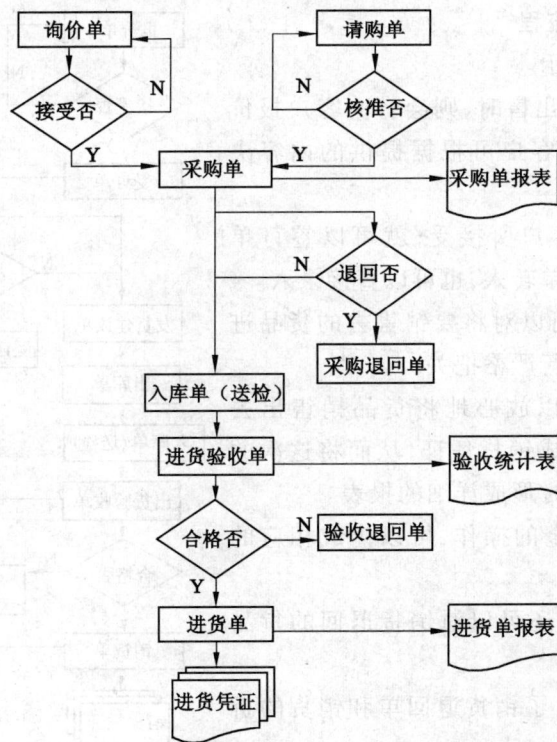

图 6-41 采购管理流程

除了请购单和询价单,还可以进行采购需求分析作业,系统会自动分析用户选择的受订单,并提出合理的采购建议,自动生成采购单。

系统提供了多种模式,可以选择比较简化的一般检验,也可以进行更复杂完善的特殊检验,系统还提供了多种检验结果处理建议和检验单转单据作业。

进货报表中还包含了进货退回单,进货折让单、借入单、借入还出单等单据的报表。

提示:

(1)检验后,对于不合格品的处理方式有两种:一种是验收退回,一种是让步接收。对于前一种是登打验收退回单,后一种是转进货单,但是此时的单价要变成折扣价。

(2)对于企业的一种借入货品的业务,采用借入单来进行处理,流程如图6-42所示。

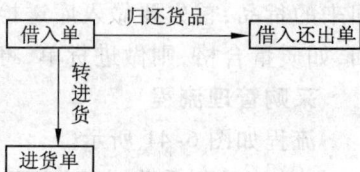

图6-42 借入货品处理流程

(二)销售管理

当进行销售时,首先要做的是报价单,如果客户接受了报价,就会产生受订,根据订单下达发货建议,通过出库单进行出库管理,如有必要,还可以进行出货检验,以保证销售出去的货品质量,最后通过销货单将这次的销售业务结案。

1. 销售管理系统流程

流程如图6-43所示。

(1)当有成熟商品出售时,则会有向客户报价的动作,产生报价单。客户可根据提供的内容决定是否购货。

(2)如果报价为客户所接受,就可以签订单了,受订单可以由报价单转入,也可以直接录入。

(3)如果有必要,可以对将要销售去的货品进行检验,从而对质量进行严格把关。

(4)经过质检,可以放心地将货品销售出去了,经过销货单可以形成销货凭证,从而将这次的业务反映到财务上,同时形成详细的报表。

受订单中包含订金的操作,可以生成相应的凭证,并反应到财务上。

除了出货检验外,还可以对销货退回的货品进行检验。

销货单报表中包含了销货退回单和销货的折让单的报表。

提示:流程补充,对于企业的一种借出货品的

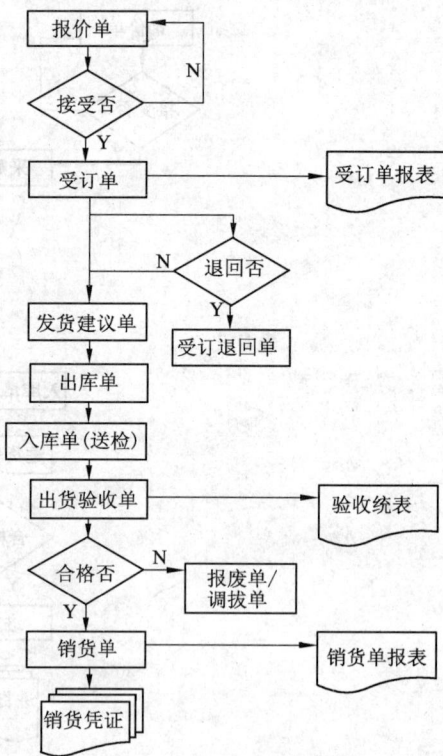

图6-43 销售管理系统流程

业务,采用借出单来进行处理,流程如图 6-44 所示。

2. 受订单

一个企业经济业务的发生主要源于业务员的活动,联系到客户才可能产生订单,在此可了解受订情况、交货状况及收订金后所切传票,并可管制已交货数量、金额,已交货完毕者电脑将自动结案。受订单可以从报价单转过来,也可以直接输入。

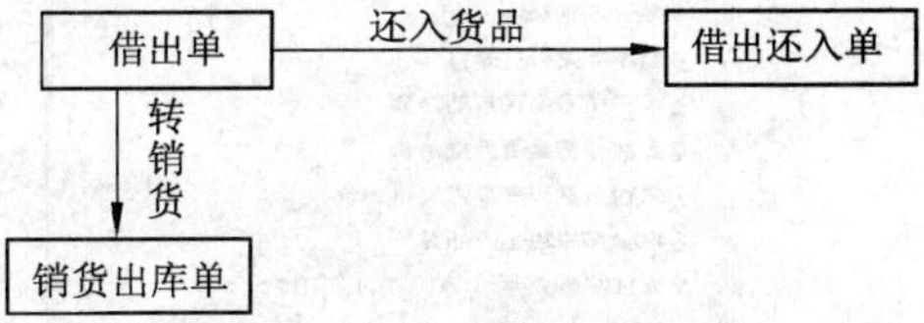

```
┌──────────┐   还入货品    ┌──────────┐
│  借出单  │─────────────→│ 借出还入单 │
└──────────┘               └──────────┘
      │ 转
      │ 销
      │ 货
      ↓
┌──────────┐
│ 销货出库单 │
└──────────┘
```

图 6-44 借出货品处理流程

操作步骤如下:

(1)选择"物流管理"→"销售管理"→"受订"→"受订单"命令进入受订单界面。

(2)对受订单进行编辑,如图 6-45 所示。

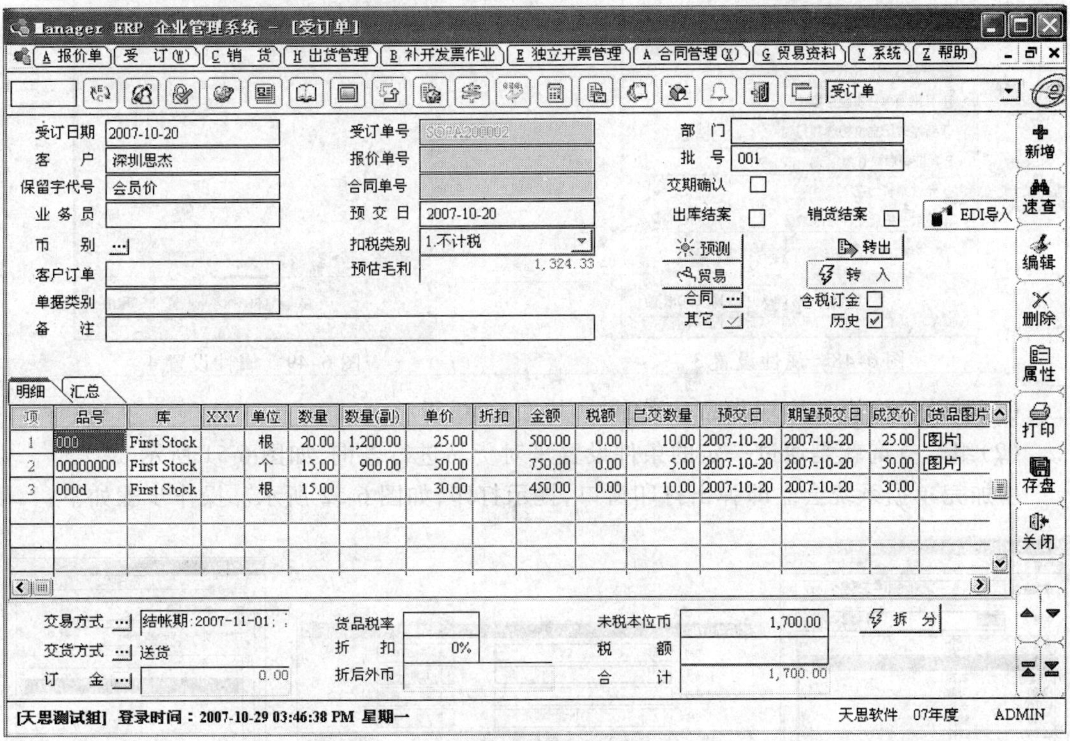

图 6-45 编辑受订单

(3)属性设置如图 6-46、图 6-47、图 6-48、图 6-49 所示。

货品的查询方式:系统对货品代号查询提供两种方式,一种是默认查询,一种是组合查询。操作步骤如下:

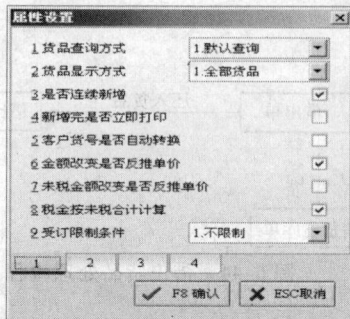

图 6-46　属性设置

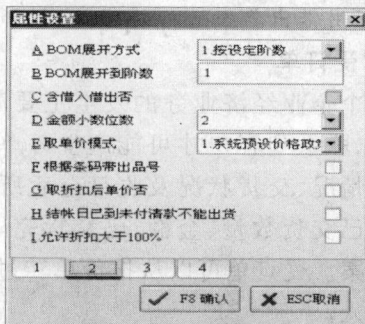

图 6-47　属性设置 2

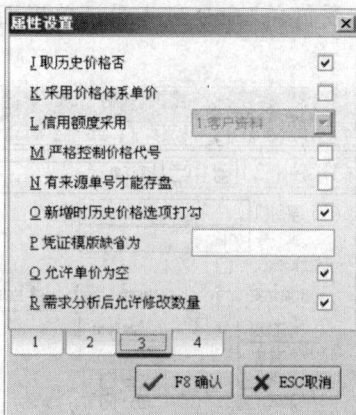

图 6-48　属性设置 3

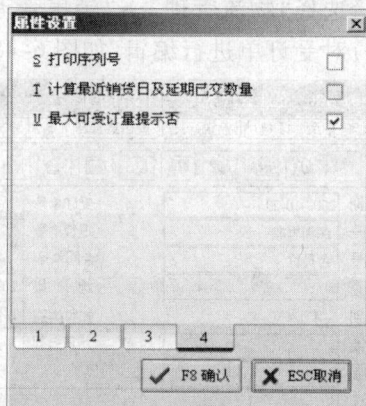

图 6-49　属性设置 4

（1）默认查询直接出现货品查询窗口，如图 6-50 所示。

（2）组合查询就是通过一定的条件设置来对货品进行查询，如图 6-51 所示。

增加完单据系统会立即弹出打印窗口，提示打印，如图 6-52 所示。操作步骤如下：

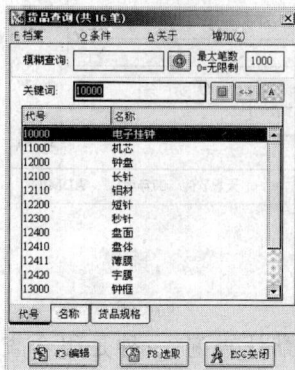

图 6-50　默认查询

图 6-51　组合查询

图 6-52　打印订单

（1）按设定阶数（和 BOM 展开阶数联合使用）：这种效果就是展开至指定阶数,如图 6-53 所示直接展开电子挂钟的第二阶。BOM展开到阶数 ⌷2⌷ 。

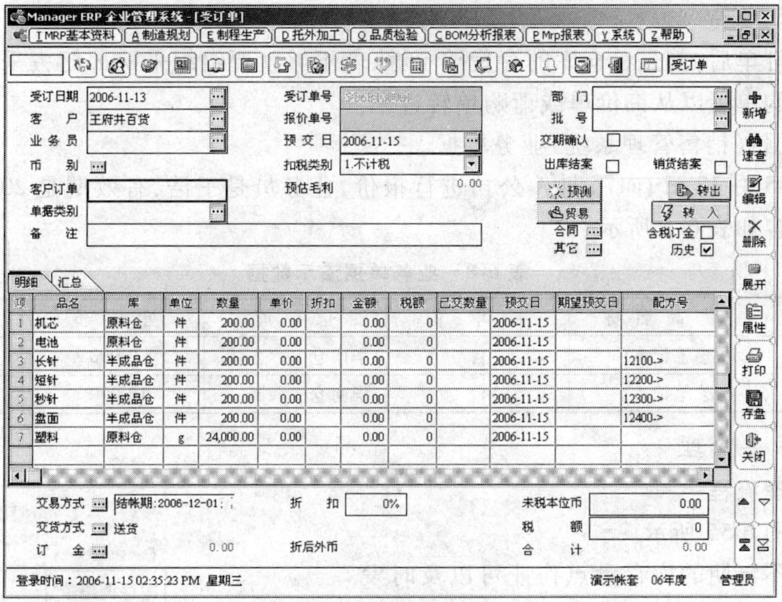

图 6-53 按设定阶数

（2）展开至尾阶：直接将成品展开至原材料,如图 6-54 所示。

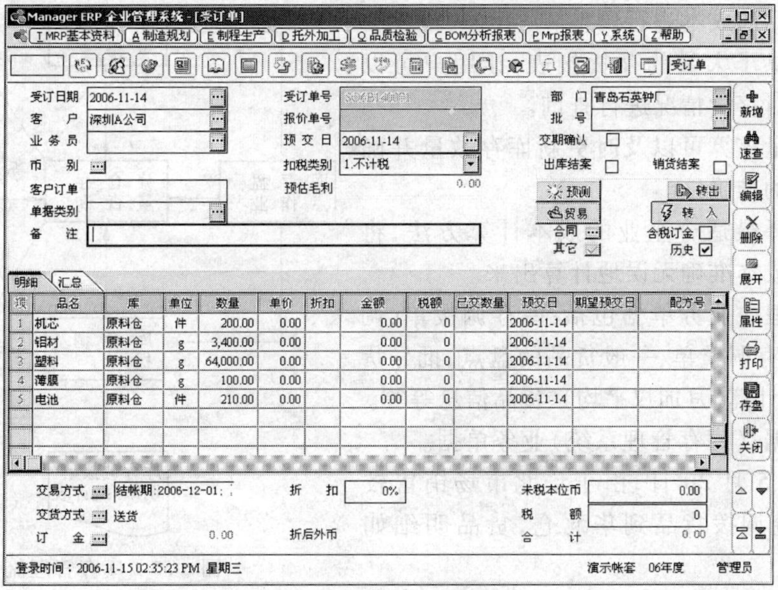

图 6-54 展开至尾阶

注意:属性的设置很重要,一旦改变就会影响结果,所以要谨慎。另外很多的参数不需要进行设置,要依照企业的实际情况来定,原则是适合就好。

（三）采购单

当接到订单后,首先看仓库的存货够不够,若不够就要组织采购部门去采购,则会产生采购单。采购单可以从询价单或请购单转过来。

演示数据:(销售管理系统)业务单据。

2004年5月12日,向深圳A公司进行报价,业务员是王浩,有效期是2004年5月30日。具体内容如表6-8所示。

表6-8 业务单据演示数据

货品代号	货品名称	主单位	仓库	单价	数量
10001	联想笔记本	台	华南仓	9 000	1
10002	东芝笔记本	台	华南仓	10 000	1

（三）库存管理

库存管理流程

流程如图6-55所示。

定期和不定期的库存盘点作业可以及时发现货品账载数量和实际数量的差异,并通过库存调整单和调拨单及时修改。

库存调整单不仅能调整货品的数量,而且能对库存商品的成本进行调整。

系统提供了大量的存货报表,让用户可以从各个角度对存货情况进行查询。

分仓存量核算可以及时更新库存数量并确保账载数量的准确性。

可以选择最适合企业的成本计算方法,将所有货品的成本准确无误地计算出来。

库存管理的业务单据包括:库存调拨单、调拨回货单、库存调整单、一般货品的盘点、批号货品盘点、成本计算(月加权平均)、货品信息等等。

演示数据:(库存管理系统)业务单据。

2004年5月20日,由于华北市场销售较好,从本地仓调拨货品到华北仓,货品明细如表6-9所示。

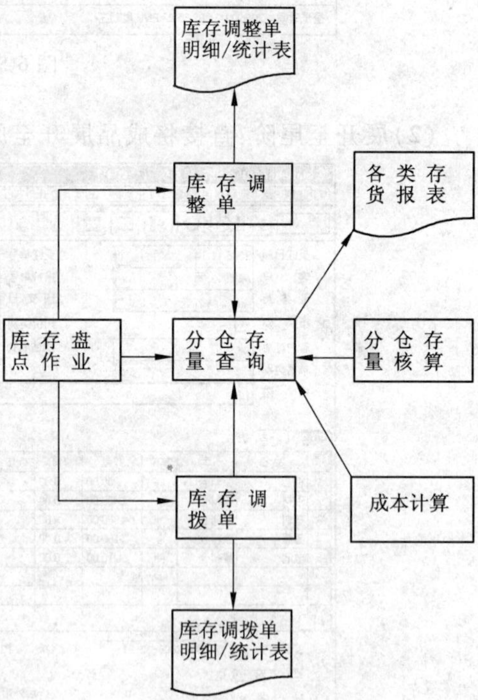

图6-55 库存管理流程

表6-9　货品明细

货品代号	货品名称	主单位	货品属性	拨出仓库	拨入仓库	数量	批号
20002	东芝投影仪	台	商品	本地仓	华北仓	1	20040301

（四）合同管理

合同管理功能，主要用来管理本公司与客户所签订的受订合同。当本公司与客户签订了一份供销合同时，就可以在合同管理中登打一份合同单据，并依此合同单据生成相应的受订单，继而根据此受订单安排生产以及销货。

进入合同单据，输入合同的名称，选择设置的合同类型以及合同组等资料。表头中开始日期以及结束日期是预计的开始和结束日期。表身有合同标的、合同条款、收付信息、执行记录和附件页面，在合同标的页面可输入客户订货资料，在合同条款中选择已设置好的合同条款信息，收付信息和附件是此合同的详细说明，可手工输入，对于执行记录可手工输入信息记录此合同的执行情况。

四、品质检验

生产产品的品质检验对企业来说是非常重要的。在激烈的市场竞争中，企业只有拥有稳定优质的产品质量才可能保证在市场中立足，而要有稳定优质的产品质量，就必须拥有严格的质量控制流程。只有企业严格地控制质量，才能得到让客户满意的产品，以进一步占领市场；才能知道产品在生产制造过程中容易发生的问题，使企业改正错误，降低生产成本。所以现在要更加重视产品的质量监管，把它视为企业的生命。

在经理人ERP生产模块中，生产的检验流程共分为五部分，分别是：

- 制程之间的在产品检验流程（制程检验）；
- 每个加工任务加工出成品的流程（制成品检验）；
- 托外加工的成品缴回时检验（托工检验）；
- 原材料从生产车间或托工厂商退回时的检验（退回检验）；
- 车间领料时原材料的检验（存货检验）；

（一）检验项目的设定（特殊检验）

使用特殊检验时，要首先设置检验项目的代号，只有设置了检验项目，检验时才可以依据检验项目检验货品。

选择"生产管理"→"全能生管"→"Q品质检验"→"C特殊检验"→"A检验项目设定"命令即可。

实例演示如表6-10所示。

操作步骤如下：

（1）进入检验项目设定界面。

（2）设置项目代号，例如01。

（3）设置检验项目名称，例如外观。

（4）存盘。

表 6-10　实例演示

项 目 代 号	检验项目名称
01	外观
02	功能
03	长度

（二）货品检验标准设定

使用特殊检验前，还需要设置货品的检验标准。只有设置了检验标准后，使用特殊检验的检验单时才会有针对性。

选择"生产管理"→"全能生管"→"Q 品质检验"→"C 特殊检验"→"B 货品检验标准设定"命令即可进入页面。

实例演示如表 6-11 所示。

表 6-11　实例演示

货品代号	货品名称	制程名称	检验方法	允收水准	检验项目	允收上限	允收下限	检验类型
10000	电子挂钟	01 装配	2 全检	10	外观			2 测量
					长度	55	47	1 测数

操作步骤如下：

（1）进入货品检验项目标准设定界面。

（2）选择货品代号、制程的名称、检验方法、设置允收水准。

（3）设置货品的具体检验项目，选择货品检验项目是测量类型还是测数类型。如果货品是测数类型，需设置货品的允收上限和允收下限。

（4）存盘，检验项目标准设定工作完成。

（三）制程（工序）送检流程

制程检验，就是制程之间在产品的转移时的检验流程，通过制程检验可以及时了解生产线上产品的质量情况，分清所属责任，及时改正错误原因，保证生产顺利进行。制程（工序）检验的流程如图 6-56 所示。

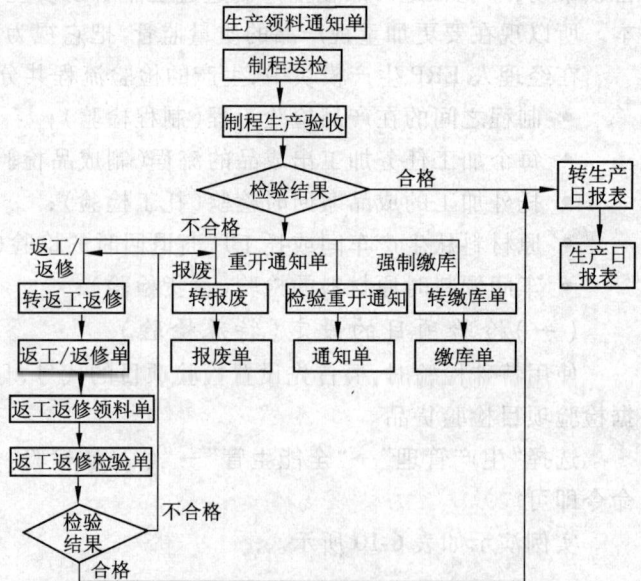

图 6-56　制程检验流程图

（四）制成品送检流程

在生产中,要及时了解产出成品的完成质量情况,以进一步了解产品不合格的主要原因,及时对今后的生产加强管理,同时通过此检验流程可以了解产品生产完毕后送检数量和检验合格数量,对生产进度加以控制。

制成品检验流程如图 6-57 所示。

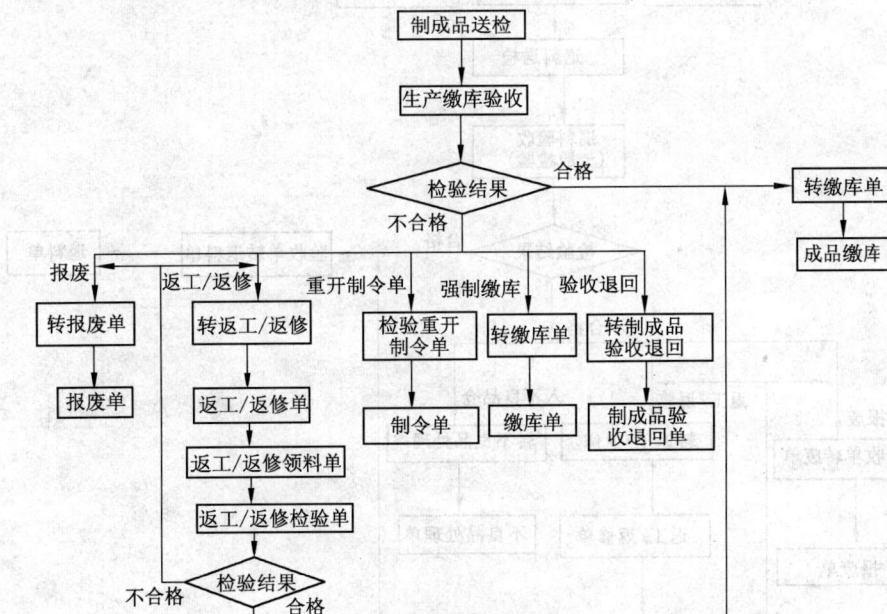

图 6-57　制成品检验流程图

（五）托工送检流程

托工送检流程如图 6-58 所示。

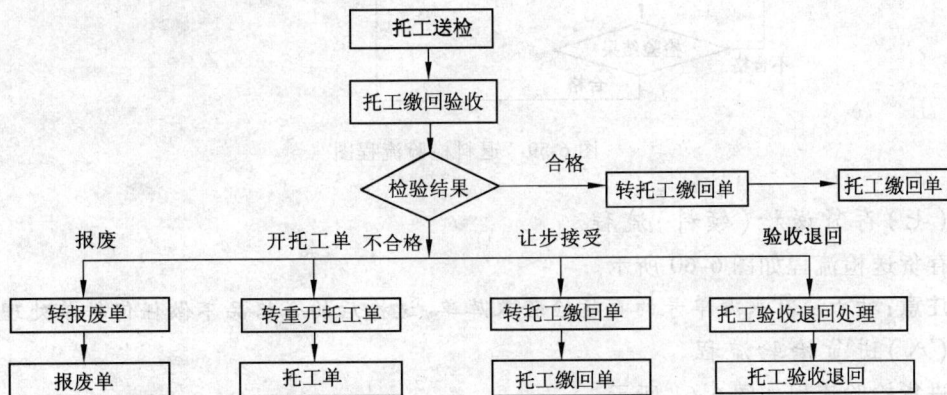

图 6-58　托工检验流程图

　　注意:特殊检验中的成品如果判定不合格,根据处理意见转报废单、转托工验收退回单、转托工缴回单处理。

(六)退料送检流程

退料送检流程如图 6-59 所示。

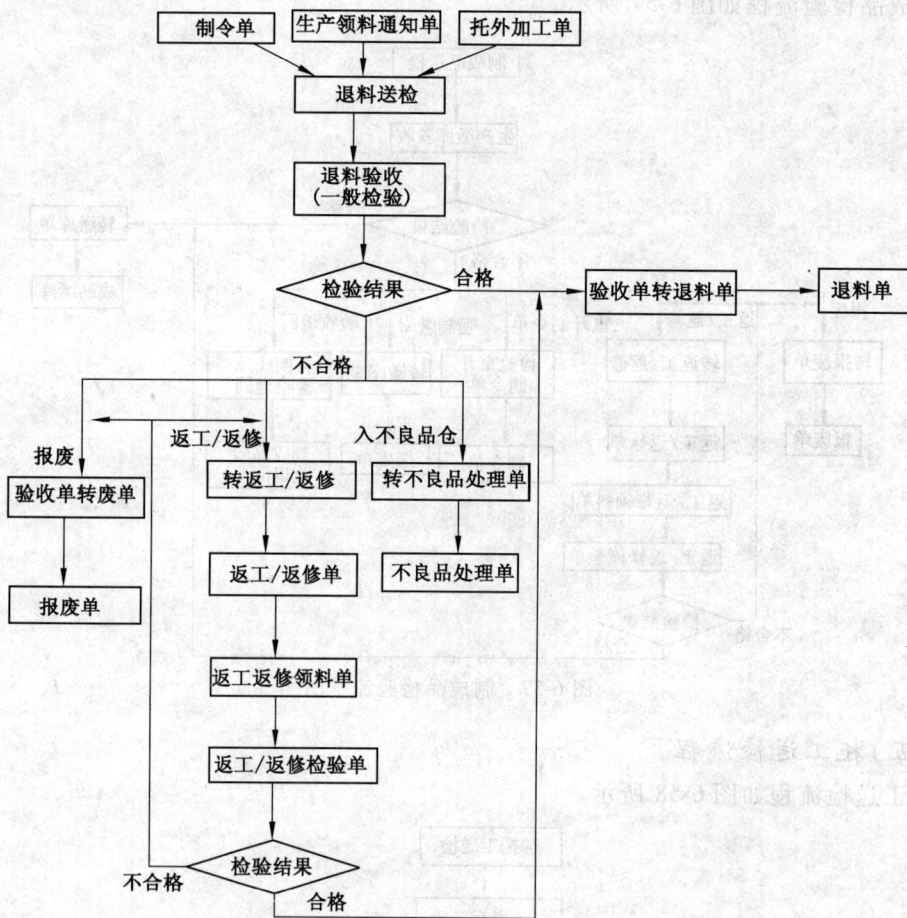

图 6-59　退料检验流程图

(七)存货送检(领料)流程

存货送检流程如图 6-60 所示。

　　注意:对于没有来源单号的存货检验入库单,送检后的合格品不做任何转单处理。

(八)进货检验流程

进货检验流程如图 6-61 所示。

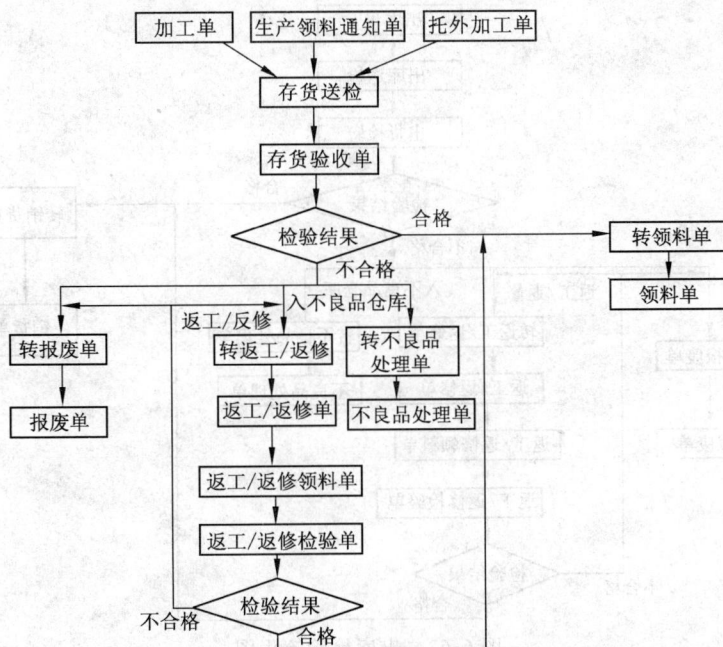

图 6-60 存货检验流程图

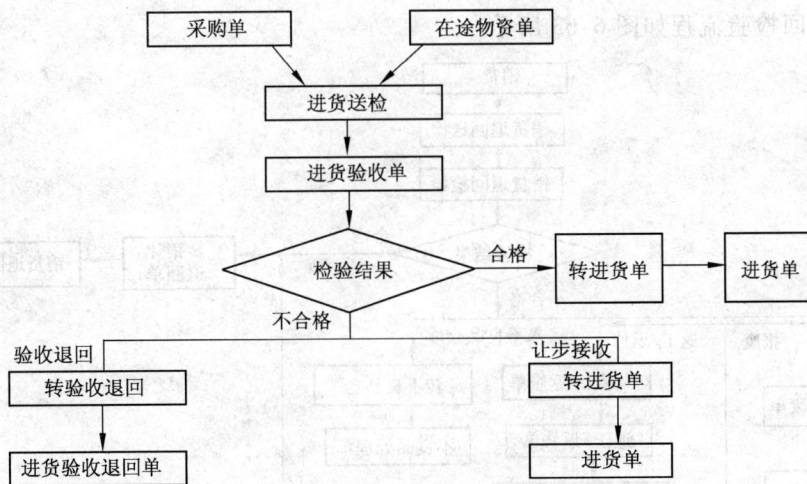

图 6-61 进货检验流程图

（九）出货检验流程

出货检验流程如图 6-62 所示。

出货送检的相关单据包括：出货送检单、出货验收单（一般检验）、出货检验单（特殊检验）、转销货单、转报废单、转不良品处理单、返工/返修单等。

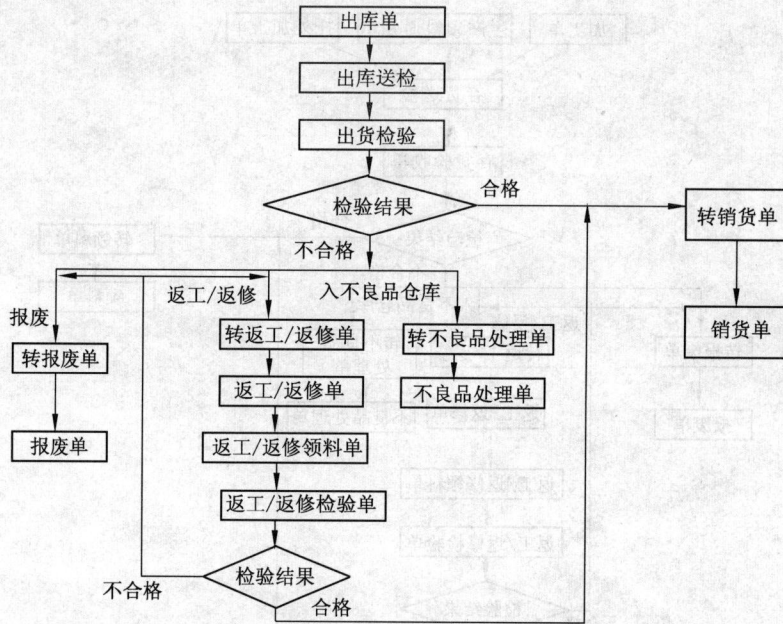

图 6-62　出库检验流程图

(十)销货退回检验流程

销货退回检验流程如图 6-63 所示。

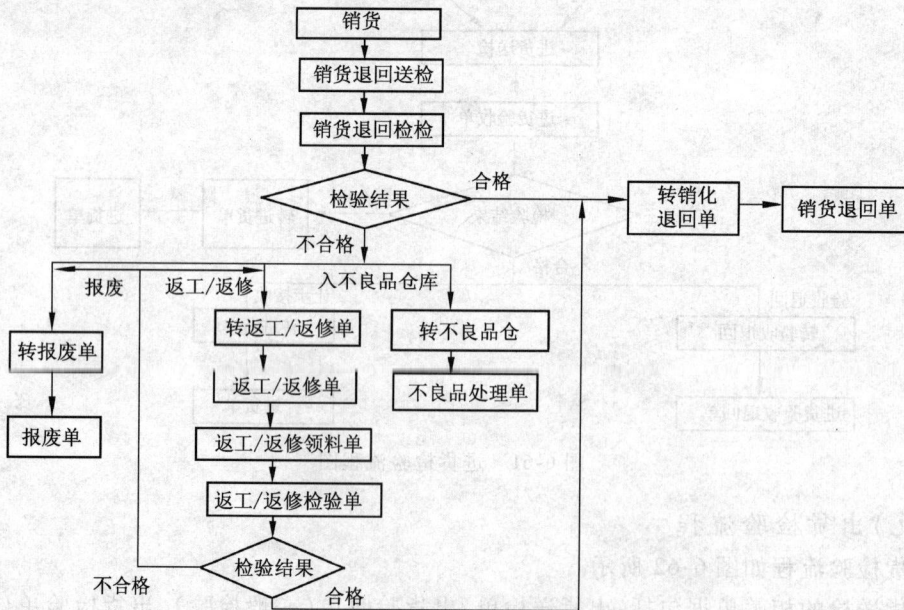

图 6-63　销货退回检验流程图

（十一）存货检验流程

存货检验流程如图 6-64 所示。

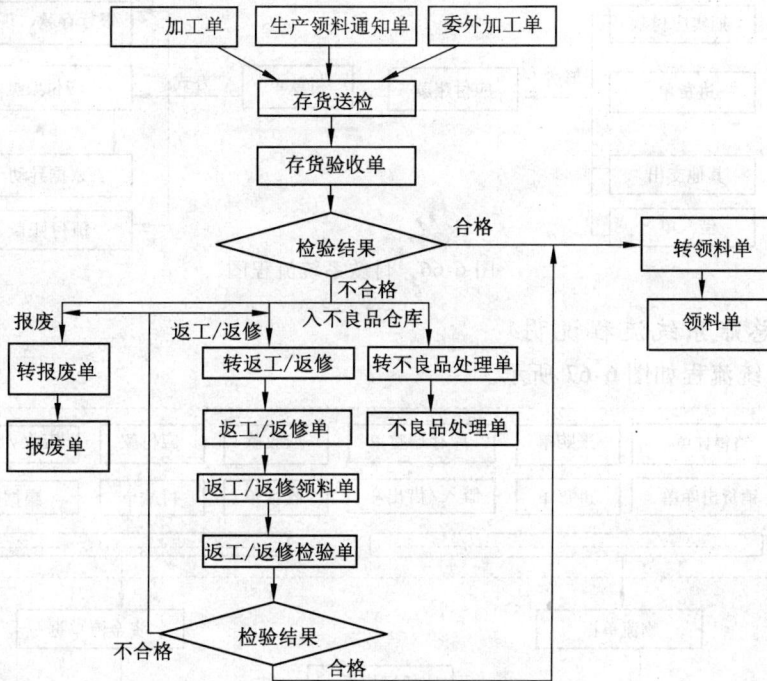

图 6-64 存货检验流程图

对于没有来源单号的存货检验入库单,送检后的合格品不进行任何转单处理。

五、财务管理

（一）收款系统流程

收款系统流程如图 6-65 所示。

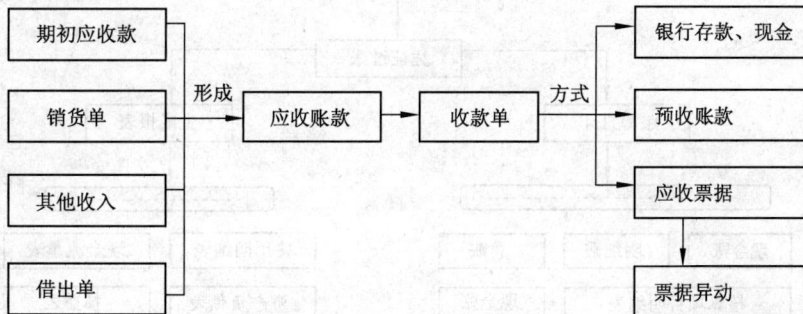

图 6-65 收款系统流程图

（二）付款系统流程

付款系统流程如图 6-66 所示。

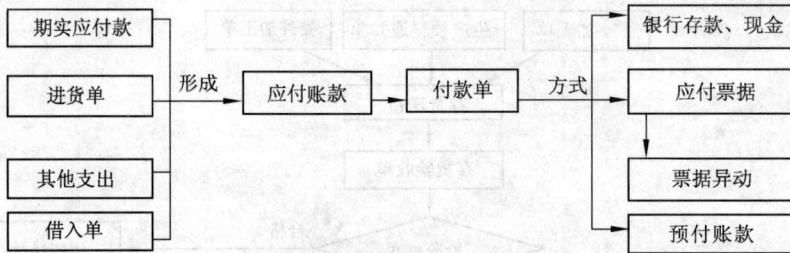

图 6-66　付款系统流程图

（三）总账系统流程说明

总账系统流程如图 6-67 所示。

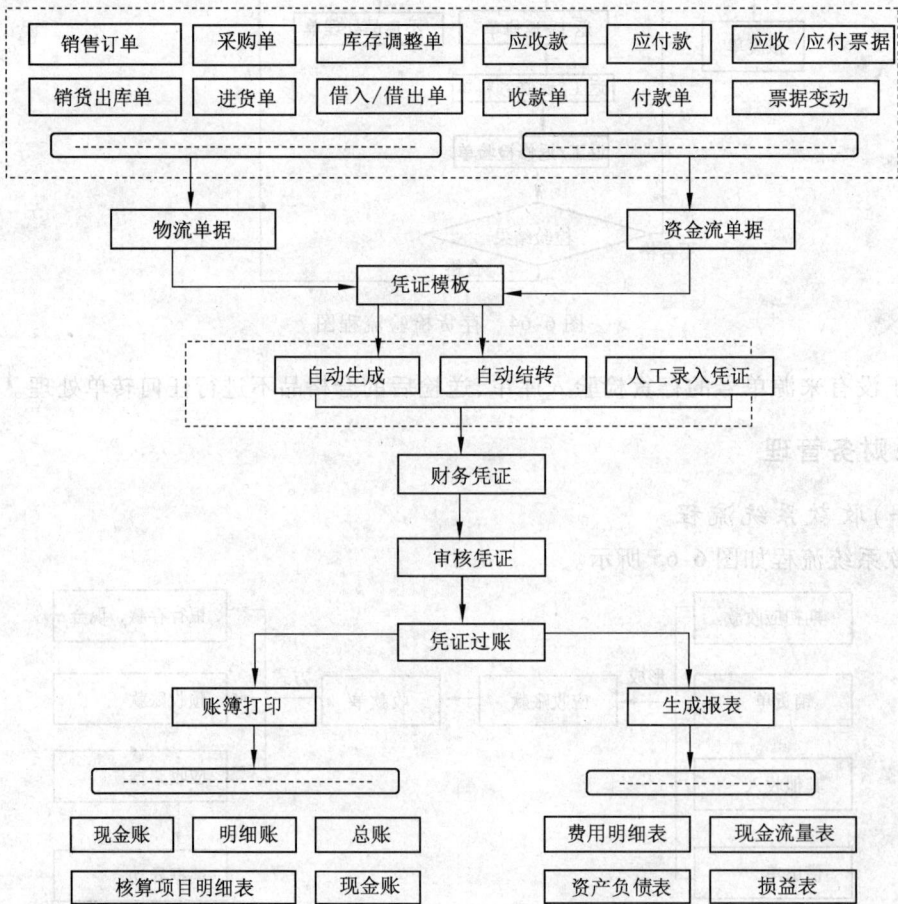

图 6-67　总账系统流程图

（四）固定资产系统流程说明

固定资产系统流程说明，如图 6-68 所示。

（1）在输入固定资产之前需要准备的基础资料包括部门、币别、员工资料、会计科目等，在有了这样一些资料后就可以输入固定资产了。

（2）固定资产输入系统后系统会自动产生财务目录、固定资产卡片以及固定资产的零组件明细。当然前提是输入系统的资料齐全。

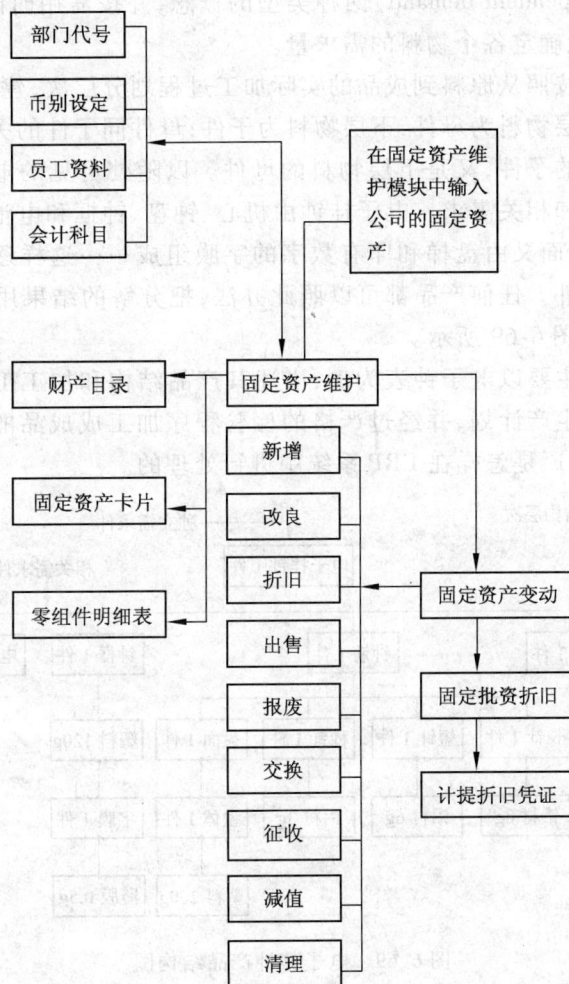

图 6-68　固定资产流程说明

固定资产变动之后系统会自动产生一些报表：固定资产账册、固定资产变动资料、固定资产增减表、财产目录提列预估表、固定资产折旧情况表、折旧提列统计表等。

六、生产管理

(一)ERP 的原理

任何制造业都是围绕它的产品开展经营生产活动的,解决企业在处理需求计划上的不足,也是从分析企业的产品入手的。20 世纪 60 年代中期,美国 IBM 公司的约瑟夫·奥列基博士(Dr. Joseph A. Orlicky)提出把产品中的各种物料分为独立需求(independent demand)和相关需求(dependent demand)两种类型的概念,并按需用时间的先后(优先级)及提前期的长短,分时段确定各个物料的需求量。

任何产品都可以按照从原料到成品的实际加工过程划分层次,建立上下层物料的从属关系。通常我们称上层物料为母件,下层物料为子件;母件同子件的关系是相对而言的,一个物料既是上层物料的子件,又是下层物料的母件。以随处可见的电子挂钟为例,来说明产品结构及独立需求和相关需求。电子挂钟由机心、钟盘、钟框和电池组成,其中钟盘又由长短针盒盘面组成;盘面又由盘梯和印有数字的字膜组成……这样逐层分解,一直到底层所有的原材料或外购件。任何产品都可以照此办法,把分解的结果用产品结构图(也称产品结构树)来表达,如图 6-69 所示。

在下面的例子中主要以电子钟表为例,讲述其产品结构和加工工艺,讲述它是怎样将市场销售需求转化为生产计划,并经过严格的检验程序加工成成品的。此外,也会讲解如果发生突然情况,钟表厂是怎样在 ERP 系统中进行处理的。

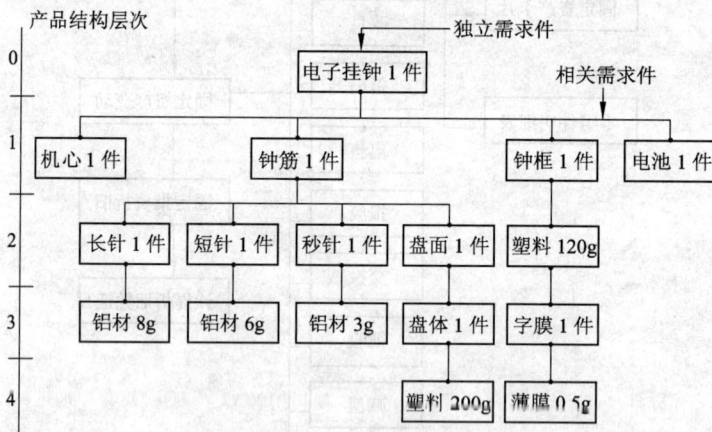

图 6-69　电子挂钟产品结构图

在电子挂钟产品结构树中 0 层的物料是最终产品,也就是电子挂钟,其规格、数量是由企业外部,也就是市场需求确定的,称为独立需求件;其余各层(1 层以下)物料,如机心、盘面、钟框等,它们的规格和数量,是由电子挂钟来确定的;指针、盘面又是根据钟盘的需求量确定的(依此类推),它们的需求量和需用时间是由其他物料确定的,可以由计算机系统计算得出,这类物料称为相关需求件。其中有些物料还会作为备品或维修件单独出售,也就是说,它们既是相关需求件又是独立需求件。在电子挂钟产品结构树中所有最底层的都是外购件,包括原材料和配套件,如图 6-69 中的铝材、塑料、薄膜、机心、电池等。所以,产品结构中包括了产供销所涉及的所有物料。

产品结构和物料计划又有什么关系呢?这正是物料需求计划原理的核心部分。可以把产品结构图中的层次坐标换成时间坐标,用各物料方框之间的连线的长度表示加工周期或采购周期,并且以产品的交货日期为起点倒排计划;或者说,提前期不同,各自开始的日期或下达计划日期会有先有后,即有优先顺序,如图 6-70 所示。

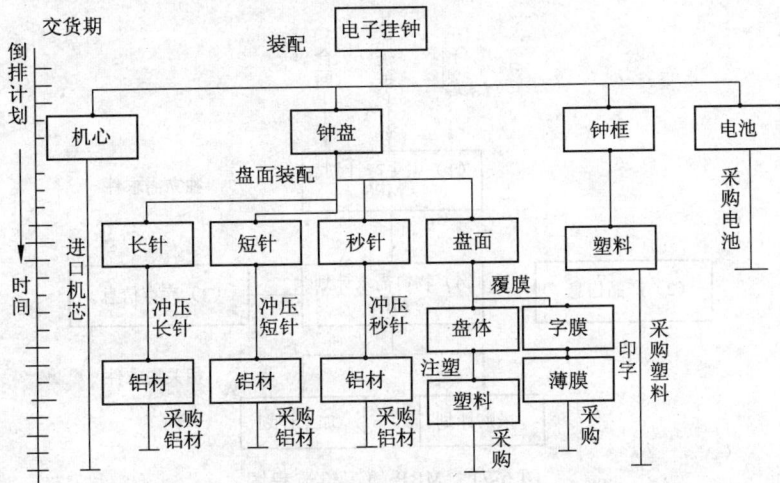

图 6-70　以时间为坐标倒排计划的产品结构图

这种时间坐标上的产品结构图相当于关键路线法中的网络计划图。累计提前期最长的一条线相当于产品生产周期中的关键路线。只有在这条线上压缩加工或采购周期才能缩短产品的交货期。与网络计划不同的是,在倒排计划时,物料需求计划(MRP)一般只规定最迟完成日期和最迟开始日期,而把松弛时间放在每道工序开始之前。因此,我们说:物料需求计划(MRP)是一种简化的网络计划法。

总之,物料需求计划(MRP)是在产品结构的基础上,运用网络计划原理,根据产品结构各层次物料的从属和数量关系,以每个物料为计划对象,以完工日期为时间基准倒排计划,按提前期长短区别各个物料下达计划时间的先后顺序。换句话说,要使计划做到在需用的时刻所有物料都能配套备齐,而在不到需用的时刻又不要过早地积压,从而达到减少库存量和减少占用资金的目的。

通俗地说,MRP 是一种"既要降低库存,又要不出现物料短缺"的计划方法。这也是国外"生产与库存管理"的原始含义——就是说,既要保证生产又要控制库存。保证生产是为了满足市场需求,控制库存是为了降低成本。MRP 不仅说明供需之间品种和数量的关系,更重要的是说明了供需之间的时间关系;不仅说明需要物料为对象,划细时间段(取周或天,而不是月),区分需求和供给的优先顺序。MRP用新的概念说明传统的"期量标准",弥补手工管理配套表的不足,既说明上下层物料的从属和数量关系,又说明了供应周期的长短和需求时间优先顺序的关系。

(二)制造业的方程式

我们知道,管理信息系统也是一种数据处理系统,都需要输入、处理、输出三个过程。那么,物料需求计划的输入、处理和输出又是什么呢? 下面是 MRP 的逻辑流程图。如图6-71所示。

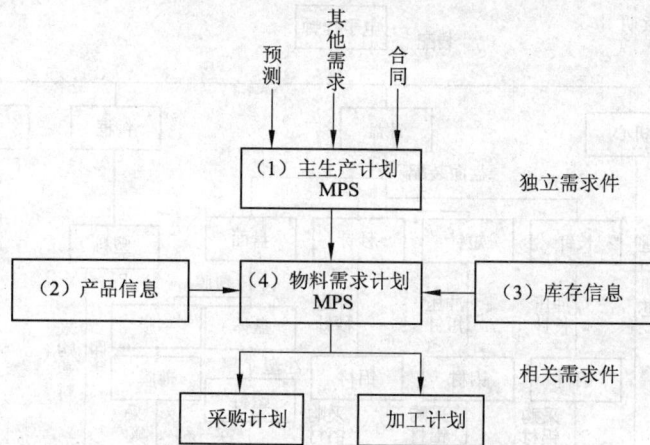

图 6-71　MRP 的逻辑流程图

从逻辑流程图上看,MRP 要回答四个问题(可对照图 6-71 中方框内的数字顺序),这就是:

(1)要生产什么?

(2)要用到什么?

(3)已经有了什么?

(4)还缺什么? 什么时候下达计划?

这四个问题是任何制造业都必须回答的带有普遍性的问题,人们把它叫做"制造业的方程式"。

第一个问题,指的是出厂产品,是独立需求件。产品的出厂计划,是根据销售合同或市场预测,由主生产计划(master production schedule,MPS)来确定的。

第二个问题,指的是产品结构或某些资源,由产品信息或物料清单来回答。物料清单(bill of material,BOM)是计算机可以识别的产品结构数据文件,也是 MRP 的主导文件。

第三个问题由库存信息,或者说由物料的可用量来回答。物料可用量不同于手工管理的库存台账,它是一种动态信息。

主生产计划、物料清单和库存信息是 MRP 的三项基本输入数据,它们都是手工管理中不曾用到的新概念;其中,主生产计划决定 MRP 的必要性和可行性,另外两项是计算需求数量和时间的基本数据,它们的准确性直接影响 MRP 的运算结果。

（三）需求计算

MRP 的数据处理或运算方法同 MPS 基本上是一致的,它们都要回答三个问题,即:需要什么? 需要多少? 什么时候要? 也就是回答物料的“期”与“量”的问题。下面用一个简化的例子来说明需求计算方法。

需求计算:

物料号——13000;

现有库存量——8;

日期——2004/01/31;

物料名称——钟框;

安全库存量——5;

计划员——LY;

提前期——1;

批量——10;

计算方法如表 6-12 所示。

表 6-12　需求计算

时　段	当　期	1	2	3	4	5	6
		02/03	02/10	02/17	02/24	03/03	03/10
毛需求		12	8		5	7	6
计划接收量		10					
预计可用库存	现有量（8）	6	8	8	13	6	10
净需求			7		2		5
计划产出量			10		10		10
计划投入量		10		10		10	

ERP 的原理我们先讲到这,现在开始讲 ERP 原理是如何在经理人 ERP 中实现的,以及经理人 ERP 的生产控制流程。

（四）MRP 基本资料

在企业生产中所需要的数据无非两种:一种是生产产品的数据信息(如结构、属性等),另一种就是企业的生产信息(如机时、机台信息等)。

在经理人 ERP 中,有关生产产品的数据信息有:商品物料表、BOM 物料配方更改、制成品制程规划、订单配方、货品替代配方输入、货品附加信息、替代品输入、虚拟件替代品信息。

在经理人 ERP 中有关企业的生产信息有以下几种:部门资料、人员资料、制程代号设定、工作行事历安排、机台可供生产时间、机台非工作时间输入、机台信息输入。

在系统开始使用时,先介绍它的使用顺序,只有这样用户才能更快更好地接受和使用系统。下面是建议系统的使用步骤,用户可以根据此步骤练习使用。

1. 货品信息(货品代号设定)

在菜单栏中选择"系统"→"C货品资料"命令,最后选择"A货品代号设定"命令。

实例演示如表6-13所示。

表6-13 货品信息实例流程表

货品代码	货品名称	货品属性	主单位	预设仓库	预设主供应商
10000	电子挂钟	制成品	件	1000	
11000	机心	原材料	件	3000	
12000	钟盘	半成品	件	2000	
12100	长针	半成品	件	2000	
12200	短针	半成品	件	2000	
12300	秒针	半成品	件	2000	
12110	铝材	原材料	g	3000	

使用步骤:

(1)单击"新增"按钮,增加新的货品信息。

(2)按照确定的编码原则输入货品代号。

输入货品代号存盘后,系统不允许直接修改。如果需要修改,可以进入数据库管理工具 MgrAst 中选择"资料替换"选项卡;选择替换货品资料,然后在原代号处输入此货品先前使用的代号,在"新代号"文本框中输入要替换成的代号。

(3)输入货品的名称、规格,选择货品的大类类别,输入货品的税率。

(4)选择或输入货品的单位名称,选择货品的计量单位。

(5)选择货品的预入仓库和主供应商。

(6)单击"存盘"按钮,新增货品信息的工作完成。

2. 部门代号设置

部门代号设置用户对单位部门的隶属关系进行管理。单据来自不同的部门,为了明确责任,加强管理,在系统中,进行管理时,会经常地使用到部门代号。在此,可对本公司各利润中心的代号、名称及其上级部门进行定义。按【F2】键,光标会在第一栏"代号"处闪动,逐一地输入资料即可。本系统会默认一个上级部门(代号为0000),一般情况下,这将是公司的最高权力部门,当然,可以根据具体情况重新设置最高权力部门。每新增一个工作中心时,在此将新增一个部门代号。

操作步骤如下：

选择"Y 系统"→"D 部门代号"命令即可。

实例演示如表 6-14 所示。

表 6-14　部门代号实例演示

部门代码	部门名称	所属部门
1000	冲压车间	0000
1100	长针机台	1000
1200	短针机台	1000
2000	注塑车间	0000
2100	注塑盘体	2000

使用步骤：

(1) 单击"新增"按钮，增加新的部门信息。

(2) 输入部门代号、部门名称和所属部门。

(3) 存盘，新增部门资料完成。

3. 商品物料表

商品物料表(bill of material, BOM)就是我们常说的产品结构树，它是生产计划中计算时间和用量的基本核心，是让计算机读懂产品结构并产生生产建议和采购建议的基础，是联系与沟通企业各项业务的纽带。如果 BOM 结构不准确，由它产生的生产建议和采购建议都毫无意义，所以要关注 BOM 结构的准确性和完整性，如图 6-72 所示。

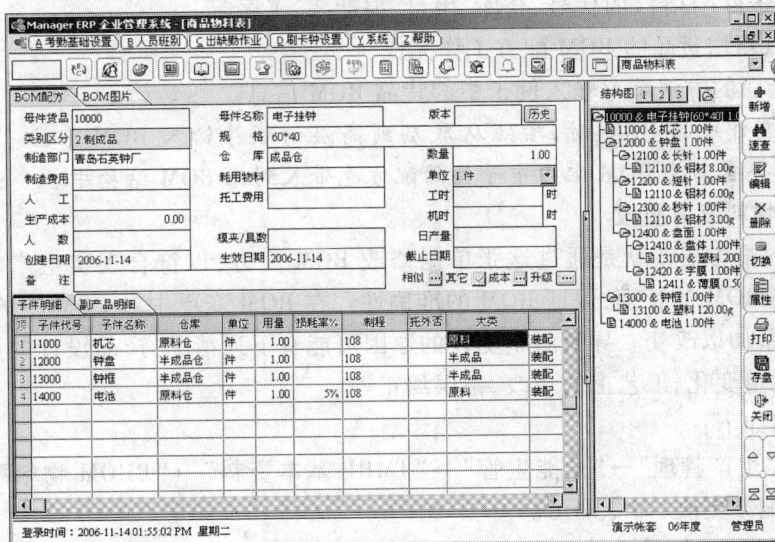

图 6-72　商品物料表

操作步骤如下：

选择"生产管理"→"全能生管"→"TMRP 基本资料"→"A 商品物料表"→"A 商品物料表"命令即可。

注意：在 BOM 清单中，表身的子件背景如果是原色，表明是原材料；如果是黄色，表明是半成品；如果是灰色，表明是虚拟件。

实例演示如表 6-15 所示。

表 6-15　商品物料表实例演示

BOM 层次	母件货品	仓库代号（预入）	制造部门	数量（母件）	用量（子件）	损耗率	大　类	制程（代号）
1	电子挂钟	1000	装配车间	1			制成品	
2	机心	3000			1		原材料	108
2	钟盘	2000	盘面装配		1		半成品	108
3	长针	2000	长针机台		1		半成品	106
4	铝材	3000			8		原材料	100

使用步骤：

（1）单击"新增"按钮，增加新的 BOM 资料。

（2）选择母件代号、BOM 的版本配方、制造部门、数量（母件产出数量）仓库。

（3）选择子件（材料）的代号、仓库、用量、损耗率、工序等。

（4）存盘，新增货品的 BOM 配方工作完成。

可按照上面的方法练习输入例子中的货品 BOM 信息。

技巧：在制作成品 BOM 时，按照从底层到高层的顺序输入 BOM 配方。这样在输入 BOM 时，系统会自动将 BOM 配方中子件的配方也带入到此 BOM 结构中。

4. BOM 物料配方更改

BOM 物料配方更改就是通过这张单据修改 BOM 配方，以符合现实生产中的需要，同时又能够严格 BOM 的管理，保证 BOM 的准确性。在 BOM 变更中对 BOM 中的物料项目结构、种类和数量加以改变。导致版本更改的原因可能有下列情况：产品设计的更改、原材料的市场供应发生变化、工艺上的更改、错误纠正等。

操作步骤如下：

（1）选择"生产管理"→"全能生管"→"TMRP 基本资料"→"BBOM 物料配方更改"→"BBOM 物料配方更改"命令即可。

（2）在 BOM 中，如果子件是半成品并且它的组成原料需要更改，可单击 B子件变更输 按钮，弹出如图 6-73 所示的对话框。

图 6-73　"配方更改历史"界面

（3）选择需要修改的子件 BOM 配方号，进行替换即可。

（4）如果更改方式选择"全部"，则不会使用指定 BOM；如果更改方式选择"指定 BOM"，则可以在指定 BOM 的界面内选择需要更改的 BOM 代号，如图 6-74 所示。

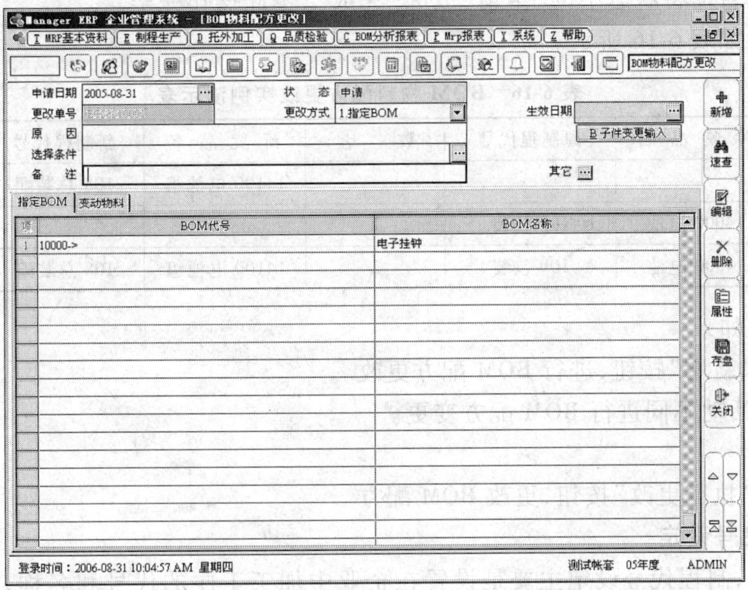

图 6-74　"指定 BOM"更改方式

（5）再选择变更物料，如图 6-75 所示。

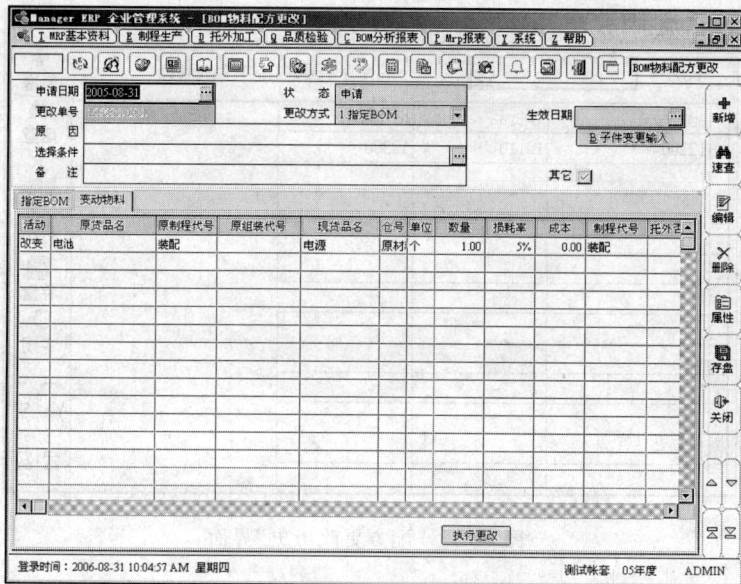

图 6-75 选择变更物料

（6）确认完成后，存盘或按【F8】键，然后单击"执行更改"按钮，系统更新 BOM。更新完毕后系统会自动将状态中的"申请"改为"完成"，至此操作完毕。

实例演示如表 6-16 所示。

表 6-16 BOM 物料配方更改实例演示表

活 动	原 货 品 名	原制程代号	数 量	新 货 品 名	新制程代号	数 量
新增				14100 电池组	108 总装配	1
删除	14000 电池	109 包装	2			
改变	14000 电池	109 包装	2	14100 电池组	108 总装配	1

操作步骤如下：

（1）单击"新增"按钮，进行 BOM 配方更改。

（2）根据活动不同进行 BOM 配方变更。

（3）存盘。

（4）单击"执行更改"按钮，更改 BOM 配方。

5. 制程代号设定

在系统中，制程代号设定主要是设置在企业中加工工序的代号和名称，方便操作人员使用。

操作步骤如下：

选择"生产管理"→"全能生管"→"制程代号设定"命令即可；或者选择"生产管理"→

"全能生管"→"TMRP 基础资料"→"D 制程代号设定"命令即可,如图 6-76 所示。

图 6-76　"制定代号设定"界面

工作区中主要包含以下几项:

① 制程项目:设置企业中加工工序的代号,方便日常管理和系统输入。

② 制程名称:设置企业中加工工序的具体名称,便于操作人员识别。

③ 描述:描述加工工序的具体情况,属于工序名称的辅助说明。

实例演示如表 6-17 所示。

表 6-17　制程代号设定实例演示

制 程 代 号	制 程 名 称	描 述
100	冲压长针	长针机台将铝材冲压为长针
101	冲压短针	短针机台将铝材冲压为短针
102	冲压秒针	秒针机台将铝材冲压为秒针
103	注塑盘体	将塑料注塑为盘体
104	印字	在盘面上印制时间字体

操作步骤如下:

(1)单击"新增"按钮,增加新的制程代号。

(2)输入制程代号、制程名称和工序描述。

(3)存盘,新增制程代号工作完成。

6. 制成品制程规划设定

在系统中,制成品制程规划设定的意义是设定成品或半成品的加工工艺路线和每道工序所需的单件加工时间。只有设置了货品的单件加工时间,才可以得出订单或计划生产单所需的标准时间,进一步为企业的生产计划和采购计划提供科学的依据。

选择"生产管理"→"全能生管"→"制成品制程规划"命令;或者选择"生产管理"→"全能生管"→"TMRP 基础资料"→"E 制成品制程规划"→"E 制成品制程规划"命令即可。

"制成品制程规划"界面如图 6-77 所示。

图 6-77 "制成品制程规划"界面

在系统中对单位加工时间的计算方法有三种方式(优先级依次向下):

(1)设置制成品的工序规划,系统取制成品工序规划中的单位加工时间或单位工时。

(2)在货品附加信息中,设置成品或半成品附加信息的单位机时或单位工时。

(3)在货品附加信息中,设置成品或半成品的前置日期。

系统中加工时间的计算方法如表 6-18 所示。

表 6-18 系统中加工时间的计算方法

加 工 方 式	加 工 时 间
托外	
机器作业	单位加工时间
人工作业	单位工时
机器或人工	单位工时和单位加工时间

实例演示如表 6-19 所示。

表 6-19 制成品制程规划设定表

品 名	加工顺序	制程项目	制程名称	机 台	单位加工时间	转下工序
电子挂钟	1	108	装配	总装配	5	109
机心	2	109	包装	包装车间	10	
钟盘	1	106	盘面装配	盘面装配	2	
长针	1	100	冲压长针	长针机台	5	
短针	1	101	冲压短针	短针机台	3	
秒针	1	102	冲压秒针	秒针机台	6	

操作步骤如下：

（1）单击"新增"按钮，增加新的制成品制程规划。

（2）选择需要设置工艺规划的制成品，及其 BOM 版本和生产批量。

（3）按照工艺路线输入产品的加工工序代号、加工机台、单位加工时间，转下制程。

（4）存盘，输入制成品制程规划完成。

7. 订单配方

订单配方主要是为某张订单或计划生产单而单独设定的。它有可能只会使用一次，在 BOM 配方中输入无疑是不适合的，因为这样做会增加 BOM 的数据量，增大查询的难度。但是还要保留这张 BOM 配方，所以经理人 ERP 增加了订单配方，方便了用户的使用。

选择"生产管理"→"全能生管"→"TMRP 基本资料"→"M 订单配方"命令即可，如图 6-78 所示。

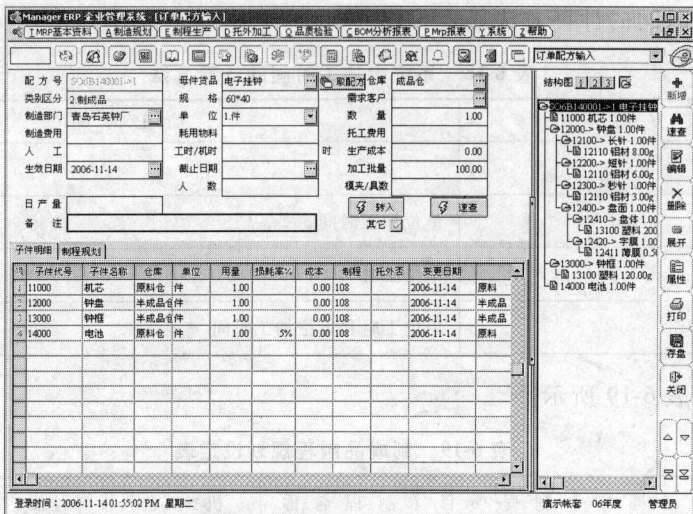

图 6-78 "订单方输入"界面

实例演示如表6-20和表6-21所示。

表 6-20　BOM 配方实例演示

BOM 层次	母件货品	仓库代号（预入）	制造部门	数量（母件）	用量（子件）	损耗率	大类	制程（代号）
1	电子挂钟	1000	装配车间	1			制成品	
2	机心	3000			1		原材料	108
2	钟盘	2000	盘面装配		1		半成品	108
2	钟框	2000	注塑盘框		1		半成品	108
2	电池	3000			1	5%	原材料	108

表 6-21　制程规划实例演示

品　名	加工顺序	制程代号	制程名称	加工机台	单位加工时间	转下制程
电子挂钟	1	108	总装配	总装配	5	109
	2	109	包装	包装	10	

操作步骤如下：

（1）单击"新增"按钮，增加新的订单配方。

（2）输入订单配方中的母件信息：

● 单击"转入"按钮，选择订单或计划生产单单据号码。

● 选择订单中的货品作为母件，单击"取配方"按钮取标准配方或新建 BOM 配方，输入母件的产生数量。

（3）建立制程规划，把此 BOM 所需的制程规划输入此处（参见制程规划输入）。

（4）输入订单配方中的子件明细信息。

- 如果是取标准配方，则直接在子件信息上修改即可。
- 如果是新建 BOM 配方，按照 BOM 配方中子件输入的方式输入 BOM 配方。

（5）存盘，新增订单配方工作完成。

8. 货品替代配方输入

货品替代配方输入主要是为了减少 BOM 表的设定而输入的。需输入货品代号、配方号。

选择"生产管理"→"全能生管"→"TMRP 基本资料"→"Q 货品替代配方输入"命令即可。

9. 货品附加信息

货品附加信息主要是设置货品和生产相关的辅助信息，如图 6-79 所示，包括货品的大类、主供应商、次供应商、货品的前置天数、批量、单位机时、时间单位、单位工时、货品分类、税率、链接文档、预设仓库、加工方式、备注等。

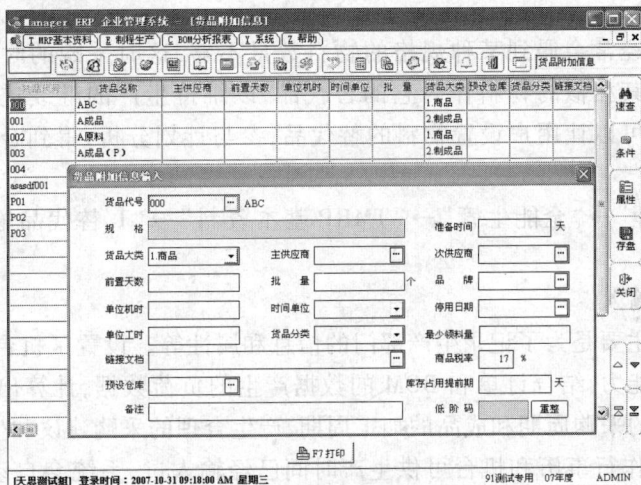

图 6-79 "货品附加信息"界面

操作步骤如下：

选择"生产管理"→"全能生管"→"TMRP 基本资料"→"J 货品附加信息"命令即可。

实例演示如表 6-22 所示。

表 6-22 货品附加信息实例演示

货品代码	货品名称	预设仓库	主供应商	批 量	前置天数	单位机时	单位人工	加工方式
10000	电子挂钟	1000				0.02	0.02	机器作业
11000	机芯	3000	04		10			
12000	钟盘	2000				0.05	0.05	机器作业
12100	长针	2000				0.06	0.06	机器作业
12200	短针	2000				0.05	0.05	机器作业

续表

货品代码	货品名称	预设仓库	主供应商	批　　量	前置天数	单位机时	单位人工	加工方式
12300	秒针	2000				0.03	0.03	托外
12110	铝材	3000	03		2			
12400	盘面	2000				0.05	0.05	机器作业

操作步骤如下：

（1）单击要增加货品附加信息的货品，弹出货品附加信息界面。

（2）根据生产需要，有选择地输入货品的主供应商、前置期、加工工时、时间单位、加工方式、预设仓库等信息。

（3）单击"存盘"按钮，新增货品附加信息的工作完成。

10. 替代品输入

我们在生产中经常会遇到某种规格的物料数量不够，这时采购的时间又不够，就需要在库存找到某种与其相似的物料作为它的替代品，以维持生产的继续进行。在系统中，替代品输入这张单据可以让用户设置物料的替代品，参与计划分析，得到合理建议。

操作步骤如下：

选择"生产管理"→"全能生管"→"TMRP 基本资料"→"L 替代品输入"→"L 替代品输入"命令即可。

11. 机台信息输入

机台信息输入主要是为了记录生产部门的信息和属性等。设置了机台信息输入，就可以知道机台的日生产能力，结合订单和 BOM 的数据产生的负荷数据，计算出产品的加工周期，进一步推算出原料的采购周期和成品的加工周期，产生合理的采购建议和生产建议。

如果机台的工作行事历和机台可供生产时间已经输入过，系统会自动获取数据进行机台信息输入。如果没有输入过，就需要手工输入。

选择"生产管理"→"全能生管"→"TMRP 基本资料"→"机台信息输入"→"机台信息输入"命令即可。

操作步骤如下：

（1）选择需设置信息的机台的所在的行。

（2）输入或修改机台的日有效机时，选择部门性质，输入单位机时制费、单位机时人工、单位机时耗料、机器数、人工数。

（3）设定完毕后，单击"存盘"按钮存盘即可。

12. 工作行事历安排

工作行事历的目的就是设定各部门的工作日历，以便为生产计划提供可靠的依据。

操作步骤如下：

选择"生产管理"→"全能生管"→"TMRP 基本资料"→"A 工作行事历安排"命令即可。

界面中应设置的内容包括:

- 年度:选择需要设置工作日历的年度。
- 部门:选择具体的部门设置工作日历。
- 班别:选取或设置具体的生产班组。
- 在日历上设置具体的工作时间,如图 6-80 所示。

图 6-80　设置具体的工作时间

注意:白色代表全天工作,黄色代表半天工作,红色代表休息,蓝色代表法定假,灰色代表公休假。

如果要切换到 7 ~ 12 月,可单击日历右上角的 ▶ 按钮,切换月份。系统提供默认设置,功能按钮在屏幕右方,名称是"缺省",单击后出现"行事历缺省设定"对话框,如图 6-81 所示。

根据具体的需要选择即可。

如果需要设置部门的工作日历和其他已输入部门的工作日历相同,则可以单击"拷贝"按钮进行复制,如图 6-82 所示。

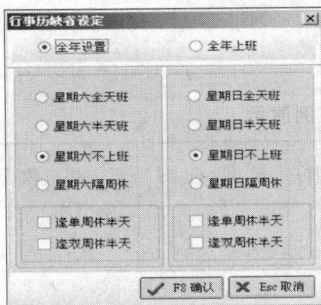

图 6-81　"行事历缺省设定"对话框

图 6-82　复制行事历

然后选择已输入的部门,单击"确认"按钮,系统会将该部门的工作行事历复制到新建部门的工作行事历中。

操作步骤如下：

（1）选择年度，设置工作行事历。

（2）选择需要设置工作行事历的部门。

（3）单击"缺省"按钮，设置默认的休息日。

（4）单击具体日期，设置此工作日是半天工作日、休息日、法定假、公休假。

（5）退出即可。

13. 机台可供生产时间

机台可供生产时间就是在工作行事历的基础上设置每个机台每日的具体加工时间和机台总的工作能力。

选择"生产管理"→"全能生管"→"TMRP 基本资料"→"机台可供生产时间"命令即可，如图 6-83 所示。

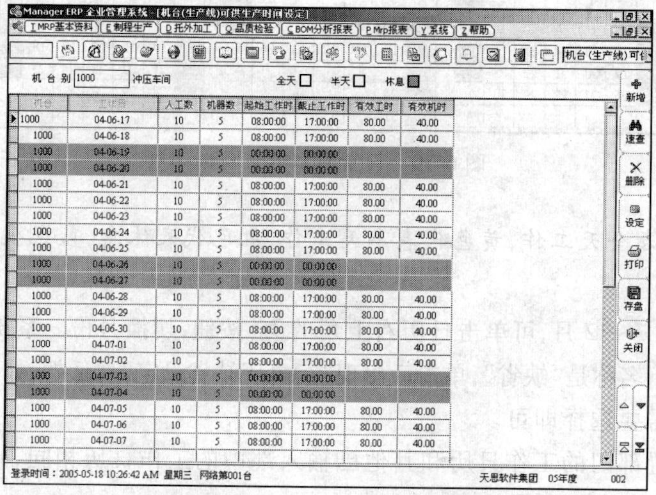

图 6-83　机台可供生产时间设定

实例演示如表 6-23 所示。

表 6-23　工作行事历安排实例演示

机 台 别	设 定 日 期	起始工作时（全天）	截至工作时（全天）	有 效 工 时	有 效 机 时	机 器 数	人 工 数
冲压车间	04/07/01 ～ 04/12/01	08:00:00	17:00:00	8	8	5	10

操作步骤如下：

（1）单击机台别按钮，选择机台别（部门）。

（2）单击"设定"按钮，开始设定机台可供生产时间。

（3）选择设定日期，设置机台可供生产时间的时间段，然后选择工作行事历。

（4）设定此部门起始工作时和截至工作时、有效工时、有效机时、机器数、人工数。

（5）单击"设定"按钮。

（6）存盘,新增机台可供生产时间设定完成。

14. 机台可供生产时间一览表

机台可供生产时间一览表如图 6-84 所示。

图 6-84 "机台可供生产时间一览表"界面

15. 机台非工作时间输入

如果因为特殊原因导致机台的工作时间被占用时,在机台非工作时间处输入处输入时间,系统计算加工时间时会自动扣除机台非工作时间输入的工时,保证计划的准确性,如图 6-85 所示。

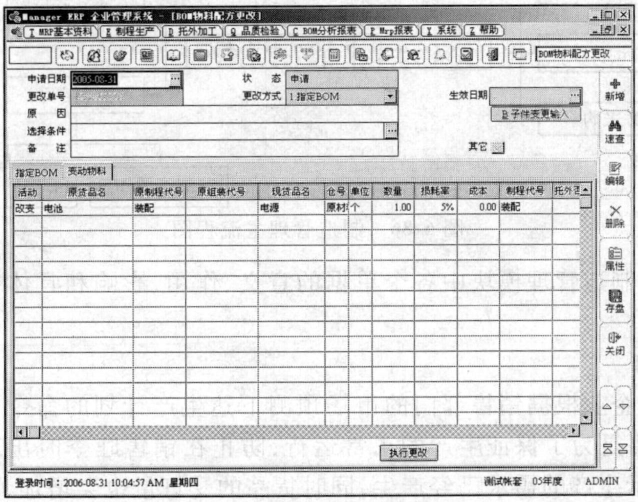

图 6-85 设置机台非工作时间

操作步骤如下：

单击"生产管理"→"全能生管"→"TMRP 基本资料"→"C 机台非工作时间输入"命令即可。

实例演示如表 6-24 所示。

表 6-24　机台非工作时间实例演示

机　台	日　期	原　因	起　始　时　间	截　止　时　间	负　责　人
冲压车间	04-06-17	检查	08：00：00	12：00：00	栾宇

操作步骤如下：

（1）单击"新增"按钮，增加机台非工作时间。

（2）选择设定非工作时间的机台、日期、选择停产原因、输入起始时间和截止时间、选择负责人。

（3）单击"存盘"按钮，设定机台非工作时间结束。

（五）计划与分析（制造规划）

在经理人 ERP 系统中，计划与分析的功能全部放在"制造管理"模块中，具体的流程如图 6-86 所示。

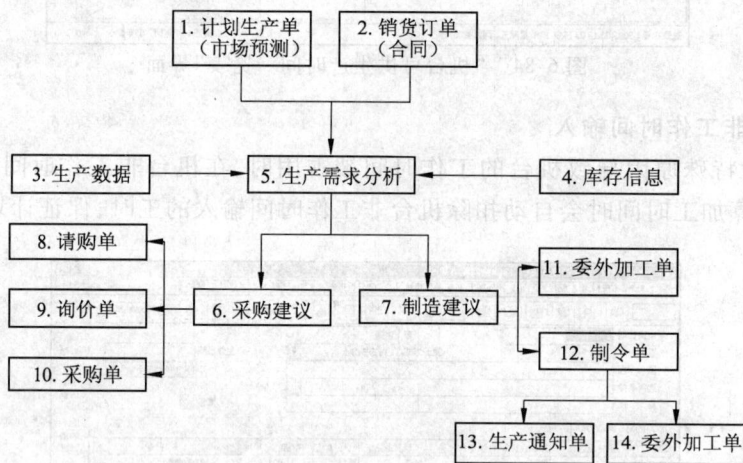

图 6-86　制造管理主流程图

下面开始介绍制造管理模块中各个单据的意义、作用、影响和具体字段、属性的含义，如图 6-87 所示。

1. 计划生产单

计划生产单是企业根据销售部门的市场预测下达生产计划的命令单，又称备货单，如图 6-88 所示。主要是为了保证生产的正常运行，防止在销售旺季时出现断货现象。下达计划生产单，就表示生产的需求已经产生，同时货品的受订量也会增加，要求企业准备生产这种成品了。

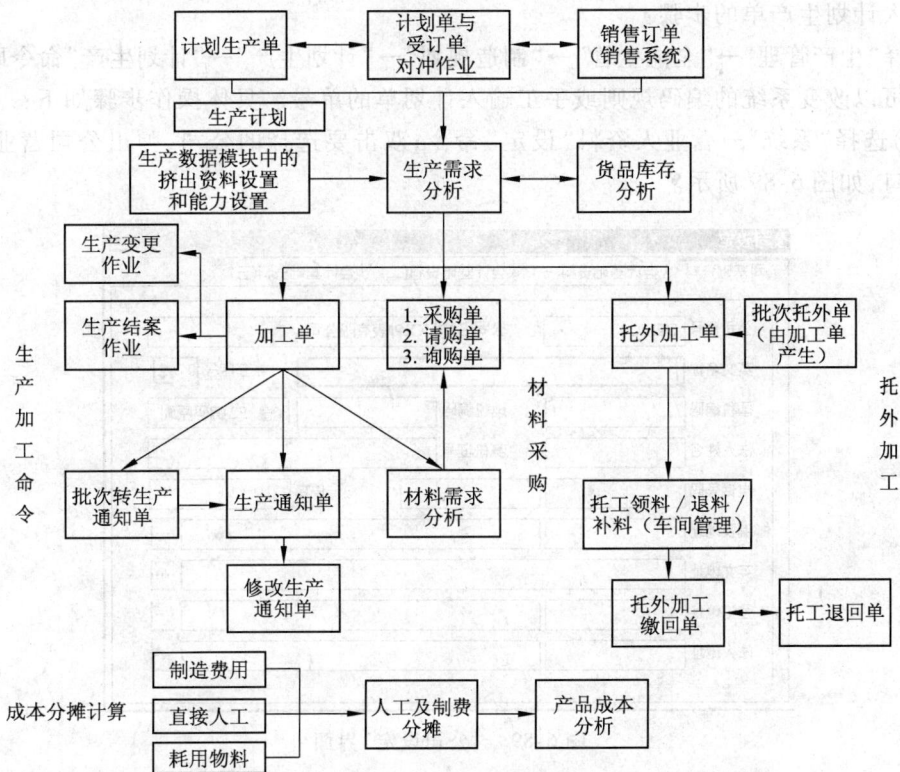

图 6-87 制造管理模块流程

图 6-88 "计划生产"界面

进入计划生产单的步骤：

选择"生产管理"→"全能生管"→"制造规划"→"计划生产"→"计划生产"命令即可。

也可以改变系统的编码规则或手工输入计划单的单号。具体操作步骤如下：

(1)选择"系统"→营业人资料"设定"命令；双击要选择的公司，弹出公司营业人资料设定窗口，如图 6-89 所示。

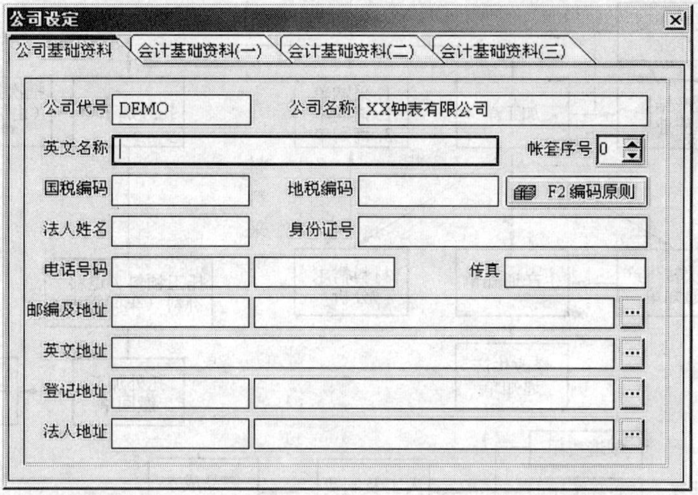

图 6-89　"公司设定"界面

(2)选择"F2 编码原则"，会出现所有单据编码原则的设置窗口，如图 6-90 所示。

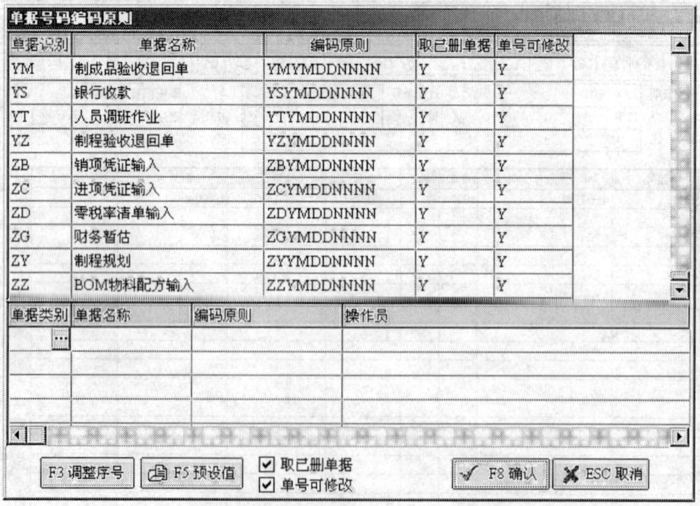

图 6-90　"单据号编码原则"界面

（3）选择相应的单据,修改自己理想的单据编码原则,如图6-91所示。

图6-91 所改编码原则

将计划生产的单据编码原则改为JHYYMNNNNN,表示年的位数为两位,月的位数为一位,日期取消,NNNNN代表有五位流水号,DEL_ID表示是否删除,XG_ID表示是否修改,如果想手工修改,选择Y就可以修改相应单据的号码了。

- 修改单据编码原则的效果图,如图6-92所示。

图6-92 单据编码原则行改效果图

- 手工修改计划单号的效果图如图6-93所示。

图6-93　手工所改计划单号效果图

其他单据的编码和计划单的编码类似，以后就不再解释了。输入完毕后，单击"存盘"按钮或按【F8】键即可。

实例演示如表6-25所示。

表6-25　计划生产单实例演示

计划日期	部门	经办人	品号	品名	仓库	数量	需求日	配方号
04-06-18	电子挂钟厂	01栾宇	10000	电子挂钟	1000（成品库）	1000	04-06-24	10000＞

操作步骤如下：

(1)进入计划生产单或新增计划生产单。

(2)选择计划日期、计划部门、经办人。

例如：计划日期为04年6月18日，计划部门为电子挂钟厂，经办人为01栾宇。

(3)选择品号、仓库、计划制造数量、需求日、配方号。

例如：计划生产的货品代号为10000（电子挂钟），生产完毕后缴入仓库1000（成品库），需求日为04年6月24日，BOM配方号为10000。

（4）单击"存盘"按钮。

2. 受订单

受订单，又称订单或销售订单，是指销售部门经过确认，和客户已经签订销售合同的订单，这张订单上的产品是要按期交货的，否则将会承担法律责任。

受订单是生产需求分析的又一个需求来源，并且它比计划生产更加常用。所以要在这里详细介绍受订单，而不是放在'进销存'模块中讲解。在这里会讲解受订单每个字段的含义和它对生产需求分析的影响。

进入"受订单"的操作步骤：

选择"物流管理"→"销售管理"→"受订"→"受订单"命令即可。

操作步骤如下：

（1）进入受订单或新增受订单。

（2）选择受订日期、销售部门、客户、业务员、预交日、扣税类别。

例如：受订日期04年6月18日，销售部门为销售部，客户为王府井百货，业务员为01栾宇，预交日为04年6月29日，扣税类别为应税外加。

（3）选择销售的货品的代号、发货仓库、销售数量、销售单价。

例如：销售的货品代号为10000电子挂钟，发货仓库为1000成品库，数量为200个，单价为50元。

（4）单击"存盘"按钮。

3. 计划单与受订单对冲作业

如果根据市场预测下达了计划生产单，后来根据市场的预测接受了客户的订单，这时就需要制作一张客户的订单。但是增加了订单后，系统会同时对计划生产单和销售订单进行分析，造成应生产量虚增。这时需要将销售订单和计划生产单关联，以抵减计划生产单的生产量。这时就使用"计划单与受订单对冲作业"进行抵减操作。

选择"生产管理"→"全能生管"→"B制造规划"→"A计划生产"→"B计划单与受订单对冲作业"命令即可。

操作步骤如下：

（1）进入"受订单与计划单对冲作业"，单击"查询"按钮，在弹出的"受订计划单查询窗口"里输入条件（应注意货品代号是必填栏位），单击"过滤"按钮，选取所需记录行，单击"确定"按钮。

（2）在左栏或右栏中操作（应注意，只要根据个人习惯选一边做操作，而不要左右都操作，因为操作时会自动回写另一边的数量，左右都操作反而容易出错。）

4. 生产需求分析

生产需求分析是建立在MRP思想基础上的一种生产计算方式。它是ERP系统的核心，是连接销售计划和生产采购的纽带。

生产需求分析的关键就是分析成品生产的'量'和'期'的问题。首先要讲经理人 ERP 系统是如何计算成品生产所需要的'量'的问题的。

"量",顾名思义就是数量,包括成品应该生产的数量、半成品应该生产的数量、原材料应该采购的数量。它们的需求数量是根据 BOM 资料和所要制造的成品的数量计算得出的。经理人 ERP 系统计算物料的需求量有两种方式:一种是根据 BOM 和最终的制成品计算出 BOM 中每层物料的需求量(毛需求),然后将此需求量对半成品和制成品产生生产建议,对原材料产生采购建议。另一种也是根据 BOM 和最终的制成品计算出 BOM 中每层物料的数量,再扣除每层物料在库存中可用库存量得出每层物料的需求量,然后将此需求量对半成品和制成品产生生产建议,对原材料产生采购建议(净需求)。

库存的可用库存量 = 现有库存 + 在制量 + 在途量 - 借出量 - 未发量 - 受订量 - 安全库存

对成品、半成品来说(在途量假设):

库存的可用库存量 = 现有库存 + 在制量 + 在途量 - 借出量 - 受订量 - 安全库存

对原材料来说(受订量假设):

库存的可用库存量 = 现有库存 + 在途量 - 借出量 - 未发量 - 受订量 - 安全库存

通过生产需求分析,可以得到需要采购的原料数量和制造的成品数量,但是只知道数量对生产来说还远远不够,还需要知道在不同的什么时间采购什么原料、在不同的时间制造什么成品,所以在这里就需要介绍"期"的概念。

"期",从字面上理解是时间段的含义。对企业生产来说,它包含两方面:一方面是生产成品所需要的生产周期,另一方面是采购原材料所需要的采购周期。在系统中计算生产周期有两种情况:一种是带加工计算成品的生产周期,一种是不带加工计算成品的生产周期。先简要介绍不带加工计算成品生产周期的方法。

不带加工的成品生产周期(生产天数)
= 成品的数量 × 成品的单位加工时间(成品的单位工时)/ 加工部门的日有效机时(日有效工时)

其中,成品数量是计划生产单或受订单要求生产的数量;成品的单位加工时间(单位工时)是货品附加信息中设置的单位加工时间(单位工时)。

进入"生产需求分析"界面的操作步骤如下:

选择"生产管理"→"全能生管"→"制造规划"→"生产需求分析"→"生产需求分析"命令即可。

分析结果如图 6-94 所示。

这时表身中会出现此张订单所涉及的所有物料的库存不足量(包括制成品、半成品、原材料)。在表身中,黄色代表制成品或半成品,蓝色代表原材料。分析完毕后,单击 Q 产生建议 按钮,生成采购商品建议和自制成品建议,如图 6-95 所示。

图 6-94　"生产需求/计划分析"界面

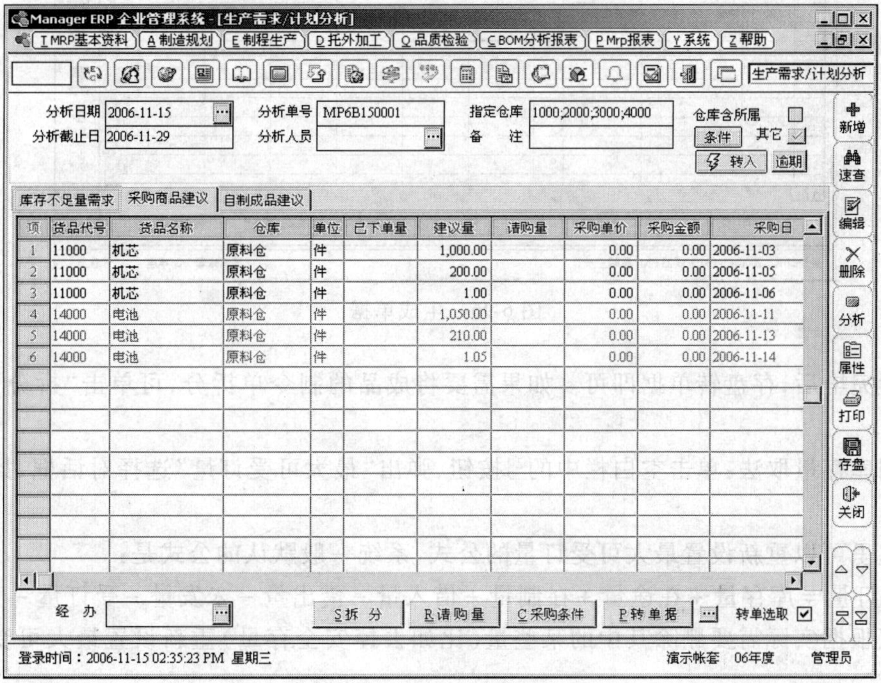

图 6-95　采购和自制建议

采购商品建议的作用是计算原材料的应采购量,然后选择相应的厂商,输入单价后按照相应的设定转单据(转请购单、采购单、询价单)。

采购商品建议中的货品全部是原材料,将库存不足量需求中的原材料带入采购商品建议。

如果在属性中选择"建议量计算方式按毛需求计算"选项,会将所有"库存不足量需求"中的原材料全部带入采购商品建议;如果属性中选择"建议量计算方式按净需求计算"选项,则只会将"库存不足量需求"中有净需求的原材料带入采购商品建议,没有净需求的不会带入。

自制成品建议的作用是将成品的应生产量转单据(制令单或托外加工单),如图6-96所示。

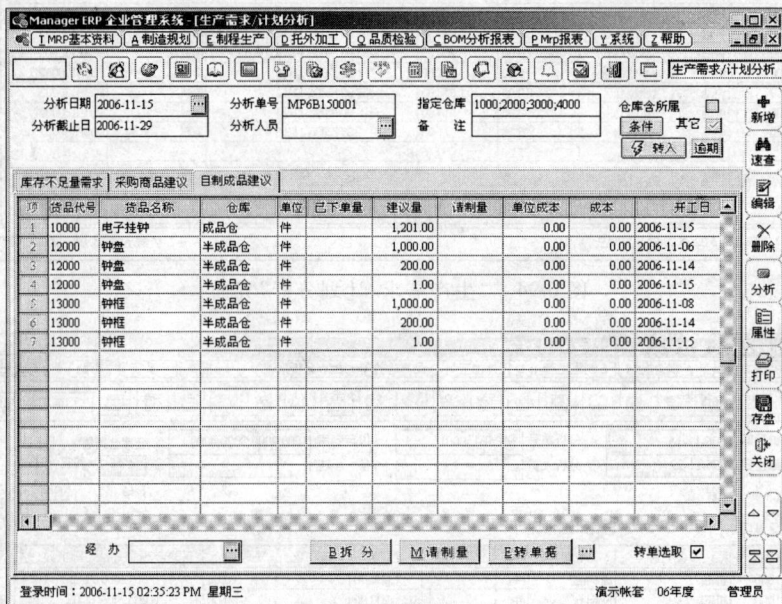

图 6-96　生成单据

设置完毕后,存盘转单据即可。如果需要将成品的制令单拆分,可单击"拆分"按钮进行拆分。

可用库存量取法:单击空白栏中的按钮,弹出"最大可受订量"选择对话框,如图 6-97 所示。

在这里可以重新设置最大可受订量的公式,系统一般默认的公式是:

最大可受订量 = 库存量 + 在途量 + 在制量 + 借入量 – 借出量 – 未发量 – 受订量 – 安全存量

可以根据实际需要删除其中的某些量(比如去掉安全存量)重新设置最大可受订量的计算公式。

生产需求分析"属性设置"对话框,如图 6-98 所示。

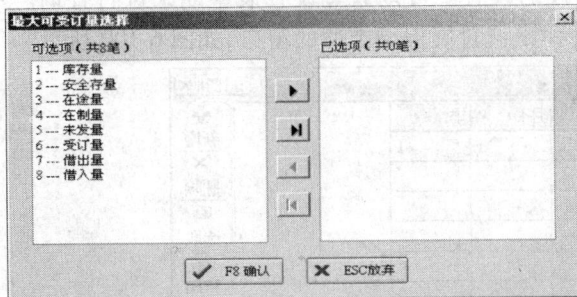

图 6-97　"最大可受订量"对话框　　　　　图 6-98　"属性设置"对话框

系统对 BOM 展开提供两种方式：

- 按设定阶数和 BOM 展开阶数属性联合使用，展开至指定阶数。
- 展开至尾阶，直接展开至最底层原材料。

屏幕右侧的"分析"按钮用来分析物料货品库存分析情况，如图 6-99 所示。

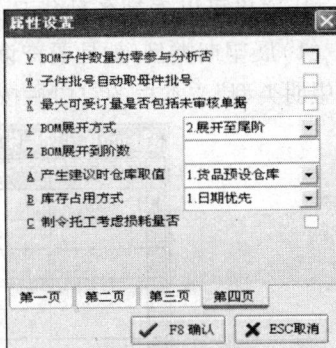

图 6-99　货品库存分析情况

从这里可以看到各种货品未来库存情况,界面中各选项的含义如下:

(1)展望期类型:就是要查询的时间段的设置。可以通过设置展望期来进行查询。单击"展望期类型"文本框的空白栏按钮 ,会弹出设置展望期类型的窗口,如图 6-100 所示。

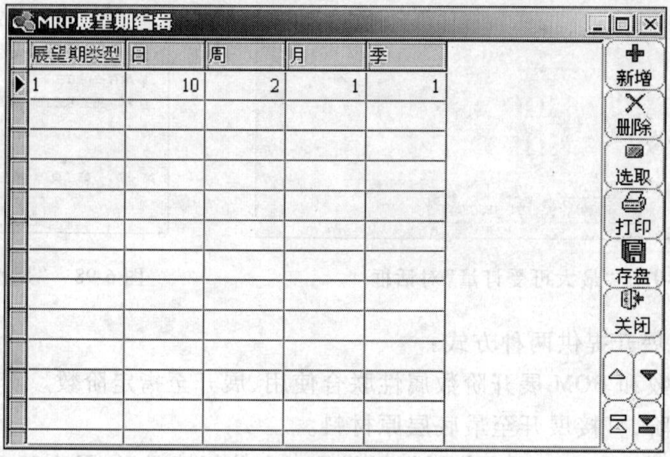

图 6-100 "展望期编辑"窗口

在该窗口中可以这里设置展望期类型的代号,如果以后输入代码就可以带出展望期类型。对话框中的日(周、月、季)列以日期(周、月、季)作为时段进行分析,使看到设置的时段内的物料的库存情况。

【举例】如图 6-100 所示,展望期设置是 10 日、2 周、1 月、1 季。表示我们要看的展望期是从现在开始到 10 日后的库存日收发情况(6 月 22 日~7 月 1 日)+2 周的库存收发情况(7 月 2 日~7 月 4 日为一周,7 月 5 日~7 月 11 日为一周)+一个月的库存收发情况(7 月 12 日~7 月 30 日)+1 季的库存收发情况(8 月 1 日~9 月 30 日)。

为什么 7 月 2 日~7 月 4 日为一周,7 月 12 日~7 月 31 月为一月,而 8 月 1 日~9 月 30 日为一季呢?

这是因为 6 月 28 日~7 月 4 日为一周,但是 6 月 28 日~7 月 1 日已经分析,所以会把这周剩余时间作为一周来进行分析(月、季同理)。

(2)视界:用于设置要划分的时段数量。如 视界 14 由 10(日)+2(周)+1(月)+1(日)=14 组成。

(3)起止货品:用于设置分析的物料,以便得知它的未来库存收发情况。

(4)指定仓库:指定要分析哪一个仓库,来知道指定物料的未来库存收发情况。

(5)计算数据:指定仓库和货品后根据系统内的相关单据计算出未来时段的物料收发情况。计算结果如图 6-101 所示。图中上半部分的货品是经过计算数据完成后要查询库存情况的货品。下半部分为这种货品在展望期中具体的收发情况。

图 6-101 计算结果

（6）计划发出：是指时段内计划出库的数量（由受订单、制令单得出）。

（7）计划收到：是指时段内计划入库的数量（由制令单、采购单得出）。

（8）预计库存：预计该时段内仓库的库存数量＝期初预计库存＋计划收入－计划发出

实例演示如表 6-26 所示。

表 6-26 生产需求分析实例演示

分 析 日 期	受订单（计划生产单）单号	计划生产货品	数 量	配 方
04-06-21	SO46180001	电子挂钟	500	10000 >

操作步骤如下：

（1）进入生产需求分析单中。

（2）设定分析日期，指定分析的仓库。

例如：分析日期为 04 年 6 月 21 日，分析的仓库为总仓库，仓库含所属。

（3）单击计划受订字段，过滤出所需的计划生产单或受订单，单击"确认"按钮。

例如：受订单 SO46180001。

（4）选择计划生产单或受订单中需要加工的成品，单击"确认"按钮。

例如：过滤出电子挂钟。

（5）系统自动过滤出各级物料的库存不足量，单击"产生建议"按钮，生成采购建议和生产建议。

（6）存盘。

（7）在采购建议中修改系统产生的建议（如修改厂商、采购数量、单价、转何种单据），单击"转单据"按钮，生成相应的采购单据。

例如：修改机心的采购厂商为王府井百货，采购数量 550 个，单价 15 员，转请购单。

（8）在自制成品建议中修改系统产生的建议（如制造部门、制造数量、开工日、预完工日、需求日），单击"转单据"按钮，生成相应的加工单。

例如：修改电子挂钟的制造部门为电子挂钟厂，数量 500 个，开工日 6 月 30 日，完工日 7 月 5 日，需求日 7 月 6 日。

5. 材料需求分析

在现实生产情况中，有可能先下达生产制令单，再根据制令单产生材料需求计划。这时就要使用"材料需求分析"，对具体的制令单进行材料需求分析生产采购建议。这样做的好处是减少了在生产需求分析中转成大量的采购单，造成采购人员无法控制管理的问题，也解决了采购人员不知道采购单和制令单之间的关联性的问题。

进入"材料需求分析"界面的操作步骤如下：

选择"生产管理"→"全能生管"→"A 制造规划"→"C 材料需求分析"→"C 材料需求分析"命令即可。

要使用材料需求分析，首先要在新增状态下，单击"转入"按钮，从过滤窗口中输入过滤条件，过滤出制令单、托工单或生产需求分析单号，选择相应的单据，确定后返回材料需求分析界面，系统会自动将单据信息带入材料需求分析界面。

单击下方的 ▲需求分析 按钮进行需求分析，即开始分析该制令单的材料不足量，在"材料不足量"界面提示这张制令单的原材料不足量。

产生完成"材料不足量"后单击屏幕下方的 ◯产生建议 按钮，产生采购原料建议。

在采购原料建议中转单据，"材料需求分析"的流程即完成。

实例演示如表 6-27 所示。

表 6-27　材料需求分析实例演示

需　求　日	制令单单号	品　　号	分　析　人　员	原　料　仓	分　析　数　量	BOM 配方
04-08-02	MO047220001	电子挂钟	01 栾宇	3000 原料仓	200	10000 >

操作步骤如下：

（1）进入材料需求分析单中。

（2）选择材料需求分析单的需求日、分析人员、原料仓。

例如：需求日为 04 年 8 月 2 日，分析人员为 01 栾宇，原料仓为 3000 原料仓。

（3）单击"转入"按钮，转入制令/托工/生产需求分析单，或直接选择制令、托工单的单据号码，此次分析数量。

例如：选择制令单的单据号码为 MO047220001，输入分析数量为 200 个。

（4）单击界面下方的"需求分析"按钮进行需求分析。

（5）在材料不足界面中单击"产生建议"按钮，生成采购原料建议。

（6）根据实际需要，修改采购原料建议中的货品代号、数量、采购厂商、采购日、预交日、单价、转单据等信息。

例如:修改采购电池为电池组,数量为 100 个,采购厂商为王府井百货,采购日 8 月 7 日,预交日 8 月 10 日,单价 10 元,转采购单。

(7)存盘。

(8)单击"转单据"按钮,转相应采购单。例如:转出的采购单为 PO48060001。

6. 货品库存分析

货品库存分析的主要功能是查询物料在仓库中未来的收发情况。可以通过"生产需求分析"和"材料需求分析"来进行货品库存分析,也可以直接进行库存分析。

操作步骤如下:

选择"生产管理"→"全能生管"→"A 制造规划"→"J 货品库存分析"命令即可。

货品库存分析已经在"生产需求分析"中讲解,这里不再解释。如有需要可查看"生产需求分析"中分析按钮的解释。

实例演示如表 6-28 所示。

表 6-28 货品库存分析实例演示表

展望期类型	起 止 品 号	指 定 仓 库
1	10000 电子挂钟 ~14200 电源	1000 成品库,2000 半成品库,3000 原料库

展望期类型如表 6-29 所示。

表 6-29 展望期类型

类　型	天	周	月	季	视　界
1	20	3	1	1	25
24		30	2	1	1

操作步骤如下:

(1)进入货品库存分析界面中。

(2)设置展望期类型。

例如:展望期类型 1,20 天,3 周,1 月,1 季 2,30 天,2 周,1 月,1 季。

(3)选择展望期类型,输入起止品号,设置指定仓库。

例如:选择展望期类型 1;起止品号 10000 电子挂钟 ~14200 电源;指定仓库为 1000 成品库,2000 半成品库,3000 原料库。

(4)单击"计算数据"按钮,即可查询库存的不足量。

7. 主生产计划

主生产计划通过在展望期各时段中对订单(计划单)的成品需求和库存的预计存量的分析,提出成品的生产计划安排。可通过粗能力计划以及企业实际情况进行人工调配,形成一份切合实际的生产计划,作为工厂安排生产的依据,再根据主生产计划和物料配方表以及库存的预计存量来分析各时段材料(含半成品)的不足情况,形成一份材料需求计划表,作为缺料表和请制单的产生依据。

进入主生产计划的操作步骤如下：

选择"生产管理"→"全能生管"→"制造规划"→"主生产计划"→"主生产计划"命令即可。

主生产计划实例说明：

（1）B、C、D、E 构成 A 成品。

- B 的单位加工时间为 0.5h，单位工时为 1h；
- C 的单位加工时间为 0.6h，单位工时为 2h；
- D 的单位加工时间为 0.7h，单位工时为 3h；
- E 的单位加工时间为 0.8h，单位工时为 4h。

其中 B、C 同时转下制程为 D。

5 月 13 日计划 100 个，分析日为 5/13，5 月 31 日需求，其中机台工作时间为 10h。因 B、C 同时转下制程为 D，所以以 B、C 中单位加工时间最长的时间来推，即以 C 的单位加工时间来推，即 0.6h × 100/10h，推出 B、C 开工时间为 5/13 + 6 = 5 月 18 日。

接着再推 D 的开工时间为 0.7h × 100/10h，推出 D 开工时间为 5/19 + 7 = 5 月 25 日。

跟着推 E 的开工时间为 0.8h × 100/10h，推出 D 开工时间为 5/26 + 8 = 6 月 2 日。

故完工日为 6/2。

（2）B、C、构成 A 成品。

- B 的单位加工时间为 2h，等待时间为 1h，单位工时为 2h；
- C 的单位加工时间为 1h，等待时间为 1h，单位工时为 3h。
- A 批量为 10，机台工作时间 8h。

计划单 100 个，需求日为 9/20，受订单 100 个，故计划量为 200 个，以此计划量作为数量计算依据。8/23 分析。

工序一 B：2h × 200 + 1 × 200/10（批量）= 420/8 = 52.5

　　　　　8/23 + 52.5 = 10.14

工序二 C：1 × 200 + 1 × 200/10 = 220/8 = 27.5

由于批量为 10，工序二比工序一加工时间短，故当工序一做完后工序二再加上一个批量就够了，即加上 1 × 10 + 1 = 11/8 = 2（即如果第一道工序已经完工，那第二道工序最少都要再做一个批量的数量，即单位加工时间 1 × 10（批量）+ 等待时间。

故加工时间为：8/23 ~ 10/16（完工日）。

（3）B、C、D、构成 A 成品，机台工作时间为 8h。

- B 的单位加工时间为 2h，等待时间为 1h，单位工时为 2h，批量为 10。
- C 的单位加工时间为 3h，等待时间为 2h，单位工时为 1h，批量为 20。
- D 的单位加工时间为 4h，等待时间为 3h，单位工时为 3h，批量为 5。

计划单 100 个，需求日为 10/17，9/17 分析。

工序一 B：2h × 100 + 1 × 100/10（批量）= 210/8h = 27

工序二 C:3h×100+2×100/20(批量)=310/8h=38.75=39

工序二 D:4h×100+3×100/5(批量)=460/8h=57.5=56

按照以上资料,开、完工时间推算如下:

B:9/17+27=10/13

C:因为 B 有批量,所以 B 一要生产完一个批量,则 C 就可以开工,B 一个批量生产时间为:2h(B 单位加工时间)×10 批量+1(等待时间)=2.625,而 2.5<2.625<3.5,即表示占用了 9/19 整天时间,所以是 9/17+3=9/20 开工,而完工时间为 9/20+39=10/28。

D:因为 C 有批量,所以 C 一要生产完一个批量,则 D 就可以开工,C 一个批量生产时间为:3h(B 单位加工时间)×20 批量+2(等待时间)=62/8=7.75=8 天,所以是 9/20+8天(因占用 9/27 整天时间)=9/28 开工,而完工时间为 9/28+56 天=11/24。

所以 A 成品的开工时间为 9/17,完工时间为 11/24。

8. 粗能力需求计划

粗能力需求计划是通过把所有产品的主生产计划(MPS)转换成为个别机台(工作中心)工作所需的标准时间作为计划负荷,将已下达生产单未完工部分的产品转换为相应机台工作所需的标准时间作为实际负荷,再与机台预计可用工作时间(能力)进行比较,得出机台的超负荷或能力过剩情况,帮助计划部门调整主生产计划。需准备的数据:主生产计划、制程规划、机台可供生产时间、若不按制程需要在货品附加信息中加入单位加工时间。

进入粗能力需求计划的操作步骤如下:

选择"生产管理"→"全能生管"→"制造规划"→"粗能力需求计划"→"粗能力需求计划"命令即可。

9. 材料需求计划

在主生产计划决定生产多少最终产品后,再根据物料清单,把整个企业要生产的产品数量转变为所需生产的零部件数量,并对照现有的库存量,可得到还需加工多少、采购多少的最终数量。材料需求计划是根据主生产计划的货品计划量通过物料配方表进行展开的,参考库存的预计存量来分析各时段材料(含半成品)的需求情况,形成一份材料需求计划表,作为缺料表和请制单的产生依据。半成品按制程或货品附加信息中的单位加工时间推算,原料及物料则按前置推算。需准备的数据:主生产计划、BOM 物料配方表、制程规划、机台可供生产时间。

进入材料需求计划的操作步骤如下:

选择"生产管理"→"全能生管"→"制造规划"→"材料需求计划"→"材料需求计划"命令即可。

材料需求计划问题解答:

问:在跑材料需求计划时,为什么只有原料件才会带出来?

答:在详细窗口,有一个"过滤"按钮,可以选择是否列示半成品,系统默认显示原材料。

问:要解决部分原材料短缺问题,要求生产计划能由系统滚动编制,跨度为 3~4 个月,并在实物库存与财务库存分别统计的基础上,对原辅材料的缺货进行预警。可以吗?

答:主生产计划就是滚动的计划,材料需求计划就相当于缺货情况。

10. 主生产排程

完成材料需求计划后进行主生产排程(DPS),主生产排程是对生产制造过程中关键工序的生产加工安排(时间、方法、机器设备等),把一些工作任务紧张机台的生产任务分配到其他机台,对企业资源进行合理的使用分配。

进入主生产排程界面的操作方法如下:

选择"生产管理"→"全能生管"→"制造规划"→"主生产排程"命令即可。

操作步骤如下:

(1)进入主生产排程界面。

(2)单击 [重整数据] 按钮,系统取粗能力需求计划中的数据。

(3)增加工作中心(机台),超出工作中心能力的负荷时要进行拆分。

出现如图 6-102 窗口。

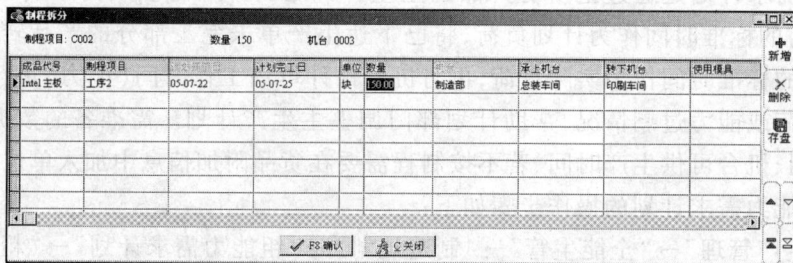

图 6-102 "制程拆分"窗口

(4)将制程工序"工序 2"数量拆分为 80 和 70,机台为制造部和统配车间,如图 6-103 所示。

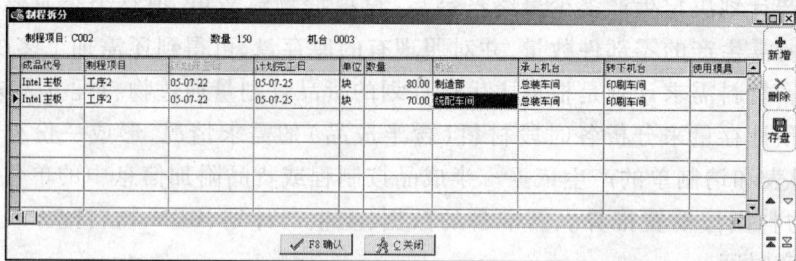

图 6-103 拆分结果

(5)按【F8】键确认。

(6)系统对主生产计划(MPS)和材料需求计划审核后,相应地会审核主生产排程(DPS),表头的"重整数据"会变灰色。

11. 细能力需求计划

细能力需求计划是通过把所有产品的主生产计划(MPS)转换成为所有机台(工作中

心）工作所需的标准时间作为计划负荷,将已下达生产单未完工部分的产品转换为相应机台工作所需的标准时间作为实际负荷,再与机台预计可用工作时间（能力）进行比较,得出机台的超负荷或能力过剩情况,帮助计划部门调整主生产计划。需准备的数据:主生产计划、制程规划、机台可供生产时间、若不按制程需要在货品附加信息中加入单位加工时间。

进入细能力需求计划界面的操作步骤如下:

选择"生产管理全能生管"→"A 制造规划"→"S 细能力需求计划"→"S 细能力需求计划"命令即可。

12. 缺料表维护

进入缺料表维护界面的操作步骤如下:

选择"生产管理"→"全能生管"→"A 制造规划"→"F 缺料表维护"命令即可。

具体操作步骤如下:

(1)进入缺料表维护界面。

(2)直接单击"过滤"或单击"需求单号"的 ┘ 按钮,从生产需求分析\材料需求分析单转入资料。

(3)条件设置好后,按【F8】键。

(4)系统通过材料需求计划过滤出库存不足需采购的原料。

(5)在缺料表维护表身中分浏览、编辑、浏览三个窗格面。

(6)在根据企业实际情况修改表身内容（如修改厂商、请购量、单价、转何种单据）。

(7)单击表头 转单选取 ☑ ,表身的所有原料都被选择,再单击"保存"按钮。

(8)系统按属性中的设置,单击"转单据"按钮后,转单号会回写到表身的转出单号中。

(9)如果转错了或因别的原因要删除缺料表维护,可直接单击"删除"按钮,不必先删除转出单据（系统会自动删除）;如果转出的单据结案,那么缺料表维护就不能删除。

13. 请制单维护

在系统中依据主生产计划和材料需求计划的分析结果进行了主生产排程后,可以通过细能力需求计划查看企业的产能负荷是否达到平衡,如不平衡就必须进行各方面的调整,如果平衡就可以按计划执行,进行请制单的维护,并在请制单维护过程中对库存不足的制成品进行转相应单据的处理。

进入请制单维护界面的操作步骤如下:

选择"生产管理"→"全能生管"→"A 制造规划"→"G 请制单维护"命令即可。

具体操作步骤如下:

(1)进入请制单维护界面。

(2)单击弹出过滤窗口,设置好过滤条件后按【F8】键确认。

(3)系统通过材料需求计划过滤出半成品/成品所需转制令单/托工单的物料。

(4)根据企业实际情况修改表身内容（如修改请制数量、生产部门、转何种单据）。

（5）单击表头，表身的"是否转单"全变成 Y，单击"保存"按钮。

（6）系统按属性中的设置，在单击"转制令单"后转单号会回写到表身的生产单据中。

（7）如果转错了或因别的原因要删除请制单维护，可直接单击"删除"按钮，不必先删除制令单/托工单，系统会默认删除，如果制令单/托工单发生领料或单据结案，请制单维护就不能删除。

14. 机台能力负荷分析

使用者通过此报表可以查询到机台的现有负荷、过往负荷、计划负荷的情况。

进入机台能力负荷分析界面的步骤：

选择"生产管理"→"全能生管"→"A 制造规划"→"V 机台能力负荷分析"命令即可。

第四节　实验报告

一、实验任务和实验目的

ERP 课程的教学内容、教学组织形式、教学方法、教学手段及其对学生提供的组织形式、学习方法等都是新的、非常有价值的尝试。本课程将 ERP 理论知识和相关知识的学习贯穿课程的始终，通过 ERP 理论学习-软件学习与操作-情景教学等多种形式，将学生置身于企业的虚拟环境之中，模拟企业的主要运作过程，让学生了解、认识企业复杂多变的生存环境，熟悉企业的业务流程，亲自体会并模拟企业的销售管理、采购管理、库存控制、质量管理、计划管理、车间管理、成本管理、财务管理、固定资产管理等；通过对企业全方位的认识、参与，从而激发学生的学习兴趣，变被动学习为主动学习、自助学习的目的；更重要的是培养学生怎样将理论知识与企业实际运作紧密联系、学以致用的能力和分析问题、解决问题、进行科学决策的能力；通过 ERP 理论学习和模拟企业实际运作，还要求学生深刻理解 ERP 的管理理念和核心管理思想，为将来在实际工作中发挥作用打下一定的基础。ERP 课程内容总体架构如图 6-104 所示。

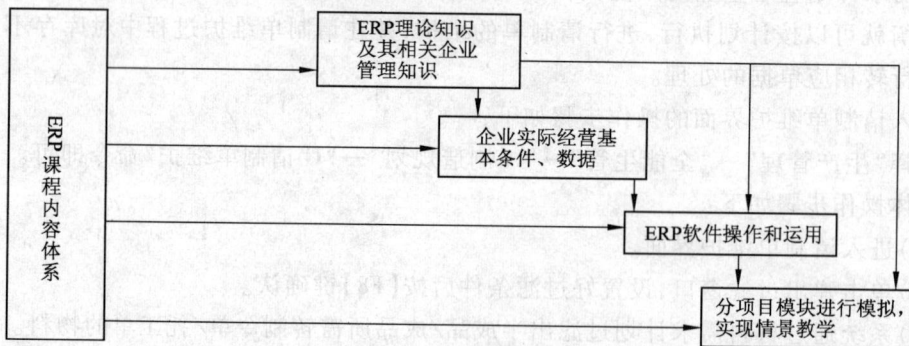

图 6-104　ERP 课程内容总体架构

二、实验基本要求

ERP 课程理论与实际运用并重,对综合运用能力的要求更高。本课程的重点、难点内容主要是如何将科学的管理理论、财务理论、信息管理知识与企业的实际经营管理相结合,如何通过科学管理提高企业的经济效益和社会效益。

三、实验内容

(一)理论基础

按专业分班,集中组织授课,以强化专业知识和 ERP 相关知识的学习。对这些理论的学习采用的是传统教学方法,内容包括:

(1)ERP 的发展历程和现状。

(2)ERP 与企业全面管理。

(3)销售业务管理。

(4)采购管理和库存控制。

(5)生产运作管理。

(6)客户关系管理。

(7)商品检验。

(8)供应链管理。

(9)财务会计理论与实务。

(二)ERP 软件模拟基础准备

学生自学与教师辅导相结合。以不同专业的学生交叉分组组织自学、自助学习和按专业班级组织授课,课外辅导,内容包括:

(1)模拟一个离散性生产企业。

(2)确定企业的业务流程。

(3)整理基础数据,例如货品编码、部门编码等。

(4)ERP 企业管理信息系统初始化等。

(三)ERP 软件情景教学

以个人或不同专业的交叉分组模拟企业,运用 ERP 软件分项目进行模拟操作,内容包括:

(1)模拟销售业务的流程以及账务处理。

(2)模拟采购业务的流程以及账务处理。

(3)模拟库存管理业务流程以及账务处理。

(4)模拟质量管理流程。

(5)模拟计划管理流程。

（6）模拟车间管理控制。

（7）模拟固定资产管理。

（8）模拟某企业会计核算和成本管理。

四、实验项目与学时分配

实验项目与学时分配如表 6-30 所示。

表 6-30　实验项目与学时分配

序　号	项目名称	教学内容	学　时	教学组织形式
实验一	理论基础	（1）ERP 的发展历程和现状 （2）ERP 与企业全面管理 （3）销售业务管理 （4）采购管理和库存控制 （5）生产运作管理 （6）客户关系管理 （7）商品检验 （8）供应链管理 （9）财务会计理论与实务	26	按专业分班，集中组织授课，以强化专业知识和 ERP 相关知识的学习。对这些理论的学习采用的是传统教学方法
实验二	ERP 软件模拟基础准备	（1）模拟一个离散性生产企业 （2）确定企业的业务流程 （3）整理基础数据，比如货品编码、部门编码等 （4）ERP 企业管理信息系统初始化等	4	学生自学与教师辅导相结合。以不同专业的学生交叉分组组织自学、自助学习和按专业班级组织授课，课外辅导
实验三	ERP 软件情景教学	（1）模拟销售业务的流程及账务处理 （2）模拟采购业务的流程及账务处理 （3）模拟库存管理业务流程及账务处理 （4）模拟质量管理流程 （5）模拟计划管理流程 （6）模拟车间管理控制 （7）模拟固定资产管理 （8）模拟某企业会计核算和成本管理	32	以个人或不同专业的交叉分组模拟企业，运用 ERP 软件分项目进行模拟操作

第七章
卖场管理系统

知识目标

了解卖场管理系统的管理理念,通过系统实验理解卖场管理系统是集进、销、调、存于一体的商业管理信息系统;

通过基础数据录入、营运管理、收银管理、财务结算、统计分析管理各子系统,了解卖场整个进销存实验的流程,掌握制定各类单据的方法,并掌握查询业务进程的方法。

技能目标

通过上机使用"卖场管理系统"来理解卖场管理的思想;

了解卖场各个部门的主要业务流程和操作方法;

掌握"卖场管理系统"的主要功能和主要操作。

第一节　卖场管理系统概述

一、系统介绍

卖场管理系统主要用于商业企业的商品进销调存以及财务、人事的管理。对于经济管理学院各专业的学生来说,卖场管理是一门将经济管理多门学科融会贯通、有机结合的课程,包括模拟商品信息维护、采购、库管、财务等各项业务活动,也是将理论知识与实际问题相结合的实验课程。

畅想卖场管理系统可以连接 POS 机前台软件,通过畅想供应链平台与物流一体化管理系统、生产企业 ERP 系统相连接,构成完整的现代商业物流供应链流程。

二、功能模块

1. 基础信息管理模块

基础信息管理模块的功能是用于管理系统的基础代码信息维护与管理,是系统资料中最重要也是最基本的部分。系统只有具备完备和科学的代码体系,才能对商家的经营基础资料进行有效的管理。

各种功能管理之间存在一定的关系,但模块独立,可以分散到各业务模块中。代码信息管理主要有以下几方面:基础设置、商品信息管理、合同管理。此外还包括:

● 组织机构管理:组织机构管理用来管理商家的行政组织管理体系。包括部门信息、小组信息、人员信息的管理,可完成:部门设置、人员岗位设置、人员信息登记。

● 供应商信息管理:供应商信息管理除了管理代码、名称、地址、电话、账号、联系方式等基本信息外,还记录了和供应商所达成的供货协议、结账方式等。另外,对供应商所能提供的商品也进行了有效的管理,可完成:供应商登记、合同的信息录入、合同查询。

● 商品类别管理:主要是对单品进行类别设置,可满足多级类别设置的需要。系统采用最多三层的商品分类体系,栏目内容包括:类别编码,用于唯一标识类别的编码;类别名称,用于描述商品类别。

为适合不同商家的需要,商品结构代码编码体系可以灵活设定。

● 单品信息管理:单品信息管理包括自营/联营商品信息,内容包括:基本信息、条码信息、商品信息查询。

● 商品价格管理:系统提供有效和严格的管理模块来管理系统的商品价格体系,系统除了进行一般的进价、售价管理之外,还支持会员价格管理和折扣管理。对涉及价格改变的模块,系统详细记录了价格修改历史并提供详尽的报表。

● 电子秤管理:该模块软件用来下传、增加和修改电子秤的商品信息。可根据客户需求将部分商品信息定位传送到指定的电子秤,电子秤内部系统将根据设定的计费方式自动计算价格并打印条码。系统支持多种型号的电子秤。

● 促销管理:系统对和供应商的促销协议进行管理。包括促销费用的管理、单品的限时促销等。

2. 营运管理模块

营运管理模块的功能是用于管理商业的日常营业工作,包括:订货、入库、销售数据处理、盘点、统计报表打印等。

● 订单管理:订单管理应用于商业企业中的商品订购环节,是系统的"进、销、调、存"业务流程的"进"环节的第一步,它和验货/入库模块一起组成完整的进货环节。订单管理分订货单据维护、订单的确认及订单的查询、报表等功能。订单打印:订单打印有两种格式,一种是打印已确认的订单,打印后发送供货厂方作为要货的依据(订货清单);另一种是打印空白订单,这种情况出现在商家不用系统管理订单的时候,系统按供货打印出空白的订单(订单上有供应商的信息及其所有的商品)提供给采购人员,采购人员确定采购商品和数量后,发给供货厂方。

● 库存管理:商品的库存管理是"进、销、调、存"中重要的一环,通过准确管理单品的库存来充分发挥系统的效能,库存的准确也意味着"进、销、调"环节的资料准确。

商品库存金额的管理涉及财务的库存核算方法。系统在保证库存数量准确的同时,力求库存金额的准确。系统提供最新进价、加权平均进价和售价三种库存核算方法,商家可通过系统设置的方式来确定自己的库存核算方法。

系统的库存管理包含以下模块:入库单/验货单管理、库存盘点管理、库存调整管理等。

3. 财务结算管理

系统提供准确的应付款、已付款及付款账期等管理功能,并提供方便、严谨的付款业务流程。系统能向商家财务部门提供准确可靠的财务资料。

付款管理分发票/应付账单清账,付款审核,财务付款及应付款、已付款查询,付款报告,单据查询等模块。

4. 统计分析管理

系统的统计分析管理是系统"进、销、调、存"环节中使用最频繁的环节。后台的统计分析管理模块的重要功能是对销售数据进行分析,以提供各种经营分析报表等。包括:销售分析报表、异常销售报表、库存报表等。

5. 收银管理模块

收银管理模块的重要功能是与畅想 POS 前台连接,进行销售资料的收集,并对销售数据进行分析,以提供各种经营分析报表。

6. 系统管理模块

包括:系统设置、系统安全管理等。

7. 会员管理系统

包括:会员卡信息维护、会员卡信息查询、会员卡管理等。

第二节 实验安排

一、系统角色概述

系统可详细分为:经理助理、系统维护工程师、采购部经理、采购部经理助理、出纳、会计、仓库经理、收货员、理货员、退货管理人员、行政经理、行政助理、客户经理、客户经理助理、收银员共 15 个角色,如表 7-1 所示。

表 7-1　系统角色描述

岗 位 名 称	岗 位 职 责
经理助理	妥善保管电脑资料,不泄露销售秘密,完成营销部经理临时交办的其他任务
系统维护工程师	负责卖场管理系统的管理和维护、企业服务器的管理和维护
采购部经理	主持采购部各项工作,提出公司物资采购计划,报总经理批准后组织实施,确保各项采购任务完成 调查研究各部门物资需求及消耗情况,熟悉各种物资的供应渠道和市场变化情况,指导并监督员工开展业务,不断提高业务技能,确保公司物资的正常采购量 审核年度各部呈报的采购计划,统筹策划和确定采购内容,减少不必要的开支,以有效的资金保证最大的物资供应 熟悉和掌握所需各类物资的名称、型号、规格、单价、用途和产地。检查购进物资是否符合质量要求,对公司的物资采购和质量要求负全面责任 监督参与大批量商品订货的业务洽谈,检查合同的执行和落实情况 按计划完成各类物资的采购任务,并在预算内尽量减少开支 认真监督检查各采购员的采购进程及价格控制 在部门经理例会上,定期汇报采购实施情况 每月初将上月的全部采购任务完成及未完成情况逐项列出报表,呈公司总经理及财务部经理审阅,以便于上级主管掌握全公司的采购项目
采购部经理助理	负责处理文书及录入工作 负责资料的管理、归类、整理、建档和保管工作 执行领导所指派的一切任务 协助经理进行采购计划和实施
出纳	财务部门提供准确可靠的财务数据 付款管理分自营/联营付款录入、付款审核、自营/联营未结/已结报表、付款报告、单据查询
会计	认真遵守财务会计制度,负责会计科目的统一设置和正确使用 负责填制转账凭证、审核现金和银行存款收付款及其他凭证;负责与各股东公司及关联单位往来款项,拨付资金与投资的核对工作 负责超市账簿、会计报表的编制、汇总、审核、保管等工作 负责固定资产管理、定期组织公司财务盘点工作,保证财产的账实相符 负责超市内部费用报销等财务制度的监督与审核工作 负责对推广人员费用报销制度的监督与审核工作 负责对各部门、各项目费用使用状况的定期统计,并为超市提供各种财务数据 超市发票的开具和保管
仓库经理	负责出/入库计划的制定和安排实施 负责成品仓库各种报表的汇总及审核工作 负责各地中转库的库存及盘点工作管理
收货员	负责出入库的清点和接收 协助发货
理货员	负责物品的分类及保管 负责实物的定期盘点

岗 位 名 称	岗 位 职 责
退货管理人员	负责每日退货物品的清点、接收 负责退货日报表的制作及维护 负责退货物品的保管、送检和入库 负责退货库的定期盘点
行政经理	对员工开展系统性的人员编制 制定相关人事培训制度
行政助理	负责处理文书及录入工作 协助总监制定相关人事培训制度 负责人事资料的管理、归类、整理、建档和保管工作。 执行领导所指派的一切任务
客户经理	负责合作伙伴的沟通以实现合作方案的执行 客户关系的拓展与维护 合作方案执行前后的工作协调 商务部的其他协调和执行工作
客户经理助理	负责处理文书及录入工作 负责人事资料的管理、归类、整理、建档和保管工作 执行领导所指派的一切任务
收银员	提前15分钟到岗接班,做好上班前准备工作 清点备用金,准备购物袋,调试收银设备,打扫卫生,准备收银 收银过程中,动作规范,服务周到,唱收唱付,声音响亮,态度亲切 按规定对相关商品检查,防止不良顾客有挟带、调换标签、加装、调包等行为,并承担因工作失误所造成的损失 对收银金额的准确性、货币的真实性负责 按照规定进行装袋 遵守各项收银员工作制度和财务制度 检查商品档案维护的正确性 及时向顾客解释说明店面正进行的各类促销活动

二、岗位职责详细描述

岗位职责详细描述如表7-2所示。

表7-2 岗位职责及系统对应列表

部　　门	岗 位 名 称	软件中授权功能
电脑部	经理助理	基础信息管理 部门录入、小组录入
	系统维护工程师	系统管理 用户设置、代码管理、促销管理、营运管理、核算管理 付款管理、数据结转设置、各项系统参数 前台维护 POS机设置

部　门	岗位名称	软件中授权功能
采购部	采购部经理	供应商资料审核 供应商审核、供应商管理 商品档案审核 商品审核、商品档案管理
	经理助理	供应商资料维护 供应商录入、基础信息管理 商品档案维护 商品档案录入
财务部	出纳	财务结算、付款录入、付款审核、结算报表
	会计	自营供应商结算 自营付款录入、自营付款审核、自营结算查询、自营已结算报表、自营折让查询 联营供应商结算 联营付款录入、联营付款审核、联营结算、联营结算审核、联营结算查询
库房	仓库经理	库存调整/报损审核、库存调整/报损查询、入库/返厂单审核及单据的查询
	收货员	入库/返厂单审核及单据的查询
	理货员	库存调整/报损录入、盘点过程管理、盘点数据录入、预盘报表及盘点报表等模块
	退货管理	入库单录入、返厂单录入、入库/返厂单审核及单据的查询
行政	行政经理	人员权限设定、人员小组对应设定
	行政助理	人员录入、人员角色设置、基础信息、类别管理、部门小组录入
商务部	客户经理	订单管理 订单录入审核、订单查询 入库管理 入库单录入审核、入库单查询
	经理助理	订单管理 订单录入、订单查询、订单作废、订单作废恢复、订单打印 入库管理 入库单录入、入库单查询
收银部	收银员	POS销售、日批处理任务、出销售报表

第三节 实验操作

一、功能实验

(1)双击桌面上的 newmis 图标,进入"人员登录"对话框,如图 7-1 所示。

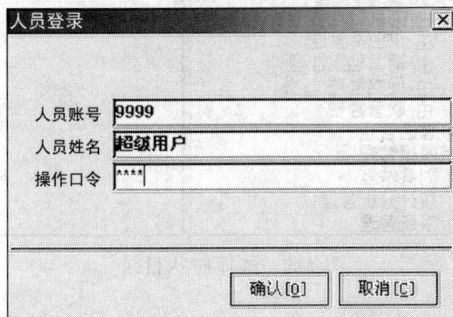

图 7-1 "人员登录"对话框

(2)输入账号和密码,单击"确认"按钮,进入畅想卖场管理系统,如图 7-2 所示。

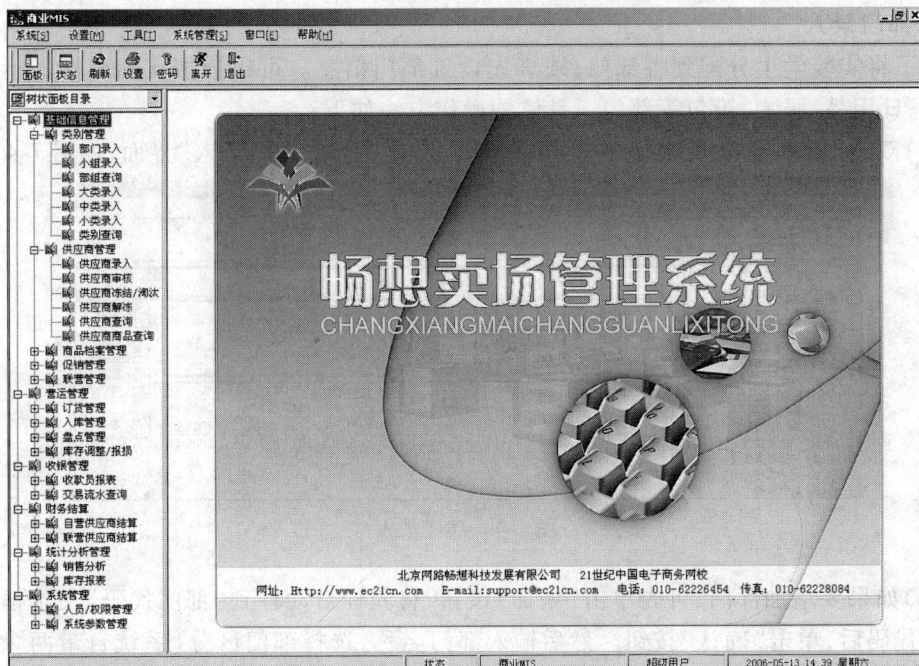

图 7-2 系统操作界面

（3）可以对面板状态进行选择，一般情况下，选择树状面板目录，如图7-3所示。

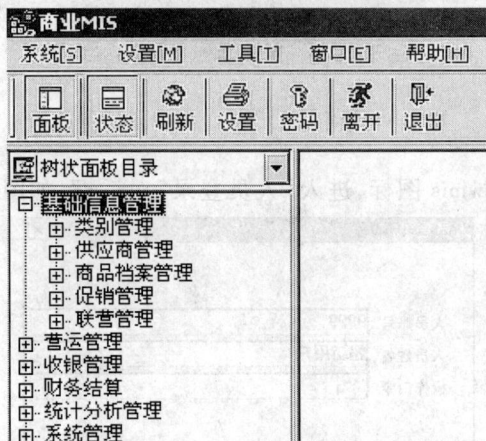

图 7-3　选择树状目录

熟悉界面，可以看出本系统主要由六个子系统组成：基础信息管理、营运管理、收银管理、财务结算、统计分析管理和系统管理。

（一）实验准备

1. 部门录入

为了将实验学生分配到各部门，须事先设置部门信息。可以模拟实际商场的运营，设置食品、日用品、服装、箱包等部门。具体的操作方法如下：

（1）双击"类别管理"目录下的"部门录入"选项，进入"部门录入"界面，如图7-4所示。

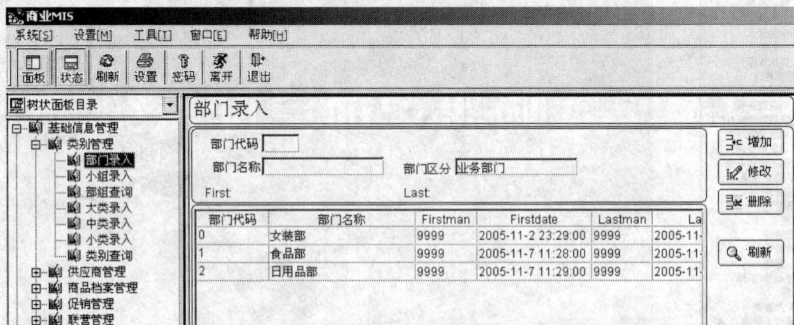

图 7-4　部门录入

（2）如果要增加部门，可先单击"增加"按钮，将光标自动移到"部门代码"文本框中，输入部门代码后，单击"确认"按钮。然后输入部门名称，选择部门区分（系统自带两个区分，即业务部门和管理部门），再次单击"确认"按钮，部门添加成功，如图7-5所示。

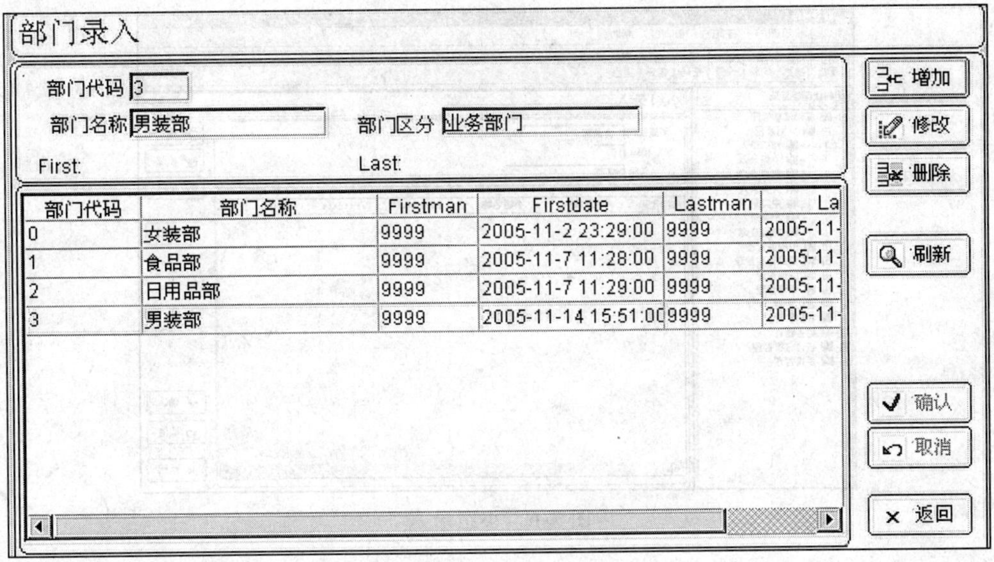

图 7-5 增加部门

总之,在"部门录入"界面中执行相关操作时,首先要单击想要执行的相关操作的按钮,如"增加"、"修改"、"删除"等按钮,系统会自动将光标移动到部门代码处,如果要增加部门,则直接输入一个不重复的代码,如果要修改、删除部门,则直接输入要修改或者删除的部门代码,其后界面右下角的"确认"按钮自动变黑,单击该按钮,则光标移至"部门名称"文本框中(如果执行"删除"操作,则单击"确认"按钮,删除操作即可执行),输入部门名称,选择部门区分,再次单击"确认"按钮,则"增加"、"修改"操作完毕。

注意:

(1)部门代码为一位数字。

(2)如果某个部门下有分组,则该部门不能被删除。

(3)如果在操作该模块过程中违规或错误,则系统会在界面的左下角给出红色文字的提示,可以按照提示进行修改。

2. 小组录入

部门代码维护完毕后,就要对各个部门下的小组进行小组代码信息维护,即部门所包含的商品小组,提供对小组信息的增加、删除、修改功能。

本模块的操作方法和代码维护的方法相似:选择"类别管理"目录下的"小组录入"选项,如要增加小组,首先单击"增加"按钮,在"所属部门"下拉列表框中选择该小组的部门,输入代码后单击"确认"按钮,在"名称"文本框填写该小组的名称,再次单击"确认"文本框,则此小组添加成功,如图7-6所示。

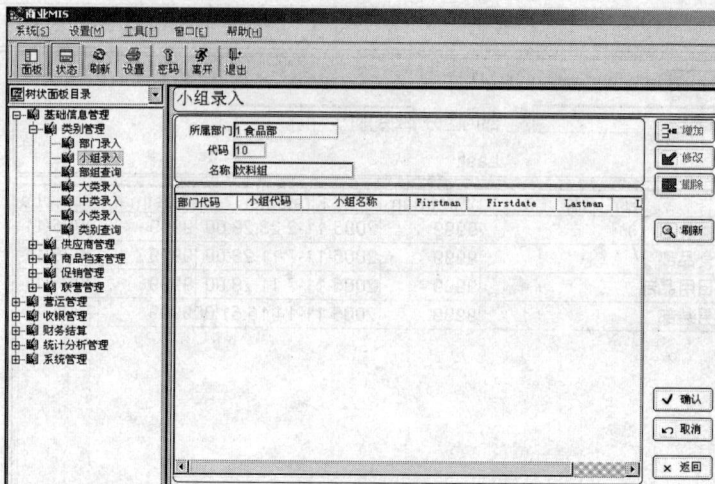

图 7-6　小组录入

修改小组信息的方法与增加小组类似,此处不再赘述。另外,在删除小组信息时,只要进行到输入代码步骤即可。可照此方法给设置好的部门增添小组信息。

注意:

(1)小组代码默认为两位数,其中第一位以部门代码开头,第二位自定义(例如,部门代码为 1,则该部门下的小组代码为 10、11、12 等)。

(2)小组名称应能反映出该小组所包含商品的共有特征。

(3)小组下有分类,则该部门不能被删除。

教师可以设置几个不同的小组,将参与实验的学生分配到不同小组,以方便业务的开展。

(二)系统管理

1. 人员信息输入

(1)人员录入:

此步骤是为了输入参与实验的学生信息,给他们分别分配系统账号。选择"系统管理"目录下的"人员/权限管理"选项,双击"人员录入"选项,单击"增加"按钮,如图 7-7 所示。

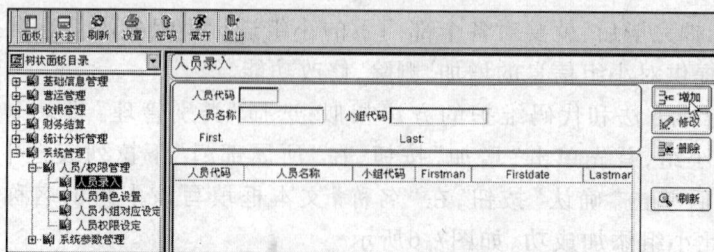

图 7-7　人员录入

输入相关信息,选择所属小组,如图7-8所示。

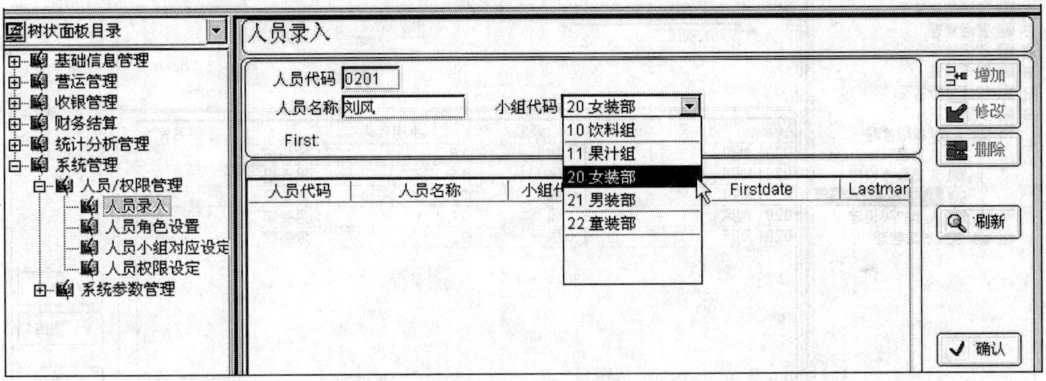

图7-8 输入相关信息

此处建议在填写"人员代码"时,可以输入学生学号的后四位,这样,可以非常方便地将学生和人员代码联系起来,既避免了重复,对学生来说也非常直观。

(2)人员角色设置:

此处,可以选择人员角色,建议教师将人员都设为收银人员,则这些学生可以单独进行以下的POS收银操作。将人员状态从"未用"改为"启用",如图7-9所示。

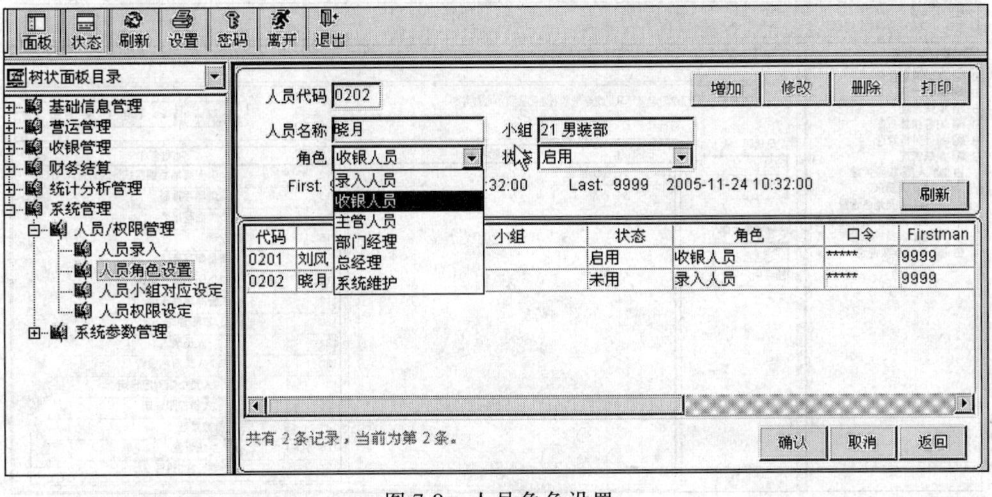

图7-9 人员角色设置

(3)人员小组对应设置:

选择人员,选中其所属小组前的复选框,如图7-10所示。

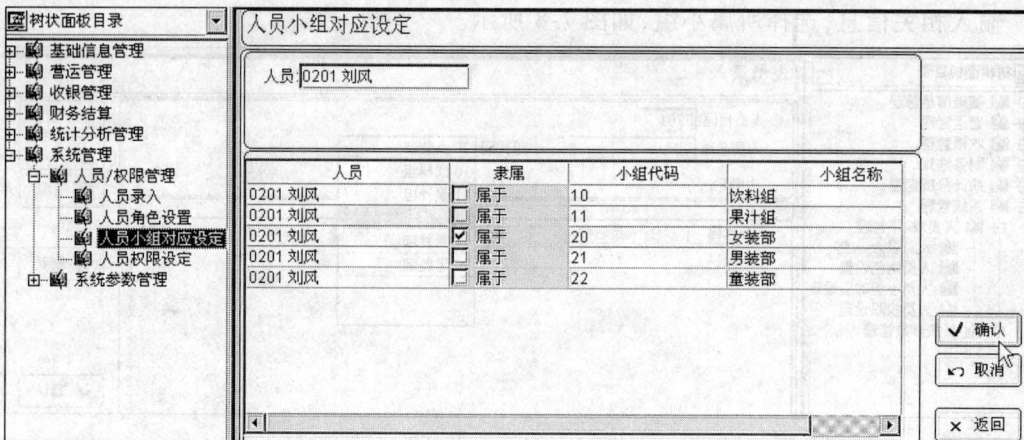

图 7-10 人员小组对应设置

建议:一个学生属于一个小组,负责一个小组各项业务的操作,这样在实验过程中职责比较清晰。

(4)人员权限设定:

人员权限设定如图 7-11 所示。

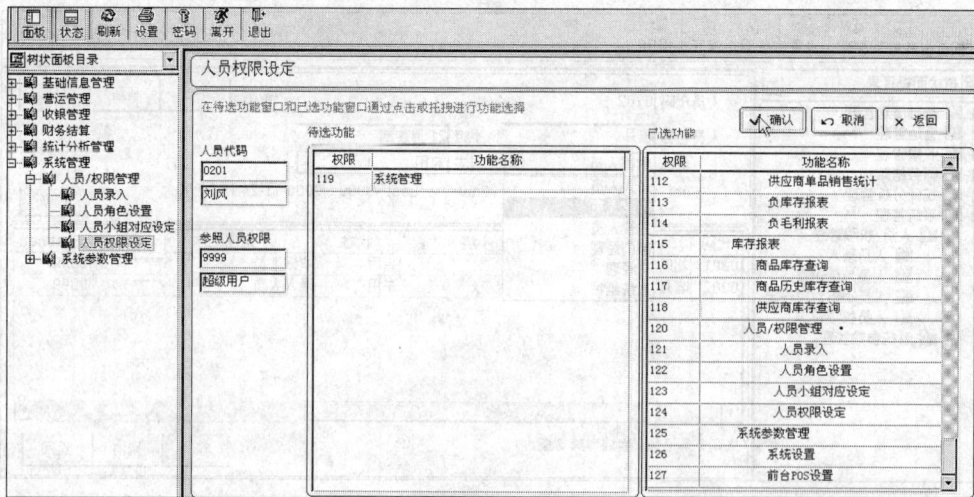

图 7-11 人员权限设定

可以参照超级用户的权限设定,也可以逐项选择所要赋予的权限,如图 7-12 所示。

注意:此处可以将部分学生设为"录入人员",赋予其"人员/权限"管理的职能,从而进行人员信息录入的实验操作。

图 7-12　设置管理员参数

2. 系统参数管理

（1）系统设置：

选择"系统参数管理"选项，双击"系统设置"选项，如图 7-13 所示。

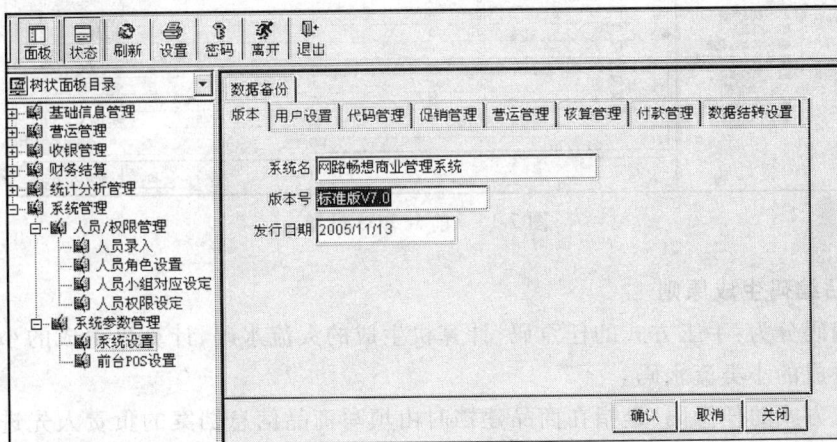

图 7-13　系统参数管理

逐项设定"版本"、"用户设置"、"代码管理"、"促销管理"、"营运管理"、"核算管理"、"付款管理"、"数据结转设置"各项系统参数，一般建议使用系统自带设置。在"代码管理"选项卡中，建议选中"操作人员部门限制"复选框，如图 7-14 所示。

（2）前台 POS 设置：

前台 POS 设置如图 7-15 所示。同样建议沿用系统自带设置。

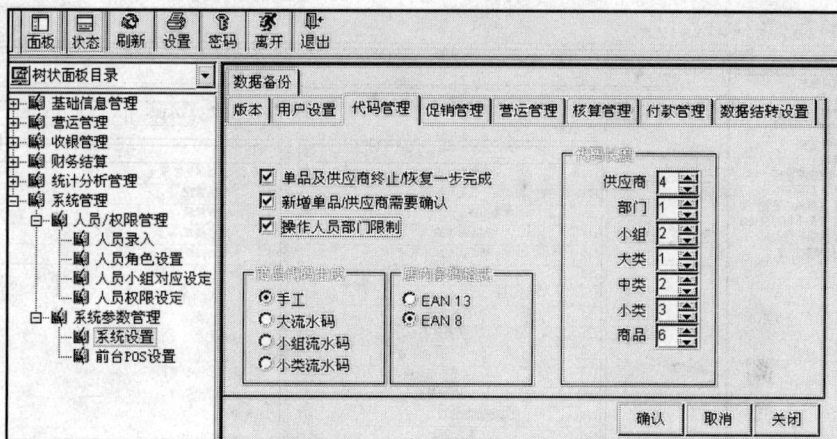

图 7-14　操作人员部门限制

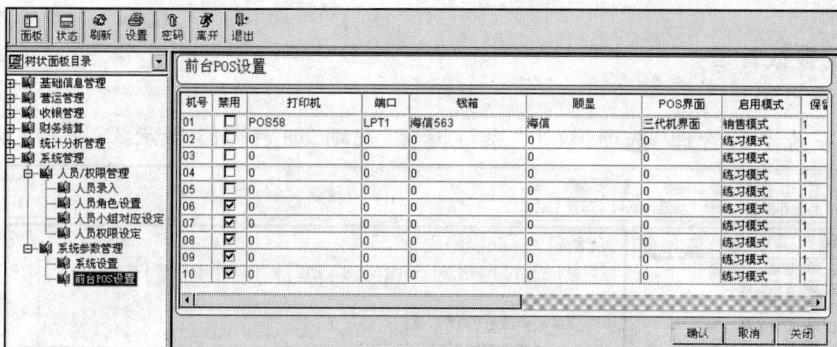

图 7-15　前台 POS 设置

3. 商品编码生成原则

商品编码分为:手工方式的任意码、计算机生成的大流水码、计算机生成的小组流水码及计算机生成的小类流水码。

●手工方式的任意码:是指在商品建档时由填写商品信息档案的负责人先进行不重复手工编码后由录入人员录入。

●计算机生成的大流水码:是指商品的编码完全由计算机按录入顺序产生,如商品代码长为六位即为 000001 ~ 999999。

●计算机生成的小组流水码及计算机生成的小类流水码:是指计算机根据其所属的小组或小类的代码加流水账码组合而成商品编码,如:其小组为 10,则可能的代码为 100001 ~ 109999。

（三）基础信息录入

1. 类别管理

（1）大类录入：

一般情况下，一名学生负责一个商品小组的各项操作，即在选择小组时只显示他所对应的小组信息，如图 7-16 所示。

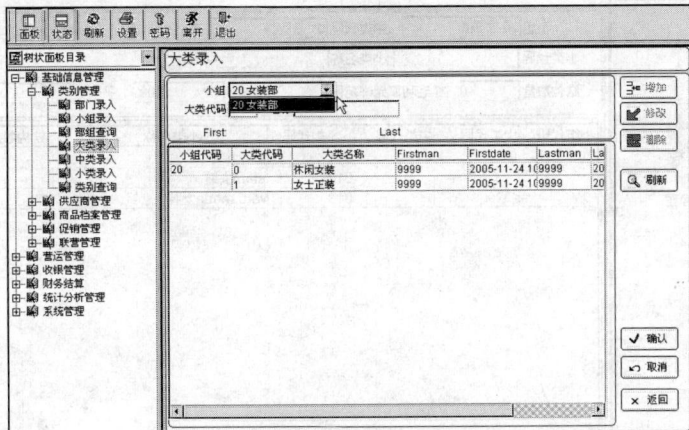

图 7-16　大类录入

增加大类信息：学生按照平常的逻辑经验将其所负责的小组信息分大类，如此同学刘风负责女装部，则可将女装分为休闲女装和女士正装两大类。具体的大类分配方法由学生自己决定，逻辑上可行即可。

（2）中类录入：

操作方法和大类录入相同，为了表明各逻辑关系，建议这样决定类别代码：大类可按照 0~9 依次编码，中类的第一个编码建议设为大类编码，第二位也按 0~9 依次编码，如图 7-17 所示。

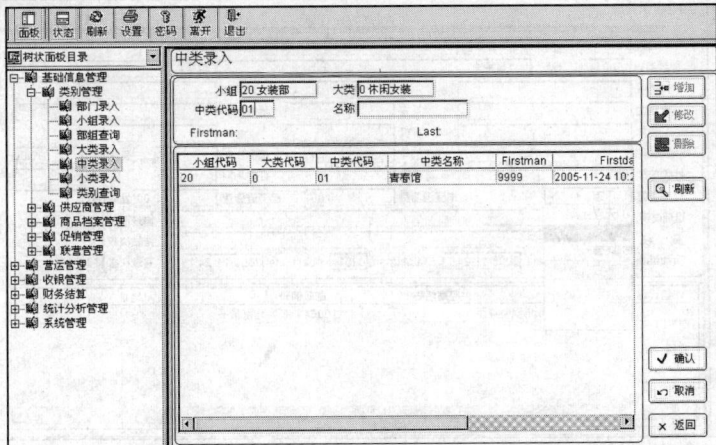

图 7-17　中类录入

（3）小类录入：

小类编码默认为三位，建议前两位为中类代码，后一位也按 0 ~ 9 依次编号，如图 7-18
所示。

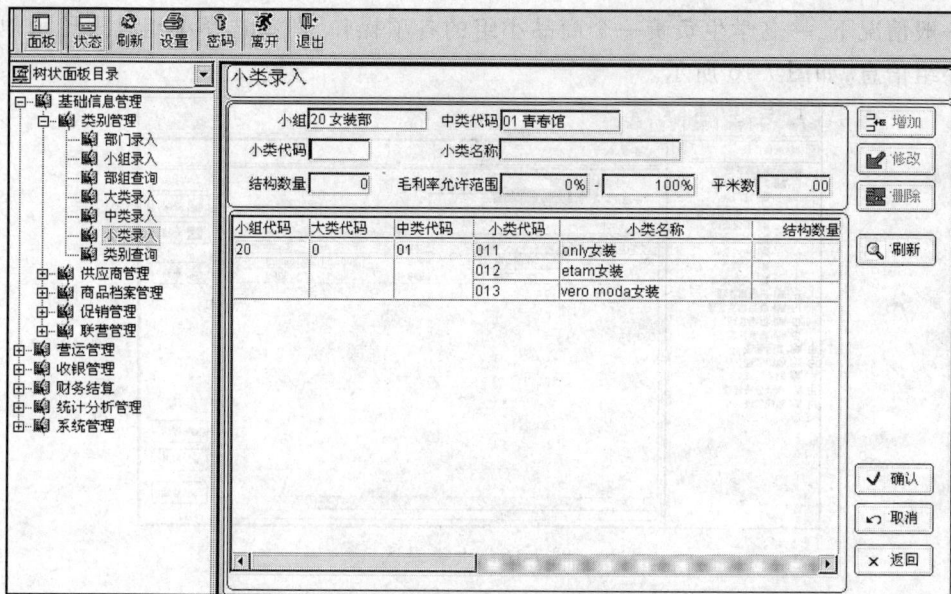

图 7-18　小类录入

2. 供应商管理

（1）供应商录入：

选择"基础信息管理"目录下的"供应商管理"选项，双击"供应商录入"选项，如图 7-19
所示。

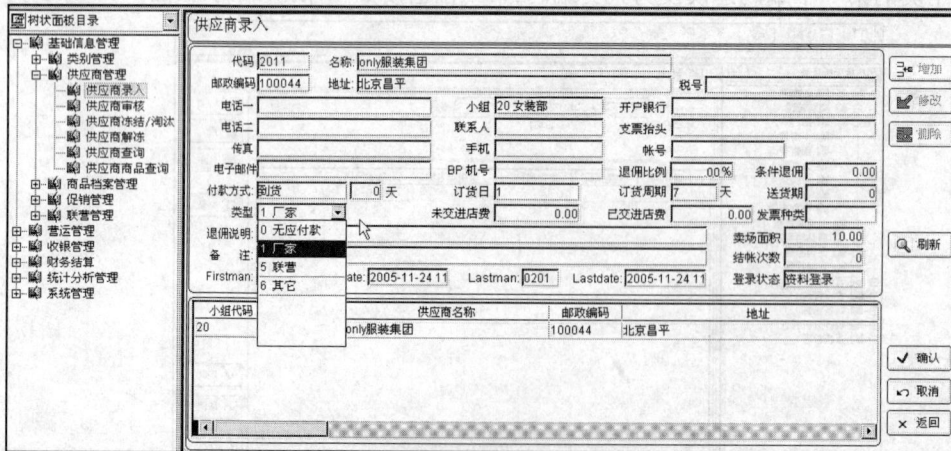

图 7-19　供应商录入

输入供应商的各项信息:代码、名称、所属小组、付款方式,类型为必填项。

注意:供应商代码的填写非常重要,如果有重复的编码出现,系统会自动报错,导致信息录入不成功。这里建议前两位采用小组编码,后两位采用小类代码的后面两位。这样可以有效地避免代码重复的情况,且逻辑关系明确。

如果供应商为联营供应商,则必须采用联营固定协议的付款方式,如图7-20所示。

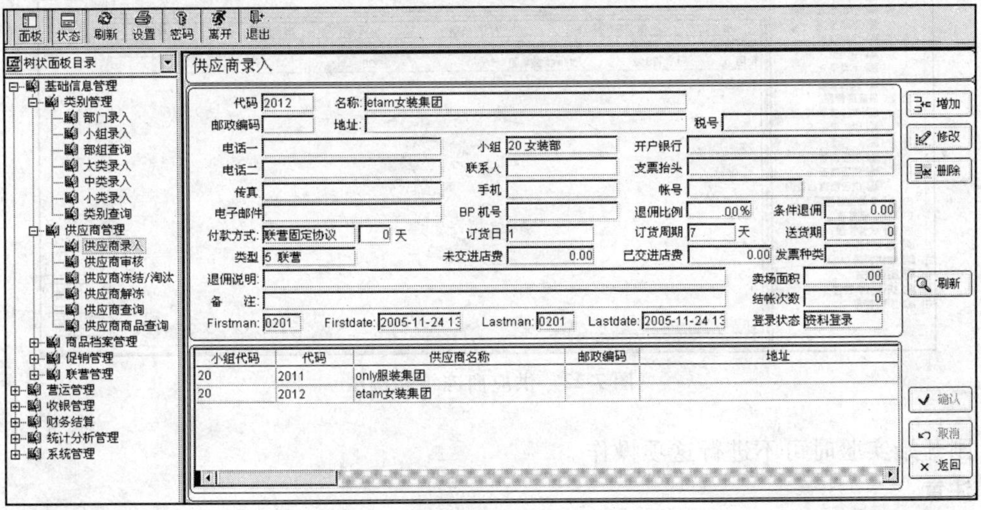

图7-20　供应商

(2)供应商审核:

新增加的供应商必须经过审核后才能生效。双击登录状态,将"新登"变为"使用",单击"确认"按钮,如图7-21所示。

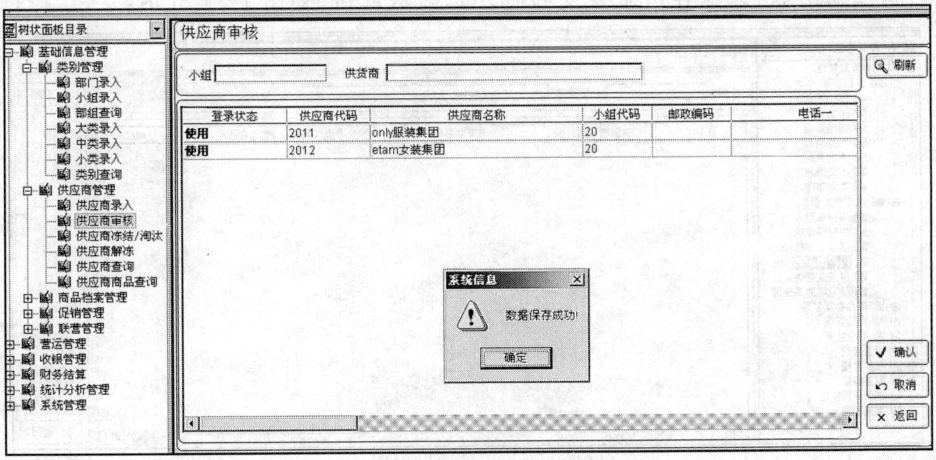

图7-21　供应商审核

（3）供应商冻结/淘汰：

双击供应商所在行能够改变供应商的状态（在"使用"、"临时终止"之间切换），单击"确认"按钮，保存操作，如图 7-22 所示。

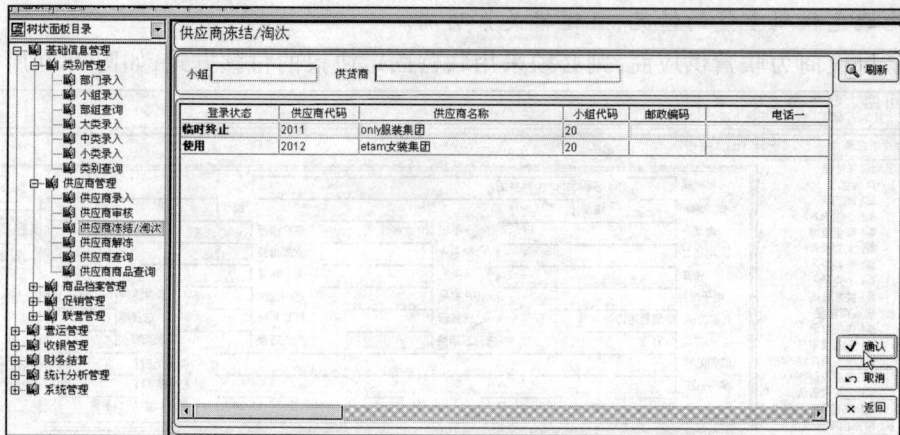

图 7-22　供应商冻结和淘汰

刚开始实验时可不进行这项操作。

注意：

（1）临时终止：供应商临时终止后，其所有的商品也临时终止。

（2）永久终止：供应商永久终止后，其所有的商品也永久终止。如果该供应商的商品有库存，则不允许永久终止。对于永久终止的供应商，如果以后要重新使用，则只能重新编码而不能重用原来的编码。

（3）供应商解冻：此操作用来恢复临时终止的供应商，如图 7-23 所示。

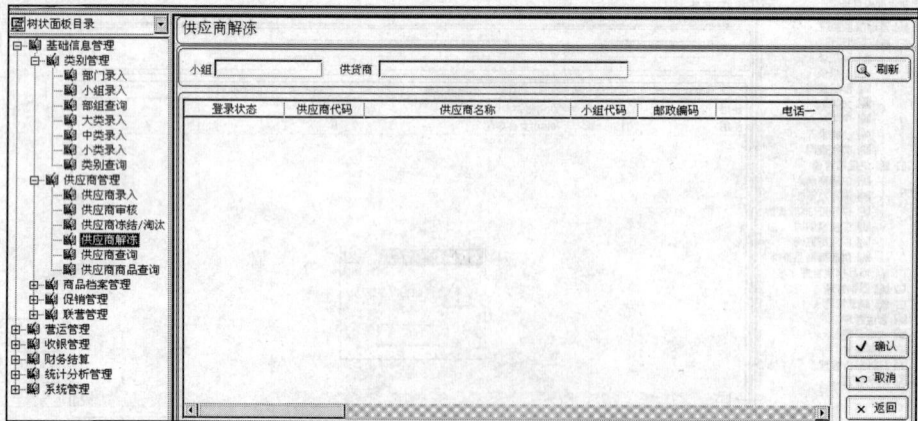

图 7-23　供应商解冻

（4）供应商查询：

用来查询供应商的状态以及相关主要信息，选择不同的查询条件，如图7-24所示。

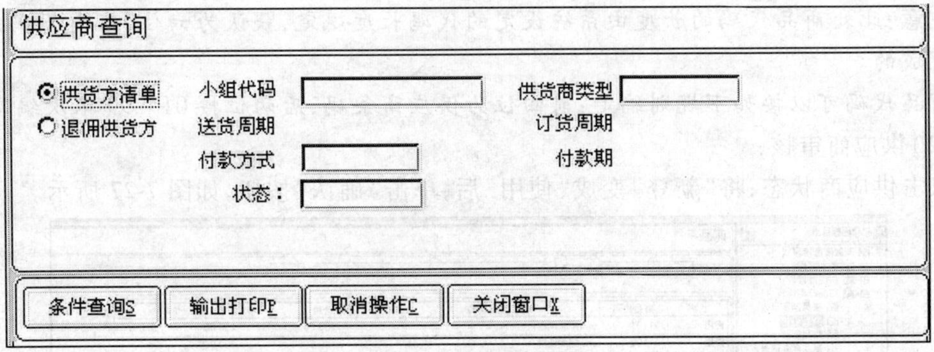

图7-24　供应商查询

显示查询信息，如图7-25所示。

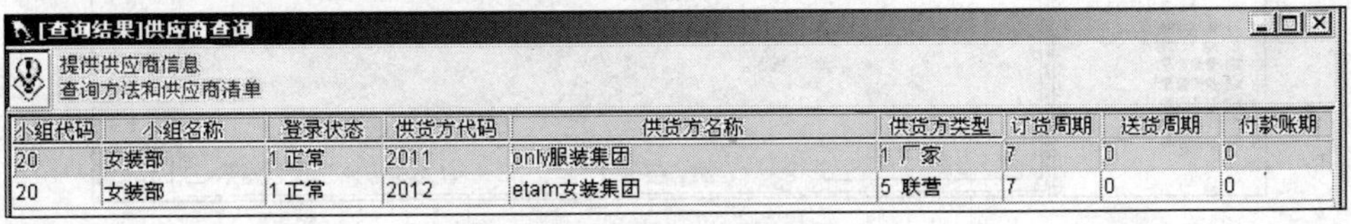

图7-25　显示查询信息

3. 商品档案管理

（1）商品档案录入：

商品档案录入如图7-26所示。

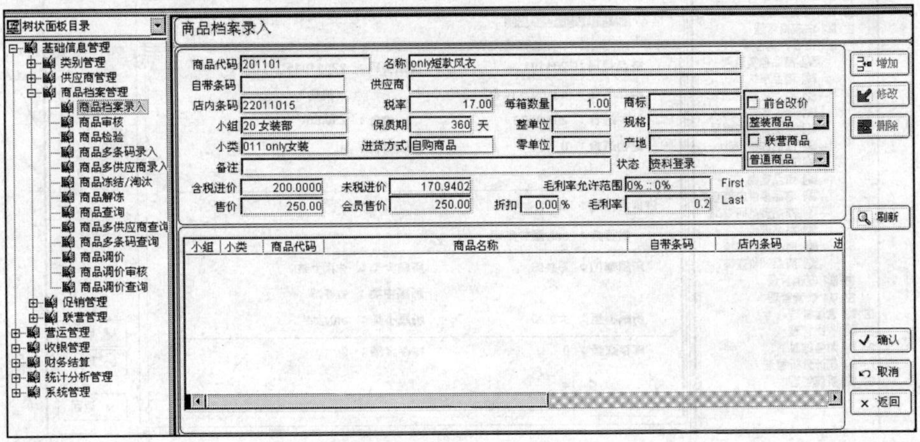

图7-26　商品档案录入

输入商品的代码、名称、供应商代码,选择商品所属小组、小类、零单位,输入商品的进/售价信息。

注意:此处商品代码的长度由系统设定的代码长度规定,默认为六位,店内条码是系统自动生成的。

商品代码可以按如下规则编定:前四位为供应商条码,后两位按01~99依次编写。

(2)供应商审核:

双击供应商状态,将"新登"变成"使用"后,单击"确认"按钮,如图7-27所示。

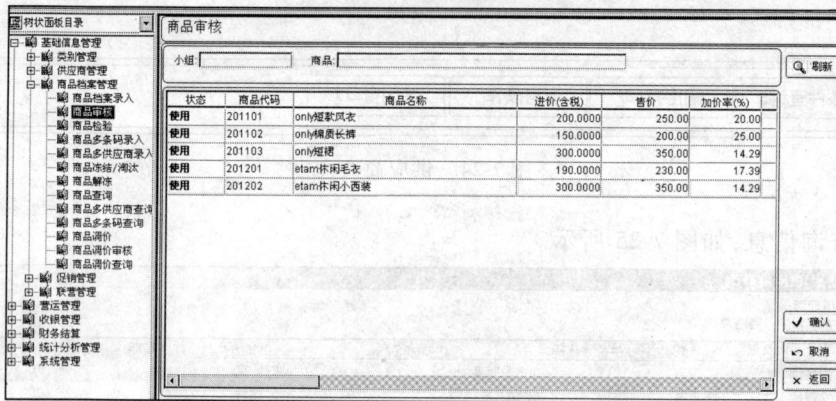

图7-27　供应商审核

(3)供应商检验:

输入商品条码,则可显示商品所有信息,检验商品信息是否正确,如图7-28所示。

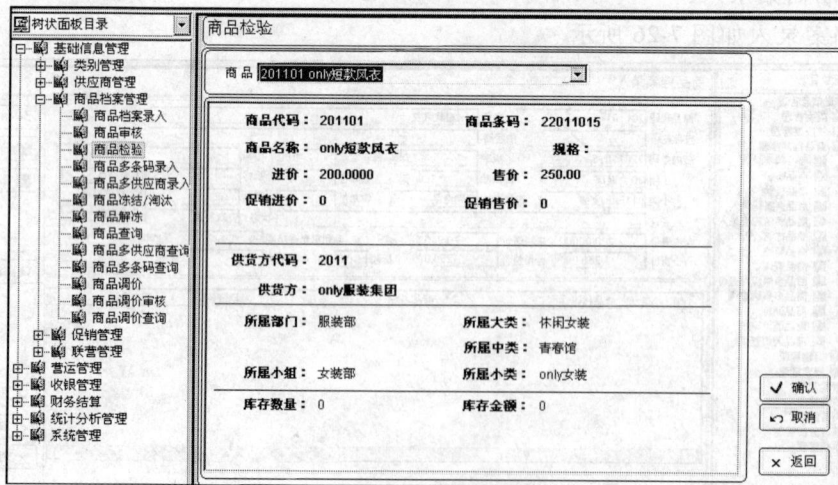

图7-28　供应商检验

正确则单击"确认"按钮,否则回到商品档案录入界面中,修改商品信息。

(4)商品多条码录入:

此操作可以实现一个商品拥有多个国际条码。在商品经营过程中,一个商品在不同时期进货时可能产生不同的条码,同时需要售卖这两种包装的商品(老包装商品还有库存),这时可以对这样的单品设置多条码,在前台销售时识别,而无须再删除另设置单品信息。

输入商品自带条码和店内条码信息,如图7-29所示。

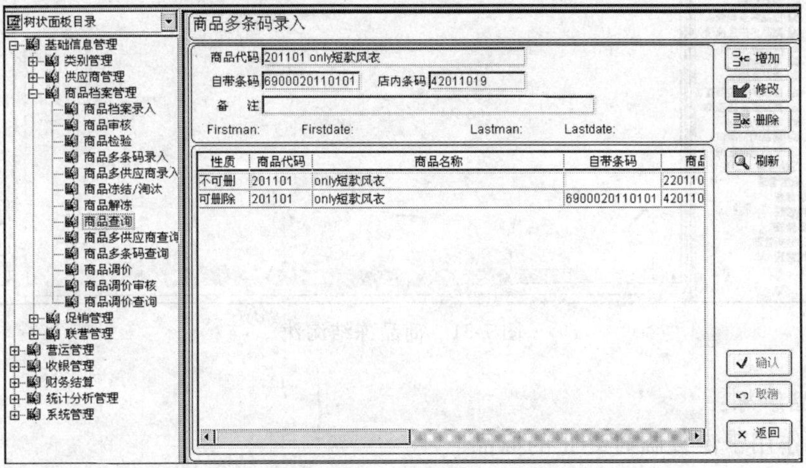

图7-29 商品多条码录入

(5)商品多供应商录入:

适用于一种商品拥有多个供应商的情况,如图7-30所示。

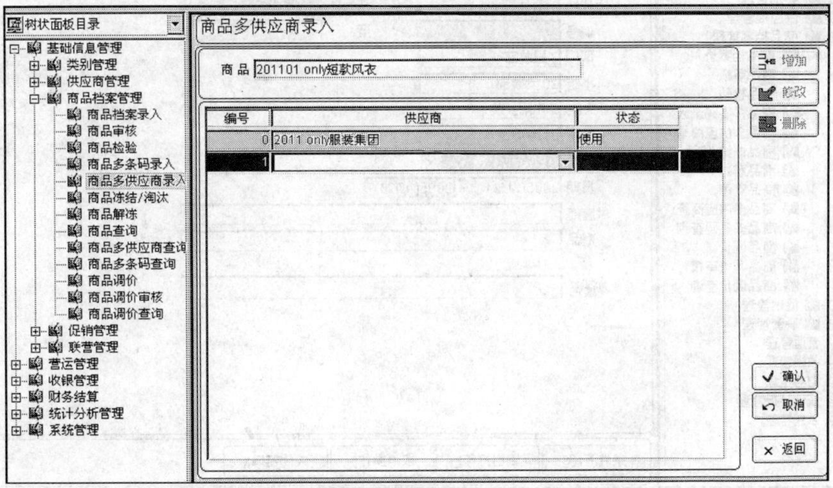

图7-30 商品多供应商录入

（6）商品冻结淘汰：

用于处理对商品的临时终止或永久终止作业，实验开始商品处于使用状态时可不进行此项操作，如图 7-31 所示。

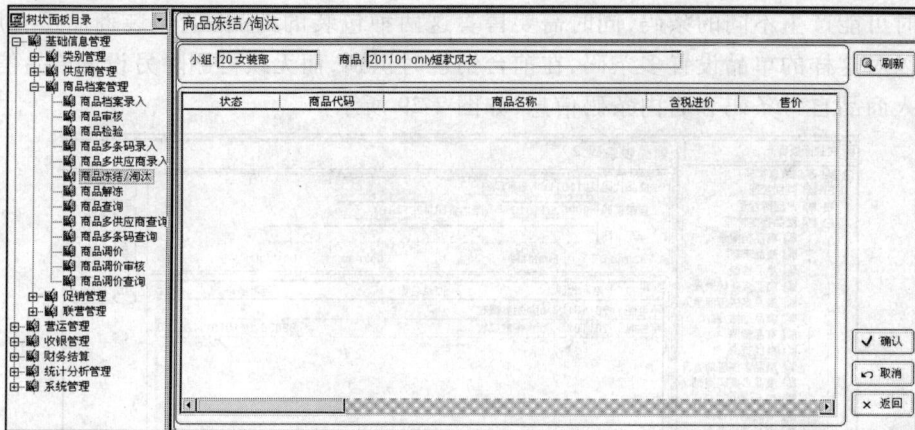

图 7-31　商品冻结淘汰

（7）商品解冻：

此项操作用于恢复临时终止的商品。

（8）商品查询：

选择查询条件，如图 7-32 所示。

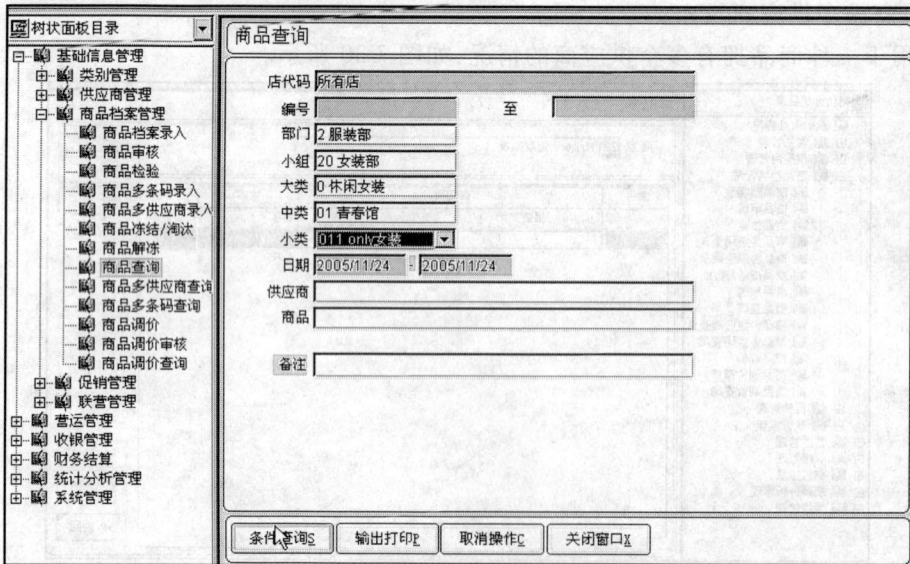

图 7-32　商品查询

查询商品信息，如图 7-33 所示。

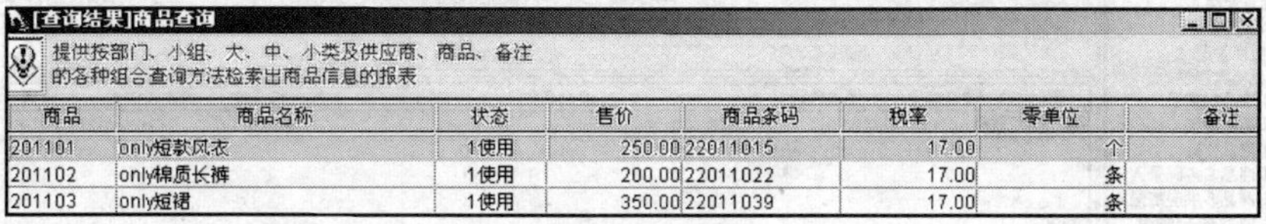
[查询结果]商品查询

提供按部门、小组、大、中、小类及供应商、商品、备注的各种组合查询方法检索出商品信息的报表

商品	商品名称	状态	售价	商品条码	税率	零单位	备注
201101	only短款风衣	1使用	250.00	22011015	17.00	个	
201102	only棉质长裤	1使用	200.00	22011022	17.00	条	
201103	only短裙	1使用	350.00	22011039	17.00	条	

图 7-33　显示查询的商品信息

(9)商品多供应商查询：

用于查询多供应商的商品。

(10)商品多条码查询：

商品多条码查询如图 7-34 所示。

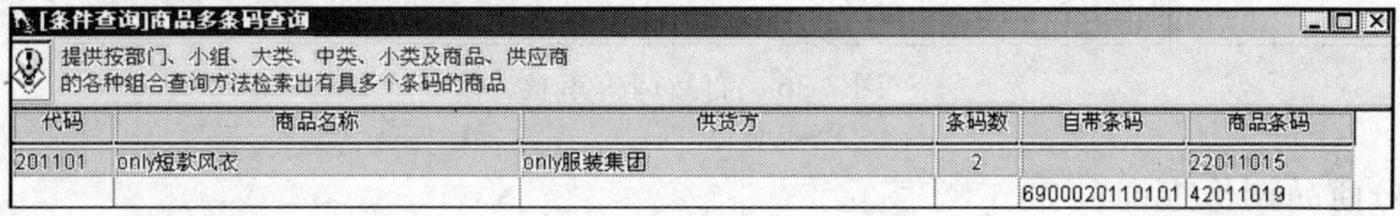
[条件查询]商品多条码查询

提供按部门、小组、大类、中类、小类及商品、供应商的各种组合查询方法检索出有具多个条码的商品

代码	商品名称	供货方	条码数	自带条码	商品条码
201101	only短款风衣	only服装集团	2		22011015
				6900020110101	42011019

图 7-34　商品多条码查询

4. 商品调价管理

(1)商品调价：

对现有商品的价格根据情况进行调整，如图 7-35 所示。

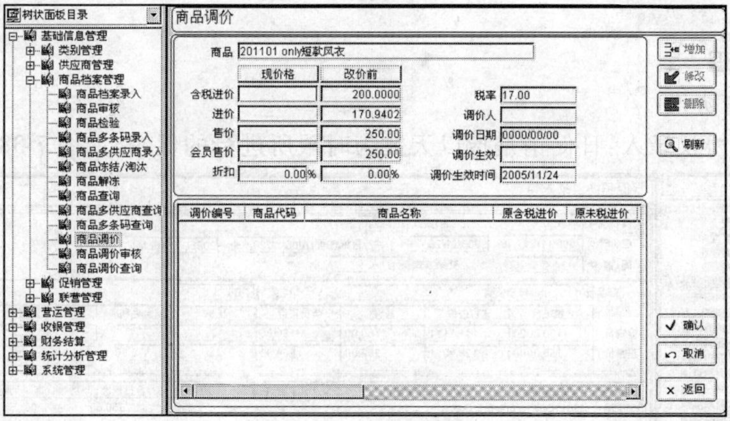

图 7-35　商品调价

输入商品代码后，自动调出所要调价的商品信息，输入现价格后单击“确认”按钮。

(2)商品调价审核：

商品调价之后需要确认才能生效。

双击调价生效，状态从“不生效”转化到“立即生效”，单击“确认”按钮，如图 7-36 所示。

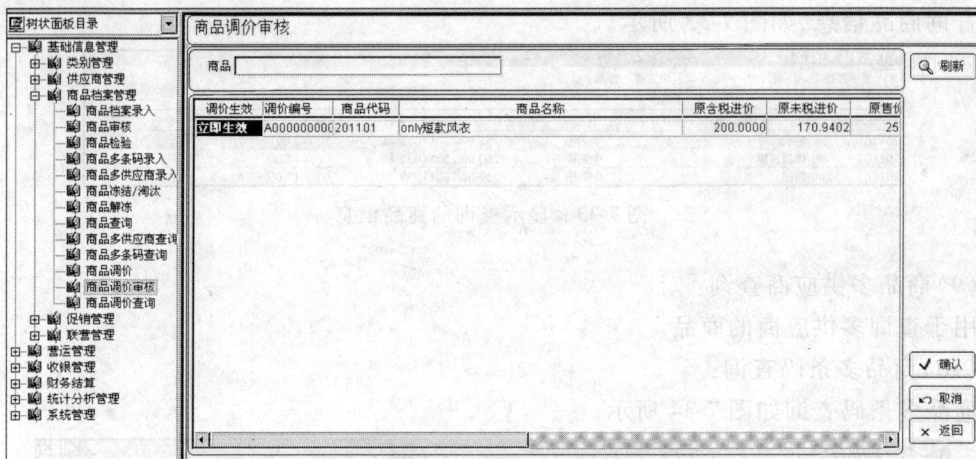

图 7-36　商品调价审核

（3）商品调价查询：

此操作用于查询商品的价格调整情况，如图 7-37 所示。

图 7-37　商品调价查询

5. 促销管理

（1）日促销协议：

① 日促销协议录入：日促销是指以天数为时限所进行的促销，如图 7-38 所示。

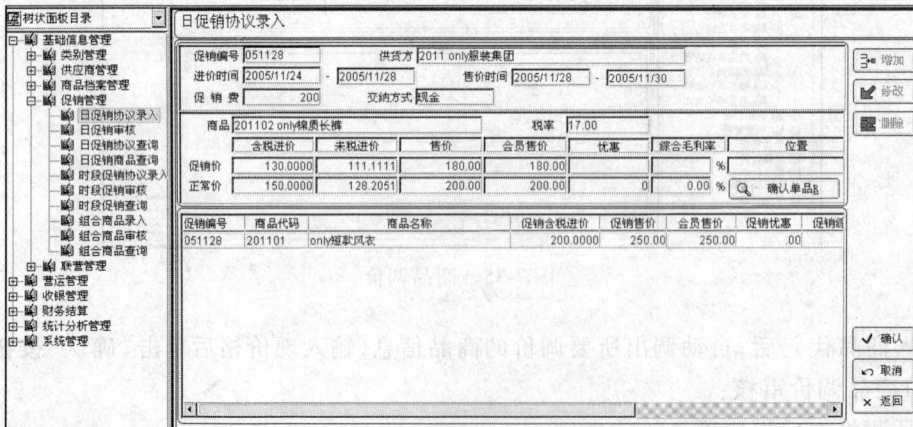

图 7-38　日促销协议录入

促销编号可以按照促销开始时间编号,也可以按照促销供应商编号,每输入一个促销商品时,单击确认单品,促销商品填写完毕单击"确认"按钮。

② 日促销审核:用于日促销协议的确认,使促销单状态从"不确认"转为"确认",如图 7-39 所示。

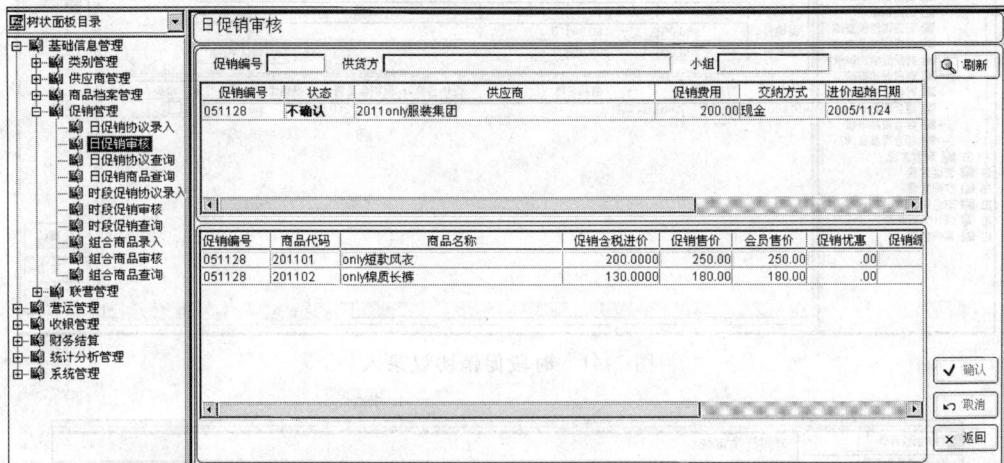

图 7-39　日促销审核

③ 日促销查询:日促销查询如图 7-40 所示。

图 7-40　日促销查询

④ 日促销商品查询:此项操作同上。

(2)时段促销协议:

时段促销是以时间为限进行的商品促销,如图 7-41 所示。

① 时段促销协议录入:促销协议的录入方法与日促销协议相同。

② 时段促销协议审核:促销协议只有审核后无误后才能生效。双击促销编号的状态,使其从"不确认"改为"确认"即可,如图 7-42 所示。

③ 时段促销查询:可以查询时段促销协议的情况,如图 7-43 所示。

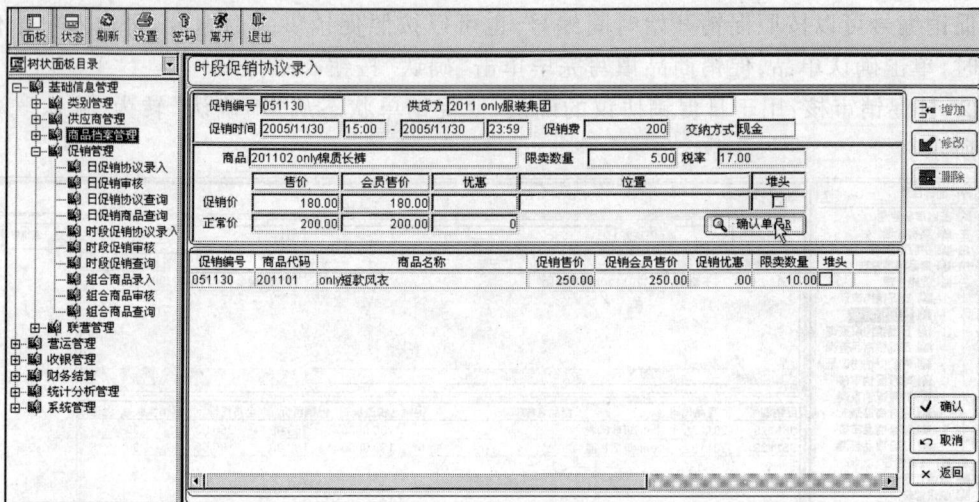

图 7-41　时段促销协议录入

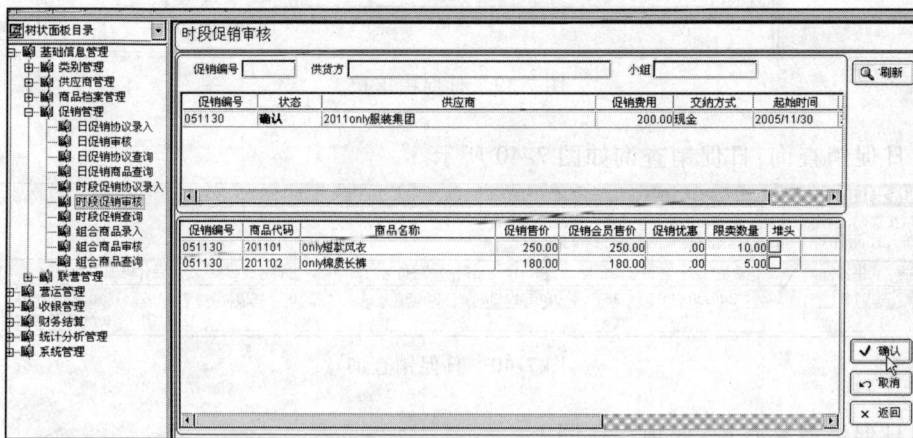

图 7-42　时段促销协议审核

图 7-43　时段促销查询

（3）组合商品：

指同部组或不同部组将一些相同或不同商品按低于该商品原售价并且数量不少于 1 的组合进行销售。

① 组合商品录入:如图 7-44 所示。

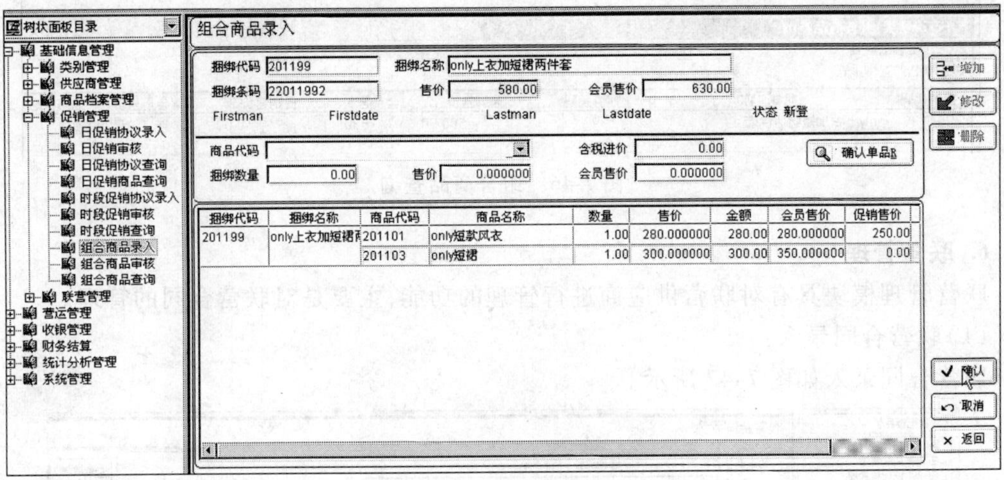

图 7-44　组合商品录入

注意: 可以将捆绑商品的售价定得比原价格稍低,达到组合销售的目的。

② 组合商品审核:新登的组合商品必须经过审核后才能使用,双击状态项,将"新登"变为"使用",如图 7-45 所示。

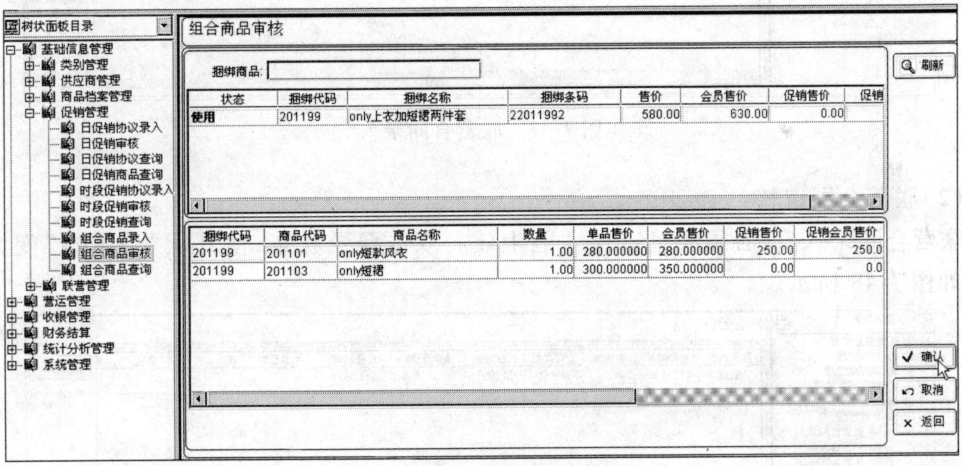

图 7-45　组合商品审核

③ 组合商品查询:查询进行组合销售的商品状况,如图 7-46 所示。

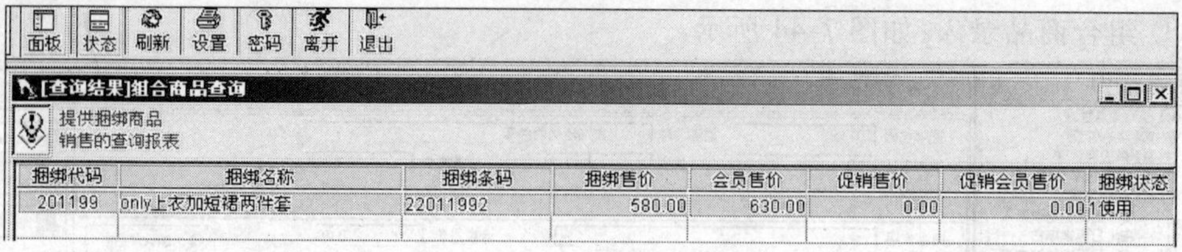

图 7-46　组合商品查询

6. 联营管理

联营管理模块具有对联营供应商进行管理的功能,主要是对联营合同的管理。

(1)联营合同录入:

职营合同录入如图 7-47 所示。

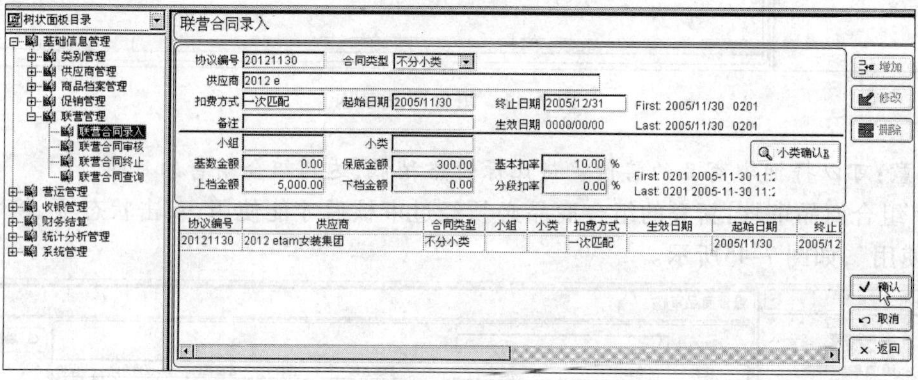

图 7-47　联营合同录入

(2)联营合同审核:

联营合同录入后,必须经过审核才能生效。双击登录状态,使其从"不生效"变为"生效",如图 7-48 所示。

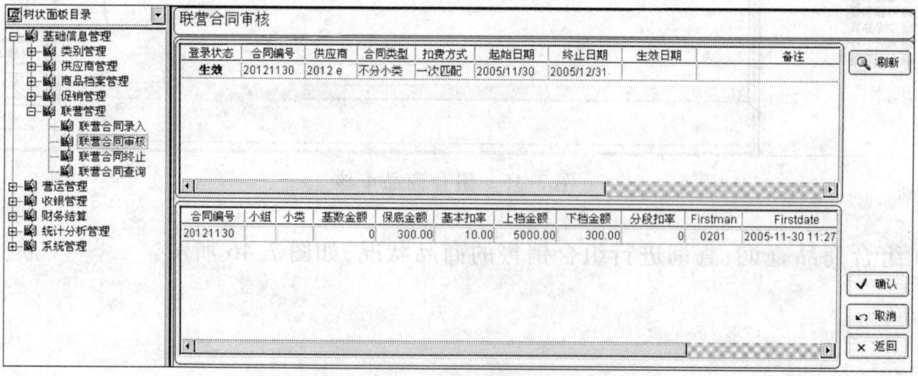

图 7-48　联营合同审核

（3）联营合同查询：

可以选择不同查询条件，查询联营合同，如图7-49所示。

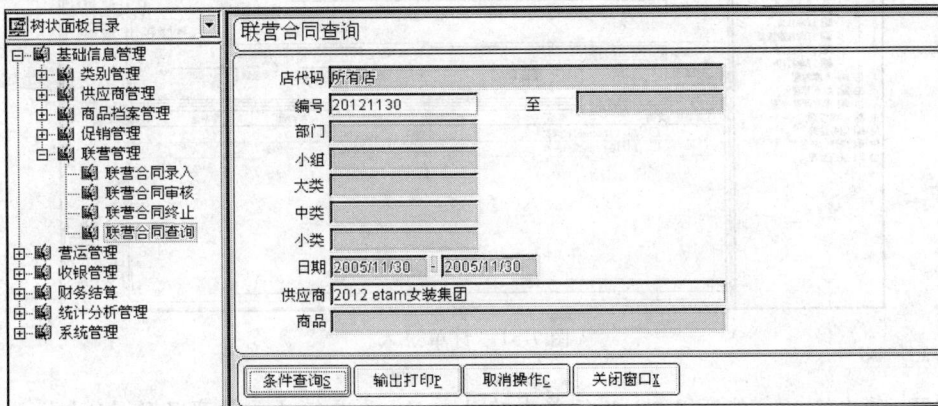

图7-49 联营合同查询

（4）联营合同终止：

此操作用于联营合同的终止，仅需将状态从"使用"变为"终止"即可，如图7-50所示。

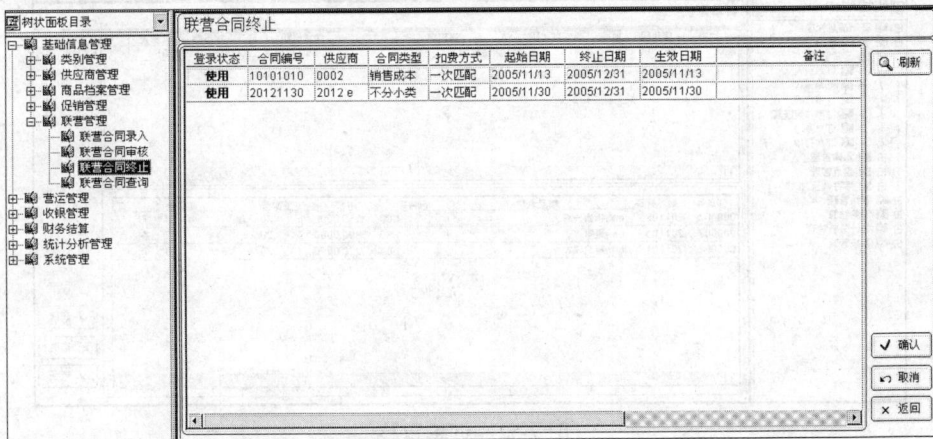

图7-50 联营合同终止

（四）营运管理

1. 订单管理

订单是一个商场进行业务活动的第一步，卖场有了商品后才能面向顾客，所以订单的管理对卖场来说是非常重要的一环。

（1）订单录入：

订单录入如图7-51所示。

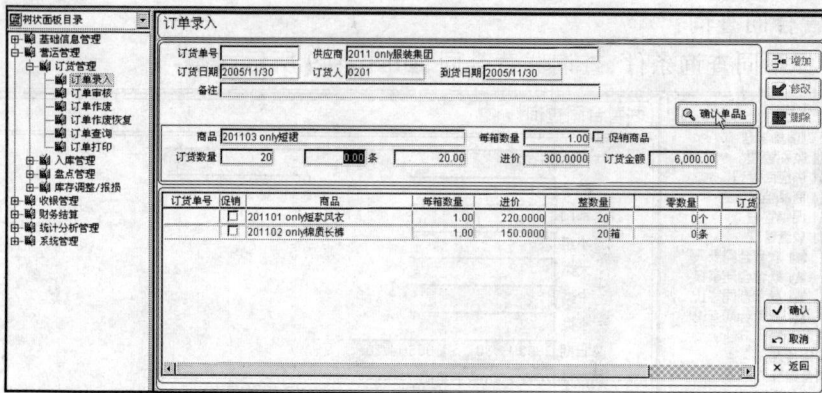

图 7-51　订单录入

注意： 每次输入一件商品时，必须单击确认单品，再进行另一种商品的录入。

（2）订单审核：

此操作是新登订货单的确认作业，订单确认后才能生效。

双击使订单状态从"不确认"变成"确认"，如图 7-52 所示。

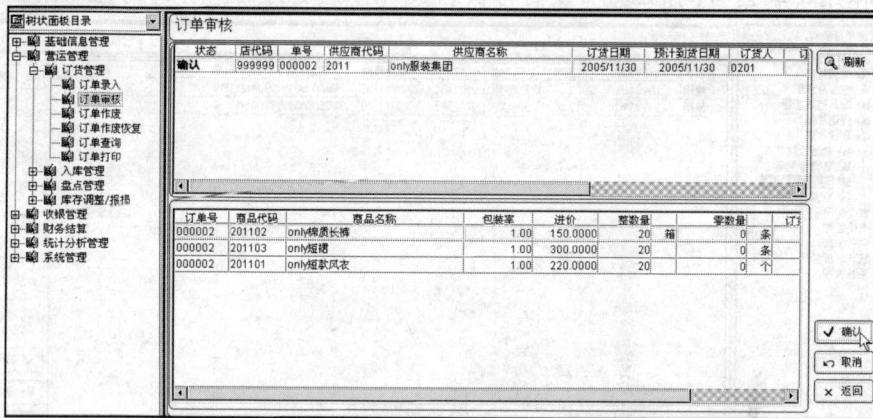

图 7-52　订单审核

（3）订单查询：

输入不同的查询条件，查询订单的各项信息，如图 7-53 所示。

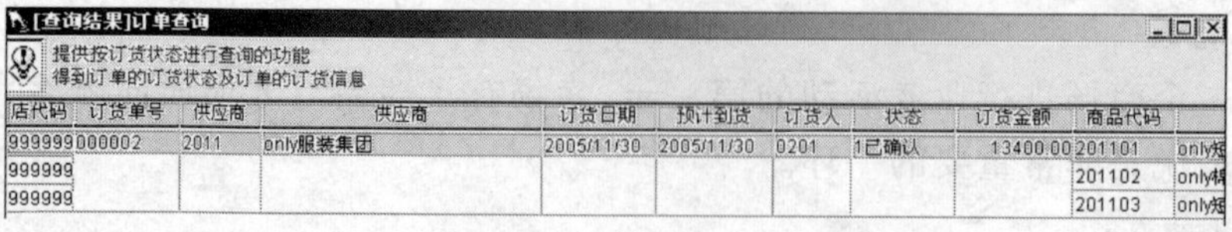

图 7-53　订单查询

（4）订单作废：

本操作主要用来废除已经确认过的订单。将订单状态改为"作废"，单击"确认"按钮即可，如图7-54所示。

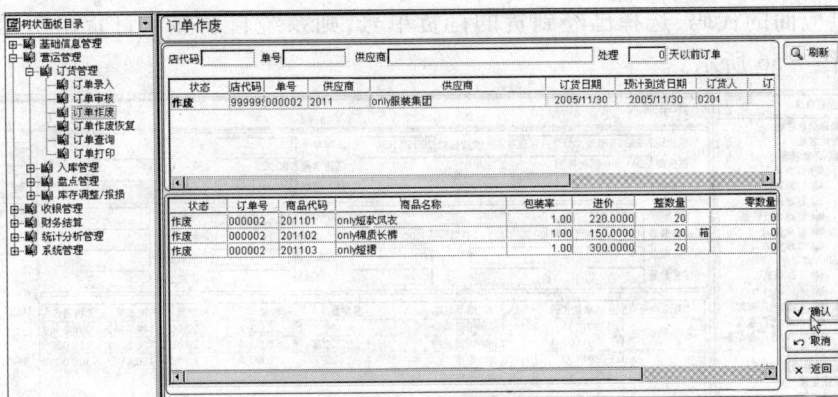

图7-54　订单作废

（5）订单作废恢复：

此模块用于将已经终止的订单恢复使用。

（6）订单打印：

打印空白订货单或计算机订单（有订货数据的订货单）。

2. 入库管理

供货商的货物到达卖场库房后，卖场必须对所定购的货物进行入库操作。

注意：如果与畅想供应链系统进行了系统连接，客户所下的订单会自动转入供应链平台，在"物流一体化管理系统"的流程中，只要进入"采购单提取"模块，就可以显示出卖场向生产企业发出的采购订单信息，如图7-55所示。

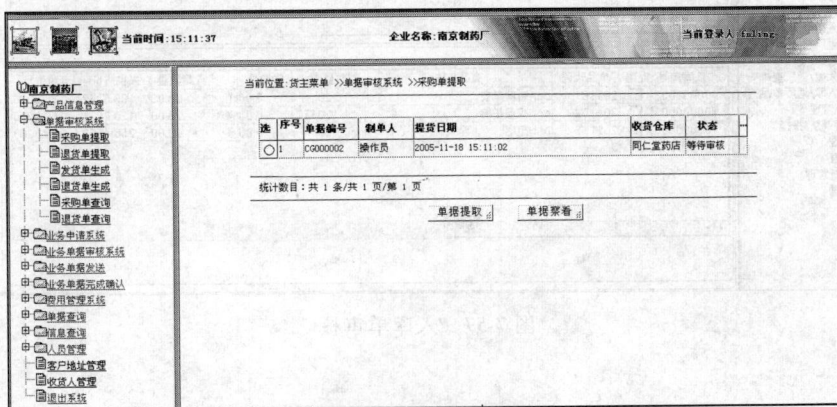

图7-55　入库管理

进行"物流一体化管理系统"实验的同学在接到采购订单后,组织一个发货流程,将货物运送到卖场仓库。

（1）入库单录入:

输入供应商的代码,选择已经到货的订货单号,则系统自动显示订货单所示产品的详细信息,如图 7-56 所示。

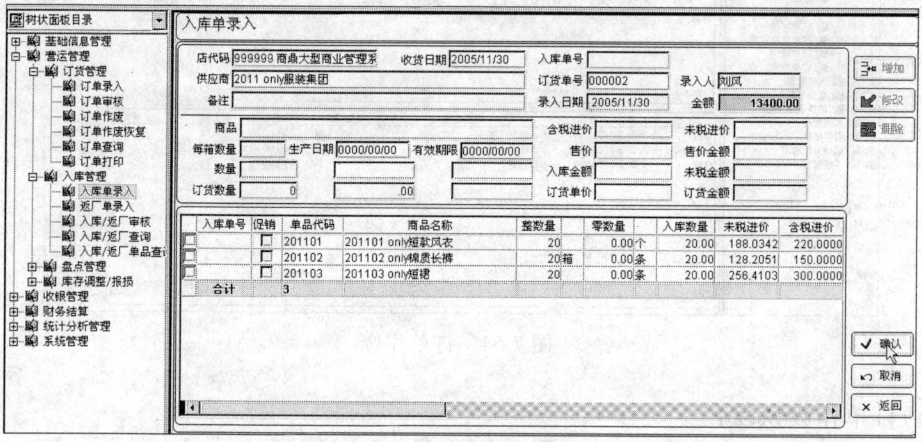

图 7-56　入库单录入

（2）入库单审核:

将入库单状态从"暂不处理"变成"入库",如图 7-57 所示。

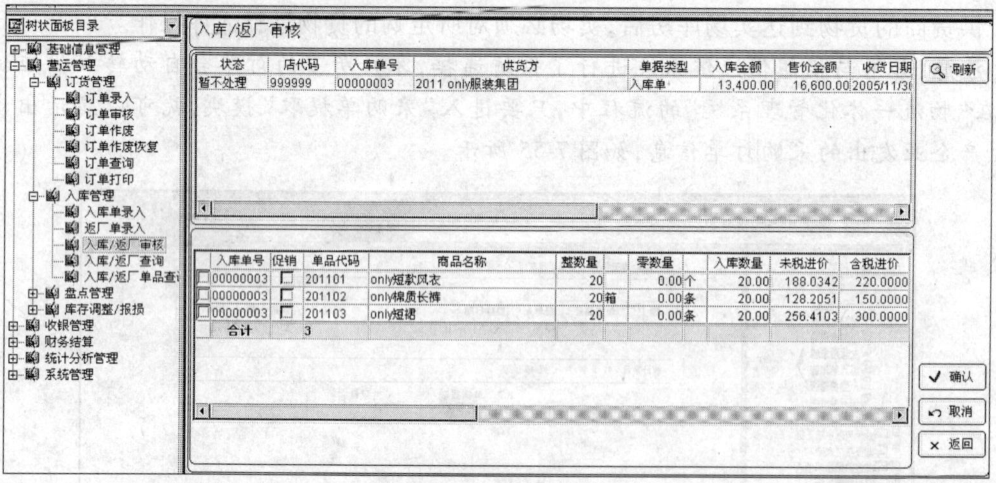

图 7-57　入库单审核

（3）入库单查询：

查询各项入库单信息。

3. 盘点管理

（1）确认启动盘点：

使进度显示"开始盘点"，如图7-58所示。

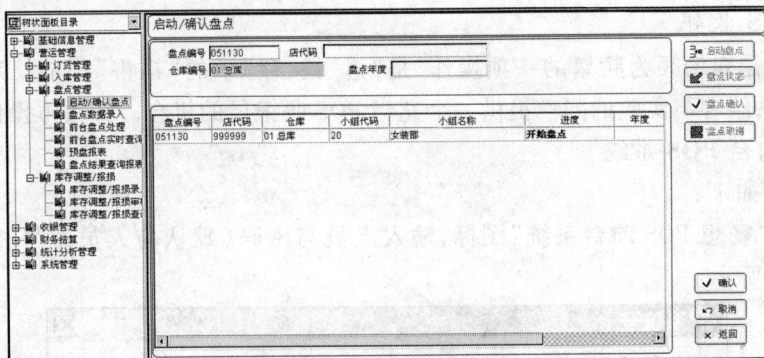

图7-58　确认启动盘点

（2）盘点数据录入：

逐条录入盘点商品的实际数量，每盘点一条商品，都要单击"确认"按钮，如图7-59所示。

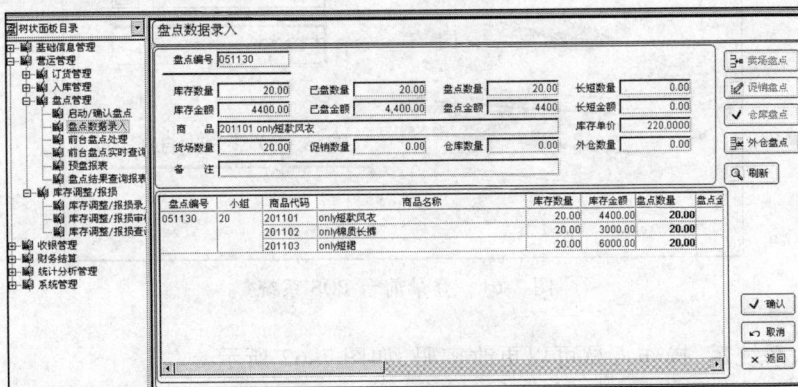

图7-59　盘点数据录入

（3）查询预盘报表：

此项可用来查询卖场仓库商品的情况，如图7-60所示。

图7-60　查询预盘报表

（4）盘点结果查询报表：

提供查询盘点结果的功能。

4. 库存调整/报损

当实盘数量与仓库系统显示的数量有冲突时,必须填写库存调整/报损表,在学生进行实验的过程中一般不会出现这种情况,其操作方法可参考操作手册。

（五）POS 收银

POS 收银是卖场颇为频繁的一项操作,是"进、销、存"中的"销售"环节。系统模拟实际POS 收银软件,给参与实验的同学提供一个充当 POS 收银员的机会。其具体操作方法如下：

1. 登录前台 POS 系统

操作步骤如下：

（1）双击"畅想 POS 前台系统"图标,输入人员与密码(默认与人员编号相同),进入系统,如图 7-61 所示。

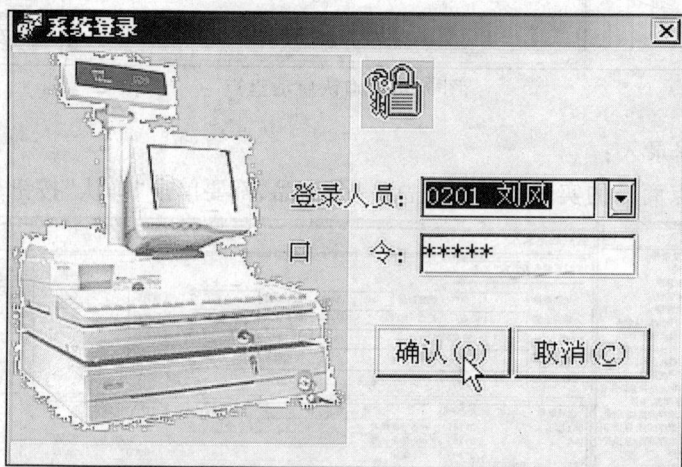

图 7-61　登录前台 POS 系统

（2）进入系统后,操作人员可以更改密码,如图 7-62 所示。

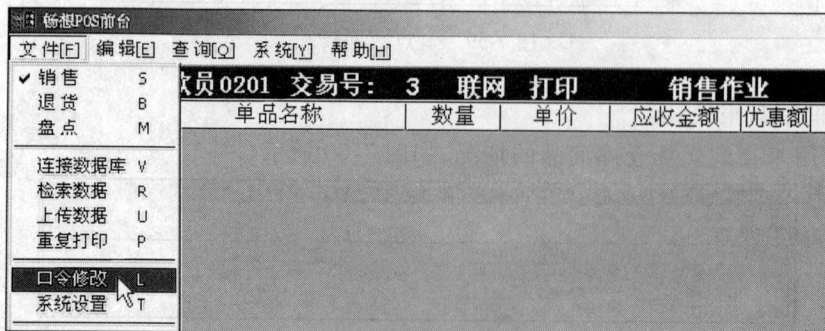

图 7-62　更改密码

2. POS 收银操作

进行 POS 收银操作,销售商品,如图 7-63 所示。

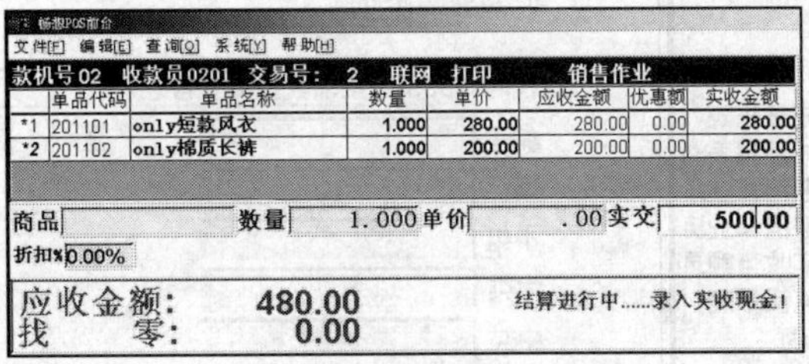

图 7-63　进行 POS 收银操作

其具体的操作方法参考操作手册。另外,参照系统设定的"帮助"选项,可以掌握系统的各项快捷键的用法,使系统操作更为简单。

3. 上传销售数据

上传销售数据如图 7-64 所示。

(1)弹出提示信息对话框,如图 7-65 所示。

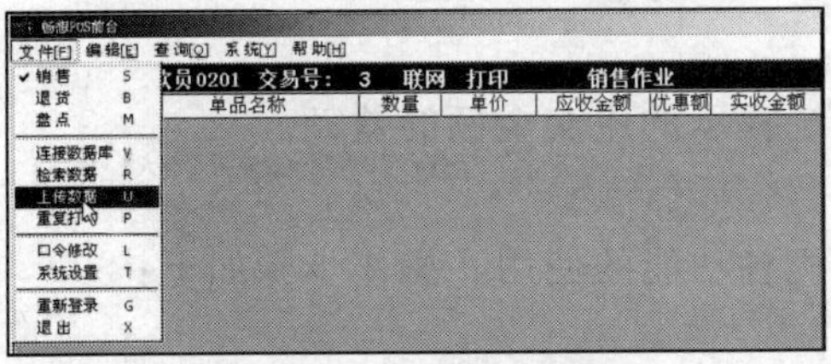

图 7-64　上传销售数据

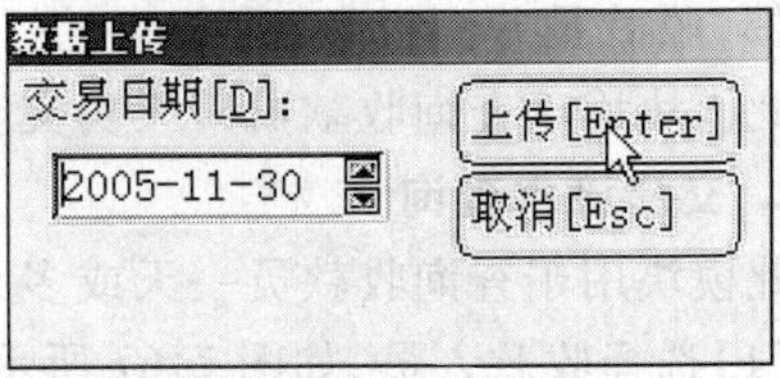

图 7-65　系统提示

(2)单击"上传"按钮,则本日的销售数据便可上传至商场终端。此项操作建议学生在做完所有的销售操作以后执行。

(六)收银管理

此项操作在前台收银人员将销售数据上传之后方可执行。

1. 收款员报表

用来查询收款员的各项操作细则,如图 7-66 所示。

(1)收款员成绩报表:

输入收款员的编号和销售日期,则可查询收款员的销售数据,如图 7-66 所示。

(2)收款员取消作业统计:

此模块用于查询收款员一天或多天内在正常收款中的"全部取消"功能的使用次数。

(3)收款员取消作业流水:

此模块用于查询收款员一天或多天内对收款机使用"取消作业"的明细。

(4)收款员实收金额录入:

记录收款员每天实收金额。

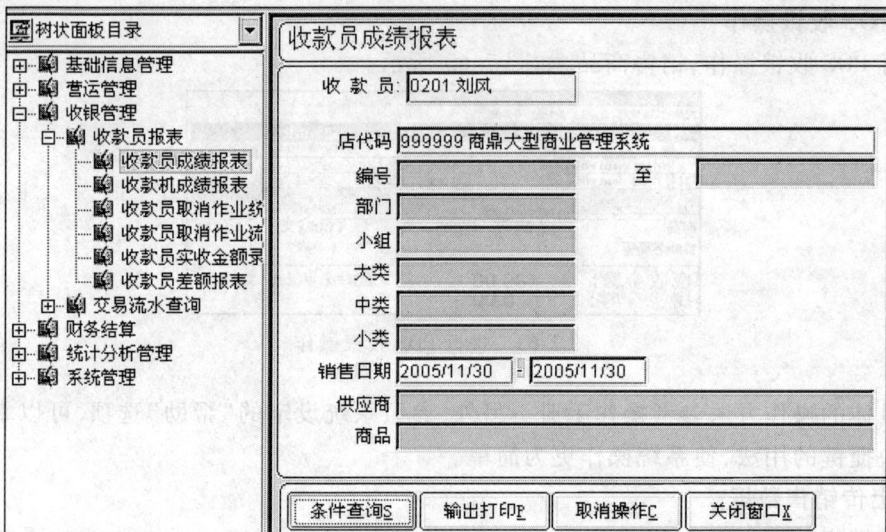

图 7-66　收款员成绩报表

（5）收款员差额报表：

此模块用于查询收款员某天实交金额和系统提示的应交金额的差额。

2. 交易流水查询

此模块用于查询收款员一天或多天对收款机各功能的使用。操作步骤如下：

（1）选择收款人员，如图 7-67 所示。

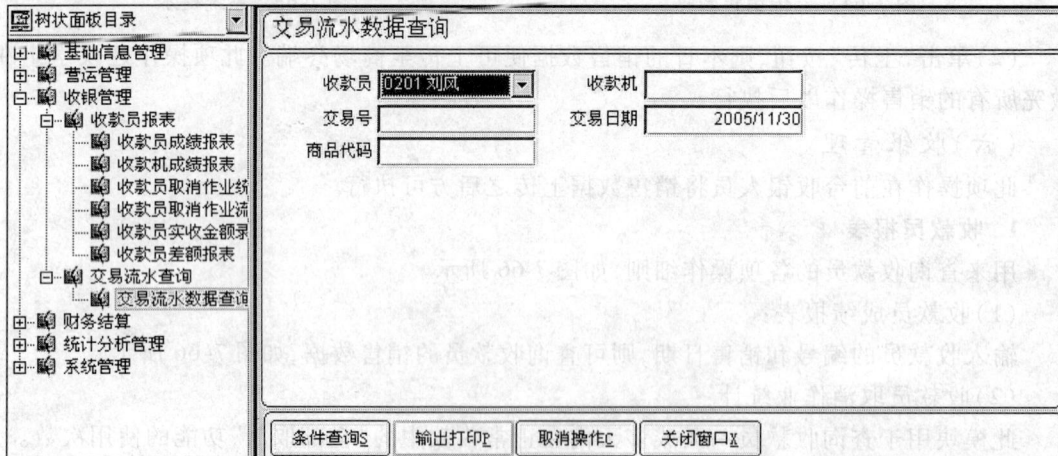

图 7-67　交易流水查询

（2）单击"条件查询"按钮，如图 7-68 所示。

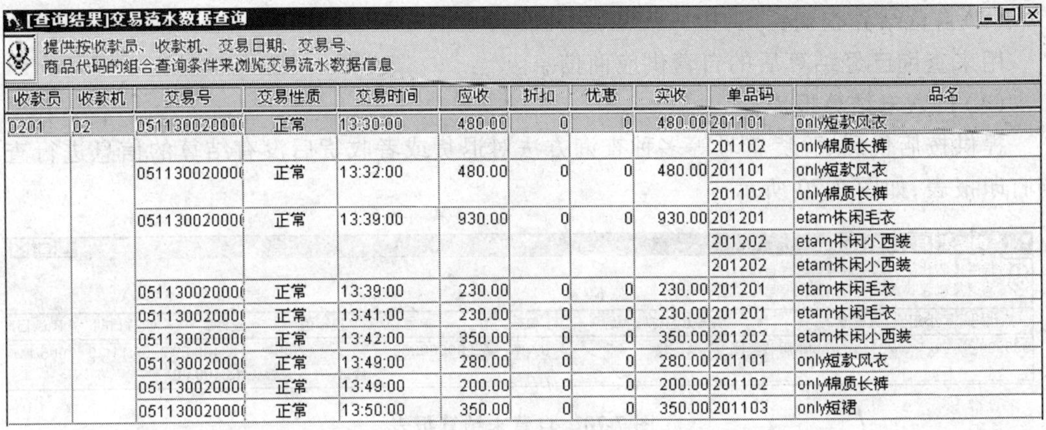
[查询结果]交易流水数据查询

提供按收款员、收款机、交易日期、交易号、商品代码的组合查询条件来浏览交易流水数据信息

收款员	收款机	交易号	交易性质	交易时间	应收	折扣	优惠	实收	单品码	品名
0201	02	051130020000	正常	13:30:00	480.00	0	0	480.00	201101	only短款风衣
									201102	only棉质长裤
		051130020000	正常	13:32:00	480.00	0	0	480.00	201101	only短款风衣
									201102	only棉质长裤
		051130020000	正常	13:39:00	930.00	0	0	930.00	201201	etam休闲毛衣
									201202	etam休闲小西装
									201202	etam休闲小西装
		051130020000	正常	13:39:00	230.00	0	0	230.00	201201	etam休闲毛衣
		051130020000	正常	13:41:00	230.00	0	0	230.00	201201	etam休闲毛衣
		051130020000	正常	13:42:00	350.00	0	0	350.00	201202	etam休闲小西装
		051130020000	正常	13:49:00	280.00	0	0	280.00	201101	only短款风衣
		051130020000	正常	13:49:00	200.00	0	0	200.00	201102	only棉质长裤
		051130020000	正常	13:50:00	350.00	0	0	350.00	201103	only短裙

图 7-68 查询条件

则可查出此收款员这一天来的交易明细。

(七)财务结算

1. 自营供应商结算

用来结算与自营供应商之间发生的款项。

(1)自营付款录入:

自营付款录入如图 7-69 所示。

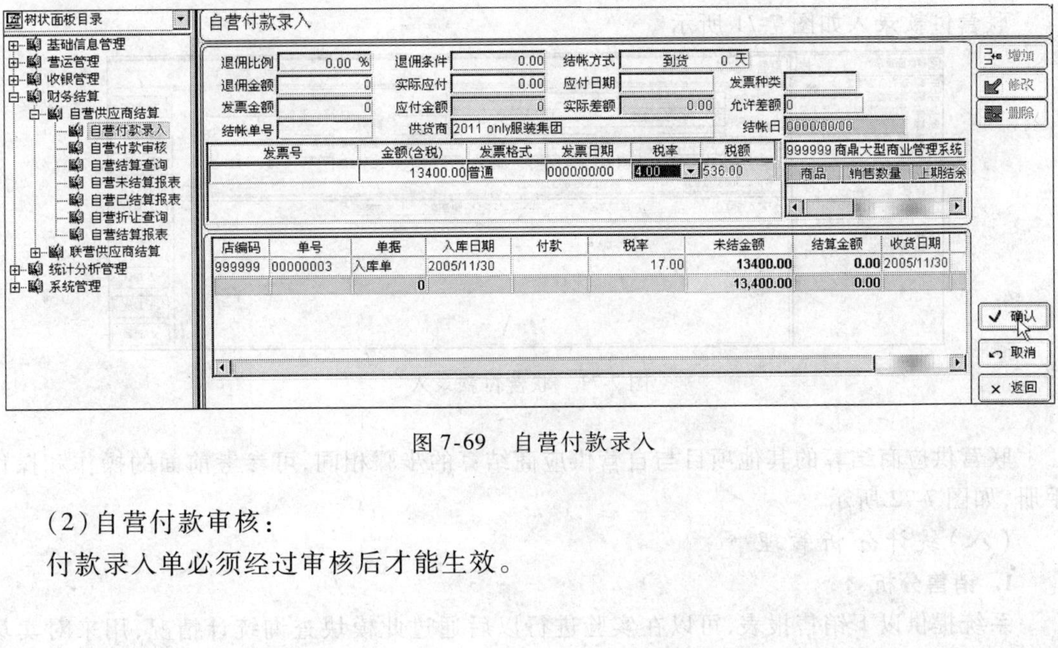

图 7-69 自营付款录入

(2)自营付款审核:

付款录入单必须经过审核后才能生效。

（3）自营结算查询：

用来查询已经结算后的自营供应商信息。

（4）自营未结算报表：

提供按店代码、验货单号等多种查询方法对退货或者收货后没有结算的信息进行查询与打印报表，如图7-70所示。

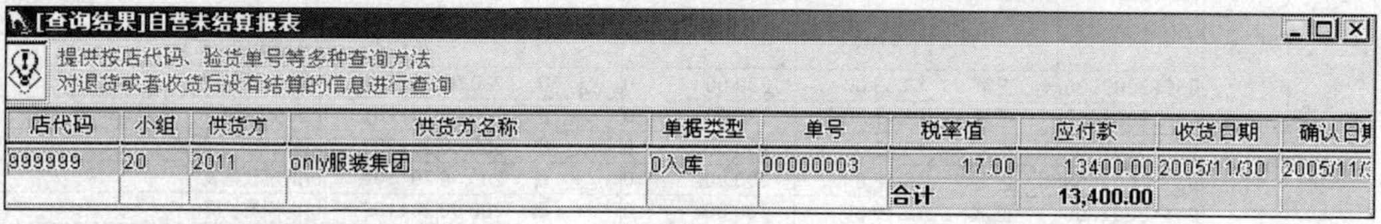

店代码	小组	供货方	供货方名称	单据类型	单号	税率值	应付款	收货日期	确认日期
999999	20	2011	only服装集团	0入库	00000003	17.00	13400.00	2005/11/30	2005/11/
						合计	13,400.00		

图 7-70　自营未结算报表

（5）自营已结算报表：

操作方法同上。

（6）自营折让查询：

对自营厂商所提供的折让单进行查询。

2. 联营供应商结算

对系统中联营厂商进行结算操作，在结账日期中输入要与厂商结账的日期，系统自动核算出自上次清账到本次清账日期之间的各种金额。

联营付款录入如图7-71所示。

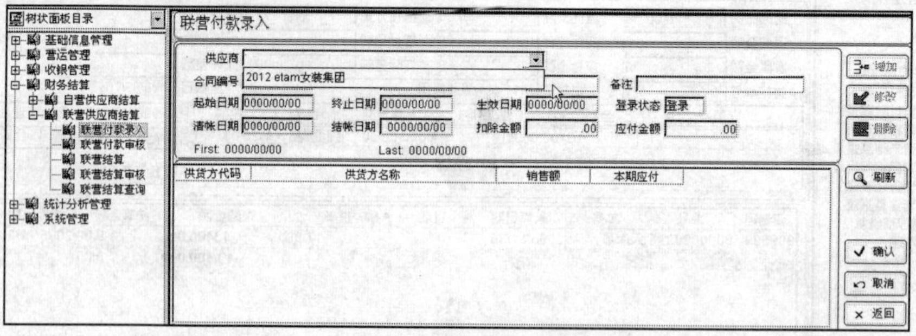

图 7-71　联营付款录入

联营供应商结算的其他项目与自营供应商结算的步骤相同，可参考前面的操作和操作手册，如图7-72所示。

（八）统计分析管理

1. 销售分析

系统提供以下销售报表，可以在实验进行以后通过此模块查询统计情况，用来对卖场销售进行相应分析，如图7-73所示。

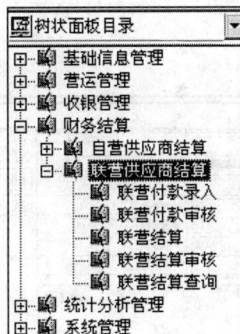

图 7-72　与联营供应商结算的其他操作步骤

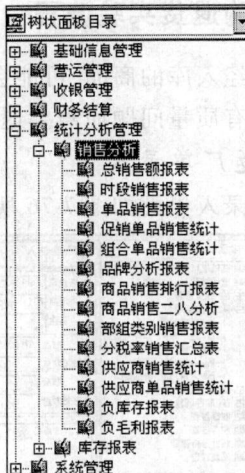

图 7-73　销售分析

2. 库存报表

（1）商品库存查询：

商品库存查询如图 7-74 所示。

图 7-74　商品库存查询

（2）商品历史库存查询：

操作同上。

（3）供应商库存查询：

此项操作可以查询到该同学所负责部门的各供应商的库存信息，如图 7-75 所示。

图 7-75　供应商库存查询

二、采购退货实验流程

对于已经入库的商品,可能会因为各方面的原因,包括卖场本身的原因,如产品销路不好或者产品有质量问题而需要退货的,可以返厂单的形式将产品退回。其操作步骤如下:

(一)返厂单录入

返厂单录入界面如图 7-76 所示。

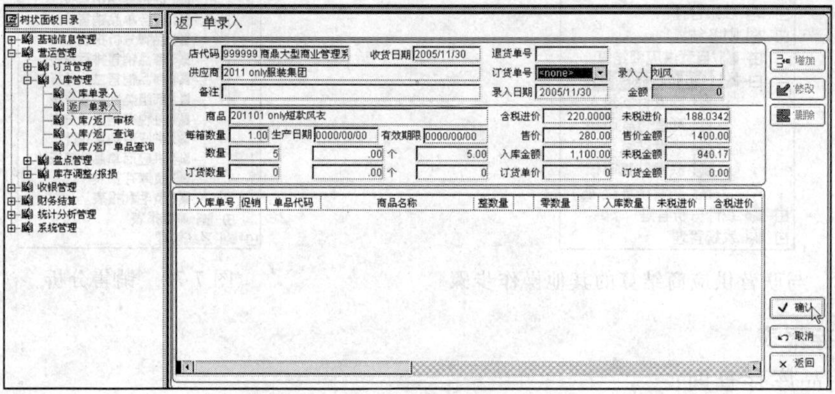

图 7-76　返厂单录入

(二)返厂单审核

此处的退货单同样会自动转入物流一体化操作平台:

在物流一体化实验中充当生产企业角色的同学进入"单据审核系统",提取退货单,如图 7-77 所示。

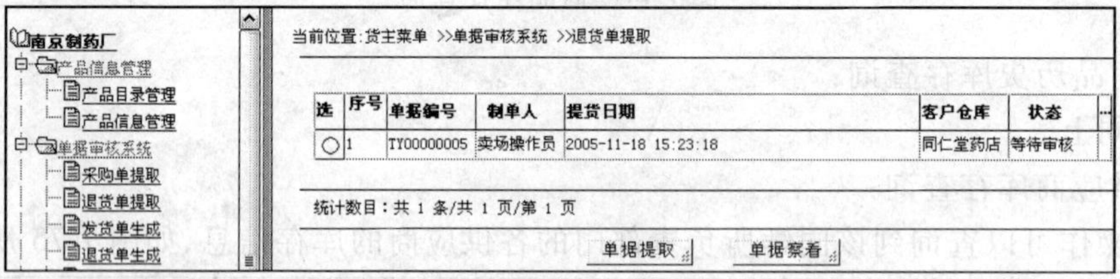

图 7-77　返厂单审核

进行物流一体化操作的同学可参考《物流一体化管理》实验指导书进行退货业务流程的操作。

(三)返厂单查询

与入库单一样,提供按不同条件查询返厂单情况。

(四)返厂单品查询

提供按不同条件对单品的返厂情况进行查询及产生打印报表。

第四节　实验报告

一、实验任务和实验目的

本实验旨在为学生提供软硬件的操作平台,通过模拟零售企业的经营活动,为学生提供实际演练的机会,培养学生的动手操作能力、提高学生的综合素质,使学生通过使用《卖场管理系统》软件与 POS 系统,深刻理解企业走信息化、数字化发展道路的内涵。

二、实验基本要求

通过上机使用"卖场管理系统"来理解卖场管理的思想;了解卖场各个部门的主要业务流程和操作方法;初步掌握"卖场管理系统"的主要功能和主要操作。通过对基础数据录入、营运管理、收银管理、财务结算、统计分析管理各子系统的模拟,了解卖场整个进销存实验的流程,掌握制定各类单据的方法,并掌握查询业务进程的方法。

三、实验项目与学时分配

实验项目与学时分配如表 7-3 所示。

表 7-3　实验项目与学时分配

序　号	实验项目名称	学　时	要　求	类　型	主　要　设　备
实验一	系统信息基础建立实验	1	必做	综合	计算机、网络、畅想卖场管理系统
实验二	营运管理实验	4	必做	综合	计算机、网络、畅想卖场管理系统
实验三	销售管理实验(统计分析管理)	2	必做	综合	计算机、网络、畅想卖场管理系统、POS机、POS 系统、条码识读设备、电子计价秤
实验四	财务结算实验	1	必做	综合	计算机、网络、畅想卖场管理系统
实验五	盘点管理实验	1	必做	综合	计算机、网络、畅想卖场管理系统
实验六	POS 周边设备应用实验	2	必做	综合	计算机、网络、畅想卖场管理系统、POS机、POS 系统、条码识读设备、电子计价秤

知识拓展

(1)订货周期:企业向供应商订货的时间周期。

(2)送货周期:供应商收到订单后,商品送到的天数。

(3)日均销量:最近 56 天(八周)的平均销量。

(4)库存数量:日处理完成后的日库存数量。

(5)可销天数:库存数量/日均销量。

(6)商品重要度分析:软件根据商品在销售过程中的销售额、毛利率、销售数量的表现综合计算商品的重要度指数,可根据指数对商品进行排行分析。

(7)数据结转处理:在每天营业结束后要把当天发生的业务数据记账,系统必须执行此操作,进行数据处理,方可得到相应的报表。

(8)毛利=售价－进价。

(9)毛利率=(售价－进价)/售价。

(10)关于工作分工:

- 采购员负责:厂商的签约、终止,商品的新进、变价、赞助等。
- 财务部负责:核收采购员与厂商确认的各项赞助费用。
- 店营业员/收货部营业员/主管负责:订货、验货、退货。
- 财务部核算/会计负责:对账、结账、赔偿。
- 营业经理负责:长期租用店内堆头、店内广告。

供应商在以上各环节遇到问题可投诉于采购部的采购经理;在店内可投诉于店长。

技能演练

企业的组织机构必须简单高效,因此对商业企业内部的管理部门根据不同的功能进行划分,主要思想是:"营(营业)采(采购)分离"和"一单(订货单)到底(结算单)",以防止采购人员与厂商勾结,保证各个部门互相制约、互相监督,如图7-78所示。

图7-78 各组织结构流程图

- 采购部:只能决定商品、价格和促销,不能决定进货、结算。
- 营业部:只决定进多少、退多少商品,不能决定进货价格、结算。
- 收银中心:只负责扫码收款,不能决定价格、进货、结算。
- 财务部:只能按单据结算,不能决定价格、进货、结算多少。

商品管理流程如图7-79所示。

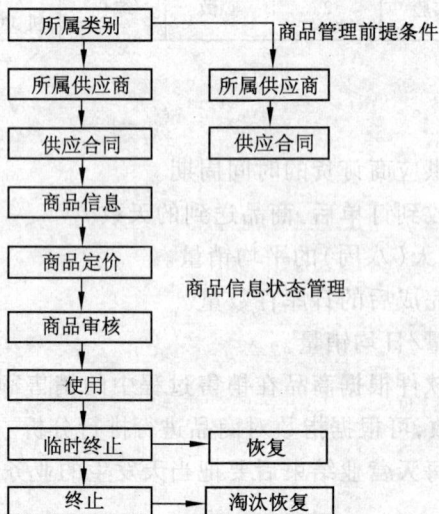

图7-79 商品管理流程

商品订货管理流程如图 7-80 所示。

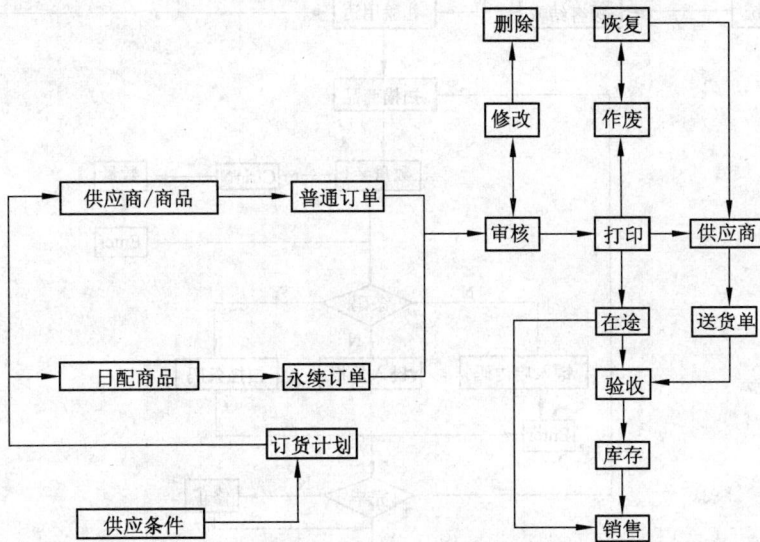

图 7-80　商品订货管理流程

入库管理流程如图 7-81 所示。

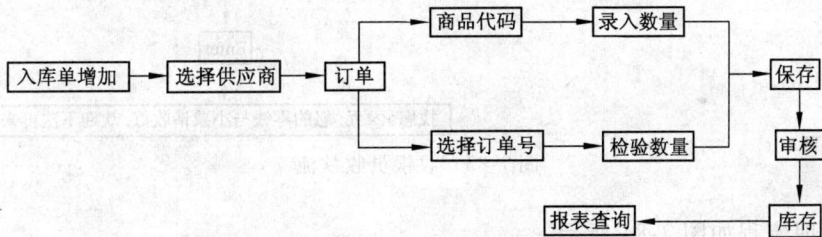

图 7-81　入库管理流程

财务结算流程如图 7-82 所示。

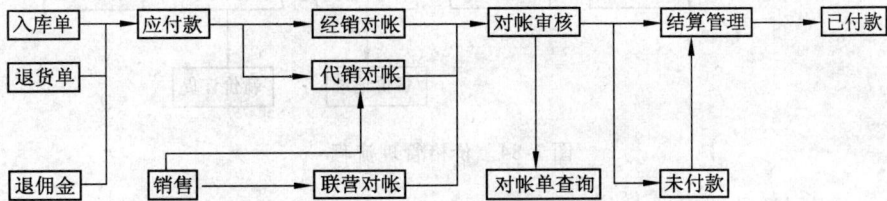

图 7-82　财务结算流程

收银员收款流程如图 7-83 所示。

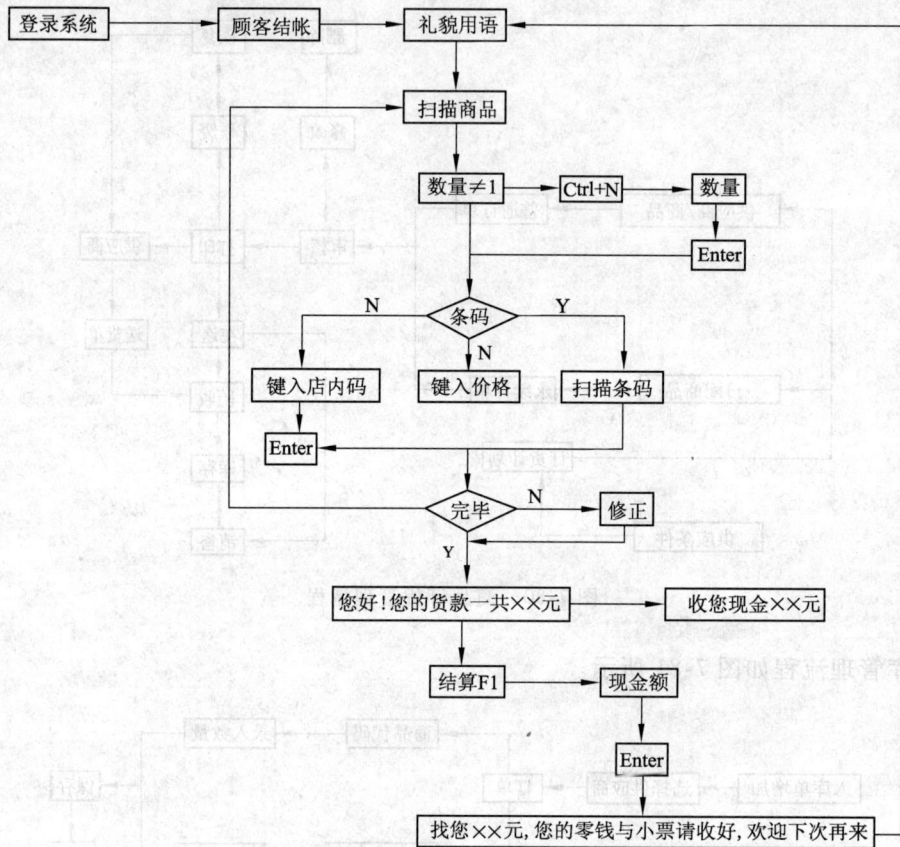

图 7-83　收银员收款流

价格管理流程如图 7-84 所示。

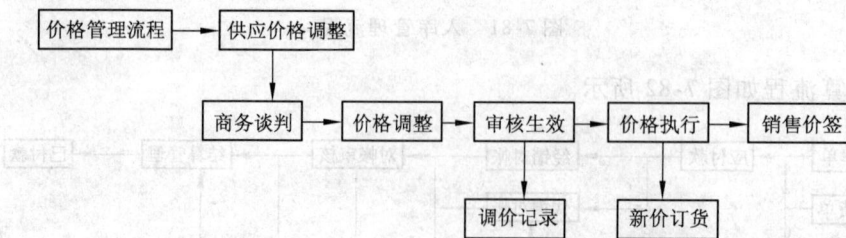

图 7-84　价格管理流程

盘点作业流程如图 7-85 所示。

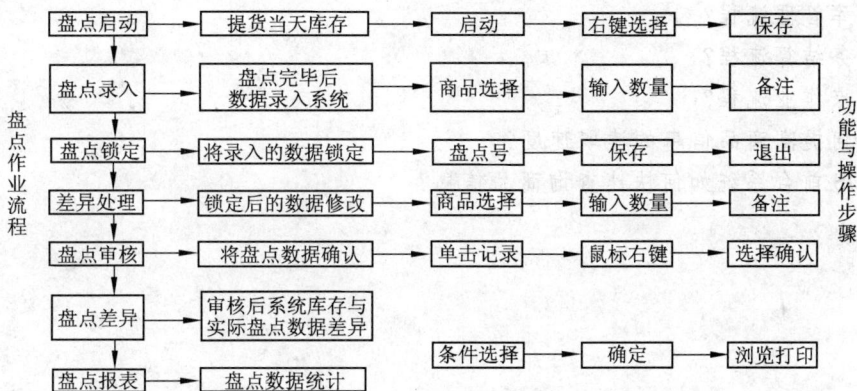

图 7-85　盘点作业流程

案例分析

经营者的困惑

- 我们到底该经营哪些商品才能满足顾客的需求？
- 我们的店铺年内有多少个单品才好,为什么计算机里的单品数量越来越多？
- 周转次数为什么上不去？存货量太大资金利用率低怎么办？
- 好卖的商品总是断货怎么办？

……

答案:引进品类管理。

本章小结

本实验旨在为学生提供软/硬件的操作平台,通过模拟零售企业的经营活动,为学生提供实际演练的机会,培养学生的动手操作能力、提高学生的综合素质,使学生通过使用"卖场管理系统"软件,深刻理解企业走信息化、数字化发展道路的内涵。

复习思考

1. 收银员收款流程？
2. 商品管理流程？
3. 价格管理流程？

4. 订货管理流程？

5. 入库管理流程？

6. 财务结算流程？

7. 盘点作业流程？

8. 如何提高商品信息的读取速度？

9. POS 前台系统如何快速查询商品信息？

第八章
其他软件

知识目标

通过了解电子商务、国际贸易、第三方物流、综合物流管理系统软件理念,开拓应用视野、加深知识理解;

为教师对现代物流的应用研究提供流程、环节、设备、技术途径和应用等角度新的思路和研究环境。

第一节 畅想电子商务模拟软件 CX-Ec Soft V6.0

一、系统介绍

随着数字化技术的飞速发展,在电子商务成为网络时代的今天,如何真正了解电子商务的实际流程? 如何通过实验手段深入学习电子商务? 畅想电子商务模拟软件 CX-Ec Soft V6.0 成功地解决了这个问题。

畅想电子商务模拟软件 CX-Ec Soft V6.0 提供给学生这样一个环境,它包含商业模式中的七种角色:银行、EDI 信息中心、物流中心、商场、厂家、CA 中心和个人消费者。模拟系统制作精美、操作界面简单,详细的商品信息和完整的运作流程给用户身临其境的感受。

畅想电子商务模拟软件 CX-Ec Soft V6.0 由实验系统、考试系统和教师管理系统构成。实验系统与考试系统为学生提供了电子商务实验及考试的环境,教师管理系统实现了学生注册管理、实验角色分配、分组实验、实验进度管理以及实验系统内企业和商品管理等功能。另外,该软件系统商品库里所有商品的产品码严格按照国家标准《商品条码》的规则制订,所有企业的代码,包括生产企业、物流中心、网上商场的代码都采用了国家标准《EDI 位置码》。

畅想电子商务模拟软件 CX-Ec Soft V6.0 适合正在电子商务专业学习的学生使用,既可满足高职高专、专科、本科、研究生不同层次的需要,又可满足电子商务专业、工商管理专业、国际贸易专业等不同领域的学习需要,还适用于学校、培训机构、企业等各种不同的用户。

该模拟软件登录界面如图 8-1 所示。

图 8-1　CX-Ec soft V6.0 登录界面

二、软件特点

(1)强大的教师管理平台,实现了学生注册管理、实验角色分配、分组实验以及实验进度管理等功能。

(2)完善的考试系统,所有的学生在完成实验后,利用实验考试系统进行考试,考试完毕,系统自动显示学生成绩。

(3)所有商品的产品码严格按照国家标准《商品条码》的规则制订,所有企业的代码,包括生产企业、物流中心、网上商场的代码都采用国家标准《EDI 位置码》。

(4)在交易过程中,所有交易各方交换的数据报文格式均采用联合国的 EDI 报文标准,如"订购单报文"、"订购单变更请求报文"、"订购单变更确认报文"等,使电子商务模拟系统中电子报文的传输与交换与实际商务活动完全相符。

第二节　畅想综合物流管理系统 CX-ILMS V1.0

一、系统介绍

畅想综合物流管理系统 CX-ILMS V1.0 是北京网路畅想科技有限公司依据先进的供应

链管理理念,融入现代企业供应链管理实践和优化的业务流程,对供应环节中的物料、资金、信息等资源进行计划、调度、调配、控制和利用,利用最新的计算机及网络技术开发的供应链管理软件。

该系统采用多角色操作,模拟企业物流、物流企业的物流运作、管理、经营的各流程、步骤、环节,使学生深刻体会企业性物流管理、经营和运作;采用多种类、多形式数据采集和检测、处理设备,实物模拟多种企业物流数据处理、管理模式。

实验由教师对实验项目、实验人员、分组、实验流程、设备等进行设置,组织学生进行实验,最终对实验成绩进行评估。期末对学期实验进行总结、评定,并记录优秀实验学生、实验组;可查询和打印实验记录、实验成绩。

实验流程旨在模拟实际物流活动的过程,使同学们了解产品物流的实际操作流程。根据物流需求的不同,可分为提货、采购、发货、调拨、退货几个步骤。

通过本系统的学习,学生可以对射频、条码、通讯、光电等技术在现代物流中的应用获得全景式的了解,开拓应用视野,加深理论知识理解,实现思维由理论抽象向直观形象、传统物流观念向现代物流观念的转变。同时也可为教师对现代物流的应用研究提供流程、环节、设备、技术途径和应用等角度新的思路和研究环境。

二、硬件集成

在畅想综合物流管理系统仓库作业系统中集成了辅助物流运作的各类适用于不同环境、位置的高中低端硬件设备接口,并实现了当前硬件设备的即插即用功能。集成了数据采集器、无线数据采集器、无线射频手持终端、固定 RFID 读写器等先进的设备,如图 8-2 所示。

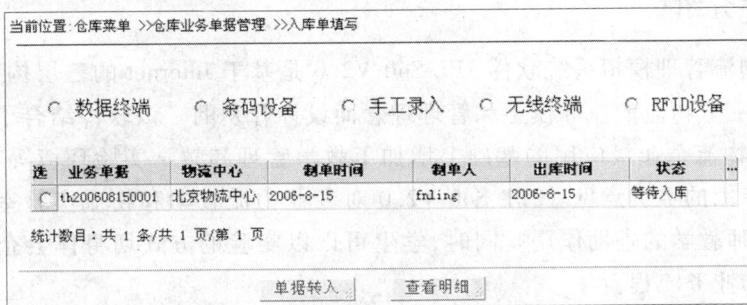

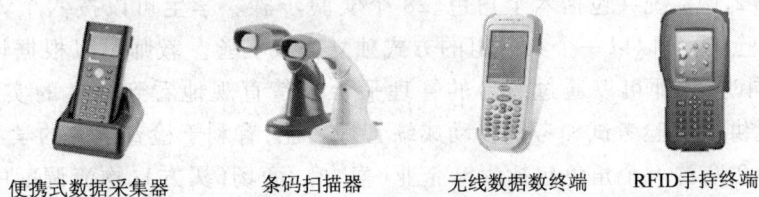

选	业务单据	物流中心	制单时间	制单人	出库时间	状态	…
○	th200608150001	北京物流中心	2006-8-15	fnling	2006-8-15	等待入库	

便携式数据采集器　　条码扫描器　　无线数据数终端　　RFID手持终端

图 8-2　仓库作业系统中集成的设备及软件接口

三、系统特点

（1）该系统可以连接生产企业 ERP 系统、卖场采购管理系统、POS 软件系统，构成完整的现代商业物流供应链流程。对条码技术在采购、生产、运输、仓储、配送、销售、结算、服务等现代物流过程环节和管理中的应用提供全程模拟。利用射频、有线网络、无线网络、智能卡、磁条技术、无线通信技术为条码应用提供了完整的模拟实验环境。

（2）该系统集成了辅助物流运作的各类适用于不同环境、位置的高中低端硬件设备，并实现了当前硬件设备的即插即用功能。集成了数据采集器、无线数据采集器、无线射频手持终端、固定 RFID 读写器等先进的设备。

（3）所有商品的产品码严格按照国家标准《商品条码》的规则制订，所有企业的代码，包括生产企业、物流中心的代码都采用国家标准《EDI 位置码》。

（4）强大的教师管理平台，实现了对学生的注册管理、实验角色分配、分组实验以及实验进度管理、业务数据初始化等功能。在模拟实验时，教师可以根据班级学员情况，将学员分成若干组，一人多职或一人一职。由教师分配学生角色，对实验环境场景初始参数（销售店铺、物流企业、生产企业）进行设置，对实验过程进行控制。

（5）该系统为"中国条码推进工程条码实验室示范基地"核心软件。

第三节　第三方物流管理模拟系统软件 3PL Soft V2.0

一、软件介绍

第三方物流管理模拟系统软件 3PL Soft V2.0 是基于 Internet 的三层构架，根据现代物流，特别是第三方物流的业务模型和管理理念而设计开发的。该软件结合了物流教学的特征，在第三方物流企业级应用的基础上增加了教学管理和教学实验环境等功能，并征求了国内外物流专家的宝贵意见。3PL Soft V2.0 对专业物流教学和物流实验室具有较强的针对性，起到教师教学的辅助作用。同时，学生可以以实验的方式切身体会企业第三方物流的管理思想和业务流程。

3PL Soft V2.0 系统共包括六个角色、28 个实验步骤。学生可以按六个人一小组的方式共同完成实验，也可以以一个人一组的方式独立完成实验。教师可以根据情况来配置实验小组成员，同时，教师可以通过后台的管理平台清楚直观地看到学生的实验状况。3PL Soft V2.0 还提供了实验考试和考试自动成绩管理功能，有利于检查学生的学习情况。

3PL Soft V2.0 的六个角色包括生产企业（卖方）、商场（买方）、物流调度中心、车队、发货仓库、收货仓库。生产企业和商场之间通过订单进行交易，一旦交易达成，生产企业委托物流调度中心(第三方物流企业)进行货物的配送,物流配送中心便对相应的车队和发货仓库、收货仓库进行调度,完成一系列的物流配送任务。系统中的 28 个实验步骤逐一体现了第三方物流的管理思想和管理模型。

二、功能模块介绍

第三方物流管理系统分前台业务系统和后台教师管理系统两大部分:

(1)前台业务系统分为六大模块:生产企业管理模块、商场管理模块、调度中心管理模块、车队管理模块、出库仓库管理模块、入库仓库管理模块。

(2)后台管理系统主要功能:班级管理、学生管理、分组管理、合作伙伴管理、分数统计、业务数据维护。

三、系统特点

第三方物流管理模拟系统软件3PL Soft V2.0 是 21 世纪中国电子商务网校实验室建设系列软件之一。本模拟系统与电子商务模拟软件 CX-Ec – soft V6.0 采用相同的数据结构,企业编码和商品编码进行了统一,并且实现了两套软件之间的对接和数据传输,对于电子商务模拟系统软件中物流中心进行了深入研究,更加充分地说明了第三方物流管理的合理性和有效性。两套软件配合使用,能够使学生进一步理解了电子商务的真谛。

第四节 国际贸易实务模拟系统软件 ITS Soft V1.0

一、系统介绍

国际贸易实物模拟系统软件 ITS Soft V1.0 根据进出口贸易的特点,通过精心设计,实现了组织、控制和指导进出口交易模拟试验训练,使学员能在一个仿真的国际商务环境中亲身体会商品进出口交易的全过程,从而使学员能够在较短的时间内全面、系统、规范地掌握从事进出口贸易的主要流程。

国际贸易实务模拟系统软件 ITS Soft V1.0 精心搭建起一个仿真的国际互联网贸易环境,使学员通过实验环境中的信息查询、市场应变、网上采购、开证、报关、结算等,全面培养其市场能力、商务谈判能力、争议解决能力、风险防范能力、资金运作能力、信息反应能力、业务操作能力、管理决策能力。老师则可以通过教师管理系统,建立具有自己特色的题库资源。通过特别设计的模拟练习,让学员模拟出口商、海关、银行、运输、商检的信息传递和业务操作,使学员熟悉和了解实际工作环境及工作流程。

二、功能模块

该软件共有八个模块系统：数据库配置系统、系统管理、客户管理系统、银行管理系统、商检管理系统、运输管理系统、保险管理系统、海关管理系统。

结 束 语

本书旨在通过实验讲解，使学员正确理解并掌握物流供应链的运作模式和基本流程，有效地解决理论教学与企业实际需要脱节的问题，培养真正能够服务于企业的物流管理人才。

本书涉及的软件由北京网路畅想科技发展有限公司自主开发设计，其知识产权归北京网路畅想科技发展有限公司所有。

北京网路畅想科技发展有限公司软件著作权的登记情况如表 8-1 所示。

表 8-1 软件著作权登记表

编 号	软 件 名 称	证 书 编 号	登 记 号
1	畅想采购管理系统 V2.0［简称：CX-PMS］	软著登字第 047991 号	2006SR00325
2	畅想电子商务模拟软件 V6.0［简称：CX-Ec soft］	软著登字第 047990 号	2006SR00324
3	畅想物流一体化系统 V2.0［简称：CX-LIS］	软著登字第 047988 号	2006SR00322
4	畅想综合物流管理系统 V1.0［简称：CX-ILMS］	软著登字第 047989 号	2006SR00323
5	第三方物流管理模拟系统软件 3PL Soft V1.0	软著登字第 008539 号	2003SR3448
6	畅想供应链管理信息系统 V1.0［简称：CX-SCMS］	软著登字第 029880 号	2004SR11479
7	畅想仓储管理系统 V1.0［简称 CX-WMS］	软著登字第 075404 号	2007SR09409
8	畅想配送管理系统 V1.0［简称 CX-DMS］	软著登字第 075402 号	2007SR09407
9	畅想运输管理系统 V1.0［简称 CX-TMS］	软著登字第 075403 号	2007SR09408
10	电子商务模拟软件 NT2002 V2.0	软著登字第 003221 号	2002SR3221
11	国际贸易实务模拟系统软件 ITS Soft V1.0	软著登字第 010220 号	2003SR5129
12	畅想卖场采购管理软件 V1.0［简称：CX-SPM Soft］	软著登字第 029865 号	2004SR11464
13	远程仓储模拟系统软件 NET-W Soft V1.0	软著登字第 010221 号	2003SR5130

附录 A
系统平台构建参数

本书提供了多种物流管理实验,学生在实验的过程中不仅可以通过软件操作了解物流、配送、仓储、物流模型设计等实践操作流程,而且对整个过程中所涉及的硬件设备也将详细了解;通过生产企业、销售企业、物流公司内部工作岗位仿真模拟实践,基本上可以了解现代化企业实际的业务工作流程;通过企业与企业之间的业务联系,可以了解供应链管理的精髓。

为了满足各院校采购的需求,针对书中涉及的系统平台,表 A1 可作为设备选购的参考。

表 A1　系统平台构建参数

系统平台组成部分	参　　　　数
供应链管理平台	供应链管理平台基于公共基础标准数据库,实现异构系统之间的数据交换。生产企业客户和商业企业客户可以通过内置于供应链管理平台的用户服务系统来发布交易信息并达成交易。另外,生产企业和商业企业还能够通过公共基础标准数据库提供的系统接口将自身的系统集成到供应链管理平台当中。供应链管理平台能够采集来自不同异构系统的数据,并将这些数据标准化成为能够在整个供应链管理系统范围内共享的数据 在与供应链企业间进行电子数据交换的规则基础上,标准数据库采用联合国行政、商业和运输业电子数据交换规则(UN/EDIFACT)标准报文规则 在具体应用上,采用国家质检总局根据 UN/EDIFACT 标准报文制定的我国各项报文交换标准,支持的标准包括:GB/T 18130—2000、GB/T 17536—1998、GB/T 17706—1999 等 标准数据库采用上述编码体系和报文交换标准以及参考我国《物流标准体系表》的相关标准 采用中国自主知识产权的二维条码新技术——汉信码
物流一体化管理系统	提供丰富的功能模块,支持各种不同的企业组织架构和物流业务。可用于单独物流企业的物流作业管理,包括仓储管理、运输管理、配送管理以及包装、流通加工、装卸搬运等业务的管理;还可用于实现跨部门、跨企业的物流资源整合 可与供应链管理平台连接,下设三种类型的接口,分别与仓储管理系统、运输管理系统和配送管理系统相连 软件采用 B/S 结构,充分考虑用户利益,保证浏览查询者方便操作的同时也使得系统更新简单,维护简单灵活,易于操作

系统平台组成部分	参　　　数
物流一体化管理系统	在与供应链企业间进行电子数据交换的规则上，标准数据库采用联合国行政、商业和运输业电子数据交换规则（UN/EDIFACT）标准报文规则。 在具体应用上，采用国家质检总局根据 UN/EDIFACT 标准报文制定的我国各项报文交换标准，支持的标准包括：GB/T 18130—2000、GB/T 17536—1998、GB/T 17706—1999 等 标准数据库采用上述编码体系和报文交换标准以及参考我国《物流标准体系表》的相关标准。 采用中国自主知识产权的二维条码新技术——汉信码 功能模块如下： （1）系统管理 用户账号管理、系统模块设置、手动或自动定义用户的客户类型、客户角色分配相应的权限、数据权限分配 （2）基础数据管理 ① 产品基本数据的增、改、删，支持产品类型、来源类型、用途类型等多种属性定义 ② 产品分类属性定义，支持定义物料的多种属性，实现按多种方式灵活查询、统计 ③ 计量单位定义 ④ 地区代码定义 ⑤ 各类单据类型、单据编号定义 （3）业务调度 ① 审核客户的物流作业单据 ② 物流作业部门工作完成确认 ③ 设置仓储调度规则和运输调度规则，自动寻找最优的物流企业作为客户物流作业指令的执行者 （4）业务管理 单据的状态查询、物流作业进程跟踪、回执确认 支持多种单据转入方式，包括 Excel 表、汉信码、数据库直接导入、手工录入 （5）统计报表 定制统计报表的内容和格式、统计报表模板管理 （6）费用管理 生成费用清单、自定义收费项目和费率、费用统计、费用结算 （7）接口设置 汉信码设备接口、GPS 系统接口
仓储管理系统	重点在于支持各个子仓库的收货、上架、拣货、发货和库存管理等业务操作。其目的是有效地提高仓库的操作效率和库存准确度 可以通过标准数据接口与物流一体化管理系统相连，进一步扩展自身的功能，包括实现对在途库存的管理、多仓库的集成化管理等 本系统当中还应用了多种关键技术，包括：汉信码技术、RFID 技术等。新技术的应用，极大地提高了仓库的操作效率和准确度。软件采用 B/S 结构，充分考虑用户利益，在保证浏览查询者方便操作的同时也使得系统更新简单，维护简单灵活，易于操作 在与供应链企业间进行电子数据交换的规则上，标准数据库采用联合国行政、商业和运输业电子数据交换规则（UN/EDIFACT）标准报文规则 在具体应用上，采用国家质检总局根据 UN/EDIFACT 标准报文制定的我国各项报文交换标准，支持的标准包括：GB/T 18130—2000、GB/T 17536—1998、GB/T 17706—1999 等 标准数据库采用上述编码体系和报文交换标准以及参考我国《物流标准体系表》的相关标准 采用中国自主知识产权的二维条码新技术——汉信码

系统平台组成部分	参　　　　数
仓储管理系统	功能模块如下： (1)系统管理 系统设置、公用信息、账户设置、权限管理 (2)基础数据管理 客户档案、产品档案、库区设置、库位设置、包装 (3)作业管理 ① 业务规则：库位分配规则、库存周转规则、拣货规则 ② 单证处理：预到货通知管理、码盘处理、出库通知管理 ③ 入库管理：收货、码盘收货、盲收 ④ 出库管理：拣货、发货 ⑤ 库存管理：库存交易、库存移动、库存查询、盘点管理、库存转移、库存冻结/释放、库存调整 (4)统计报表 报表设置、业务报表 (5)费用管理 收费项目和费率、费用清单 (6)接口设置 CX-LIS(物流一体化)接口、汉信码设备接口、GPS系统接口
运输管理系统	运输管理系统(CX-TMS)是按照先进、可靠、长远发展的要求进行设计,以建设一个高度现代化的物流运输网络为最终目标。整个系统由运输管理系统软件、跟踪服务网、GPS/GSM/GIS系统等有机结合而成。其宗旨是以现代物流信息技术改造传统运输企业,提高企业竞争力,为运输企业创造新的利润来源 本系统可通过标准化的数据接口与物流一体化管理系统相连 功能模块如下： (1)系统管理 系统设置、账户设置、权限管理 (2)基础数据管理 公共信息、客户档案、产品档案、车辆类型、车辆档案 (3)运输管理 ① 配载管理：订单管理、车辆调度 ② 外协管理：车队管理、车辆回归确认 ③ 发运管理：运量确认、送货单打印 (4)统计报表 报表设置、业务报表 (5)费用管理 收费项目和费率、费用清单 (6)接口设置 CX-LIS(物流一体化)接口、汉信码设备接口、GPS系统接口
配送管理系统	配送管理系统(CX-DMS)是进行配送中心作业流程和物流管理的系统,既包括基本的仓储管理功能,也包括强大的越库管理、退货管理、例外管理以及配送调度安排、线路优化和跟踪等功能 能够提高工作效率,加快货品流通速度,降低流通成本,增强数据挖掘能力,为企业的服务、管理、决策提供充分的信息来源 系统支持无线手持终端/条码作业模式,可通过物流一体化管理系统以及供应链管理平台与生产企业的ERP系统、销售企业的POS系统互连 软件采用B/S结构,充分考虑用户利益,保证浏览查询者方便操作的同时也使得系统更新简单,维护简单灵活,易于操作

系统平台组成部分	参　　　　数
配送管理系统	在与供应链企业间进行电子数据交换的规则基础上,标准数据库采用联合国行政、商业和运输业电子数据交换规则(UN/EDIFACT)标准报文规则 　　在具体应用上,采用国家质检总局根据 UN/EDIFACT 标准报文制定的我国各项报文交换标准,支持的标准包括:GB/T 18130—2000、GB/T 17536—1998、GB/T 17706—1999 等 　　标准数据库采用上述编码体系和报文交换标准以及参考我国《物流标准体系表》的相关标准 　　采用中国自主知识产权的二维条码新技术——汉信码 　　功能模块如下: 　　(1)系统管理 　　系统设置、账户设置、权限管理 　　(2)基础数据管理 　　公共信息、客户档案、产品档案、库位管理、车辆类型、车辆档案 　　(3)配送管理 　　① 入库管理:入库计划、验货入库、退货入库、不良品管理 　　② 库内作业:库存查询、盘点管理、移库管理、拆箱管理 　　③ 出库配送:出库计划、自提出库、配送出库 　　(4)统计报表 　　报表设置、业务报表 　　(5)费用管理 　　收费项目和费率、费用清单 　　(6)接口设置 　　CX-LIS(物流一体化)接口、汉信码设备接口、GPS 系统接口
教学系统	系统功能如下: 　　该教学系统是一款 Web 网站结构的教育运营平台。它可以支持学校教学模式的网络化,实现学生与教师以及学校间类似实际教学模式的运营,方便学校提供符合普通教学模式和流程的教学 　　本教育管理平台共包含三个分区系统,包括:学生学习系统、教师教学系统、管理员教务系统 　　学生学习系统主要是学生学习考试的平台,学生以自己的账号登录后可以在线购课,付费成功后,管理员会在后台为学生开通所选取的课程。学生可以在相关的课程区内学习、练习、考试、成绩查询以及与任课老师进行在线互动等操作 　　教师区主要是教师对所任教课程的管理,以及对此门课程内的学生进行查询和管理的功能。主要功能包括:题库的增/删管理、章节考试规则的设定、判卷以及与学生的互动答疑等功能 　　每一个子系统均在首页设定入口,除管理员外的角色(教师、学生)根据给定的账户及密码进入各自的分区。管理员在单独的管理员登录地址以管理员账号进入后台系统,对整个网站系统进行管理和维护 　　功能模块如下: 　　(1)学生学习考试系统 　　学生注册模块、学生选课模块、学生在线学习、学生在线练习、学生在线考试、在线成绩查询、师生互动模块、个人信息管理、修改个人密码、在线帮助模块 　　(2)教师管理系统 　　题库管理模块、组卷管理模块、批改试卷模块、查询学生模块、学生答疑模块、教学管理模块、个人信息管理 　　(3)管理员教务管理 　　① 权限管理模块:增加管理员、修改账号密码、管理员管理 　　② 教务管理模块:学生管理、任课教师管理、班级管理、课程管理、题库管理、考试管理、毕业管理、工具

续表

系统平台组成部分	参　　　　数
CCD 条码扫描器	光源:660nm Visible Red LED 光学系统:2048 px CCD 扫描距离:0~125mm 扫描宽度:95mm 扫描速度:100 次/s 分辨率:0.1/mm 印刷对比度:≥45% 扫描角度:前 60°,后 60°,偏转 70° 解码能力:识读所有标准一维码 提示音:七种或静音 指示灯:绿灯 电缆连线长度:Straigh 2.0m 外壳材料:ABS 塑料 + TPR 输入电压:DC 5V ± 0.25V 工作电流:250mA@ 5V DC 待机电流:30mA@ 5V DC 直流变压器:Class 2;5V DC @ 500 mA 产品认证:FCC Class A,CE,BSMI 工作温度:0~45℃(32~122°F) 储存温度: - 20~60℃(- 4~158°F) 工作湿度:5%~90% 相对湿度、无霜 照明光亮度:≤20 000Lux 抗震能力:可承受 1.5m 高度自由落体到水泥地面的冲击 编程方式:通过使用手册,通过 RS232 接收视窗软体的设定 软件升级:N/A 设置特性:条码类型选项、校验机选项、解码选项、传输字符延迟、后缀字符、正常只读的提示音的音量和音响、扳机选项、键盘仿真类型(报文延迟、键盘类型、键盘语言)、串口参数(ACK/NAK,Xon/Xoff,RTS/CTS,good read LED control,start/stop bits)
激光条码扫描器	光源系统:650nm 可见激光二极管(VLD) 景深:10~220mm(UPC/EAN 100%) 扫描角度:42° 扫描速度:40 线/s 扫描线数:单线 通信接口:键盘接口、RS232C 串口、USB 接口 数据线:2m(拉直) 输出电压:5V DC ±5% 工作电流:120mA 激光安全性与电磁兼容如下: 激光安全性:CDRH class Ⅱ;IEC 60825 - 1 class 1 电磁兼容:CE & FCC DOC compliance 工作温度:0~50℃(32~104°F) 储藏温度: - 20~60℃(- 4~140°F) 工作湿度:5%~90% RH(无凝结) 环境亮度:≤10 000 LUX 抗震能力:从 1.5m 高处自由落体至水泥地面仍可正常工作

续表

系统平台组成部分	参　　　　数
全方位激光扫描平台	光源 650nm 可见激光二极管 扫描距离:0 ~ 216mm for UPC/EAN 100% ,PCS = 90% 扫描窗口:90mm @ Contact,218 @ 216mm of depth 扫描模式:32 线网状扫描 扫描频率:2400 次/s 扫描视角:8 个扫描方向 最小分辨率:5mil @ PCS 90% 印刷对比度:30% @ UPC/EAN 100% 指示灯(LED):双色 LED(蓝色和红色) 声音调节:可调音频和音调 通信接口:键盘 RS – 232C,USB 1.1,Wand,Aux. RS-232 输入电压:5V DC +10% 功率:1.5W 电流:300mA@ 5V 镭射安全性:CDRH Class IIa;IEC 60825-1;Class I 电磁兼容:CE & FCC DOC compliance 工作温度:0 ~ 40℃ 储存温度: − 20 ~ 60℃ 湿度:5% ~ 95%(无凝结) 环境亮度:最大 4000 Lux(荧光) 抗震能力:从 1m 高处自由落体至水泥地面仍可正常工作
二维条码扫描器	支持汉信码、GB/T 21049—2007 扫描模式:高速率、高灵敏度百万像素 CMOS 图像传感器 特性:全码制(汉信码、QR、PDF417、DataMatrix 等二维码制、一维码制)识读 电源电压:DC 6.0V + − 10% 最小对比:0.45 最小分辨率:0.127mm(CODE – 39,PDF417) 　　　　　　0.169mm(QR code,Data Matrix) 符合规章:RoHS ∗3,VCCI Class BCE 操作温度: − 20 ~ 50℃ 储藏温度: − 25 ~ 70℃ 操作湿度:5% ~95% 相对湿度(无水凝) 储藏湿度:5% ~95% 相对湿度(无水凝) 防坠测试:可承受 1.8m 自由落体至混凝土地面的多次冲击 支持四种接口:RS232C,Keyboard Wedge,USB(HID),and USB(VCP)。主机的命令传输应通过 USB（VCP)接口
条码检测仪	国家标准和 ISO 标准设计生产,是国家科技攻关项目的科研成果 中文操作系统:全中文显示和中文打印机 双检测标准:分级检测标准和传统检测标准同时存在,可提供两种检测标准下的检测数据 自动分辨码制扫描条码符号时,可以自动判别码制,无须事先判断输入码制 检测多种码制:EAN-13、EAN-8、UPC-A、UPC-E、储运单元条码、交插二五码码、三九条码、128 条码、库得巴条码、中国邮政条码 单次/多次扫描:在分级检测标准下,选择多次(<10 次)扫描时,可以得到多次检测的平均等级 数据存储:可以选择存储或不存储检测结果;最多可以存储 200 次扫描的检测结果

续表

系统平台组成部分	参　　　　数
条码检测仪	显示与输出:液晶显示全部检测结果;五位发光二极管指示条码符号等级;声音提示是否通过;打印全部检测数据 扫描速度提示:当扫描速度过快时,显示提示信息 定点反射率检测:可以测定任意点的反射率,方便确定条空颜色搭配 关机:自动/手动关机 低电压警告:提示使用者及时更换电池 使用温度环境:10~40℃ 使用湿度环境:30~80%RH 电源:4 节 AA 碱性电池/AC220V 50Hz(专用直流稳压电源接入) 其他:无振动,待测条码表面洁净,无尘、油和碎屑
磁卡读/写器	允许划卡数度:10~120cm/s 此卡读写标准:兼容 IBM、ISO、ANSI、DIN 磁卡录密度:第一磁道 210Byte/in,最大字符 76 字符 　　　　　　第二磁道 210Byte/in,最大字符 107 字符 　　　　　　第三磁道 75Byte/in,最大字符 37 字符 　　　　　　第四磁道 210Byte/in,最大字符 107 字符 串口通信参数:1200/2400/4800/9600bps 可选 环境参数:温度 5~50℃ 　　　　　湿度 15%~85% 功耗:静态功耗 600mV　最大功耗 1200mV 寿命:磁头寿命>30 万次　IC 卡座寿命>60 万次 IC 卡读写标准:ISO 7816—1,2,3,4 及 EMV 国际标准,支持 Memory 卡,逻辑加密卡 支持的 IC 卡: 储存卡:AT24C01/02/04/08/16/32/64/等 加密卡:AT88SC101//102/103
商业条码打印机	打印方式:热转印/热敏 打印精度:203dpi(8 点/mm)305dpi(12 点/mm) 打印速度:50mm~150mm/s 处理器:32~bit RISC 133MHz 通信接口:标准并口 操作环境:41~104°F(5~40℃)15~85%RH,无结露状态 最大列印范围:宽 104mm×长 1249mm　宽 104mm×长 833mm 存储器:2MB Flash ROM(可扩充到 4MB);接收缓存 3MB 可读条码:UPC,EAN,Code39/93 条码字体,Code128,等标准一维码和 PDF417,MAXICODE,Data Matrix,Micro PDF417,Qr Code,Vercode
工业级条码打印机	分辨率(解析度):203dpi(8 点/mm) 最大列印宽度:104mm 最快列印速度:2~6in/s(51~150mm/s) 打印长度:1270mm 内存:8MB SRAM,4MB Flash ROM CUP 类型:32 位 RISC 微处理器 通信接口:RS－232 接口/标准并口/USB/PS2 键盘接口 体积:长 418mm×宽 250mm×高 263mm 重量:10kg 字体:国际标准字符集

系统平台组成部分	参　　　数
工业级条码打印机	五种内建文数字字体可从 0.049in ~ 0.23in H(1.25mm ~ 6.0mm) 所有字体皆可放大到 24 点 ×24 点 四个打印方向 0° ~270° 旋转 可下载 soft fonts(up to 72 points) 图形:PPLA:PCX,BMP,IMG,HEX,GDI PPLB:PCX,Binary raster,GDI 条码:各种一维条码及 MaxiCode,汉信码等二维条码 纸张载体:连续或间距/成卷或风琴折/热感,铜板,布标/吊牌,标签和票据等 最大宽度:4.6in(1117mm) 最小宽度:1in(25mm) 厚度:0.0025in ~ 0.01in(0.063 5 ~ 0.245mm) 最大外径:8in(203mm) 轴心尺寸:内径 1.5in 及 3.0in(38 ~76mm) 碳带:Wax,Wax/resin,Resin 碳带宽度:2in,4in 碳带直径:3in(76mm) 碳带长度:最大 1182in(360m) 轴心尺寸:轴心内径 1in(25mm)
宽幅打印机	条码打印机列印方式:热转印/热敏 分辨率(解析度):203dpi(8 点/mm) 列印宽度:0.1 ~ 6.3in(25 ~ 152.4mm) 列印速度:2 ~6in/s(51 ~152mm/s) 内存:2MB DRAM,1MB Flash 通信接口:RS-232 接口/标准并口 标签感测器:反射式(可移动) 重量:9.3lbs(4.2kg) 字元字体:标准字体/平滑字体 图形:PCX bit map,GDI graphics 条码:各种一维条码及 MaxiCode,汉信码等二维条码 印材规范:成卷吊牌或标签、连续热敏纸、标签、间距标签纸如合成纸、消银纸、UL 标签、透明纸、水洗纸、易碎纸、波特龙、HiFi 纸、防伪标志、铜板纸 每卷标签最大直径:8in(203mm) 纸轴直径:1.5 ~3in(38 ~76mm) 碳带长度:360m 碳带宽度:25 ~160mm 碳带卷轴内径:内径 1in(25mm) 适用行业:工业即时标签打印/大量产品标签批量打印/运输、配送、物流标签/铁路、机场、车站、票据打印/服装吊牌、衣件水洗标/邮政吊牌/年检标牌

参 考 文 献

［1］张铎,周建勤.电子商务物流管理［M］.北京:高等教育出版社,2006.

［2］张铎.电子商务物流管理实验教程［M］.北京:高等教育出版社,2006.

［3］张铎,柯新生.现代物流信息系统建设［M］.北京:首都经贸大学出版社,2004.

［4］丁立言,张铎.物流企业管理［M］.北京:清华大学出版社,2004.

［5］丁立言,张铎.物流配送［M］.北京:清华大学出版社,2002.

［6］张铎,林自葵.电子商务与现代物流［M］.北京:北京大学出版社,2002.

［7］张成海.供应链管理技术与方法［M］.北京:清华大学出版社,2002.

［8］张润彤,张铎.电子商务教程［M］.北京:中国铁道出版社,2000.

［9］张铎.电子商务与物流［M］.北京:清华大学出版社,2000.